第四版

研究 本体论

俞宣孟 ——— 著

上海人民出版社

目　　录

上　　篇

第四版前言

西方哲学之进入中国,自明朝末年算起,已经有三、四百年时间了。它的大规模进入,则在 20 世纪初,到了 80 年代以后,不仅其涌进的规模更大,就连西方哲学的最新发展几乎也可以同步传达过来。这一形势使得中国学者不得不面临一个历史性的任务:理解和把握西方哲学,在此基础上,将中国传统学术文化作哲学的阐述。这不仅是中国传统学术之经历它的现代蜕变,更是对自身和世界人类命运的关注。前辈学者早就意识到这个任务,他们从 20 世纪初开始,在粗知西方哲学的时候就致力于写作中国哲学史,以不懈的努力作出了有益的探索。他们开始的时候不得不依傍西方哲学来写中国哲学史,然而,一旦西方哲学的本体论(ontology,是论)的意义得到澄清,一个无情的结论就显现出来:中西哲学是两种形态不同的哲学,中国哲学的写作不能依傍西方哲学。中国哲学不仅没有西方哲学以之为精髓的本体论,而且在学问的宗旨、问题、概念表述形式和从事哲学活动的方式方面都与西方哲学不同。由于哲学这个名称是西方人先占有的,那么,作为一种形态上不同于西方哲学的中国哲学,它还是哲学吗? 至此,人们或者以为中国哲学的合法性问题是一个假问题,我则觉得,对这个问题的研究,不仅是为了证实中国哲学之为哲学,而且也将深入到(包括西方哲学在内的)哲学之为哲学的根据,沿着这一条路,中国学者将参与到世界学术发展的进程中。如果前辈学者仍在世,我想他们一定会承认,他们所曾为之努力的工作已经进入了一个新的高度。

西方哲学已经成长了二千多年,其典籍浩繁无涯,本体论问题则是其主流的核心问题,各种哲学分支和许多重大问题都围绕着本体论而产生,值得深入研究。本书对本体论的研究只是初步的。为了这个第四版,笔者草了《哲学与逻辑》一文,作为第七章"亚里士多德与本体论"的附录,这也是一个大而艰深的问题,谨期识者批评。此外,第四版还收录了张庆熊先生的《哲学与教化——与俞宣孟先生讨论本体论和中西哲学的根本特点》,以及我的回应文章《论历史的方法与逻辑的方法——与张庆熊讨论有关本体论问题》,并作为全书的附录二和附录三。

2023.12.4

第三版前言

一

本书初版至今已经12年了。有论家说,这是一本西方哲学的入门书,我颇同意这个说法。不过应当说明,经由本体论入门与通过哲学通史入门是有区别的。在哲学通史中,我们可以了解西方哲学的各个流派和各种哲学观点,但是,却未必深入;专注于某个哲学家,又容易见木不见林。现在的生活节奏也没有给人留下读遍原著的时间。从本体论着手,就可以直奔西方哲学的核心。在西方哲学中,本体论是所谓纯粹哲学,或所谓"第一哲学"。它以追求普遍知识为宗旨,决定了西方哲学的问题和方向,并且在印欧语系语言特征的参与作用下,决定了西方哲学的形态。

从历史看,一部西方哲学史可以说就是围绕着本体论的建设和批评展开的。本体论的命运代表了西方传统哲学的命运。哲学其他分支的产生也多半与本体论相关,例如,近代哲学的认识论一开始就分成理性主义和经验主义两大阵营,其中有笛卡尔的天赋观念论,这是从人的认识方面为本体论所代表的普遍知识作辩护;相反,如果坚持人的一切观念都是以感觉经验为基础,那么,就不可能有组成本体论那种普遍性知识的绝对普遍观念,于是,就有休谟对普遍性的因果观念的穷追猛打。只有在本体论的背景下,西方哲学的认识论才会以这种方式出现,离开了本体论这个背景去理解认识论是困难的。

进入现代以后,出现了许多新流派,从标榜传承理性的现象学到反对形而上学的分析哲学,其骨子里还是拿本体论说事。例如,胡塞尔提出要回到事情本身,这个事情本身是指显示在意识中的事情,首先是指显示在意识中的逻辑规定性的概念,即他所谓的观念、本质或范畴。胡塞尔以为用这个方法可以为具有逻辑规定性的范畴提供明证；因为，逻辑规定性的概念已经被证明是不能从经验归纳和心理积淀的方法得到的，而在胡塞尔的方法中却看到了作为意识对象的范畴和与之相随并将范畴显示出来的意识方式这两端，至少范畴的出现不是无缘无故的。胡塞尔的本意是为本体论张目以便为传统的理性主义辩护，但是，这个方法的推广却动摇了本体论第一哲学的地位，它说明对本体论的范畴是可以从人自己的意识方式方面去作说明的，于是就出现了海德格尔哲学、存在主义和解构主义等各种颠覆本体论的力量。又如，沿袭经验主义传统的分析哲学转向语言和逻辑分析的时候，也是以本体论为靶子的。他们把通过语言的分析清除形而上学当作哲学的任务，语言的分析主要是看一个词的所指归根结底是否有其经验上的对应物，有其对应物的，这个词就是有意义的，没有，就是没有意义的。那些所谓没有意义的词，实际上正是指本体论哲学中的那些范畴，它们本来就不是从经验概括得到的。了解了本体论，才能明白分析哲学在反对什么，以及在那个方向上所发展出来的问题。事实上，分析哲学家专心发挥的逻辑方法的根子却在本体论中，在这个意义上，他们倒是本体论哲学的继承者，关于这一点，很少有人提及。

可以这样说，无论了解西方传统哲学还是现代哲学，都离不开对本体论的把握。本体论不仅对西方哲学的论题具有决定性的作用，而且对西方哲学的形态具有决定性的作用，这后一种情况对于处在不同哲学形态中的中国读者尤其值得关注。读西方哲学而不及本体论，就好像是进庙宇而不见菩萨。

二

在研讨本体论的过程中，同事们提出过一些问题，其中有两个问题需要在这里作出回答。第一个问题是，本书所揭示和刻画的本体论是否过于严厉甚至狭窄。第二个问题是，本书提到本体论的历史命运时用了"终结"一词，是否缺少宽容精神。

关于第一个问题，本书根据柏拉图以来西方哲学发展的脉络，参照西方人自己关于本体论的定义，以及康德、黑格尔、海德格尔等人的诸种重要哲学著作中提到本体论时的用法，把本体论界定为西方哲学的普遍原理，形式上是以"是"为核心逻辑地推得的范畴体系。有同事读了各种材料后觉得不见得都是这样。"不见得"的情况大致有四种。

第一，近一二十年来，本体论这个词被理论界广泛使用，出现了所谓文学本体论，戏剧本体论、翻译本体论，等等。当然，每个人都有选择词汇来表达自己的学术观点的权利，但是，上述种种本体论显然不是西方哲学意义上的本体论。在西方哲学中，这个词的本义是指纯粹哲学，如果说哲学是普遍的学说，那么，本体论是普遍中的普遍，是最普遍的理论，相对于它，其他的学问都只能是特殊的学问，如果各位承认他们所使用的本体论这个词起源于西方哲学，那么，文学、戏剧等等的理论和本体论是牵连不起来的。也许在上述各处人们对本体论这个词有一种活用或自己的规定，把那样的活用或规定反过来加诸西方哲学是我所不取的。此外，本体论这个词的原文 ontology，汉语译成本体论是不妥的，我建议过译成"是论"，也有人译成"存在论"，译名的深入讨论可以减少它的误用。

第二，本体论这个词也常出现在中国哲学的研究中，有中国哲学本体论的说法。最初提出中国哲学本体论的时候确实有一种混淆，以为中国哲学中也有这样一个与西方哲学相应的门类。随着过去十来年对本体论的深入了解，尤其是通过中西哲学比较研究的深入开展，相当一部分学者起码已经认识到，中国哲学中的本体论是关于本根、体用的理论，与西方哲学逻辑地构成的原理体系是不同的。但是，这还只是表面达成的认识，深入下去，问题比较复杂。指出中国没有西方哲学那样的本体论，本来应该能够揭示，中国哲学史和中国哲学的建设不能依傍西方哲学。然而，最近却出现了一种情况，表面上不坚持中国哲学有西方哲学本体论，实质上却照着西方哲学的观念建设中国哲学，并且在理论上似乎显得更加深刻。我认为这个方向背离了中国学术和当前社会的实际情况。唯其如此，更有必要把西方哲学的本体论讲清楚，因为它集中反映了西方哲学的形态和宗旨。

第三，与中国哲学本体论相关的是所谓马克思主义哲学本体论问题。我在本书中认为，马克思主义哲学对本体论是取批判态度的。我在 2002 年读到已故高清海先生发表在上海《社会科学报》上的一篇短文，他与我持同样的观点。把本体论的含义扩大到种种马克思主义哲学本体论（实践本体论、物质本体论、劳动本体论，等等），这与本体论这个概念在西方哲学传统中的意思是相抵触的。深入开展这方面的讨论将有助于我们更准确地理解马克思主义，以及更顺畅地实现马克思主义中国化的目标。顺便指出，在哲学这门学科上曾对我国产生重大影响的前苏联对本体论问题也不甚了了，据说近年来他们也开始关注本体论问题,俄罗斯科学院哲学所同仁知道了我们对所谓马克思主义本体论提法的反对意见,表现出很大的兴趣,为此,我应约在他们的《哲学问题》(2007年第5期)上发表了《马克思主义和本体论问题》的文章。

第四,如果说以上种种说法主要出现在国内学界,那么,有同事提醒我,国外的学者也有与我不同的见解。当然一般来说,国外学者谈本体论问题在语言和文化背景方面有天然的优势。但是,落实到个人也不一定,也有对错深浅之别。我在书中曾引国外学者对大名鼎鼎的卢卡奇的批评,说他既谈什么社会存在本体论,就应当谈逻辑,说明卢卡奇对本体论未必了然。俄罗斯和东欧在文化和哲学传统方面与西欧的差距不比我们小,我们不能以他们为据。但是有一个人不能不谈,那就是蒯因。人们引他《论何物存在?》[1]一文中的话说,本体论问题可以简单地归结为"何物存在?"的问题。根据这句话,很容易就联想到本体论是讨论存在问题的,这与本书中谈的那种本体论似乎是不一样的。但是,读下去就发现,蒯因所谓的本体论承诺是说,当我们建立一套科学理论的时候,例如,建立物理学或生物学,"我们所采取的是能够把毫无秩序的零星片段的原始经验加以组合和安排的最简单的概念结构"[2]。我们可以这样来理解,好比说,自然界的生命现象是各式各样的,一样一样去识别是不能穷尽的,于是就出现了物种分类的表述,当你接受着物种分类的表述时,同时也就承诺了使这种分类成为可能的那种方法,即分类原则或曰"简单的概念结构"。如果说物理学和生物学是这样构成的,那么,如果我们要有最广义的科学的概念结构,也必定承诺了使那种概念结构成为可能的东西,而决定物理学、生物学那种部分概念结构的合理构造的理由与决定整个概念结构的合理构造的理由并没有种类上的差别。他说:"一旦我们择定了要容纳最广义的科学的全面的概念结构,我们的本体论就决定了。"[3]由此可见,在蒯因看来,科学知识使我们对自然的解释更加简化和完善,而我们之所以能够组建这样的知识,是因为我们承诺了有这样一个"结构概念"的领域。他用现象主义和物理主义暗示这种概念结构有两种来源:从经验概括地得到的是现象主义,直接假设有这种概念结构的就是物理主义。要把物理主义还原为现象主义是不可能的,但是,物理主义的概念结构同样发挥着积极的作用,他用数学中无理数和有理数为例,虽然有理数范围内的初等算数是实实在在的真理,但是引进了无理数的算术却更加简便,并且把有理数算术作为一个部分包含在内。从现象主义的态度看,无理数算术就像是神话,但它的实际作用是不可否认的。他还进一步引申说:"从严格的物理主义看来,柏拉图主义也是神话,但是,这个更高级的神话就其简化我们物理学的叙述来说,又是一个好的和有用的神话。"[4]这里我们可以看出,蒯因所谓的本体论是指隐藏在各门科学后面起简化规范作用的他称为"概念结构"的东西,由于科学研究的范围不同,本体论也有多种,但是,如果我们将其扩大成"容纳最广义的科学的全面的概念结构",那么,显然就有一种统领全面的本体论了。蒯因的本体论观念与传统本体论观念在形式上并没有实质的区别,所不同的是,在传统哲学中,本体论被认为是统摄自然和人事的普遍、客观原理,而在蒯因这里,本体论是人自己整理自然经验的一套概念结构。把本体论从宇宙规律移入人脑,成为人类组建普遍必然的自然科学知识的先天范畴,这一点是康德在《纯粹理性批判》一书中首先提出的。本书中只强调了康德对传统本体论的批判,没有指出康德将客观普遍的规律转移成主观的先天认知范畴后仍然是一种本体论。海德格尔在《康德和形而上学问题》一书中就是这样认定的。不过蒯因也不是简单地遵循康德的思路去证明本体论是人类深藏在脑子中的整理经验材料的先天框架,要理解蒯因的思路先要提到经验主义阵营内部的观点,这种观点就是本文前面提到的分析哲学的观点,即抓住本体论哲学使用的概念是没有经验对应物的形而上学的语词而加以清除的做法。[5]而蒯因则认为,语言的分析确实可以分清那些不能在时空中实际存在的东西,但是,并不能排除语言中所谈到的有些东西虽然没有经验的对应物,但是仍然是有意义的,例如大于一百万的素数,以此作为为本体论张目的理由。于是,我们看到"何物存在?"就被他用作谈论本体论问题的开题。他要求对本体论采取"宽容和实验"的态度[6],这是所谓美国实用主义对本体论的态度。本书的讨论主要限于西方传统本体论,只是略微点到一点它在现代的命运,而没有具体深入到现象学、分析哲学以及各位有影响的大哲学家对本体论的态度和论述。然而无论如何,传统本体论的基本观念是不能再变化了。现代西方哲学对本体论的态度总的来说是采取批评态度的,现代西方哲学的各种新流派大多也是在对本体论所采取的态度方面展示出自己的学术意义的。

要回答的第二个问题是,本书以"终结"一词断定本体论的前景是否太苛刻。的确,本体论是西方传统哲学的灵魂,它在二千多年的历史上产生了重大的影响,不仅决定着西方人思想的命运,并且还对西方人的生存方式产生了重大的影响,甚至这种影响现在已经扩大到了全世界。我在书中也曾经肯定了本体论对科学知识的积极影响,而科学对当今人类生活的作用是无法否认的。有的同志还提醒我,后来的哲学要有说服力,总是能够对以往的哲学做出解释,并且将过去的哲学包括在自己之内,怎么能够声称作为西方哲学标识的本体论的终结呢? 尤其是今天"宽容"一词已经成为大家都赞赏的一种交往态度和品性,用"终结"一词加诸本体论倒似乎是不能被宽容了。

以上这些意见让我产生一种深深的忧虑。且让我先就宽容一词作一辩。能奉行宽容者一般总是强者;强者是不待弱者去宽容的。再者,宽容不是没有限度,如果对手欲置我于死地,宽容至少要缓谈。宽容本来是人事方面的道德现象,不一定适用于谈论本体论问题。谈论本体论,应当就本体论本身的情况来说。那么我们知道,西方哲学的本体论具有最普遍知识的性质,由此而具有第一原理的地位,这意味着在本体论与哲学分支和其他知识的关系上,本体论是具有决定性作用和统摄性地位的,关于这一点站在与本体论不同形态或方向的学问能接受吗? 接受它,就要把自己的学问当作是一种特殊的东西从属它;不承认它是第一原理而去谈对本体论的宽容,那只是假惺惺。其实,"终结"一词并非骇人听闻,恩格斯在《路德维希·费尔巴哈和德国古典哲学的终结》一文中说:"总之,哲学在黑格尔那里终结了。"[7]上文发表以后过了一百多年,海德格尔又写了一篇题为《哲学的终结和思的任务》的文章[8],再次提出了哲学终结的问题。请注意,近现代以来,西方哲学最盛的地方是德国,而说出哲学终结了的正是德国人。他们呼吁终结的是传统哲学中的主流,而主流传统哲学的核心就是本体论,所以,确切地说,所谓哲学的终结,就是作为主流的传统哲学的本体论的终结。海德格尔在《存在与时间》中提出"解构本体论历史的任务"[9]。呼吁本体论的终结,正是为了把哲学从本体论决定的那种观念和框架中解脱出来,使哲学走上新的发展道路。[10]

三

对于具有悠久传统的本体论哲学,我们是否应当这样苛刻地宣称它的终结呢? 这要看人们怎样看待本体论,以及本体论在历史上和目前对人们实际上的影响究竟如何。这涉及对本体论的全面评价。总的来说,当本体论在柏拉图那里开始创立的时候,它代表了人类思想的一次革新和深化;但是,当它占据了统治地位以后,尤其在今天,却成了人类思想的桎梏。

本体论出于以心灵的眼睛对世界的"看"。当人类面对世界中多样复杂的无穷事物时,柏拉图引导人们用心灵的眼睛从中看出了多中之一、变中的不变。至今我们还常用这种方法认知事物,这是有限的人生面对无限的世界所能采取的一种简化的方法。柏拉图称为理念的东西实际上被接受为普遍性的概念;与普遍性概念相关,发展出了本质的观念;本质观念间的结合产生了普遍知识的观念,同时训练了逻辑的思想方法、发展了数学。由此,导致了学科的最初分类,即哲学作为最普遍的知识和其他各种特殊门类的知识,知识的分类方法一直沿袭到今天。对比中国古代学术的分类,就可以看出古希腊人和中华民族从古代开始感应世界的重点和方式的不同。如果说,承认今天盛行的学科分类,尤其是自然科学的分类,就是我们称为科学的内容,承认科学以及技术对于今天人类生存各方面影响的决定性作用,那么,本体论的作用是不可否认的。以科学技术为手段,人类成功地应对了某些方面的生存挑战,较大地满足了人类生存所需的物质,改善了衣食住行,还发展了各种满足人类精神发展的条件,人类已经无可争议地成了地球上最具优越性的生物。

然而,针对人类的生存挑战不会终止,只会不断地改变形式。譬如,当人类能够生产出抗生素抵御病菌对人体侵害时,自然界的病菌会不断改变自身的基因结构向人类发起突然进攻,人类往往猝不及防。与此相比更严重的是,人类大规模地开发征用数量巨大的能源和自然资源,它在满足人类生存需要的同时,也改变着人类生存的自然环境,这样开采下去资源总有消耗殆尽的一天;另一方面,传统能源的使用已经明显地影响到了气候的变化,使气候问题破天荒地成了国际政治的艰难议题。此外,大规模能量的开发和精确制导技术的发展还被用作武器,这种技术开始只有少数国家能掌握,人类也在尽量采取防扩散措施,但是,一种技术一旦被发明,早晚总是要被更多的人掌握,且生产成本也会逐渐降低,就像生产玩具一样方便。历史上的人类曾经为争夺生存资源而不断爆发战争,核武器以及其他大规模杀伤性武器的发明究竟能用来制止战争还是扩大战争的规模,直至把这个星球上的人类消灭干净? 最近,关于太空探索的报道中隐约透露出,这项研究的目的之一,据说是为了寻找适宜人类将来移民的新家园。之所以要这样打算,是因为地球已经变得越来越不宜居住了。我们知道,太阳系和地球的自然生命是以亿年为单位的,生命出现在地球上只有很短的时间,可是为什么地球的境况竟突然发生了不宜居住的迹象? 是自然本身在突然变化,还是人类自己的活动加速了某种恶果的出现？又，假设人类移居到了外星球，以同样的生存方式能保证人类在新的生存环境下长居久安吗？现在需要调整和改变的首先是我们自己的生存方式还是环境呢？我们总是觉得，人类的力量越来越大，已经成了地球上的主宰，但是，针对人类生存的挑战却变换着形式，不仅依然存在，而且有些挑战变得越来越严重，甚至还威胁到整个人类的生存，更值得注意的是，那些危机的出现往往是与人类自己的生存方式联系着的。

本体论与上述这些消极后果似乎并没有直接的关系，人类须在克服困难和挑战中生存也属正常。然而，如果问题涉及人类自身的生存方式时，那么，提供了"世界观"的本体论哲学就是需要检讨的。更为迫切的是，作为一种哲学，它是否提起人们对于当前处境中蕴含着的那些生存危机的警觉，更进一步，使人类避免由自己的生存方式造成的对自身生存的危害，这才是问题的关键。从柏拉图到黑格尔的本体论给我们刻画了一幅有关世界的图景，即提供了一种"世界观"，它让我们看出了世界的本质和规律，最终把它表达为是宇宙精神的自身运动。人始终是一个站在外面的观察者。诚然，在黑格尔的《逻辑学》中也把人包括在其中，逻辑所展开的不仅是客观世界的运动过程，也是主观精神对它的认知过程，是主观意识达到自由的普遍意识的过程，然而，这是以看世界的方法反过来对人的规定，把人纳入那个世界成为其中的一部分，结果就产生出普遍主义和本质主义的问题，与此相关，人的自由就被界定为对必然的把握。然而，就像不能用人类社会生活中的善恶观念去评说自然界的狼吃羊，也不能反过来用整理自然界事物的方法整理人类自己的事务。例如，从类的方面概括人的本质，即把人的普遍性的类看作是每个人的真正所是，这不符合活生生的人的事实，以这种观点投入生活就更糟糕，它不把人当人看待。这种倾向现在确实有，表现为把追问普遍本质的方法用于人文领域的研究，试图为价值、美、善等找出它们的定义。事实证明这种方法不能成功，即使在西方学术界也已经对普遍主义和本质主义表示了厌倦，他们想用共同性（commonality）、一致性（uniformity）这种非逻辑规定性的词来取代普遍性。尽管如此，似乎还没有人指出，普遍主义、本质主义的根子就在本体论中，走向普遍主义、本质主义是以本体论为核心的那种形态的哲学的结果。[11]在人事中高扬普遍和本质势必限制人的多种可能性，归根结底是限制人类应对生存挑战的多种生存方式的可能性。我以为哲学应当能够激发人的各种生存能力，提高生命的自觉性，以便选择一种适宜的生存方式，使生命现象能够持久地延续下去。然而以本体论为核心的西方传统哲学却以看世界为出发点,这种方式固然提供对世界的深入认识,在一定程度上有利于人的生存,但是,随着时间的推移,就暴露出了它的片面性。进入近代以后,西方哲学高扬主体性,又把价值和审美建立为独立的学术分支,恰恰说明原来以本体论为核心的那种哲学的不足。

以本体论作为标杆看中国哲学,中国哲学之为哲学就受到了怀疑。不过,今天迫切的问题是,对于我们上述提到的人类所面临的那些挑战,中国哲学是否能提供积极的回应。为了说明这一点,有必要先交代一下,中国哲学在其开端处就表现出的与西方哲学的不同取向。前面我们说,希腊哲学家面对多样的世界采取了多中求一、变中求不变的方式。从儒家哲学的经典《周易》和道家老子、庄子等人的著作我们看到,同样面对纷繁复杂的世界,中国古人也认识到以有限的生命去把握无限的世界的困难,[12] 也需要"知有所至","知有所止"(《庄子·齐物论》),需要由繁而简,需要达到"一",但是,中国古人见识到世界上一件一件构成了"多"的事物都是有来历的,它们都是从某个源头分化出来的,源头又有源头,最终归结为一个源头,即一切的"分"出于最初的"不分",这个部分的源头就叫做"太极"。"是故易有太极,是生两仪,两仪生四象,四象生八卦。八卦定吉凶,吉凶生大业"[13];或者"道生一,一生二,二生三,三生万物"[14]。包括人自己也是在这个过程中出现的。中国人说,不仅要知其然,而且要知其所以然,这个"所以然"不是在于事物的普遍本质,而在于其来龙去脉。孔子自称"信而好古"(《论语·述而》),许慎《说文解字》曰"古,故也"。段注"'邶风·大雅'毛传曰,古,故也。'攵部'曰,故,使为之也。按故者,凡事之所以然。而所以然皆备于古,故曰,古,故也。"对"所以然"的追溯而达到的"一",与西方哲学对"一"的追求是不同的。西方哲学的"一"是对作为"多"的现成已然事物的概括,中国哲学的"一"则是指作为"分"而成为"多"的事物的同一来历。从这个不同取向出发,中国古人展开了自己的哲学活动。例如,中国哲学认为万事万物能够展开出来总是有它的途径的,这个途径就是所谓"道"。作为处于同一过程中的人,既要"自强不息"也要"厚德载物",目的在于保持过程的和谐、平衡。圣人就是能够把握适当的时机作出应对,以便"发而皆中节",达到"天下之达道"(《中庸》第一章)。用今天的话来说,所谓圣人就是生命的自觉者。要达到这个目的,工夫要下在人自己的修养方面,修养不是脱离实际的沉思默想,而是既是作为个人又是作为社会成员在实际生活过程中的磨炼,这是一代一代人的不会终止的任务。

这里不是全面论说中国哲学的地方,且就几个迫切的问题略作议论。一个问题是关于自然生存环境问题。这个问题西方人目前也很重视,这是因为实际情况迫使人们不得不思考,但是在他们据为指导思想的哲学中却找不到根据。而中国哲学,如我们前面所说,自开始就意识到人与自然出于同一根源,这是保持人类和自然和谐的根据,只有在这种和谐中,人类才能维系自己的生存。有无哲学上的根据对于应对环境的措施就显出了差异。现在流行的观点是,用科学技术解决科学技术导致的环境问题。这固然在某些方面是有效的,但是,人类生存所需的某些资源的耗竭却是不可逆的。现在提倡低碳生活方式已经触到了一点边,是事到如今无可奈何之举。如果采用中国哲学的思路,那么,环境和人同是地球上生命系统的组成部分,而人则是这个生命系统中的"心",人具有"为天地立心"的使命(张载语)。有了这份心思,又看到了人自己的生存方式中产生出对维系自身的生命系统的威胁,那么就不难明白根本的问题在于改变和调整人自己的生存方式。现在人们对于以技术的方法克服技术的危害充满信心,这种想法的背后是认为,我们只要把握了事物的本质及其规律就能制服事物,而事物的本质和规律是不依赖人而独立客观存在着的。然而中国哲学并不强调事物的本质及其规律,而是把物和事联系在一起。《大学》有"致知在格物"一说,郑玄注云:"格,来也;物犹事也。其知于善深则来善物,其知于恶深则来恶物,言事缘人所好来也。"这是说,物之被人类认知,是作为一种事被认知的。照此而言,事物向人类显示出它的本质的时候,其中已经包含了人类"格物"的一种态度或意向。以技术的方法克服技术的危害,在某些方面是可以有成效的,但是也潜伏着"饮鸩止渴"的风险。有一种说法,科学技术是没有阶级性的,全看掌握在谁的手里,这后半句话毕竟是补充的说法,而把物与事联系在一起的说法则是比较完备的。

现实生活的种种情况表明,人类目前迫切需要调整自身的生存状态。一种盯着世界"看"的哲学是很难意识到这种迫切性的,而中国哲学中则可以引申出人与自身生存所依托的那个生态系统结为一体的结论,在维持生态系统的平衡中谋求人类持久安定的生活是人应当有的生命自觉。这就是不要单纯的受欲望和利益的趋势而生活,保持与自然环境的平衡和社会秩序的安定是人类生活的一个必要条件,在这些问题上人是可以有所作为的。中国哲学强调身心修养,就是要在生活中提高这方面的自觉性,能进则进,不能进就退。而用西方哲学去"看"世界的时候,人就不知不觉地站到了世界的对面,即人与世界处于分离的状态。与此相关,西方哲学在高扬人的主体性的同时,总是抱着人有一种确定而神圣的本质的想法,这是用看世界的方式来看人,是不会成功的,然而,这种求本质的想法仍然在驱使着人类,若明若暗地把人定位为一个利益主体,并且还把这个想法贯彻到组织社会生活方面去。其实离开了人在各层次上的平衡,又有什么利益主体呢?

另一个重要的问题是,哲学对于人类早些发现乃至于预防某些后果的发生是否有所帮助?西方哲学说要把握事物的本质和规律,这固然能帮助我们看到某些事情的发展,不过,本质和规律都是对已有事物认识基础上的把握和推广,而世界上总是会产生出一些过去从来没有过的新事物。本质和规律的观念还强调必然性而排除或轻视偶然性,然而,虽然人们可以为了满足思想的必然性而排除偶然性,而偶然的事情对人的生存并不放弃它的影响,有的影响还可能是致命的。中国哲学当然不能预测偶然事情的出现,而是唤醒一种时刻警觉的意识。《周易·系辞上》说:"夫易,圣人之所以极深而研几也。"钱钟书先生考证了历史上对"几"的释义,认为"'知几',非无巴鼻之猜度,乃有朕兆而推断,特其朕兆尚微而未著,常情遂忽而不睹;能察事象之微,识寻常之所忽,斯所以为'神'"[15]。世界上在不断发生新的事情,这些情况并不都是人自己能决定的,也不分必然和偶然,其中有些事情可能对人类的生存带来重大甚至决定性的影响,人类应当警惕地关注这些情况,关注"几"就是关注新情况的苗子而不是乱猜。这样,我们不仅要关心那些已经发生过的生存危机,而且要注意那些还从来没有发生过的生存危机。与中国哲学的这种警觉意识相连的是"忧患意识",《周易·系辞下》说:"明于忧患与故。"忧患是中国哲学明确提倡的一种意识,民间有"生于忧患,死于安乐"之说,它在任何时候都与个人、民族和人类的生死存亡密切相关。请想一下,中国哲学唤醒的这种意识对于我们个人、民族乃至人类来说是可有可无的,还是必需的?此外,历代的中国哲学有关身心修养的论述并不只是为了洁身自好或孤芳自赏,而是为了能解除各种遮蔽,达到心明眼亮,恰当地应对世事的目的,包括在可能和需要的时候服务于天下。

或者有人说,上述中国哲学谈及的东西是西方哲学本体论所不及的地方,二者之间因而没有可比性。然而,我们现在已经把哲学看作对于安身立命具有指导意义的学问,面对人类目前面临的各种问题,我们的比较不能仅仅从书本上找到二者各自的有无，而是要针对实际问题和哲学这门学科的根本性质作比较。于是我们就有理由问，一种以本体论为核心的哲学既然自诩提供了"世界观"，那么它是否也对人类目前所处的境遇提出积极的指导呢？

或者有人说，诚如本文也承认，本体论对逻辑、数学、进而对科学的发展有过很大的推动，甚至有决定性的作用，这些难道不重要吗？这些当然重要。但是，当我们说它们重要的时候，是在什么意义上说的呢？科学技术的意义在于能服务人的生存，它是人类多种生存方式之一。这种生存方式精于对物的驾驭，使得掌握了科技的人们在一定时期获得了生存的优势，但是，同时它也对另一些人的生存造成威胁，甚至灭绝了一些人。为此，中华民族为了生存也要学习和掌握科学技术。但是科技活动决不能取代人类生存的全部意义，我们在掌握科学技术这种生存方式的时候也不要让这种生存方式掩盖了人的其他生存方式，尤其是那些人类基本的生存方式。从这个角度说，就要求从本体论哲学中解脱出来，这意味着不把本体论哲学奉为第一哲学，而只是把它看作是与逻辑、数学以及自然科学相关的思想背景和方式。哲学应当全方位地关注人的生存，生命的自觉就是哲学。我觉得，"中学为体、西学为用"的提法对于以生命自觉为内容的中国哲学和以本体论为核心的西方传统哲学的关系和地位的表述是恰当的，它启示我们，在掌握科学技术的时候，始终不要忘记中华民族乃至全人类生存这个根本而永恒的主题。

今天，本体论在西方已经衰弱，它无法回应实际生活提出的问题，哲学正在对本体论的批判中谋求新的发展。然而在中国，从 20 世纪初开始的中国哲学建设基本上都依傍着西方哲学而进行，而且，依傍的是传统哲学，在这条路上走下去，势必走进本体论。这几年，这样的想法果然出现了。有作者认为，既然我们可以有中国自己的伦理学、认识论、美学、价值论，等等，那么就应当有一门把它们统一起来的学问，它就是关于存在的学问，即本体论。[16] 看来接受了西方哲学的影响后，中国学者要从本体论中走出来倒困难了，这说明搞清本体论哲学的形态、宗旨及其历史命运仍然是学界的一项基础性的工作。

本书原计划还要写现象学和分析哲学对本体论的态度，当时由于要赶出版时间而略去了。一件工作一旦放下再要拿起来对我来说很困难，包括本文中提到的对康德哲学实质上的本体论性质的新认识，尽管这些问题仍然有它们的学术价值，我都不想下工夫了。我现在关心的是，面对当下人的生存状况，怎样让中国哲学发挥积极的作用。

注释

1. 该文载蒯因:《从逻辑的观点看》,江天骥、宋文淦、张家龙、陈启伟译,上海译文出版社 1987 年版。

2. 同上书,第 16 页。

3. 同上。

4. 同上书,第 17 页。

5. 关于蒯因谈论本体论问题的这个背景,陈启伟先生为《从逻辑的观点看》的中译本作的"序"讲得很清楚。

6. 蒯因:《从逻辑的观点看》,第 18 页。

7. 恩格斯:《路德维希·费尔巴哈与德国古典哲学的终结》,人民出版社 1972 年版,第 12 页。人民出版社 1995 年 6 月《马克思恩格斯选集》第 4 卷第 220 页将"终结"一词改译为"完成",似乎这样比较"宽容"。然而,恩格斯在 1888 年为该文单行本写的序言中提到,他和马克思当时作这方面的研究,"实际上是把我们从前的哲学思想清算一下",是为了说明他们同黑格尔哲学的关系,"即我们怎样从这一哲学出发并且怎样同它脱离"。又,在恩格斯《反杜林论》中说:"……现代唯物主义本质上都是辩证的,而且不再需要任何凌驾于其他科学之上的哲学了。"(《马克思恩格斯选集》第 3 卷,人民出版社 1995 年版,第 364 页。)所以,新版的译文对黑格尔"宽容"了,但是,却把马克思恩格斯试图革新西方哲学的抱负淡化了。

8. 孙周兴选编:《海德格尔选集》,上海三联书店 1996 年版,第 1242—1261 页。

9. "解构"一词的德文原文是 Destruktion,在麦夸里(John Macquarrie)和鲁宾逊(Edward Robinson)的英文译本中译成 destroying,意为"摧毁","消除"。本体论作为第一原理,是用来说明其他理论而不能被其他理论说明的,当海德格尔通过生存状态分析对本体论做出说明的时候,本体论第一哲学的地位就被摧毁了。海德格尔把自己能够说明本体论出处的生存状态理论称为"基本本体论","基本"以取代"第一"。所以,上述英文译名并非没有根据。然而,由于本体论这个词容易使人陷入传统哲学的构想,所以,海德格尔后来就不再谈"基本本体论"这个词,甚至,连"是"这个词也不愿提起。西方有些哲学辞典把海德格尔哲学当作一种本体论哲学,这是有违海德格尔本人想法的。

10. 总的来说,历史上的经验主义对本体论一贯持怀疑、反对的态度。近来,英国哲学家斯特劳森有为本体论辩护的意思,美国哲学家蒯因也主张对本体论采取宽容的态度。这主要是因为他们从一个特定角度看问题的结果。斯特劳森主要把本体论看作一种脱离实际的抽象理论,但是,他觉得在反驳本体论时,自己也必须用那些抽象的语言来说话,于是,主张回到本体论。蒯因则出于实用主义的立场,认为为了能够简单地认知和解释事物,我们需要某些普遍性的理论,不论它是从经验概括得到的还是事先假设的。正因为他们的说法同经验主义传统产生了差距,才引起人们特别的关注。然而,他们都只是就本体论某一个侧面的特征而不是就本体论的根本特征发表意见,他们的意见也不会改变经验主义传统的哲学对本体论的一贯态度。

11. 关于对普遍主义和本质主义的分析批判,请参见拙文《论普遍主义》,《学术月刊》2008 年第 11 期;《本质的观念及其生存状态分析》,《学术月刊》2010 年第 7 期。

12. 见《庄子》"养生主":"吾生也有涯,而知也无涯。以有涯随无涯,殆矣!"

13.《周易》系辞上。

14.《老子》第四十二章。

15. 钱钟书:《管锥编》(一),生活·读书·新知三联书店 2008 年版,第 76 页。

16. 参见杨国荣:《存在之维——后形而上学时代的形上学》,导论部分,人民出版社 2005 年版。

重版前言

本书出版时没有写前言，值此重版之际，有几句话想说。

本体论是西方哲学中思辨性最强的部分，读起来不会轻松，这样的书在一方面是高节奏工作另一方面又讲究消闲的时代还有重版的需要，可见读者口味原是多样的。就像现在大多数人喝酒就喝啤酒，但总有人喜欢喝白酒，而且，在喝白酒的人看来，这才是真正的喝酒。

懂得本体论，是为了深入到西方哲学的核心深处，不理解本体论，就很难说是理解西方哲学。但是在过去很长一段时间里，人们普遍把它当作是有关世界本原的理论，进而把它当作是关于世界是由什么基质组成的学说，这就把本来很精深的一门学问简单化了。其实，本体论在西方称为第一哲学，或哲学中的哲学，在形式上，它是以"是"为核心范畴逻辑地演绎成的纯粹原理体系，英文的名称叫做 ontology，直译可作"是论"。本书沿用本体论这个名称，是因为当时只流行这样一个名称。这几年我国哲学界不大用本体论这个名称了，但是，这个译名却流传到了哲学以外的学科，令人啼笑皆非。本书从本体论的定义谈起，从语言方面和中西哲学比较的方面讨论了这门学问的特征，又根据西方哲学的历史，介绍了本体论产生、发展、成熟、直至走向终结的过程。本体论虽然不再辉煌，但是它对于西方人世界观的影响却是根深蒂固的，以至于图谋反叛传统的后现代主义总是把本体论当作靶子，例如，德里达曾在上海社科院说，他的解构主义就是解构本体论。

不过，搞清西方哲学的目的又是为了什么呢？说得直白一点，因为当今的教育系统中有这门课程，就有我这样以此为业的人，力图把这门学问讲讲清楚；说得学术一点，哲学是人类思维活力、精神状态和文明水平的表现，学习哲学也是传承文明。然而西方哲学毕竟是西方人的哲学，它出现在我们面前，就是对我们的一种挑战。这里用"挑战"一词，是我在与西方学者的交流中学来的，他们每听完一个学术报告后就要向报告人提问，这样的提问他们叫做挑战。西方哲学向我们提出的问题是，中国自己的哲学是怎样的？我们的前辈接受这个挑战，依傍着西方哲学的观念，写出了一部又一部的中国哲学史著作，他们的努力使中国传统的学问采取了现代的形式，然而，我们现在发现，依傍着西方哲学的观念写出来的中国哲学史与中国古代的文化精神是不相契合的，至少是颇有距离的。

把中国哲学的真实面貌揭示出来，这项工作有多方面的重要性。自从西方文化传到中国来以后，我们的生活方式已经有了很多的变化，现在，在这个方向上的变化速度真是越来越快。进步得快，不怕，就怕失控，不知道社会将变得怎样，不知道人自己又将变得怎样，恐惧由此而生。控制车辆靠的是一套机械装置，控制社会靠的是人类建设社会生活的自觉。哲学中反映出来的就是各个时代中人们对于自己人生的自觉。

中华民族在应对各种挑战中绵延数千年而不中断，没有对于生活的自觉意识是不可想象的。这些自觉意识反映在社会生活的组织结构、生产方式、个人行为规范、民风民俗、抵御疾病和克服自然灾害、与外族和睦相处、人与自然的关系等等方面，综合为人们的社会理想；也反映在修身养性方面，这是要在原始的生存状态中体验生命的创造能力，以便主动调整自身的生存状态，保持极度的专注，以积极的态度投入生活世界中去。人类历史发展到了今天，各种文明风云际会，这是对我们的新挑战，亟须唤起我们生存的自觉意识，为此之故，我们应当深入了解西方哲学，更应把握中国传统哲学。我们现在对于中国哲学史的认识还在继续，虽然我们不能依傍西方哲学，但是，把它当作一面镜子来对照还是需要的。镜子也要端正明亮，对于本体论的研究至少可以起端正明亮镜子的作用。

上　篇

第一章
本体论概述

虽然"本体论"（ontology）这个词直到 17 世纪才出现，但是人们一般都把它当作是从柏拉图到黑格尔的西方传统哲学的主干，或"第一哲学"。这意味着它是各个哲学分支的理论基础，是理论中的理论、哲学中的哲学；其他哲学问题都是围绕着建设、运用或怀疑、反对本体论而展开的。现代西方哲学的主要流派大多也是通过对本体论的不同程度的批判而发展起来的。治西方哲学史而不通晓本体论，犹如入庙宇而不识佛。

本体论是西方哲学特有的一种形态。从其充分发展的形态看，它是把系词"是"以及分有"是"的种种"所是"（或"是者"）作为范畴，通过逻辑的方法构造出来的先验原理体系。但是根据"本体论"这个译名，人们容易望文生义地把它当作是关于世界本原或本体的学问。这两种理解之间的距离是很远的。要真正搞清本体论是怎么回事，还得进入西方哲学，对本体论在西方哲学中的地位、它的定义和基本特征作一探讨。

一、西方哲学和本体论

（一）哲学源于热爱智慧

本体论之所以能够出现在西方哲学中，并在西方哲学史上占据一个核心的地位，这同西方文明起源时希腊人的文化背景、语言习惯、伟大哲学家的决定性创造活动等因素是分不开的。其中一个值得重视的现象就是对于把握智慧过于急切的心情。

大家知道，"哲学"（philosophy）一词出于希腊文，原意是指"热爱智慧"。这是希腊人最初为哲学界定的方向。这个方向原是极具活力的。因为人类的各种活动无不闪烁着智慧的光芒，人类的各种实践活动都可以是体验、欣赏智慧的途径。热爱智慧本不必限于一途,哲学也不是限在一个特定领域内的。但是,几乎与"哲学"这个词出现的同时,希腊人就把"智慧"与"普遍的知识"混淆在一起,从而使哲学事实上从热爱智慧的方向转变到了追求普遍知识的方向。这一方向的转变与本体论的产生是有关的。

从热爱智慧到追求普遍知识,这可能就是智慧本身中包含着的一种命运。人类从自身的创造、发展和成就中,分明感觉到自己是拥有智慧的,然而人们却难以说明,智慧究竟是什么。这不只是因为人类的活动是多方面的、难以一言以概之,更主要的是,智慧是每个人自己的生命中的能力,这种能力使人成就各种事业,然而它本身却始终隐在不可见的地方。凭借智慧这种能力,人能学习、研究并获得各种知识,包括关于人自身机体的生理知识,但是人们却没有关于智慧本身的知识。知识和智慧是有联系又有区别的两样东西:知识是人行使智慧的一种重要结果,通过知识,我们确信人是有智慧的生命;智慧是使知识成为可能的人的禀赋。一切知识都是可以明白表述的;智慧则是使知识得到明白表述的条件和保证,它本身是无法被明白表述出来的。所以,我们可以有关于各种事情的知识,却无法有关于智慧的知识。一旦有人号称说出了关于智慧的知识,它充其量只是一种知识,而不是人们想追求的智慧本身。但我们也不能因此将智慧归入潜能一类的东西。潜能是与现实相对的,如一些物理学、化学的性质,在缺少条件还没有实现出来的时候,是作为潜能存在的。而智慧虽然我们不能明白地将它表述出来,却始终是现实地在发挥作用的。

智慧是值得热爱、值得追寻的。它把世界展现给人类,使人类创造出美妙的生活、丰富的意义,然而它自身却始终隐而不显。智慧就是生命的最高秘密。然而智慧的本性却使追寻智慧的人陷入了困境。

古希腊把"热爱智慧"当作哲学的时候,是明白智慧和知识之间的区分的。在他们的语言中,episteme 表示知识,sophia 和 phronesis 表示智慧。柏拉图在其写于中期的《克拉底鲁篇》中是这样谈及智慧的:"智慧是非常黑暗的,并且看上去不像是天生的;其意义是指触及事物的运动及流。"[1]"智慧(phronesis),它可以指对运动和流变的知觉,或者指对运动的赞许,然而它无论如何是与运动相关的。"[2]同时,柏拉图也谈及了知识和智慧的关系:"sophrosune 这个词是指我们才讨论过的智慧(phronesis)的解救,知识(episteme)是与此相近的,并且是指灵魂有助于一切追随事物运动的东西,既不超前也不落后于它们。"[3]从这些比喻性的说法中透露出古希腊人对智慧的见解或感受，即：智慧是隐而不显的（"非常黑暗的"）；智慧是人所难以把捉的（"它无论如何是与运动相关的"，"其意义是指触及事物的运动及流"，是指"对运动和流变的知觉，或者指对运动的赞许"）。柏拉图只是以不很坚决的态度谈到它"看上去不像是天生的"。与智慧相比，知识则肯定是属于主观心灵的东西（"指灵魂有助于一切追随事物运动的东西"），并且，知识是将隐而不显的智慧昭示出来的途径或东西（"sophrosune"一词指"智慧的解救"，而"知识是与此相近的"）。

古希腊人不仅将智慧和知识作了区分，而且据记载，苏格拉底还说过这样的话："德性就是智慧。"[4]作为德性的智慧就不仅仅是知识，因为知善者不一定也行善。所谓德性，在苏格拉底看来，就是趋善避恶、行为适度（"凡是知道并且实行美好的事情，懂得什么是丑恶的事情而且加以谨慎防范的人，都是既智慧而又明智的人"[5]）。正因为智慧不仅仅是知识，所以无知并不是智慧的对立面。"苏格拉底说，疯狂就是智慧的对立面。但他并没有把无知认为就是疯狂。不过，一个人如果不认识自己，把自己所不知道的事倒以为，而且相信自己知道，他认为就是很接近于疯狂了。"[6]由于智慧还与人的德性相关，这也说明了智慧不像知识那样可以通过教育获得，而是要在自己的身体力行中去体会。

既然智慧区别于知识，它是与人的德性有关的，是渗透在人的一切活动中的，并且它也不易于明确表达出来，那么"热爱智慧"就应当在人的德性及其各种活动中去体察、欣赏。在这个意义上说，哲学也许本不该成为一门独立的学问。

（二）从智慧滑向知识

希腊人对于"热爱智慧"是非常执著的。柏拉图在《斐多篇》中写道，哲人们"终身孜孜以求的目标就是智慧"[7]。在《大希庇阿斯篇》里，又称"智慧是一切中最美好的东西"[8]。既然如此执著，按照人的思维习惯，就会提出"智慧是什么"这样的问题。但是当人们以这种方式去发问的时候，已经不知不觉地将本来当在一切是其所是的事情的"是"的过程中体察的智慧，当作一种"所是"来看了，也就是说，这样方式的提问势必将智慧和知识混同起来了。所以我们看到，将智慧和知识作过明确区分的同一个柏拉图，竟又明确地把智慧和知识等同起来了,他说,使聪明人成为聪明人的是智慧。就这一点而言,智慧与知识有什么不同呢?智慧与知识岂非相同的东西?[9]这番话是在被认为是他中期作品的《泰阿泰德篇》里说的。我们注意到,有了此一说法后,在属于同期的另两部著作里,他的学说就有了重要的发展。一部是《巴门尼德篇》,在此,他演示了一种存在于理念世界的、由理念的相互结合组成的知识,即西方哲学史上最早的本体论学说;另一部是《智者篇》,其中提出了寻找"通种"(genus),并研究其相互结合的理论。[10]但是有一点须指出,这三篇里所谈到的知识,如果说就是柏拉图所谓的智慧,那么它们并不是关于现象界的知识,而是或者是存在于理念世界的知识,或者是通过思想的助产术从人的"记忆"中得来的真知识。

以知识取代智慧,这一点在亚里士多德这里就更明显了。他说:"智慧就是有关某些原理与原因的知识。"[11]不过,与柏拉图不同的是,他反对理念论和理念世界的存在,表现出强烈的经验论色彩。他所说的知识,也是关于经验或从经验中上升得到的知识。只不过它们是分等级的。不同的知识等级的区别在于它们从经验中抽象的程度。直接的经验"很像是知识",技术是比经验高级的知识,"理由是:经验为个别知识,技术为普遍知识"。"技术家较之经验家更聪明(智慧由普遍认识产生,不从个别认识得来)。前者知其原因,后者则不知。……所以我们说他们较聪明,并不是因为他们敏于动作,而是因为他们具有理论,懂得原因。"[12]

既然在亚里士多德这里知识是有等级的,知识与智慧又是没有分别的,那么智慧也随之而有高低等第之分了:"有经验的人较之只有些官感的人为富于智慧,技术家又较之经验家、大匠师又较之工匠为富于智慧,而理论部门的知识比之生产部门更应是较高的智慧。这样,明显地,智慧就是有关某些原理与原因的知识。"[13]

于是,源起于热爱智慧、追求智慧的哲学,也就一变而成了追求知识的学问了。问题只在于哲学所追寻的知识是属于高等级的知识。亚里士多德为哲学的知识及哲学家所定的标准有五条:

"(1)哲人知道一切可知的事物,虽于每一事物的细节未必全知道;

(2)谁能懂得众人所难知的事物,我们也称他有智慧(感觉既人人所同而易得,这就不算智慧);

(3)谁更能善于并更真切地教授各门知识的原因,谁也就该是更富于智慧;

（4）为这门学问本身而探求的知识总是较之为其应用而探求的知识更近于智慧，高级学术也较之次级学术更近于智慧；

（5）哲人治人而必不治于人，他不应听从他人，智慧较少的人应该听从他。"[14]

概括起来说就是，哲学寻求的是最高级的普遍知识。"而最普遍的就是人类所最难知的；因为它们离感觉最远。"[15]

柏拉图、亚里士多德把哲学从热爱智慧引向了追求普遍知识，这一方向性的转变决定了西方哲学的形态。其影响之深，使得直至今天，人们对哲学非普遍知识莫属这一点少有怀疑。其实，从热爱智慧的方面说，既然智慧出于人的德性，它渗透在人类生活的一切创造性活动中，那么，人类生活的各个方面、各个领域都可以成为追寻、热爱智慧的场所或途径。热爱智慧就是让人的智慧尽可能充分、全面地开放出来，只要人类的生命延续着，可能具有的智慧的样式就仍然是没有边际的。大到东方人努力创造一种与自然和谐的生活方式，非洲民族对音乐的敏感，某些印第安部落精致复杂的社会组织结构……小到如中国人可以在日常的习艺、治学、从政、经商、生产活动中"悟道"，这些都是智慧的展开和对智慧的热爱、追求。从生活中概括出知识，并上升为理论的知识，这也是人类追寻智慧的样式之一，即认识的样式。但是如果把哲学当作是寻求普遍知识的学问，这就使热爱智慧有了局限。道理很简单：有所取则必有所舍；有所是则必有所不是。尤其是，柏拉图和亚里士多德所界定的方向已经成了西方公认的经典哲学定义，并且随着西方文化的强大势力而走向世界时，它使非西方文化的民族为此陷入了困境：他们常常自问，我们有自己的哲学吗？或者，便是努力在自己民族的文化典籍中抽出一些素材，按照西方关于哲学的标准和样式编写自己的哲学史。

以上的思考只是想表达：既然智慧出于人的德性，是人的能力，各民族便都是智慧的，也应当是热爱智慧的，只是他们热爱智慧的方式、途径不一定相同，更不一定表达为关于普遍知识的哲学的方式。西方人自从柏拉图、亚里士多德把智慧和知识混为一谈，并把哲学看作是关于普遍知识的学问后，"热爱智慧"这一原始意义上的哲学就走向了一条特殊的途径。作为它的一个直接后果，知识开始被分类，并且有普遍和个别的等级划分。指出这一点，将有助于我们理解本体论在西方哲学中的地位问题。

（三）本体论在西方哲学中的地位

最初,希腊人的学问也是不分类的,所有的学问都是哲学。许多前苏格拉底哲学家的著作,后人都给以"论自然"的标题。柏拉图的对话体著作,除了后期定稿的少数几篇,如《国家篇》《法律篇》带有学问门类名称的标题外,其余都以一个参与对话的角色的名字命名。由于亚里士多德认为哲学是区别于各门专门知识的关于普遍知识的学问,在这一思想影响下,学科的划分也就随之而开始了。亚里士多德是西方历史上第一个对学科进行分类的,这种分类直接体现在他自己的著作中。据现存亚里士多德著作目录,剔除其中被怀疑为伪作的篇目,他所建立的学科计有:

（1）逻辑学:《范畴篇》《解释篇》《前分析篇》《后分析篇》《论题篇》《辩谬篇》;

（2）物理学:《物理学》《论天》《论生成和消灭》《天象学》;

（3）心灵学及生命科学:《论灵魂》《论感觉及其对象》《论记忆》《论睡眠》《论梦》《论睡梦中的征兆》《论生命的长短》《论青年和老年》《论生和死》《论呼吸》;

（4）动物学:《动物志》《动物的器官》《动物的运动》《动物的进程》《动物的生成》;

（5）哲学:《形而上学》;

（6）伦理学:《尼各马可伦理学》《优台谟伦理学》;

（7）政治学:《政治学》《雅典政制》;

（8）修辞学:《修辞术》;

（9）诗学:《论诗》。[16]

这个分类中,哲学就是《形而上学》。他除了说哲学是"寻求最高原因的基本原理"的学科之外,还称它是"第一哲学"[17]。那么哪些是第一哲学之外的第二、第三哲学呢? 我们只是读到:"物理学也是一种智慧,但它不是第一流的。"[18]于此可见,亚里士多德的时代,除了《形而上学》之外,各门学问仍然被看作是智慧,这大概可以说,它们都还可以称为哲学,只是如我们前面说到过的,其包含"智慧"的深浅程度有别。

值得注意的是,当亚里士多德说哲学所研究的对象是最高的普遍原理时,他有过一番这样的表述:"有一门学术,它研究'是者之所以为是者',以及'是者'由于本性所应有的性质。"[19]"是者"(ον/being)是从系词'是'(εἰναι/to be)的分词作成的哲学概念,在西方哲学中可以用作表示泛指一切的概念,其涵盖范围比中文的"存在""万物"都要广。后世的 ontology,即我们不妥当地译作"本体论"并得到广泛流传的这个词,就是由 ont(ou 的变式)加上词尾 logy(意为科学、学说)组成的。因此,从亚里士多德起,"第一哲学"也就是本体论。

随着人类知识的积累,人们总是要重新对学科进行分类。在西方,直到黑格尔为止,本体论始终列在哲学的核心、最高地位,这一点没有动摇过。例如,进入近代以后,德国哲学家沃尔夫又分过一次,黑格尔称赞他"给哲学作了有系统的、适当的分门别类,这种分类直到现代还被大家认为是一种权威"[20]。沃尔夫的分类如下:

(一)理论哲学:

(1)逻辑学,

(2)形而上学:甲:本体论,

乙:宇宙论,

丙:理性灵魂学,

丁:自然神学,

(二)实践哲学:

(1)自然法,

(2)道德学,

(3)国际法或政治学,

(4)经济学。[21]

这种分类方法反映出,在近代实证科学产生之前,或者还没有强大起来之前,人们依然将所有主要的学问看作是哲学。但是哲学的内容显然是比亚里士多德称作"第一哲学"的形而上学要增加了许多。在这种情况下,就是在沃尔夫的这张分类表上,我们依然不难看出本体论在全部哲学中的地位。从理论哲学和实践哲学的关系看,理论哲学比实践哲学要高;而从理论哲学内部看,逻辑向来是被当作工具的,其真正的内容当是形而上学。形而上学是研究所谓普遍原理的,本体论就其没有特定领域和对象而言,其普遍性显然是四者中最高的。从今天的理解看,沃尔夫的时代之所以把宇宙论、理性灵魂学、自然神学列入形而上学,大抵是因为那时还没有发展出实证科学的方法,在这些领域里仍然运用着抽象的概念推论的方法。因此,随着实证科学方法的普遍运用,这后三者在学问分类中的地位也发生了变化,其中除了自然神学始终依附于基督教之外,今天,宇宙论已为天体物理学所取代,理性灵魂学也为心理学所取代,能够剩下来当作形而上学的就只是本体论了。

黑格尔虽然称赞沃尔夫对哲学的分类直到他的时候仍被认为是一种权威,但他自己对哲学的分类与沃尔夫并不完全一致。他的看法中突出的一点是:方法与内容不应该是分离的。因此,他的《逻辑学》既是方法,又是本体论本身。他的全部哲学著作可以分成三大部分:逻辑学、自然哲学、精神哲学。其中逻辑学是纯粹的原理;自然哲学则是纯粹原理的展开、具体化为关于自然的原则;作为纯粹原理的绝对理念经过自然界的外化,最终在人的精神生活中返回到自身,这部分内容就是精神哲学。《精神现象学》写在《逻辑学》之前,这是黑格尔引导人们进入《逻辑学》的绝对理念王国的一座桥梁。他以人类精神从个体意识经过异化和对异化的克服,可以进入普遍、客观的概念领域,说明人类是能认识绝对理念的那些纯粹原理的,因此也才有了他的《逻辑学》。所以,在黑格尔这里,全部哲学的精髓就是一部《逻辑学》,它就是本体论,并且是西方哲学史上的本体论所达到的最完整、最严密的形式和最高的阶段。

以上是就西方哲学史上关于哲学的分类,来说明本体论在西方哲学史上的重要地位。本体论作为西方哲学史的核心和精髓,更表现在它对于西方哲学的态度、思维方式的决定性影响,以及它所引发的种种哲学问题。但这些问题我们还不能在本章中作讨论,因为当西方哲学刚传入进来的时候,人们不容易马上把握它,产生过一些误解,一直影响到今天,甚至本体论这个译名也是不确切的,为此我们当继续廓清一些外围问题。

二、关于"本体论"这个译名

(一)词源学的考察

"本体论"是我国最为流行的对 ontology 一词的译名,这个译名至少在 60 余年前就出现了。另一个也出现得很早、却不甚流行的译名是"万有论"。近年来,又出现了一个新的译名"存在论"。我本人在 10 年前建议译为"是论"。

一词而有多种译名,便觉蹊跷,况且它还是一门学问的名称,尚未深入其内容,可见问题之复杂。让我们暂将各种译名置于一旁,先对原文 ontology 作一词源学的考察。

我们知道,像 biology(生物学)、sociology(社会学)这类词分别是由词干 bio(生命、生物)、socio(社会)缀以表示"科学""学说"的词尾-logy 构成的,同样,ontology 是由 ont 加上-logy 构成的,那么,它当是一门关于 ont 的学问了。据说最先构成 ontology 的是 17 世纪时一位叫郭克兰纽(Goclenius,1547—1628)的德国人。像相当一部分表示学科名称的词由希腊文构成的一样,ontology 这个词也是借助于希腊文构成的。

从字面上说,ont 是希腊文 on 的变化式,而 on 则是相当于英文中不定式 to be 的希腊文 einai 的中性分词,这就是说,on 可以认为是直接相当于英文中的 being 的。因此,ontology 这个词表明了它是一门关于 being 的学问。于是问题的关键就在于 being 究竟是什么意思。

作为 to be 的分词,being 的意义取决于 to be。to be 是一个系动词,它在行文中随着主语的人称、单复数以及句子所表达的不同时态而有形式的变化。它所表达的意义也是多种多样的,但无可怀疑的是,它最常表达的、也是最基本的意义,相当于现代汉语中唯一的系词"是"。

在从其基本意义为"是"的 to be 说到 being 的时候,先要说明一点,即在英文中,to be 的动名词形式和现在分词在语法上是有明确区别,但在词形上却无区别,都写作 being。这在与之相应的德语的词中是区别得很清楚的,不定式 sein(是)的动名词写作 Sein,分词则写作 seiend,而且还有一个由分词转化成的名词 das Seiendes。这决不只是一个语法学的问题,而是直接关系到由这些不同词性的词所表达的哲学概念的意义。对此,研究海德格尔哲学的著名学者理查逊(W.J.Richardson)早有揭示,他在分析希腊文 on 作为分词的特点时说:"在古时的语法学家看来,这意味着这个词同时'分有'其名词和动词两种意义。然而'分有'的概念不是一个语法学上的概念,而是哲学概念。古罗马语法学家援引自希腊语法学家,而后者,依海德格尔的说法,又援引自柏拉图。对柏拉图来说,这个词表达了'诸所是'(beings)和'是'(Being),即理念之间的关系。"[22]

以上的引述表明,从柏拉图哲学起,being(分词)就被当作是分有了 Being(动名词)的东西。于是,如果我们同意 Being(动名词)就是"是"的意思,那么,being(分词)所表示的就是:分有"是","是的";这个分词的进一步名化(德文 das Seiendes)便表示"是的东西",即"所是"或"是者"(that which is)。于是,所谓以 on(being)为研究对象的 ontology,就其字面上确切的意思来说,是一门关于"是"和一切"是者"的学问,或者说,它其实应当称为"是论",因为一切"所是"或"是者"都被认为是分有"是"才是其所是的。

西方哲学从一开始就标榜自己是一门最普遍的学问,"是"和"所是"正是这种哲学用来表达最一般的对象的概念。确实,从语言表达的角度来说,没有什么词比"所是"或"是者"更能普遍地表述一切东西;反过来说,也没有什么东西是不可以用"是者"或"所是"来表达的,因为在我们述说一切东西的最简单的句式"这是某某"里,这个"某某"便已经成了"所是"了。而这个"某某",不只限于可见、可触、当下存在的东西,也可以是过去存在或将要存在的东西;甚至也可以是根本不存在的、只是思想上的一种虚构的东西或概念,乃至于连什么东西都不是的、一个表示"无"的概念也逃不出"所是"的范围,因为这是一个无的概念。又由于"所是"是分有了"是"才是其所是的,经过哲学家的改造制作,"是"本身就成了具有最高、最普遍的逻辑规定性的范畴。它外延最广,内涵最小(不是任何特定的所是)。它本身又是无可定义的,因为据亚里士多德,定义的方法是种加属差,然而"是"既是最高的概念,不可能还有一个比它更高、包容它的种概念。正是经过了这一番规定制作,"是"就成了 ontology 这门学问的逻辑起点,它把其他各种具有特殊规定性的"所是"都当作属性,是可以从它逻辑地推出的。由于这里涉及的都是些一般的概念,而且是这些概念间的逻辑关系,于是反映这些概念间关系的命题就被认为是普遍的,且先于经验事实的原理。这就是 ontology。

(二)几个不同译名的讨论

从以上的讨论中,我们首先得出的结论是:"本体论"虽然已经成为 ontology 的一个流行的译名,但它是不准确的。从字面上说,ontology 是关于"是"或"是者"的学问,丝毫没有关于"本体"的学问的意思。我们知道,在亚里士多德的《形而上学》中,"本体"是该书讨论的一个重要的概念,他认为只有本体是能够独立存在的,其他各种"所是"都是依附于本体才成立的,这便是他讨论"是者之为是者"时的一个基本的观点。但这不等于说他(更不能说后人)就以对本体的研究作为这门学问的名称。亚里士多德说明这门学问时说的是:有一门学问,研究"是者之为是者"及其本已所有的属性。并且即使在亚里士多德这里,本体也是诸"是者"之一。更何况在后来的一些 ontology 中,并非必定讨论"本体"这个范畴。"本体论"这个译名最大的危害是,用它译 ontology 牛头不对马嘴,但却容易使我们的同胞望文生义,由它而想起中国传统哲学中有关"体用""本根"的论述,于是在中国哲学中勾勒出一种"本体论",当作是与 ontology 相应的东西,其实是南辕北辙。本书仍然沿用"本体论"这个名称,是因为目前它依然流行,但我们同时也将情况讲明,相信经过更多的人研究之后,自会产生正确的译名。

其次,"存在论"这个译名也是不妥当的。采用"存在论"这个译名的人想必是看出了"本体论"译名的不当,但他自己却显然是将 Being 译作"存在"了。诚然 to be 在其上下文中可以有许多意思,其中包括"存在",也包括"是"。我们已经说过,在 ontology 中,Being 是一个最高、最普遍的范畴,在它可以译作"存在"和"是"这两个情况下,取哪一个更符合其作为"最高、最普遍的范畴"的品性呢? 显然当取"是"而非"存在"。因为在中文里面,"是"能包含"存在"的意思,而反之却不能。如:"苦海无边,回头是岸",这个"是"即"存在""有"的意思。陈康先生早就肯定过"是"的意思要比"存在"广得多,他曾举例说,依据人们对"存在"概念的理解,我们讲善人、善事存在,善不存在,但我们却不能由"善"的"不存在"推论它不是"善"。[23]况且,ontology 中另有一个表示"存在"的词,记作 existence,它也是"诸是者"之一,逻辑地从属于"是",是可以从"是"中推论出来的,如果 Being 和 existence 都译作"存在",中文又怎样表达它们之间的推论关系呢?

许多朋友在讨论中常表示,把 Being 译成"是",这在中文里总是很别扭,感到不习惯。这就触及了问题的关键。陈康先生曾表示,这个语言上的不习惯反映出来的乃是两种思想方法上的差别,但他没有进一步告诉我们究竟是怎样的思想方法的差异。我在本书第二章里试图说明,在日常的思想和运用语言的方式里,一个词的意义就是这个词所指的对象,没有所指对象的词被认为是没有意义的。但在 ontology 里,Being 恰恰是无所指的,因为一有所指,它便成了具体的"所是"而不再是最高、最普遍的概念了。反过来说,唯其无所指,它才逻辑地包容一切。同样,在中文里,当举出"是"作为一个概念时,从日常思想的角度去看,总觉得因它没有说出"是什么"而觉得不落实,不如"存在""有"至少说出了一些可指明的东西或性质,其实正是因为它们指出了些什么,它们便有了某种规定性,便配不上最高、最普遍的概念了。由于我们总是想以对待日常中的词的意义的方法去对待 ontology 中逻辑地规定的概念,自然会感到别扭。但是要研究本体论,我们不得不掌握它的方法。

"万有论"这个译名的不当处与"存在论"大致相同。它们虽然都考虑到了 Being 这个概念当是一个最普遍的概念,但是都是从泛指万物的角度去考虑的("存在""有"便是万物的基本性质的抽象)。然而 ontology 中的 Being 所具有的普遍性首先且主要是逻辑的规定性。从这个要求出发,作为最普遍的 Being 是没有任何特殊规定性的,"存在""有"在它面前都只是些特殊规定性,都是一种"所是"。而"是"则包容一切"所是"又不是任何特定的"所是",在这个意义上,按黑格尔的说法,"'是'、这个无规定的直接的东西,实际上就是无,比无恰恰不多也不少"[24]。不从逻辑规定的角度去看,这个话是不可理解的。

从 ontology 字源的考察我们得知,所谓"本体论",其实并不是关于"本体"的学说,而是关于"是"的学说。那么关于"是"又怎么能演绎出一种学说,并且这种学说又怎么能成为西方哲学的第一原理呢?让我们看一下它的定义。

三、定 义

(一) 哲学史上关于本体论的最早的定义

虽然本体论这门学问可以追溯到柏拉图,但是直到 18 世纪才出现它的定义。第一个为本体论下定义的是德国哲学家沃尔夫(Christian Wolff,1679—1754)。沃尔夫曾受教于莱布尼茨门下,后来先后在哈雷大学和马堡大学任教。俄国的沙皇彼得大帝聘他为自己的科学顾问,他也为俄罗斯科学院的创建出过力。他晚年的时候声望更盛,弗里德里希二世聘他在普鲁士朝廷为官。我们读到的他的那个关于本体论的定义,见于黑格尔的《哲学史讲演录》,其说如下:

> 本体论,论述各种抽象的、完全普遍的哲学范畴,如"是"以及"是"之成为一和善,在这个抽象的形而上学中进一步产生出偶性、实体、因果、现象等范畴。[25]

这个定义表达了本体论是西方哲学特有的一种哲学形态,其中包含着中国传统哲学中所没有的思想方法,我们当对此作出分析和说明。在此之前先要解决一个问题,即我们为什么开门就引沃尔夫的定义?因为,事实上,我们见到了许多不同的关于本体论的定义。例如《辞海》"本体论"条载:"指哲学中研究世界的本原或本性的问题的部分。"专业工具书,如冯契主编的《哲学大辞典》[26]中写道:"大体上说,马克思以前的哲学所用的本体论有广义狭义之别,广义指一切实在的最终本性,这种本性需要通过认识论而得到认识,因而研究一切实在的最终本性为本体论,研究如何认识则为认识论。这是以本体论与认识论相对称。从狭义说,则在广义的本体论中又有宇宙的起源与结构的研究和宇宙本性的研究,前者为宇宙论,后者为本体论,这是以本体论与宇宙论相对称。这两种用法在西方哲学中现仍同时存在。"而更权威的《中国大百科全书·哲学卷》[27]则认为,本体论"在西方哲学史和中国哲学史中分别具有各自的含义。在西方哲学史中,指关于存在及其本质和规律的学说。"又说:"在古希腊罗马哲学中,本体论的研究主要是探究世界的本原或基质。"还说:"在中国古代哲学中,本体论叫做'本根论'。"在我国哲学界,还有许多关于本体论的说法,它们大体都可包括在我们上面所引的几条说法中。

不可否认,与沃尔夫的定义相比,我国哲学界关于本体论的种种界说,其表述更容易让我们理解。可是同样不可否认的是,我国哲学界所谓的本体论,与沃尔夫所表述的那个本体论具有很大的差距。然而,既然本体论源于西方哲学,最初是西方哲学史上的一种形态,那么,研究本体论自然先要注意西方哲学史上对本体论的界说,作为西方哲学史上第一个关于本体论定义的沃尔夫的那个说法自当是我们首先要考察的。这倒不是说本体论不能有其他的表述定义,问题的关键在于,我们应当真正搞清本体论是怎样一种哲学形态,只有在这个基础上,我们才能去进一步作出各种判定,包括判定中国哲学史上是否有本体论的问题。然而事实上却是,当我们置沃尔夫的定义于不顾,径直采纳那些容易理解的所谓关于本体论的定义时,我们已经自行关闭了通向理解本体论的门径。

或者有人说,即使在西方哲学界,本体论也不只是沃尔夫一种理解,而是多种说法并存的。我们也注意到了这个问题。这些与沃尔夫不同的种种说法基本上都出于现代的一些论家,并且,他们似乎有一种共同的倾向,即以对"存在"(existence)的研究取代、或至少是部分取代对于"是"的研究,以作为本体论的对象。如美国著名的哲学家蒯因把本体论简单地概括成对于"何物存在"("What is there?")这个问题的讨论。[28]又如豪尔(David L.Hall)和艾姆斯(Roger T.Ames)认为西方传统的形而上学分为"一般的本体论"和"普遍的科学"两支,并且认为"一般的本体论""是对事物最基本的特征的研究",又说,"一般的本体论寻求发现是者之是",而对所谓形而上学,他们认为是在研究"哪些种类事物存在?"("What kinds of things are there?")"什么是事物的本质?"这类问题中产生出来的。[29]这些判断句并列在一起,人们最容易想到的就是,所谓对"是者之是"(Being of beings)的研究就是对一般的事物的存在其及特征的研究。又如,美国人巴姆(Archie J.Bahm)认为,由于本体论是研究"是"的,那么究竟什么是本体论就要看"是"是什么意思。"如果'是'与'存在'是同义的,那么形而上学与本体论也便同义;并且形而上学可定义为'关于是的科学',也可定义为'关于存在的科学'。然而,如果人们把'是'当作是'具有特性的东西',因而在'是'和'它的范畴'之间作出区别,那么'本体论'与(研究诸范畴的)'形而上学'就成了各自有别的科学,它们各有其独立的功能。"[30]他显然认为,把"是"与"存在"看作同义并非不可。总之,现代西方哲学中关于本体论的定义要是与沃尔夫的定义有所不同,那么就是以"存在"代替"是"作为本体论研究的对象。而"存在"在此又被当作是表示一般的事物及其性质的概念。于是本体论简直就被当作是关于一般的事物及其性质的一门学问了。这样的定义虽然容易理解,但与沃尔夫的定义显然有一定距离。即使它们代表了本体论的最新发展,也只有与其源头联系起来才能显出作为发展的意义。

(二)"百科全书"中最新的定义

我们之所以重视沃尔夫的定义,首先是因为它是西方哲学史上第一个关于本体论的定义。沃尔夫上承莱布尼茨,下启康德与整个德国古典哲学,这个定义至少反映了沃尔夫前后一段时期内人们对本体论的观念,而这个时期在西方哲学史上的重要性是不言而喻的。虽然他的定义在今天的人们读来颇为费解,然而一旦得以解读,西方哲学史上那些大师们晦涩的著作也会随之得到解读,因为本体论正是他们讨论各种问题的出发点与核心问题。其次,尽管今人关于本体论有种种与沃尔夫不同的解说,然而西方一些重要的学术典籍谈到本体论时,都不忘提及并述说沃尔夫定义的原意。为免读者查

阅之繁,兹全文转译《不列颠百科全书》(第 15 版)该条目有关部分如下:

> **本体论** 关于"是"本身,即关于一切实在的基本性质的理论或研究。这个术语直到 17 世纪时才首次拼造出来,然而本体论同公元前 4 世纪亚里士多德所界定的"第一哲学"或形而上学是同义的。由于后来形而上学也包括其他的研究(例如,哲学的宇宙论和心理学),本体论就毋宁指对"是"的研究了。本体论在近代哲学中成为显学,是由于德国理性主义者克利斯蒂安·沃尔夫,依他的看法,本体论是走向关于诸是者之本质的必然真理的演绎的学说。然而,他的伟大的后继者康德却对作为演绎体系的本体论,以及作为对上帝的必然存在(当作最高最完善的"是")所作的本体论证明,作了有重大影响的拒斥。由于 20 世纪对形而上学的革新,本体论或本体论的思想又变得重要起来,这主要表现在现象学家以及存在主义者中,其中包括马丁·海德格尔。

另一份重要的资料摘译自《美国大百科全书》

> **本体论** 形而上学的一个分支,它研究实在本身,这种实在既是与经验着它的人相分离的,又是与人对于它的思想观念相分离的。这个术语是由克利斯蒂安·冯·沃尔夫(1679—1754)导入的,以指介乎研究世界的起源与结构的自然哲学和研究心灵的精神哲学或心理学之间的、一片思辨思想的领域。他教导说,本体论应当为那些比自然哲学或心理学中所考虑的问题更为基本的问题寻找答案。……本体论是思辨性地探究,它要问实在从根本上说究竟是多种不同表现中的一这样的东西呢,还是就是多样性的东西。在这两种情况的每一种里,如果实在要被思想为是服从于形式逻辑法则的、一致而统一的东西,那么就必须发现出一些重要的范畴来。……

不管怎么说,上引两部百科全书所载本体论条目都提到沃尔夫,并试图对沃尔夫的定义作出解释,这些解释对我们理解沃尔夫的定义,并通过沃尔夫理解西方哲学史上的本体论这一特殊的哲学形态,是有启发的。

四、基 本 特 征

在本章中,我们暂时只能从沃尔夫关于本体论的定义出发,对本体论的基本特征作一初步的讨论。

首先要提出来讨论的是,本体论所研究的对象究竟是什么? 这个问题涉及本体论最基本的性质。尽管定义上讲得很明白,本体论是关于"是"的学问,然而这个"是"却不容易理解。我们会问,"是"是什么? 然而"是"不是任何的什么,因为"是"本身不是任何的"所是"。我们可以用"是"泛指一切存在着的东西,或万物,但是这还不足以穷尽"是"的意义,因为即使那些并不存在的东西,只要我们对之有一个哪怕是虚构的观念,便都落在"是"的范围内。我们只能说,"是"是无所不包的,"是"包容着一切所是。当我们这样说的时候,我们便已经从其逻辑规定性方面来理解"是"了。由于"是"中包容着一切所是,于是,从"是"便可产生或推出各种所是,如"一""善",以及"偶性""实体""因果""现象"等范畴,其中也包括"存在"范畴。由此我们得出初步的印象:本体论是讨论"是"及各种"所是"的范畴间的相互关系的学说,其中"是"包含着一切"所是",一切"所是"都是从"是"中产生出来的。

进一步的研究表明,上述所谓的"产生"其实是形式逻辑的演绎过程。关于这一点,我们前面引述的两部百科全书上都有揭示:《不列颠百科全书》说,"本体论是走向关于诸是者之本质的必然真理的演绎的学说";《美国百科全书》说,本体论之所以运用范畴来表达,是为了将"实在"纳入"形式逻辑的法则"。

那么,这种符合于形式逻辑法则的、用范畴来表达的内容究竟是什么呢? 上面的引文中已经提及了它就是"实在",在《不列颠百科全书》的条目中更是明确指出:本体论是"关于'是'本身,即关于一切实在的基本性质的理论或研究"。于是问题又在于"实在"是什么?

即使在现今的哲学中,对于实在也有两种不同的理解。一种理解切近于日常生活的理解,他们以为,凡是能为人看到、听到、感觉到的东西都是实在的;另一种理解恰恰相反,因为他们认为,人的感觉是变化不居的,依赖于感觉、经验的东西并没有实在性,真正实在的东西是变中不变的东西,它是事物的本质,在人的感觉经验之外。如果说关于"是"的学说的本体论同时就是关于实在的学说,那么,本体论所谓的实在决不是经验的实在,而是先验的(a priori)实在,即上述两种实在中后一种实在。

在西方哲学史上,凡是本体论,都是活动在这片先验的领域之中、并且以之为对象的。这片先验的领域最初是由柏拉图设立的,称为理念世界,它与我们的表象世界是分离存在的,然而它却是表象世界的本质、原理。在黑格尔这里,这片领域称为绝对理念或绝对精神,黑格尔虽然不同意在绝对理念和我们的表象世界之间有不可逾越的鸿沟,但他同样认为,绝对理念是纯粹的原理,自然界和人类社会的一切表现都是绝对理念的外化或展开。这样的原理由于不是从经验中得出的认识,而是先于经验的、它必定是从概念到概念构造出来的体系。

康德是反对本体论的。他对于自己所反对的那个本体论的理解,与我们上述的理解是一致的。在《纯粹理性批判》一书中,他把狭义的形而上学分为超验哲学(transcendental philosophy)和纯粹理性的自然学(physiology of pure reason),"前者,是在不考虑可能给予的对象,而只涉及一般对象的原则及一切概念的体系中,只研究悟性及理性本身(ontologia,本体论)"[31]。

本体论就是这样与经验世界隔绝或者先于经验世界的理念世界、绝对精神、纯粹理性的领域,它是纯粹的原理,"第一哲学"。

正因为本体论是先于经验的纯粹原理,这些原理从理论上讲就不是人主观地设想出来的,而是概念自身逻辑运动的结果。对此,黑格尔作了如此概括:"这种精神的运动,从单纯性中给予自己以规定性,又从这个规定性给自己以自身同一性,因此,精神的运动就是概念的内在发展:它乃是认识的绝对方法,同时也是内容本身的内在灵魂。——我认为,只有沿着这条自己构成自己的道路,哲学才能够成为客观的、论证的科学。"[32]在本体论哲学家看来,正是概念的逻辑运动,才保证了这套原理系统作为真理的客观性和普遍必然性。

与本体论运用逻辑方法这一特征相符的是,在本体论中所使用的那些概念必须是从逻辑上加以规定的概念。逻辑地规定的概念与日常语言中的概念的区别是,日常语言的概念是从这个概念所指的对象方面得到其意义的,而逻辑的概念则是从其与其他的逻辑概念的关系中得到规定的,逻辑概念的意义就是它的逻辑规定性。本体论通过把一切概念转变为"所是"和"是",使"是"成为统摄、包容一切"所是"的最高、最普遍的概念,从而使它们都成了逻辑的概念。

综上所述,我们认为,所谓本体论就是运用以"是"为核心的范畴、逻辑地构造出来的哲学原理系统。它有三个基本的特征:

(1)从实质上讲,本体论是与经验世界相分离或先于经验而独立存在的原理系统,这种哲学当然应归入客观唯心主义之列;

(2)从方法论上讲,本体论采用的是逻辑的方法,主要是形式逻辑的方法,到了黑格尔发展为辩证逻辑的方法;

(3)从形式上讲,本体论是关于"是"的哲学,"是"是经过哲学家改造以后而成为的一个具有最高、最普遍的逻辑规定性的概念,它包容其余种种作为"所是"的逻辑规定性。Ontology因之而得以命名,即它是一门关于"是"的学问,其较适当的译名应为"是论"。

以上关于本体论的三条基本特征,只是一种初步的概括,它在其形成和发展过程中是有差异和变化的,对此,本书下篇将有深入的讨论。

五、划清两条界线

有一些模糊的见解妨碍着我们深入考察本体论的形态、特征及其思维方式,其中主要的是把本体论混同于宇宙论或自然哲学,混同于哲学的基本问题,这些问题是我们在此不得不先予解决的。

(一)划清本体论与宇宙论的界线

哲学的宇宙论和自然哲学都是以我们周围的世界、自然界为对象的,宇宙论尤其是以宏观的宇宙为研究对象的。在古希腊,自然哲学的一个重大课题是讨论构成千姿百态的自然事物的基本成分,即基质。基质这个词在希腊文中作 arche,而 arche 这个词又有"原理"的意思。这也许是人们把自然哲学混同于本体论的原因之一。但是"基质"和"原理",尤其是作为本体论的"纯粹哲学原理"显然是有明显区别的。基质是可以用各种科学方法去实证的东西,而作为本体论的纯粹哲学原理,正是因为它纯是逻辑的产物,找不到实证的手段,而在黑格尔之后迅速解体。事实上,当初的自然哲学所思考的问题,绝大部分已经为今天的自然科学所取代,如果还有所剩余,那大概就是科学方法论,或者自然辩证法。但科学方法论或自然辩证法仍然是以经验科学为基础的，这就同木休论有了明显的区别。不但科学方法论无法取代本体论，本体论从其自尊自大的气概方面说，倒是要将包括科学方法论在内的一切理论包容在自己之中，如黑格尔的《逻辑学》同他的《自然哲学》的关系一样，不管这种企图事实上是否能成立。

宇宙论在其产生的时候，由于缺少实证的手段而具有超越经验的性质，因而曾和本体论一起被归入形而上学。尽管直到今天，关于宏观宇宙的研究仍然具有很强的理论推测的性质，但是由于人类实验手段的发展（太空望远镜、人类登月取回月球岩石样品、登上火星的探测器，等等），这些理论也获得了强有力的经验依据。今天对宇宙的研究同古时候哲学宇宙论已大不相同，它获得了宏观物理学、天体物理学的名称，早已不是形而上学的了，而是属于自然科学的了。

总之，自然哲学、宇宙论都是有特定的研究对象的，因而是、或最终可以是经验的；本体论作为纯粹的哲学原理，则不以任何特定事物为对象，因而只能是在经验之外的，是逻辑的。

逻辑的还是经验的？这个标准把本体论与以世界本原、本性为研究对象的自然哲学作了明确的判别。这个标准同样也可用于检验所谓关于"存在"的学说。据说，"存在"是标志一切事物的最普遍、最抽象的概念。其实，"存在"并不是最抽象、最普遍的概念，"本质"就是和"存在"一样抽象、普遍的概念。"存在"回答"有什么东西存在？"（What is there?），它求事物的存在性或有性（thereness），"本质"则回答"这是什么？"（What is it?），它求事物的"是什么"（whatness）。如果说一个只具"是什么"（whatness）而不具存在性（thereness）的事物是不现实的，那么反过来也一样。也许人们是据日常认识事物的经验，说人们往往是在不知道某物之是什么的情况下先知道了有某物，只是在后来才进一步知道了它的本质，于是认为"存在"先于"本质"，"存在"具有最普遍的性质。可是事实上，我们有时也据"本质"而把握"存在"，如人们根据门捷列夫最初制定的化学元素周期表上的空格，先预测了应当有某种性质的元素，即先知其"是什么"，然后才发现确有其物，这便是一个例子。大凡技术上的发明，都是先期望着某种性能的事物，然后才制造出来的。更何况：我们都知道一般的"人"是什么意思，可是除了张三、李四这些具体的个人，我们又何尝见过这一般的"人"？在这里，比起"存在"，"本质"是我们更先、更多打交道的东西。一事物之"本质"或"是什么"，在于该事物与他物的关系；说一事物有其存在而无其本质,等于说有绝对孤立的事物,这是不可能的。"存在"和"本质"一样,不是所谓最普遍、最抽象的概念,因为它是存在,是一个有确定规定性的所是。只有那个一切所是所属的、又不是任何所是的"是"本身,才是最高、最普遍的概念。但当我们这样来规定"是"以及当作"所是"来对待的"存在""本质"时,就已经脱离经验而进入了先验的逻辑的领域了。

总之,本体论所在的逻辑领域与经验领域是两个完全不同的、具有质的差异的领域。人们不可能靠扩大经验的范围并在这个扩大了的经验范围里的抽象,例如提出"整个宇宙哲学"这样的概念,来构想本体论,因为本体论是超出在经验之外的。

(二)划清本体论与哲学基本问题的界线

关于本体论与哲学基本问题的界线,这本来应当是一个不成问题的问题。因为在西方哲学史上占核心、主导地位的本体论既然是一套超出在经验之外、并且先于经验的纯粹原理体系,毫无疑问,它是一种先验论的唯心论的哲学。由恩格斯表达的哲学基本问题,即物质与精神孰先孰后以及思维与存在是否具有同一性,明显地是反对本体论的。可以说,正是通过对本体论的批判,马克思主义哲学实现了西方哲学史上革命性的变革。但是,也许是由于马克思主义批判以黑格尔为首的旧哲学的时候,很少提到本体论这个词,更是由于我们对本体论之为何物研究得不够,竟至于有把本体论与为了批判本体论而提出的哲学基本问题混淆起来的现象。如,有一篇文章中说:"世界上纷繁复杂的事物现象,有没有一个统一的本体或本原,作为它们存在的共同根据? 这个本体是物质性的东西还是精神性的东西? 本体和事物现象的关系是怎样的? 这是历来哲学家们所要回答的问题,回答这些问题的哲学理论就叫做本体论。"[33]这段话中除了有把本体论误作关于本体的理论,把本体论混同于自然哲学的认识之外,还有将本体论和哲学的基本问题混为一谈的明显表述。

哲学基本问题的第一方面,即提出物质与精神孰先孰后的问题,明显是反对作为先验原理系统的本体论的,这点,既经点明了本体论是怎么回事之后,也许不必去多作论证了。我们在此要略为多说几句的是关于哲学基本问题的第二个方面,即存在与思维是否有同一性的问题,它与本体论的关系。按本体论作为纯粹的原理、是与经验世界隔离的而言,它的确存在着问题:原理世界是如何作用于现象世界的？在经验世界中的人又怎么能认识那种原理？正是这些问题,激发了西方近代哲学对认识论问题的思考。其结果是,一方面出现了像休谟、康德这样的不可知论,他们否定彻底认识世界的可能性;另一方面,大多数哲学家则作出了肯定的回答,其中包括黑格尔。但是黑格尔的理由是,人的认识也是绝对精神的体现和展开,因此,思维能够认识那一开始就已经是思想内容的内容,对他来说这并没有什么奇怪。所以恩格斯批评说:"在这里,要证明的东西已经默默地包含在前提里面了。"[34]这里,我们体会到,哲学基本问题第二个方面所针对的,除了不可知论,主要是本休论的建立在唯心主义基础上的思维和存在同一论。事实上,马克思主义正是通过对以本体论为主要内容的黑格尔哲学的批判才得以创立的。这种批判直指本体论的唯心主义实质,还兼及本体论所使用的脱离生活的特殊语言王国(见本书第四章)。因此把本体论与马克思主义概括的哲学基本问题相混淆,将会产生严重的理论错误。

注释

1. 柏拉图:《克拉底鲁篇》,412a—b。 *Plato:The Collected Dialogues*,ed.by Edith Hamilton and Huntington Cairns,Princeton University Press,1987.

2. 柏拉图:《克拉底鲁篇》,411d。

3. 同上书,411e—412a。

4. 色诺芬:《回忆苏格拉底》,第三卷第九章第 5 节,吴永泉译,商务印书馆 1986 年版。

5. 同上书,第 4 节。

6. 同上书,第 6 节。

7. 柏拉图:《斐多篇》,67d。

8. 柏拉图:《大希庇阿斯篇》,296a。

9. 柏拉图:《泰阿泰德篇》,145d—e。

10. 柏拉图:《智者篇》,253c。

11. 亚里士多德:《形而上学》,982a1。Ross 英译本,参阅吴寿彭译本,商务印书馆 1981 年版。

12. 同上书,981a1—981b6。

13. 同上书,981b27—b33。

14. 同上书,982a9—19。

15. 同上书,982a24。

16. 见苗力田主编:《亚里士多德全集》第一卷后记,中国人民大学出版社 1990 年版。

17. 亚里士多德:《形而上学》,1004a3。

18. 同上书,1005a1。

19. 同上书,1003a20。

20. 黑格尔:《哲学史讲录》第四卷,贺麟、王太庆译,商务印书馆 1978 年版,第 188 页。

21. 同上书,第 189 页。

22. William J.Richardson, *Heidegger:Through Phenomenology to Thought*,Martinus nijhoff/

The Hague，1963，p.11.

23. 陈康译注：《巴曼尼得斯篇》(下简《陈注本》)，商务印书馆 1982 年版，第 160 页。

24. 黑格尔：《逻辑学》，杨一之译，商务印书馆 1974 年版，第 69 页。该译本译 Sein(Being)为"有"，本处引用时改为"是"。

25. Hegel，*Lecture on the History of Philosophy*，Vol.Ⅲ，London，1924，p.353.中文本见《哲学史讲演录》，第四卷，贺麟、王太庆译，商务印书馆 1978 年版，第 189 页。(中文译本中"是"作"有")

26. 冯契主编：《哲学大辞典》，上海辞书出版社 1992 年版。

27. 中国大百科全书出版社 1987 年版。

28. 蒯因：《从逻辑的观点看》，江天骥等译，上海译文出版社 1987 年版，第 1 页。

29. David L.Hall and Roger T.Ames，"Understanding Order：The Chinese Perspective"，in *From Africa to Zen*，Robert C.Solomon and Kathleen M.Higgins ed.，Rowman & Littlefield Publishers，Inc. 1993，p.6.

30. Archie J.Bahm，*Metaphysics*，*An Introduction*，Albuquerque，New Mexico，1974，p.15.

31. Kant，*Critique of Pure Reason*，trans.by F.Max Müller，New York，1966，p.537.参阅《纯粹理性批判》，蓝公武译，商务印书馆 1960 年版，第 573 页。

32. 黑格尔：《逻辑学》上卷，杨一之译，商务印书馆 1974 年版，第 5 页。

33. 冯契：《中国哲学范畴集》，人民出版社 1985 年版，第 130 页。

34.《马克思恩格斯选集》第 4 卷，人民出版社 1966 年版，第 206 页。

第二章

本体论的语言

本体论是西方哲学特有的一种哲学形态,它是以"是"为核心的一些范畴,通过逻辑的方法构成的先验原理系统。它也是一种特殊的思想方式,并且与其使用的语言形式是相匹配的。马克思、恩格斯曾经说过:"语言是思想的直接现实。正像哲学家们把思维变成一种独立的力量那样,他们也一定要把语言变成某种独立的特殊的王国。这就是哲学语言的秘密,在哲学语言里,思想通过词的形式具有自己本身的内容。"[1]思维方式与语言形式之间的这种相互依存关系,使我们能够通过对语言的分析,来进一步揭示本体论的特殊思维方式。

特殊的思维王国通过特殊的语言王国表达出来。本体论的语言的特殊性,首先表现为它对于印欧语系中普遍存在的系词"是"的倚重。其次,作为本体论范畴的"是"是经过哲学家对日常语言中的"是"改造的结果。第三,印欧语系的某些语言学上的特征,尤其是它那相对来说较为形式化的特征,为实现这种改造提供了可能。下面让我们来依次讨论这些问题。

一、"是"是本体论的核心范畴

本体论与其得到表达的语言之间的联系的最明显的特点,就是它对于"是"这个词的依赖。ontology——本体论,从字面上说就是关于"是"的学问。没有"是"这个词,本体论的产生是难以想象的。

在柏拉图初创本体论的那篇对话体著作《巴门尼德篇》中,"是"首次被当作一个理念来看待。同时,一个由系词"是"连结而成的句子也就获得了新的意义:它表示"是"这个理念与同样是当作理念来看的主词与表语之间的结合。如"一是数"这个句子,其中的"一""是""数"都是理念。这个句子在柏拉图《巴门尼德篇》中的哲学意义是："一""是""数"这三个理念是互相结合着的，或者说是互相分有的。由于它们的互相分有，"一"和"数"都被称为"是的"东西，即"所是"，用 ειναι（to be，是）的中性分词 on（being）来表示。事实上，一切东西都可以用"x 是某某"这样的句式陈述，一切东西都可以称为"所是"，"所是"就成了泛指一切的概念。在《智者篇》中，柏拉图进一步提出，哲学的任务在于寻找一般的通种（genera）之间的结合，也就是较具普遍性的那些"所是"的结合，它们之间的结合产生出来的是纯粹先验的原理。在超出经验层面上的，以各种"所是"之间的关系为形式的本体论就是这样初步得到确立的。

虽然亚里士多德并不主张建立一种超出经验范围的哲学，但他沿用"所是"作为泛指一切的一般概念，并且说过有一门研究"是者之为是者"的学问，以此作为对哲学的一种界定。他研究过"所是"的多种意义，对作为一种基本的、最重要的"所是"——本体，更是倾注过大量精力进行研究。由于柏拉图和亚里士多德的先导，一部以追求真理为其初始目的的西方哲学史，就采取了研究"是"及一般的"所是"的形式。

亚里士多德对于研究"是"的本体论的方向的确立还有一些间接的、但并非次等重要的影响。一是他对范畴的划分。他是根据一个词在句子中充当表语时意义的归类来划分范畴的。[2] 所以亚里士多德会说："基本的所是的种类恰同于表语的种类的数目。"[3] 这进一步肯定了一切范畴都是所是。二是他制定了形式逻辑，这种方法后来被本体论采用，一直延续到黑格尔之前。我们知道亚里士多德的逻辑是所谓主谓逻辑，这也是些关于运用系词"是"的不同句式的概括，因此，当人们检讨这种逻辑方式得失的时候，不免要同时检查"是"的意义，而这一般是伴随着对本体论哲学的批判的。

西方哲学发展到近代以后，笛卡尔以其著名的"我思故我在"（sum cogito）揭开了理性主义认识论的序幕。在另一方面，贝克莱也有一句同样令人难忘的话"存在就是被感知"（esse is percipi），成为经验主义发展到极端的一个标志。在这两句话里都用了拉丁文，"sum"相当于英文的"am"，即 to be 的第一人称单数形式，笛卡尔由此而从我的有局限性的"是"推论有一个无限完满的"是"——上帝。"esse"则相当于英文中的 being。英文中的"本质"（essence）同它有词源的联系，并且 esse 本身就包含着"是什么""本质"的意思。贝克莱的这句话表达的一个重要意思是，他不承认事物有人不能直接感知的本质一类的东西。举出这两个例子是为了说明,到了西方近代哲学中,无论是理性主义还是经验主义,或者说,无论是站在本体论立场上还是站在反对本体论的立场上,他们都要用到"是"这个词,通过这种语言形式来表达他们的哲学思想。

"是"是西方哲学,尤其是本体论的核心概念。它突出地反映了本体论所使用的语言的独特性质。然而西方哲学界在长期的历史发展过程中并没有意识到这一点,反而把本体论及其所使用的语言表达形式都当作是普遍的哲学和哲学的普遍形式。这本不足为奇,是所谓"不识庐山真面目,只缘身在此山中"嘛。只是到了现代,通过对本体论及其语言的分析批判,尤其是通过不同哲学(主要是中西哲学)的比较研究,人们才逐渐看清了这一点。

二、前人对"是"在西方哲学中地位的认识

(一)分析哲学:廓清"是"的意义以清除本体论

20世纪初,从经验主义传统中发展出了分析哲学,分析哲学把清算黑格尔一类的哲学当作自己的任务之一。在批判黑格尔哲学的过程中,他们逐渐将西方哲学中使用的系词"是"的毛病暴露出来了。但是,他们的着眼点多半放在逻辑方面,并且,由于他们缺乏比较哲学的视野,也没有把"是"当作是西方本体论哲学所使用的一种独特的语言来看待,我们这里举罗素和卡尔纳普作为代表加以说明。

罗素在发表于1915年的一部著作《我们关于外间世界的知识》中批评过黑格尔,他说,在黑格尔及其门徒的著作中,"逻辑实际上等于形而上学。大致说来,二者的这种等同是以如下的方式发生的。黑格尔认为,用先天的推理可以指出,世界必有各种不同的重要而有趣的特性,因为没有这些特性的世界是不可能的和自相矛盾的。因此他所谓'逻辑'乃是对宇宙本性的研究,这是就宇宙本性只能从宇宙必然逻辑地自相一致这个原则推出而言的。我本人并不相信,仅仅从这个原则能够对现存宇宙推出任何重要的东西来"[4]。这段话表明,罗素清楚地知道,黑格尔的"逻辑"就是形而上学、就是先天原理体系,即本体论,对此,罗素既不相信,更不感兴趣。他当时所关心的是要发展一套形式化的逻辑。他认为"在一切推论中,唯有形式是具有本质重要性的"[5]。所以,他在一个注释里从逻辑的角度批评了黑格尔对系词"是"的运用:

黑格尔在其《逻辑学》的这一部分中的论证完全是基于对表示谓词的"是"（如在"苏格拉底是有死的"这个句子中）和表示等同的"是"（如在"苏格拉底是饮了毒药的那位哲学家"这个句子中）的混淆上的。由于这种混淆，他认为"苏格拉底"和"有死的"必然是同一的。既然它们是不同的，于是他就不像别人那样推论说这里什么地方有错，而是认为它们显示了"差异中的同一"。此外，"苏格拉底"是特殊的，"有死的"，是普遍的。因此，他说，既然苏格拉底是有死的，由此可见特殊即是普遍，在这里他把"是"字全都当作表示等同了。但是说"特殊即是普遍"是自相矛盾的。黑格尔仍然不觉得这是一个错误，而是要进而把特殊和普遍在个别或具体普遍中综合起来。这是一个例证，表明那些庞大的堂而皇之的哲学体系是如何由于一开始就不当心而被建立在愚蠢浅薄的混淆上面，除非这种混淆是由于无心的过失（这是几乎难以置信的事实），人们是会把它们看作玩弄双关语游戏的。[6]

这段话深究下去对于揭示本体论的语言特点其实是很有启示的。罗素已经指出了系词"是"联系的成分之间的实际意义相差很大，而在本体论看来，它们都可以称为"所是"，这正是本体论研究"是者之为是者"以及"是"和"所是"的意义而得不出一种确切解答的根子。但是，他只是停留在逻辑的层面。

卡尔纳普比罗素进一步的地方是，他不但揭示了英语中系词"to be"后可以接各种成分的表语，而且，它的第二个毛病是，它还可以在没有谓语的地方冒充谓语，表示存在的意义，如在笛卡尔"我思故我在"中的"我存在"（I am）以及"上帝存在"（God is）这样一些句式中。

我们这里谈的是卡尔纳普发表于1932年的题为《通过语言的逻辑分析清除形而上学》的文章中的内容。这篇文章的题目已经明确地标明了它的目标。根据卡尔纳普的观点，脱离经验根据的全部形而上学都是些无意义的假陈述构成的，只要对形而上学的语言作适当的语言分析便可清除掉形而上学。关于一个命题有无意义，他定出了两条标准：一是命题中的词必须具有经验上可观察的所指。对于那些类似于类概念的词，则须经过分析，将它分解成可观察或记录句子里的词。如他演示了"节肢类"这个类概念的词的分析。他说，"节肢类"这个词是指"具有分节的身体和有关节的腿的动物"，这个句子又可进一步分解为"x 是个动物"，"x 有分节的身体"，"x 有有关节的腿"。后面三个句子当是"观察句子"或"记录句子"。简洁地理解，可以认为，卡尔纳普所谓有意义的词归根结底是指那些指向经验上可证实的对象的词，经验的对象就是词的意义。二是，要符合逻辑句法。逻辑句法比语法句法更严密：不符合语法句法的句子固然没有意义，如"凯撒是和"，而符合语法句法的未必皆有意义，如"凯撒是一个质数"。因为语法句法只考虑哪一类词可以和哪一类词结合（如上述句子符合一个名词可以和另一个名词结合的谙法）。从逻辑句法去考虑，就要根据词的含义作进一步分类，这样，凯撒作为"将军"就不会与"数"相混淆了。"自然语言容许构成无意义的词列而不违反语法规则这个事实，说明了从逻辑观点看来，语法句法是不适当的。如果语法句法准确地符合逻辑句法，假陈述就不会产生了。"[7]

卡尔纳普正是根据上述的观点来看待和分析形而上学命题的。他说："也许，形成假陈述时所犯的逻辑错误，大多数是基于英语'to be'一词的用法有逻辑上的毛病（在其他语言中，至少在大多数欧洲语言中，与此相应的词也是一样）……自古以来，多数形而上学家听任自己被'to be'这个词的动词形式以及谓语形式引诱，造成了假陈述，比如'我存在'（I am），'上帝存在'（God is）。"[8]

既然形而上学是受到自然语言的误导，自然语言是不精确的，卡尔纳普开出的处方是以"逻辑分析法"取代哲学。他说："如果无论什么陈述，只要它有所断言，就具有经验性质，就属于事实科学，那么留给哲学的还有什么呢？留下来的不是陈述，也不是理论，也不是体系，而只是一种方法：逻辑分析法。"[9]在这个方向上，逻辑经验主义发展出了一套用符号表示的纯粹形式化的逻辑哲学，他们因此也被称为人工语言学派。

卡尔纳普凭着他对语言、意义的清晰分析能力，本来可以由此深入窥探西方传统哲学，尤其是本体论哲学的特殊的思维方式，然而他却与之失之交臂。其主要的原因，在我看来，是他把语言和思想的关系搞颠倒了。至少在他写作上述文章的时期，他把思想上的一切混乱和不合理都归诸日常语言，这是忘记了语言只是思想用来表达自己的工具。语言形式诚然也会反过来影响思想，有时还会限制思想，尤其是限制独创的思想。但是，被语言限制、歪曲的思想，不是由思想本身通过语言加以冲破和纠正的吗？对于卡尔纳普来说，另一个更重要的原因是，他缺乏不同语言和思想之间比较的视野。如果他知道一点汉语,那么依他的标准看,汉语是更不精确了。因为汉语学界有所谓"词无定品"的公论,即一个词的词性须依其在句子中的实际用法而定,离开了句子便很难确定。但使用汉语的人并不因此而思想混乱得一塌糊涂。他的目的本来是想通过语言的逻辑分析清除形而上学——他认为这是"指所谓研究事物本质的知识领域,它超越了以经验为基础的归纳科学的领域"[10],但是在他主张的方向上最终发展出了纯粹形式化的符号逻辑。这套东西难道不也是超出经验之外的吗?

分析哲学是通过语言的分析讨论哲学问题的,除了人工语言学派外,还有一派,他们的立场与人工语言学派略有不同。他们并不非难日常语言,而是认为日常语言中有着精彩纷呈、深邃迷人的世界。传统哲学误入歧途的原因并不能归罪于日常语言的不精确,而是由于误解了日常语言的用法。他们反对建立人工语言,因此而被称为日常语言学派。其著名成员主要是英国牛津、剑桥两所大学的教授。他们花费了许多精力去分析、归纳日常语言被误用、误解的各种情况,有些内容已经与语言学分不清了。值得一提的是给予日常语言学派以重大启示的维特根斯坦的后期著作《哲学研究》。在这本书里,维特根斯坦认为,语言的使用多种多样,在一些人中使用的语言样式会与另一些人的样式不一样,这不同的样式就像不同的游戏规则,一种游戏规则不适于另一种游戏的规则。这就是"语言游戏"说。游戏只是一个比喻,他的实际想法是要说,社会中的人有不同的"生活形式",每种生活形式圈里的人们有他们自己约定俗成的语言方式。这个说法的启示是,人使用语言的方式是在生存方式中形成的,从这一点深入下去,人的思想方式同样是同人的生存方式相关的,于是人本身的生存方式、状态的结构、可能性应当成为进一步考察的内容。然而维特根斯坦不仅停留在"语言游戏说",而且他用这个理论去看传统形而上学哲学时,把"本质""共相""一般"当作仅仅是一种语言的约定,把人们使用一般的概念当作纯粹是为了方便,这便不免对人类哲学的追求看得太轻率、太无聊了。

不管怎么说,通过分析哲学家们的工作,西方传统哲学,尤其是本体论,同西方语言、特别是涉及系词"是"的种种混淆的用法这一点得到了初步的揭示。这起码引发我们思考:西方传统的哲学形式,尤其是本体论,是不是哲学的普遍形式?

（二）汉学家：明白了"是"是西方特有的哲学概念

对于我们思考中的这个疑问，只有通过中西哲学及语言的比较研究才能得出结论。

早在 17 世纪，还缺乏充分的比较研究时，霍布斯就曾经思考过，要是有的民族的语言中没有相当于英语的"is"这样的词，那么他们的哲学又会怎么样呢？他写道："但是有些民族，或者说肯定有些民族没有和我们的动词'is'相当的字，但他们只用一个名字放在另一个名字后面来构成命题，比如不说'人是一种有生命的动物'，而说'人，一种有生命的动物'；因为这些名词的这种次序可以充分显示它们的关系；它们在哲学中是这样恰当、有用，就好像是用动词'is'联结了一样。"[11] 虽然我们不能断定霍布斯这段话是否专指本体论而言的，但至少可以说明，霍布斯已估计到不同的语言对哲学可能会有不同的表达。

西方人真正开始意识到他们的哲学与他们的语言之间有一种特定的关系、本体论尤其离不开他们语言中的"是"，大约是在第二次世界大战之后了。这主要得益于比较哲学研究的成果，因此，最先形成这种看法的是一批汉学家。

这里不免使人想起近代西方来华的传教士，他们至少在三百多年前就接触到了中国文化，为什么就没有发现这一点呢？也许是由于他们的使命就是传教，根本就没有以平等的心态看待中国的文化。有的书上记载："19 世纪和 20 世纪初叶的新教传教士们都对他们为把基督教论点译成汉文时所遇到的困难怨声载道。他们中的一人叹息道：'汉语是一种如此不完善和如此臃肿的工具，以至于很难用它来传播神学真诠。'"又说："传教士们惊奇地发现在中国人中找不到他们所习惯的那种思想背景，于是便指责中国人缺乏逻辑。"[12] 原来因为和西文的不同，他们就把汉语看成是一种"不完善"和"臃肿"的语言，而不合西文的逻辑，汉语还要受到"指责"[13]。

在现代西方的汉学家中，有两位引起了我们的注意。一位是法国人谢和耐（Jacques Gernet），另一位是英国人葛瑞汉（A.C.Graham）。

谢和耐是真正从与语言相关的方面意识到了中西哲学思想方式差异的人。他引一位名叫邦文尼斯特（Benveniste）发表于 1958 年的论文《思想的类型和语言的类别》中的话说："在亚里士多德的术语之外和在这种分类之上，出现了一个囊括一切的动词'存在'（être）[14]，希腊文不仅仅拥有这样一个动

词'存在'（être，它绝不是任何语言中都必须有的），但它使该动词具有了一些
完全特殊的用法……语言可以使动词存在成为一种客观性的观念，哲学思考
可以像任何一种其他观念一样来支配、分析和确定它。"[15] 我们不知道邦文尼
斯特论文的背景，但是可以肯定谢和耐引用这段话时，是有中西比较研究的
背景的。他知道印度的梵文属于印欧语系，有同样的表示存在的动词（词根
为 as-）以及该动词的派生词。至于说到汉语，情况就完全不同了。他写道：

> 唯一的一种也保留了精确的哲学反思之重要证据和未曾使用
> 一种印欧类语言的文明即中国文明。但我们无法想象出一种比中
> 国模式与希腊文、拉丁文或梵文更不同的语言模式了。汉语在世界
> 语言中是一种拥有不具备任何语法范畴的这种特点的语言，它以其
> 词法而系统地有别于它者，汉语中的动词与形容词、副词与补语、主
> 语与表语表面上没有任何区别。实在说，这些范畴在汉语中仅仅在
> 含蓄地和武断地参照拥有它们的语言中才存在。汉文也没有表示
> 存在的动词，也没有任何理由使人可以允许把在希腊文中能够很方
> 便地表达出来的这种"存在"或"实质"的观念译成名词 ousia 或中性
> 词 to on。所以那种作为稳定的、永久的和超越了可见事实的"存在"
> 观念在中国是不为人所知的。[16]

这段引文中的 to on 是希腊文，相当于英文的 being。ousia 也是希腊文，
英译作 substance（实体、本体），ousia 同 on 有词源学上的联系。谢和耐不仅
指出了西文中系词"是"（同时又可用作动词"存在"）对于哲学的特殊意义，而
且还进行了中西语言语法方面的一些比较，得出了这样的结论：

> 通过中国和西方史料的比较便可以证明邦文尼斯特的分析，印
> 欧语言的结构帮助希腊社会以及继它之后的基督教社会形成了超
> 越一切和永远不变的现实之思想，与感性的和短暂的现实相对立。[17]

这里肯定了西方人利用印欧语言的特点所形成的那种哲学形态，是与感
性的、多变的现实世界相对立的、超越一切的、永恒的实在（引文中前一个"现
实"一词，疑为法文 réalité，即"实在"的翻译）。尤其是，作者指出了西方哲学

中关于"稳定的、永久的和超越了可见事实"的观念,是用西文中的"是"字及其相关的派生词来表示的。尽管谢和耐在此没有提到过本体论这个词,但是如果这样的哲学不是指本体论又是指什么呢? 除了本体论,哲学的哪一分支可以作为西方哲学整体形态的代表与中国哲学或其他非西方哲学进行比较呢?

我们要提到的另一位汉学家是英国人葛瑞汉。英国是近代经验主义哲学的发源地。毫无疑问,经验主义是反对本体论的,他们根本不承认存在于经验之外的、只能靠纯粹的思辨活动去把握和阐述的先天哲学原理。当代英国经验主义哲学的大师们有很大一批标榜为日常语言学派,通过对语言的逻辑分析去澄清、化解乃至消除形而上学的本体论命题直至今天仍是他们的任务之一。作为汉学家的葛瑞汉肯定受到过这一氛围的影响,他对本体论中由西文中的"是"字组成的概念的分析便反映出了这一点。他认为西方哲学中的"是"字的毛病在于这个词既可表示"存在",又用作系词,但符号逻辑中已经将这个词消去了。葛瑞汉在分析哲学方面的投入并不妨碍他洞察与"是"有关的中西哲学方面的差异。他说:"西方本体论对于印欧语言中动词'to be'的诸特性的依赖,这一点对于任何一个能站在印欧语系之外考察问题的人来说都是十分明显的。"[18]

(三) 中国学者登堂入室

事实上,自 19 世纪末至 20 世纪初以来,中国人对西方哲学的掌握要多于和早于西方人了解中国哲学,所以中国学者也比西方学者更早地感觉到了西文中的"是"同西方哲学的关系。

我们前面已经从胡适的《先秦名学史》中转引过霍布斯的一段话,他猜测到语言中有无系词"是"可能会影响哲学的形态和面貌。从中国学者的立场上,胡适立即从逻辑的角度意识到了这一点。他比较了《易经》里的辞与西方逻辑的命题,说道:"一个中文的命题或者辞和西方的与之相当的东西的不同在于系词。系词在西方的逻辑中具有十分重要的地位,而在中文的命题里却被省略,它的位置仅用短暂的停顿来表示。……在西方逻辑中围绕系词发生出来的一切神秘的晕就这样被消除了。"胡适是在 1917 年写就的博士论文中首先表达了这一观点的。

据我看到的材料,在中国学者中联系语言进行中西哲学比较研究较深入的当数张东荪了。他的成果集中反映在《知识与文化》一书中。该书初版于1946年,然而作者的"自序"落款为"民国二十九年",即1940年,由此可知此书成于30年代,书后还附有五篇论文,都写于书稿之前。1995年由汤一介任主编的《二十世纪中国文化论著辑要丛书》编委会整理出版了一部张东荪文化论著辑要(张耀南编),收录了《知识与文化》作为其中一篇,并以此作为这部辑要的书名,通过中国广播电视出版社出版,但原书的第三编及五篇附录删去了。

张东荪论述语言与思想方式、哲学形态的范围甚广,其目的是要让人见出中西哲学及思想方式上的差异,其中有许多值得注意和发掘的深意。这里我们且先注意他关于与本体论有关的一些语言问题的论述。

我们先要说明一点,张东荪说过"中国哲学上没有本体论"[19],但有时他又说成中国没有"本体的哲学",并标明后者的英文原文为"substance philosophy"[20],这个术语我们不记得在西方哲学的典籍中读到过。我们知道张东荪所说的"本体"同中国哲学史上所说的"体用"之"体"是有明显区别的。因为他说:"此字(指 substance)译为本体亦可,而译为本质亦无不可,但最好兼取二者之意。"[21]并且他又说过:"西方人的哲学无论哪一派,其所要研究的中心对象是所谓'reality',这个词在中国哲学上就没有严格的相当者。因为中国哲学所注重的不是求得'真实'。须知'求真实'则必是先把'reality'与'appearance'分为两截。而后一字在原始中国思想上亦没有恰好的相当的词。"[22]从这些话来看,他是明白西方哲学的总体精神的。但是,我们不明白他为什么不用 ontology 这个原词,却代之以自造的 substance philosophy。他甚至还标明"being"就是本体。[23]我以为这些都反映出张东荪对本体论的研究还欠精当。正是因此,影响了他观察西方语言与西方哲学关系的角度,以致未能中的。他从语言特征方面论述中国没有所谓"本体的哲学"的一个主要例证是说,中文的文法并不强调非得有主语才能成为句子,同时,谓语动词的主动态和被动态也无明显区分,这些都导致句子的主语不分明,而西方哲学的"本体"范畴,据他看来是从主语转来的。"因为中国言语上不注重于主语,所以不能发为'本体'一范畴。"[24]他的这种含糊其词的说法对于国人理解本体论哲学是造成了麻烦的。例如熊十力就不同意说中国哲学中没有"本体"观念的学说,并为此同张东荪展开过辩论。以至于现在有些治中国哲学史的学者便是举出中哲史上有关"本体""本""根"的观念来论述中国的本体论的。

由于张东荪未能从表达形式上把握本体论原是关于由西文中的系词形成的"是"的学说,他在讨论"是"与哲学的关系时,是与本体论问题分开的,而主要是同逻辑联系在一起。系词是西方传统逻辑中构成命题必不可少的成分,张东荪指出在"文言"中,汉语是没有系词的。他举出古汉语中"为""是",以及在"某者,某也"句式中的"者""也"逐一加以讨论,否定了它们是系词的可能(他的这些观点可从汉语学家那里得到印证)。他还说过这样的话:"我们可以说中文的'为'字等于英文 become 与 is 二者。或可以说其意义在此英文两字之间。但须知英文的 is 有'存在'(to exist)的意思。所以英文的 being 一转即为 existence。但中文的'为'却没有'存在'或'有'的意思。……因为中国人思想只讲 becoming,不讲'本体'(being),所以中国文字上没有正式与英文 is 相当的动词。"[25]这里提到了"本体"是指 being,且指出 being 还有"存在"的意思。那么本体论究竟是关于 being 还是关于 substance 的学问呢?being 与 substance 是什么关系呢? 本体论与逻辑方法是不相干的吗? 张东荪的研究似乎显得线条粗了些,用词也存在明显不当之处,故而挡不住深入的追问。但是,当他揭示西方哲学中有一与现象相分离的本质世界,并以此作为与中国哲学相异点提出来时,他毕竟抓住了主要的东西。同时,他明确断言中国哲学中无"本体哲学",因而引起了争论,这迟早会唤起人们去搞清"本体论"本身究竟是怎么回事的兴趣。

我以为,如果人们肯用心去读,便会发现,初版于 1944 年的陈康先生译注的柏拉图的《巴曼尼德斯篇》(即《巴门尼德篇》)是迄今为止最好的一部能引导人们步入本体论门庭的著作。我们在第一章里已经说明过,柏拉图的这部著作是西方哲学史上本体论的开端。它是在理念论的框架内,通过"是"及分有"是"的各种"所是"之间结合或分有的演示,展开一套存在于理念世界中的先天原理体系。这部书很难读懂。陈康以其对西方哲学的精深理解和对西方语言文字的娴熟把握,对此书作了超出原书篇幅几倍的注释,为我们提供了开启本体论门户的钥匙。

陈康也许是我国学者中第一个将汉语的"是"当作哲学概念译希腊文的 estin(is)的。指出下面一点也许是有意义的:清末民初的时候,中国有大批学人东渡日本,经过对日文的转译把西方文化介绍到了中国,因此有许多学术名词都是先经过日本学者咀嚼的,包括哲学领域的许多名词也如此。陈康则是较早直接接触西方哲学的中国学者之一,因此他的翻译有理由受到重视。

陈康在注释中说明了"是"的意义比另一个广为流传的译名"存在"的意义要广。他还把柏拉图这篇对话中的分词 on（being）译成"是的"，把分有"是"的理念称为"是者"。这就把英文中因动名词和现在分词的形式没有区别（都写作 being）而难以区分的哲学概念都区分出来了。

陈康也用"有"译由"是"分出的部分，他写道："'是'（ousia）分为一切的'有'（onta），'割裂为最可能小的和最可能大的以及各式各样的有'，那么万有有一共通点，即分有'是'；"[26]这也是他用"万有论"这个名称取代"本体论"的理由。我们已在第一章中陈述过对这个译名的态度。但是不管怎么说，这个不同于"本体论"的名称同样使得寻找中国哲学史上有关"本体""本根"的论述以力图挖掘中国哲学史上的 ontology 的人失去了攀附。

陈康在以"是"译 estin 的同时，也承认"这 estin 在中文里严格讲起来不能翻译"，他决定采用这一译名是在同其他译名进行比较后的一种选择，对于读者会感到这个译名不习惯、生硬，陈康说明道："这样也许不但为中国哲学界创造一个新的术语，而且还给读者一个机会，练习一种新的思想方法。"[27]这就从根本上指明了，有关本体论的一系列译名问题，决不仅仅是翻译问题，在术语翻译的深处，将展示出本体论乃是我们还不熟悉的一种新的思想方法。

虽然本体论在现代西方已经衰落，但是它毕竟盛行了二千余年。在我们了解西方哲学史的过程中，本体论作为一种我们所不熟悉的思想方法，仍不妨以"新"称之。

本书的主要目的就是为了揭示本体论这种"新"的思想方法，为此，我们才不惮其烦地讨论与之相关的语言、翻译问题。陈康等人的研究表明，中国学者早于西方汉学家而注意到了西方哲学同其语言，尤其是本体论同西文"是"的关系，并且，他们的研究也要比汉学家们深刻。可惜的是，他们之后直至现今的时间里，几乎没有人在这个方向上专门研究下去。

三、本体论范畴"是"的意义

（一）两种不同的意义

我们肯定了本体论与由西文中系词"是"作成的概念是密切相关的，本体论从语言表达形式上说就是关于"是"的学问。然而当我们想进一步把握"是"的意义的时候，却发现这并不是一件容易的事。

柏拉图早就说过："当你们用'是'这个词的时候,显然你们早就熟悉这究竟是什么意思,不过,虽然我们也曾相信领会了它,现在却茫然失措了。"[28]

探讨"是"的意义问题之难,原因大概有两个。一是把作为哲学范畴的"是"与日常语言中的"是"相混淆,尽管这两者之间是有联系的,如,作为哲学范畴的"是"是依赖于语法而把日常语言中的"是"变成一个哲学术语的,而"是"可以连接多种表语成分及其意义的多样性,显然也影响到作为最具普遍性的哲学范畴"是"的形成,但是,日常语言中的"是"与哲学范畴的"是"之间的差别是巨大的,人们使用它们时的思想方式有根本的区别。第二个困难是,即使哲学家们在使用"是"的范畴时,其意义也是有变化、有发展的。但是比较起来,对于我们理解本体论范畴来说,克服第一个困难更为重要,因为它关系到能否入本体论门墙的问题,第二个困难是入门后才须识别的变化。

把哲学范畴的"是"和日常语言中的"是"的意义区别开来的,是它的逻辑规定性,或者说,本体论中的"是"的意义就是它的逻辑规定性。

为了说明作为哲学范畴的某概念的逻辑规定性和日常语言中词的意义的区别,我们要知道一位柏拉图主义者对理念的看法。假如需要回答一个问题:什么是"大"? 一个持朴素经验态度的人会指着某些较大的物件说这就是大,这个物件可能是相对于乒乓球的足球、相对于土丘的泰山,或者相对于汽车的火车,等等。这些回答都不能使一位柏拉图主义者满意,因为他想要得到的是关于"大"本身的回答,而不是某个经验中相对较大的物件之大。在经验中的大的物件,哪怕它是"天大地大",也总是相对的,它比起另一些更大的物件来却是小。[29]"大"本身才是绝对的。这里所谓"绝对"是指超出经验相对性的意思,这样绝对的"大"本身也就是柏拉图的理念。但是,既然作为理念的"大"本身是超出经验之外的,我们不能以经验中事物去指明它的意义,那么,它究竟从何处获得对其自身的意义的说明呢? 如果没有任何东西可以去说明它,那么,这样的"大"便似乎是没有任何意义的。对此,柏拉图主义者找到了一种解决的办法,即,让一个理念通过另一个理念来说明,绝对的"大"应当通过同样是绝对性质的"小"来说明:"大"是"小"的反面,并且,在此两者之间还可进一步引出"中"或其余程度不等的量,如"等""不等""大于""小于"等。同样,可以说明"整体"与"部分":整体是由部分组成的,部分是整体中的部分;整体包容着部分、部分却不能囊括整体,等等。所有以上这些概念作为理念,都是存在于经验世界之外的另一个世界里的,它们之间的关系是必然的、普遍的。它们中的每一个都需通过与其他的关系来说明自己的意义,这种意义就是本体论范畴的逻辑规定性;或者说,所谓逻辑规定性是指,在本体论哲学中一个范畴从与其他范畴的关系中获得的意义。

本体论范畴的意义在于它的逻辑规定性,这是本体论的语言与日常语言的一个根本区别。日常语言中的词或概念归根结蒂是经验性的:它或者是指示一个经验中的对象,或者是对主观心态的描述;日常语言中也有表示类或抽象性质的概念,这些当是从经验中归纳和概括得到的;还有一些概念,如"道",是在经验基础上超越的结果,这里所谓"在经验基础上",是说它不是纯粹思想的产物,不是逻辑地推论出来的,而是通过经验直觉到的。至于有些关于世间并不存在的虚构对象的概念,我们也不能否认它们是人们用经验表象作为素材组合出来的,如关于精灵、鬼怪的概念。而本体论的语言,则是通过其范畴的逻辑规定性而使"语言变成了某种独立的特殊的王国"。这就是本体论哲学的"语言的秘密",在这里,本体论"通过词的形式具有自己本身的内容"。本体论语言的这一特性,同本体论的特殊的思想方式是一致的,即它是一种纯粹思辨的哲学。

(二)"是"的逻辑规定性

揭示了本体论范畴的逻辑规定性这一本体论语言的根本特性以后,我们就可以进一步讨论对于本体论来说那个性命攸关的范畴:"是"的意义或规定性了。

本体论哲学有其发生、发展的历史,"是"的范畴的逻辑规定性自然也不是一开始就完整地提出来的。遵循本体论发展的线索,我们看到,在柏拉图的时候,"是"首次被当作一个理念,同时,"是"是一切"所是"是其所是的根源——"所是"因分有"是"才是其所是,这两点对于本体论"是"的范畴的形成是最重要的。"是"一旦作为理念,它就脱离了可感的经验世界,用柏拉图的话来说,它便是只有神和少数人用理智直觉地把握的对象。"是"既然使一切"所是"是其所是,"是"本身便包容一切"所是",这就为从逻辑上把它规定为最普遍、最高的概念作了准备。基督教神学用"是"指称上帝,这是因为柏拉图也论说过"是"是最高的善的理念,同时又论说过"是"是"一"。用"是"指称上帝显然既符合伦理上的要求,又符合一神教的教义。然而从本体论哲学的角度看,由安瑟伦首次构想出来的关于上帝存在的本体论证明是具有重要意义的。在这个论证中，作为前提的"是"即上帝是最完满的"是"，这是对"是"作为最高、最普遍规定性的范畴的神学表述。"是"得到最严密表述的是在黑格尔的《逻辑学》里。在这里，"是"是全部绝对理念展示出自身的开端。黑格尔叙说"是"的规定性为（下引杨一之译本，该本译"Sein"[Being，"是"]为"有"）：

> 　有、纯有——没有任何更进一步的规定。有在无规定的直接性中，只是与它自身相同，而且也不是与他物不同，对内对外都没有差异。有假如由于任何规定或内容而使它在自身有了区别，或者由于任何规定或内容而被建立为与一个他物有了区别，那么，有就不再保持纯粹了。有是纯粹的无规定性和空。——即使这里可以谈到直观，在有中，也没有什么可以直观的；或者说，只是这种纯粹的、空的直观本身。在有中，也同样没有什么可以思维的；或者说，有同样只是这种空的思维。有，这个无规定的直接的东西，实际上就是无，比无恰恰不多也不少。[30]

在这段佶屈聱牙的话中，黑格尔反复说明的是，作为全部《逻辑学》开端的"是"是"没有任何更进一步的规定"的。这个道理其实很容易懂，因为"是"既然被规定为最普遍的概念，它必包容一切而不能使自己偏执于任何一种特殊的规定性。一旦"是"取为任何一种进一步的规定性，则有所取必有所失，它就不再成为最普遍的范畴了。

海德格尔哲学是从根本上反对本体论的。他对本体论进行批评时，对作为范畴的"是"的规定性作过概括，比较起来，他的概括既简洁又明了。他把传统本体论中的"是"的意义概括为两条：[31]（1）"'是'是最普遍的概念。"对这种"最高普遍"性的说明是指出它的超越性。因为"是"不是任何一种"种"概念。任何"种"或"属"概念都已经是一种特殊性了，都只能以"所是"或"是者"去标志，而不是"是"本身。（2）"'是'这个概念是不可定义的。"这是从它的最高普遍性推论出来的。因为传统定义的方法是种加属差。既然"是"是最普遍的范畴，它已经超出于一切种和类之上，更不可能在它之上还有一个"种"了。再说，也不能用"是者"归属于"是"使它得到规定，那会使"是"成为某些"是者"。（海德格尔对"是"的意义的概括还有第三条："'是'是自明的概念。"这是指在一切认识中、一切陈述中，在对是者的一切有关的行止中，在对有关自己的一切行止中,人们随时都不假思索而又毫无疑虑地使用"是"这个词,如说"天是蓝的","我是快活的",等等。这种"是"已经不是本体论范畴的"是"了,而是海德格尔要深入研究的"是"。依他的学说,这样的"是"是人们日常生活中随时使用的,每种使用总伴随着人的一种应世的状态,各种所是都是从这种作为人的生存状态的"是"的方式中显露出来的。并且,本体论范畴"是"实际上也只是一种"是者",也应从人的生存状态的方式中得到说明。海德格尔用这种方法取消了本体论作为"第一哲学"的地位。这些我们在后面再谈。)

(三)"是"与"所是"

本体论是以"是"为核心范畴的哲学,围绕着"是"又有许多范畴,究竟有多少这样的范畴,没有人作过统计,恐怕也难以统计,但是"是"以外的全部本体论范畴的一个共同点是,它们可统称为"所是"或"是者"。"是"和"所是"的联系与区别是研究本体论时必须搞清的一个问题。

我们前面已经提到过,柏拉图把一切分有"是"的称为"是的东西"即"所是"。例如在"A 是 B"这个句子中,如果这表示 A、B 和"是"是互相分有或结合的,那么,A、B 就被称为"所是"。由于西文语法的习惯,系词在一个具体句子的上下文中是要根据主语的单复数、时态、语态(主动、被动)等等的不同而变化形式的,当系词本身被作为哲学概念而提出来时,就用"to be"的动名词来表示。而作为分有"是"的"所是",就用一个由"to be"的现在分词再加以名词化而作成的词来表示。这在德文中分得很清楚:表示"是"的是不定式 sein 的动名词 Sein,表示"所是"的是 sein 的现在分词 seiend 经过名词化得到的 das Seiendes。但是由于英语中动名词和现在分词都写作 being,而且缺乏分词变成的名词这种形式,因此在表达上就出现了困难。这可能是海德格尔认为德文更易表达希腊哲学的原因。英文中解决这一问题的办法,有的译文是以大写开头的 Being 表示"是"本身,而以小写的 being 表示"所是",并常常以复数形式 beings 出现,指"所是"有各式各样;或者,把 being 保留给"是",而以"entity"或生造一个"essent"去指"所是"。[32]

"是"本身的逻辑规定性有一个形成和发展的过程,这也是"是"与"所是"的互相关系得到规定和确立的过程。在柏拉图的《巴门尼德篇》里,"是"和"所是"是相互分有的关系,但因为"是"只有一个,"所是"可以有许多,"是"已经显示出它的优越性。到了经院哲学以后,随着"是"本身被规定为"完满的",它成了最普遍、最高的范畴,"所是"也就成了"是"属下的种种表示特殊规定性的逻辑范畴。到了黑格尔的时候,"是"与"所是"之间的逻辑关系由原来的形式逻辑改为辩证逻辑,又有了一种新的面貌。不论是哪一种关系,由于本体论的范畴采用了"是"和"所是"的形式,并且在它们之间被规定为一种逻辑关系,它们就组成了一个独立的意义系统,以至于黑格尔说,(本体论)哲学是概念自身的逻辑运动。

抓住了本体论哲学中的"是"和"所是"乃是从逻辑上规定的范畴,有助于我们洞察本体论哲学的先天的性质。我们读黑格尔的《逻辑学》时,尽管事先可能被告知这里叙述的是绝对精神的运动,是先天的原理,但是由于我们习惯的是日常的、经验的思想方式,总不免将其中的范畴作比附于经验的理解。尤其是,当其中出现了"现象""现实"这样的字眼时,更容易从日常经验方面去理解它,但这是不符合黑格尔本意的。在黑格尔的《逻辑学》里,所有的范畴作为"所是"都是从起始的范畴"是"中逻辑地推演出来的。例如,从认识的程序来说应当是透过现象看本质,而在黑格尔的《逻辑学》里,则是先有本质后有现象,现象是从本质演绎出来的。现实更在本质和现象之后,它是本质和现象的统一。这就反映出具有逻辑规定性的概念和日常语言中的概念的区别。

本体论的语言由于是以逻辑规定性作为其意义的,由这些语言构成的"真理"的特点就具有逻辑的必然性。但是这样的"真理"存在于经验世界之外,所以它虽然具有逻辑必然性,人们总感到不容易把捉它,还不"清楚明白",这就引发了笛卡尔通过"我思故我在(是)"体验"是"的尝试。这样被体验把捉到的"是"与逻辑规定性的"是"其实不是一回事,但是这个方法对后来现象学的发展有很大的启发。

四、从日常语言到本体论语言

本体论的语言是哲学家们改造日常语言的结果。哲学家们为了表达一种与经验世界完全脱离的、先验的原理世界,需要一种不以经验世界为对象的语言,这样,随着原理成为一种独立的力量,表达这种原理的语言也成了一个"独立的特殊的王国"。哲学家们改造语言的过程是能够探究出来的。柏拉图哲学为我们提供了这种明显的例证。

在柏拉图的时代,"是"或"是者"是人们日常语言中也使用的词,即使在柏拉图写的对话中我们也可以找到许多例子,如《智者篇》说:"我们语言中用来表示'是者'(being)的有两类,一类是名词,一类是动词。"[33] 这个"是者"是实有所指的,即指词类。又如,在《蒂迈欧篇》,论说"是者"有三类:"一类'是者'是形式,它总是同一的、不是被创造出来的、不可分解的,也从不从外面接受任何东西进入它里面,也不从其里面流向他物。它是任何感官所不可见不可感的,只有理智能对它思考。还有一种名称上与之相同,也像是它的不同性质,它是感官可感觉到的、是被创造出来的、总是在空间上运动和生成着然后又消失掉的东西,它是由感官参与其中的意见所把握的。第三种性质是虚空和永恒,它不会毁坏、为一切被造物提供栖所,当一切感觉都缺乏的时候,它是由一种虚假的推理所把握的,这不是真实的。我们就像在梦中所见的那样,说一切存在的东西必定在某个场合、占据一定空间,但是某种既不在天国又不在人间的东西是没有存在的。"[34] 在这段话里,只有第一种才被柏拉图称为"真正的是者",并且是运用精确的推理的。这至少说明,在日常语言中,人们用"是者"就像我们口语中说某个"东西"一样流行。也正是因为这个原因,柏拉图才竭力要把"真正的是者"从中区别开来。

柏拉图把作为理念的"真正的是者"与日常语言中的"是者"区别开来的手段中突出的一点是,在把"是者"与"生成"(becoming)加以对照中将前者规定为是不变的、只有理性和理智才能把握的对象。

希腊文的"是"(einai)的印欧语词根之一是 bhu,bheu,后来发展出希腊文的 phuo。今日的英文 physis(自然)也是从这一词根变来的。这个词的原意是指"自我开放着的涌现",敞开着、展开着的意思。譬如说,希腊人视一朵玫瑰花之开放即 physis,他们还把到处可见的自然现象视作是 physis 的过程,如太阳的升起,大海的咆哮翻滚,植物之生长,人和动物从子宫中孕育出来,等等。"physis 就是'是'本身,因其之故,是者才变成、并被保持住而得以可见。"[35]

柏拉图把"是"在日常语言中具有的表示"生成"的意思剔除出去了。在柏拉图的《斐利布篇》中,提到有两类事物,一类是那些以别的事物为其目的的,另一类则是其他事物把它当作目的的。前一类就是生成着的事物,后一类才是"是者"[36]。在《普罗泰戈拉篇》中,柏拉图举"去成为(to become)一个高尚的人"与"是(to be)一个高尚的人"之间的区别,说明"'是'与'生成'是不同的"[37]。又如,在《蒂迈欧篇》,柏拉图写道:"我们必须作出一种区分并且问:什么是那总是'是着'而没有生成的东西,什么是总是生成着却从不是的东西?"结论是:"那些由理智和推理领会的东西总是在同一的状态中,但是那些要靠感觉帮忙、缺乏推理的意见则总是处在生成和毁亡的过程中而从来不真正是的。"[38]在这段引文中,柏拉图不仅区别了"是"和"生成",而且把这两者与不同的认识途径联系在一起。在《斐利布篇》中,这个意思也说得很明白:对于这个永恒的、不是处在生成变化中的东西,当以"稳固、纯粹、真理、完全明晰"等字眼去称呼,"这些名称的建立恰恰适合于以真正的'是者'为其对象的思想的运思"[39]。

上面的引述说明,在原来的希腊文即日常语言中,"是"这个词作为事物是其所是之是,是包含"生成"的意思的,当柏拉图把"生成"的意思从"是"剥离出去,"是"就不再指事物是其所是的过程,而专指确定的"是者",即"是的东西"了。在行文中,柏拉图对 estin 和 on(它们分别相当于英文的 is 和 being)是不加区分的:一个"是"的东西(that it is)也就是一个真正的"是者"(a true being)。这一改变的目的很明显,它是柏拉图为了用这样特殊限定的意义的词来表达他关于理念的思想。海德格尔发现了柏拉图的这一造作,他认为柏拉图剥除了"是"(is)的本来意义,代之以"是者"(being),这是西方哲学史"忘是"的历史的开端。对于我们来说,柏拉图改造语言的结果是实现了一种与经验世界隔离的、先天原理的哲学。通过中西两种不同哲学形态的比较研究,西方以本体论为核心的哲学的这一主要特征将会更加分明。

当然柏拉图为表达自己理念论的思想而对语言的改造不只限于将"生成"的意思从"是"剥离出去,这一改造还包括其他许多方面,如直接把句子(如《巴门尼德篇》中:"One is")中的"is"当作理念(这样"是"也就势必成了"是者",即 being);还把凡是经系词 is 连接的词,包括主语和表语,都称为"是的东西",即"是者"。这一变化对于本体论的形成和发展来说也是极其重要的。这是把不同层次、不同意义的词归并到了同一层次上,它们在"是"的包容下成为一个有特定关联的意义系统,为运用逻辑在词义间进行演绎、推理作了准备。

西方哲学对语言的改造也是随着本体论的发展逐步完成的。但是它的总方向是把日常语言改造为逻辑规定性的范畴。这一点,到了黑格尔的时候就变得充分自觉和明白了。黑格尔在其《逻辑学》第二版《序言》中说:"一种语言,假如它具有丰富的逻辑词汇,即对思维规定本身有专门和独特的词汇,那就是它的优点。"[40]本体论哲学家是以这个目的去改造语言的,也是以这种眼光去看待语言的,因此黑格尔甚至会从介词和冠词中看出它们的逻辑规定性[41],了解这一点,对于我们把握本体论哲学是有帮助的。

五、西方语言的特征与本体论的关系

(一) 印欧语系中的系词词根

本体论哲学在改造语言的时候,利用了它那种特殊语言的语法的特点,或者反过来说,它的语言的特性适宜于接受改造而成为本体论表达的工具。本体论哲学能在西方几种不同语言的民族中发展和流行,其中一个不可否认的因素是,这几种语言都属于印欧语系。这也是西方几个不同民族都能够把希腊哲学当作自己哲学的源头的重要原因。

西方几种主要语言都宜于表达本体论的一个重要条件是,它们的词汇中都有表达系词"是"的相应的词,而这些词又都源于共同的印欧语词根:

(1) 印欧语中的 es,是西文中"是"这个词最古老也是最基本的词根。这个词原意指生命,生命的意思是指"从自身中站出来并且运动和维系在自身之中:自立"。梵文的动词 esmi, esi, est, asmi,希腊文 eimi, einai,拉丁文的 esum, esse 以及德文的 sunt, sind, sein 皆源出于此。值得注意的是,在各种日耳曼语言中,ist 从开始至今一直保留着;保留在希腊文中的有 estin, est 等。

(2) 另一个印欧词根是 bhu, bheu。属于这个词根的希腊文词根是 phuō,意指自身的涌现和壮大以至于足以站立出来并维系住。这个词根后来发展出 physis 和 phyein,人们现在将之理解为"自然"和"生长"的意思了。从这个词根而来的拉丁文有 fui, fuo;德文有 bin, bist 等。

(3) 第三个词根 ves,只见之于德语动词 sein 的变式:wes;梵文的 vasami;以及德文的 wesen。从这个词根发展出来的德语的形式还有 gewesen, was, war, es west, wesen。分词 wesen 还保留在 an-wesend(在场)和 ab-wesend(不在场)中,等等。[42]

我们把西文中具有系词"是",并且它出于共同的词根当作一个与本体论相关的特征提出来,这一点同汉语作比较就明白了。汉语是不属于印欧语系的语种。虽然在现代汉语中,我们已普遍使用系词"是",但是在中国哲学产生和形成第一次高潮的先秦时期,汉语中是没有系词的。先秦时有"是"这个字,但它是被用作指示代词的,意为"此"。那时的判断句常见句式是"某者,某也"。不仅"是"字不是系词,而且根本就没有一个词充当系词。语言学家王力对于人们误认是系词的几个字一一作了辨析,它们包括"为""惟""谓""曰""即",等等。汉语中出现将"是"用为系词的,大约在公元 1 世纪的两汉之际,它是由原先作为指示代词的"是"发展而来的。[43]说是产生于两汉之际,也只有少数例证而已,系词"是"的流行实际上当迟得多。

如果我们不否认中国有自己的哲学,并且它是产生在汉语中尚没有系词的时代,那么,我们当明白,围绕"是"而做文章,并标榜为关于"是"的学问的本体论,并不是一切哲学的普遍形式。

一种语言中不存在系词"是",当然无以作成以"是"为核心范畴的本体论,即使有了"是",哲学也不一定非采取本体论的形式。古代印度的梵语同西文出于同一语源。谢和耐指出:"梵文中也有一个指存在(按即"是")的动词(词根为 as-)以及该动词的派生词:sant(真正的、真实的、正确的、好的)、satya(真、正)、sattva(存在、现实、思想)。"但是,他同时也说:"印度思想是沿着与希腊思想完全不同的另一条道路发展起来的。"[44]谢和耐对这种希腊思想的特征所下的断语,我们前面已经引述过了,即它是"超越一切和永远不变的现实之思想,与感性的和短暂的现实相对立"[45]。除了本体论,我们又能举出哪一部分西方哲学是符合这一特点的呢?印度人的语言有与欧洲人相同的"是"字,却没有发展出与西方人相同形态的本体论,这说明语言中有了系词"是",便有可能用来发展出本体论,但不是必然会发展出本体论。关键的是思想和思想方式,语言是它的表达手段。这再次说明,本体论并不是哲学的普遍形式,哲学不必定采取本体论的形式。

(二) 西方表音文字的形式化特征

前面我们反复论说了西方语言中的系词"是"与本体论哲学的关系,"是"确实是本体论哲学中一个不可缺失的范畴。但是这不等于说,在论说本体论与西方语言的关系时,只须注意语言中的系词"是"就可以了。事实上,当我们进行全面、深入的考察时,我们便会发现,西方语言从其文字形式到语法规则,有许多特征都值得注意,由于这些特征,西方语言才可能经过哲学家的改造,被用为表达本体论的手段。

我们已经表明了本体论是一个脱离经验的纯粹思辨的领域。在语言形式上,它采取了概念的逻辑演绎的形式,似乎标志这些概念的语词在抹去其所指的对象以后,仍然保留着相互之间的关系,即逻辑规定性,语词因此而获得了独立的生命,依靠这种逻辑规定性,概念之间就展开了逻辑的演绎。那么西方语言的某些特征为形成那种语言的独立王国提供了哪些可能性呢?让我们带着这个问题并且以中西比较的眼光考察西方语言的一般特征。

我们首先注意到的是中西文字的不同。中国文字是在象形文字基础上发展起来的表意符号系统,西方文字则是表音符号系统。文字符号的创造本是用来辨识和记录世间事物的。然而由于表意和表音符号的不同,文字符号与其所表示的对象之间的关系是有差异的。让我们评述此点。表意文字符号系统的基础是象形文字。许慎《说文解字·序》说:"仓颉之初作书,盖依类象形,故谓之文,其后形声相益,即谓之字。"可见中国最初的"文"是事物形状的描摹,它只能是那些标志具体事物的符号。后来,又经指事、会意、形声、转注、假借的方法构造出其他的文字,以表示复杂的事物和抽象的观念。这种文字的一个特点是,每个字都指示着确定的对象,字与字之间是不能互相替换的。如,古汉语中表示太阳和月亮的两个字分别是⊖、ℤ,从字形上我们就明白了它们各自指的对象,并且它们是不能交换位置使用的。然而在西文方面,以英文为例,表示日、月的词分别是 sun 和 moon,对于不懂英语的人来说,不能从字形上就断定它们各自所指的对象,它们之所以被这样使用,是出于最初的约定俗成。这种文字上的差别进一步反映在思想方法上。中国人对词语的理解是"名必副实","名"是紧紧地依附于它所指示的实际事物的,离开了实际事物,"名"的意义是难以想象的。但是我们也不能从绝对相反的方向去得出西文中的词是不指实的荒唐结论。"名副其实"是任何一种日常语言中的词的性质。然而,我们当注意到西文中表音文字所具有的另一个方面的特征:由于它只是表音的,它与这个词所指的对象间的关系并不如汉语中的词那样紧密,或者说,一个表音符号与其所指对象间约定的联系是有较大任意性的。这就容易使人们把西方语言当作一种有较大相对独立性的符号系统看待。

研究词的类别及其组合成句的形式等语言规律的语法学,是把语言当作相对独立的符号系统看待为其前提的。所以,语法学作为一门学问首先出现在印欧语系中也就不奇怪了。最古的语法学著作出现在公元前 500 年的印度。希腊有成熟的语法学著作是在公元前 1 世纪,但是,柏拉图就已经表现出了对语法研究的兴趣。

在《智者篇》里,柏拉图曾经区分过名词和动词,他说动词是表示动作的,名词是表示动作者的。他又说:"名词和动词一配合,就成为最简洁的话。"[46]光有动词如走、跑、睡,或光有名词如狮、鹿、马,都不能成句。他同时也意识到,尽管形式上都符合要求的句子,还可能存在真、假之分。如有两个句子"泰阿泰德坐着","此刻我同他谈话的泰阿泰德飞着",后一句符合句子的形式,但显然是不符合实际情况的。柏拉图这里的目的在于揭穿当时以巧弄词句欺骗世人的智术之士的嘴脸,同时也暗示了只有理智才能把握的一般概念(即通种)间的结合才道出了真正的实在。回到语法这个问题,语法的产生是以语言被看成具有相对独立性的符号系统为前提的,反过来说,一旦语法被确定下来,它对思想方式就起了一种规范、限定的作用。柏拉图正是根据一般句子的形式,写出了"一是"这样的句子,作为讨论理念间结合与否的问题的开端假设,这个句子尽管怪异,但它符合希腊文最简单句子的要求,即,名词与动词的结合。而这种根据语法产生出来的句子反过来又开启出一种特殊的思想方式。

中国直到 19 世纪末叶才由马建忠参照拉丁文语法、以古汉语为资材,写出了第一部汉语语法著作《马氏文通》。这部书在今天也不是被普遍接受和使用的。其原因不仅仅在于他以古汉语为资材,而且,其间有一个根本性的疑问没有解决,即汉语是否实际上存在和西文相似的语法规律? 经典的西文的语法书一般分两大部分:一为词法,二为句法。前者讲述各类性质的词及其变化规则和用法,后者讲述句子的形式结构及成分。当用这个框架构造汉语的语法时,首先碰到的难题是汉语中的"词无定品"现象,即汉语中的词离了上下文很难确定其词性。即使在同一个句子中,不同位置上的同一个词的词性可能是不同的,如"老吾老以及人之老",前一个"老"字照现在的分析当为动词,意为"尊敬",后一个"老"则为名词,指"老人"。有的时候,甚至连词性也难以断定,如"学而时习之,不亦说乎","学"和"习"究竟是名词还是动词呢? 说它们是动词似乎是可以的,因为后面还有一个"之"字,可以理解为宾语,但这样就没有主语;说它们是名词似乎也可以,因为有人以为此句改为

"学而时习焉"亦通,这时"学"和"习"是当作两种令人愉快的事情的名称。这个例子已经涉及了句法问题。西文语法要求,一个完整的句子最简单的也不能缺少主语和谓语动词,在没有实际动作执行者作为主语的句子里,也要设立一个形式上的主语,如"下雨了",英文写作"It is raining"。西方人有严谨的语法,却发现符合语法的句子会是一无所指的假句子;当他们对句子进行逻辑分析时,又发现文学的语言经不起他们那种标准的分析,却并非无意义,于是便提出了"语境"问题。汉语没有西方语言那样的语法,表达方式也灵活得多,唯其如此,汉语的使用者自然是时时不脱离语境的,虽然并没有强调"语境"这个词。由此得出的结论是,西方的语言比起汉语来,要更形式化,因而是一套具有较大的相对独立性的符号系统。本体论正是利用了西方语言的这种特点,并加以改造,形成了本体论的语言。

(三) 从其动名词形式到本体论概念的"是"

以上是就西方语言总体上的形式化特征而言的。此外,再进一步看它的细部,我们还可发现这种语言对于本体论的更为具体的一些联系。

我们要再说一下张东荪先生在这方面的研究。他在《知识与文化》一书中有专门一章讨论语言与哲学的关系,另有一篇更详尽的论文《从中国言语构造上看中国哲学》,原载《东方杂志》第 33 卷第 7 号(1936),后来作为附录收在 1946 年出版的《知识与文化》中。综合这两处的说法,可以发现张东荪最强调的是语言中的主谓结构,他认为这对哲学的影响最大。其要点大致如下:(1)西方语言中的句子必有主语谓语,而中国语言中主谓是不分明的,甚至往往有无主语的句子。语言上的这种特点影响到思想上是,中国人没有"主体"观念,更谈不上从中进一步发展出"本体"的概念。(2)中国语言中没有词性分明的动词。这主要是相对于西文辞典学意义上的词性而言的。他举汉语的"人言",既可译为 man says,又可译为 human speech,英文中 say 为动词,speech 为名词,是不可混淆的,而这里汉语中的"言"则难辨是动词还是名词。动词不分明同样使得主语不突出,而将主语、谓语置于平等的地位,因而难以突出主体。(3)影响到主谓语分别的又一因素是动词的主动式和被动式无明显区别[47],他举例说:"'走马'与'飞花'虽有使马走的意思,然而却无使花飞的意思(须知这又不是飞的花之意,因为'飞的'是形容词)。"以上三点实际上是反复讲一个意思,即没有主语便影响到主体、本体的观念。(4)由于中国文字没有词尾的变化,致使中国人的思想上不会发展出范畴的观念。因为当初亚里士多德划分十个范畴时,是根据希腊文文法上言语的格式而成的。张东荪谈到这个特点时,可能实际上还是就本体观念而言的。因为本体是亚里士多德划分范畴时第一次提出来的,在十个范畴中,只有本体是可以充当语法上的主语的,其余皆为对主语有所陈述的表语。(5)中国文字(文言文)中没有系词"是",遂致很难构成"名学上的正式句辞"。[48]

张东荪的论述是参照西方语言以考察汉语为主的,汉语中所无的当是西语中所有的特点。他的考察方向是很有启发性的、研究也是比较深入的。但是我觉得他在视野上存在着一个严重的局限,即,他主要是围绕着哲学中本体这个概念来展开研究的。这显然是由于他把西方哲学的本体论(ontology)当作就是关于本体的学问,即本体之学了,当他谈到西方哲学时,较多的也是以亚里士多德哲学为范本的,而没有认识到本体论是以"是"为核心范畴的全部范畴的逻辑演绎构成的原理体系。由于张东荪未能把握住本体论的要点,以本体之学取代了本体论,遂使他主要从与本体观念相关的角度去讨论语言的特征,这样,语言中主语、谓语的形式就成了头等重要的特征而被提出来了。如果他能把握本体论的本质特征,那么也许本来他会广开视野,重视西方语言较为形式化的特征。因为当他谈到与语根、语尾变化相应的思想变化时已经看到:"有语根与语尾变化的和那语根语尾不分明的却显然是两种不同的系统,在第一种,思想比较上容易变化,且其变化之迹亦比较上容易看出来。在第二种,思想纵使有变化而其变化只是一个一个单独的变化,不是因言语的格式而有所左右与推移的。"[49]正是这种较为形式化的语言,比较容易被用作表达超出经验、在概念中进行纯粹思想推论的内容。从这个方面才能说清本体论与语言的关系,而说清这一点比说明本体观念的由来要复杂得多。

我们在前一小节中已经试图说明西方语言的形式化特征与本体论的关系。这一特征不仅一般地来说经过哲学家的改造适宜于本体论的表述,而且,更具体地说,也便利于本体论概念的形成。请试以"是"的范畴为例作一说明。

我们知道"是"这个范畴,在英文中是以动词不定式"to be"的动名词Being来表述的。"to be"这个词在上下文中是要根据主语的人称、单复数、时态、主动、被动等条件的变化而有词形变化的。它在不同句子中表达的意义也是不同的,且其意义几乎难以尽列。通常人们从哲学的角度把它的意义分为作动词和作系词时的两部分,以为作动词时的意义是"存在"。其实作动词时的意义也不尽然是"存在"的意思,如:"to be or not to be"这个句子是指"要活还是要死",人的生命存在——"活"和无生命物的"存在"还是有区别的。至于 to be 用作系词时的意义就更多了,这同 to be 后可以连接各种词类作表语是有关的,而在英文中,几乎没有什么词类是不可以作表语的。例如:

(1) The business of American is <u>business</u>. （接名词）

（美国人的事情就是做生意。）

(2) Those who are <u>serious</u> in ridiculous matters will be <u>ridiculous</u> in serious matters. （接形容词）

（对可笑之事当真的人遇当真之事必遭人可笑。）

(3) The people of class A are <u>twice</u> the number of class B. （接数词）

（甲班人数是乙班的两倍。）

(4) Is there <u>anybody</u> who wants to try? （接代词）

（有谁想试试吗?）

(5) I was <u>out</u> in my calculations. （接副词）

（我计算错了。）

(6) The winds and waves are always <u>on the side of</u> the ablest navigators. （接介词短语）

（大风大浪中才显出最好的航海员。）

(7) 英语中动词有许多变化,因此系词接动词的形式也多种多样,如:

a. His task now is <u>investigating</u> conditions at the grass roots. （接动名词）

（他眼前的任务是调查基层的情况。）

b. He is quite <u>interested</u> in arts. （接分词）

（他对艺术饶有兴趣。）

c. The happiest time for the children is <u>to go</u> for an outing. （接不定式）

（这些孩子们最愉快的是出去郊游。）

在英语十大词类中,还有冠词、连词和感叹词没被提到,它们本身单独不能成为句子成分,是所谓虚词。从我们的例句看,系词"to be"决不只是表示主语和表语间的同一关系,它也指示主语的属性、状况,等等。我们已经看到,其中许多情况下汉语是不用"是"字的,英语也用了。于是就有了一个问题,对于这样一个在不同上下文、不同词语搭配中有不同意义的词,怎么可以从中概括出一个统一的概念去指称它? 这时,西文的形式化特点就起了作用,在英语中,动词的变化形式之一是在其后加词尾-ing,作成动名词。动名词就是这个动词的名称。"to be"尽管有不同的意义和用法,它也服从于这个形式的规则,于是就有了动名词 being。在我们汉语中,尽管"是"字的用法不如英文广,但也有数种意义,其中包括正确、真理、存在、本质(究竟所是之是),这些是西方哲学中"是"的概念中经常被提到的一些意义,但是,因为我们汉语没有动名词这样的变化,所以,很难、也没有这样的思想习惯去把它从上下文中抽出来作成一个独立的概念。

当然,由语法规则中得出的动名词"是"本身还不是一个本体论哲学范畴,只是当柏拉图把通过"是"联结起来的句子成分当作是分有"是"而成为"所是","是"和"所是"有了分有关系以后,它们才成为本体论的范畴。这种关系的形成过程中有着哲学家们对语言的改造功夫,我们前面已经对此有过讨论了。

总结本章,我们的研究是循着这样的思路展开的:即哲学的形态与其语言形式是密切相关的。我们发现,本体论作为一种特殊的哲学形态,使用的也是一套特殊的语言,这种语言是哲学家在创作本体论哲学的过程中利用西方语言相对来说较为形式化的特征加以改造而成的,这使得哲学范畴的意义是从逻辑规定性的方面来表示的,哲学范畴便也因此获得了逻辑的活力,使得本体论这种标榜为靠概念自身运动构成的哲学得以开展它的经营。对本体论的语言特征的研究,反过来也使我们更看清了本体论这种特殊形态哲学的情况,它是靠从概念到概念的推演构筑起来的先天的原理系统。因此我们得出的结论是:本体论是在独特的特殊语言王国里的纯粹思辨的哲学。

注释

1. 马克思、恩格斯:《德意志意识形态》,人民出版社 1961 年版,第 515 页。

2. 本体范畴也可从表语中划分得到,如"这是一棵树",这棵"树"即本体,但本体范畴还可充作主语,这是不同于其他范畴的。

3. Aristotle, *Metaphysics*, 1017a23, tr.by Ross.参见亚里士多德:《形而上学》,吴寿彭译,商务印

书馆 1981 年版。

4. 罗素:《我们关于外间的知识》,陈启伟译,商务印书馆 1990 年版,第 28 页。

5. 同上书,第 33 页。

6. 同上书,第 29 页。

7. 洪谦主编:《逻辑经验主义》上卷,商务印书馆 1982 年版,第 22 页。

8. 同上书,第 28—29 页。

9. 同上书,第 32 页。这里,卡尔纳普把哲学与经验、事实科学对立起来,说明在他看来,哲学与形而上学是一回事。这从一个侧面证明了本体论是西方传统哲学的主流,研究西方传统哲学的思维方式,主要要研究本体论的思维方式。

10. 同上书,第 36 页。

11. 转引自胡适:《先秦名学史》,学林出版社 1983 年版,第 41 页。

12. 据谢和耐:《中国和基督教》,耿昇译,上海古籍出版社 1991 年版,第 345 页。

13. 谢和耐不否认中、外都有少数著名学者成功地将经院哲学和佛学译成汉文,然而他说:"但具有深入理解外国思想形式之能力者从来都是少数,个别人的例证不会使人怀疑由基本对立的无可辩驳的特征提出质疑。"见《中国和基督教》,第 356 页。

14. être,法文,相当于英语的"to be"。

15. 谢和耐:《中国和基督教》,第 346 页。

16. 同上书,第 347—348 页。

17. 同上书,第 353 页。

18. A.C.Graham, *Disputers of the Tao*, Open Court, 1989, p.406.

19. 张东荪:《知识与文化》,商务印书馆 1946 年版,第 135 页。

20. 同上书,第 99 页。

21. 同上书,第 50 页。

22. 同上书,第 47 页。

23. 同上书,第 169 页。

24. 同上书,第 50 页。

25. 同上书,第 169 页。

26. 柏拉图:《巴曼尼德斯篇》,陈康译注,商务印书馆 1982 年版,第 181 页。(以下简称陈康译注本)

27. 陈康译注本,第 107 页。

28. Plato, *Sophist*, 244a.

29. 参阅 Plato, *Theaetetus*, 152d。柏拉图认为,经验中的事物是变化不确定的,"如果你称它为'大',它却会是'小';称它为'重',它却会是'轻'"。

30. 黑格尔:《逻辑学》,第 69 页。

31. 以下引文见 Heidegger, *Being and Time*, Harper and Row, 1962, pp.22—23.

32. Heidegger, *Being and Time*, trans. by John Macquarrie and Edward Robinson, Harper and Row, 1962; Heidegger, *An Introduction to Metaphysics*, trans. by Ralph Manheim, Yale University Press, 1959.

33. Plato, *Sophist*, 261e.

34. Plato, *Timaeus*, 52d.

35. Heidegger, *An Introduction to Metaphysics*, p.14.

36. Plato, *Philebus*, 54.

37. Ibid., 59d.

38. Plato, *Protagoras*, 340b.

39. Plato, *Timaeus*, 27d.

40. 黑格尔:《逻辑学》上卷,第 8 页。

41. 同上,黑格尔说"介词和冠词中,已经有许多属于这样的基于思维的关系"。

42. Heidegger, *An Introduction of Metaphysics*, pp.71—72.

43. 这一段的论述参阅王力:《汉语语法史》中第十二章《系词的产生及其发展》,见《王力文集》第十一卷,山东教育出版社 1990 年版,第 251—271 页。

44. 谢和耐:《中国和基督教》,第 347 页。

45. 同上书,第 353 页。

46. Plato, *Sophist*, 262a—c.

47. 黑格尔也指出过汉语的这一特点,《老子》中的"万物负阴而抱阳"译作德文理解为"宇宙背靠着光明的原则,宇宙拥抱着光明的原则",黑格尔指出汉语没有格位的变化,所以也有译为"宇宙为以太所包围"的。但他没有据此判断中国人有无主体、本体的观念(参见《哲学史讲演录》第一卷,第 128 页)。

48. 以上五点除第三点见于张东荪:《知识与文化》正文第二编第一章(第 49 页),余皆参见附录二(第 160—169 页)。

49. 同上书,第 48—49 页。

第三章

本体论与中国哲学的道

在前面两章中,我们讨论了本体论哲学的特征,尤其着重从本体论与语言的联系方面,说明本体论是一种特殊形态的哲学。主张本体论是一种特殊形态的哲学,也就是否认本体论是哲学的普遍形式,否认凡哲学皆有它的本体论。为了充分说明这一点,必须借助于不同形态的哲学间的比较。本章就是对中西哲学形态的比较研究。

一、哲学形态的比较是比较哲学的适当视角

(一)哲学形态比较的意义与方法

"哲学形态比较"是一个新的提法,我们可以通过与常用的比较研究方法的对照,来说明它的意义和方法。

在开展中西哲学研究中通常的方法是就某些哲学问题的观点进行比较,或指出其同,或挑明其异;或者,在较大的范围里,对照着西方哲学的模式,从中国古代的典籍中选取有关材料,组成相应的哲学分支或论域,然后再比较观点上的异同。这样的比较往往并不首先考虑中国哲学中是否真有那种相应的论域或问题,也忽略这些论域或问题在各自哲学中的形成和走向,因而比较起来不免显得勉强。

哲学形态的比较是从中西两种哲学的总体特征方面进行比较。哲学的总体特征可以从内、外两个方面去考虑。从内部来说,是指一种哲学的思想方式及其语言表达形式;从外部来说,是指这种哲学在其文化背景中的地位及其与文化其余部门的关系。这两个方面的考察将揭示一种哲学的目标、功能等整体特征,从而也将揭示这种哲学中各种问题和论域的提出和形成,这对于理解中西哲学在一些问题上的观点及表达方式显然也是有所帮助的。

可以这样说,哲学形态间的比较和哲学具体观点、问题间的比较,是两个不同层次上的比较。前者的比较研究比后者应当具有更优先的性质和地位,前者的研究具有提纲挈领的功效,为后者的研究提供基础和指示路径;光有后者的研究而没有前者的研究,总不免见木不见林,甚至牵强附会。

从哲学形态方面着手进行中西哲学的比较研究时,我们将不期然地打开视野,发现中西哲学中一些原来不为我们所注意而又重要的特点。如,中国原来没有"哲学"这个词,哲学更谈不上是一门独立的学科。直到20世纪初,中国人才依照西方哲学史的模式、框架,开始写出中国哲学史。中国哲学史的资料,先秦部分大抵是从经学、诸子中抽取出来组成的;宋明理学熔儒、道、释三家精华于一炉,更具思辨性,即便如此,这一时代推崇"四书",其主旨讲"修、齐、治、平"。原来哲学在中国不像西方那样是一门独立的学问,而是渗透或融合在其他学问中的,这一事实本身难道不是中国哲学形态方面的一个区别于西方哲学的基本特征吗?如果不站在形态比较的高度,而是先入为主地把西方哲学的形态当作普遍的哲学形态,那么中国哲学的这一明显特征就往往被遮蔽,而这一特征对于中国哲学中的问题和论域的提出和走向是有重要影响和连带作用的。看不到这种形态上的差别,一味地依照西方哲学的框架和论域去勾勒中国哲学史,不仅有削足适履之嫌,且有支离中国哲学本来面目之虞。

哲学形态的研究要求将语言表达形式和思想方式结合在一起考察,这点也很重要。思想和语言有密切的联系,这点是大家所知道的。思想方式和语言形式的关系问题是比一般的思想和语言关系更深入一层的问题,后者大抵涉及思想内容及语言符号的关系问题,而前者,一方面关乎运思的方式,另一方面关乎对语词的运用,如语词意义的特殊界定及其结合方式。例如表示文学的语言和表示数学运算的语言就明显存在形式上的区别,寄托在其中的思想方式也自然有别。两种不同形态的哲学在思想方式及语言形式之间的差别比起文学与数学间的差别更复杂,但同样是明显可辨的。语言形式可以留驻,它因此而成为显示思想方式差异的一个证据。语言形式的差异不仅反映在词法、句法这些语法特征上,而且,与本体论相关,我们更应注意哲学家对日常语言的改造、概念的逻辑规定性,以及中国哲学中与之可比较的概念的不同意义及这些意义的形成途径。一种思想方式需要一种语言的形式,反过来,不改变或摆脱这种语言形式,思想方式也难以改变。例如,中文里把"万物"或"万有"当作涵盖一切的概念,但是 Being 却还有"无"的规定性;而当我们以"是"译 Being 时,也须对它作相应的规定,在此同时,也改变我们用词的习惯,即思想方式,否则,总是难以达意的。如果我们撇开语言形式光谈思想方式,往往难以把握住一种特殊的思想方式,甚至会把一种特殊的哲学思想方式当作哲学所应当有、必须有的思想方式,这里尤其是指本体论这种方式。

(二) 对象

哲学形态的比较是从整体上把握和比较两种不同的哲学。那么怎样才算把握住了一种哲学的整体呢?

对一种哲学作整体的把握,并不在于将这种哲学的一切部分、一切问题尽数罗列出来,而是要把握这种哲学最核心的精神,它能代表这种哲学的最高方向,并且正是在这一方向上引发出哲学的各种领域和问题来。

就柏拉图到黑格尔的西方传统哲学而言,能够反映其整体面貌、核心精神并将这种哲学的形态充分表现出来的当是本体论。关于本体论在西方传统哲学中的核心地位,前两章已有论述。这里,当我们把本体论当作西方传统哲学形态特征的体现者提出来时,需要说明这样一个问题,即西方哲学史上有无反对本体论的哲学? 如有,本体论还能不能作为这样的代表或体现者?

西方哲学史上当然有不信奉,而且是反对本体论哲学的哲学,其最重要的代表是近代以英国为大本营的经验主义哲学。但即便如此,我们还是将本体论作为西方哲学形态的代表者提出来。因为正是本体论自身发展中暴露出来的矛盾导致了认识论这个论域的产生,经验论和理性论是作为同一认识论领域里两种对立的观点中发展出来的两个派别。

我们知道,本体论从它产生于柏拉图时始,就是作为纯粹原理与现实世界相脱离而独立存在的。这不断引发后世提出各种问题。到了近代社会开端的时候,问题变得更加尖锐了:要么证明这两个世界之间本无鸿沟;要么,如果纯粹原理或曰本质的世界与可感世界隔绝,那么就不承认它的存在。所以作为近代理性主义认识论开端的代表人物笛卡尔,他为自己提出的任务是要使认识清楚明白,这不是指对感觉中的事物的清楚明白,而是期望对彼岸世界的理性概念获得一种切身的把握,这种理性概念是天赋观念。其途径便是通过无可怀疑的"我思",体验到了"我是",这个"是"虽有局限,却是他通向彼岸世界的那个无限的"是"的桥梁。这样,对他来说,那个纯粹原理的世界并非无法把捉。与之相对立的是，以洛克等人为代表的经验主义者则根本否认有"天赋观念"，认为人心只是一块白板，那些一般的观念是从经验感觉中的抽象概括。他们也根本否认感觉经验之外有什么分离存在的本质的世界。因此，在西方哲学中，正是本体论引发了认识论，包括引发了与自己对立的经验主义。事实上，认识论产生以后，本体论离自己解体的时间也就不远了。作为哲学中代表其形态特征的东西，也是对其哲学论域或问题的产生起影响作用的东西，正是在这一意义上，本体论应当被当作是西方传统哲学形态的代表者。

那么能够将中国哲学的形态充分展示出来的又是什么呢？如果我们不受西方哲学分类及其问题框架——这些需要通过对哲学形态的分析研究得到说明——的影响，我们很容易认定：围绕道的问题的论述构成了中国哲学的基本形态。道是中国哲学的精神，追求道是中国哲学的根本目标，中国哲学的许多问题几乎都是围绕道和对道的追求生发出来的。不过我们还得说明，中国哲学主要有儒、道、释三家，以对道的论述作为中国哲学的基本形态，是否对上述三家都适用？

对于道家来说，上述看法不言而喻是成立的。这一家以"道"得名便是明证。其开山鼻祖老子其人的生平虽有不详处，但《老子》这部著作却是确实的。道家的代表著作较早的还有《庄子》《淮南子》。魏晋玄学也属于道家。他们都把道当作最高的追求目标，把得道当作人生最妙的境界。这里需要说明一点，作为中国唯一土生土长的宗教——道教，与道家是有密切关系的，它尊崇老子为自己的祖师，并且也以"道"为自己的信仰和教义。但是在道教中，道不只是从学理上作阐发的，它也是企求长生不老的修炼方法，这类修炼方法包括服饰、导引、胎息、内丹、外丹、符箓、辟谷等。长生不老显然是无稽之谈，然而，这些修炼方法的基本精神是调动自身机体的能动性，使个体生命自觉地契合于滋养生命的自然环境，可以达到保真全性、颐养天年的效果，对这种修炼方法的理解和阐说中是包含着哲学的精神的。

儒家学说最富实践性，它关怀着社会人生的各个方面和各种问题，但这并不意味着儒家总是拘泥于具体事情。事实上，儒家是把道看成更重要、更值得追究的东西的。如北宋张载说："运于无形之谓道，形而下者不足以言之。"（《正蒙·天道》）而且，道的观念在儒家创立之初就提出来了。《周易·系辞》中说："形而上者谓之道，形而下者谓之器"，这已经点明了道的性质是形而上的。

如果我们检阅儒家最重要的经典《论语》，便会发现孔子对道的论说甚至并不逊于任何一位道家。《论语》中提到的有："天下之道""邦之道""先王之道""古之道""君子之道""文武之道"，等等。哪怕细民小事也各有其道：

> 君子学道则爱人，小人学道则易使也。（《阳货》）
> 虽小道，必有可观者焉；致远恐泥，是以君子不为也。（《子张》）

道既有各种各样，从大的方面看，可以划分为关于自然过程的天道和社会生活方面的人道。只不过当时的人们难得听孔子谈天道，即所谓"夫子之言性与天道，不可得而闻也"（《公冶长》）。孔子所关注的主要是社会人生方面的道。对于道的追求，儒家是不遗余力、虔诚笃信的。《论语》记载：子张曰："执德不弘，信道不笃，焉能为有，焉能为亡。"（《子张》）对德的发扬光大、对道的虔诚笃信，比具体的得失更为重要。

又，君子之为君子，在各种情况下都当以道为准则：

> 有君子之道四焉：其行己也恭，其事上也敬，其养民也惠，其使民也义。（《公冶长》）
> 君子道者三，我无能焉：仁者不忧，知者不惑，勇者不惧。（《宪问》）
> 子曰：邦有道，危言危行；邦无道，危行言孙。（《宪问》）

看重道，甚于物质利益：

> 君子谋道不谋食，君子忧道不忧贫。（《卫灵公》）
> 富与贵，是人之所欲也，不以其道得之，不处也；贫与贱，是人之所恶也，不以其道得之，不去也。（《里仁》）
> 士志于道，而耻恶衣恶食者，未足与议也。（同上）

甚至不惜以身殉道，即所谓"朝闻道，夕死可矣！"（《里仁》）这样的儒家学说，很自然地可以被荀子称为"儒道"。"若夫志以礼安，言以类使，则儒道毕矣。"(《荀子·子道》)后世的儒家干脆把儒家世代相承的学统称作"道统"。宋、元以后,人们亦称儒学为道学,儒学家为道学家。这些更是大家熟知的。

佛学本来是一种外来文化,通过翻译传入中国,在经过改造创新而成为中国文化组成部分时,竟也大量使用了"道"这个概念,甚至以道来指称进入涅槃的境界。如《涅槃无名论》说:"夫涅槃之名道也,寂寥虚旷,不可以形名得;微妙无相,不可以有心知。"[1]查梵文中原有一个与道相当的词 mārga,原义可能是指通达。善业使人通向善处,恶业使人通向恶处,这两个方向上的通向、趋往都称为道。但在中国的佛学教义中,道尤指走向涅槃的道路,这样的道与上述的道的意义有别,称为"无漏道",而前者则称为"有漏道":"无漏道,七觉八正等法,能通行人使至涅槃,故谓之道。"由这第二种意义的道,进而得出了第三种意义的道,即把通过道而达到的结果、进入的涅槃状态称作道,因为说是进入涅槃状态之后,"行体虚融无碍,故为通之义。以通故,名为道"。《大乘义章·十六》曰:"诸行同体,虚融无碍,名之为通;通故名道。"《三论玄义》曰:"至妙虚通,目之为道。"《俱舍论·二十五》曰:"道义云何?谓涅槃路,乘此能往涅槃城故。"而《华严大疏·十八》曰:"通至佛果,故名道。"事实上,在中国佛学中,道就是指进入涅槃、大彻大悟、佛的境界:"如道谛、道品、声闻道、佛道等,梵言菩提是也。"[2]

包括涅槃、佛(菩提)在内的许多概念及这些概念表示的观念,在中国原来是不曾有的。中国最初翻译介绍佛典时采用过一种称为"格义"的方法,这种方法大抵是将佛学原文中的概念与中国固有的概念进行"比配"。例如,佛学中认地、水、火、风为造作出万物的四种基本因素,称为"四大"(Mahābhūtas),而中国汉晋之际的佛书中却常常将之解释为"五行"。[3]由此可见,按格义的方法,当汉语中找不到与佛学原始典籍中的概念意义相似的词的时候,就按概念间的名位进行比配。"四大"与"五行"显然是意义相去很远的,然而就它们在各自思想学说体系中代表构成万物的因素这一点而言是作用相同的。那么我们也就可以理解了,汉语中本没有相应于"佛"(Buddha)的概念,但由于"佛"和"道"这两个概念在各自的思想体系里占据最高的地位,表示最高的境界、最终的目的,于是按格义的方法,这两者便是匹配的。于是,中国佛学中把获得佛的境界的体悟也称作得道,佛学也被称为佛道、圣道,僧人中卓有成果者也被称为道人、得道之人。颇为有趣的是,现在专为道教所有的"道士"这个称号,原本是对佛教僧人的称呼。据《法苑珠林·六十九》曰："姚书云:始乎汉魏,终暨符姚,皆号众僧以为道士。至魏太武二年,有寇谦之,始穷道士之名,易祭酒之称。"《盂兰盆经疏·下》曰："佛教传此方,呼僧为道士。"又据《行事钞资持记·下三》:"道士本释氏之美称。后为黄巾滥窃,遂不称之。"[4]

中国人始以道比配佛学的最高境界,是以已知释未知;但佛学的境界毕竟有中国原来的"道"中所不能包含的意义,一旦中国人理解了这一点,那么中国人关于"道"的理解中也赋有了新的意义。这个结果就表现在宋明理学中。

"宋明理学"这个名称突出了一个"理"字,其实这里的"理"就是"道"。程颢说:"盖上天之载,无声无臭,其体则谓之易,其理则所谓道。"(《二程集》卷一)朱熹也肯定:"阴阳迭运者气也,其理则所谓道","卦爻阴阳皆形而下者,其理则道也"(《周易本义·系辞上》)。"理"和"道"在宋明理学中都是世事万物的最终道理或根源。朱熹说:"天地之间,有理有气。理也者,形而上之道也,生物之本也;气也者,形而下之器也,生物之具也。是以人物之生,必禀此理,然后有性;必禀此气,然后有形。"(《朱文公文集·答萤道夫》)吸收了佛教思想方法以后,宋明理学更强调通过身心修养的途径去体察"道"或"理"的境界,后人称之为心性之学。

总之,如果我们以最简要的话语来概括中国哲学的精神的话,那就是对道的追求。英国著名汉学家 A.C.葛瑞汉一部关于中国先秦哲学史的著作就取名为《辩道者——古代中国的哲学论战》。正如希腊哲学规定了西方哲学的方向,中国先秦哲学的精神也铸就了中国哲学传统的形态和走向。金岳霖先生有一段话很明畅地总结了中国哲学的精神在于道,兹摘引如下:

> 每一文化区有它底中坚思想,每一中坚思想有它底最崇高的概念,最基本的原动力。……中国底中坚思想似乎儒道墨兼而有之。中国思想我也没有究研过,但生于中国,长于中国,于不知不觉之中,也许得到了一点子中国思想底意味与顺于此意味的情感。中国思想中最崇高的概念似乎是道。所谓行道、修道、得道,都是以道为最终的目标。思想与情感两方面的最基本的原动力似乎也是道。成仁赴义都是行道;凡非迫于势而又求心之所安而为之,或不得已而为之,或知其不可而为之的事,无论其直接的目的是仁是义,或是

孝是忠,而间接的目标总是行道。我在这里当然不谈定义,谈定义则儒道墨彼此之间就难免那"道其所道非吾所道"的情形发生,而其结果就是此道非彼道。不道之道,各家所欲言而不能尽的道,国人对之油然而生景仰之心的道,万事万物之所不得不由,不得不依,不得不归的道才是中国思想中最崇高的概念,最基本的原动力。对于这样的道,我在哲学底立场上,用我这多少年所用的方法去究研它,我不见得能懂,也不见得能说得清楚,但在人事底立场上,我不能独立于我自己,情感难免以役于这样的道为安,我底思想也难免以达于这样的道为得。[5]

长于逻辑的金先生在这段话里却没有作逻辑的论证,而是径直道出了自己经验中直觉的东西。我想,对中国传统文化有些经验的人,对他的这番话是会有同感的。

二、一体与两离

以本体论和关于道的论述(我们姑称之为"道论")分别作为西方和中国传统哲学的典型或代表,我们可以看出中西哲学在形态上的一个根本区别:一体和两离。一体是中国哲学的特点,它是指,中国哲学并不把世界描述为分离的两个,哲学的精神——道也不游离于我们唯一的现实世界之外。两离是西方哲学的特点,这里,有一个可感的世界以及另一个与之分离存在的不可感的世界,后者是哲学的精神——即本体论所表达的那些纯粹原理所栖身的地方。我们请予分别论述之。

(一) 西方传统哲学的两离性

在西方传统哲学中确实存在着两个世界,一个是我们可感的、经验的、现象的世界,另一个是不可感的、理性的、本质的世界。这种划分是由本体论造成的。本体论是纯粹的原理,它存在于后者之中,也是对后者的描述。

从柏拉图起在西方哲学中占据核心地位达两千余年的本体论,一开始是以理念论的面目出现的。理念是在柏拉图哲学中提出来的。最初,苏格拉底提出要为同类的事物寻找定义,柏拉图就把这种能够充当定义的东西叫做理念。理念是事物的本质，也是事物的原型。理念既与现象界事物有别，也处在现象界之外，在一个理念世界里。按柏拉图的看法，可感的现象界的事物是多变易逝的，而代表事物本质的理念则是多中之一、永恒常驻的。因此，现象界的事物是不实在的，理念倒是实在的。后来，理念论又有了进一步的发展。柏拉图认为理念之间不应当相互孤立隔绝，而是相互结合、分有的。理念的相互结合所组成的那些命题就是本体论的纯粹原理，在这些命题中，理念转变成了概念、范畴。由理念论转变来的本体论，是真理、是纯粹知识。在《智者篇》里，柏拉图又提出，探寻通种即范畴间的结合，是哲学的任务。柏拉图在《巴门尼德篇》中明确提到，由理念表示的知识是在与我们的世界不同的世界里，它是神所具有的知识，是最精确的知识，这样的知识与关于我们所在的世界里的事物的知识是不同的。[6]

基督教产生以后，柏拉图哲学为神学所采用，理念间结合的方法逐渐为亚里士多德的形式逻辑方法所取代。从此以后，逻辑必然性就成了本体论所演绎的原理体系的真理性的依据。而一切从经验中概括得到的知识被认为是不具备普遍必然性的。本体论也是作为本质的知识与现象的知识相分离的。近代西方出现了许多新的提法：有所谓逻辑真理与事实真理（莱布尼茨），理性知识与事实知识（休谟），分析命题与综合命题（康德），这些划分都是对由本体论造成的西方哲学的两离性的反思。本体论是与逻辑真理、理性知识、分析命题相关的，其共同点都是包含着逻辑必然性的。另外，近代西方认识论的兴起也是围绕着消除两个世界的矛盾，这也正反映了西方传统哲学两离性的背景。在黑格尔的哲学体系中，先是在《精神现象学》中描述自我意识从感性知觉出发，经过异化和对异化的克服，逐步达到普遍精神的高度，这是说，人的个体意识是可以达到与绝对精神相同的高度的，绝对精神也是可以被人认识的。然后是《逻辑学》，这是绝对精神依照自身的逻辑规定性的展开或演示，这部分内容即本体论。黑格尔又设定，绝对理念发展到最高阶段，必然"外化"为自然界的种种原理，然后又通过人的精神生活回复到自身。这样的哲学程序设计显然也是为了消除原理世界与事实世界的两离现象。"外化"是原理世界作用于事实世界的桥梁。而由于作为纯粹原理的绝对精神不是从经验的认识中得出的，而是绝对精神自身运动的结果，它是先于一切人的认识而有的，所以《逻辑学》展示的那部分内容，事实上是先验性质的、是与经验分离的。

从柏拉图到黑格尔,西方哲学的形态上的特征是两离性。近代的经验主义只承认有一个可感的经验世界,这看似不符合两离性的特点,但是经验主义和理性主义是作为对立的双方同时出现的,这两者合在一起就是两离性这个特点的表现,或者说,这是西方哲学两离性这个根本特点的变式,它把世界划分为经验的和理性的两个部分。

本体论是形而上学。在西方哲学的理解中,"形而上学知识这一概念本身就说明它不能是经验的"[7]。由于本体论是在经验之外的一片领域里,它形成了西方哲学两离的特点,也可以反过来说,由于西方哲学划分出经验和经验之外两个分离的领域,才有了本体论或本体论所表示的理性、纯粹原理的栖身之处。本体论作为纯粹原理,它本质上是先验性的。要把握本体论的先验性,必须同时把握西方哲学两离的形态特征,反过来说,两离的形态才是本体论具有先验性的实质的可能的条件。

事实上,哲学并不一定要有两离的形态,形而上学也不一定非脱离在经验之外,这也就是说,哲学不一定要有本体论的形式,这一点经与中国哲学比较就可明显见出。

(二) 中国传统哲学的一体性

与西方传统哲学形态的两离性特点对照,中国传统哲学的形态明显地是一体性的。中国哲学中没有在我们生活在其中的世界之外再分离出另一个世界的观点,也没有一种存在于经验之外的独立的理论领域。中国哲学中倒是有一种普遍流行的观点,叫做"道不离器",或曰"理在气中",它鲜明地体现了中国哲学一体性的形态特征。

中国古代较早提出道器关系且产生较大影响的,见于《周易·系辞》:"形而上者谓之道,形而下者谓之器。"从这话来看,道和器是以形为过渡或中介的。又见同篇:"见乃谓之象,形乃谓之器。"形当与象是一类的东西,而象,显然是指《易经》中的卦象。联系起来考虑,"形而上者谓之道,形而下者谓之器"似是指示把握《易经》的道路:从有形质的具体事物上升为一般的形、再由形而无形达乎对道的体认。这同王弼《周易略例》中说的读《易经》方法——"得象而忘言,得意而忘象"——是一致的。这里的言是指解说卦象的文字,多用具体例证。读《易经》当不拘泥于由文字标明的具体例证而达到道的境界,但这一步太大,不易跨出,可依象指示的方向去做。象比具体例证抽象,依言到象的方向，再进到意即道，当进一步抽象。这样，由于有了形或象的中介，道和器是沟通的。

有许多论家更是明确指出道与器、与天地万物的一体性。《管子·心术上》说："道在天地之间也，其大无外，其小无内。"这可以理解为是从空间范围内肯定，道和天地万物的一体性。《庄子·知北游》中的一段话则说明道遍及万物：

> 东郭子问于庄子曰："所谓道，恶乎在？"庄子曰："无所不在。"东郭子曰："期而后可。"庄子曰："在蝼蚁。"曰："何其下邪？"曰："在稊稗。"曰："何其愈下邪？"曰："在瓦甓。"曰："何其愈甚邪？"曰："在屎溺。"东郭子不应。庄子曰："夫子之问也，固不足质。正获之问于监市履狶也，每下愈况。汝唯莫必，无乎逃物。至道若是，大言亦然。周、徧、咸三者，异名同实，其指一也。……"

举道的所在之所以要"每下愈况"，恰恰是为了突出即使在那些低下、无生命、无用处的事物中，道也是在其中的。正如王夫之说："括天下之有知无知，有情无情，有质无质，有材无材，道无所不在。"（《庄子解·知北游》）

古人也发表过一些似乎是与此矛盾的说法，这些说法几乎可以使人误以为中国哲学中的道是可以脱离现实世界而独立存在的。如《老子·二十五章》说："有物混成，先天地生，寂兮寥兮，独立不改，周行不殆，可以为天下母。吾不知其名，字之曰道……"又，《老子·四十二章》说："道生一，一生二，二生三，三生万物。"我们前面引庄子书中的话说明道是遍在于万物之中的，但同一部书中对道又作过这样的描述："自本自根，未有天地，自古以固存。"（《大宗师》）但是深入思考的话应当承认，这些话并不足以说明道是在现实世界之外的独立存在。上面引的话的意思是说，道比天地万物在时间上在先，又说道生出了万物。可是，时间上的先后并不足以成为划分现实和现实之外的两个世界的标准；由道生出万物，更不能成为道脱离现实世界的理由，"生"这个概念恰恰表明道和万物在同一个世界里。

说到这里我们要谈一下朱熹的情况。因为他说过，"未有天地之先，毕竟是先有此理"，"万一山河天地都陷了，毕竟理却在这里"。光从这些话看，朱熹强调理在气先的口气十分坚决，可能正由于此，有人把朱熹当成是中国最大的本体论者。不过这个结论是很可怀疑的。因为朱熹还说过这样的话："天下未有无理之气,亦未有无气之理。气以成形,而理亦赋焉。""或问:必有是理,然后有是气,如何? 曰:此本无先后之可言。然必欲推其所以来,则须说先有是理。然理非别为一物,即存于是气之中。无是气,则理亦无挂搭处。""或问:先有理后有气之说。曰:不消如此说。而今知得他合下是先有理后有气邪? 后有理先有气邪? 皆不可得而推究。"(《朱子语类·卷一》)这些引文表明朱熹认为理与气是不可分的;也透露出理在气先的观点是在门人一再逼问下勉强的答复;或者,他对理和气孰先孰后的问题干脆采取不可知的态度。总之,朱熹关于理和气孰先孰后的观点,是前后矛盾,不能定论的。既然连中国"最大的本体论者"朱熹在这个问题上都不明确,其他的人想来就不必去说及了。

其实,如我们前面已经论述过的那样,即使承认了道的先在性、道作为生发万物之母,或理在气先,它同西方的本体论是现象之外独立存在的原理世界还是有根本区别的。在先不一定要割裂、分离,而本体论,从柏拉图的理念世界直到康德所批评的纯粹理性概念推论的形而上学,则是在现象世界之外的。由于本体论存在于现象世界之外,其原理不是从经验中概括得出的,因此,只能靠概念本身的逻辑推论;而概念的逻辑推论之所以可能,其前提又须有一套经过哲学家改造的从逻辑方面加以规定的语言。中国哲学中显然是不存在这些条件的,从根本上说,中国传统哲学根本就没有开辟出和进入过一个纯粹靠概念思辨的领域。朱熹说理离开气便"无挂搭处",那样的理"只是个净洁空阔底世界,无形迹,他却不会造作",(《朱子语类·卷一》)这话很形象,它反映出中国哲学中当作"名"来看待的概念,离开了"实",即概念的对象,便无意义可寻,"无挂搭处";这样的概念也不会作逻辑推论,即"不会造作"。

(三) 中西哲学特征的两种不同概括

在中西哲学比较研究中有一种流行的见解,以为"天人合一"是中国哲学的一个特征,言下之意,西方哲学没有这个特征,或者竟是主张"天人两分"的。这同我们主张以"一体与两离"作为中西哲学形态差异的概括是不同的。那么这两种概括的区别是什么呢? 哪一种概括又更恰当呢?

我们前面已经说过,以"一体和两离"作为中西哲学形态差异的概括,指的是这两种哲学各自的整体特征。具体来说,它指明一种哲学究竟是否主张在我们现实的世界之外,还另有一个与之分离而独立存在的世界或领域? 如果有,那么这另一个世界或领域必是与经验世界相对的理性世界、与事实世界相对的逻辑世界;这不仅是一种哲学中所具有的观点,而且还决定着这种哲学的形态:即这种哲学中有一部分内容是表达另一个世界的,它在西方哲学中称为理念世界、逻辑真理、逻辑知识或绝对精神,概而言之,它就是作为纯粹哲学原理系统的本体论。

"天人合一"中的天,一般来说是指自然的天,用西方哲学的眼光来看,它是属于经验世界的。"天人合一"的天或者也指天道,那么其中的人便指人道、人事。无论上述两种意义的哪一种,都主张人与自然、人事与自然规律的天道,或者是和谐统一的,或者是相互感应的,或者人应当主动追求这样的统一和谐。"天人合一"认真说来只是一种观点,虽然这种观点与哲学的形态特征也有联系,如,追求"天人合一"不只是一种认识的活动,它也包括相应的实践活动。"天人合一"并不足以表达中国哲学的形态特征。

"天人合一"也未必见得是中国哲学特有的一种观点。前苏格拉底哲学家们努力寻找世界万物的始基,不管他们各自主张的始基多么不同,大体上说,都试图在多中求一,将世界万物统归于某一种始基,这世界万物中也未将人排除在外。虽然他们中没有人明确说出"天人合一"的话,但更无证据表明他们是主张"天人合一"的反面的。

柏拉图创立了本体论,这对于西方哲学形态两离的特征是具有决定性意义的。但从此开始的西方哲学的两离性并不是以自然的天为一方、以人为另一方,而是以本质、逻辑为一方,现象、事实为另一方。天和人是属于现象、事实这一方的。因此,"天人两分"并不足以表达西方哲学的形态特征。

"天人两分"的说法没有把天人之外独立存在的另一个世界、另一片领域揭示出来,这主要是由于中国哲学的传统中从来还没有脱离我们的世界,专事概念的逻辑演绎的思考习惯。而这一点却是本体论的特点,并因此而决定了西方哲学的形态的特征。以"一体与两离"取代旧的说法,以作为中西哲学形态差异的根本特征,为的是提起人们格外留意我们所不曾有过、不太习惯的那种思想方法。只有领略了这种思想方法,我们才能正确地了解本体论,并在此基础上才可能去讨论所谓中国传统哲学中有无本体论的问题。

三、哲学的目标、语言与途径

"一体与两离"是从总体方面对中西哲学形态差异的概括与描述。如果这一概括和描述是准确的,那么,人们当能从各种不同角度的考察中得到印证。在各种不同角度的考察中,对哲学的最终目标、理路及语言形式的考察,可以看作是取哲学内部特征角度的考察。

(一) 境界与真理

从事哲学,依古希腊人的本意,当是热爱智慧之举。然而由于柏拉图,西方哲学的命运发生了决定性的变化,从此,知识取代了智慧,整个西方哲学史成了一部追求绝对真理的历史。[8]用海德格尔的话来说,从此西方哲学便执著于"所是"而忘了"是"。黑格尔的一段话可以作为从柏拉图开始到他的时代的西方哲学追求的目的的总结:"哲学的目的就在于认识这唯一的真理,而同时把它当作源泉,一切其他事物,自然的一切规律,生活和意识的一切现象,都只是从这源泉里面流出,它们只是它的反映——或者把所有这些规律和现象,依照着表面上似乎相反的路线,引回到那唯一的源泉,但为的是根据它来把握它们,这就是说,认识它们是从它派生出来的。"[9]

黑格尔所说的"这唯一的真理",指的是从柏拉图直到他的绝对精神表达的理论。它们是纯粹的原理、普遍的知识。本体论所追寻和表述的就是这种绝对真理。

黑格尔关于这种真理性质的界说,充分印证了西方传统哲学两离的特点:既然这种真理是(社会)生活一切现象和自然的一切规律的源泉,那么社会生活和自然本身就不是它们的现象和规律的源泉,作为源泉的这种真理必是与现实的社会和自然相分离,在它们之外的领域里独立存在的。这样的真理不是认识的结果,而倒是认识的前提。对现实世界事物的认识,目的是为了认识它们是从绝对真理这个源泉中派生出来的。

西方哲学的两离性这个特点在这里还表现为:这种真理作为普遍本质与现象世界的分离。它又进一步导致西方哲学中对逻辑真理和事实真理、演绎的命题和归纳的命题等等的划分。近代西方哲学的理性主义和经验主义是对这两离性的两端各偏重一端的结果,或者说,理性主义和经验主义的区别本身就是西方哲学两离性这个特点的表现之一。

中国哲学以"道"为最高目的。孔子甚至说："朝闻道，夕死可矣！"（《论语·里仁》）朱熹论曰："道者，事物当然之理。苟得闻之，则生顺死安，无复遗恨矣。"（《论语集注·里仁》）生死事大，苟得闻道，虽死亦可，人在天地间没有比这更高的目标了。而由于中国哲学道不离器的基本的一体性特征，遂伴随着中国哲学在追求最高目的时与西方哲学的不同：中国哲学对道的追求与其说是认识真理，不如说是要获得一种做人的境界。

从现代的观点来说，道的含义中有万事万物的规律的意思。就这一点来说，道也被解说为真理。但是实际情况却是，古人并没有把道单纯当成是认识的对象，人们倒是认为，道是不可言说的东西。《老子》一书劈头就写道："道可道，非常道；名可名，非常名。"对道的直接描述是很少的，即使有，也往往惟恍惟惚，如称"一阴一阳之谓道"。因为对道的一个观点是，一说出来，道就不成其为道了，即所谓"道隐于小成"。人们倒是常不得已而以否定的方式去描述道。如：

> 视之不见名曰夷，听之不闻名曰希，搏之不得名曰微，此三者不可致诘，故混而为一。其上不皦，其下不昧，绳绳兮不可名，复归于无物，是谓无状之状，无物之象，是谓惚恍。迎之不见其首，随之不见其后。（《老子》第十四章）

又，《管子·内业篇》也说：

> 不见其形，不闻其声，而序其成，谓之道。
> 道也者口之所不能言也，目之所不能视也，耳之所不能听也。

既然已经肯定了道是言说不出来的，再去试图将它说出来就是徒劳的。这就决定了道不是像西方哲学中的那种作为认识对象的真理，即那种以概念的演绎来表达的绝对真理。中国古代的哲人们虽然否定道是可以言说的，但是他们肯定道的存在，认为道是可以被人直接体察到的。

人能够体察道的根据在于：道不离器。道是遍及一切的，也渗透在人的生命过程中。人作为万物之灵的优越性就是可以通过自己的生命过程去追求道、体察道,这叫做"反身而诚",只是"百姓日用而不知"罢了。对道的体察当称之为"境界",而不是认识。冯友兰先生引周敦颐的话,"圣希天,贤希圣,士希贤",接着说:"这就是士所希望达到的一层高于一层的精神境界。对于这些境界的阐述以及达到的方法,就是道学的内容。"[10]

事实上,中国儒、道、释三家对道的理解是有区别的,这决定了他们各自要达到的道的境界也是不同的。道家偏重于讲自然之道,把自然之道当作最根本的东西,而仁义之类的出现是由于自然之道的隐没,因此他们追求的道的境界是力求回到那种原始淳朴的自然状态,即所谓"返朴归正"。其途径常是将自己的身心调整到与自然合一的状态,如《庄子》中所描述的"坐忘"。佛学要教人脱离轮回、永远超脱。依佛学的说法,人能够达到这一目的的可能性在于,人作为生命,其根子处,即第八识阿赖耶,是介乎有生与无生之间的东西;生命以及生命所拥有的一切,包括他所认识的世界,都是从这个根子中发生、展开出来的。一旦展开出来,人便不免为展开在他生命中的现象所迷惑而忘记了自身的根基。只有回到这个根基中,才能摆脱世间种种烦恼。它的方法是通过修炼,断绝七情六欲,使意识进入亦生亦死,不生不死的涅槃状态。

与释、道两家比较,儒家显然是更现实的。人不仅是生活在自然的世界中,他又是生活在社会中的。站在这个立足点上,儒家所追寻的道的境界,是对于在社会中"做人"的体验。社会中的人区别于禽兽之处在于,人是遵守伦理规范的。《易经·乾卦》:"其唯圣人乎,知进退存亡而不失其正者,其唯圣人乎。"孔子自述"七十而从心所欲"(《论语·为政》),能够自觉地依照伦理规范,在社会生活中进退有序不失其正,这就是儒家的要求。

据儒家的看法,上述伦理规范并不是人为制订的,它本身就是天地之德的反映,它就是道。但是由于人有躯体,就生出种种私欲,妨碍了人对道的体察。儒家下了许多功夫探讨各种克服私蔽的方法。例如,这些方法中有"吾日三省吾身""主敬""静坐功夫""去人欲、存天理""尽心"等。《中庸》里强调的是"诚":

> 唯天下至诚,为能尽其性;能尽其性,则能尽人之性;能尽人之性,则能尽物之性;能尽物之性,则可以赞天地之化育;可以赞天地之化育,则可以与天地参矣。(第二十二章)

又说:

> 诚者自成也,而道自道也。诚者物之终始,不诚无物。是故君子诚为贵。(第二十五章)
>
> 故至诚无息。不息则久,久则徵,徵则悠远,悠远则博厚,博厚则高明。(第二十六章)

这后两段话不仅强调了"诚"是得道的一条途径,而且还说明"诚"何以可以得道以及描述了得道的境界,大意是说,只要"诚"而持之以恒,必能自然而然地流露于外而影响播及远处,并获得博厚、高明的感觉。为什么这样就获得了高明的境界了呢? 朱熹的一段话大概是可以说明的:"盖有以见夫人欲尽处,天理流行,随处充满,无少欠阙。故其动静之际,从容如此。而其言志,则又不过即其所居之位,乐其日用之常,初无舍己为人之意。而其胸次悠然,直与天地万物上下同流,各得其所之妙,隐然自见于言外。"(《论语集注·先进》)冯友兰先生用现代哲学的语言,对得道的境界作了进一步的阐述,他说:"人一生都在殊相的有限范围之内生活,一旦从这个范围解放出来,他就感到解放和自由的乐(这可能就是康德所说的'自由')。这种解放自由,不是政治的,而是从'有限'中解放出来而体验到'无限'(这可能就是康德所说的'上帝存在'),从时间中解放出来而体验到永恒(这可能就是康德所说的'不死')。这是真正的幸福,也就是道学所说的'至乐'。"[11]这就是中国传统哲学追求的境界。

追求境界与追求真理的区别还伴随着其他一些相关的差别。在西方哲学史上,最高的真理是本体论表达的绝对真理,它既然存在于现实生活之外,与伦理学是相分离的。甚至伦理学也主要是作为一门知识,尤其从柏拉图以后,哲学家本人并不必定要求是道德生活中的典范。在中国历史上,哲学家往往被誉为圣人,或者,是那些努力争取成为圣贤的人。伦理学与哲学也不是分立的,因为哲学本身不在生活世界之外。再者,作为知识来认识的真理,讲究的是正确与否;作为境界来追求的道,则讲究自家体会的深浅。

(二) 名与概念

中国哲学和西方哲学的一体和两离的特征区别,也反映在各自哲学所使用的语言形式上,集中表现在哲学所使用的概念的性质上。

关于本体论哲学中概念的性质,本书第二章中已经有了比较详细的论说。那里说,本体论使用的是经过哲学家改造了的语言,其概念的意义不在于这个词所指的实际对象,而是通过概念之间的相互关系得到规定的,这样的概念就是具有逻辑规定性的范畴。既然本体论的概念具有这种性质,就可以用它们像数学运算那样进行推论,得出纯粹的原理,而又因为这种原理不是从经验的概括中得出的,它是在经验之外的,这就决定了西方哲学最终形成了两离的形态。

对于中国文化来说,"概念"是一个外来词,中国哲学中与"概念"大致相当的术语是"名",不过,它们也只是就我们所研究的问题而言大体相当,即它们可纳入同一研究主题,然而其各自的含义、性质及作用却有很大的区别:本体论的概念是逻辑范畴,其意义不在于这个词所指的实际对象,而是取自概念间相互关系的逻辑规定性;而中国哲学中的名正好相反,名必副实,这就是说,名始终应当是依赖于实际事物的,离开了实,名就不正了,就没有意义可言了。这一点在先秦的时候几乎是人们的共识,许多人都这样说。如《墨子·经说上》称:"所以谓,名也;所谓,实也。"《管子·心术上》说:"名不得过实,实不得延名。"《庄子》中说:"名者实之宾"(《逍遥游》),"名止于实"(《至乐》)。中国古代对名实关系的论述,表现出中国哲学和西方哲学在形态上的差异,值得我们在这里深入讨论。

表面上看,关于名必须副实,并且实为主、名为宾,这一观点在先秦的时候似乎没有对立面,有一致的共识。但实际的背景却呈现出另一种面貌。当时的社会性质和结构正在发生激烈的变化,新旧更迭之际,各种利益集团之间的斗争进入白热化阶段,你死我活、称雄争霸的故事一个接一个。在舆论上,站在不同利益立场上的人出于为自己辩护而各执一端。孔子提出的"正名",大致就是站在维护原有社会秩序立场上的较为保守的要求。这说明当时人们对名和实的看法和使用事实上是有差别的,这就提出了名的规范问题,使问题超出了社会政治论战的范围,而涉及名的性质、语词意义的来源等一些具有普遍哲学意义的问题。关于名的种类的划分以及对在名实关系中几种混乱情况的梳理就是其中突出的问题。

关于名的分类问题有几种不同角度的说法。据《尹文子》的说法:"名有三科","一曰命物之名,方、圆、白、黑是也。二曰毁誉之名,善、恶、贵、贱是也。三曰况谓之名,贤、愚、爱、憎是也。"这种划分,从概念划分的逻辑性的角度看,是不严密的,因为第二、第三两类是互相渗透交错的。如果将二、三类并作一类,那么大致上可以看出,这个划分的指导思想也许是想把所有的名分为关于物理的一类与人事的一类。但是进一步在关于人事类的名里划分毁誉(具有价值判断的)之名和况谓(描述性的)之名,就无法与第一类并列了。

比较起来,《墨子·经上》里对名的划分似乎更符合我们现在知道的逻辑。那一篇中把名分为达、类、私三种。据《墨子·经说上》的解释,所谓"达名"的例子是"物","类名"的例子是"马",而"私名"的例子则举了一个人的名字"臧"。这已经不是根据名所指的对象的类别进行的划分,而是就一个名所涵盖的对象的范围的划分。"物"作为"达名",是因为它涵盖最广。《荀子·正名篇》称"物,大共名也"。从逻辑的观点看,这种划分是可以成立的,其中涵盖最广的、遍达一切的名即"物",这是我们要注意的,后面我们将分析这个观念的哲学意义。

《荀子·正名篇》提出过一种与《墨子》中大致相当的对名的划分,同时,这里还说明了进行这种划分的方法论原则:"故万物虽众,有时而欲徧举之(按:王先谦《荀子集解》引俞樾曰:徧举之乃普遍之义),故谓之物。物也者,大共名也。推而共之,共则有共(按,王先谦引王念孙曰,"共则有共"之"有"读为"又",谓共而又共,至于无共然后止也),至于无共然后止。有时而欲徧举之(《荀子集释》引王念孙曰:案此徧字当作别,与上条不同,上条以同为主,故曰徧举之,此条以异为主,故曰别举之。又引俞樾曰:此徧字乃偏字之误),故谓之鸟兽。鸟兽也者,大别名也。推而别之,别则有别,至于无别然后止"。荀子提出划分名的这个方法论原则,主要是针对当时有的诡辩者混淆名实关系的做法。他的划分也是依名所涵盖实的范围的原则进行的,并且他把这个原则明确表述出来了,即,根据同和异的分别,从大的方面或在普遍性较大的方向上说,是通过概括一类事物的共同点得出它们的共名,最大的共名称为"物"。与上述方向相反的方面则可以发现那些各有差别的事物的名。如相对于大共名"物","鸟兽"就是一个别名。但鸟兽还可分别更细的品类,直至不可再分者,相对于更细的品类,鸟兽还算是一个大别名。这样,荀子将名分为三种:大共名、别名、无别之名,它们与《墨子》的达名、类名、私名是相当的。用今天人们惯用的术语来说,它们分别是种名、属名和专名。与《墨子》书中不同的是,荀子明确指出了别名是有多个层次的。既有大别名,又有不可再别之名,其中间当有许多不同程度之别的名。

从不同的角度去考察名,名就有不同的分类。荀子也从名的"单""兼"性质上去划分过。在《正名篇》,荀子写道:"单足以喻则单,单不足以喻则兼,单与兼无所相避则共。虽共不为害矣。"王先谦注说,单即物之单名,兼即复名。王先谦举的例证是:马为单名,白马为复名。白马是一匹马,但因为现在同一匹马有了两个名,发生了冲突(无所相避),照荀子的说法,取其共名就解决问题了。

在讨论名的分类的时候,荀子还提出名有约定俗成的性质。他说:"名无固实,约之以名实,约定俗成,谓之实名。"(《荀子·正名篇》)

关于对名实关系中一些混乱情况的清理,这也是在《荀子·正名篇》中谈到的。这样的情况一共有三种,第一种是"用名乱名";第二,"用实乱名";第三,"用名乱实"。第一种情况的例证是举出三句话,它们是:"见侮不辱;圣人不爱己(按:己,上海书店出版社《诸子集成》所取王先谦《荀子集释》作已,据上海人民出版社《荀子简注》改);杀盗非杀人也。"侮,是来自他方的欺负、侮弄;辱是受侮方的耻辱、委屈。见侮与受辱本是一种现象的两个方面,见侮不可能不受辱,故也常连称为"侮辱"。然而,据说是出于宋子的这句话,却利用"侮"和"辱"是两个不同的名,说是"见侮不辱"。"圣人不爱己"这句话出处不详,但它明显是"圣人爱人"这句话的否定的推论。如果将这个推论补叙完整,便是:爱某者,必不爱某之对反方面;(他)人是(自)己的对反方面;既然圣人爱人,故圣人不爱己。说这样的话是想奚落、挖苦圣人。"杀盗非杀人"这句话也是利用了人和盗是两个不同的名而企图把它们的差别绝对化,却不顾"盗"是属于"人"这个表示种的名的一个属名。这三句混淆视听的说法都是把名与实剥离后,专在名上搞名堂的结果。所以荀子说,只要考察检验这些名的来源,看它们是否符合实际情况,这些似是而非的说法就可以得到禁止了。("验之所以为有名,而观其执行,则能禁之矣。")第二,"用实乱名"的情况也有三句话为证:"山渊平;情欲寡;刍豢不加甘,大钟不加乐。"这些都是与一般的说法唱反调的。一般的说法是:山居高,渊处下,山渊是高低不平的;人的情欲是很多的;乳猪味美、钟磬之声悦耳。古人用这些名将这些实表示出来,后人因之约定俗成,便也这么说。然而唱反调者却非要用相反的名来标志这些事情,他们可能是懂得了名是人加给事物、以区别不同事物的,但他们却不顾已经约定俗成的名的用法,这不免引起混乱。这种混乱称为"用实乱名",澄清的方法是,检验一下他们那些名所指的事实,与大多数人约定俗成的那些名所指的事实,二者之间原无不同;再看一下原有的名与他们标新立异的名何者行得通,问题便可解决了。[12]第三,"用名乱实"的指"非而谒楹,有牛马非马也"。"非而谒楹"不好理解,或者以为当作"排而谓盈",指互相排斥,又互相包涵的意思。(说见章诗同《荀子简注》)"有牛马非马也"也是一个奇怪的句子,一般认为这里指公孙龙的观点。但公孙龙的说法确切的当作"白马非马"。公孙龙以为,白是指一种颜色,马指的是"形(体)",色不是形,所以白马非马。这样,就通过玩弄名的花样,把白马是马这个事实否定了,这便是"用名乱实"。对付这种花样的办法是,重申名产生的原则,即名从实出,从这个原则去看,马和白马这两个名可以是出于同一匹马之实,这样,说"白马非马"的矛盾就暴露出来了("验之以名约,以其所受悖其所辞,则能禁之矣"。王先谦注:"名约,即名之枢要也。""名之枢要"也即"制名之枢要",即产生名的原则)。

中国古代典籍中关于名实关系的论述很多,我们不可能在这里细究。上面介绍的这些内容当可供我们在名与西方本体论概念之间作比较之用。

站在中国哲学名实相副的立场上去看,本体论中的范畴是些与实不相符的概念。一个典型的说明问题的例证是:从上帝是完满的"是"这个大前提,符合形式逻辑地从中推得上帝存在这个结论,这个"存在"却不是实际的存在,而只是逻辑规定性的存在。如果说,西方本体论哲学的范畴毕竟是通过对日常语言的改造得到的,它们同日常语言中的词毕竟一样写法,因而与实际事物总有关系的话,那么这种关系也不是名副其实,而是实副其名。因为从柏拉图的理念到本体论的范畴,都被认为是本质世界的东西,而实际世界的东西即"实",则只是些现象。本质比现象根本,在柏拉图,本质的理念是现象的事物的原型;在黑格尔,现实世界的一切都是由概念演绎得到的纯粹原理的派生。

关于西方本体论哲学的概念并不指示实际事物这个特征,有冯友兰先生的一段话可供参考。冯先生说:

> 与理论思维相对的是形象思维。在日常生活中,人们所常用的思维都是形象思维,所以对于形象思维比较了解。但对于理论思维的了解就比较困难了。一说到"红"的概念或共相,就觉得有一个什

么红的东西，完全是红的，没有一点杂色，认为所谓红的概念就是如此，以为这就是理论思维。其实这不是理论思维，还是形象思维。"红"的概念或共相，并不是什么红的东西，就这个意义说，它并不红。一说到运动的概念或共相，人们就觉得它好像是个什么东西，运转得非常之快。其实"运动"的概念或共相并不是什么东西，它不能动。如果能了解"红"的概念或共相并不红，"动"的概念或共相并不动，"变"的概念或共相并不变，这才算是懂得概念和事物，共相和特殊的分别。[13]

　　冯先生的话说明有一种与日常完全不同的对概念的用法，这些概念并不与实际事物相符。我们除了在西方本体论哲学中见到有这种概念，还没有在其他地方见过。但是我们并不认为这种概念是理论思维的普遍形式，中国哲学的名或概念就不是这种性质的。

　　本体论中的概念脱离了现实的内容，只能凭这样的概念之间的相互关系来确定其意义，这就是概念的逻辑规定性。而正是获得了逻辑规定性，这些概念才能离开经验事实进行推论。与之相比较，中国哲学中的名作为实的标志，是从实的方面取得自己意义的。这样的名当然难以脱离经验事实作纯粹的逻辑推论，即使作了推论，在人们的思想习惯上也总是把它当作是事实的一种关系，而不会理解成是脱离了事实的一种形式的关系。或许有人会问，达名、类名和私名是不是从逻辑上规定的概念呢？这样的名与本体论概念的区别是什么呢？这里有一种更深入的区别。在任何民族的日常语言中，都应该有类名，不然人们无法进行交流表达。但日常语言中的类名是同类事物的概括，或者说，类名总是指向一类事物的。如果我们把类名和同类事物的不可分离的关系看作是纵向关系，那么本体论中的类概念，或确切地说，那些一般普遍性的概念，是处在与特殊、个别概念的相互规定的关系中的，这是一种横向关系。中国哲学中并没有从达名（大共名）到类名（别名）到私名（无可别之名）逐一推论以形成哲学命题的例证。相反，有许多例证说明中国哲学是反对作脱离实际的名的推论的。例如，如果承认了"圣人泛爱众"，那么从逻辑上说，当可推出"圣人不爱己"。因为公与私，众人与自己是对立的名，从逻辑上说，不能同时肯定对立的两面。荀子很干脆地将"圣人不爱己"归入了"用名乱名"造成的混乱。他并不必去考虑形式逻辑的规则（事实上那时也没有人知道有形式逻辑这回事),他坚持的根本原则是:名应当与实相副。在这里,恐怕他首先考虑的是维护圣人的名誉和形象。

再者,在中国哲学中,达名、大共名是"物",这说明哪怕是最普遍的名,也指示着与之相应的实。然而在本体论中,最普遍的概念是"是",它并不指示任何实际事物,它的意义在于,作为最普遍的概念,它逻辑地包容一切其余的概念,而自身却不能是任何特殊的概念,即它没有任何特定的规定性,以至于它便等同于无。

前一章我们论说过,本体论中从逻辑上加以规定的概念,是经过哲学家们对西方日常语言改造的结果。中国哲学的名不是那样的概念,自然也就没有被作那样的改造。现在我们假设,对汉语作那样类似的改造的可能性如何? 我觉得困难是很大的。将日常语言与实际内容剥离开来形成逻辑的概念,其中一个条件是这种语言的文字有易于形式化的特点。西方是拼音文字,比起汉语的象形文字,就更加形式化。西方的语法学、逻辑学和形而上学的本体论,是三个等级逐次升高的层面上的形式。汉语文字起源时就坚持了象形的方向,在形式化方面就不容易。语言文字对思想方法不能没有影响。提出这个假设的问题,并非逸兴遄发,它关系到这样一个实际的问题:如果西方哲学中有我们所当了解、并期望在将来融入我们自己哲学的东西,那么是挣脱西方语言的形式取其实质内容、并以我们民族的语言去表示呢,还是改造我们的语言,去容纳那种内容? 我们可以接受和使用五线谱、数学的语言,但是哲学的语言要复杂得多,这不仅因为哲学表达抽象的思想,而且哲学与日常生活的联系比音乐和数学与日常生活的联系更全面。这个问题的提出更是由于我们现在已经看到了西方本体论的概念与我们中国哲学以"名"来称呼的概念之间的差别。

(三) 形而上学的差异

现在让我们来讨论以一体和两离为其各自特征的中西哲学在形而上学方面的差异。

先要说明一下西方哲学中的形而上学。形而上学原文为 metaphysics,意思是"物理学之后",这个名称出现的时候本来不是一个哲学概念,而是亚里士多德的学生为他的一部书加的书名。这部书本来没有书名,他的学生在编定亚里士多德的《物理学》之后,着手编辑这本书,于是就标了这样一个奇怪的书名。以后，人们读了这部书，就从这部书的主题、内容方面来理解"形而上学"这个词了。《形而上学》这部书是研究"第一哲学"的。数学、物理等都是某些专门领域里的学问，"第一哲学"研究的则是一般的"是者之为是者"的学问。这样，形而上学就成了哲学的代名词。在西方哲学史上，人们把本体论、宇宙论、理性心灵学和理性神学归入过形而上学。后来，宇宙论为天体物理学所取代，理性心灵学则为现代心理学所取代，而理性神学本来就更依赖于基督教，只有本体论始终留在形而上学内。因此，有人也把形而上学等同于本体论。如，分析哲学对本体论的批判更多的是用批判形而上学的名义进行的。宇宙论、理性心灵学所以从形而上学脱离出来，原因是它们成了实证科学。那么倒回去看，形而上学就被认为是不可实证的、超越于经验的东西了。

中国以"形而上学"译 metaphysics，大抵是依据《周易·系辞》的那句话："形而上者谓之道，形而下者谓之器。"人们据初步印象就可感觉到这两种形而上学之间有一种差异。如在中国哲学中，形上有它的对反形下，这在西方哲学中是没有的。而由于我们对中西两种哲学总体上的特征，即它们各自的类型特征作了考察，那么中西哲学各自的形而上学之间的区别也可以更加明确地显示出来了。西方哲学的形而上学就是对那片超越于经验的领域的研究；而中国哲学的形而上（学），是从日常生活经验上升到道的境界中去的途径、道路。

西方的形而上学由于脱离了经验，是一个纯粹概念的世界。它是所谓理性认识的对象，它的逻辑推论的必然性使它标榜自己是普遍的真理。而在中国哲学的传统中，人们经由形而上的途径所进入的得道的境界，是在个人的体验中的，在这个意义上说，形而上学并不脱离"经验"。但是，它显然又不等同于日常经验，而是日常经验的升华。这种升华中有认识的成分，如《庄子·养生主》所描述的庖丁之解牛，他对于牛的结构腠理掌握得可以神遇不以目视。但这绝不是纯粹的认识，更不是对概念式的原理的认识，而同时也有伦理的成分和审美的成分：由于技术的熟练，解牛时发出的声响有如音乐，动作有如舞蹈，完成解牛以后"提刀而立，为之四顾，为之踌躇满志"，这是审美的意义；而如此解牛，已经做到了"依乎天理、因其固然"，其中又包含着伦理的意义。总起来说，是求做人的境界。

西方的形而上学从最抽象的范畴"是"为开端，推出各种其他范畴，从抽象走向具体。这些由逻辑推出的命题本身是很确定的。不过它在经验世界的彼岸，人如何切身把握它是一个问题，故而笛卡尔提出谋"清楚明白"的要求。中国的形而上(学)，是一条从实际生活中谋求升华的道路，是人人都能以自己的生活为起点的，因而是可以切身体验的。但是由于这种个人体验的性质，其体验的深度不一，它的最高境界"道"也难获得普遍一致的表述。《老子》的开篇句"道可道，非常道；名可名，非常名"说出了这种情况，成为千年名句。这说明道难以通过解释概念的途径得到阐述，而只能通过对现象的描述，如《庄子》中对庖丁的描述。现象反映出得道的境界的实在性，从而证实了道的确实存在。这里的现象不是纯粹客观的现象，而是处在境界中的人的现象，因而是意识性的。中国哲学通过意识现象去领会道的存在。这种方法也开始出现在现代西方哲学中，这就是胡塞尔所创立的现象学，他们用这种方法是为了去把握原本被隔离在经验世界之外的那些范畴、本质或观念的，以使它们对人来说更加清楚明白。不过胡塞尔的现象学是在西方哲学背景下的，它的目的是为了维护那些原本在经验之外的概念的存在。中国哲学则更重视对道的体验的过程，强调的是体验的真切性，说是："如人饮水，冷暖自知。"至于对于那个追求的最终目标道则鲜加言说，这是因为说出来的东西是普遍的东西，有损于个人体验的真切性，可能被人从言语中效仿而不加实际感受，成为禅宗所斥的"口头禅"。这使中国哲学在论说最高境界时，带有一些神秘的色彩，然而是不得已的。现代的西方哲学在挣脱了本体论的形而上学之后，才承认了哲学最深处的东西的不可言说的性质，海德格尔和维特根斯坦在其各自的哲学中都体会到了这一点。

中西哲学对形而上学的不同理解又导致或者伴随着形而上学问题的方向和命题的构成上的区别。这样的问题有许多，我们这里拟各取一个相关的问题进行议论。

一般和个别的关系问题是西方哲学中一个重要的形而上学的问题。照西方哲学的看法，哲学是普遍的知识，其中的概念都是在一般的水平上的，如果缺乏一般的概念，就难以想象有哲学知识。这样的看法，日常思维的人也是可以接受的。然而须知形而上学设定了一般概念是标志经验之外的实在的，这不光假定了个别之外还有独立存在的一般，而且这个一般作为本质是先于个别的。这就是日常思维所不能理解的了，因为这种问题是在经验之外的逻辑领域里展开的，而对于形而上学的本体论来说，非得如此设定概念才能进行独立的推论。这是西方哲学总体的两离特征的反映。于是我们看到西方哲学从亚里士多德起就深陷在一般和个别的关系的争论中。经验主义认为一般只是同类事物的一个名称，只有经验到的事物才是实际存在的，以至于否认现象之外还有本质。理性主义则抓住感觉中的事物是多变易逝的这个特点，认为一般的概念才是表达了事物的本质，它是永恒实在的。

中国哲学当然也运用一般的概念来表述。但是中国哲学中的一般概念并不是从逻辑上规定的，因此它并不表示存在于我们的世界之外的实在。在中国哲学中，无论是表示事物的类或者事物的性状的一般概念，都当称作名，因而是指实的。例如说"食、色，性也"，这里的食、色都是指人的本性，而不是脱离了人独立存在的性质。如果食、色是指独立存在的实在，那么，就会有个人如何分得这些一般的性质以及一般的性质与个人的食色本性孰先孰后的问题了。冯友兰先生说，在理论思维中，红不红、动不动。我以为那只是在本体论哲学中可以见到，因为本体论的概念是从逻辑上规定的，已经脱离了日常思维的习惯。这种说法并不适合于中国哲学。由于中国哲学的概念同西方形而上学本体论概念性质上的不同，一般和个别的关系在中国哲学中并没有像在西方哲学中那样成为一个纠缠不清的问题。

中国哲学有自己的问题。中国哲学有一个基本观点：道，或曰理，是遍及一切的，反过来说，普天之下只是这一个道、一个理，而对道或理的把握又在个人体验的境界中。这样，一方面，每个人所体验到的是这唯一的、共同的道，用西方哲学的术语来说，这里人把握了普遍、一般；同时，道是在个人的直接体验中的，从理论上说，其真切感当是不成问题的。然而问题在于：个人的存在和经历总是有限的，有限的个人怎么可能深入遍及一切的道呢？这是有限与无限的矛盾。其次，当一个人声称自己体验到了道的境界时，有什么根据说他所体验到的就是这遍及一切的唯一的道呢？这是个性与共性的矛盾。

"理一分殊"是宋儒的见解，可以看作是对第一个问题的回答。朱熹引程颐的话说："伊川说得好，曰，理一分殊。合天地万物而言，只是一个理，及在人，则又各自有一个理。"[14]这唯一的理同时也是分散在各种不同的事物和个人之中的，这里本无鸿沟，这个说法是个人能把握道、理的根据。他还引禅宗的比喻"月印万川"说明这个道理：人能分得唯一的理，就如天下的每片水面都能印得一个完整的月亮那样。有趣的是，柏拉图早就举过近似的例子来讨论个别事物对于理念的分有的各种方式。一个是"分有日子"的比喻：日子是单一的、同一的，它同时在各处；理念分散在事物中恰如日子之同时分散在各处。紧接着是一个被认为与上述比喻相似的"分有帐篷"的比喻：许多个别事物分有同一理念，恰如许多人分享同一帐篷。[15]但是柏拉图从逻辑的角度否定了上述两个比喻的分有方式。他认为，在那些分有方式中，理念将被分割，不再保持单一的特点；而事物分有的只是理念的一部分，恰如每个人只享有他头上一片帐篷，其余部分被其他人所享有。他还进一步以大、小这两个理念为例，推演上述分有方式的不能成立。如果说，大的事物是由于分有了大的理念，而依照上述方式，大的事物实际上却只分有大的一部分；大的一部分当小于大自身；那么，个别事物是因为分有大的理念的较小的部分而成为大的事物的，这岂非荒谬。如果小的事物是因为分有了小的理念，那么同样，它在这里分得的只是小的一部分。结果，与小的一部分相比，小的理念本身倒是要大些了，这和小的理念当是绝对的小是矛盾的。[16]柏拉图的方法是，先将有关的比喻化为整体和部分的概念之间的关系，然后进行概念的逻辑分析暴露其矛盾，从而否定这些分有方式的可能。无独有偶，在中国，王船山也对朱熹的上述以"月印万川"喻"理一分殊"的立论作过近似柏拉图式的批评，他说："迨其分殊，而理岂复一哉！夫不复一，则成殊矣！"[17]但是在柏拉图对"分有日子""分有帐篷"的批评和王船山对"月印万川"喻"理一分殊"的批评中都已先下一转语，即，他们把问题切换到了逻辑的层面，在这里，个别事物对理念的分有以及"理一分殊"分别变成了部分和整体的逻辑问题了。经过这番转换，月不再是月，万川也不再是万川，而是分别成了整体和部分。但是如果我们不从概念的逻辑分析角度去看问题，那么"月印万川"毕竟是一种可见的现象，以之喻"理一分殊"毕竟也可以有一种理解。现代生物科学发现了生命信息的载体——基因，一个细胞中就包含着其生命个体中的全部遗传信息，人们并且据此而从中发展出了克隆技术，这种情况虽不符合整体与部分的逻辑关系，却可以用"理一分殊"去解释。事实上，在中国哲学史上，像王船山对"理一分殊"那样的批评并不多见，也没有成为中国哲学史上突出的争论问题，这说明对概念进行逻辑分析并没有成为普遍的思想方式。

至于个人所体验到的道或理，是否可以是遍及一切的这个唯一的道，这个问题是由陆象山给出肯定答案的。其说简单而明了："人皆有是心，心皆具是理，心即理也。"[18]这里还须对心进行辩释。如果此心只是伦理学上的心，那么，就有善恶之辨；如果还兼具生理学的心，仍不免有不同见识，以至于此心不是那心。以上述两种意义上的心去悟道，只能是各道其所道。还有一种心，那是禅宗说的即性见佛的性，这个性有时也称为心，它相当于佛学中的第八识"阿赖耶识"。佛学的前五识为眼、耳、鼻、舌、身，这是显而易见的。如果光有前五识，则我们只能得到一些支离破碎的外界印象，难以综合为一个完整的对象。事实上，我们平时见某熟人的背影，甚至如果熟到一定程度，只要听脚步声，就会知道他是哪一位，虽未见人，也会涌现他的样子、道及他突出的特点。这是前五识不能办到的。能将前五识综合为一个完整对象的，佛学称为第六识即"意识"。"意识"犹有中断时，如睡着或遗忘，然而有一点不会遗忘、不会中断，即自我同一性。人不会因一觉醒来而把以前的事情全部忘掉，以至于不知自己为谁。能使意识绵绵不绝前后相续的，是意识后面更深的第七识，佛学称为"末那识"。末那识维系在时间中，使人保有自我同一感。然而"末那识"还不是人最深处的东西，最深的是佛教称为第八识的"阿赖耶识"，或曰"藏识"。阿赖耶识是人一生的业所积聚的地方，亦称生命的种子。每个人都是从这样的种子中展开出来的。种子中包含着包括人的认识在内的一切生命活动的可能性，然而当其仍维持在种子中，还没有受到熏染时，是无意无识，是物我无异的。佛学的八识中国哲学中原是没有的，因此，也无对应的译名，仍保留着"末那""阿赖耶"这样的音译。禅宗融会了它的精神，直接以中国已有的术语"性""心"译"阿赖耶"，使佛学更加本土化，当然"性"的含义也有了变化，不再是"性相近、习相远"的"性"了。这样的佛学是当时中国思辨所达到的最高水平，它被宋明理学普遍吸收也是一个事实。所以，我们有理由说陆九渊以及后来的王阳明当他们言及"心""性"的时候，是指阿赖耶识那样的生命种子，在这里，物我未分、善恶未萌。站在这个基点上，他们才有理由认为，"人同此心"，并因而得出"心同此理"。中国哲学就是这样来解决在个体中达到的道的境界的普遍性的。在这里，并不存在如西方哲学中的先将一般和个别割离，然后陷入两者纠缠不清的关系的问题。

以上的讨论仅限于说明中西形而上学的类型及举例说明其相关哲学问题的差别，尚不是对这两种形而上学各自的得失的全面评论。因为前人对此种差别论述得不多。而这种差别的澄清，当是新一轮中西哲学比较研究的任务之一。

四、中西哲学的交流

本书研究的主题是本体论,本章前面所作的中西哲学的比较,也是为了取一个角度、将本体论这种特殊形态的哲学的特征显现出来。随着中西哲学的总体类型及一些重大特征方面的差异的揭示,就自然而然地带出了中西哲学的交流这个话题。道论和本体论作为中西哲学各自的核心,它们之间的差异是中西哲学能够进行交流的前提。也只有理解了道论和本体论各自的特征,我们才不仅能够评述以往这一交流中的种种现象,而且也能以此为根据,对今后的交流方向作出展望。

(一)黑格尔论中国哲学

西方人接触中国哲学并非始自黑格尔,而黑格尔对中国哲学的评论是最使我们不愉快的。然而我们之所以还是选这份材料作为中西哲学交往中西方人看中国哲学的典型,是因为黑格尔本人是西方本体论的集大成者,他对中国哲学的评论是本体论立场的典型代表。

黑格尔论述中国哲学的言论主要见于他的《哲学史讲演录》,这是他在 19 世纪 20 年代开讲的课程。在那里,他说:"真正的哲学是自西方开始。"[19]谈到包括印度和中国在内的东方时,他说:"我们在这里尚找不到哲学知识"[20],"所以这种东方的思想必须排除在哲学史以外"[21]。他的这种观点影响很大,以至于 1914 年美国出版的由梯利撰写的《西方哲学史》上仍写道:"不是所有的民族都已产生真正的思想体系,只有少数几个民族的思辨可以说具有历史。许多民族没有超过神话阶段。甚至东方民族如印度人、埃及人以及中国人的理论,主要是神话和伦理学说。"[22]

黑格尔对中国哲学采取断然否定的态度,并非是由于他对中国文化缺乏必要的了解,更不可能是由于缺少必需的资料。据载,从 1593 年起,就有人陆续将中国的四书五经译成拉丁文、法文。到黑格尔的时代,这些书不仅已经出齐,而且有不同的版本。尽管黑格尔肯定读过包括《老子》在内的其中一些书籍,但是他却不承认这是哲学。这主要是判断哲学的标准不同。黑格尔心目中的哲学的标准是本体论,它首先要求形成从逻辑上规定的范畴,然后,得出由这些范畴按其逻辑规定性展示出来的命题所组成的原理。我们可以从黑格尔对中国古代思想资料的评论中清楚地看出他的这种立场。

黑格尔在他的《哲学史讲演录》中提到过的有关中国古代的思想家及典籍有:孔子,《易经》,道家及《老子》,《尚书》及孟子。关于孔子,黑格尔说,中国人把孔子的教训当作权威来尊重,但孔子的理论只是一种道德哲学,甚至不过是一种在哪一个民族里都找得到的"常识道德",其中毫无出色之点。"孔子只是一个实际的世间智者,在他那里思辨的哲学是一点也没有的——只有一些善良的、老练的、道德的教训,从里面我们不能获得什么特殊的东西。"[23]黑格尔甚至还说:"我们根据他的原著可以断言:为了保持孔子的名声,假设他的书从来不曾有过翻译,那倒是更好的事。"[24]其语言尖刻,竭尽嘲讽。至于孟子,黑格尔认为,他的著作也是道德性的,而且比孔子次要,就更不值多提了。

黑格尔对《易经》的评价比《论语》要高。他把《易经》了解为"论原则的书"。他认为这部著作"包含着中国人的智慧",它"反映出中国人也曾注意到抽象的思想和纯粹的范畴"[25]。他还认为:"那些图形(指卦象——引者注)的意义是极抽象的范畴,是最纯粹的理智规定。中国人不仅停留在感性的或象征的阶段,我们必须注意——他们也达到了对于纯粹思想的意识,但并不深入,只停留在最浅薄的思想里面。这些规定诚然也是具体的,但是这种具体没有概念化,没有被思辨地思考,而只是从通常的观念中取来,按照直观的形式和通常感觉的形式表现出来的。因此在这一套具体原则中,找不到对于自然力量或精神力量有意义的认识。"[26]可见,在黑格尔看来,《易经》高于《论语》的地方是由于在《易经》中达到了"抽象的思想"和"纯粹的范畴"。但《易经》的不足则在于,这些思想或范畴还是"浅薄的",因为它们还没有脱离直观和感性的形式,因而还没有"概念化"。这一评论我们中国人颇难理解和接受,因为我们一般认为《易经》中的阴、阳、道、乾、坤等都是概念,黑格尔怎么却说是没有"概念化"呢? 这里反映出黑格尔是以本体论的概念的标准来衡量的。我们知道,本体论的概念的意义是指这个概念的逻辑规定性,这样的概念不直接描述事实,唯其如此,这些概念才能在独立的逻辑演绎中构成纯粹的原理。按黑格尔的标准看,那么《易经》中当然是不存在这样的概念的,《易经》是要被排除在哲学之外的。

当黑格尔说《易经》达到了"纯粹思想的意识"时,主要是指《易经》中的卦象。为什么他对卦象感兴趣并得出了如此的理解呢? 我以为这首先是因为卦象是比文字更形式化的东西,因而与"名"相比,它有脱离实际事物的趋势。其次,形式化的卦象表现出其自身内部的某种规律,如,卦象既是由阴、阳两种符号在 6 个爻位上的不同分布组成的,那么据排列组合的数学计算便可得出 64 个不同的卦象。在《易经》中,64 卦的顺序排列是每两卦有"非对即反"的关系,即指卦象图形的对应或对立关系。事实上,只要确定一种排列的规则,64 卦中的每一个卦就会依规则而纳入其序列中的位置。卦象的这些特征颇似本体论中有逻辑规定性的概念,它们似乎可以依自身的规律展开,在黑格尔看来,哲学所要发现的正是这类真理,所以他对卦象有较好的评价。除了这个理由,我们似乎找不到其他理由看待黑格尔的上述评价。然而,黑格尔对卦象的理解与中国人对卦象的一般理解是很不相同的。中国人大致是把卦象当作一种阶梯,通过这个阶梯,从形而下的事物上窥其形而上的道。而即使到了道的层次,如本章前面所论述过的,也不是脱离了经验事物的"纯粹原理",而是人全身心地将自己调整到与事物运动的规律即道相契合的一种境界。

逻辑是本体论的灵魂,黑格尔自然也很重视从概念的逻辑划分方面去观察、评论中国哲学,并将之作为否认中国哲学之为哲学的又一理由。例如,他从概念逻辑的角度去看《易经》,认为"从对八卦的解释里表示出一种对自然事物加以分类的努力,但这种分类的方式是不适合于我们的。……在这里不同等的东西彼此混杂在一起"[27]。由于中国哲学的概念主要不是从逻辑方面获得自己的规定性,而是作为指示事实的"名",因此,中国哲学并不采取概念的逻辑演绎的方法;如果它揭示出了某种道理,那也不是存在于世界之外的"纯粹原理",而是作为说明经验事实的普遍的道理。这在黑格尔看来又不像是哲学。他说:"这是从最抽象的范畴一下子就过渡到感性的范畴。"[28]其实,依我们的看法,中国哲学的总体类型既是以一体性为特征的,哲学的概念既无独立的存在,它与经验世界之间本来就不存在鸿沟,因此,所谓从抽象概念到感性事物的过渡并不是一个严重的困难。只有当概念脱离了它所表示的事物,那么,从抽象的范畴到感性事物的过渡就成了问题。黑格尔还评论《尚书·洪范篇》,认为把什么东西都纳入五行的原则,这反映了"在中国人普遍的抽象于是继续变为具体的东西,虽然这只是符合一种外在秩序,并没有包含任何有意义的东西。这就是中国人的智慧的原则,也是一切中国学问的基础"[29]。"在这些概念的罗列里,我们找不到经过思想的必然性证明了的原则。"[30]很显然,在黑格尔看来,与"外在秩序"相对的概念的内在逻辑才是有意义的东西,才是思想的必然性,才是哲学。

黑格尔也读过《老子》,他认为老子的书是关于理性和道德的话,但比起孔子来却更不切实际。老子的那些充满哲理和辩证思想的话,他认为"说得很笨拙"[31]。他注意到了老子提出的"无"的概念。但是他认为,当道家及中国的佛教徒把"无"当作绝对的原则、一切事物的起源、最后者、最高者时,说明了"他们否认世界的存在"[32]。这里我们不免要对照黑格尔《逻辑学》里的说法。在那里,全部逻辑是从"是"(有)开端的,"是,这个无规定的直接的东西,实际上就是无,比无恰恰不多也不少。"[33]既然他的《逻辑学》是从与"无"不多也不少的"是"为开端,为什么他独独批评老子的"无"否认了世界的存在,而不认为他自己也是否定了世界呢?这里又向我们展示出本体论概念的特征。本体论概念既然不是直接描述现实事物的,当其说"是"或有的时候,并不指示实际事物之是或有,同样,当其说"无"时,便也不是说世界不存在。它们都只是逻辑的规定性。据他的看法,中国哲学的概念既然没有达到逻辑规定的层次,便是指示实际事实的,因此,"无"只能说明什么也没有,这就是否认世界的存在。其实"无"除了作为对象语言,表示对象事物之不存在之外,它还可以是对于物我两忘的境界的描述。照海德格尔的说法,这样的"无"是对人自身的生存状态的描述。作为生存状态,这个"无"并不否认自身及其所在的世界的存在,它们是比作为逻辑上规定的"无"这个范畴还要根本,因为后者作为一个范畴或概念,是一个"所是",而在作为生存状态的"无"中,人们有望领会到是者是其所是的"是"本身。我们既然肯定了中国哲学中的道是一种境界,并且它的最高的境界伴随着物我两忘的体验,那么当我们读到《老子》中的话:"道生一,一生二,二生三,三生万物","天地万物生于有,有生于无",我们自然有理由说,"无"就是进入道的境界,这样的"无"并不至于否认世界的存在。

总之,黑格尔是站在西方以本体论为核心的哲学的立场上来评论中国哲学的。站在这个立场上,哲学应当是在概念自身的逻辑运动中构成的,它是客观的、论证的科学;"揭示出理念发展的一种方式,亦即揭示出理念各种形态的推演和各种范畴在思想中的、被认识了的必然性,这就是哲学自身的课题和任务。"[34]以这个标准去看,中国哲学就被否认是哲学了,甚至连哲学的概念也没有:"那内容没有能力给思想创造一个范畴[规定]的王国。"[35]

对于黑格尔挖苦、贬低，乃至从根本上否定中国哲学的言论，中国学界似乎很少有人吭声。这同黑格尔在中国的特殊影响、人们对他关于哲学和哲学史的定义的默认是有关的。

（二）西方哲学影响下的"中国哲学史"

中国传统学问重社会人生问题。在谈论社会人生时，中国人也探索更深一层的、包括自然和社会在内的统一的、一般的道理，中国人称为"究天人之际"。这种一般的道理既是对自然和社会的概括总结和说明，也是为了用来直接论证有关社会人生问题的。这部分学问就是所谓关于形而上的道的方面的学问。接触了西方哲学以后，人们从中国学术中把与形而上有关的学问抽绎出来，组成了中国哲学史这门学问。从此，中国传统的学术形式——对经的注释便趋于消亡。中国传统学术在改变自己的形态、寻找新的方向，总的来说，这是中国学术走向现代化、面向世界的一个标志，是一种积极、健康的趋势。

中国学术中本来没有把哲学当作一门独立的学科，更谈不上独立的哲学史。要从各种学术典籍中抽绎出一部哲学史，不能不受到西方哲学和哲学史的影响。这种影响由于特别的契机而具有特别的色彩。这是指，近代中西学术文化交流不是在心平气和的条件下进行的，它首先是由西方人用枪炮打开了清政府闭关自守的国门，枪炮是西方人当时工业化和技术优势的直接显示，中国为了图生存，不得不学习西方的技术，中国人是在这样的形势下学习西方的自然科学，并进而接触到西方学术的全部门类的。在人有我无的情况下，只有学习仿效，谈不上有交流。

清末洋务运动时期流行一个说法："西学为用，中学为体。"照这个说法，当时的人们似乎是无意于西方哲学这门课程的，因为中国自有二千年的儒学传统，这便是"体"。然而，自西方引进的自然科学中必然包含一种思想方法，西方哲学中则有着这种思想方法的集中论述。人们在掌握自然科学的同时，不可能避开这种思想方法。掌握了这种思想方法的人也免不了用它来评论中国以之为"体"的旧学。例如，中国人说："我视朋友如金钱"，在其他场合会有另一种说法："我视金钱如粪土。"分别来看，这两句话都有一种积极的意义。金岳霖先生将两句话放在一起品味，不禁令人哑然失笑。这显然是从逻辑角度的检视，如果说这个例子有笑话的性质，那么认真的例子会严重得多。

再说，当中国接受西方的自然科学时，同时也接受了西方人关于学术分类的方法。从补齐学问的门类讲，哲学也是不可缺少的，况且依西方人的观点，哲学还是一切学问的学问，即最普遍的学问。但是哲学同自然科学不一样。中国人可以通过翻译直接建立自己的自然科学学科，即所谓自然科学是没有民族、国别差异的，哲学则不然，中国有自己文化的背景，不可能把西方哲学现成地取为己有。中国哲学存在于中国文化的历史中，因此，讲中国哲学就是讲中国哲学史。

从中国文化中抽绎出一部中国哲学史，不可避免地受到西方人关于哲学和哲学史观念的影响。这一点在蔡元培先生于 1918 年为胡适写的《中国哲学史大纲》(上卷)的序言中表现得很明白，他说，编中国古代哲学史有材料上和形式上两层难处，谈到关于形式问题时蔡元培写道："中国古代学术没有编成系统的记载。……我们要编成系统，古人的著作没有可依傍的，不能不依傍西洋人的哲学史。"[36]

胡适先生"依傍"西洋人哲学史的例证之一是，他所列举的哲学分支：

（1）天地万物怎样来的（宇宙论）。
（2）知识思想的范围、作用及方法（名学及知识论）。
（3）人生在世应该如何行为（人生哲学。旧称"伦理学"）。
（4）怎样才可使人有知识、能思想、行善去恶（教育哲学）。
（5）社会国家应该如何组织、如何管理（政治哲学）。
（6）人生究竟有何归宿（宗教哲学）。[37]

我们注意到，胡适的这个哲学分类中并没有提到对于西方传统哲学来说性命攸关的本体论，这可能是因为胡适主要接受了美国实用主义哲学的影响。实用主义在以两离为总体特征的西方哲学中，是继承经验主义传统的一支哲学，他们是反对纯粹思辨的哲学的。另外，当时从整个世界范围来说，黑格尔哲学已经解体。这说明胡适写作中国哲学史的时候，"依傍"的是比较现代化的西方哲学。他对哲学所下的定义也很有实用主义的味道："凡研究人生切要的问题、从根本上着想、要寻一个根本的解决：这种学问，叫做哲学。"[38]

如同中国的佛教依据各自信奉的某部经或论而形成了不同教派一样，在中国哲学史的写作中也看得出，由于作者所认识的西方哲学的不同，他们写出的中国哲学史的面貌也不一样。张岱年先生把哲学了解为"研讨宇宙人生之究竟原理及认识此种原理的方法之学问"[39]，与此相应，他从三个方面来归纳中国哲学史：宇宙论、人生论与致知论。张岱年先生根据中国学问的实际情况，认为还有修养论与政治论两部分。他之所以取前三论，是认为它们"正相当于西洋所谓哲学"，后两论则列入"特殊哲学，不在一般哲学范围之内"[40]。（其实修养论是最具中国特色的哲学，因为不符合西洋哲学的内容分类而把它删去，实在是很可惜的。它不只是属于个人身心、道德范围内的事，而且更重要的是，它是达到中国哲学最高境界的途径。中国哲学之不能没有修养论，正如以真理为目标的西方哲学之不能没有认识论。）张岱年先生又将宇宙论进一步分为"本根论"与"大化论"两部分，"本根论研究宇宙万事万物之本原；大化论研究由本根而有之大化历程之主要内容"[41]。张先生并且进一步说明："中国古代哲学中，本根论相当于西方的 Ontology，大化论相当于西方的 Cosmology"[42]。但据我们所知，对万物本原的研究在西方并不叫做 Ontology（即本体论），而是称为"自然哲学"——这是希腊哲学中出现的，后来，当近代的沃尔夫对哲学进行分类时，将之归入了 Cosmology，即宇宙论。即使中国哲学中可以划出"研究宇宙万事万物之本原"的"本根论"这部分内容，它也相当于西方哲学宇宙论中一部分的内容。西方的宇宙论既研究万物本原，也研究事物的一般变化。而本体论，如我们前面反复论述的，乃是以范畴的逻辑演绎表达的纯粹原理系统。张岱年先生提到了西方哲学的本体论这个名称，但并没有对本体论究竟是怎样一种学问作出说明，就在中国古代哲学中抽出一部分内容去比附它。其实，有无本体论是中西哲学最根本的差别，在这一点上是一定要搞清楚的。总之，张岱年先生显然是依西方哲学的标准来取舍中国哲学的，他根据西方哲学有本体论与宇宙论，于是就勾勒出了中国哲学的本根论和大化论。这样的比附将中西哲学根本的形态差异模糊掉了。

冯友兰先生在他的《中国哲学史新编》里多次提到柏拉图、康德、黑格尔等人的学说，这给我们一个印象：比起胡适来，他在西方传统哲学方面的素养更深厚。冯先生对哲学的定义很简洁："哲学是人类精神的反思。"[43]"人类"是复数，如果我们据此而可以把"人类精神"理解为"普遍精神"的话，那么，这个定义就很有黑格尔主义的味道。前面我们引了他一大段话，他认为在理论思维中，"红""运动""变"作为概念是表示共相，因而"红"不红，"运动"不动，"变"也不变。概念的这种用法在日常思维中是见不到的，在中国哲学中也是找不到的。见到这一点，表明冯先生对西方哲学，尤其是本体论的思想方式是很了解的。他也说过："本体论是对于事物作逻辑的分析，它不讲发生的问题。"[44]明白指出了本体论的逻辑特征。仅照这些对本体论的认识，我们也应当得出，在中国古代哲学中是找不到本体论的。然而，冯友兰先生却不否认中国哲学史上有本体论，而且说"事实上朱熹就是中国哲学史中的一个最大的本体论者"[45]。这是令人大惑不解的。难道冯先生在中国哲学史上举出了靠逻辑分析推演哲学原理的例证吗？他找到的例证是什么呢？他说："道家和玄学的贵无论都说'无'就是'道'，它们都强调道是无名。所谓无名就是没有规定性。这是本体论的讲法。"[46]这种说法是值得讨论的。我们所知道的"规定性"是指"逻辑的规定性"，这是指那些通过概念间的相互关系得到的概念的意义。中国哲学中的概念称为"名"，名的意义在于它所指的实，而不是从名与名之间相互关系得出的东西。这是中国哲学中的"概念"获得意义的一般途径。至于"道"可以称为无、无名，是因为道是在一种境界中被体会的，在这种境界中，"嗒焉似丧其耦"，物我一境，无可言说，只是当离开了这种境界，才能说曾在的那种境界是无。在这个意义上说，道、无、无名依然是"名"，而不是逻辑的规定性。冯先生从逻辑规定性方面解释"道"，使中国哲学与西方哲学的观念和形态更加相符，这岂无东施效颦之嫌？如果我们把西方哲学的观念和形态当作是普遍的哲学观念和形态，那么，我们只能要么证明中国哲学符合这种普遍的观念和形态，以领取中国哲学之为哲学的身份证；或者，不能作出这种证明，便承认中国本没有哲学。现在，我们既不想作第一种选择，也不愿接受第二种选择，唯一剩下的出路是迫使我们去重新思考哲学本身究竟是什么。我们相信这是在中西哲学的比较研究中必然会碰到的问题。

还有一种以历史与逻辑相结合的方法勾画的中国哲学史。这种方法是黑格尔创造的。他说："我认为，历史上的那些哲学系统的次序，与理念里的那些概念规定的逻辑推演的次序是相同的。我认为：如果我们能够对哲学史里面出现的各个系统的基本概念，完全剥掉它们的外在形态和特殊应用，我们就可以得到理念自身发展的各个不同的阶段的逻辑概念了。"[47]黑格尔运用这个方法的一个基本信念是：有一种独立自存的绝对精神，这就是在他的《逻辑学》里展示的内容，并称为逻辑，天地间一切事物都是这个逻辑精神的外化和实现。哲学作为人类高级精神生活，是绝对理念的展开和体现，绝对理念又在哲学中实现了自身回复。但是有什么根据认为天地间有这种独立自存的绝对精神,即逻辑呢? 如果有这样的绝对精神,并且它就是黑格尔逻辑学中所展示的那些内容,那么包括人的精神生活在内的一切岂不早就命定了,还有什么新的创造可言呢? 哲学史家们也充分意识到黑格尔哲学体系的唯心主义实质,他们试图剥去其唯心主义的外壳,汲取其合理的因素,这个合理的因素被认为是"历史与逻辑的统一"。这里的"历史"当指中国哲学思想的历史;可是逻辑指什么呢? 如果指主体事物的规律,那么,就是说,哲学思想的历史要与其自身的规律相统一,这种说法似乎没有必要,因为对哲学史的研究就意味着展示它的某种规律。如果逻辑指的是某种独立于哲学思想史的东西,那么这样的逻辑与黑格尔所说的逻辑是没有区别的。我们曾经认为,在研究中国哲学史时,"历史的与逻辑的统一"的方法是一种很科学的方法,可是在仔细思考以后却感到困惑了。

我们还读到过一部专写中国哲学范畴发展历史的著作,作者在前言中写道:该书所列中国哲学范畴的序列,"是依照中国理论思维的发展进程安排的。这个进程既指范畴的历史顺序,又指范畴的逻辑次序,两者相互统一而构成整体的中国哲学范畴系统"[48]。据此,这部著作也是采取"历史与逻辑统一"的方法的,不过更强调的是逻辑方面的线条。逻辑的力量在于它的必然性,但是该书的范畴演绎却没有让人感受到这一点。例如,作者认为,从中国哲学"天"这个范畴发展出了"五行"的范畴,其根据是:"天的相感性是中国哲学范畴的特性之一。这种相感性,要求相感对象给予一定的回应。在天的相感性与相感对象的回应性之间,有一个联系的中介。五行便是这个联系中介之一、或一个层次。"[49]中国哲学中的"天"既然不是一个从逻辑上规定过的概念,感应性,是指天人感应之类的现象,它也不能成为"天"的逻辑规定性。因此,从天这个概念并不逻辑地发展出五行的概念。这段话中有一处可作逻辑分析,即"五行便是这个联系中介之一",既为"中介之一"(如果前提都符合逻辑),那么从天到五行也只是一种可能的发展,而不是必然的发展。该书所论中国哲学范畴的逻辑发展大抵如此。

从范畴的逻辑发展组织中国哲学史,不言而喻,是受到黑格尔哲学及哲学史观的影响。但是人们不应忘记,黑格尔的这种做法有一个前提,即,他处理的是西方哲学,在它的核心处,是本体论,那里的概念本身都是从逻辑上得到规定的概念。而按照他的说法,中国人还没有创造出"一个范畴[规定]的王国",他因此而根本否认中国有哲学。对黑格尔的这些话,很少有人作出反应。事实上,人们是默默地接受了黑格尔关于哲学和哲学史的定义,并缄口不谈黑格尔对中国哲学的评论,只是悄悄地努力把中国哲学史描述得符合黑格尔的定义。但这是不可能的,因为中西哲学在形态上是有根本差异的。

按照黑格尔的看法,哲学就是对绝对精神的真理的把握,绝对精神是以有逻辑规定性的一般概念自身的演绎表示出来的,这也就是本体论。在黑格尔的影响下,人们不知不觉中总是把黑格尔的哲学定义当作是哲学的普遍定义,在那种哲学中,整座哲学大厦是用逻辑上得到规定的、一般的概念砌成的,于是当人们去描写中国哲学史的时候,总是努力把中国哲学中的概念打扮成有逻辑规定性的一般的概念。然而,我们须知,西方哲学史上逻辑规定的概念的产生有很深的渊源,它同西方的语言密切相关,而且表达本体论的语言又是经过哲学家改造的、与日常语言不同的特殊语言。中国哲学的语言本来就不同于西方哲学的语言,现在也难于通过改造去效法,于是要么把黑格尔定义的哲学当作全人类哲学的普遍形式,这样,诚如黑格尔所说,中国人尚未有哲学;要么,面对有形态上不同于西方哲学的中国哲学这个事实,去重新思考哲学的定义。

西方人也曾经认为黑格尔所说的哲学是哲学的普遍形式,所以,黑格尔哲学解体以后,西方不断有人惊呼哲学完了、终结了。这个终结实际上是本体论这种特殊形式的哲学的终结。西方人也在不断探索新的哲学形式,其中以运用现象学的方法探索“是”的意义的海德格尔哲学成绩最为显著。他的哲学方法是描述的、而不是推论的,其中的概念是表示生存状态的、而不是逻辑范畴的。他以为,自古以来把本体论当作最基本的哲学,但他的哲学不是本体论却可以解释本体论的来龙去脉,故名为“基本本体论”。他后期更说,今后的哲学不再是哲学,而是思。他这样说,是有感于哲学受传统熏习之深,力图改弦更张;而他所谓的“思”,也决不是理性的、或者逻辑推论的思想,而是对于天道(providence)的体悟。人们已经注意到他的哲学同包括禅宗在内的中国哲学的接近。他自己在这方面也有明确表示。由于海德格尔等人的工作,目前西方人渐渐认识到,本体论可以去掉,形而上学不能没有,哲学总是要有的。了解西方哲学的最新发展,对于写作中国哲学史来说,应当是会有启发的吧。

尽管我们发表了与前辈学者不同的看法,他们对于创立中国哲学史这门学科作出的贡献仍是不可磨灭的。是他们筚路蓝缕,较完整地整理出了中国哲学史的资料,因而为这门学术奠定了基础。我们想说的是,中西哲学在形态上是有区别的,前辈们的工作未能把这一点表示出来。而只有明白了这一点,才会避免类似用拉丁文语法学的框架去撰写汉语语法学那样的错误。事实上,创立中国哲学史这门学科并不比建立汉语语法学容易,考虑到这一点,那么前辈学者披荆斩棘,为创立中国哲学史这门学科所作出的努力更是值得钦佩的。正是由于他们的工作,才为后人开展新一轮的中西哲学研究打下了基础。

经过以上中西哲学的比较研究,我们明白了本体论是西方特有的哲学形态,也深入考察了它的一些基本特征。在此基础上,我们试图对本体论的得失作一番评估。

五、本体论的终结

(一)世界观和方法论

西方传统哲学以本体论为其灵魂和核心,本体论决定了西方传统哲学的形态。西方哲学因之而成为世界观和方法论。说它是世界观,是因为本体论表达的乃是纯粹而普遍的原理,这个原理适用于自然界、人类社会乃至人的精神生活,这种原理就是世界观。在纯粹原理体系展开的过程中,范畴的演绎所依赖的逻辑,就是这种哲学的普遍的方法论原则。

上述判断又须通过与中国哲学的对照得以显明。中国哲学是人生哲学,达到人生最高境界的方法是人生修养。这不是说中国哲学缺乏对世界的一个总体的看法,而是,在中国哲学中,人生是中心,世界是人生的周围环境,不管这个环境在空间中延伸得多远,是与人生这个中心结合为一体的。在西方哲学中,也不是说没有关于人的地位和人生问题的看法,而是,人也受到人的生活经验之外的某种原则的支配。人作为万物之灵,其高明处在于,人能够认识这种一般的原理或规律。事实上,人类生活比本体论的原理所能说明的现象要复杂得多,人在社会生活中形成的伦理原则,也不是本体论原理所能涵盖的。如果说,本体论体现了逻辑必然性的特点,那么,在伦理领域起作用的,如康德所说,是意志自由的原则。西方人曾经为本体论的一般原理不能满意地说明人的伦理精神、伦理学游离于本体论原理之外成为一门独立的学科而感到苦恼。但是另一方面,西方哲学既然把制裁一切的原则交付给了本体论,即交付给了人之外的客观的原则,那么就相应地把人规定为主观性、主体性。于是就表现出一种有趣的现象:以人为本的中国传统哲学倒是没有"主体性"这个概念,在其最高的境界中,倒是要努力使物我双方融于一体的。而在客观原则主宰的西方哲学中,需要用"主体性"的概念来平衡人的地位。

由于本体论使用的是逻辑推理(reason)的方法,它被认为是理性主义(rationalism)的。这种推理本来是指理念或范畴自身具有的性质,后来也用来指人的思想的推理。现在,理性主义也指符合逻辑的思想,反之,则被认为是非理性主义的。又由于本体论最初是理念(idea)间结合的理论,因此,本体论也被称为 idealism,即观念论。观念后来被逻辑规定性的概念、范畴取代,或者,像在胡塞尔那里,观念、范畴、本质三者是相同的概念。到了近代,随着认识论的兴起,人们提出了认识究竟是来自经验,还是出于先天的原理概念?究竟物质世界是第一性的,还是观念、精神的东西是第一性的? 这样就有了两种对立的观点,并将 idealism 作为与唯物主义对立的一方来理解了,据此,我们现在就把 idealism 译为"唯心主义",本体论哲学的实质也是在"唯心主义"这个词中得到了充分的揭示。

(二) 本体论与科学

本体论作为世界观,主张有某种脱离经验世界的观念性的原理主宰着世界,因而是唯心主义的。这种世界观随着近、现代科学的进步,已经越来越不被人们相信。这也是黑格尔之后本体论解体,以至于被当作"形而上学"抛弃的主要原因之一。但是作为一种思想方法,它在人类生活中是有积极作用的。

爱因斯坦认为:"西方科学的发展是以两个伟大的成就为基础,那就是:希腊哲学家发明形式逻辑体系(在欧几里得几何学中),以及在文艺复兴时期发现通过系统的实验有可能找出因果关系。"[50]数学对于科学发展来说是一个必要的工具,而数学则是同逻辑密不可分的。从这个意义上说,本体论的逻辑方法对于科学是起过推动作用的。

逻辑是首先在本体论中发展起来的,并且一开始就和数学纠缠在一起。在柏拉图的对话中,数学本来就是理念论的一部分。柏拉图根据理念间相互分有的原则,从"一"与"是"的结合中推论出一切数的存在,并且讨论过两个不等的数当其增加相等的数之后比值的变化等问题;[51]同时,又以数学的方式演绎理念间的结合关系。直到今天,人们有时还把本体论比之于数学,只不过在本体论中是由概念或范畴取代了数以及点、线、面等。像笛卡尔、莱布尼茨、牛顿这些人既是哲学家,又是数学家、科学家,这种事实本身就很说明问题。笛卡尔数学上的贡献是创立了解析几何,莱布尼茨和牛顿同时对微积分的创立作出了贡献。他们在哲学上都受到本体论的熏陶,而笛卡尔、莱布尼茨两人又是西方近代哲学中理性主义的重要代表人物。

本体论开辟出一个与经验世界脱离的、纯粹思辨的领域,本体论的逻辑是在这片领域里发生作用的。经受过这个领域思想活动的训练,对于理论科学的发展应当是有帮助的。为了说明这一点,我们不免要同中国的情况作一对照。我们中华民族在技术发明方面有过辉煌的记录,但在理论科学方面,自近代以来曾一度落后于西方很多,这同中国人思想方法中没有超出经验之外的那片领域似乎是有关的。例如,《庄子》中有一句话:"一尺之棰,日取其半,万世不竭。"这句话就其肯定了某一定量的事物之无限可分而言,反映出思想上已经有了超越的要求,然而就其主张无限分割的结果仍然是"有"而言,它最终没有进入超验的领域。从数学上讲,这是一个等比数列问题,在这个数列中,每经一次分割得到的总是它前面一项的一半。数学上不仅承认这样的分割是可以无限地进行下去的,而且同时也肯定,这个序列趋向于一个极值0。这个极值0的概念是微积分的基础,它是在超验领域的。数学运算中的数是脱离经验事物的,其中的点、线、面也是没有体积、没有粗细、没有厚薄的,它们只是些纯粹的概念。唯其如此,才能理解依其运算规则而得到的一切数,直至没有实际对应现象的虚数 i,即 $\sqrt{-1}$。

本体论的思想方法不仅是在数学中得到回应,在物理学中也一样。例如,牛顿第一定律说,如果物体处于静止或匀速直线运动的状态,只要没有加给它外力作用,那么它就将保持静止或匀速直线运动的状态。如果我们不超越经验的领域,要想理解这个定律是颇困难的,更不要谈发明这个定律了。因为在经验的领域,我们虽然看得到不加外力物体保持静止的例子,却从来也看不到在无外力情况下一个物体恒久不息的匀速直线运动。我们所看到的是,一个运动的物体在不施外力的情况下运动速度渐渐慢下来,最终停止。经验告诉我们,这是因为,运动的物体总是有阻力的。经验还告诉我们,只要尽量减少运动中的阻力,那么,阻力越小,物体便运动得越长久。根据这种现象,我们如果假设尽量减小阻力,直至为0,这样,物体将不受阻力,岂不是一直会作匀速直线运动吗?当我们敢于这样去假设时,我们的思想就进入了超经验的领域,上述定律才能成立。事实上,有许多科学理论,尤其是目前被归为理科的基础科学理论,例如相对论,就是先从纯理论的思想活动中得到的。当然,这样得出的自然科学的理论带有假设的性质,它需要在实践中得到验证。

近代以来中国在自然科学方面落后于西方,如果从哲学的角度去寻找原因的话,人们可能会认为,中国人的思想方法是务虚不务实,西方人似乎倒是务实的。有些历史现象似乎证明了这个看法:在科举制度下,死啃经书便可得功名。其实问题并不像表面看上去那样简单。科举场出来的人也并非都是书呆子,四书五经也要求人们讲究人伦日用;而西方,在近代科学大发展之前,宗教神学在思想界占据统治地位。根据我们前面的分析,科学在西方近代以来有一个大的发展,从思想方法方面说,恰恰是因为西方人在本体论哲学中有过让思想在脱离经验的领域里进行推理的训练,他们是借了这种方法去整理经验材料,得出了自然科学的理论。这是就假设性的科学理论的提出而言的。还有另一方面,因为本体论脱离经验的特点,促成了相反倾向的经验主义哲学的形成,他们推崇实验的方法。这两个方面互为补充,正好造成了爱因斯坦所说的使西方近代以来科学得以迅速发展的两个基础。所以,科学的发展是用两条腿在走路:推理的假设和实践的检验。没有符合逻辑的科学假设,实践没有东西可检验;不经过检验,科学的假设不能得到证实,更不能得到应用。有理论的假设,方知实践的必要;有实践,理论的真理性才能得到保证。

本体论是作为一种世界观出现的,它的方法助长过科学,而科学的发展却把作为世界观的本体论打发掉了。

(三) 本体论以后的哲学

虽然黑格尔之后,随着本体论的解体,有许多人都认为哲学应当终结了。这里说的哲学,主要指形而上学。然而直至今日,仍然活跃着不少哲学家,哲学依然是大学课堂里的一门主要课程。在欧洲大陆,现象学哲学取得了很大的发展,它并不讳忌自己是一种形而上学。而英美哲学则主要是分析哲学占上风,它对本体论攻击最烈,然而它其实只是抛弃了作为世界观的本体论,而却从纯粹形式的方面接受了本体论的逻辑方法,使之成为符号的逻辑。但是即使是在分析哲学阵营里,也有人认为,形而上学是无法根本抛弃的。而对于中国哲学,虽然西方人对之研究不多,然而,死守黑格尔关于哲学的定义,从而否认中国哲学之为哲学的论调也已经难得听到了。这种局面的出现,使人们不得不承认,曾经在西方哲学史上居于核心地位的本体论,并不是哲学的普遍形式,因为本体论的解体并没有使哲学也同归于尽。同时,我们也需要重新从根子上思考,哲学究竟是什么意思。

人们给哲学已经下过许多定义。当我们来重新思考哲学的定义时,并不想排斥任何一种以往的定义,甚至也不想排斥基于本体论这种形式的哲学所下的定义,因为它毕竟是西方哲学史上曾经有过的一种重要哲学形式,否定它,就几乎否定了西方传统哲学之为哲学,就像黑格尔站在那种立场上否定中国哲学一样。

本书第一章开头时,从字源学上提起哲学最初的意思是热爱智慧,不过到了柏拉图以后,西方哲学实质上已经为追求知识,以及在这种知识意义上的真理所取代了。所以我们打算不以任何既定的定义出发,从回顾哲学这种现象出发去思考。

尽管柏拉图以后,西方哲学转向了追求知识的方向,但哲学的知识与各门实证的知识还是有别的,它标榜自己是最一般的、普遍性的知识。这种知识超出于分门别类的各种实证知识,因此,哲学的知识是具有形而上学性质的知识。

我们可以肯定,西方哲学和中国哲学都有形而上学的性质。不过,我们已经考察过,中、西两种形而上学却又各有不同的特点。西方人一向是把形而上学当作是超越于经验的东西,更确切些说,那个存在于经验之外的逻辑地推论出来的绝对知识或纯粹原理,西方人称为形而上学。中国哲学中没有开辟那个领域,也没有那样的绝对知识,形而上学——确切地说"形而上"——这个词所指的是自身对现实境况的一种超越活动,而不是指现实之外的某种东西,因为这种超越活动本身也是现实的。因此,西方哲学是以思辨地把握普遍原理的方式实现其超越,中国哲学的超越则并不是纯粹思想的活动。但是,中西哲学作为人的一种生存方式,都具有超越性这个特点,这是共同的。

但是,我们还不能够把哲学直接定义为人的超越追求,因为人的超越性追求并不限于哲学一种方式。超越追求是普及于人类各种生存方式中的。宗教活动是一种超越的追求,艺术创作也是一种超越的追求,从政、经商、治学、游艺……一切带有目的性、意向性的人类活动,都是具有超越性的活动。在这些活动中,人们期望着一个超出现实状况的目标,在这样的追求中,人们实现着进步、发展。哲学不同于人的其他种种超越性活动的是,它是对各种超越活动的理论反思。反思也是一种超越,在这个意义上说,哲学是对人类各种超越活动的超越。正因如此,人类的一切生存领域都可以进入哲学,然而哲学却又不限于任何一个特殊的领域。

哲学是人类对自身超越活动的反思。人类的超越活动是多种多样的,对超越的反思便也多种多样。关于人对自然的认识(自然科学)的反思是自然哲学,关于人对人类历史的认识(历史学)的反思是历史哲学。同样,我们有艺术哲学、道德哲学、教育哲学、法哲学,等等。我们看到,有一类超越是人类的认识活动,在这种超越活动中,人类以概念符号的方式实现着对事物的把握,对这类超越活动的反思的结果是,概念越来越走向一般,以至于形成了一个一般概念的世界;另有一类超越活动是要努力克服人与环境世界的矛盾冲突,使人与世界达到和谐一致的境界,对这种超越活动的反思便是从人的本性方面去说明人与环境世界和谐一致的可能性,以及探讨体验这种和谐的种种途径。这两种不同的超越活动以及对它们的反思,就产生出中西两种不同形态的哲学。

我们探索中的上述关于哲学的定义不仅可以对不同形态、不同门类的哲学提供一个说明,而且同哲学是"热爱智慧"这个古老的说法也可以相契合。智慧是人的能力,它决不仅仅是认识能力(即将事物化为概念符号系统加以把握的能力),而是人的全面的生存能力。生存就是超越。热爱智慧首先是热爱生命、积极地生存。在超越的反思中,人自觉到了自己的生存能力。这种自觉应当是真实的、又是审美的。反思超越就是反思生存,通过反思以期人能自觉地将自己的可能的生存能力得到充分的展开。反思超越就是热爱智慧。

逻辑思维也是人的一种超越方式、生存方式,因此它也是智慧的一种方式。一个概念的逻辑体系是逻辑思维的结果。然而,一旦人们把概念的逻辑体系当作哲学所追求的绝对真理,那么,哲学就背离了"热爱智慧"的初衷,事实上,在这个概念的逻辑体系里,智慧失去了伸展的余地,它几乎被窒息了。这是作为世界观的本体论解体,而它的逻辑的方法能够保存的原因。

本体论虽然解体了,然而形而上学、哲学却不会终结。这不仅是因为本体论只是人类历史上曾经有过的哲学的一种特殊形态,在它之外事实上还有像中国哲学这样不同形态的哲学的存在。而且,从根本上说,人的生存就是超越,乃至于可以说,形而上学就是人的本性。这里,形而上学是指对现实的超越。无论是从个人还是社会去看,人总是在超越之中的,甚至从一开始,就是因为实现了超越,人才成为人的:人通过劳动成为人,这是它对自然状态的超越。超越显示为个人的差异性和社会生活的多样性。婚姻、家庭、生儿育女是超越,接受教育、掌握技能、成就事业也是超越。我们把超越看作是人的生命的本质现象,因为人的生命是同绵绵不绝的时间一同展开的。哪怕一个不思进取、毫无信念、浑浑噩噩的人也不得不随着时间消耗他的生命,以一种消极的方式超越着此刻。不能超越意味着死亡。

反思是人所特有的超越方式。对超越的反思中就有了形而上学、有了哲学。反思总是对自身的反思。因此,本体论解体以后的西方哲学,不管人们怎么认为它有倾向东方哲学的趋势,它的发展首先总是以对自身的反思为基础,正如中国哲学的发展也不会离开它传统的根基。

注释

1. 引文据丁福保:《佛学大辞典》,"道"条,文物出版社 1984 年版。
2. 同上。
3. 汤用彤:《理学、佛学、玄学》,北京大学出版社 1991 年版,第 285 页。
4. 以上数条皆转引自丁福保:《佛学大辞典》,"道士"条。
5. 金岳霖:《论道》,商务印书馆 1985 年版,第 15—16 页。
6. 柏拉图:《巴门尼德篇》,134c—e。
7. 康德:《未来形而上学导论》,苗力田译,商务印书馆 1982 年版,第 17 页。
8. 参阅本书第一章,第一节。
9. 黑格尔:《哲学史讲演录》第一卷,第 24—25 页。
10. 冯友兰:《中国哲学史新编》第五册,人民出版社 1988 年版,第 8 页。
11. 同上书,第 15 页。
12. 我们这里对荀子原意的理解与冯友兰先生不一致,他的说法是,以个别的例外反对一般规律(参见《中国哲学史新编》第二册,第 394 页)。这似乎当称为"用实乱实",但"用实乱实"并无此说。我们这里的理解是,对同样的事实,用标新立异之名,这才是"用实乱名"。
13. 冯友兰:《中国哲学史新编》第一册,第 22 页。
14. 朱熹:《朱子性理语类》卷一,上海古籍出版社 1992 年版。
15. 柏拉图:《巴门尼德篇》,131b—c。
16. 同上书,131d—e。
17. 转引自《中国大百科全书·哲学卷》,"理一分殊"条。
18. 陆九渊:《象山全集》上卷十一《与李宰》。
19. 黑格尔:《哲学史讲演录》第一卷,第 98 页。
20. 同上书,第 97 页。

21. 同上书,第 98 页。

22. 梯利:《西方哲学史》上册,商务印书馆 1975 年版,第 11 页。

23. 黑格尔:《哲学史讲演录》第一卷,第 119 页。

24. 同上书,第 120 页。

25. 同上。

26. 同上。

27. 同上书,第 123 页。

28. 同上。

29. 同上。

30. 同上书,第 124 页。

31. 同上书,第 129 页。

32. 同上书,第 131 页。

33. 黑格尔:《逻辑学》上卷,商务印书馆 1974 年版,第 69 页。

34. 黑格尔:《哲学史讲演录》第一卷,第 33 页。

35. 同上书,第 132 页。

36. 参见胡适:《中国哲学史大纲·卷上》,序,商务印书馆 1987 年版。

37. 同上书,第 1—2 页。

38. 同上。

39. 张岱年:《中国哲学史大纲》,见《张岱年文集》第 2 卷,清华大学出版社 1990 年版,第 1 页。

40. 《张岱年文集》第 2 卷,第 3 页。

41. 同上书,第 199 页。

42. 同上书,第 125 页。

43. 冯友兰:《中国哲学史新编》第一册,第 9 页。

44. 冯友兰:《中国哲学史新编》第四册,第 32 页。

45. 同上。

46. 冯友兰:《中国哲学史新编》第五册,第 14 页。

47. 黑格尔:《哲学史讲演录》第一卷,第 34 页。

48. 张立文:《中国哲学范畴发展史(天道篇)》,前言部分,中国人民大学出版社 1988 年版。

49. 同上书,第 85 页。

50. 爱因斯坦:《爱因斯坦文集》第 1 卷,商务印书馆 1976 年版,第 574 页。

51. 参见本书第五章。

第四章

马克思主义对本体论的批判

一、问题的提出

马克思主义哲学对本体论的态度是我们格外关心的问题。

如果人们了解本体论哲学的形态及其特征,那么,他们当会毫不迟疑地说,马克思主义对本体论是批判的,并且正是通过对本体论的批判,才实现了马克思主义哲学对西方哲学的革命性变革。然而实际上在我国哲学界,人们不仅不提马克思主义对本体论的批判,相反,却把本体论这顶帽子套到马克思主义哲学头上。20世纪80年代末到90年代初,我国哲学界热烈争论的一个问题是,马克思主义哲学究竟是怎样一种本体论。在这场争论中,马克思主义哲学被称作形形色色的本体论:物质本体论、辩证唯物主义本体论、实践本体论、客体本体论、物质—实践本体论。有的文章干脆把马克思哲学的发展划分为五个阶段的本体论:自我意识的本体论、情欲本体论、实践本体论、生产劳动本体论和社会本体论[1],这似乎是说,马克思主义哲学一贯就是本体论哲学。

上述各位把马克思主义哲学看成种种本体论的论家,在没有对本体论作历史的考察的情况下,以各种"自制"的本体论定义加入论战、评说马克思主义哲学。有的文章虽然知道"本体论"一词的出处,写上"本体论是关于存在本身的理论,也即存在作为存在具有的本性和规定的学说",但是并没有对这些不好理解的话作出说明,事实上却并不理睬它,而是抓住"本体论"这个中文译名作出他们自己的解释,说"本体"是相对于"变体"的"原体"即本原,始基,又是相对于现象的本质即根据或依托物的内涵,认为"通常是在第一种意义上使用本体论概念的"[2]。有的文章说:"在人类历史范围内,马克思主义对'什么是本原'这个本体论问题的回答是:不是精神、也不仅仅是自然,而是以

100

自然为基础的人类的社会实践"，根据这一见解得出："实践本体论——这是马克思主义哲学领域中实现的革命变革的本质。"[3] 还有的直说"世界观或曰本体论"[4]，这种说法杜绝了其中包含方法论，且模糊了本体论只能是唯心主义(idealism)的实质。还有许多说法，以上三种只是比较有代表性的。

在承认马克思主义哲学是或有一种本体论的前提下所展开的关于马克思主义哲学究竟属于什么本体论的大论战中，我们也听到过另一种声音，指出"马克思主义哲学不需要本体论"[5]，但是这个声音很微弱，而且，由于缺乏对本体论的历史的和理论的考察，这个声音就湮没在论战中了。

我国历来关于马克思主义哲学的教科书都没有提到马克思主义哲学与本体论的关系，更没有说马克思主义哲学中包含着什么本体论。这种情况应当看作马克思主义哲学本来并没有本体论。近年来，想必是由于人们对教条主义把马克思主义哲学搞得简单化的倾向的不满，遂提出了本体论问题，其本意也许是想将哲学研究引向深入。另一个更直接的原因是，人们从不同的情况和理解出发，各自看重马克思主义哲学中关于辩证唯物主义或历史唯物主义的部分，把自己看重的这部分理论冠以本体论的名称，以强调它在马克思主义哲学中的重要地位。

综合以上各种观点，可以看出，人们对本体论的认识原来并不一致，而且他们的看法基本上都没有西方哲学史的依托。人们可能不会不知道马克思主义对黑格尔"思辨哲学"的批判，然而却并不意识到这就是对本体论的批判，反而把马克思主义哲学看成是某种本体论。所以阐述马克思主义对本体论的批判，不仅有助于我们搞清本体论哲学的本质特征及其历史命运，而且有助于我们正确理解马克思主义哲学及其在西方哲学中所起的革命性变革的意义。

二、批判黑格尔就是批判本体论

马克思主义哲学创始人的著作中，很少出现过本体论这个词，他们对黑格尔哲学的批判，常在"唯心主义""思辨哲学""哲学体系"这样的词句下进行。但是只要我们对西方哲学史上的本体论有所了解，那么，我们会毫不迟疑地说，马克思主义哲学创始人对黑格尔哲学的批判不仅是，而且主要是对本体论的批判。

本书前三章已经介绍过西方人自己对本体论的定义,并且从其所使用的语言、与中国哲学的比较方面,反复论述了它的基本特征、思维方式及这种哲学的实质。按西方人的说法,本体论是关于"是"以及从"是"演绎出来的各种"所是"范畴的学问,这些"所是"中包括本质、现象、因果、必然性、偶然性,等等。我们已经分析过,本体论在形式上是以"是"及各种"所是"的范畴来表达的;在方法上是逻辑推演;就这种哲学的实质讲,则是唯心主义的。

黑格尔的《逻辑学》就是本体论。黑格尔的《逻辑学》分为"客观逻辑"和"主观逻辑"上、下两篇,按黑格尔自己的说法,"客观逻辑"是对"昔日形而上学"的"取代",首先是取代了"本体论",其次也包括取代"其余的形而上学"[6]。那么为什么黑格尔不把自己的学说叫作"本体论"而叫作"逻辑学"呢?这样的"逻辑学"与"本体论"有些什么不同呢?我们有什么理由仍然把他的"逻辑学"看作是本体论呢?

黑格尔不称自己的学说为本体论,原因是很明显的,在他之前,康德已经对本体论有过批判,这个批判十分有力,正如陈康先生说:"在《纯粹理性批判》产生以后建设一种万有论至少不是一件容易的事。"[7]黑格尔要重新建设本体论,不得不考虑康德的批判,对本体论加以改进。正是因为他对本体论作了改进,本体论才能在遭受康德的批判之后再次挺起来,并登上了它的顶端。既然黑格尔对本体论作了改进,他不复肯把自己的理论称作本体论,而只是将它包括在自己的理论中。我们仍然把黑格尔的"逻辑学"称作本体论,理由也很明显:尽管黑格尔的"逻辑学"对本体论作了改进,由本体论改进而成的逻辑学仍然没有改变本体论的基本特征。

康德对于本体论最致命的两点批评是:其一,由脱离经验材料的纯粹理性概念的推论所得出的结论,与我们所在的现实世界是毫不相关的。他的这个思想见于他对上帝存在的本体论的证明的批判。这个证明从上帝是最完满的"是"为前提,这样的"是"应当包含(作为"所是"的)"存在",所以上帝存在。康德说,这样推论出的"存在"和我口袋里一百元钱的"存在"并非是一回事,前者只是一个逻辑规定性,后者则会影响到实际的经济状况。其二,如果我们有两个纯粹理性概念构成的互相对立的假设,我们可以分别对它们作一番符合逻辑的推论,然而它们却是相互矛盾的,这便是"二律背反"的现象。康德揭示了形式逻辑的局限,也把西方哲学两离的形态特征明白无误地暴露出来了。康德本人并没有背离这个两离的立场,而是以"物自体"和"现象"的划分重新确立这种两离性。所谓"重新"是指，在康德这里，原来的本体论范畴被当成了标志人先天而具有的认识能力的范畴，当这些范畴用于整理经验材料时，便可得出科学知识；当这些范畴脱离了经验材料，进行纯粹思辨的演绎即所谓先验逻辑的演绎，便不免产生二律背反等种种谬误。因此他主张限制人的理性能力的运用，毋使超出其对经验材料的整理。超出了现象界的自在之物，是人所不可知的。这样，作为纯粹原理的本体论就被取消了；即使有这种原理，它也被放逐到不可知的自在之物里去了。这便是黑格尔重建本体论时所面临的局面。

要想重建本体论，就得克服康德以"自在之物"和"现象"表达出来的哲学的两离性特征，还要克服旧逻辑方法形式逻辑所可能产生的二律背反之类的谬误。黑格尔在《逻辑学》一书的导论中，通过对一般的逻辑概念及逻辑的分类的论述，提出了克服以上两个困难的途径。

对于黑格尔来说，纯粹的哲学就是逻辑学。他说："在每门别的科学中，它所研究的对象和它的科学方法，是互相有区别的；它的内容也不构成一个绝对的开端，而是依靠别的概念，并且在自己周围到处都与别的材料相联系。因此，可以容许这些科学只用假定有其他前提的办法来谈它们的基础及其联系以及方法，直截了当地应用被假定为已知的和已被承认的定义形式以及诸如此类的东西，使用通常的推论方式来建立它们的一般概念和基本规定。""与此相反，逻辑却不能预先假定这些反思形式或思维的规则与法则，因为这些东西就构成逻辑内容本身的一部分，并且必须在逻辑之内才得到证明。"[8]这种一般是被用来区分哲学与其他学科区别的表述，在黑格尔这里则成了表述逻辑与其他科学的区别。

这样，黑格尔当作纯粹哲学看的逻辑，与人们一般认为的逻辑便是不同的。黑格尔是这样说的：

> 假如说逻辑一般被认为是思维的科学，那么，人们对于它的了解是这样的，即：好像这种思维只构成知识的单纯形式；好像逻辑抽去了一切内容，而属于知识的所谓第二组成部分，即质料，必定另有来源；好像完全不为这种质料所依赖的逻辑，因而只能提供真正知识的形式条件，而不能包含实在的真理本身，也不能是达到实在的真理的途径，因为真理的本质的东西，内容，恰恰在逻辑以外。[9]

黑格尔认为,人们一般认为的逻辑,或曰旧逻辑,其根本的问题在于形式和内容的分离,逻辑只是构成知识的单纯的形式。这种情况是不应该的,因为在知识中,内容和形式本是不分离的。即使逻辑是关于思维及其规律的学说,那么这里也有它自己独特的内容。由于旧逻辑是脱离了其内容的单纯形式,就造成了三种后果:

首先,"这就假定了知识的素材作为一个现成的世界,在思维以外自在自为地存在着,而思维本身却是空的,作为从外面加于质料的形式,从而充实自己,只有这样,思维才获得内容,并从而变成实在的知识"。

再者,知识将是两个部分的生硬的组合,其中,对象,即内容、质料,被当作是现成的、自身完满的东西,"完全不需要思维以成其现实性";而思维却必须依靠质料才能完成。"真理就是思维与对象的一致,并且,为了获得这种一致——因为这种一致并非自在自为地现成的——思维就须适应和迁就对象。"黑格尔认为,这就贬低了思维的地位,同时,也就贬低了真理的地位。

第三,由于形式和质料、思维与对象的严格划分,使思维总是"走不出自身以外而达到对象,对象作为自在之物,永远是在思维的彼岸世界"[10]。

但是黑格尔认为,旧逻辑的这种毛病不是逻辑本身的过错,而是在于人们把握对象的方式的过错,在这种方式里,意识和意识对象是分离的。黑格尔则主张、意识及其对象是不分离的:通常把意识或思想当作是自在之物之外的,但是"思想也正是自在的事情本身","纯科学",即哲学,"也便包含这个自在的事情本身"。思想,作为自在的事情,又是自为的。自在自为的意识就是"客观思维",就是纯科学:

> 所以纯科学决不是形式的,它决不缺少作为现实的和真正的知识的质料,倒是唯有它的内容,才是绝对真的东西,或者,假如人们还愿意使用质料这个名词,那就是真正的质料,——但是这一种质料,形式对于它并不是外在的东西,因为这种质料不如说是纯思维,从而也就是绝对形式本身。因此,逻辑须要作为纯粹理性的体系,作为纯粹思维的王国来把握。[11]

这样,我们便知道,黑格尔所说的逻辑不是纯粹形式的逻辑,它是既具形式又有质料的统一,它就是"客观思维",是"纯粹理性"。逻辑既然统一了形式和质料,那么作为客观思维,它就不复是主观意识(形式)和意识对象(质料)之间的对立,而是二者的统一。大致说来,黑格尔就是这样通过对逻辑的"改造",企图克服本体论所造成的两离现象。

至于另一个问题,即形式逻辑所无法处理的那种二律背反的矛盾问题,黑格尔解决得更为轻松。在这里,他采用了辩证法。逻辑自身的运动是在辩证法的方式中展开的,他认为他的《精神现象学》就是一个"范例"。那是讲意识诸形态的发展的,其中每一形态实现时,同时也是它自己的否定,并从而过渡到一个更高的形态。他认为唯一重要的是要认识以下的逻辑命题,即:"否定的东西也同样是肯定的;或说,自相矛盾的东西并不消解为零,消解为抽象的无,而是基本上仅仅消解为它的特殊内容的否定;……"[12]"引导概念自己向前的,就是前述的否定的东西,它是概念自身所具有的;这个否定的东西构成了真正辩证的东西。"[13]这样,黑格尔并不必为逻辑运动中遇到的矛盾感到窘迫,相反,"矛盾是属于思维规定的本性的。"[14]它倒是逻辑自身运动的动力。

这样,我们看到黑格尔构造出一个看似由概念自身运动造成的庞大而完整的逻辑体系。这个体系是纯粹的哲学,它在一切其他科学之外,是纯粹的原理。这个原理包容一切,它既覆盖自然界,又覆盖人类社会和人类精神生活领域。在分类中,前一部分称为"有的概念(按,即"是的概念"。——引者注)的逻辑",后一部分称为"概念的概念的逻辑","或者我们用虽然习见而最不确定,歧义也就最多的名词来说,分为客观的和主观的逻辑"[15]。说"客观的和主观的逻辑"的划分最不确定而歧义最多,是提醒我们,即使"主观的逻辑"仍是"绝对理念"或"客观精神"范围内的东西,仍是纯粹原理,它和从中发展出来的人类精神是不同的。在客观精神和主观精神之间,还有一片过渡的中介区域,即作为反思规定体系的那种概念,这部分就是本质论,仍列于客观逻辑之下。[16]

在对逻辑作了这样的分类以后,黑格尔就说了我们前面引述过的话:他的客观逻辑是用以取代本体论的。据此,我们可以说,在黑格尔的逻辑体系中,至少客观逻辑,即关于"有的概念""有论"部分的讨论,就是本体论。因为所谓的"有"就是 Sein,即英文的 Being。甚至依我们的看法,就应直接译为"是论"。

其实,不仅"有论"即本体论,黑格尔的全部逻辑学体系都是本体论。这是因为,无论是其中的"有论""本质论"还是"概念论",它们都是同一个绝对精神的不同环节,都是逻辑概念自身运动的展开,它们组成了统一的绝对真理,即纯粹原理。黑格尔的逻辑学内容上区别于以往本体论的是,它增加了"主观逻辑"部分。这种扩大显然是受到自然科学的影响,当时物理学、化学已经作为真正的科学而建立起来了,而这些,号称是第一哲学原理的旧本体论是无法加以涵盖或根本还没有考虑进去的。用黑格尔的话来说,客观逻辑中处理的是自在的概念,"只是在无机的自然之中";而"主观逻辑"处理的是自为的概念,"那就是像它在有思维的人中的那样",而且也像是在"有感觉的动物和一般的有机的个体中"。当然,对于黑格尔来说,最最重要的是,作为纯粹的哲学原理,它既凌驾于一切学问之上,便当跨越自然和社会、存在和意识。黑格尔考虑到了这一点,因而使本体论登峰造极,发展到了它的顶点。然而,当黑格尔宣称这个最高、最一般的原理就是绝对精神、一切都是绝对精神的展开时,本体论的唯心主义实质也就一览无余地敞开出来了。这个唯心主义是依托于本体论表达出来的,马克思主义对黑格尔唯心主义的批判,就是对本体论的批判。

三、马克思主义对黑格尔哲学的扬弃

马克思主义哲学的产生标志着西方哲学史上一次革命性的变革。这一变革是通过对德国古典哲学,尤其是对黑格尔哲学的批判、吸收而实现的。这种批判是扬弃式的,即批判黑格尔的唯心主义哲学体系,吸取其辩证法的合理内核。对黑格尔唯心主义哲学体系的批判主要就是对本体论的批判,只有在这一理解的基础上,才可能进一步理解马克思主义哲学创始人所说的,今后"不再需要任何凌驾于其他科学之上的哲学了"[17]等论断。

(一) 从青年黑格尔派到马克思主义

马克思主义哲学创始人对黑格尔哲学的批判的过程,同时也是他们自己从青年黑格尔派转变为马克思主义的过程。

黑格尔逝世(1831)以后,他的哲学仍然保持着影响力。他的追随者分为老年黑格尔派和青年黑格尔派,后者企图从黑格尔哲学中做出无神论的和革命的结论,但是直到费尔巴哈在1841年至1842年发表《基督教的本质》及《关于哲学改造的临时纲要》等著作之前,还没有人对黑格尔哲学的唯心主义实质提出过批判。

马克思于 1837 年在柏林大学读书期间结识了青年黑格尔派的一些重要成员,他自己也成了其中的一员。这时马克思所接受的主要是黑格尔的哲学,1841 年 4 月通过答辩的他的博士论文《论德谟克里特的自然哲学和伊壁鸠鲁的自然哲学的区别》,就明显表现出了黑格尔主义的印记。

伊壁鸠鲁被认为是德谟克里特的原子论学说的继承者,马克思的博士论文注重的是伊壁鸠鲁不同于德谟克里特的地方。在这些不同之处中,最突出的就是所谓"原子的偏斜"的理论。伊壁鸠鲁断言,原子不是垂直降落的,而是稍许偏离直线而降落的。这种论点在当时并没有任何实证的手段加以验证,只能是一种无根据的猜想,因此历来遭到人们嘲笑。马克思则抓住这个论断做文章,竭力从伊壁鸠鲁的物理学说的不合理中去探求哲学上的合理性。他以为,照德谟克里特的说法,如果原子都是直线下降的,那么其结论便是,一切存在物都是必然的。但照伊壁鸠鲁的说法,原子在降落中是稍许偏离直线的,这就得出了不同的结论。首先是原子否定了自身是消极地从他物方面得到规定的。其次,由于原子的偏斜运动,就创造了世界,反之,"如果原子不偏斜,就不会有原子的反击,也不会有原子的遇合,并且将永远不会有世界创造出来"。第三,原子的偏斜运动也是一种排斥,"排斥是自我意识的最初形式","所以在排斥里,原子的概念便实现了"。"因此伊壁鸠鲁的原子偏斜运动就改变了原子王国的整个内部的结构,因为通过偏斜运动,形式的规定便有效准了,而原子概念中存在着的矛盾也实现了。所以伊壁鸠鲁首先就掌握了斥力的本质,虽说在感性的形态下,而德谟克里特则仅仅认识到它的物质的存在。"[18] 马克思在上述论述中鲜明地表达出了他追求意识能动性的愿望。然而我们也不难看出,当时才 21 岁的马克思,他的哲学倾向是黑格尔主义的。他的论述是纯粹思辨的,即,从"原子的偏斜运动"这一前提出发,概念地推论出各种结论,甚至其所使用的语言也是黑格尔式的。[19]

我们看到,当时的马克思接受了黑格尔关于哲学史的观念。在这篇博士论文的序里,马克思写道,他的这篇论文只是一部较大著作的先导,在那一著作里,他将详细地从整个希腊思辨的联系中来阐述伊壁鸠鲁、斯多葛和怀疑论这三派哲学的相互关系。他认为对于那几派哲学体系的一般特征,黑格尔已经"大体上有了正确的规定",并且承认一般来说哲学史是从黑格尔的哲学史著作开始的。马克思认为自己所要做的,是深入到黑格尔那个庞大的哲学史计划所照顾不到的"个别细节"。所不同的是,由于黑格尔"这位伟大的思想家"的"思辨的观点",认识不到马克思欲加阐述的那几派哲学体系"对于希腊哲学史和一般希腊精神的重大意义"[20]。当然,后来马克思批判了黑格尔主义,也就放弃了那个写作计划。

我们还看到,马克思的博士论文中有许多地方简直就像是黑格尔所写的,如,当讨论到伊壁鸠鲁认为原子有不同的质时,马克思写道:"由于有了质,原子就获得同它的概念相矛盾的存在,就设定为外在化了的、同它自己的本质相区别的存在。"[21]又如,黑格尔《小逻辑》中说,现象界的事物是以形式亦即它的本质的"自身回复"当作它的根据的。[22]马克思也说:"当现象返回本质时,把现象建立为现象。"[23]最为主要的是,写博士论文时的马克思不只是在个别词句上表达得酷似黑格尔,而是从根本上来说是一个黑格尔主义者。例如黑格尔主张天地间有一种绝对精神,它是主宰一切的原则,我们经验世界中的一切都是这个绝对精神展开的印证,马克思的博士论文也把希腊哲学中关于原子的理论看作是"自我意识"的运动。他说:"所以只要作为原子和现象的自然是在表示着个别的自我意识和它的矛盾,则自我意识的主观性只以物质自身的形式而出现;反之,当主观性成为独立的东西、自我意识在自身中反映自身之时,则它便在它自己特有的形态下作为独立的形式和物质相对立。"[24]

梅林说,在这部博士论文中,"马克思还完全站在黑格尔哲学的唯心主义立场上"。"马克思的博士论文成了这位黑格尔的学生授给自己的毕业证书;他熟练地运用着辩证法,他的语言表现出那种为黑格尔所特有而他的学生们早已失去了的活力。"[25]这说明那时的马克思不仅是一个黑格尔主义者,而且是一位出色的黑格尔主义者。正因如此,他后来对黑格尔主义的批判也就更深刻、更有说服力。

1841年以后,费尔巴哈先后发表了《基督教的本质》《关于哲学改造的临时纲要》等著作。费尔巴哈证明,不是宗教创造了人,而是人创造了宗教;我们的幻想所创造的最高本质,不过是我们自己的本质的虚幻的反映。费尔巴哈从宗教问题入手开始了对黑格尔唯心主义哲学的批判。对此,恩格斯是这样评述的:

> 费尔巴哈的发展进程是一个黑格尔主义者(诚然,他从来不是
> 完全正统的黑格尔主义者)走向唯物主义的发展进程,这一发展使

他在一定的阶段上同自己的这位先驱者的唯心主义体系完全决裂了。最后,他不可遏止地意识到,黑格尔的"绝对观念"之先于世界的存在,在世界之前就有的"逻辑范畴的预先存在",不外是对超世界造物主的信仰的虚幻残余;我们自己所属的物质的、可以感知的世界,是唯一现实的;而我们的意识和思维,不论它看起来是多么超感觉的,总是物质的、肉体的器官即人脑的产物。物质不是精神的产物,而精神却只是物质的最高产物。这自然是纯粹的唯物主义。[26]

恩格斯的这番话不仅说明费尔巴哈是如何通过对黑格尔唯心主义的批判而走向唯物主义的,而且还表明了,对黑格尔唯心主义的批判就是对本体论的批判,因为黑格尔的"绝对观念"是"先于世界的存在",是"在世界之前就有的'逻辑范畴的预先存在'"。

恩格斯对费尔巴哈的《基督教的本质》一书给予很高的评价,他说:"这部书的解放作用,只有亲身体验过的人才能想象得到。那时大家都很兴奋:我们一时都成为费尔巴哈派了。马克思曾经怎样热烈地欢迎这种新观点,而这种新观点又是如何强烈地影响了他(尽管还有批判性的保留意见),这可以从《神圣家族》中看出来。"[27]

费尔巴哈的"新观点"使马克思、恩格斯感受到了一种"解放"的作用,因而受到了热烈的欢迎。这种"解放"就是从黑格尔唯心主义哲学体系挣脱出来,逐步创立马克思主义哲学的过程。马克思主义哲学的创立,首先是由于马克思、恩格斯对于当时的现实社会问题的关心,以及对无产阶级革命事业的积极投入,这些实际活动为马克思主义哲学创始人奠定了基本的哲学立场。其次,站在这一基本的立场上,他们开始清理包括费尔巴哈在内的德国古典哲学的思想资料,批判以黑格尔为代表的唯心主义哲学体系,越过机械唯物主义,从而创立起马克思主义的哲学。

在批判黑格尔以来德国哲学思想的体系、提出自己的哲学观的过程中,马克思主义哲学创始人并不讳言,这也是对他们自己从前的哲学信仰的"清算"[28]。这一批判和"清算"除了体现在《神圣家族》一书中,还应包括马克思的《1844年经济学—哲学手稿》中的《对黑格尔辩证法和一般哲学的批判》,以及马克思、恩格斯在1845年合著的《德意志意识形态》等著作。后来,由恩格斯单独撰写的《反杜林论》(1876—1878)和《路德维希·费尔巴哈和德国古典哲学的终结》(1886),对马克思主义哲学的基本观点作了全面而概括的论述,其中重申了对黑格尔主义的批判,这些批判也是对西方哲学史上的本体论的一次最彻底的批判。

(二) 扭转一个颠倒的世界

在我国学术界,马克思主义对黑格尔哲学的批判,是人们熟知的。这一批判一般被概括为:批判其唯心主义的体系,吸取其合理的内核。然而,这一批判同时也是对本体论的批判,对此,人们似乎不甚了了。部分的原因是,马克思主义哲学创始人批判黑格尔和黑格尔主义时,很少直接提到本体论这个词,而这又是因为黑格尔本人宁以"逻辑学"而不是"本体论"来称呼自己的哲学。关于黑格尔这一选择的理由,本章第一节中已经作了分析,那是因为康德对本体论作出了有力的批判。在这一批判中,本体论一向使用的形式逻辑的局限、它作为纯粹思辨的原理而与现象界相分离的特征,以及其所使用的具有逻辑规定性的语言的特殊性质,都得到了彻底的揭示。在这种背景下,黑格尔自然要对本体论加以改进。他用辩证法取代了形式逻辑;他还企图以他的整个哲学体系证明,在纯粹的原理,即绝对精神,和现实世界之间并不存在不可逾越的鸿沟;他除了把"旧本体论"的内容纳入他的"存在论"和"本质论",即"客观逻辑",还增添了"概念论",即"主观逻辑",以构成他的整个逻辑体系。但是,不论黑格尔对本体论作怎样的改进,成为逻辑学或绝对理念自身的运动,只要它还是先天的原理,如黑格尔所说,整个世界都是它的外化,那么,本体论或黑格尔的"逻辑学"就依然是唯心主义的;或者说,虽然黑格尔想改进本体论,但就其唯心论的实质而言,黑格尔的"逻辑学"与"旧本体论"依然是一脉相承的。

黑格尔的"逻辑学"就是本体论,或者至少说,它包含着"旧本体论",因此,对黑格尔"逻辑学"的批判,也就包含着,甚至就是对本体论的批判。从与本体论相关的角度去读马克思主义对黑格尔主义的批判,那么,这一批判除了针对黑格尔主义的唯心主义实质、其辩证的方法由于这个唯心主义的体系而被窒息,此外,还有一个方面的批判,即针对黑格尔主义的独立的语言王国的批判。这三个方面的批判正好针对着我们从其实质、方法和形式方面概括的本体论的三个特征。

　　马克思主义哲学创始人对黑格尔主义批判的第一个方面,是揭露这种哲学的唯心主义实质并指出它的错误。在《神圣家族》中,马克思、恩格斯写道:"黑格尔把人变成自我意识的人,而不是把自我意识变成人的自我意识,变成现实的人即生活在现实的实物世界中并受这一世界制约的人的自我意识。黑格尔把世界头足倒置起来,因此,他也就能够在头脑中消灭一切界限;可是,对于坏的感性来说,对于现实的人来说,这当然丝毫不妨碍这些界限仍然继续存在。"[29]这里指出了黑格尔哲学是一种"头足倒置"的哲学。后来,恩格斯在《反杜林论》里用更浅显的语言批评了这种"头足倒置"的哲学:"黑格尔是唯心主义者,就是说,在他看来,他头脑中的思想不是现实的事物和过程的多少抽象的反映,相反地,在他看来,事物及其发展只是在世界出现以前已经在某个地方存在着的'观念'的现实化的反映。这样,一切都被弄得头足倒置了,世界的现实联系完全被颠倒了。"[30]

　　这种"头足倒置"的哲学把某种精神的东西看作是第一性的,这种精神性的东西被认为是现实世界的原则,因此,对"头足倒置"的哲学的批评,必定也批评原则在先的观点。恩格斯说:

　　　　原则不是研究的出发点,而是它的最终结果;这些原则不是被应用于自然界和人类历史,而是从它们中抽象出来的;不是自然界和人类去适应原则,而是原则只有在适合于自然界和历史的情况下才是正确的。这是对事物的唯一唯物主义的观点,而杜林先生的相反的观点是唯心主义的,它把事情完全头足倒置了,从思想中,从世界形成之前就永恒地存在于某个地方的模式、方案或范畴中,来构造现实世界,这完全像一个叫做黑格尔的人。[31]

　　这段话是批评杜林的,也是批评黑格尔的。他们的共同点都是"从思想中,从世界形成之前就永恒地存在于某个地方的模式、方案或范畴中,来构造现实世界"。这种哲学除了本体论还能是什么呢?

　　揭露它的唯心主义实质,这是马克思主义哲学对有史以来的本体论哲学的最彻底的批判。这一点在同康德对本体论的批判的对照中很明显。康德对本体论的批判主要在于指出它所使用的形式逻辑的方法之不足;他也看出了本体论中的范畴与现象世界的分离,但是他并无意否认范畴在现象界之外

111

的独立存在,在康德看来,范畴是"自在之物",是人生而具有的先天认识能力。康德将范畴保留在自在之物的领域,为黑格尔重新复活本体论提供了可能,他利用这些范畴的逻辑演绎,展示为绝对理念的自身运动。而马克思主义则鲜明地指出,这种用概念的逻辑推论表达的所谓纯粹原理,其实只是结果,而不是研究的出发点。它们是人类从自然界和人类历史中抽象出来的,因而并不是什么在世界形成之前就存在的东西。因此,如果按陈康先生的说法,在康德之后要想建设一种本体论不是一件容易的事,那么,可以说要在马克思主义以后再恢复本体论则是难以想象的了。

(三) 吸取合理的内核

马克思主义对黑格尔哲学并不是采取一概抛弃的态度,而是采取了"扬弃"的态度。这就是,马克思主义批判和抛弃了黑格尔哲学的唯心主义体系,吸取了它的合理的内核——辩证法。

马克思主义愿意接受辩证法,是因为用辩证法解释历史时,它所具有的革命性质以及与实际的符合。"这种辩证哲学推翻了一切关于最终的绝对真理和与之相应的人类绝对状态的想法。在它面前,不存在任何最终的、绝对的、神圣的东西;它指出所有一切事物的暂时性;在它面前,除了发生和消灭、无止境地由低级上升到高级的不断的过程,什么都不存在。它本身也不过是这一过程在思维着的头脑中的反映而已。诚然,它也有保守的方面:它承认认识和社会的每一阶段对自己的时间和条件来说都有存在的理由,但也不过如此而已。这种看法的保守性是相对的,它的革命性质是绝对的——这就是辩证哲学所承认的唯一绝对的东西。"[32]我们知道,马克思主义从根本上说是无产阶级革命斗争的理论,哲学是这一斗争的武器之一。当时有一句流行的、出自黑格尔的话:"凡是现实的都是合理的,凡是合理的都是现实的。"普鲁士专制政府因为自己是当时现实的主宰而对这句话大加赞赏。然而,按照事物的辩证法,在发展的进程中,以前的一切现实的东西都会成为不现实的,都会丧失自己的必然性、自己存在的权利、自己的合理性;一种新的、富有生命力的现实的东西就会起来代替正在衰亡的现实的东西。于是,凡是现实的都是合理的这个命题,就变为另一个命题:凡是现存的,都是应当灭亡的。这个结论对于马克思、恩格斯所从事的事业极其重要,它是无产阶级革命的思想武器。

但是,以上的结论并不能直接从黑格尔的辩证法中引出。"原因很简单,因为他不得不去建立一个体系,而按照传统的要求,哲学体系是一定要以某种绝对真理来完成的。"[33]这便是说,一旦这种哲学成为体系、绝对真理,就同消除一切教条东西的辩证方法是矛盾的。辩证法主张一切都在过程中,一切都是要被超过的,而体系、绝对真理则使其自身置身于过程之外,它宣称超过了一切,唯独它自己不再被超过。"这样一来,革命的方面就被过分茂密的保守的方面所闷死。"[34]

马克思主义哲学创始人不仅从黑格尔的辩证法在其实际应用中会走向保守的方面对它提出了批判,而且,还从学理上揭露了黑格尔的辩证法与他们自己的辩证法的根本区别。"在黑格尔那里,辩证法是概念的自我发展。"[35]马克思主义则"重新唯物地把我们头脑中的概念看作现实事物的反映,而不是把现实事物看作绝对概念的某一阶段的反映"[36]。马克思曾经表明:"黑格尔的辩证法是一切辩证法的基本形式,但是,只有在剥去它的神秘的形式之后才是这样,而这恰好就是我的方法的特点。"[37]马克思谈到自己在《资本论》中运用的辩证法和黑格尔的辩证法的区别时说:"我的辩证方法,从根本上来说,不仅和黑格尔的辩证方法不同,而且和它截然相反。在黑格尔看来,思维过程,即他称为观念而甚至把它变成独立主体的思维过程,是现实事物的创造主,而现实事物只是思维过程的外部表现。我的看法则相反,观念的东西不外是移入人的头脑并在人的头脑中改造过的物质的东西而已。"[38]

马克思主义哲学创始人表明他们自己的辩证法和黑格尔辩证法的区别,是唯物主义和唯心主义之间的区别,因此,"黑格尔的方法在它现有的形式上是完全不适用的"[39]。马克思主义辩证法是马克思主义哲学创始人对黑格尔的辩证法进行改造以后的结果。这个改造就是将它从概念的辩证法、纯粹思维的方式中解救出来,当作是事物自身运动的规律,而人的思维则是自然界和人类社会中的辩证形式的现实发展的反映。这样,我们在马克思这里可以看到,商品、生产、流通、分配、消费中的辩证法,人类社会中经济基础和上层建筑之间的辩证法,等等。这些,对于熟悉马克思主义哲学的人来说,都是十分清楚的。

这里,我们注意到一种现象,即,在我国哲学理论界中,人们一般都知道黑格尔辩证法的唯心主义实质,也能把握马克思主义的辩证法与黑格尔辩证法之间的区别,然而,人们似乎并不把黑格尔的辩证法看作就是他的本体论的方法,至少没有人这样谈起过。这样,马克思主义对黑格尔辩证法批判的一个重要意义,即,它是对一般的本体论批判的一个重要方面,就被忽略掉了。然而,只要我们记住,本体论是通过范畴的逻辑推论构成的哲学原理,那么,我们就会同意,黑格尔的辩证法就是他的本体论的逻辑方法,而马克思主义对黑格尔辩证法的批判则是与对本体论的批判紧密结合的,或者说,对黑格尔辩证法的批判就是对本体论的批判的一个方面。

马克思主义哲学创始人对黑格尔辩证法的批判几乎处处都是与对本体论的批判相关的。如,他们指出,黑格尔的辩证法是"概念的自我发展"。有时也指出,它是"从纯粹思维出发的"[40]。所谓"纯粹思维"当作如何理解呢?黑格尔本人说过:"思维这个名词,在这里根本应该从绝对的意义上,理解为无限的、不带意识有限性的思维,一句话,思维本身。"[41] 由此可见,"纯粹思维"就是"绝对思维",它与"概念的自身运动"是一样的。所以,恩格斯说:"在自然界中和历史上所显露出来的辩证的发展……,在黑格尔那里,只是概念的自己运动的翻版,而这种概念的自己运动是从来就有的、不知道在什么地方发生的,但无论如何是同任何能思维的人脑无关的。"[42]

如果我们看不到黑格尔的辩证法是依附于他的本体论的一种方法,那么,我们对于马克思主义哲学创始人对黑格尔辩证法的上述批判就不可能有深入的理解,因为他们的批判所针对的正是与本体论结合在一起的辩证法;再者,我们对于马克思主义扬弃黑格尔主义以建设唯物辩证法这一过程的艰巨及重大的意义也不会有充分的认识,还以为辩证法在黑格尔这里就是某种相对独立的东西,只要稍加改变就可以派用场了。事实上,费尔巴哈批判黑格尔唯心主义时,就是将辩证法与之一起抛弃的。唯其在批判黑格尔哲学时保留并改造辩证法不是一件容易的事,恩格斯才特别指出:"马克思和我,可以说是从德国唯心主义哲学中拯救了自觉的辩证法并且把它转为唯物主义的自然观和历史观的唯一的人。"[43]

(四) 揭穿"哲学语言的秘密"

马克思主义哲学创始人对本体论的批判是全面的。他们除了批判黑格尔哲学的唯心主义实质、其头足倒置的辩证方法,还通过语言的分析批判了这种哲学的形式。他们以高度的睿智,洞察到在黑格尔哲学中,存在着一个独立的语言王国,指出这就是"哲学语言的秘密",呼吁哲学家们回到"普通语言"中去。马克思主义哲学创始人对黑格尔主义的这三个方面的批判是一个完整的整体,它是正好针对本体论的实质、方法和形式三方面特征的;反过来说,也只有认识到,马克思主义对黑格尔哲学的批判,同时就是对一般本体论哲学的批判,我们才不会把马克思主义从语言方面对黑格尔哲学的批判排除在整个批判之外而不予应有的重视。

让我们来探讨一下马克思主义哲学创始人在语言方面对黑格尔哲学实行批判的一些情况。

在某种意义上说,由于哲学的语言来自日常语言,两者之间没有外形上的明显区分,因此对本体论所使用的语言的批判也更为复杂、更为艰难。马克思本人在其早年(例《博士论文》中)也使用过令我们难以理解的语言。但是马克思毕竟以其深邃的洞察力逐渐发现了这方面的问题,并一步一步地终于将其揭示出来。

在《1844年经济学—哲学手稿》中,马克思开始提到黑格尔哲学中对于语言的特殊使用。这是指,在黑格尔哲学中,人和自然界都被认为是绝对理念的外化,这种外化是主体、主词逻辑地演绎出客体、宾词,于是,这里的主体不是指人、自然,而是指作为绝对理念的人和自然。马克思说:"现实的人和现实的自然界不过成为这个潜在的、非现实的人和这个非现实的自然界的宾词、象征。因此,主词和宾词之间的关系是绝对地颠倒的:这就是神秘的主体—客体,或包摄客体的主体性;就是作为过程、作为把自己外化出去并且从这种外化返回自身、同时又使外化回到自身的主体的绝对主体,以及作为这一过程的主体……"[44]

从唯物主义的观点看,作为绝对理念的人和自然的概念,只是思维的人对于现实的人和现实的自然的抽象,现实的人和自然才是主体。黑格尔把它们当作是宾词、客体,这就使主词和宾词的关系"绝对地颠倒"了。而这却是哲学的特殊语言,而不是日常中的"人的语言"。因此,马克思呼吁"用人的语言来说"。用"人的语言来说",那么,由纯虚无的绝对理念所创造的那些本质,"无非就是自然规定的抽象"[45]。这是马克思注意到了哲学——本体论——对于语言的异乎寻常的使用。

在写下上述观点一年多以后,马克思、恩格斯在他们合著的《德意志意识形态》中,进一步明确地揭露了"哲学语言的秘密"。这是他们批评施米特(笔名麦克斯·施蒂纳)时写下的:

对哲学家们来说,从思想世界降到现实世界是最困难的任务之一。语言是思想的直接现实。正像哲学家们把思维变成一种独立的力量那样,他们也一定要把语言变成某种独立的特殊的王国。这就是哲学语言的秘密,在哲学语言里,思想通过词的形式具有自己本身的内容。从思想世界降到现实世界的问题,变成了从语言降到生活中的问题。[46]

为了理解这段话,让我们先对这段话所批判的对象——施米特的观点作一简要交代。施米特是青年黑格尔主义者,他写过一部书,题为《唯一者及其所有物》。在这本书里,他完全依黑格尔的样子,主张"精神是本质的东西"。他标明自己追求的是"绝对的思想,即除思想之外一无所有的思想,逻辑的思想"。不难看出,施米特所谓的"绝对的思想""逻辑的思想",就是本体论哲学。这里,他遇到了一切本体论哲学所遇到的麻烦,如何克服纯粹由逻辑概念构成的哲学原理与现实世界之间的鸿沟问题。黑格尔曾经设想出"外化"这个词,施米特则设计了"唯一者"这个词来作为由绝对精神"通向生活的驴桥"[47]。为此,他对"唯一者"这个词作了种种规定和刻画:

唯一者只是说出你来和说出我来的最后的、趋于寂灭的言表,只是变为意见的言表:不再是言表的言表,无言无声的言表。

其中(唯一者中)无法用言语表达的东西是最主要的东西。

唯一者是"无规定的"。

唯一者指出自己的内容是在概念之外或在概念的彼岸。

唯一者是"无规定的概念,其他任何概念都不能使它有所规定"。

唯一者是世俗名字所受的哲学"洗礼"。

唯一者是一个无思想的词。唯一者没有任何思想内容。

唯一者表达的是一个不会第二次存在因而也无法加以表达的人;因为,如果他能够被真正地完全地表达出来的话,那么他就会第二次存在了,就会体现在表达中了。

有了唯一者,绝对思想的王国就完成了。

唯一者是我们的词句世界的最后一块砖。

唯一者是一种作为词句而告终的逻辑。

在唯一者之中，科学会化为生活，因为科学中的 Das（这个）就变成 Der und Der（某某和某某），某某不再在词、逻各斯、宾词中寻找自己。[48]

我以为，施米特之所以利用"唯一者"这个词来沟通思想和现实生活领域，是因为"唯一者"是日常语言中的词，即世俗名字，同时，"唯一者"之为"唯一者"，有"独一"的意思，施米特对此大做文章，说它不能有进一步的规定性（否则就不成独一了），因而有纯粹思想范畴的性质。这种把戏被马克思、恩格斯一眼看穿，他们在评论施米特这本书的开头就说："这就是立足于实体观点上的唯一者，就是'唯一'逻辑的开端，而这样的开端也就是黑格尔的'存在'和'无'的真正同一。"[49]作为黑格尔的"存在"（Sein，是）和"无"的同一的是"此是"（Dasein，流行的译名是：定在，实有），有"这一个"的意思。说施米特的"唯一者"就是黑格尔的"此是"，就是说，"唯一者"是一个逻辑范畴，它仍在纯粹思想的领域内。那么，施米特并没有解决那个对哲学家来说最困难的任务之一——"从思想世界降到现实世界"。但是他的这番努力却暴露出，他在将思想变成一种独立的力量的时候，也在将语言"变成某种独立的特殊的王国"。在他这里，"从思想降到现实世界的问题，变成了从语言降到生活中的问题"。这种努力当然是不会成功的，因为这种哲学从根子上说是脱离生活的，并不是靠造出一个"唯一者"或者"外化"这样的词就可以根本改变其性质的。关于这点，马克思、恩格斯说得很明白：

我们看到，从思维过渡到现实，也就是从语言过渡到生活的整个问题，只存在于哲学幻想中，也就是说，只有在那种不会明白自己在想象中脱离生活的性质和根源的哲学意识看来才是合理的。这个大问题，由于它总是闪现在我们这些思想家的头脑中，当然最终会迫使这些游侠骑士中的一个人出发去寻找这样一个词，这个词作为词构成可寻觅的过渡，这个词作为词不再单纯是词了，这个词用神秘的超语言方式指出从语言走到它所标示的现实客体的道路，简而言之，这个词要在一切词中起一种和救世主—圣子在人们中所起的基督教幻想的作用一样的作用。[50]

既然人们不能靠创造一些词语来沟通思想和现实，那么，怎样才能使思想和现实得到沟通呢？关键在于，思想从根本上就不应该脱离现实。关于这一点，马克思、恩格斯同样是说得很明白的：

> 哲学家们只要把自己的语言还原为它从中抽象出来的普通语言，就可以认清他们的语言是被歪曲了的现实世界的语言，就可以懂得，无论思想或语言都不能独自组成特殊的王国，它们只是现实生活的表现。[51]

值得注意的是，虽然马克思、恩格斯以上的批判是由于施米特的《唯一者及其所有物》一书而引发的，甚至看似是由于"唯一者"这个词所引发的，但却分明是针对着全部哲学的。他们不是批评某些哲学家把思想和语言变成独立王国，而是一般地批评所有哲学家；他们不是批评某些组成了独立王国的哲学语言的秘密，而是一般地批评所有哲学语言的秘密。这就是说，在他们看来，或至少是当他们写作《德意志意识形态》一书时看来，凡哲学就是在经营独立的思想王国，这种作为"独立力量"的思想王国也必定有一套独立的特殊的语言王国。这个说法在今天看来颇令人疑虑，今天我们认识到，那是唯心主义哲学，然而，难道哲学必定是那种样子、并且只有这一种样子吗？可是，如果我们了解黑格尔关于哲学的定义，以及黑格尔主义作为当时德国的官方哲学其影响之盛，也许就会消除疑虑了。依黑格尔的说法，哲学就是绝对理念自身的逻辑运动，语言上的逻辑规定性的概念的出现是进入哲学的必要条件。（黑格尔正是据这个标准把包括中国在内的东方哲学排除在哲学之外的。）马克思主义哲学创始人当时面临的便是这样的背景，所以他们也将自己对黑格尔主义的批判看作是对一切哲学的批判，把黑格尔主义的终结看作是一切哲学的终结。

但是，黑格尔所谓的哲学，难道不就是本体论吗？或者说，难道不就是以本体论为其核心的哲学吗？他自己的《逻辑学》岂不是以前的本体论的改进和扩大吗？那么，马克思主义哲学创始人对黑格尔主义的批判就是对以本体论为核心的哲学的批判。只有在这一理解的基础上，我们才能深入把握马克思主义哲学创始人把哲学的批判和语言的批判结合起来的深刻用意。他们在150年前，就以"哲学语言的秘密""独立的特殊的王国"的说法，揭露了本体论哲学所使用的语言不是"普通的语言",不是"人的语言",其思想的深邃、把握事物真相的能力令人钦佩。由于他们首先揭示了"哲学语言的秘密",使后人能沿着这个方向,把本体论的语言当作一个问题来研究,从语言和思想方式的联系方面,逐渐揭示出本体论这种特殊的哲学形态。

四、《反杜林论》——一个批判本体论的实例

恩格斯写的《反杜林论》,是马克思主义的一部经典。恩格斯写这部书的直接原因,是因为当时有一位年轻的副教授杜林,他对马克思主义理论进行了全面的攻击,并且在 19 世纪 70 年代中期的时候,杜林竟在德国工人运动中有了很大的影响。《反杜林论》的写作正是为了捍卫马克思主义。杜林对马克思主义的攻击涉及哲学、政治经济学和科学社会主义三个方面,恩格斯的回击也分三个方面。其中的第一部分就是哲学。

我们今天来读《反杜林论》"哲学"编的时候,一般来说,并不是很容易理解它的,尤其是对于其中"分类、先验主义"及"世界模式论"这两节所涉及的内容。关键的问题在于,我们对《反杜林论》所批判的杜林哲学的性质不太清楚。事实上,杜林基本上是承袭了黑格尔哲学的体系,本体论则是这种哲学体系的核心部分。恩格斯对杜林哲学的批判,就是对本体论哲学进行批判的一个实例。当我们以这样的思想准备去读《反杜林论》中有关哲学的内容时,原来不容易理解的一些问题也许就容易理解了。

我们已经知道,本体论在西方哲学中是纯粹的哲学原理,它是运用范畴逻辑地构造出来的。到了黑格尔的哲学中,逻辑范畴不再被当作是与现实世界相隔离的彼岸世界的实在,它与人的思维具有同一性。然而,逻辑范畴作为绝对理念,逻辑上是先在的。杜林就是这样来理解哲学的:"按照杜林先生的说法,哲学是世界和生活的意识的最高形式的发展,而在更广的意义上说来,还包括一切知识和意志的原则。"在杜林这里,原则或原理共有三部分,它们是一般的世界模式论,关于自然的原理,以及关于人的学说。杜林又认为,在上述三种学说或原理中,"包含着某种内在的逻辑次序","适用于一切存在的那些形式的原则走在前面,而应当运用这些原则的对象的领域则按其从属次序跟在后面"。这些话都是恩格斯从杜林原著中几乎是逐字的引述。[52]

根据恩格斯的引述,杜林不仅为哲学设计了这种"适用于一切存在的形

式的原则",而且,这种形式的原则又称为"纯粹观念的领域",它只服从于或受制于"逻辑的模式和数学的形式"。这就更清楚了,杜林不仅提出了一种适用于一切、也是先于一切的哲学原理,而且认为这种原理是依逻辑或数学方式构造的。或者说,由于这种原理是依"纯粹观念"自身的逻辑而展开的,它才不需要从经验中去概括,却可以成为自然界和人类必须服从的原则。这样的原理或原则,不是本体论又是什么呢?

恩格斯对杜林关于哲学和哲学分类的观点的批判,主要有两个方面:一是揭露它的"先验论"的实质,二是指出它"封闭了一切科学走向未来的道路"。

杜林哲学的"先验论"实质首先表现在原理或原则与事实的关系问题上。恩格斯指出:原理不应当是研究的出发点,而应当是研究的结果;不应当用原理去规范事实,而应当是从自然界和人类历史中抽象出来的;不是使自然界和人类去适应原理,而是原理只有在适合自然界和历史的情况下才是正确的。而杜林哲学在以上这三个关系上所取的态度却正好相反,因此,"它把事情完全头足倒置了"[53],是一种唯心主义的观点。其次,从杜林对哲学的分类看,先是世界模式论,即一般的哲学原理,然后分别应用于自然界和人类,这同黑格尔的哲学体系是完全一样的。恩格斯指出杜林是在"忠实地抄袭"[54]黑格尔的哲学体系。第三,更为可笑的是,杜林为了标榜自己哲学作为真理所具有的普遍性和客观性,竟"不仅以人类的名义来思维","而且以一切天体上的有意识的和能思维的生物的名义来思维"。[55]这就是说,杜林不仅认为存在着一种脱离人的思维,而且他自己的哲学就是那种充塞在天地间的非人类思维的精神的表现。对此,恩格斯指出,"如果进一步问:究竟什么是思维和意识,它们是从哪里来的,那么就会发现,它们都是人脑的产物,而人本身是自然界的产物,是在他们的环境中并且和这个环境一起发展起来的;不言而喻,人脑的产物,归根到底亦即自然界的产物,并不同自然界的其他联系相矛盾,而是相适应的"[56]。恩格斯的这些论述,从思维和存在的关系方面,根本否认了一切脱离自然和人类(即现实世界)而独立存在的精神性的原理体系的可能,这是对柏拉图以来的本体论哲学的最彻底的批判。

由此自然引出了对杜林哲学体系的第二个方面的批判。既然思维是人类、自然界的产物,思维是对人类社会和自然界的种种联系的反映和揭示,而现实世界的联系是处在过程中的,那么,每一时代的人都不能声称对这种联系已经作出了恰如原状的、毫无遗漏的、科学的陈述。实际的情况是:"一方面,要毫无遗漏地从所有的联系中去认识世界体系;另一方面,无论是从人们的本性或世界体系的本性来说,这个任务都是永远不能完全解决的。但是,这种矛盾不仅存在于世界和人这两个因素的本性中,而且还是所有智力进步的主要杠杆,它在人类的无限的前进发展中每天地、不断地得到解决,这正像某些数学课题在无穷级数或连分数中得到解决一样。事实上,世界体系的每一个思想映象,总是在客观上被历史状况所限制,在主观上被得出该思想映象的人的肉体状况和精神状况所限制。"[57]恩格斯的这一论述揭示了人的认识是一个在相对真理的历史长河中逼近绝对真理的过程,人的认识没有止境,这个过程也不会终止。然而,杜林哲学及一切本体论哲学都自称,自己是真理在其中已经得到实现的体系。杜林甚至许下诺言,认为自己的哲学实现了"最终的、终极的真理"。这样,岂不是"封闭了一切科学走向未来的道路"[58]么?

在批判本体论哲学的唯心主义错误时,有一个常会涉及的问题,即关于数学的问题。数学有纯粹思想推论的性质,它有自己检验正误的标准,没有人怀疑它作为科学工具的有效性。本体论常援引数学为自己辩护,以为本体论与数学是性质相同的东西,只不过前者以范畴取代了数和点、线、面,甚至也有的哲学家(如柏拉图)直接把数学当作本体论哲学的内容之一。杜林也企图借助于数学为自己的先验哲学作论证。"杜林先生以为,他可以不加入任何经验的成分,从那些'按照纯粹逻辑的观点既不可能也不需要论证'的数学公理导出全部纯数学,然后再把它应用于世界,同样,他以为,他可以先从头脑中制造出存在的基本形式,一切知识的简单的成分,哲学的公理,再从它们导出全部哲学或世界模式论,然后以至尊无上的姿态把自己的这一宪法赐给自然界和人类世界。"[59]面对这一挑战,恩格斯的回答是,一方面,他并不否认"纯数学具有脱离任何个人的特殊经验而独立的意义"[60],但另一方面,他坚决否认数学是纯粹思想的创造物和想象物。因为数学运算需要数和形的概念,这些概念只能从现实的抽象中得出。而从现实的计算对象中撇开对象的其他方面仅顾及数目,需要一种抽象的能力,"这种能力是长期的以经验为依据的历史发展的结果"[61]。综合以上两个方面,恩格斯认为,数学归根结底是源于现实生活,是现实的抽象,它在其一定的发展阶段上才与现实世界脱离。

这个观点可以推广到对一般的思维领域的看法:"正如同在其他一切思维领域中一样,从现实世界抽象出来的规律,在一定的发展阶段上就和现实

121

世界脱离,并且作为某种独立的东西,作为世界必须适应的外来的规律而与现实世界相对立。社会和国家方面的情形是这样,纯数学也正是这样,它在以后被应用于世界,虽然它是从这个世界得出来的,并且只表现世界的联系形式的一部分——正是仅仅因为这样,它才是可以应用的。"[62]由此可见,马克思主义并不笼统地反对理论的抽象,也不否认理论发展的一定阶段对于现实的相对独立性——唯其如此,提倡理论联系实际才是有意义的,——马克思主义反对的是否认理论起源于实际的观点,反对的是完全从概念到概念的推论中构造的哲学原理,一句话:马克思主义是反对本体论这种形态的哲学的。

批判本体论,是恩格斯《反杜林论》一书"哲学编"的主旨,把握住这个主旨,《反杜林论》一书"哲学编"的其余内容就好理解了。这里尤其要提及的是关于"存在"问题,这是一个颇为复杂的问题。

从恩格斯的叙述中我们知道,杜林有一个哲学命题叫做"包罗万象的存在是唯一的",并且由此而进一步推得:存在的唯一性就是世界的统一性。恩格斯揭露杜林这样做的目的是"企图以思维和存在的同一性去证明任何思维产物的现实性"[63]。对杜林的上述哲学命题进行批判时,恩格斯写道:

> 世界的统一性并不在于它的存在……。世界的真正的统一性是在于它的物质性。[64]

这里将"存在"和"物质"对举,说明两者不是一回事。然而,在《路德维希·费尔巴哈和德国古典哲学的终结》里,恩格斯写道:

> 全部哲学,特别是近代哲学的重大的基本问题,是思维和存在的关系问题。[65]

这里的"存在"是和"思维"对立的,因此"存在"与"物质""自然界"是同义的。思维对存在的关系也就是精神对自然界的关系。那么何以上面两段引文中的"存在"会不同呢?

上述两段引文中的"存在",在英文版中都作"being"。我们知道,"to be"在日常语言中既用作系词,又用作动词"存在"(exist)的意思,因此,在日常用语中动名词 being 也可用作"存在"的意思。但是在本体论的语言中,being 被改造为一个最普遍的逻辑范畴。因为它是最普遍的逻辑范畴，它可以包括"存在"这个范畴，而却不等于"存在"。如果把 being 等同于"存在"，它就成了一个有特殊规定的范畴，而不是最普遍的范畴了。因此，本体论中的 being 应当译作"是"，而不是"存在"。但由于人们一向习惯于把 being 全部译成"存在"，于是，就分不清恩格斯在日常语言的意义上使用的 being（存在）和他所批判的杜林在本体论意义上使用的 being（是）之间的区别，以至于造成对恩格斯的观点理解上的困难。

恩格斯本人对两种不同意义的"存在"，即日常意义的"存在"和本体论范畴的"是"，是作了明确区分的。他说："当我们说到存在，并且仅仅说到存在的时候，统一性只能在于：我们所说的一切对象是存在的、实有的。"[66]这句话在 1934 年莫斯科的英文版《反杜林论》中说得更清楚：

When we speak of being, and purely of being, unity can only consist in that all the objects to which we are referring——are, exist.

这里特别用了"exist"这个词表示"存在"。

由于中文版《反杜林论》中依习惯将杜林在本体论意义上使用的 being 也译作"存在"，问题就变得模糊了。不过如果我们仔细推敲的话，被恩格斯批判的杜林所使用的"存在"，正是本体论哲学中的范畴"being"，即"是"。据恩格斯引述，虽然杜林表白自己谈到的"存在""不是那种纯粹的存在，这种存在是和自身等同的、应当没有任何特殊规定性的而且实际上仅仅是思想虚无或没有思想的对偶语。"但是，恩格斯指出："我们立刻就看到，杜林先生的世界的确是从这样一种存在开始的，这种存在没有任何内在的差别、任何运动和变化，所以事实上只是思想虚无的对偶语，所以是真正的虚无。"[67]这样的"存在"概念当然不是指实际的"存在"，而只能是黑格尔作为全部"逻辑学"开端的那个概念或范畴，即"是"。正是从这种逻辑规定的"是"开始，杜林进一步从中推论出"属"和"种"，"质"和"量"，等等。这样，我们就清楚了：恩格斯批判杜林是在剽窃和抄袭黑格尔的《逻辑学》。

我们知道，本体论是用范畴的逻辑推论构造的哲学原理，这些范畴概称为"是"和"所是"，所以本体论即关于"是"的学问，记作 ontology。杜林哲学正是这样的哲学，所以，恩格斯对杜林哲学的批判就是对本体论的批判。如果人们因为没有看到"本体论"三个字而对这一结论仍心存疑虑的话,那么请再看《反杜林论》中的一个实例。

恩格斯说:"最可笑的是,杜林先生为了用存在的概念去证明上帝不存在,却运用了证明上帝存在的本体论论证法。"[68]据恩格斯引述,杜林的论证是这样的:"当我们思考着存在的时候,我们是把它作为一个概念来思考的。一个概念所包含的东西是统一的。因此,如果存在不是统一的,那末它就不能和它本身的概念相适应。所以它一定是统一的。所以上帝是不存在的,如此等等。"[69]这是一个反证,它先设定一个前提:"是"(being)是一个统一的概念。依杜林,统一就是唯一,即"是"这个概念除了自身同一,没有任何其他的规定性。然后是一个否定性的假设:如果"是"这个概念中还包括其他的规定性,那么"是"就不是统一的;而这是同前提矛盾的。结论:所以"是"这个概念中并不包含上帝的概念。杜林的这个论证显然是针对上帝存在的本体论证明中的大前提的,那个大前提说,"上帝是一个完满的'是'"。这里,"上帝"和"完满的'是'"是两个相等同的概念,然后从"完满的'是'"的概念中不能不包括"存在"的规定性、推出上帝存在。杜林从设定"是"是一个统一的概念,推论它不包括一个与自身不同的上帝概念。这两个论证结论虽然相反,但是它们的方法都是运用概念的逻辑推论,即纯粹思辨的方法。正是在这一意义上,杜林为了证明没有上帝,却用了证明上帝存在的本体论论证法。

事实上,杜林的全部哲学体系,包括他的世界模式论,都是对黑格尔的摹仿,都是纯粹思辨的、从概念到概念的哲学,因而是本体论的。那么,马克思主义对本体论的批判立场也是不容否定的。

五、哲学的革命性变革

马克思主义对本体论哲学的批判具有重大的意义,它的结果是产生了西方哲学史上的重大的革命性变革。

对本体论的批判必然动摇乃至改变西方人对于"什么是哲学"这一基本问题的看法。从古希腊起,人们就把追寻多中之一、变化中的不变、现象后面的本质,当作哲学的任务。到了柏拉图的时候,理念被认为是代表现实世界事物本质的东西,哲学的任务被规定为对最普遍的理念之间关系的揭示,或者,用亚里士多德的话来说,哲学是研究一般的"是者之为是者"的学问。这就是后世所谓的本体论。柏拉图对西方哲学传统的形成影响是如此之深,以至于有人认为,一部西方哲学史几乎就是柏拉图哲学的注释。近代的理性主义哲学自然是直接从柏拉图哲学延续下来的;即使是经验主义哲学,也是以柏拉图哲学为对立面发展起来的。在其历史的发展中,本体论最终确立为一门关于"是"及各种"所是"范畴的学问,它是这些范畴通过逻辑的方法演绎成的纯粹哲学原理,并且在黑格尔的《逻辑学》中达到了它的顶峰。对于西方人来说,没有本体论的哲学简直是难以想象的。人们曾经认为(或许现在还有人认为),哲学是最普遍的真理;普遍的真理是用一般的概念来表达的;而为了保证这种真理免受经验的局限而达到普遍必然性,真理应当在一般概念所组成的符合逻辑的命题中。

正是针对上述那样的具有普遍性的认识,马克思主义哲学创始人说出这样的话:哲学终结了。理由很明显,因为那样的哲学只能是纯粹思辨的哲学,是头足倒置的哲学。我们在《反杜林论》中读到,恩格斯在批评了杜林哲学基础的"一般世界模式"和"存在的形式原则的科学"之后写道:

> 如果世界模式不是从头脑中,而仅仅是通过头脑从现实世界中得来的,如果存在的基本原则是从实际存在的事物中得来的,那末为此所需要的就不是哲学,而是关于世界以及关于世界中所发生的事情的实证知识;由此产生的也不是哲学,而是实证科学。但是这样一来,杜林先生的整部著作就是徒劳无益的了。[70]

这是说,不仅旧的哲学不再需要了,而且一切凌驾于其他科学之上的哲学都不需要了。恩格斯在描述了现代唯物主义在对待历史和自然两个方面都采取辩证的态度以后说:

> 在这两种情况下,现代唯物主义都是本质上辩证的,而且不再需要任何凌驾于其他科学之上的哲学了。一旦对每一门科学都提出了要求,要弄清它在事物以及关于事物的知识的总联系中的地位,关于总联系的任何特殊科学就是多余的了。于是,在以往的全部哲学中还仍旧独立存在的,就只有关于思维及其规律的学说——形式逻辑和辩证法。其他一切都归到关于自然和历史的实证科学中去了。[71]

在《路德维希·费尔巴哈和德国古典哲学的终结》中，恩格斯明确地宣布："总之，哲学在黑格尔那里终结了。"接着恩格斯谈到了关于这个结论的两点理由："一方面，因为他在自己的体系中以最宏伟的形式概括了哲学的全部发展；另一方面，因为他（虽然是不自觉地）给我们指出了一条走出这个体系的迷宫而达到真正地切实地认识世界的道路。"[72]前一点理由是说，以本体论为核心的旧哲学在黑格尔那里已经走到了尽头。后一点理由可以理解为，由于黑格尔（从唯心主义方面）为解决思维与存在同一性的问题所作的努力，把思维与存在的关系问题进一步突出出来了，把问题转到存在是第一性的方向上，就走上了认识世界的正确道路。

对于存在和发展了二千多年的哲学，宣布其终结了，这是需要何等伟大的魄力。但是这一结论似乎并没有引起世人足够的重视。也许是由于这个结论之后，哲学这门学科依然存在和发展着，更也许是由于马克思主义本身的组成中就包含有哲学。然而，据我的看法，这个应当具有当头霹雳震撼力的结论，之所以没有在我们中引起如期的反响，主要是由于已经流逝的时光使我们无法亲身体验当时哲学的实际情况，于是，当头霹雳在远方的人听来，只成了隐隐的闷雷。

但是，只要我们追溯一下西方哲学发展的历史，了解马克思主义哲学创始人活动的时代背景，那么，这个结论的意义是可以得到显示的。从我们今天来看，这个结论的意义不在于是否取消哲学这个名称，而在于它呼唤了哲学内在形态的根本改变。如本节开头所说，从柏拉图起，西方就被一种纯粹思辨的哲学所影响。到了黑格尔的时候，这种哲学成了官方哲学，取得了绝对的统治地位，以至于人们认为，舍此便不成其为哲学。正是在这种背景下，马克思主义哲学创始人通过批判地总结德国古典哲学，并在积极投身于无产阶级革命事业的实际斗争中，提出了唯物史观。唯物史观明确表示："不是人们的意识决定人们的存在，相反，是人们的社会存在决定人们的意识。"[73]马克思主义推翻了纯粹思辨哲学的至高无上的地位，强调实践的重要性；认为"哲学家们只是用不同的方式解释世界，而问题在于改变世界"[74]，号召哲学家走出书斋；主张批判的武器不能代替武器的批判。马克思主义的哲学根本改变了以黑格尔为代表的传统哲学的纯粹思辨的性质，用马克思的话来说："现在哲学已经变为世俗的东西了。"[75]这就是马克思主义宣布旧哲学终结的意义，也是马克思主义哲学在西方哲学史上所实现的革命性变革的意义。

六、驳所谓"马克思主义本体论"

如果我们真正理解马克思主义哲学对于西方哲学的革命性变革的意义，那么我们就会承认，马克思主义哲学是反对纯粹思辨性质的哲学的。那么，我们就不会怀疑马克思主义哲学对本体论采取的批判立场，因为本体论就是一种纯粹思辨的哲学，或者说，马克思主义所批判的纯粹思辨哲学就是指本体论。

然而，实际上存在着一种认识，和我们的认识是截然相反的。那种认识不仅看不到马克思主义对本体论的批判，而且倒是要把本体论的名称塞给马克思主义。他们为马克思主义哲学应当叫做物质本体论还是实践本体论，或者叫做别的什么本体论而进行热烈的争论。听一下这样的争论，我们发现，问题的焦点原来是关于马克思主义哲学的基本出发点或核心内容是什么？是辩证唯物主义，还是历史唯物主义，或者其他的什么东西？在中文里，说一个东西的核心内容、基本组成部分和出发点的，就是指这个东西的"本体"。但是"本体论"，即 ontology 是西方哲学固有的一个术语，从字面上说，它是关于"是"的学问，可译作"是论"，"本体论"的译名本是不妥的。"本体论"在西方哲学史上，确曾被当作哲学的核心部分看待，然而"本体论"却不是核心内容、基本组成部分的同义词，而是表示一种特殊的哲学形态，一种用范畴作逻辑推论的形而上学。无论从哪个方面说，把"本体论"一词加给马克思主义哲学，都是没有道理的。对于那场争论来说，如果不用"本体论"而改用通俗易懂的词汇，应当是不会影响争论双方表达出他们各自的实质性的观点的；然而，一旦把"本体论"与马克思主义哲学连在一起，那么马克思主义哲学与旧哲学的区别的界限从此也就模糊掉了。

然而，问题似乎并不是那么简单。1993 年，卢卡奇写的一本书的中译本出版了，这部上、下两卷，总共 1700 页的巨著的书名就叫做《关于社会存在的本体论》。如果说我们把中文的"本体论"出于一个不妥的译名，作为一条理由来否定马克思主义有本体论，那么卢卡奇是直接用德文写作的，他用的就是 Ontologie 这个词。在这本书中，卢卡奇把社会存在的本体论当作是马克思主义哲学的主要学说，或者说，是他对马克思主义哲学的一种创建。我们当怎样看待这件事呢？

由于卢卡奇本人是西方马克思主义主要代表人物之一,更由于他的传奇经历和在著作界的声望,他本人所说的一切已经成了人们研究的对象,所以,当他说马克思主义的哲学是社会存在的本体论时,似乎这就是事实,好像其权威性是毋庸置疑的了。即使我们可以指出这不符合事实,人们也会说,像他这种资历的人,是有权在他自己确定的意义上来使用哲学术语的。但是,由于这里的问题不只是关系到卢卡奇是怎样一种观点,而是,首先,关系到马克思主义哲学是怎样的,以及卢卡奇对马克思主义哲学的看法是怎样的,同时,也关系到西方哲学史上对本体论的习惯的看法,所以,是否可以用社会存在的本体论来称呼马克思主义,这个问题还是有讨论余地的。

我们认为,以"社会存在的本体论"作为马克思主义哲学的名称是不妥当的,也是不能成立的。

首先,我们指出,马克思主义哲学创始人并没有把自己的哲学说成是一种本体论,"社会存在的本体论"是卢卡奇对马克思主义哲学的一种发挥。这一点可以从卢卡奇本人的论述中得到印证。他说:

> 如果试图在理论上概括马克思的本体论,那么这将会使我们处于一种多少有点矛盾的境地。一方面,任何一个马克思著作的公正读者都必然会觉察到,如果对马克思所有具体的论述都给予正确的理解,而不带通常那种偏见的话,他的这些论述在最终的意义上都是直接关于存在的论述,即它们都纯粹是本体论的。然而,另一方面,在马克思那里又找不到对本体论问题的专门论述。对于规定本体论在思维中的地位,划清它和认识论、逻辑学等的界限,马克思从未着手做出成体系的或者系统的表态。[76]

这段话就说得十分奇怪。既然在马克思那里"找不到对本体论问题的专门论述",那么一个公正的、不带偏见的读者怎么反而应当得出,马克思的那些论述"都纯粹是本体论的"呢?

其次,也是一个很关键的问题是,卢卡奇对"本体论"一词的使用是缺乏学术规范的,因而是不能与哲学史衔接的。他的许多表述都暴露出他的这一缺点。例如,他说:"直到目前为止,还没有一部关于本体论的历史。然而,这一缺憾决不是哲学史的偶然疏忽,而是同马克思主义以前的本体论的模糊性和混乱性密切相关的。"[77] 把以往的本体论说成都是模糊的和混乱的,这是不符合事实的。虽然可能还没有一部关于本体论的权威历史,本体论在各位哲学家那里也互有差别,然而,西方哲学史上毕竟明摆着本体论的各种样板,也有过关于它的定义,怎么能说都是模糊和混乱的呢? 至少,卢卡奇知道本体论是对"存在"的研究,这就是一种最基本的、形式的规范,所以,他才会把对"社会存在"的研究解说成本体论。我们说过,本体论是一种特殊形态的哲学,其中的范畴或概念是经过哲学家对日常词语经过改造后有其特殊的即逻辑规定性的。"Being"(Sein)就是其中核心的范畴,无论其被解释为最普遍的"是",还是作为一种"所是"的"存在",都是逻辑的规定性,与日常语言中所说的实际存在不是一回事。所以恩格斯一方面把"存在"当作是与自然界、物质的同义词,另一方面,又把杜林哲学中的"存在"和"物质"严格区分开来,因为杜林的"存在"完全是一个本体论的范畴。那么,卢卡奇的"社会存在"是指什么呢? 如果是指活生生的社会生活,那么,它就不能属于本体论的范畴;如果它是本体论的范畴,那么,它就不是指实际的社会生活,而是一个抽象的逻辑范畴。这两种选择显然都使卢卡奇为难,然而,从本体论的学术规范来说,只有这两种选择。其书中俯拾皆是的例子,使我们怀疑他是否从学术上对本体论下过工夫。如,他居然称海德格尔的"畏"是"本体论的主要范畴"[78]。其实,"畏"在海德格尔这里的正确说法是一种"生存状态",海德格尔的《存在与时间》中没有一个概念是逻辑范畴。对生存状态的分析虽然称作基本本体论,其实质是反对本体论的。卢卡奇离开学术的规范谈论马克思主义的本体论,在与他人的对话中不免形成了障碍。

其实,有人已经指出了卢卡奇的这一缺点。据张西平为卢卡奇这本书写的《中译本序》综述,一位叫 E.约斯的论家指出:"第一,卢卡奇本人的本体论概念是不明确的。"也许像我们一样,约斯也考虑到卢卡奇的名声,所以无可奈何地说:"既然《本体论》已经写了,它就是一个事实,但它的来源仍是不可知的和不可思议的。""第二,E.约斯认为任何一种本体论最困难的在于说明物质和精神,或者身体和心灵的二元论。卢卡奇在这个问题上也存在着问题。"约斯的第二点批评意见尤其是很内行的,从开头读下来的本书读者当能理解这一批评的含义,并会产生同感的。本体论是先验的原理,它与现实世界是隔离的,由此而必然产生出两者间沟通的困难。卢卡奇对这些问题似乎没有形成什么概念。

再次，本体论是一个旧哲学的概念，把这样一个旧哲学的概念加给马克思主义哲学，不仅掩盖、抹杀了马克思主义实质上对本体论的批判，而且会模糊马克思主义哲学与旧哲学的本质区别，从而导致取消马克思主义在哲学领域所实现的革命性变革的意义。

马克思主义对以本体论为其核心的旧哲学的批判，得出如下的结论：哲学终结了；不再需要凌驾于一切科学之上的哲学；还余下的是关于思维及其规律的学说——形式逻辑和辩证法，其他一切都归到关于自然和历史的实证科学中去了。这些结论的重大性和重要性是毋庸置疑的，但是人们对于它们的重视和研究显然是不足的。也许是因为这涉及"马克思主义哲学原理"本身，人们采取了比较谨慎的态度。但是有一点应当是可以确定的：一切旧哲学终结了。以黑格尔哲学为代表和集大成的旧哲学，以本体论的形式设立了自然和社会都必须依之而展开的先天原理，首先应当终结的是这样的旧哲学。和旧哲学根本不同的是，马克思主义的"哲学原理"——在唯物史观和哲学基本问题的表述中——表明：作为一切理论的最终"原理"恰恰不是理论本身，而是人的现实生活。马克思主义的"哲学原理"是指向实践的。马克思主义终止了一切高居于实际生活之上的哲学，却激活了遍及于生活之中的哲学。马克思主义的哲学与旧哲学决不止是在观点上不同，而且在形态上也是不同的：它至少不会像旧哲学那样去建立体系。当我们需要从各方面去澄清马克思主义哲学与旧哲学的区别时，卢卡奇却在探索马克思主义哲学新意的名义下为它套上了本体论这一旧哲学的框架，这至少是不妥当的。

注释

1. 俞吾金：《马克思哲学本体论思路历程》，《学术月刊》1991 年第 11 期。
2. 王干才、刘进田：《"物质—实践本体论"难以成立——兼与徐崇温同志商榷》，《人文杂志》1991 年第 3 期。
3. 公木：《论实践唯物主义》，《人文杂志》1991 年第 3 期。
4. 黄枬森：《再论本体论——答刘福森同志》，《人文杂志》1990 年第 5 期。
5. 李云龙：《马克思主义哲学与形而上学的关系》，《求索》1990 年第 1 期。
6. 黑格尔："这样一来，不如说是客观逻辑代替了昔日形而上学的地位，因为形而上学曾经是关于世界的科学大厦，而那又是只有由思想才会建造起来。——如果我们考察这门科学最后形成的形态，那么，首先直接就是被客观逻辑所代替的本体论，——形而上学的这一部分，应该研究一般的(Ens)；——恩斯本身既包括有(Sein)，也包括本质(Wesen)，德文幸而还留下了不同的名词来表示两者的区别，其次，客观逻辑却包括其余的形而上学……"。《逻辑学》上卷，杨一之译，商务印书馆 1974 年版，第 47—48 页。
7. 陈康译注本：《巴曼尼德斯篇》，第 5—6 页。

8. 黑格尔:《逻辑学》上卷,第 23 页。

9. 同上书,第 24 页。

10. 同上书,第 31 页。

11. 同上。

12. 同上书,第 36 页。

13. 同上书,第 38 页。

14. 同上书,第 39 页。

15. 同上书,第 45 页。

16. 关于黑格尔对他的逻辑概念及其分类的论说,本章限于篇幅不能详加讨论,我们在本书第十一章再细说。

17. 恩格斯:《反杜林论》,人民出版社 1970 年版,第 23 页。

18. 马克思:《博士论文》,贺麟译,人民出版社 1961 年版,第 22—24 页。

19. 梅林对马克思的《博士论文》评论道:"原子论作为关于不可分的单位物质的学说和关于一切现象通过它们的运动而发生的学说,是现代科学研究的基础;它被用来解释声、光、热传播的规律以及物体的化学变化和物理变化。就这一点而言,这门科学的创始者是德谟克里特,而不是伊壁鸠鲁,这在今天已是无须证明的了。但是对于当时的马克思来说,哲学,或者更确切地说,思辨哲学,还是一门科学;这一点使他当时的观点,如果不是表现出他的性格的最重要的特征,就很难为今天的我们所理解。"见梅林:《马克思传》,人民出版社 1965 年版,第 43 页。

20. 马克思:《博士论文·序》,第 1—2 页。

21. 同上书,第 25 页。

22. 黑格尔:《小逻辑》,第 277 页。

23. 马克思:《博士论文》,第 37 页。

24. 同上书,第 47 页。

25. 梅林:《马克思传》,第 42 页。

26. 恩格斯:《路德维希·费尔巴哈和德国古典哲学的终结》,人民出版社 1972 年版,第 18 页。

27. 同上书,第 13 页。

28. 马克思:《政治经济学批判·序言》,人民出版社 1955 年版,第 4 页。

29. 马克思、恩格斯:《神圣家族》,《马克思恩格斯全集》第 2 卷,第 245 页。

30. 恩格斯:《反杜林论》,第 22 页。

31. 同上书,第 32 页。

32. 恩格斯:《路德维希·费尔巴哈和德国古典哲学的终结》,第 8 页。

33. 同上书,第 9 页。

34. 同上。

35. 同上书,第 33 页。

36. 同上书,第 34 页。

37. 马克思:《致路·库格曼(1868 年 3 月 6 日)》,《马克思恩格斯选集》第 4 卷,人民出版社 1972 年版,第 366 页。

38. 马克思:《资本论》第 1 卷,人民出版社 1975 年版,第 24 页。

39. 恩格斯:《卡尔·马克思"政治经济学批判"》,《马克思恩格斯选集》第 2 卷,第 231 页。

40. 同上。

41. 黑格尔:《逻辑学》上卷,第 47 页。

42. 恩格斯:《路德维希·费尔巴哈和德国古典哲学的终结》,第 34 页。

43. 恩格斯:《反杜林论》,第 8 页。

44. 马克思:《1844 年经济学—哲学手稿》,刘丕坤译,人民出版社 1979 年版,第 129 页。

45. 同上书,第 132 页。

46. 马克思、恩格斯:《德意志意识形态》,人民出版社 1961 年版,第 515 页。

47. 同上书,第 516 页。

48. 同上书,第 517 页。

49. 同上书,第 112 页。

50. 同上书,第 518—519 页。

51. 同上书,第 515 页。

52. 恩格斯:《反杜林论》,第 31 页。

53. 同上书,第 32 页。

54. 同上。

55. 同上书,第 33 页。

56. 同上书,第 32 页。

57. 同上书,第 34 页。

58. 同上。

59. 同上书,第 36 页。

60. 同上书,第 34 页。

61. 同上书,第 35 页。

62. 同上书,第 35—36 页。

63. 同上书,第 39 页。

64. 同上书,第 41 页。

65. 恩格斯:《路德维希·费尔巴哈和德国古典哲学的终结》,第 14 页。

66. 恩格斯:《反杜林论》,第 40 页。

67. 同上书,第 41 页。

68. 同上书,第 40 页。

69. 同上。

70. 同上书,第 33 页。

71. 同上书,第 23 页。

72. 恩格斯:《路德维希·费尔巴哈和德国古典哲学的终结》,第 11 页。

73. 马克思:《政治经济学批判》,人民出版社 1964 年版,第 3 页。

74. 马克思:《关于费尔巴哈的提纲》,《马克思恩格斯选集》第 1 卷,第 19 页。

75. 马克思:《摘自〈德法年鉴〉的书信》,《马克思恩格斯全集》第 1 卷,第 416 页。

76. 卢卡奇:《关于社会存在的本体论》上卷,白锡堃等译,重庆出版社 1993 年版,第 637 页。

77. 同上书,第 375 页。

78. 同上书,第 486 页。

下　篇

第五章

本体论的源起（上）

——柏拉图前期理念论的困难

虽然西方哲学中直到 17 世纪时才出现 ontology（本体论）这个词，但是本体论作为西方哲学中关于形而上学的一门有特殊形态的学问，其源流可一直追溯到古希腊时期。它是在柏拉图哲学中初创的。

本体论最初产生于柏拉图的理念论中。柏拉图通过苏格拉底的学说，深感可感世界中事物的变化多端，试图对这样的事物，尤其是涉及伦理规范的那些事物下定义是十分困难的。于是，他提出在我们的可感世界之外存在着某种确定不变的东西，即理念，并以理念去说明事物的本质。但是，当用这样的理念去说明事物时，又遇到了新的困难：可感世界中独立存在的事物无不是复合的，且往往集相反的性质于一身，而理念的确定性则决定了它们每一个只具有单一的性质，这样的理念是难以说明现象界的事物的。于是柏拉图又探讨了理念之间的相互结合或分有问题，试图以相互结合在一起的不同理念的集合，对应于集多种性状于一体的现象界事物，从而能够从理念方面对现象界的事物作出说明。柏拉图对理念间相互结合的关系的演示，就是后人所谓本体论的开端。他的这种学说对西方哲学的发展所产生的影响是决定性的，以至于有人认为，一部西方哲学史就是对柏拉图哲学的注解。[1]

为了说明柏拉图对本体论的创立过程，我们必须从他的理念论说起，而为了说明理念论的缘起，我们又须追溯到苏格拉底的学说。

一、苏格拉底的智慧

（一）从亚里士多德的记载谈起

苏格拉底并没有留下自己的著作，人们主要是通过柏拉图的著作了解苏格拉底的。留传下来的柏拉图的近 30 篇被认为是真实的对话,大部分是以苏格拉底为谈话主角的。但是经过希腊哲学史家的研究,比较公认的意见是,柏拉图的著作可分为早、中、晚三期,从中期起的那些对话篇,虽然仍然借用苏格拉底之口,却是柏拉图的"夫子自道",只有早期的著作,才转述了苏格拉底的思想。但即便在转述苏格拉底思想时,柏拉图也频频加工、掺入自己的思想。[2]于是,这就给后人搞清苏格拉底和柏拉图之间的区别造成了困难。而搞清这一区别,则是我们理解柏拉图的理念论的缘起以及理念的性质所需要的。

幸亏我们还有另一种重要的材料,这便是亚里士多德的一段说明。在他简述的哲学史中,谈到柏拉图哲学的产生时,他写道:

> 在我们已经提到的这些体系以后便是柏拉图的哲学,他在许多方面是追随这些思想家的,但又有不同于意大利学派的哲学的特点。由于他在年轻时即熟悉了克拉底鲁和赫拉克利特的学说,即一切可感事物永远处于变动状态之中,对之是不能有知识的,所以他把这些观点一直保持到了晚年。苏格拉底忙于研究伦理事务而忽略了作为整体的自然世界,只在这些伦理的事情中寻求普遍的东西,使思想首次关注于定义问题。柏拉图接受他的教导,但是,认为这个问题不能应用于可感事物上,而当应用于另一类东西,其理由是,由于可感事物总是变动不居的,所以共同的定义不可能是关于任何可感事物的定义。那另一类东西,他称之为理念。他说可感事物都是仿效着它们、或从与它们的关系方面而命名的;因为众多者是由于分有了与它们同名的那些理念而存在的。[3]

这段话值得我们反复研读。它不仅指出了苏格拉底和柏拉图在研究领域方面的不同,即苏格拉底只注重于伦理问题的探讨,柏拉图的研究领域显然更广;更为重要的是,亚里士多德指明柏拉图接受了苏格拉底的教导后,又用一个"但是"指出柏拉图不能同意的地方,即,定义是不能应用于可感事物上的,这样的语气显然是针对苏格拉底的。这就揭示出了苏格拉底和柏拉图在哲学上的一个实质性的区别,即,在柏拉图看来,苏格拉底是在对可感事物运用定义,而这种方法是不会成功的、是不可能的;柏拉图的思想则超越了可感事物,达到了可感事物之外的另一类东西——理念。如果我们同意这一点,那么,我们还可推得另一点,即,依柏拉图的看法,苏格拉底是不能获得真正的知识的,因为他认为对变动不居的可感事物是不能有知识的。柏拉图所谓的知识显然是指超出于感性范围的、关于理念的知识,即后人所谓的理性知识。

以上是我们从亚里士多德传递的信息中得出的印象,我们将以这样建立起来的印象和观点,去看柏拉图笔下的苏格拉底究竟有些什么主张。

(二) 没有最终结论的对话

在柏拉图的著作中,约有略多于10篇对话被专家们划入了早期著作。[4]其中大部分都是关于寻求一种定义的,例如,什么是虔诚,什么是正义,什么是勇敢,什么是善,等等。然而,如果我们以为读了这些对话便能对其所谈的主题有一种确定的了解,那么我们是要失望的。在这些谈话里,"苏格拉底"通常总是启发和引导对话者对某一主题提出一种解答,但旋即指出那种解答的不足之处,并鼓励对话者继续探索下去,然而新的解答又会被苏格拉底攻破,问题的讨论便这样步步深入。正当读者期望见到一个最终确定的答案时,对话却往往戛然止于否定处,令人如处云里雾里,扑朔迷离。

《欧绪弗洛篇》[5]叙述苏格拉底将作为被告走进法庭,对于别人告他不敬神作出辩护。在这当口,他遇见了能言善辩的欧绪弗洛,苏格拉底便与之探讨何为对神的虔敬,后者正要告自己的父亲亵慢神灵。然而,每当欧绪弗洛提出一种说法,苏格拉底就指出其不足,以至于欧绪弗洛无法招架,急急遁去。由此可见,即使是在这利害相关的时刻,急切需要一个确定的答案,其结果仍然是没有确定的答案。

如果我们注意到,柏拉图早期所描述、或虚拟的那些对话,有不少是在苏格拉底和智者之间进行的,那么,在这种对话中只有一个接一个的否定而没有最终确定的答案,这是不奇怪的。在苏格拉底的时代,希腊社会出现了一批收取学费传授辩论、演讲、诉讼、修辞及治理城邦知识的教师,人称智者。他们的人数众多,声势很盛,以至于有形成"智者运动"之说。[6]苏格拉底显然是不买他们的账的。在《普罗泰戈拉篇》里,当苏格拉底听一位名叫希波克拉底的青年半夜三更兴冲冲地说,他愿意付钱请苏格拉底一起去听智者普罗泰戈拉传授知识时,苏格拉底警告说,要是花钱去买货物,我们可以先尝试一下这个货物究竟是否有益,无益的可以不要,但是花钱去接受知识则不同,假如这种知识是有害的,听了以后便已经对灵魂造成了污染。[7]由此可见苏格拉底对智者的态度。苏格拉底在同他们的对话中,只要攻破了他们的观点,就揭穿了智者所传授的知识的虚伪不真,就达到了目的。柏拉图的前期对话中,苏格拉底与好几个智者交过锋,有几篇对话就是以智者的名字命名的,如《欧绪弗洛篇》,大、小《希庇亚篇》,《普罗泰戈拉篇》,《高尔吉亚篇》等。

有些对话是在苏格拉底和青年之间进行,青年们视苏格拉底为导师,当他们讨论到什么是友爱(《吕西斯篇》),什么是勇敢(《拉凯斯篇》),什么是自制(《查尔米德篇》)时,苏格拉底理应把自己知道的确定的结论告诉大家。可是,它们仍然是些没有确定结论的对话。这说明苏格拉底自己原来就没有肯定的最后结论。这样的对话有什么意义呢? 让我们先从具体例子谈起。

我们以《拉凯斯篇》为例,这一篇被认为写作时期较早,因而较多地叙述了苏格拉底的思想。苏格拉底和两位年轻人讨论关于什么是勇敢的问题,照例,苏格拉底鼓励别人先谈出他们的看法。首先提出的一种看法是,勇敢就是"坚守阵地、与敌战斗"[8]。这是因为提出这一看法的年轻人自己就曾参加过坚守阵地的战斗,他是以自己的亲身经验来看问题的,因而其真实性无可怀疑。但是作为对"什么是勇敢"这个问题的回答,其范围显然太狭。它不适用于骑兵作战,更不适用于其他方面,如面对生活中的疾病、贫困或政治斗争中所表现出来的勇敢。遭此挫折,年轻人提出的第二种观点是,勇敢是思想或灵魂的坚韧或坚贞不屈。[9]这一说法覆盖面是大了,但却大而不当。因为并非一切意志坚韧的都是勇敢。有的人坚韧却是做坏事;有的人虽不做坏事,但却不自量力,也不计是否能成功,充其量只能是鲁莽;还有的人思想坚定,是因为他已经明白不会遇到危险,这也谈不上是勇敢。反复诘难之下,年轻人又提出第三种看法,勇敢是智慧或知识,这是说,他既明白自己所争取的事情有危险、让人畏惧,但又并非没有一点成功的希望。[10]这一说法修补了第二种说法的漏洞,然而本身依然有漏洞。撇开这种说法可能造成的种种误解(文中详细讨论了几种可能的误解)不说,最主要的是,如果说勇敢是关于畏惧和希望的知识,那么,由于畏惧和希望的东西都在将来,这种知识就只能是关于将来的知识。而人们共同的认识则是,知识作为某类事物的知识,总是应当包括这些事物过去、现在和将来的知识,而不能只是部分的知识。然而,即使假定勇敢这种知识是全面的,即它包括过去、现在和将来,也会产生另一种困难。因为勇敢被认为是善的,那么这种知识应当全面把握善。可是,全面把握了善就达到了完满的境界,这就是美德本身了。这又同勇敢是美德的一部分这个共识不相容了。这样,终于没有确定什么是勇敢,讨论就结束了。苏格拉底参与的对话大抵就是这样的风格。

自己提出了问题,却始终没有得出自己的结论,这是为什么呢?不知是否为了"为圣人讳",我们很少看到论家这样去寻思和疑问过,似乎苏格拉底并非不知道结论。更多见的则是从积极方面去挖掘对话的意义,认为苏格拉底是在有意训练人们辩证地分析问题的思想方法,而既然人们从中学到了这点,这当然不能说不对。

然而,根据前引亚里士多德的记载,柏拉图肯定苏格拉底给不出答案,并且,柏拉图还指出过其所以如此的原因,即:思想没有超越可感事物,而可感的事物是变动不居的,对此是不能有知识的,定义的方法也是不能用于解决感性事物的。根据柏拉图的观点,我们这样理解:关于什么是勇敢、正义、虔诚、美德和美这类问题要问的是一般的东西,它们相对于可感事物来说是另一类东西。然而在苏格拉底的对话中,无论是立方还是破方,所举的例证仍然都是感性世界的事物。例如,根据局部经验,把勇敢理解为坚守阵地;攻破这种观点的是用另一类经验:骑兵作战。又如,把勇敢说成是思想的坚韧性,用以攻破这个观点的是举出一些虽然思想坚韧可称不上是勇敢的事实,等等。在这种方法里,眼光老是盯着各种具体的勇敢现象,这样,是否存在一般的勇敢倒成了问题。柏拉图提出在可感事物之外有另一类东西——理念,并且把一般的勇敢之类的东西当作理念,这样就肯定了一般的勇敢之类的东西的存在。这是柏拉图解决问题的方法。

由于人们普遍接受了柏拉图的方法,苏格拉底的方法就被掩盖了,甚至人们已经不再寻问,苏格拉底有过自己的方法吗?就好像一种迷信被科学取代后,迷信就不再被认为曾经是人类用来解决问题的一种方法一样,人们也难以想到苏格拉底也有一种解决问题的方法。然而,科学出现以前,人们也必须有一种方法或态度,去面对和解决生活中的难题,哪怕这种方法是迷信或巫术。苏格拉底也应当有一种思想方法去对待变动不居的可感事物,只有将这种方法显示出来,我们才明白柏拉图在人类思想方法上走了多大的一步。

苏格拉底的方法是:启用你的智慧。这是说,面对复杂多变的事物,以善为目的,去灵活把握和处理各种事情。为了说明这是苏格拉底的方法,我们先看一下苏格拉底对待可感事物的态度。

由于苏格拉底还没有在可感事物之外建立另一类东西,可感世界就是他唯一的日常世界,他也更不可能划分出一个优越另一个低劣的两个世界。因此,对他来说,世界的变动不居——这是当时流行的观点——并没有什么不合理。既然如此,我们应当根据不同情况决定我们对事物的看法。色诺芬的《回忆苏格拉底》有这样的记载:当苏格拉底被人问及什么东西是好的时,他并不直接作答,而是先反问,所问的是指对治疗热病或眼疾来说是好的东西呢,还是对解除饥饿来说是好的东西? 当被告知不是任何提到的具体东西的好时,苏格拉底说:"你问我知道不知道的那种好的东西,既然是与一切东西都无关,那么我只得说既不知道,也不想去知道。"[11]同样,当他被问及知道不知道美的东西时,他说,美的东西有许多,并且"它们之间有些还彼此不一样"[12],如美的摔跤手与美的赛跑者,美的圆盾和美的标枪。他认为回答什么东西是好的和什么东西是美的,其方式是一样的。为什么一样呢? 因为好和美都是关于或相对于某些东西或事情而言的。所以,苏格拉底说,一个粪筐如果做得好而适用,它便是既好而又美的;一个金盾做得不好因而不适用,它虽然倚仗金子的美,同时也是丑的。"因为一桩东西对饥饿来说是好的,对热病来说常是坏的;而对热病来说是好的,对饥饿来说则是坏的。对赛跑来说是美的东西,对摔跤来说往往是丑的;而对摔跤是美的,对赛跑则是丑的。因为一切东西,就其适合于那些东西而言,是好的且美的;就其不适合于那些东西而言,是坏的且丑的。"[13]

根据色诺芬的回忆,苏格拉底是不想探究脱离了具体情况的、抽象一般的美和好的,这点同柏拉图笔下的苏格拉底是不同的。但是柏拉图所写的对话篇中的苏格拉底对于所讨论的各种一般的伦理规范没有给出最终的定义,这个事实与色诺芬的回忆又是吻合的。于是就需要我们去辨别哪一个苏格拉底更符合历史上的苏格拉底的真实面目。"过去有些学者认为色诺芬的著述理论价值不高,不予重视;其实色诺芬作为苏格拉底的亲近弟子以自己的眼界平实地记述苏格拉底的活动和思想,有重要的研究价值,现代西方许多学者也比较重视他留下的史料了。"[14]我以为色诺芬的记载可能更符合苏格拉底本来面目的原因,恰恰在于他的著述"理论价值不高",这排除了他把自己的思想掺入到苏格拉底中去的可能。而柏拉图当其在苏格拉底教导下成长起来时,理论上的发展几乎一浪又一浪,因而难免在作叙述时将苏格拉底的思想引向他自己的方向,或至少可能把苏格拉底的思想叙述得与自己的思想接得上轨。

如果我们同意上述的对材料的看法,相信色诺芬的描述,那么,我们可以进一步认为,当面对寻找一般的美德和美的时候,苏格拉底总是以各种不同条件下的不同判别标准去否定一种既定的说法,其目的不是为了得出一般的美或美德的定义——这在他看来是不可能的——,而是要启发人们分清各种不同的条件、背景或情况,只有搞清了这些,才能说什么是美,什么是美德。至于究竟怎样去分清各种条件、背景或情况,那是不能用定式加以说明的,因为世界是一直在变动的,而是需要根据每个人自己的心智去具体对待,这就是说,要启用自己的智慧。这好比孔子讲仁,针对不同对象请教仁,孔子的回答是不同的。或曰:"己欲立而立人,己欲达而达人"(《雍也》),或曰:"克己复礼为仁"(《颜渊》),或曰:"爱人",又曰:"己所不欲,勿施于人"(《颜渊》),等等,不一而足。这也是根据问的人的不同情况、针对不同的背景而发的。把握一个确定的说法容易,但有僵化的危险;事情本身是不断变化的,体察变化的情况到了什么程度,则要求灵活性。前者是知识,后者需要智慧。我以为苏格拉底的那些谈话的目的在于开启人的智慧,即在谈一个问题时,启发出各种不同的条件、情况,让人们以这样的思想习惯去看问题、去在实际中作出判断。所以,我们读这些对话时,总是不断地感到自己的思想被引向一个又一个新的境界,那是因为我们的智慧在开启。而合卷一想,却又不知所云,这是因为我们的思想又回到了求知识的水平,知识的眼光搜寻的是确定的答案。

说苏格拉底所谓关于追寻定义的那些谈话,其目的在于引导人们将自己的智慧开放出来,这个结论不能只当作是我们的推论和引申所得出的。它也直接有苏格拉底本人的话为证。色诺芬写道:"苏格拉底还说:正义和一切其他德行都是智慧。"[15]

上面的论述是想揭示苏格拉底讨论问题时的心思,如果我们承认开启智慧是这种心思的特点,那么我们将看到,当柏拉图提出理念论的时候,他的心思是指向另一种方向、另一条道路的,这条道路是指向知识的。

二、柏拉图的知识

(一) 理念论的提出

苏格拉底表示,对于脱离一切具体情况的好、美之类的东西,他既不知道，且也不想去知道。他知道的是，针对哪种东西、哪样事情而言才是好的、美的东西。在讨论这些问题时，往往以"什么是美的东西"，"什么是勇敢"，"什么是美德"这样的形式提出问题。在色诺芬的记载中，是别人问苏格拉底，在柏拉图的对话篇中，是苏格拉底问别人。依我们现在所理解的，这种形式的问题所问的是关于一般的美、勇敢和美德的问题。尽管苏格拉底不想知道它们是什么，但是问题本身非但是不可抹杀的，而且对人有强大的吸引力。例如，我们可以确知各种具体场合中美的东西，那么它们有无共同性呢？如不存在这种共同的美，不以之为标准，我们何以见到一样过去从未见过的东西时，会将它识别为美的东西呢？如果这种共同的美是存在的，那么它又怎样存在的呢？以何种形式存在？存在于哪里？柏拉图正是沿着这种问题的思路而提出理念的。他认为理念就是这些一般的美、勇敢、美德，还有其他各种一般的东西，如等、相似、大、小等等存在的形式，它们不是存在于我们可以感知的具体的事物之中，而是存在于另一个世界——理念世界之中。

我们可以看到，当柏拉图通过苏格拉底的口表达自己理念论思想的时候，"苏格拉底"已经从追寻智慧的方向切换到寻求知识的方向上去了。甚至在那些被认为主要是记述苏格拉底本人思想的早期对话中，这个切换过程就已经开始了。试以柏拉图的前期作品为例加以说明。

首先，柏拉图开始混淆智慧和知识的界限，并逐渐以知识取代智慧。

依色诺芬的记载，苏格拉底不仅明确地说一切美德都是智慧，而且，从另一则材料中可以看到苏格拉底对于智慧和知识是有区分的："照苏格拉底的看法，疯狂就是智慧的对立面。但他并没有把无知认为就是疯狂。不过，要是你自以为知道你所不知的东西，这倒近乎疯狂了。"[16]照这里的说法，疯狂是智慧的对立面，无知的对立面应当是知识；从疯狂不等同于无知，推得智慧也不等于知识。从我们今天的理解来说，虽然智慧和知识密切相关，知识中渗透着智慧，但两者还是有重大性质的区别的。智慧是人生存于世的能力，知识则是这种能力之一——认知能力——的结果。或者说，智慧是存乎内的，知识是得之于外的。

但是在柏拉图的对话篇中，从"苏格拉底"口中说出来时，有时把智慧与勇敢、虔诚、公正、自制并列，当作是美德的部分，如《普罗泰戈拉篇》中。[17]有时是把智慧和知识这两个词任意调换使用的，如在《拉凯斯篇》中：

苏(苏格拉底):我想我明白他了,我以为他是说勇敢是一种智慧。

拉(拉凯斯):哪一种智慧呢,苏格拉底?

苏:这个问题你得问他。

拉:好吧。

苏:那么,尼西亚,告诉他吧,你认为勇敢会是哪种智慧呢? 你当不会指吹奏笛子的智慧吧?

尼:当然不是。

苏:也不是演奏里拉琴的智慧吧?

尼:不是。

苏:那么,这种知识是什么,又是关于哪方面的?

拉:我认为,苏格拉底,你的问题问得很好,我要他说这种知识或智慧的性质是什么。

尼:我是说,拉凯斯,勇敢是在战争或别的事情上关于那些能使你产生害怕、又激发你信心的东西的知识。[18]

同样,在《普罗泰戈拉篇》中,开始时把智慧和其他美德并列,讨论智慧和其他美德的关系,但是在讨论过程中,却不加说明地代之以知识和其他美德的关系了。

第二,到底以追求智慧还是追求知识为目的? 这与一种对周围世界的基本看法或态度有关。认为世界是多变的,那么我们就不应拘泥于用抽象一般的概念看世界。尤其是在人的伦理价值方面,随着情况的变化,其判断尺度也在变化。重要的是要辨明各种变化的情况,这是要启动智慧的原因。苏格拉底就是这种态度,所以在他看来,一件是美的东西处于另一种不同条件下时,也可以是丑的。但是从柏拉图的眼光去看,知识应当是确定的,它既不能存在于多变的感觉世界里,就必存在于另一个世界。用这种态度去看,多变的感性世界就是充满矛盾的、不合理的、甚至是低级的。

根据色诺芬的记载,苏格拉底认为充满矛盾、变动不居的事物是合理的。然而在《普罗泰戈拉篇》里,柏拉图却让普罗泰戈拉说出类似色诺芬所记载的那个苏格拉底的话,而让苏格拉底站在他的对立面。例如,当普罗泰戈拉说,智慧、勇敢、正义等是美德中各有区别的部分时,"苏格拉底"由此故意推论出

"虔诚非正义",乃至"虔诚是不正义"等荒谬结论。许多类似的潜伏在普罗泰戈拉学说中的矛盾经苏格拉底的分析、推导被暴露后,普罗泰戈拉终于说出了下面这番话:

> 我知道,许多东西——食物、饮品、药物,还有许多别的东西——有的对人来说是有害的,有的是有益的;另有一些东西,对人来说无所谓利害,对马匹来说则有利害的问题,也有一些东西只对牛啊、狗啊有利或有害。有些东西对动物不起作用,但却对树木起作用。有的对其根有益,却会伤其苗。例如,肥料用于植物根部是好的,但要是施于新芽嫩枝上就彻底坏事了。又以橄榄油为例,用于植物是不好的、用于动物的毛发尤为有害,然而人却发现,它既可用于人的头发,又有用于皮肤。好的性状是多种多样的,甚至同一样东西,外用是好的,而内服却会致命。所以医生禁止病人煮食时用油,除非只用少量的以驱除食物和佐料中的异味。[19]

这番使当时一群听众为之热烈鼓掌的话,同我们前引色诺芬所介绍的苏格拉底的观点如出一辙,然而现在是从普罗泰戈拉口中说出,却让苏格拉底站在与之对立的一方。更令人吃惊的是,当对话和辩论继续下去的时候,柏拉图让"苏格拉底"借对前人诗句的解说,说出了这样的主张:一个人是可以由坏变好的,但以为从此人便永远是好人了,这是不可能的,不然便是超人(superhuman),"苏格拉底"接着以肯定的语气说:"这是神才具有的特权。"[20]这显然是柏拉图本人的观点,暗示有一个与人间隔绝的不变的领域。无疑,在《普罗泰戈拉篇》中,柏拉图已经在相当大的程度上让苏格拉底充当自己的喉舌。这个苏格拉底与承认事物多变、当以智慧去应接的苏格拉底距离已经很远了。

让我们重温本章开始时提到的亚里士多德的话,那里说:"柏拉图接受他(苏格拉底)的教导,但是……"从"但是"后面的那些话的语气看,柏拉图本来是把苏格拉底看作属于其思想仍停留在变动不居的感觉世界中的那些人一类的。

第三,美德究竟是智慧还是知识,直接关系到对另一个重大问题的回答,即美德可教还是不可教?

如果美德是知识,它当然是可教的。如果美德是智慧,它便是不可教的。前一句话是明白易懂的,后一句话还须作进一步说明。

智慧不可教,这是因为智慧是每个人接应万物的可能的能力,它是人与生俱来的、内在的能力,使人之为人以区别于其他动物。这种能力可以通过锻炼得到加强,但却绝不能使本来无此能力的东西获得它。古希腊时,人们大体已经对智慧有了这样的认识。这可以从他们对智慧所归属的美德一词的本义证得。希腊文美德作 ἀρετη(arete),原意指任何事物之为该事物的特长、用处和功能。不仅人有其 arete,各种动物、自然物、乃至人造物也各有其arete。"在当时的希腊人看来 arete 是每种事物固有的天然的本性。他们认为人的本性就是人的才能、优点、特长,这是任何人都一样的;arete 是从优点和特长方面去看的,所以是'好'和'善'。所谓'坏'和'恶'就是失去 arete,人如果失去人的 arete 也就不成其为人"。[21]站在这一理解的基点上,不论说美德是智慧,还是说智慧是美德的一部分,指的都是人的内在的特点、能力或秉性。因此,如果说苏格拉底将美德与智慧相联系而不是与知识相联系,那么,他应当认为美德是不可教的。

色诺芬的记载证明,苏格拉底是主张美德不可教的,只是可以通过锻炼得到改进。这段话是围绕一种具体的美德——勇敢而展开的:

> 当他再次被问勇敢是由教育得来的还是天生就有的时候,苏格拉底回答:"我以为正如一个人的身体生来就比另一个人的身体强壮,能够经受住劳苦一样,一个人的灵魂也可能天生得比另一个人的灵魂在对付危险方面更为坚强;因为我注意到,在同一种法律和习俗之下成长起来的人们,在胆量方面是大不相同的。不过我以为,人的一切天生的气质,在胆量方面,都是可以通过学习和锻炼而得到提高的。……我看在所有其他方面,人和人之间也都同样天生就有所不同,而且也都可以通过勤奋努力而得到很多改进。因此,很显然,无论是天资比较聪明的人或是天资比较鲁钝的人,如果他们决心要得到值得称道的成就,都必须勤学苦练才行。"[22]

但是,在柏拉图的《普罗泰戈拉篇》中,苏格拉底的态度却发生了戏剧性的变化。在同普罗泰戈拉的辩论中,开始,苏格拉底对普罗泰戈拉自诩可教人以美德表示怀疑，认为美德本不可教。在辩论中，苏格拉底要求普罗泰戈拉阐明美德的几个部分：勇敢、正义、自制、虔诚和智慧的相互关系。普罗泰戈拉认为，这些部分是各不相同，因而是互相分离的，或者是差异处大于相同点，或者，至少勇敢和其余四者是相离的。苏格拉底则通过把普罗泰戈拉的上述观点推论到荒谬的结论，反证美德的各部分不应分离，尤其是不能与智慧分离。例如勇敢如果缺少知识，就可能沦为鲁莽。在关于美德各部分之间关系的讨论中，苏格拉底认为各种美德的恰当实行都要有相关的知识，因而美德即知识。然而，既然美德是知识，就是可教的。普罗泰戈拉主张美德的各部分相互分离，因而不能得出美德是知识的结论，他倒应进一步承认美德不可教。这一结果使苏格拉底和普鲁泰戈拉从一开始辩论时双方的立场上互相换了一个位置。[23] 使这个"苏格拉底"的观点发生转变的，是柏拉图于不知不觉中拨弄了一个机关：以知识取代了智慧。

追求智慧和知识是两种不同的思路。当求解什么是美德、什么是美之类问题时，在追求智慧的道路上，意在提高和发挥人们辨明使美之为美、美德之为美德的各种具体背景或条件的应变能力；在追求知识的道路上，则直指那一般的美、一般的美德。这一般的美、美德之类的东西，在柏拉图这里就是理念。

（二）理念的存在方式与理念的特性

在日常生活中，我们可能会说："哦，外滩真美！""热爱清洁卫生是一种美德。"当我们这样说的时候，别人是听得懂的，这也意味着大家对"美""美德"似乎是理解的。然而，如果进一步问"什么是美？""什么是美德？"，这不要说普通的人会感到困惑，就连那些专家学者，至今还在为此而争论不休。这里揭露出来的是这样一种情况：我们容易知道的是各种具体的美的东西和具体的美德，不容易搞清的则是那一般的美和美德。——柏拉图称之为"美自身""美德自身"。具体的东西是我们可以感觉到它们存在的，但一般的东西却看不见摸不着，就好像我们见着张三、李四，却见不着"人"，我们无法把这个一般的"人自身"指出来。

柏拉图感到这是一个严重的问题。如果我们不知道这种一般的"美自身"或"美德自身"，我们又是凭什么标准，把一些具体的事物判定为是"美的"或"美德"呢？或者，用柏拉图的话来说："有谁能在不知道全体美德的本性的情况下而知道美德的某个部分呢？"[24]我们将不仅不能判断这个或那个东西是不是一种美德，或是不是美的，并且，恐怕人们之间还无法用语言进行交谈呢。不过，从人们交谈中说"某个东西是美的"，"某一举动是美德"，并且可以相互理解来说，人们似乎又是知道"美自身"或"美德自身"之类东西的。于是就提出了："美自身""美德自身"之类的东西是否存在？如果存在，它们是以何种方式存在的？并且，关于它们有哪些特性？

柏拉图的理念论中所讨论的主要就是上述这些问题。理念论的提出标志柏拉图本人的哲学思想发展到了第二个阶段，其主要著作有：《欧绪德谟篇》《美涅克塞努篇》《克拉底鲁篇》《美诺篇》《斐多篇》《会饮篇》《国家篇》《斐德罗篇》等。[25]从此"美自身""美德自身"之类的东西就有了一个名称：理念。

关于理念的存在问题。

一开始就遇到了难题。从何处下手去寻找理念？要找到理念以证明理念的存在，先应对理念是什么有所知，但是从人们不能回答"什么是美"之类的问题看，人们对理念并无所知。于是，怎样能去寻找一个对它的是什么还一点不知的东西呢？即使那个东西就在你面前，你怎么知道你所找到的就是你所不知道的那种东西呢？从这个诘问中推导出另一个难题：人既不能去发现他已知的东西，又不能发现其不知的东西。因为，既然他知道了他所知道的东西，就没有必要去追寻了；又因为，既然他不知道他要找的是什么东西，他也不会去找。[26]在《美诺篇》中的这段对话虽然略有一点开玩笑的意思，但却向人们启示了一切具有真正创造性的思想和发现的特征。

上面设置的难题是，对于我们要去寻找的东西，知道了不行，不知道也不行。柏拉图击破这一难题的办法是，来一个既知道、又不知道。他认为，人的灵魂是不灭的，它历经往世，应当是知道许多东西的，但来到今世时却遗忘了。柏拉图让"苏格拉底"说：

　　　　因为灵魂是不灭的，它已经转世过多次，见识过今生往世的事情，学得了一切所是的东西。所以如果它能回忆起它曾经有过的关于美德或其他我们所知的事情的知识，这本不足为奇。所有的本质都是同属的，灵魂又学得了一切，所以，当一个人已经回忆起了一条知识——用通常的话说即学得了一点知识——那么，如果他坚定不移、乐此不疲,为什么就不能将其余部分都找出来呢？因为追寻和学习实际上无非就是回忆。[27]

为了证实"学习就是回忆","苏格拉底"当即作了演示。他让一个在场的童仆来回答他的问题,经过一连串有方向性的提问和回答,这个没有学过几何学的童仆居然知道了如何画出一个面积等于已知正方形面积2倍的正方形。"苏格拉底"认为,这便是这个童仆回忆出来的他的灵魂中本已有的知识,因而可以认为,"他的灵魂从来就是与知识为伍的"[28]。这里的知识显然不是指经过感官所知的事情。因为早已说过,对感性事物是不能有知识的。知识是指关于本质的、具有普遍性和必然性的东西,用柏拉图的话来说,它是关于实在的知识,是真理,也是关于理念的知识。这是用灵魂不灭来论证理念的存在。

但是,柏拉图同时也写道:"如果关于实在的知识总是在我们的灵魂之中,那么灵魂必是不灭的。"[29]这一说法是以理念的存在证明灵魂的不灭,它同前面从灵魂不灭证明理念存在恰好组成了一个循环论证。在《斐多篇》里,柏拉图干脆把灵魂看作理念。这样的证明显然是无效的。虽然证明是无效的,然而柏拉图的观点是明确的,即,理念并不存在于我们这个世界里,而是存在于另一个世界里。它们是"另一类东西"。也许正因为它们是另一类东西,用我们所知道的东西的存在方式去证明它是不可能的。关于理念存在的问题暂时只能谈到这里。

关于理念的性质特征问题。

既然关于理念存在的问题没有得到证明,怎么能去谈论它的性质特征呢？这可以这样回答,理念在柏拉图的哲学以及后来长期的西方哲学史上是确实存在的,我们可以根据柏拉图对理念一词的用法探讨它的性质特征。

然而,由于理念是"另一类东西",它被假定为存在于另一个世界,对于生活在这个世界、习惯于认识"这一类东西"的我们来说,要理解它当然是困难的。用柏拉图的比喻说,好比一个生活在海洋深处的人,他自以为生活在地面上,把水当作天空,抬头也看到太阳、星辰,如果他从来没有跃出水面睁眼看过,也从来没有听人说起过我们地球表面的事情,他怎么能知道我们所住的这个世界比起他的那个要更纯净、更美丽呢。[30]依柏拉图的说法,灵魂如果不能摆脱肉体、感官的束缚,也是难以窥探到另一个世界的。总之,我们预先受到警告:不改变我们的思想方式,或者说,不开辟一条不同于日常思维方式的思路,要把握理念是困难的。

对我们来说,特别还有翻译上的困难。"理念"一词是对希腊文 idea 和 eidos 的翻译。idea 和 eidos 就各有好几种意思。[31]除"理念"外,人们还曾试译为:"观念""概念""理型""原型""范型""模式""模型""榜样""式样""意式""通式",等等,在感觉到实在找不到确切译名的情况下,也有人取音译为"埃提"。"理念"这个译名虽然广为流传,但也并不比上面那些更确切。在翻译西方典籍时,同一词出现这么多不同的中文译名,恐怕是绝无仅有的。况且关于它的讨论至今还在继续。[32]

我想提请大家注意的一点是,关于 idea 或 eidos 的译名不仅是数量繁多,而且其中大多数都是新造的中文词,这说明中文里原本并没有现成对应的词可用;这又说明,我们原来并没有想过这种东西;现在要想也困难,这是因为在我们熟悉的生活内容中并没有遇见过此等东西。

在寻求将这一讨论深入下去时,我们注意到,idea 和 eidos 这两个词都出于动词 idein(现在时主动语态不定式,其原形动词为 eideo),idea 是阴性形式,eidos 是中性形式。idein 的意义是"看",idea、eidos 作为从 idein 产生的名词,指所见的。问题在于所见到的是什么?我们睁眼看见各式各样的东西,然而这些都不是柏拉图所要指的东西。柏拉图所指的不是我们日常世界中可见的任何东西,因为日常世界中凭感官认识到的事物是变动不居的,因而是不真实的。柏拉图要求人们如一个生活在海底世界的人跃出水面重新审视太阳、月亮一样,要从这个充满空气的世界超越出去,进入另一个充满以太的世界,那里更洁净、更透明,因而可以使我们看到事物的真相。这种真相与我们日常经由感官得到的关于事物的认识是不同的。譬如,我们日常所见的几何图形中,点总是有面积的,线总是有粗细的;一切相等的事物都具有相对性,即从不同角度去看,就可能不同;一切美的事物、一切善的东西也都是相对的,它们只有在一定的条件下才是美的、善的,等等。但是,在那另一个世界里,我们可看到另一幅景象:几何的点是没有面积的,线是没有粗细的;等是绝对的等;美和善也是绝对的美和善,等等。然而,我们毕竟生活在这个世界里,怎能进入另一个世界去看呢?其实,肉体是不能进入另一个世界的,能进入的只是"灵魂",因此,能在另一个世界观看的也只是"灵魂的眼睛"。"那些恒常不变的东西,你除非是去思想它,否则是不能把握到它的;我们的肉眼是看不见它们的。"[33]对于生活在现实世界中的人来说,还有一条路可以把握它,即思想。而要去思想它们,首先需要让灵魂排除感官的干扰和羁绊。这意味着我们要在不运用任何感性材料、排除一切由感官得到的表象的情况下去思想。这将会是一种怎样的思想呢? 这样的思想如何可能呢? 这些问题对于理解本体论来说十分重要,但目前我们暂且放下不谈。我们现在可以指出:idea 或 eidos 是可以用思想——我们还没有深入讨论的特殊思想——去把握的,但它们却又绝不是思想的产物,依柏拉图,它们是真实存在的东西,比感性事物还真实,因而当称为实在(reality)。[34]

《斐多篇》是一篇比较集中地涉及"理念"性质的谈话。这篇谈话的背景设定在苏格拉底将受刑死去的当天,苏格拉底与一群前来与他诀别的朋友作了最后的谈话。话题恰恰是关于灵魂不灭以及人死去后灵魂的去向。面对死亡,没有比这个话题更重要的了。苏格拉底对自己即将死去并不悲哀恐惧,因为他坚信灵魂是不灭的,人的死亡是灵魂和肉体的分离,摆脱了肉体束缚的灵魂才能达到其智慧的状态、才能获得纯粹的知识。[35]"哲学家的任务恰恰在于使灵魂从肉体中解脱出来",这也可以说,"真正的哲学家视死如归"(True philosophers make dying their profession)。[36]但是,最关键的问题是,是否灵魂真的不灭? 倘能证明这一点,有谁再贪生怕死? 又有谁不乐意声称自己是苏格拉底那样的哲学家? 尽管柏拉图是举世皆知的哲学家,但是他关于灵魂不灭的论证,在科学昌明的今天尤其是令人难以置信的。然而他在这个论证过程中涉及的关于理念的特征,对于研究柏拉图哲学来说,却是绝对不可忽略的。下面我们对柏拉图的证明作一概要复述。

这篇对话的一开始,描述一群友人怀着悲痛的心情来狱中探望苏格拉底,苏格拉底讲,人死后灵魂将脱离肉体,进入另一个美好的世界,所以他是充满信心地走向死亡的,听者无不为之动容。然而有人提出,灵魂脱离肉体以后,会不会如呼吸和烟雾那样消散掉呢? 认为灵魂在人死后依然存在并保持活力和理智,恐怕依赖的是坚定的信念吧。

问题问得颇婉转,苏格拉底应明白婉转的原因,他更明白问题的实质是究竟灵魂是否不灭? 死后可否复生? 他的回答是:一切对立的东西都是相生相存的。一个东西要变得小些,自身必须先是大些的,这是小由大生。同样,弱由强生,快由慢生,坏由好生,不公正由公正生,并且,生成的过程是双向的,即对立双方是互生的。这种过程是增、减,升温、降温,分、合等。那么生和死也是这样的一对。现在,死亡的过程我们可以确信其有,那么,自然有其对立面生的过程。并且,生和死也是一种双向的运动,如果只死不生,那么一切就会走向一端,也不会有运动变化了。据此,"死而复生是事实,生命从死亡产生是事实,死亡后灵魂的存在也是一个事实。"[37]这个论证听起来颇有道理,然而却混淆了个体生命的有限性、不可重复性和群体生命的生生不息、世代相传现象间的区别。

下面是从灵魂与理念相伴证明灵魂的不灭。这是从人能通过一件事回忆起另一件事谈起的。人能从一件事回想起另一件事,常常是因为这两件事有某种关系,如相似。对于两件相似的东西,人们还能判别其相似的程度。这说明人是知道相等、并以之作为标准去判断的。但是我们怎么知道有相等这种东西的呢? 要是说我们从日常的观察中得到了相等的观念,那是不可能的,因为日常生活中的事物,如两块石头、两根棍子,尽管看似完全相等,但总不是完全相等的;或者当一人说其完全相等,另一人则认为否。而我们用作标准的相等则是绝对的等。这种绝对的等既非我们从比较自然事物中得出,亦非是在出生之后获得的,那么,它必是灵魂在进入我们肉体之前就有了。此外,我们还有绝对美、绝对善这样的知识。"如果这些实在的东西是存在的,那么岂不是应当认为,我们的灵魂甚至在我们出生之前就已经存在了吗?"[38]我们看到,在《美诺篇》中,柏拉图是通过灵魂不灭来证明理念的存在,在《斐多篇》中,则是通过理念的存在来证明灵魂的不灭。两者恰好成为一个循环论证。不过,在柏拉图看来,这并不成为问题。因为他接着就把灵魂也当作理念看待了。

有人提出,以上的说法只说明灵魂在今世之前的往世曾存在。虽然今世相对于往世而言是来世,根据这一点推测,灵魂将在我们死后进入来世,但是人毕竟对死充满恐惧,怕灵魂不再有来世。为此,"苏格拉底"认为,灵魂是属于理念一类的东西,理念的多种性质中就包括恒常不变这个性质,因此灵魂是永不消散的。在这一论述过程中,"苏格拉底"道出了他对理念的性质的看法。"苏格拉底"认为,像绝对的等、绝对的美这样的东西都是单一的、不变的、独立的存在,它们是肉眼所不可见的,然而却是可思想它的。"灵魂很像那些神圣、不灭、可以从思想理智上把握的、单一的、不可分解的、自我保持和不变的东西。"[39]这些都是理念的特征。灵魂既像理念,它便也不可分解、不会消散。因为只有复合的东西才会消散,灵魂则是单一的。

这样,柏拉图设想的理念是:独立存在的,单一的,不可见、但可从思想上把握的,不变的,神圣的,不灭的,不可分解的和自我保持的。

(三) 理念的假设性

虽然柏拉图对理念的特征说得头头是道,关键的问题还是在于究竟是否实际存在理念这样的东西? 柏拉图在《美诺篇》中试图通过灵魂的不灭证明理念的存在,但在《斐多篇》中则又需通过理念的存在证明灵魂的不灭,且灵魂也被当成是理念一类的东西,这样的证明当然是缺乏说服力的。

如果理念的存在是不能证明的,那么,理念最多只能是被假定为存在的东西。事实上,《斐多篇》的后半部分对话已经明确地承认了这一点。在听取了"苏格拉底"根据理念的存在对灵魂不灭所作的多方论证后,一位在场的朋友西米亚,他属于毕达戈拉斯派,提出了如下看法:"苏格拉底,正像你说的那样,我也认为,要在今世获得这些问题的确定答案,如果不是不可能的话,也是很困难的。然而,要是我们不尽一切努力去验证这些可行的理论,或者竟在对它们进行各种考虑之前、在我们用尽我们一切力量之前就予以放弃,这未免显得太软弱无能。我们的责任是二者必居其一:要么去查明事实,不论是通过别人的指示还是自己亲自的发现;要么,如果上述方法行不通,就去挑选一种人类理智能提供的最好、最可靠的理论,用它作为舟筏,漂浮于生命的海洋上。——这是假定我们不能从较有保证的神性的启示中获得对人生旅程的更大自信和安全而言的。"[40] 这番话显然是对关于理念的存在、进而认为灵魂不灭的观点流露出极大的怀疑。他指出,如果上述观点缺乏事实的支持,那么就当作一种假设来接受,只要这种假设能够说明事实——对于事实,人类确实有太多不能说明的地方。如果"苏格拉底"认为自己说的关于理念存在与灵魂不灭是事实,他就不会顺着西米亚的话往下讲,而是会坚决地堵住关于假设的说法。然而"苏格拉底"后面有很长一段话正是顺着西米亚的话往下说的,这段话的核心思想是说,他——"苏格拉底",曾经钻研过各种理论,用来解释世间事物的原因,但是,发现它们都有缺陷。唯有理念论,才能对世间纷繁复杂而又变动不居的事物给出一个令人满意的解答。

"苏格拉底"说,他年轻的时候曾对自然科学这门学问格外感兴趣,他想,要是能明白事物产生、存在和灭亡的原因该多好啊。为此,他亦曾上下求索。是否像有些人说的那样,由于热和冷的混合就孵化出了生命? 我们是否用血,还是用体内的空气和火来思想的? 或者不是用上述那些,而是用大脑提供了听觉、视觉、嗅觉,由此产生出记忆和意见,从中又进一步产生出知识来的呢? 他想过,这些能力是怎样失去的,也研究过天国和人间的现象,最后他认为自己不适宜作这样的研究,因为这种研究使他对原来以为是懂得的东西也搞糊涂了。

还有许多令他困惑不解的问题。如,当1加1等于2的时候,究竟是其中的第一个1还是第二个1成了2,还是由于加,两个1都成了2? 令人难以相信的是,它们分开时每个都是1,而不是2;当它们合在一起时,这成了它们变成2的原因;然而,当把1分成2的时候,成为2的原因在于分裂,这就与前面例2中成为2的原因是对立的。这样,他就吃不准事物究竟是怎样而成为1的,总之,根据那种研究方法,他搞不清事物是如何产生、消亡以及持续其所是的。于是,他决定自己去探索一番。

他听人说,在阿那克萨戈拉的书上写着,心灵产生秩序,也是万物的原因。这种解释曾使他感到很高兴。他想,要是确实如此,那么思想在安排秩序的时候,会把每一样东西放到最好的位置上,因此,当有人想去发现一个事物产生、消亡和继续存在的理由时,他必定是发现了一种令该事物成其所是的最好的途径。从这个观点看,人所要考虑的唯一的一件事,就是最好、最高的善。他想,既然如此,阿那克萨戈拉应当先告诉我们,大地究竟是平的还是圆的,然后说明为什么这必定是最好的。如果他认为大地处于中央,也应当说明在中央是最好的。同样,他也应当说明太阳、月亮以及其他的天体,它们的速度与轨道,以及说明它们各自的情况对它们来说都是最好的。"苏格拉底"认为,如果一切都是由心灵安排的,那么,一切都应安排到最好的位置和状态上去,此外不应有其他途径。他又认为,如果阿那克萨戈拉为每个独立的现象和作为整体的宇宙指定了一个原因,他应当十分明白什么对每一个现象来说是最好的,什么是普遍地善的。然而,当苏格拉底读阿那克萨戈拉书的时候,他很快就失望了。因为阿那克萨戈拉并没有用心灵,而是用空气、以太、水之类的东西去解释原因的。这就前后不一致了,好比说,一方面,认为苏格拉底所做的一切皆出于心灵的原因,另一方面,却认为苏格拉底之所以坐在此地是由于其骨骼和肌腱的功能造成的。如用他的理论来解释苏格拉底在此处与朋友交谈的原因,他会从声音、空气、听觉及其他许多不相干的方面去说明,而不肯费心去说明真情,即雅典人认为判苏格拉底刑是好的,而苏格拉底本人则有自己的理由，认为他坐在此地接受处罚比逃跑要好。总之阿那克萨戈拉的理论并不能说明问题，这迫使"苏格拉底"提出自己的理论，即理念论。

在"苏格拉底"阐述自己理论之前，"苏格拉底"有一段表白。他说，观察日食时，如果不通过水面的映象直接用肉眼去看，是会导致失明的。同样，他感到如果他以自己的眼睛去观察对象，用其他感官去理解对象，也可能使自己的灵魂失明。"所以我决定求助于理论，用理论去试着发现事物的真理。也许我的说明不十分适当，因为我并不完全认为以运用'形象'的理论为手段进行研究，会比限于事实范围内的研究有什么不一样。尽管如此，我是以此为开端的，我每一次总是把我认为讲得通的理论拿出来，然后，凡是与之相符的——既从原因方面讲也从对其他事情方面而言——我就认其为真的，凡不与之相符的，我就不认其为真的。"[41]这番话显然是对前引西米亚的话的回应，承认自己是在寻求假设性的理论，以便解决无法从事实上解决，以及其他理论也无法解决的那些问题。这一说法对于我们理解柏拉图的理念论十分重要：理念的存在及整个理念论原是一种理论的假设。

"苏格拉底"接着提出他自己思考出来的关于事物原因的理论，这个理论被认为是从一种全新的原则为出发点的，这便是："我假定有绝对的美、善、大小以及诸如此类的其他的东西的存在。"有了这一假设，在解释事物的原因时，还要进一步承认"分有"说。比如，说一切美的事物之所以是美的事物，是因为它"分有着绝对的美"[42]。

有了以上这些假设，"苏格拉底"认为便可对许多模糊不清的问题作出解释。首先用来解释的一个事例是，人们平时说，一人比另一人高出一头，原因就在于此一头；反过来，又说另一人比此人矮一头，乃是由于此一头。高和矮的原因怎么可以是相同的、都是这一头呢？况且，比较起来，一个头的高度是小的，高者怎么能以一个相对较小的高度成为他高人一头的理由呢？照理念论的说法，高者之为高者，是因为他分有了高的理念；矮者之为矮者，是因为他分有了矮的理念。同样，我们不应当说 10 比 8 大是因为 10 超过了 8 一个 2，而应说，10 本身就是一个较大的数。那么，对于 1 加 1 成为 2，以及 1 可以分裂为 2，它们成为 2 的原因也不是合或分，因为合和分是矛盾的，它们怎么能同时成为 2 的原因呢？应当说，2 之为 2 是因分有了"二元性"（duality），其成为 1，则是由于分有了"单元性"（unity）。

那么,当一个人高于第二人,却矮于第三人,在这个情况下这个人既高又矮,是不是这个人同时分有了高和矮两个理念呢?不能这样说。而只能是:或者高进矮退,或者矮进高退。这里对立双方是不相容的。但是前面论说灵魂不灭时,曾确定对立面相生相存,因此才有生死相依相存。然而,那时说的是对立的事物,现在说的是对立者本身,即对立的理念。一个理念是不能变成与自己对立的理念的。就像雪在接近热的时候不可能既是雪又是热的,火在接近冷的时候也不可能既是火又是冷的。这里发现一种情况,即理念的名称不仅仅永恒地用于理念自身,而且也用于其他一些具有理念鲜明特性的事物。这实际上指的是热、冷这样的理念的名称也可用于火、雪这类东西。为了说明这一点,可以举奇数的例子。3、5 这些数都是奇数,却又不是同一个奇数。但由于它们具有奇数的性质,我们就以奇数相称。2、4 之于偶数的情况也一样。3 和 2 本来称不上是一种对立,但由于各自拥有的理念(即奇、偶)之间却是对立的,它们便也对立起来,除非当其发生变化时,如奇数性逼近时,偶数性才退出去。因此,不仅性质相反的理念是互相对立的,有些事物也是对立的。这实际上是对相反的事物的相依相生的补充说明,有些具有相反性质的事物并不相生相依,而是对立的。这说明现象界事物的复杂性,而理念论照样可以对之作出解释。

当然,本篇对话中理念论的一个重要任务是说明灵魂不朽。在此之前,"苏格拉底"作了最后的理论铺垫。他说,接受了某个理念的事物,不仅肯定了其自身所有的这个理念,而且也总是肯定了有其对立的理念。如有一组东西,其数为 3,那么,这组东西既是 3,又是奇数,它必拒斥偶数,换句话说,它便是非偶性。虽然 3 并不直接与偶数这个理念对立,然而由于它同偶数的对立面奇数这个理念在一起,它就不接纳偶数这个理念。因此,不仅对立的理念之间是互不相容的,与其中一个理念在一起的事物也是不容纳其对立的理念的。这无非是说,事物的性状是多样的,具有对立性质的理念将这些性状归入不同的双方,而使得对问题的回答可以有不同的选择。如问:使一人身体发热的东西,可以回答热量,也可以回答火;使人生病的东西,可以回答疾病,也可以回答发烧。那么,将以上论述的方法用于生死问题,就得到:使肉体有生命的是灵魂,生命的对立面是死亡;灵魂决不会接纳生命的对立面;因此灵魂就是死亡的对立面——不灭者(immortal)。又问:如果非偶数不会灭绝,那么 3 也不会灭绝;如果非热不会灭绝,那么当你以热攻雪的时候,雪会退到安全的地方不溶化,雪不会停止存在,也不会一方面存在着一方面又接纳热。同样,如果不灭者不会灭绝,那么,死亡迫近时,灵魂是不会中止其存在的。

以上就是柏拉图关于理念的必要性和合理性的说明,他认为理念不仅能够解释世界上纷繁复杂的事物的原因,而且也能解释灵魂不灭。但是我们必须记得,柏拉图从来也未能证明理念的存在。从根本上说,理念的存在是假设性的。我们看到,柏拉图先是让"西米亚"说出,要么我们能查明事实,要么,在假定我们不能从神的启示方面得到有关人生旅途安全和自信的情况下,去选择一种人类理智所提供的最好、最可靠的理论。对于"西米亚"的说法,柏拉图并未提出异议,他而是让"苏格拉底"顺着"西米亚"的思路,回忆起自己年轻时学过的各种关于自然的理论,在确定它们不能解释事物的复杂变化的原因以后,提出了自己的理念论。这一理论肯定了有绝对的善、绝对的美等理念的存在,并以"分有说"解释事物之为事物的原因,事物的变化则是由于某些理念的进、退。"苏格拉底"对"西米亚"的观点的默认,反映柏拉图事实上承认理念论是一种理论的选择,即假设。搞清了理念论的假设的性质,这对于我们理解理念之为何物,以及本体论的性质,是有帮助的。

理念是一种假设存在的东西,它不得不是假设的存在,因为它不能在事实中被查明;然而在这一假设的理论中,理念是被认为确实存在的,它存在于一个同样是被假定为确实存在的另一个世界中。理念是这样的东西:它是假设的东西,然而又是假设中的确实存在的东西,不如此就不足以解释万物的原因。这种想法也许与生活中人们关于鬼神世界的想法有些相似。然而,鬼神世界是人类表象世界的影子或翻版,在理念世界中的则是绝对的美、善、等、大、小一类的东西,这些,我们今天都把它们认作是思想上把握的一般概念,但是,在柏拉图这里,它们都是在另一个世界里独立存在的东西。由于我们从来没有这样设想过,也没有去假设过,因此,我们的语言中也缺少表达这类东西的现成的词,这就是为什么 idea 一词难以汉译的原因。陈康先生拟译 idea 为"相"。"相"是佛学术语,指"表于外而想象于心者"[43],就这个意义上说,"相"这个译名比较接近 idea。然而佛学中的"相"还用于其他许多意义,是 idea 所没有的;而 idea 是存在于另一个世界中的东西这一重要的性质,则是包括"相"在内的所有中文译名无法表达的。我们这里姑取流行的说法"理念",以期在讨论中进一步斟酌。

理念是为了解释事物的原因而提出的假设,这个出发点预示着,随着对现实事物复杂性的发现和深入思考,理念论也是会修正和变化的。本体论正是理念论修正和发展的结果。

三、前期理念论的困难

柏拉图创立理念论的动机是很明白而单纯的,这就是,他认为前人关于事物原因的种种说法,都经不住推敲。为此,他提出存在理念这样的东西,事物之为事物及具有某种性状,是分有了理念的缘故。他甚至用对立理念的进退,解释现象界事物性状的相对变化,解释人的生死现象及灵魂不灭。这是他前期的,以《美诺篇》《斐多篇》等对话为代表的理念论。然而,现实世界的事物是太复杂了,不久便发现,柏拉图早期的理念论在解释现象界的事物方面仍然存在很大的不足和困难。在谋求克服困难的过程中,柏拉图发展出了一种关于理念间相互结合的理论,这种后期的理念论也就是本体论的先河。其最重要的代表作是《巴门尼德篇》《智者篇》等。

(一) 问题的提出

柏拉图前期理念论中的困难被全面揭示出来的是在他的《巴门尼德篇》中。这篇对话中的角色安排也与众不同,一向以诲人不倦的面目出现的"苏格拉底",在本篇中假设还是个少年,担任导师角色的则是巴门尼德。据史家考证,巴门尼德和苏格拉底分别生活在不同的年代,不可能发生他们实际上会面的事件。这种戏剧场面的虚构,无非是暗示,只有一位具有崇高威望的前辈,才有资格、有能力来指出和纠正柏拉图自己前期理念论中包含的错误。

对话的开头也安排得很巧妙。先是由巴门尼德的学生芝诺叙述一种理论,由少年苏格拉底听后复述出来的这个理论,其结论是:事物不能是多数的。"如果事物是多数的,它们必定是既类似又不类似,但这是不可能的;因为不类似的事物不可能类似,类似的事物也不可能不类似。"[44]由于巴门尼德有一个著名的论点:一切是一,芝诺的论点恰好是对巴门尼德论点的一个反面的证明。以这样的话题开头,让人们觉得这场对话像煞有介事的样子。不过,这些我们都不必去深入追究。我们要注意的是实质性的问题,即,对话中揭示了柏拉图早期理念论中的哪些不足之处。

说到问题的实质,必须先要说明一个问题。我们这里对于《巴门尼德篇》

中前半部分所批评的理论属于柏拉图前期的观点这一点是不加怀疑的。这不仅因为,受到批评的理念论的基本特点可以在《斐多篇》等篇中找到其原型;而且,即使有些特征在柏拉图前期著作中找不到明显来源,但是,它们至少是接受了理念论以后,在运用理念论去解释事物时的一种发展,而柏拉图则是理念论的唯一创立者,种种或许不属于他本人的"发展"至少是前期理念论所可能引发出来的一种结论。对于人类思想发展来说,真正有意义的是一种新的理论如何发展、取代了原有的理论,而不在于花很大的气力去辨明一种事实上难以辨明其归属的理论之究竟属于谁。况且,我们将看到,《巴门尼德篇》中所批评的那种理念,其基本特征都是柏拉图前期著作中见到过的。我们还感觉到,柏拉图本人更注重理论本身的发展,而不在乎在这一发展中自己原先的理论是否受到了批判和修正,否则,他是根本不可能写作《巴门尼德篇》等著作的。

根据以上的看法,我们把《巴门尼德篇》前半部分中批判的理念论,看作是柏拉图的这一理论实际上和可能有的困难,这些困难的揭示不仅将引发出一系列深入的思考,而且导致了西方哲学思想方法上的一个重大发展。

《巴门尼德篇》前半部分所揭示的理念论的困难主要有三个方面,它们是互相联系着的:(1)缺少对理念之间相互结合的关系的论述;(2)缺少对理念种类的厘定;(3)关于事物分有理念的种种困难。

(二) 一个重要的问题:理念间如何结合

芝诺的论点是:事物不能是多数的,论据是一个反证:"如果事物是多数的,它们必定是既类似又不类似。但这是不可能的。"这个论证颇蹊跷。从日常意识的角度出发,我们认为,多种事物的存在是一个事实,我们会说,事物是多数的。从我们能够理解的一种哲学观点说,多种多样的事物就其都是事物而言,这是一;但就具体的事物而言它们又是各不相同,是多。因此,事物应当是多和一的统一,也是类似和不类似的统一。当其作为事物,作为一时,是类似;当其作为众多具体的事物时,各有差异,是不类似。这样又何妨多种事物的存在以及事物是多数的呢?

但是,或许从另一种角度看,芝诺的论点是可以成立的。如果假设多数的事物为 S,类似和不类似分别为 A 和非 A,则如果我们承认事物是多数的,即承认它是一和多、类似和不类似的统一,那么 S 就既是 A 又是非 A。从形式逻辑的观点来看,这才是一个不可容忍的结论。

少年苏格拉底是不同意芝诺的观点的。他根据事实说话:

> 如若有人指出我是一又是多,这有什么可惊奇呢? 当他想说明我是多时,他可以说,我的右边部分是不同于左边部分的,前面不同于后面,上面部分也不同于下面部分,因此,毫无疑问,我是分有多的。当他想证明我是一时,他会说,我是在场七人中的一个,因为我也分有一。所以这两点都是对的。[45]

但是,少年苏格拉底并没有停留在用事实反驳的层次上。对他来说,事实如此这般是不足为奇的,可惊奇、当追问的是使事实之为如此这般的原因。要说事物的原因,就提到了理念论。理念被认为是说明事物的原因的。它是事物不变的本质:一个事物今天看是美的,隔天就不美了;有人看着美,有人看着却不觉得很美。虽然现实生活中没有十全十美的东西,但我们心中仍有一种不变的、绝对美的东西,并且,因为有了它作为标准,我们才能评判现实中的事物是否美,以及美的程度。这个东西就是美的理念。美的事物之为美是因为分有了美的理念。我们记得,在《斐多篇》里,理念论还被用于解释事物的相对变化:一个相对于较小的人而言是大些的人,是由于他分有大的理念;当这个人与另一个更大的人相比较而是小些的时候,又是由于他分有了小的理念,而同时,原先那个大的理念是退出去了。为什么当小进来时,大就退出去了呢? 因为理念是绝对的,大的理念是绝对的大,它不能有任何不大的东西在其中,更不能与其对立的理念小共处于同一事物。这一理论就算是可以解释相对于不同的事物,一物在性质上发生变化的原因,然而,现在却失效了。因为一个事物不只是在其与不同事物相比较时才显示出不同的性质,在不与它物相比较时,其自身也会呈现出许多不同的性质,甚至是相反、对立的性质,如少年苏格拉底指自己同时拥有左右,前后,上下的性质。芝诺的那个推论,即 S 不能同时既为 A 又为非 A,恰恰把理念论的这个困难揭示出来了。芝诺的推论多半是柏拉图杜撰出来的,这不过是柏拉图用来揭露自己以往理念论的不足之处,以便谋求新的发展的一个抓手。

柏拉图以往的理念论不足以解释其自身中包含着对立性质的事物现象,出路有两条:或者根本放弃理念论,或者对理念论加以修正、发展。柏拉图显然是选择了后一条道路。他让少年苏格拉底反复地说,一个事物同时表现为类似、不类似、一、多这些性质并不足为奇,但是,要为它找到原因就难了。如果说,事物具有不同或对立的性质,是因为分有了与这些性质相应的理念,那么,首先就应当说明这些不同的,甚至是相互对立的理念本身之间是互相结合着的。能够对这一点加以说明才足以令人惊叹:"如果有人指出,类似可以是不类似,不类似可以是类似,这毫无疑问是令人惊骇的。然而如果事物因分有这两者而有这两种性质,我看是没有什么可奇怪的。同样,一切事物因为分有一而是一,同时又因分有多,而是多。但是如果有人指出,那个是一的本身就是多,或多本身是一,我将不胜惊讶。"[46]"如果有人着手去说明木棍、石头之类的东西,说同一物是多又是一,那么我们会说,他所说的是,某事物既是多又是一,还不是一本身是多,或多是一;他并没有说出令我们惊异的事,而是我们人人同意的事。但是,如果有人照我现在说的,首先把一些自在的理念分开,例如类似和不类似,多和一,静和动,以及一切其余的这种理念,然后指明,这些理念能在它们自己之间结合起来,或分离开来,那么,我就十分佩服了。"[47]

这就提出了一个十分重要的、对西方哲学的发展具有开辟新的方向性质的问题:研究关于理念间结合和分离的问题。问题的提出始于最初的理念论不足以解释复杂的事物,而对理念间结合的研究的展开,我们将看到,最终导致了本体论的产生。

(三) 关于理念的种类

当柏拉图准备发展一种新的、关于它们相互结合关系的理念论时,他想必是发现了自己早期理念论中的理念是不能够被原封不动地加以利用的,由此,插入了关于理念种类的讨论。

在《巴门尼德篇》中,当少年苏格拉底用事实驳斥芝诺关于"事物不可能是多数"的论点,并提出真正的难题在于说明理念之间结合或分离的问题时,他想,这不免得罪了芝诺和他的老师巴门尼德,引起他们的不悦。没想到他们两人在认真听的时候却常常相视而笑,显得成竹在胸的样子。当少年苏格拉底讲完以后,巴门尼德与他有如下一段对话:

巴门尼德说:苏格拉底呵,你讨论问题的钻研精神令我赞赏。
请告诉我,你自己是否如你所说的那样,划分理念为一方面,分有这些理念的事物为另一方面? 你是否相信,离开了我们所具有的类似,还有类似自身,以及一、多,以及你从芝诺那里所听到的那些名堂吗?

苏格拉底说:我是这样想的。

巴门尼德问道:那么同样,也有譬如公正的理念、美的理念、善的理念以及一切这类的理念?

苏格拉底说:是的。

巴门尼德说:那么,也有与我们,以及与和我们一样的其他的人相分离的人的理念——即某种自在的人的理念吗? 或者自在的火、自在的水的理念吗?

苏格拉底说:巴门尼德呵,关于这些东西我常常搞不清楚,不知当不当像上述东西那样来讲它们。

那么,苏格拉底,你对那些看起来是可笑的东西,如头发、污泥和脏物,以及那些琐碎的、微不足道的东西,是否也颇困惑? 不知道是否应当说,在我们所能把握的这些东西中的每一件之外,都各有一个独立的理念?

苏格拉底说:这倒不是。在这些例子中,事物恰如我们之所见。要是认为它们有理念,未免太荒唐了。……[48]

少年苏格拉底的观点应当是代表柏拉图前期理念论的观点的。这里,少年苏格拉底表明了对三类东西的态度,第一类是承认其有理念的东西,指美、善、公正等;第二类事物是人、火、水等自然的事物,它们之有无理念,不十分肯定;第三类事物,则可断然否定其有理念。它们是些污秽物、无价值的事物。

那么"巴门尼德",即此时的柏拉图,对少年苏格拉底的观点之是或非究竟如何评论呢? 文中此处没有交代。读罢全文以后我们可以理解,究竟有哪些理念,须在理念演示其结合或分离的过程中才能见出。我们既读了全文,又读了后来的《智者篇》,因而获得了一种认识,可以提前在此说出。

演示理念间结合或分离的理论,根本目的在于寻求关于事物的最终原理,这样的原理当然是关于事物的一般联系的,应当由表达最一般联系的理念组成。我们在柏拉图《巴门尼德篇》之前已经看到过的有:(1)关于数学方面的:数(一、多、奇数、偶数、二倍)、几何对象(正方形的边长、面积);(2)关于伦理方面的:正义、勇敢、节制、智慧、虔诚、善等;(3)关于一般的性质和联系的:类似、不类似,动、静,大、小,热、冷,等、不等,等等;此外还有一个"美"的理念。以后,我们在《巴门尼德篇》的后半部对话中可以看到 15 组理念,也都是属于上面范围内的理念。原理越一般,其理念就越成为一般的概念或范畴。后来我们在《智者篇》中将看到柏拉图寻找最普遍的概念即通种的努力。从这个理解出发,从理念的名称上说,柏拉图后期本体论的理念论大体是少年苏格拉底所肯定的第一类方面的理念。说是"大体"如此,是指理念名称上相同,其保留的地方是:前期理念论里的理念,是被事物所分有的理念,将要出现的新的理念论里的理念,是成立于相互关系中的理念。

根据这一理解,在新的理念论中不仅会像少年苏格拉底那样,断然否定第三类事物的理念的存在,而且也应否定第二类事物的理念的存在。在这一点上,我对陈康先生的观点不敢苟同。他以为:"从万有论(按即本体论)看来,有价值的事物和无价值的事物同是有。既然同是有,我们即毫无根据肯定前者有'相',否定后者有'相'。"[49] 照这个看法,少年苏格拉底不能坚决肯定有关于"人""水""火"以及"头发"等无价值事物的理念,是个错误。陈康先生并且提到文中巴门尼德告诫少年苏格拉底的话来加强自己的观点,这段告诫说:"苏格拉底啊,因为你还年轻,现在哲学还没有如我认为像在将来那样紧紧抓住你,那时你将不轻视它们中间的任何一个了。"[50]

但是,首先,如果依陈先生所说,本体论包括一切的"有",所以一切事物,不论其价值大小,都应有其对应的理念。那么我们当在柏拉图新的本体论的理念论中读到关于第三类事物,即头发、污泥、脏物之类事物的相应的理念,然而,我们却没有读到。其次,我们在将进入的新的理念论中也根本没有读到诸如"人的理念""火的理念"和"水的理念"。只是在《美诺篇》和《斐多篇》中,称人的"灵魂"是理念。苏格拉底的"灵魂"想必即苏格拉底的理念了。还有在《斐多篇》中,似乎"火"也模模糊糊地被当作是理念。第三,陈康先生所提及的巴门尼德对少年苏格拉底的告诫中,指出少年苏格拉底所不应轻视的东西,是不是就是指那两类事物的"理念"? 为了弄清这一点,需要将原文更扩展一点来谈。在这般告诫前,少年苏格拉底刚回答完对三种类型理念的态度,接着有一段自白,说:"在一种情况里是真的,在另一种情况里是否亦真? 这一点过去常使我感到头痛。于是,当我碰到这一点时,就逃回来,怕的是堕入胡说八道的深渊。总之，我回到我们刚才说到的有理念的那些事物里去，对它们加以专心思考。"[51]这段话中明确的是：对有理念的事物的研究是否亦涵盖或兼及那些无理念事物的原因？因为少年苏格拉底搞不清这一点，或者说，事实上是不成功的，因此就逃避对那些无理念事物的研究。如果这种理解不谬，那么，巴门尼德对少年苏格拉底的告诫可以理解为，要他不应忽视对这些事物的研究。如说这个告诫中包括要他承认那些无价值事物亦有理念，似乎已经超过了这句话的信息量，是有所引申了。

在柏拉图的著作中，第三类事物本来就没有过它们的理念，这说明他初期的理念论不能解释一切。新的理念论期望成为一切事物的原理，这需要对理念本身进行变革。我们将看到，新旧理念的区别在于：旧理念是以"事物对理念的分有"为基础的，理念是与它同类的事物同名的；从语言的角度说，理念作为一个概念，其意义在于与它同名的那些事物。新理念则是以"理念间的相互分有"为基础的，理念的意义在于它们的相互关系中。从这个观点去看，包括少年苏格拉底肯定有的第一类理念在内的一切柏拉图早期的理念，都不适合新理念论的要求。不过，旧的第一类理念在名称上大都能为新的理念所采纳，这一点又常常成为人们不易越过旧理念论进入新理念论的障碍。至于第二类、第三类事物，即使为它们配上理念，多半也是一些感性具体事物的名称，这些名称当然是不适宜于用作表达一般原理的理念（即概念）的。

为了行将脱壳而出的新的、本体论的理念论的诞生，理念本身要加速蜕化。《巴门尼德篇》中接着对"事物分有理念说"的批判，是这一蜕化过程的重要一步。

（四）关于事物分有理念的种种困难

柏拉图提出理念是为了对事物的原因作出解释。事物之呈现出某种性状是分有了与之同名的理念的结果。柏拉图曾经认为，这是对事物原因的"最安全可靠的回答"，他坚信这种观点，认为它是"不可推翻的"[52]。在理念论开创之初，这一理论大多用于解释事物的某种单一性状，故而较少遇到困难。在《巴门尼德篇》一开头时，就遇到了事物同时遇到对立性状，如一、多，类似、不类似的复杂情况。这时，少年苏格拉底毫不怀疑事物对理念的分有说，他认为事物呈现对立的性状，是因为同时分有了对立的理念。他感到困难的只是，既然事物事实上可以同时分有对立的理念，那么，就应当说明对立的理念本身是可以互相结合的。这一点,在柏拉图前期理念论中是否定的。

但是,关于事物分有理念而是其之所是的理论果真不成问题吗?《巴门尼德篇》中的巴门尼德在少年苏格拉底表明自己对理念种类的态度,并且确证少年苏格拉底持事物分有理念的观点以后,对这种"分有说"提出了质疑。质疑一共有六点。

(1) 单一的理念被事物分有的矛盾(131a—c)

我们在《斐多篇》里读到,单一(unity)是理念的性质之一。单一在某种意义上和绝对意义相近,譬如,作为"等"这样一个理念,它是一切"等"中最"等"的,不能有些许不等,也不能有比它更"等"的,因为如有比它更"等"的,它便称不上是"等"的理念了。单一,当然也含有不可分割、或自身同质的意思。

假定事物是分有理念的,这种分有要么是整个地分有它或部分地分有它两种途径。

如果事物是整个地分有理念,由于同类事物为数众多,而理念则只有一个,那么,同一个理念同时整个地在许多事物里,理念本身势必发生分离。然而,已知理念是单一的,这样的分有显然是不可能的。

这里,少年苏格拉底为"分有说"作了一个辩解:他说,日子是单一的、同一的,但它可以同时在各处,却并不需和自己分离。何妨把事物分有理念设想成这样的分有呢?

"巴门尼德"则认为,"少年苏格拉底"所举的例证不过是像用一顶帐篷遮盖了许多人,这许多人中的每一个都好像是同时分有这整个帐篷。然而,实际情况则是,每个人所分有的只是他自己头上的这部分帐篷,帐篷的其余部分是在其余人上面。以此为例,就得承认理念是可分割的。这又一次否定了单一的理念可以被许多事物同时分有的观点。

我们愿意在此指出,"巴门尼德"用"帐篷"取代"少年苏格拉底"关于"日子"的譬喻是不公正的,两者之间原可以发掘出一种重要的区别。如果我们承认即刻每个在世的人都分有同一日子是一个事实,就可能得出一种认识:部分即整体,即,每个人拥有的某一日,是与这一日自身无异的。"月印万川",遗传基因的理论,即每个细胞包含着其生命个体的全部遗传信息,都需要人们树立部分即整体的观点。然而,当以"帐篷"的例子取代"日子"以后,对时间的分有就转变为对空间的分有了,后者导致整体大于部分的认识。这些问题在柏拉图的著作中出现,说明柏拉图时代人们讨论问题时思路之广阔,同时也说明,在讨论中有些思想、论点没有能得到进一步的展开,乃至逐渐湮灭,而占主导的思想方式则被逐步导向到了符合发展形式逻辑的方面去了。整体大于部分就是形式逻辑容纳的一种观点。

(2) 事物部分分有理念的矛盾(131d—e)

要对事物部分分有理念加以讨论时,事实上已经默认了理念不再是单一不可分的。然而这又将出现什么结果呢?

首先,如果有一个理念大,将它分成部分,许多大的物件中的每一件将由于分有大的理念的一部分而成为大的;然而,大的一部分是小于大自身的,那么,实际上大的物件是由于分有了比大自身小的部分而成为大的,这岂不荒谬?

其次,当用于"等"时,事物所分得的只是"等"的一部分;"等"的部分自然小于"等"自身,分得小于"等"的怎能与他物有等的关系呢?

再有,当用于"小"时,"小"的一部分小于"小"自身,这样,"小"自身倒不是最小的,而是大些的了;另外,当这"小"的一部分加到事物上去的时候,这个事物倒比它原来要大了。(这最后一个结论似乎应当是,事物由于分有了"小"的一部分,应当变为更小,而不是比原来的大些。但这里"分有"改成了"加",事物加上了"小"的一部分,就大于原来的事物了。[53]不管怎么说,它也证明了部分的分有理念之不可能。)

第一点和第二点合起来,证明理念既不能整个地、又不能部分地被事物分有。

(3) 无穷尽后退的困难(131e—132b)

"巴门尼德"揭示,并且"少年苏格拉底"也承认,关于有单一的理念存在的信念是这样形成的:先是看到了一大堆大的东西,看到它们的共同特征是大,由此便想到有一个理念,即"大自身"。但如若你用心灵的眼睛将"大自身"和先前一堆大的东西作一全体观察时,岂不又呈现出另一个"大",第一个"大自身"和那一堆大的事物皆是由于此"另一个大"才成为大的。而且,用这种方法可以一再呈现出一个又一个"大"来,于是,理念将不再是单一的,其数量将是无穷尽的了。

这个批评极为重要。如果说前两个批评在于指出,一个单一的理念,无论整体地还是部分地被事物分有都是不可能的话,那么,这一批评则指出,根据寻常得出理念的方法，理念不可能是单一的。这样，自然就休谈事物分有理念的问题了。更为重要的是，这里对得出理念的方法提出了质疑。那种造成"无穷尽"后退的方法是以对经验事实的归纳为基础的，由于归纳的范围可以不断扩大（这里是把每次由归纳得出的理念放进去，不断在更高的层次上进行归纳），其所得出的理念便不能确定，因为每得出一个理念，总可以再度被归纳。

我们说这个批评极为重要，是因为它暗示着一种得出理念的新的方法，这种新方法将不再根据对经验事实的概括去得出理念。我们很快将在《巴门尼德篇》的下半部中领略这种新的方法。

(4) 把理念当作思想的困难(132b—c)

为了阻止"无穷尽后退"给理念论带来的困难，是否能设想理念是思想，它除了存在于思想中以外不能存在于任何其他地方。这样，理念岂不可以成为单一的东西，而避免了无穷尽后退的困难了吗？

这个假设有点复杂，需略加说明。在柏拉图前期的理念论中，理念被认为是同灵魂一起存在于另一个世界中的，那样的理念显然是无法通过观察现实世界的途径，或者如人们习惯所说的，通过感性到理性的认识途径，去认知的；对它的把握是靠理智的默察，这是排除了感性后的理智的默察。然而，前述第一、第二点批评指出了现实世界的事物要分有那另一世界的理念，无论是部分地分有还是整体地分有，都是不可能的。于是就尝试一种新的说法：理念是人们通过对现实世界事物的共性的概括而得出的，它是人们认识活动的产物。但是这样一来，理念就不是存在于彼岸世界的虚无缥缈的东西，而是存在于我们这个世界里的东西了。但是这个观点在第三点里遭到了批评，因为它导致"无穷尽后退"的困难。对这一批评，"少年苏格拉底"感到不服，他强调在第三点里受到批评的理念是思想性质的东西，它是思想对现实世界事物共性的概括；作为思想性质的东西，它不应和事物的共性列在一起被多次归纳、概括。

把理念当作思想，能否避免"无穷尽后退"的困难呢？不！首先，思想总是有所思的，这也是说，思想可分为思想活动和思想对象两部分。如果理念是思想的对象，这个对象必定是关于某个东西的，而且它必定是某种"所是"或"是者"(something that is)，而不可能是"所不是"或"不是者"(something that is not)。〔这里柏拉图采用了历史上那个真实的巴门尼德的观点。巴门尼德认为"思想与'是'是同一的"。这个"思想"(noesis)一词的含义与我们今天理解的略有不同,它也包括"识出""想起"等意义。当我们识出一事物时,此事物便也同时"是其所是"了,因此,"思想"与事物是其所是的"是"的过程是一致的、同一的。事物是在被思想被识出的过程中是为所是、成为"是者"的。所以思想的对象必定是某个"所是""是者",而不可能是"不是者"。]根据这个观点,理念作为思想的对象、或者思想内容,不可能是空无一物,而这个内容除了就是事物的"某种单一的性质",即共性,又可能是什么呢?[54]"那么,这个被认为是单一的、在各种情况里永远是同一的东西,岂不即是理念吗?"这实际上是说,如果把理念说成是思想,从而把理念和事物的共性作为两类不同的东西予以区分,不同类型的东西不能被进一步归纳概括,从而避免无穷尽后退的困难的话,其毛病在于,事物的共性既然是思想的对象或内容,它已经是思想性质的东西,在这点上它与理念是没有区别的。既然如此,何妨对它们再加以概括,从而又怎能避免无穷尽后退的困难呢?

其次,如果假设理念不只是思想的对象,而也是思想本身,即思想活动,那又会怎样呢?那样的话,分有理念的事物也就等于分有了思想,结果便是:要么事物因分有思想而都能思想,要么事物虽然分有理念却是不能思想的,这两种说法,无论哪一种都是说不通的。

总之,假定理念为思想的理念论也是不能成立的。

(5)模型说的困难(132c—133a)

这种观点以为:"这些理念就像是从事物的本性方面确定下来的模型。"[55]其他的事物是依它们的样子而造就的,是它们的仿本。其他事物对理念的分有,无非是依模型的样子加以制造而已。

从以上第三、第四点的批评,以及接下去这第五点将要作的批评的方向看,模型说的假定纯是为了克服迄今为止的理念论的"无穷尽后退"的困难的。这种假设或许以为,理念是事物本性的模型,而本性是在每个事物内的,它不像分散在许多事物中的共性。共性必须在思想中被抽象出来,因而成为思想的对象,与思想性质的理念一起被一再概括抽象,以至于形成"无穷尽后退"的困难。事物的本性虽然以理念为模型,但它既为事物的本性,便深居于事物之内,不能和理念并列在一起加以综合、归纳。

然而,这种可能的设想逃得过一劫、逃不过另一劫。既然事物的本性是模仿理念而造就的,它必类似那个理念,而那个理念也必类似于类似它的东西,即,它们互相类似。既然它们互相类似,说明它们分有同一种东西或性质——类似,这是在作为事物本性模型的那个理念之外的第二个理念。又因为,事物的本性、作为事物本性的模型的理念,以及第二个理念——类似,这三者之间又相互类似,因而它们必定共同分有另一个理念,这是推论反驳中出现的第三个理念。这种推论可以无限制地进行下去,这就又陷入了"无穷尽后退"的困境。

总之,认为理念被事物分有,不论是整个地还是部分地,都已证明为不可能,因为理念具有单一的性质,它存在于另一个世界。为此,重新塑造理念,把它当作是思想对我们这个世界中的事物的共性的概括,又会遇到无穷尽后退的困难,说明这样的理念不能成立。这一切使得理念论几乎山穷水尽。在揭露了上述最后一个困难后,得出了一个极其重要的结论:"必须放弃关于其他事物分有理念的理论,去设计另外的分有的方式。"[56]这里柏拉图明确表示了他要放弃关于事物分有理念的理论,但不放弃"分有说"。那么,这"另外的分有的方式"究竟是什么呢?这就是柏拉图为行将产生的新理念论提出的第一个任务。

(6) 最大的困难:认知理念(133a—135c)

像前面五种那样的困难还可以有许多,但都不及下面要谈到的一个困难大。如果人们说,既然理念是自在的,又不存在于我们这个世界,果然如此,则人何以能够认知它们呢?要说服这些人,使他们认识到自己的观点错了,这并不是一件容易的事。这需要一位经验丰富又才具充沛的人,从头细细讲来,且对方也能细心地听取,否则是无法使那些人信服的。这才是真正的大困难。

我们看到,在前面五点中,柏拉图通过"巴门尼德"代表自己,是站在批判理念论的立场上的,而现在,却突然站在维护理念论的立场上,这除了说明前后两种理念论有新、旧之别外,不能有其他的解释。站在即将出台的新的理念论的立场上,他才把说明理念是可以认识的当作最大的困难,这也是他为新的理念论提出的第二个要解决的问题。

为什么说,要纠正理念不可认识的观点是最大的困难呢?认为每一类个别事物有其自在的"所是",即理念的人都同意,理念并不在我们中间。既然承认这一点,理应得出,理念的领域对我们来说是一片漆黑,甚至我们根本就不知道它们是否存在。然而"巴门尼德"却根据这一点说出了关于它们的一个极为重要的特征：

> 那些在其相互关系中的理念，是根据它们的相互关系而成其所
> 是的，而不是根据我们世界里的那些与其类似的事物、或者我们称
> 其为是什么的东西。后者都是我们这个世界里所具有的，并以一些
> 名字来命名的东西。另一方面，在我们世界里的这些与理念同名的
> 事物，也是处在它们自身的联系中，而不是与理念的联系中；它们具
> 有的所有那些名称，也是依它们自己的互相关系，而不是依其与理
> 念的关系。[57]

从理念是自在的，推得理念是依其相互间的关系而是其所是的，这对我
们来说不容易想通。这里有一种我们不明白的语言习惯。希腊文（以及西方
主要语种）常以"所是"或"是者"泛指一切事物，有如我们之说"东西"。"是
者"据系词"是"而来，在希腊文中"是"兼有"是什么"即"本质"和"有"或"存
在"之意，这种模棱两可的意义，正好用来表达不一定实际存在的事物。柏拉
图称理念为"自在的是"，就是用的 ousia 一词，它是从系词"einai"变化而来
的。康福特将"自在的是"译作"real being 'just by itself'"，瓦林顿（John
Warrington）译作"reality in itself"，周厄提则译作"essence"。"自在的是"是
陈康先生译的，如果我们习惯了这一说法，也许能体会到"自在的是"这个译
法比瓦林顿和周厄提的英文译法强，它指出了，当人们提及理念这种"东西"
时，理念便是一种"所是""是者"。"是者"必有是其之所是的途径。既然理念
不是从与我们世界中的事物的关系中是其所是的，那么它们必然是从理念间
相互关系方面是其所是的。例如：有其父、必有其子，父、子是在其相互关系
中各是其所是的。在我们的世界里，父与子的名称是这样得出的。理念世界
和我们的世界之间是隔绝的，因此理念世界的父、子不是根据这两个名与我
们世界里的实际的父、子的联系得出的，而是父、子这两个理念间的关系的结
果。在柏拉图的这篇对话中，所举的例子不是父与子，而是主与仆。

我们上引的这段话极为重要。首先，它预示出柏拉图的新理念论的方
向，即，理念当从其相互关系中确定其意义，即"是什么"。为此，他当详细演
示这一过程，以便人们认知理念。或者说，为了认知理念，必须演示理念在其
相互关系中是其所是的过程。我们将演示理念的关系当作柏拉图新的理念

论所当完成的第三项任务。

其次,但不等于次等重要,他在这段话里实际上已经在进行语言的改造。"名以副实",名应当从实出,实际事物应当是名称、词的意义的根据,这不仅是中国人自古以来的认识,也是一切语种的日常语言遵循的习惯和事实。但是,从柏拉图这种新的理念论起,有一种与我们世界里实在事物无涉的词语即将出现,它们的意义被认为是从它们间相互的关系中获得的。例如,作为理念的"上",它的意义不是从你翘首可望见的一切在上的东西方面获得的,因为感觉中的一切都是相对的,在你看得见的上之外还有上;理念的"上"的意义是纯粹从与它一样是理念的"下"的相互关系中获得的。我们只有懂得了柏拉图对语言的这种使用,才能读懂他的新理念论。语言在这一方向上的进一步规范使用,就将产生出逻辑规定性的范畴或概念,那就是本体论的语言。[58]本体论的语言是在柏拉图的这篇对话中首次被规定并使用的。

对理念世界和我们生活的实际世界的划分,导致了一系列严重的后果。首先是,造成了两种知识,一种是在理念世界里的,一种是在实际世界里的。我们所能知的只能是实际世界里的知识。在柏拉图前期理念论中热烈讨论过的关于美的理念以及善的理念,在此获得了结论:它们是非我们人所能知的。其次,一个更为严重的后果是:虽然理念世界里的知识是最精确的知识,并且只有神才有资格拥有这些知识,然而由于那个领域里的理念对我们世界的事物是隔绝的,因此即使神具有最精确的知识、有最好的治理手段,也只能限于理念世界,而无法企及我们这个世界。

虽然在我们前面引的这段话里,透露出了一点新的理念论的方向,但这个新的理念论原则之一是将理念世界和现实世界一分为二、它们之间是互不相干的,这就使人从根本上怀疑有理念的存在,即使有,也是人无法认识的。

理念论到了生死存亡的关头。坚持理念论,则其自身的原则,即理念存在于另一个世界,将使理念论不能为人所知,即使认知了也无用处。放弃理念论,则人的思想将飘忽不定,无所执著,因为否定理念的存在就否定了一切变化无常的事物中有恒久同一的东西,并且也完全毁灭了一切研究探讨的意义。

《巴门尼德篇》上半部到此结束。我们期望柏拉图回答的三个问题:(1)关于分有的其他途径,(2)如何认知理念,(3)演示理念间相互关系,至此还杳无音信。这些问题在此篇对话的下半部能否得到回答呢?新的理念论将以何种面貌出现呢?

注释

1. 这是美国天主教大学麦克林(George F. Mclean)教授给笔者信中转述的怀特海的话。

2. 汪子嵩等:《希腊哲学史》第 2 卷,第 641 页。

3. 亚里士多德:《形而上学》,987a30—987b11。

4. 参见汪子嵩等:《希腊哲学史》第 2 卷,第 349、641 页。

5. 严群译为《游叙弗伦》,商务印书馆 1983 年版。

6. 汪子嵩等:《希腊哲学史》第 2 卷,第 59、65 页。

7. 柏拉图:《普罗泰戈拉篇》,313c—314b。

8. 柏拉图:《拉凯斯篇》,190e。

9. 同上书,192c。

10. 同上书,195a。

11. 色诺芬:《回忆苏格拉底》第 3 卷,第 8 章,第 3 节,娄卜经典丛书,参阅吴永泉中译本,商务印书馆 1986 年版。

12. 同上书,第 4 节。

13. 同上书,第 7 节。

14. 汪子嵩等:《希腊哲学史》第 2 卷,第 337 页。

15. 色诺芬:《回忆苏格拉底》第 3 卷,第 9 章第 5 节。

16. 同上书,第 9 章第 6 节。

17. 柏拉图:《普罗泰戈拉篇》,349b。

18. 柏拉图:《拉凯斯篇》,194d—195a。

19. 柏拉图:《普罗泰戈拉篇》,337a—c。

20. 同上书,344c。

21. 汪子嵩等:《希腊哲学史》第 2 卷,第 168 页。

22. 色诺芬:《回忆苏格拉底》第 3 卷,第 9 章第 1—3 节。

23. 柏拉图:《普罗泰戈拉篇》,360e—361c。

24. 柏拉图:《美诺篇》,79c,格思里英译本。

25. 据汪子嵩等:《希腊哲学史》第 2 卷,第 641 页。

26. 柏拉图:《美诺篇》,80d—e。

27. 同上书,81c—d。

28. 同上书,86a。

29. 同上书,86b。

30. 柏拉图:《斐多篇》,109c—d。

31. 为了方便读者,这里将汪子嵩等著《希腊哲学史》第 2 卷,根据《希英大字典》整理的关于 idea 和 eidos 的意义摘录如下:(见该书第 654—655 页)

idea 有以下含义:1.形式(form)、形状(shape),不但柏拉图这样用,德谟克利特讲原子的形状时也有用这个词,如他的残篇第 141;2.和实在相对应的外观(semblance opp. reality)或外观现象(outward appearance);3.种(kind)、类(sort);4.修辞学上的文学形式(literary form)、风格(style);5.逻辑上的类(class)、种(kind),引申为分类的原理(principle of classification);6.其复数,柏拉图哲学中指理想的形式(ideal forms)、原型(archetypes);7.概念(notion)、观念(idea)。

eidos 有以下含义:1.看到的形式、形状(that which is seen:form, shape);人的形象(figure)、外貌(appearance);人的秀美(beauty of person, comeliness)、体格(physique)、体质(constitution);2.一般说的形状(shape),如数的图形(pattern of figurate numbers)、装饰的图形(decorative pattern or figure)、音阶(of a musical scale);原子的各种形状、几何的各种图形;3.相似的形式、种或性质,如事物的位置、状态、行动的计划、政策,特殊的概念、意义、观念;基本的性质、类型(type)、文学风格等;4.类、种,特别是亚里士多德以之作为"种"(genus)下分的"属"(species)和质料相对的形式(form),引申为形式因、本质;5.后期希腊还有各种不同货物(wares, goods)的含义。

32. 参阅汪子嵩等:《希腊哲学史》第2卷,第653—661页。

33. 柏拉图:《斐多篇》,79a。

34. 同上书,66b。

35. 同上书,67e。

36. 同上书,66d。

37. 同上书,72d。

38. 同上书,76e。

39. 同上书,80b。

40. 同上书,85c—d。

41. 同上书,99d—100a。

42. 同上书,100b—c。

43. 丁福保:《佛学大辞典》,"相"条,文物出版社1984年版。

44. 柏拉图:《巴门尼德篇》,127e。

45. 同上书,129c—d。

46. 同上书,129b—c。

47. 同上书,129d—e。

48. 同上书,130b—d。

49. 陈康译注:《巴曼尼得斯篇》,第56页。

50. 柏拉图:《巴门尼德篇》,130e。

51. 柏拉图:《巴门尼德篇》,据康福特英译本,130d。

52. 柏拉图:《斐多篇》,100d。

53. 参见陈康译注本,第65页。

54. "某种单一性质",陈康译为"某一形",Conford的英译为"certain single character",它实际上指的是事物的共性,也就是理念所表示的东西。

55. 陈康先生的译本中,这一句作"这些相仿佛模型一样树立在自然里",我们这里是根据康福特的英文译文:"These forms are as it were patterns fixed in the nature of things."依陈康先生的译文,理念似乎是一种存在于自然界的实物,依康福特,理念是在事物的本性、本质意义上的事物的模型。这两种不同的理解又将产生出一系列其他不同的理解。例如,陈康先生认为,前文曾否认理念可以整个地被事物分有,但作为模型,理念是可以被许多个别事物整个地分有的。但是这样的话,柏拉图对"事物分有理念"的旧理念论的批判是不成功的,他也没有理由去发展新的理念论了。

56. 柏拉图:《巴门尼德篇》,133a,译文依周厄提译本,这个译文和陈康、康福特的译文的不同处,在第五节讨论。

57. 柏拉图:《巴门尼德篇》,133c—d,译文参校陈康中译本及康福特、周厄提的两种英文译本。

58. 参见本书第二章。

第六章

本体论的源起(下)

——关于柏拉图理念的结合、分离及通种的理论

一、理念的分离和结合

(一) 问题的性质和结构

经过前面那些问题的讨论,想必已经引起了大家的一种强烈期望:既然问题已经提出来了,柏拉图当直接针对这些问题,拿出一种新的理念论,这种理念论应当成为解释世界上各种事物的原理,同时其自身在理论上应当是完美无缺的。然而,出乎我们的意料,《巴门尼德篇》下半部一开始,柏拉图让"巴门尼德"说,他打算谈的是一种思想训练,一种看起来似乎无用的、人们称为闲谈的训练方法。

但是,我们切莫以为柏拉图是在回避问题,或是在捉弄我们。将被当作思想训练演示出来的内容,是纯粹理念之间的结合和分离,这就是新的理念论。何以见得呢? 当"少年苏格拉底"问"巴门尼德",什么是这种训练方式时,"巴门尼德"说,这就是"少年苏格拉底"自己所听到的"芝诺"关于"事物不是多"的论证,以及"少年苏格拉底"自己所讲的,关于不要把眼光盯住可见事物,而应注意事物的理念那些话。"巴门尼德"还指出,正是由于"少年苏格拉底"在进行这类训练前,就先去谈论美、公正、善这些理念,结果就谈不清楚。

离开一切实际的事物,去谈论纯粹理念之间的结合和分离,这是否可能呢? 我们当记得,我们在关于旧理念论最大的困难那节里有一段引文,它指出,理念之为是者,即一个理念之"是什么",是由于理念之间的相互关系决定的。它和与之同名的自然界的事物倒是没有关系的。这就是柏拉图能够在脱离实际的情况下,去谈论纯粹理念之间结合和分离的依据。这种形式的理

论后来被当作西方哲学中最深、最核心的部分,也就是本体论。柏拉图自己称其为思想训练,这可能有自谦的因素;但是,以这种理论作为关于世界上事物的最终原理来看的话,它还有难以克服的困难,这点我们后面将要分析。柏拉图本人,以其深刻邃密的思想,当不无觉察。这也可能是柏拉图宁称自己新的理念论为思想训练的理由之一吧。

这样,我们应该记住了,接下去的讨论都是在理念的层次上进行的。不仅要记住这一点,而且要习惯于这样去思考,才能进入下面即将讨论的柏拉图的新理念论。然而,由于理念是和我们世界里的事物的名称是同名的,而我们所熟悉的又是自己身边的现实世界,所以,我们可能常常不知不觉地把理念论中所说的道理当作是对我们世界里的事物的直接说明。这也是柏拉图的新理念论及后世所谓的本体论难以为人们所把握的一个原因,这里的关键是要划清理念世界和现实世界,理念世界中的思想方法和日常生活中的思想方式是有别的。

交代了以上这些,我们就可以深入到这一"思想训练"的实际内容和问题的结构中去。它的中心议题是关于某个理念的"自在的是"。"是",原文作estin(is)或 on(being),人们以为这是指"存在"的意思。一讲到"存在",人们首先想到的是我们在现实世界中可视、可触的东西,然而,理念却不是这样的东西。在这个意义上,毋宁说,理念并不存在。如果一定要说理念也是一种"存在",那么它只"存在"于理念世界中。如果硬把"自在的是"当作"自在的存在",势必混淆了两种不同意义的"存在"。因此,虽然"自在的存在"读起来比"自在的是"容易上口,然而,却把"自在的是"所要讨论的问题的实质放掉了。关于理念的"自在的是"所要讨论的是某个理念的"是什么",或"意义",以及这个理念是其所是的原因。一个东西可能没有事实的存在,但不妨其是某个东西。如陈康先生举的例子:善之不存在,不等于说,善不是善。在《巴门尼德篇》的上半部分中,柏拉图已经透露出,理念是在它们的相互关系中是其所是的。这不同于我们日常的观点。在日常生活中,"大"这个观念的意义是指示着一些大的物件。我们也可在与"小"相比较的关系中表示"大"的意义,在这里,实际的大的物件和小的物件的关系,是观念的"大"和"小"的关系得以建立的基础。但是在理念的范围内,"大"和"小"是不以事实的关系为基础的,而纯粹是以作为理念的这两个概念的相互关系而言的。这就是理念的"自在的是"。而理念必定是"自在的是",因为它们并不引证事实。

这样,我们就明确了,为了讲清理念的"自在的是",应当把理念间相互的关系理清楚。这就是理念间结合或分离的演绎。但是理念为数如此巨大,其间的联系也一定很复杂,如果能从最简单、基础的关系谈起就好了。柏拉图事实上是把相互反对的一对理念作为最基本、简单的关系,并且列出了对它们加以讨论的各种角度。例如,文中以"多"这个理念为例,举出,"倘若多是"(即假如有一个理念,这个理念是多),那么,就得考虑(1)多自身将怎样(即不计及其反面一的情况),(2)相对于它的对立面一,多将怎样;还应当在"倘若多是"的情况下考虑一的情况:(1)一自身将怎样,(2)相对于多,一将怎样。考虑了肯定的情况,还应考虑否定的情况,即在"倘若多不是"(即,假如有一个理念,这个理念不是多)的情况下,"多"和"一"各自会有的情况,它们也各有两种。这样,一共要考虑八种情况,写出来就是:

A. 如若甲是,
　　a. 考虑甲的方面:
　　　(1) 甲自身的情况,
　　　(2) 相对于非甲,甲的情况;
　　b. 考虑非甲的方面:
　　　(3) 相对于甲,非甲的情况,
　　　(4) 非甲自身的情况;
B. 如若甲不是,
　　c. 考虑甲的方面:
　　　(5) 相对于非甲,甲的情况,
　　　(6) 甲自身的情况;
　　d. 考虑非甲的方面:
　　　(7) 相对于甲,非甲的情况,
　　　(8) 非甲自身的情况。

这是讨论作为"自在的是"的理念的最基本、最简单的结构,其他比较复杂的情况可以据此展开。例如,在我们上面所列的结构里,以甲和非甲作为基本的关系,它就比多和一的关系复杂,因为非甲不仅包括着与甲对立的因素,此外还有许多异于甲却不一定与甲对立的因素。多和一的关系只是甲和非甲的关系的一个特例。柏拉图在文中就指出,非甲的方面就数量而言,可以是其中一个,其中的一些,以及全部,这三种情况,凡是上述问题结构中涉及非甲的,都可以把这三种情况展开出来分别讨论。这样,问题的数量就扩大了。不过由于有了上述八个问题构成的基本结构,即使问题深入到复杂的层次时,它的展开也会是有序,并且可能在形式上是无所遗漏的。尽管当时还没有把逻辑学作为一门独立的学科建立起来,柏拉图的思想中实际上已经显示出了逻辑的力量,并且为这门学科的发展作了准备。由于应用了逻辑,柏拉图能够把要研究的问题在形式上作出全面的概括,正如陈康先生所说:"大思想家和普通人所有的区别之一乃是,大思想家从同一事物所有的不同方面去观察这一事物,普通人仅从这些不同方面里的某些方面去观察。"[1]

了解了以上的问题结构,那么我们对围绕"如若一是"这个假设将要展开的肯定、否定,正面、反面的反复讨论就不会莫名其妙了。

(二) 八组讨论的概况

让我们先对《巴门尼德篇》中关于"一"所作的八组讨论的内容的概况作一浏览。这八组讨论与我们前面提到的问题的一般结构是一致的。为了明晰起见,我们将正式的八组讨论与一般结构中的序号对应起来看。

A—a(1)(即:如若甲是,考虑甲的方面,从甲自身的情况看)。对话从假设"如若一是"开始。在这个假设下去考虑"一"的情况当有两个着手的方面:纯粹从"一"自身的情况看和从相对于非一的一的方面来看。那么单凭"如若一是",是无法确定它究竟是要从哪一个角度去讨论的。我们之所以断定它是属于 A—a(1),乃是根据对话中讨论的实际内容:这样的一当然不是多;也没有任何其他的理念所表示的意义,也就是说,它除了孤零零的一,什么也不是。这样的一也表示它与任何其他的理念都不结合。结果导致其自身不能成立,因为如其是一,则这个"一"必须与"是"相结合,成为与"是"相互分有的"一"而不是孤零零的一。这个以肯定的形式出现的假设,其内容是否定的,即"一"不与"是"及其他任何理念相结合,结果,这样的"一"不成立,即不可能有这样的理念。(137c—142a)

A—a(2)(如若甲是,从与非甲的关系方面考虑的甲的情况)。这里假设的形式仍是"如若一是",并且仍然讨论"一"的情况。当从与其他理念的相互关系方面考虑"一"时,首先就提出,这个"一"是与"是"结合的,唯其如此,才"一是"。

从中推论出这个"一"中也包含多,并逐次推出各种其他的理念。这样的"一"不仅成立,而且意义丰富,可被认知。这是一个肯定的论述。(142b—155e)

这两个论证分别从反、正两方面论述了:"一"不能是孤零零的、不和其他理念结合的,"一"是和其他理念结合在一起的。或者说,从两个方面论证了"一是一切":不与其他相关的"一"不能成立,能成立的"一"必也是一切。

此后有一段(155e—157b),说是"让我们第三次论述'如若一是'",但是,从内容看,乃是讨论与其他相对的"一"的情况,这些情况是,"一"也当分有动、静,生、灭,离散、集合等理念。因此,它不构成第三组论证,而是属于第二组论证的附录。

A—b(3)(如若甲是,相对于甲的非甲的情况)。"如若一是",异于一的其他的情况。这里"异于一的其他"是指与"一"相互联系、分有、规定中的"其他"。正如"一"相对于非一的其他而得到规定,能够成立。异于一的其他也因与"一"相对、与"一"互相规定、互相规定而能是其所是。(157b—159b)

A—b(4)(如若甲是,非甲自身的情况)。这是在"如若一是"这个假设里,讨论不和"一"结合的作为"异于一的其他"的情况。由于在这里,"其他"与"一"不结合,"其他"就不能与"一"在同一个里,也无法以"一"作为参照得出自己的规定。因此,在第三组里得到肯定的作为"异于一的其他"所有的种种规定性,在第四组里都被否定了。

第三组推论和第四组推论都是从"异于一"的"其他"去考虑的,如果"其他"与"一"处于相互参照联系中,那么"其他"就可由此推得许多肯定的规定性;反之,由于失去了参照,"其他"便得不到肯定的规定性,我们对之无可有所确定。这样,我们看到,在第一、二组里从正反两方面证明了"一是一切",第三、第四组则证明,什么样的"其他"是"一",什么样的"其他"不是"一",即又是正反两个方面的证明,证明"一切是一"。

从第五组开始,假设都是"如若一不是"。先要说明的是,"不是"有相对和绝对两种意义,相对的"不是"仍是"是",因为,如果"不是A",则可能是"A"以外的其他。绝对的"不是"无所是。怎样分出后面四组中的相同的假设"如若一不是"中的"不是"是相对的还是绝对的呢? 这主要看当我们讨论这个假设下的"一"或"异于一的其他"时,是从它们相互关系中去看,还是单从其各自自身的情况去看。由于"一"和"其他"都可以从这两种角度去观察,就得出了如下四组推论:

B—c(5)(即,如若甲不是,从与非甲相关角度去看的甲的情况)。"如若一不是",先是从与"异于一"相对的角度来看"一"的。这有文中的话为证:"当人讲:如若一不是时,'不是'意谓异于其他的,并且我们懂得他所说的。"[2]于是,虽然"一不是",我们仍有关于它的知识,它之异于它所不是的东西,说明它分有异。如此等等,也演绎出了八个方面的规定性是属于这种"不是"的"一"。(160b—163b)

B—c(6)(如若甲不是,光从甲自身的情况看)。这个"如若一不是"是绝对的不是:"当我们讲不是时,这不指其他的,只指我们谓为不是者没有是。"[3]这样,第五组里的那个"一不是"的"一"所有的规定性就被完全否定了。事实上,这同第一组的结论是一样的:如果"一"不和其他的理念相关,这样的"一"一无所是,不同的是假设的形式上有区别。

B—d(7)("如若甲不是",相对于甲的非甲的情况)。这组和下面最后一组推论都是就着"如若一不是"的假设,讨论"异于一"的"其他"的情况的,这里是与"不是"的"一"相关联中的"其他"。但是,这个"其他"不是简单地指"一"之外的其余,因为这里的假设是"如若一不是"。这里的"其他"只能是"一"和"一"所不是的那种东西之外的其余。这种"其他"和"一"所不是的"其他"是互为其他的。这种关系使"其他"获得了既相同又相异、既接触它们自身又和它们自身隔离等六种规定性。这一组的结论和第三组是相应的。(164b—165e)

B—d(8)(如若甲不是,纯粹非甲自身的情况)这是就"如若一不是"时,纯粹考虑"异于一的其他"的情况。这里,"一不是"并不指示"不是""什么",因此,"异于一的其他"也无东西可参照,这种"其他"势必不能有所确定。这又是一个否定性的推论,与第四组的结论一致。(165e—166c)

以上这八组推论,是完全符合关于讨论某个理念的"自在的是"的一般结构的。在八组推论中,正、反各四组,它们得出的是同一个结论:一个理念如要是其所是,必从其与其他理念的相互关系中去探求,如果不参照与其他理念的关系,那么这个理念本身是不能成立的。结论还表明:当一个理念在它与其他理念的关系中是其所是时,其他的那些理念同时也就是其所是了;反之,当一个理念与其他理念相分离,它就不能成立,同时相对于这个理念的其他理念也不能成立。

于是,我们得出进一步的结论:理念是不能孤独存在的,理念是存在于相互结合的关系中,或如陈康先生使用的术语:"理念的集合。"

(三) 领略最初的本体论

如果我们详细介绍这八组推论的情况,大多数读者可能会感到繁琐厌倦,但是,要是我们不涉足进去,那么就无法经历"思想训练",也无法领略到底什么是本体论。取一折中办法,我们选择第二、七两组推论作一介绍。之所以取这两组的理由是,它们从正面论述了"一"和"其他"都须在相互参照、分有中是为其之所是。

先从第二组推论谈起。文中的对话改为叙述。

假设:如若一是。说明:在这个假设中,既然"一是",表明"一"分有"是",且"一"和"是"是相异的,不然,说"一是"与说"一一"就无所区别了。(142b—c)(按:"如若一是"这个假设本身就指出,这里的"一"是与"异于一的'是'"互相分有的。说明这一推论是从与其他理念的参照关系中来看"一"的。同时,值得注意的是,在日常语言中作为系词的"是",在"如若一是"这个假设中是被当作与"一"同等看待的一个理念。)

(1)"一"有部分、整体

因为"一"和"是"不是同一个东西,它们互相说明,成为"是的一",并且构成一个整体。因此,这样的"一"既有部分、又有整体。(142c—d)(按:在《对话》第一部分"少年苏格拉底"认为相反理念间的结合是一个难题,这里得到了解答。)

(2)"一"分有无限,多;有一切的数

论证:因为"是的一"中的两个部分:"一"和"是",它们哪一个也不离开对方,是分有或结合着对方的,这样,每一部分里都有"一"和"是";又,凡成为一部分的,将永远有这两部分,这样下去,"是的一"是无限多的。但是当我们思想上仅仅抓住这个"是的一"中的"一"自身,它又是"一",因此结合着"是"的"一"既是一又是多。

"一"和"是"已知是有别的,但是"一"和"是"本身都不是它们相异的原因(按:柏拉图在《斐多篇》里说过,"一个头"并不是某甲高于某乙一个头的原因,乃是某甲分有了高的理念。),它们相异乃是由于它们各自分有了异。于是,和"一"相对的不是一个纯粹的"是",而是一个分有"异"的"是";同样,"一"也是分有"异"的"一"。这样,是和异,一和异,是成双的;双即二;又:双

179

中的每一个是一，一如到任何一对中去就成三。于是我们就有了一、二、三；有了奇数、偶数。既有二、三，必有两倍、三倍，因为二即是两倍一，三即是三倍一。有了以上这些，就可以有偶倍偶数、奇倍奇数，偶倍奇数和奇倍偶数，以至于得到一切数，即一切正整数。（142e—144a）（按：这是柏拉图把数等同于理念的一个重要材料。数的可演绎的性质，加强了一个印象：似乎理念也能像数一样演绎。这也是为什么当亚里士多德批评柏拉图的理念论、尤其是新理念论时，要特别把数从理念中划分出去的理由。关于柏拉图是否能以上述方式演绎出一切数，人们注意到素数是不能这样推得的，有人指出，这可以通过素数前一位偶数加1得到，但柏拉图本人没有这样细说。）

接着有一节论述，可以看作是对推论（2）的一个附录，它对推论（2）中得出的"一"的规定性无所增益，然而，却根据"一"分有无限的多、分有数，推论这无数的东西每一个都是"是者"。这对于西方本体论哲学的形式的确立有很大的影响：

"一"既分有、或曰"可变为"数量方面的无限，且是它们中的每一个部分，而"一"又始终与"是"结合着，那么，每一部分亦就同时分有了"是"：

> 如果一切数皆分有"是"，数的每一部分亦将分有"是"。这样，"是"就分配于许多是者中的每一个，不论其为最大的还是最小的，都无缺漏。认为所是者（anything that is）竟缺少"是"，简直是胡说了。这样，"是"就被分割到一切可能大的和可能小的是者之中，它被最大可能地分割，其部分为无限。[4]

"是"是依"一"分有无数部分而进入每一个部分，使每个部分成为是者的；反过来，正如"是"不离开一，一也不离开"是"，凡"是"进入的地方，"一"也同样进入，使那个部分不仅仅是"是者"，同时也必成为一个是者。[5]因此，并不是说，只有"是"可以作最大可能的分割，"一"和"是"分割得一样多的部分。（144a—e）（这大约是西方哲学中最早、也是唯一交代将"是者"作为最普遍概念的地方。当人说"一是多"时，"是"不只起系词的作用，它更是一个理念，随"一"渗入到了多的每一部分，使每一部分成为一个"是者"。换一种说法，凡是可以用系词"是"联结的成分，都自动地成为"所是"或"是者"了。我们中国古代的汉语中，因为"是"没有当作系词用，也根本没有一个系词，因此不可能在那时作成这样一个最具普遍性的概念。由于语言中可以用"这是某某"句式说出的东西不仅限于实物，也可指非物；不仅指存在的东西，也可指非存在的东西，所以，"是者"的概念比万物、存在的外延要广得多，几乎没有什么可以说及的东西不是"是者"，甚至连"无"，当我们说"这是无"时，无也是一个"是者"。我们现在摸清了这一点，再来研究西方哲学的时候，在汉语中使用"是"及"是者""所是"的概念想来是不可避免了。）

（3）"一"既是有限者，又是在数量上的无限者

论证：一既然既为部分又为整体，部分必为整体所包围，包围者即是界限。所以，"一"是界限。又："一"作为部分，在数量上已证得无限多。（144e—145a）

（4）"一"有首端、末端和中间

论证："一"既为有限者，它必有端；"一"又为整体，整体的东西不能缺少首端、中间和末端，不然便不成整体。所以，"一"有首端、末端和中间。（145a—b）

（5）"一"有形

论证：已知"一"有中间，中间是去各端距离相等的，于是，"一"也分有任何的形，直、圆或由这两种混合成的各种形。（145b）（这个论证省略了许多中间步骤：两端间的距离为直线；到一个中心距离相等的点的轨迹是圆。希腊人认为，其他各种形都是由直和圆、或圆的一部分构成的。）

（6）"一"既在自身里，又在其他里

论证：因为一切部分是在整体中，一既是一切部分又是整体，因此一自身是在自身里。

又：整体不在部分里，既不在一切部分里，又不在一些部分里。如果它在一切部分里，它早该在每一个部分里了，因为如果有某一个部分里不在，也就不能在一切部分里；然而，一个部分是一切部分中的一个，整体不能在这一个部分里，因此不能说整体在一切部分里。如果说整体在一些部分里，那么较大的（整体）倒要被容纳到较小的（一些部分）里去了，而这是不可能的。于是整体既不在一部分里，也不在一些部分里，也不在一切部分里。但它是整个，既然它不在自身里，必在其他的里。（146b—e）

（7）"一"既永远静止，又永远变动

论证：永远在同一处的永远静止；"一"在自身里而不稍离开，因而"一"永远静止。那永远是在其他的里的，永不在同一个里，因而永不静止。"一"既永远在自身的里又永远在其他的里，因而"一"既永远静止，又永远变动。

(145e—146a)

（8）"一"如有以上这些属性,它必既分有同又分有异:同于自身,异于自身,同于其他,异于其他。（同、异是两者间的相互关系,因为整个第二组推论是从相对于其他方面来看"一"自身的,因此,"一"和其自身也成了关系。）

论证:两个相关的事物必有下列关系之一:同或异;如既非同亦非异,必是部分对整体,或整体对部分的关系。"一"既不是自身的一部分,也不是对于以自身为部分的整体,"一"也不异于"一",于是只余一种关系:"一"同于自身。（陈康先生说:"柏拉图认为,联络万有成为一个整个的宇宙的,共有四种不同的关系",即同、异、部分、整体,其他许多复杂的关系,"以上述四种关系为基础"[6]。这可能是柏拉图时代比较流行或得到较多人承认的观点。无论如何,柏拉图在这里设定的框架内,用排除法证明"一"同于自己,其逻辑是清晰的。）

又:如果一个东西既在自身中又在其他里,它必异于自身。前面已证明"一"正是既在自身里又在其他里的,所以,"一"异于自身。

又:如果某者异于他者,则此他者必亦异。现在,一切非一的必异于"一",那么"一"也必异于它们。["一"异于其他,这个证明看似多余。然而据柏拉图第二组推论第(2)个推论,那里论证"一"和"是"相异,须两者分别分有"异",以致"一"和"异","是"和"异"各成为一双,那么同样,当"一"异于"其他"时,不仅"一"当分有"异","其他"亦应分有"异"。故证如上。这个原则在接下去的论证里又用到了。]

又:同和异相反,同、异不能互相在对方里;承认异绝不能在同里,便承认异一刻也不能在任何所是之中,（据陈康:这里的"同"是指"是者"之自同,自同即是在时间里的持续。[7]）因为异有一刻在其中,就破坏了该"所是"的同;那么,异既不在"一"里,也不在"非一"里;由于"一"和"非一"不分有异,它们不相异。再者,非一不是一,也不是数,这样它不能成为一的部分,也不是以一为部分的整体;同样一也不是非一的部分,不是以非一为部分的整体。排除了四种关系中的三种,只余一种:一和非一是相同的。

这样就完整地证明了"一"既同于、异于自身,又同于、异于其他的。

(146a—147b)

（9）"一"既类似、又不类似它自身以及其他

论证:"一"已被证明是异于其他的,其他的也是异于"一"的,并且,"一"

之异于其他和其他之异于"一",它们相"异"的程度是完全一样的。那么,"一"和其他有同一种性质——异。恰恰因为"一"和其他有同样的性质——异,一和其他是类似的。(类似是异中有同:"一"和其他是相异的,使它们类似的,恰恰是因为他们都分有同一个异。)

又:类似和不类似,异和同,都是相反的。既然"一"和其他因为相异而类似,那么"一"和其他已证明过也相同[见(8)],就应推得与相异时相反的结论,即不类似。所以,"一"和其他又是不类似的。(陈康认为,柏拉图的这个推论有错误:[8]既然"一"和其他因分有相同的异而类似,现在,它们分有相同的"同",也应类似。可能是陈康先生忽略了前后两个推论的前提的不同,才得出了这个看法。事实上是,前一推论的前提是,"一"和其他相异;这里的前提是,"一"和其他相同。由于前提有了变化,推论的路径也不相同。这里的路径是:前提相反,结论也应相反。所以前者从"一"和其他相"异",推得"一"和其他类似;这里从"一"和其他相"同",推得"一"和其他不类似。类似是异中有同,不类似是同中有异。)

又:也可以这样去证:以"一"有"同"的性质,所以它就没有不同的性质,因而不是不类似;而不不类似,即类似。又因为它有"异"的性质,它有一"不同的性质",因而是不类似的。[这是根据推论(8)的结论为前提,即:"一"既有"同"又有"异"的性质,去进行推论。我们不要因为这里的"一"根据其有"异"和"同"的性质而得出了与本推论前两个小推论相反的结论而感到惊讶,这正是要把作为"自在的是"的"一"的一切可能的所是挖掘出来,用现在的话来说,将一个概念可能的内涵或规定性尽数展示出来,这就是所谓"思想训练"。我们于此也窥得了本体论哲学的最初形态。]

结论:因为"一"既是同于其他的,又是异于其他的,根据这两点或其中任一点,可以得出"一"既是类似又是不类似其他的。同样,根据"一"既同于又异于自身,也可用这两点或其中的一点,证得"一"既类似又不类似其自身。(147c—148d)

(10)"一"既接触又不接触其自身和其他的

论证:已知"一"既在作为一个整体的自身里,又在其他的里。如其在其他的里,它与其他接触。如其在自身里,就被隔绝了与其他的接触,它就与自身接触。则"一"既与其自身,又与其他接触。

又:如果一者与某者接触,它必紧挨那个东西,占据着与它所接触的那个东西毗邻的位置。如果"一"接触自身,就得占领那个与自身毗邻的位置;但同时占据这两个位置需要两个"一",然而,"一"还是"一"。"一"既不能是二,它也就不能接触自己。

又:同样的理由可证"一"不接触其他:一个东西要接触另一个东西,它既得区别于、又要毗邻于另一个东西,且两者间没有第三者;而要造成一个接触点,至少要有两个接触项。每依次增加一个接触项,就增加一个接触点,接触点的数总比接触项的数少一;只有一个接触项,就不可能有接触点。但由于其他的不是"一"、不分有"一"、因而也没有"数",所以他们既不是一,又不是二,不是一切数。那么,在只有"一"是一、且没有二的情况下,就不能有接触点。因而"一"不接触其他,其他也不接触一。(148d—149d)

(11)"一"既等于、又不等于它自身和其他

论证:如果"一"比其他大些,或者其他比"一"大些,那并不是因为它们各自的所是,即:"一"是"一","其他"是"异于一的其他",而是在它们各自所是的之外还要有所具有。如:"一"和"其他"各具有"等",那么"一"和其他就相等;或者,其他的具有大,"一"具有小,或者反过来,"一"具有大,其他的具有小,那么,具有大者为大些,具有小者为小些。(我们在柏拉图前期理念论的著作《斐多篇》中已经读到,某人高于另一人一头,并非由于此"一头",而是此人分有大的理念,另一人分有小的理念。这里的主张似乎与《斐多篇》的一样,其实,有一重要区别:在《斐多篇》里,是我们世界里的可见事物对于理念的分有,而本篇中则是在理念世界中理念间的相互分有。)

大和小这一对理念是不可少的,没有这一对理念,他们就不会对立,也不能表现在所是者里面。

那么:

如果"小"在"一"里面,它必定要么在作为整体的"一"里面,要么在"一"的一部分里面。

如其在作为整体的"一"里面,要么伸展于"一"的全部,与"一"范围相同,要么包围"一"。如前者,"小"等于"一",如后者,则"小"大于"一",这些都不应是"小"的作用。因此"小"不能在作为整体的"一"里。

那么,"小"在"一"的部分里吗?"小"也不能在一部分的全部里,因为这和"小"在整体里的情况一样,"小"将等于或大于它所在的这一部分。

于是,"小"不能在任何的里面。除了小自身,没有任何一个是小的。

大也不能在"一"里面。如果"大"在里面,那么在"大"之外就还另有一个"大"在其中的"大些"的东西;再者,要成其"大",需有可超过的"小",然而,由于已知"小"不在任何一个里,就没有这样一个可供超过的"小"。

再者,"大自身"只是相对于"小自身"而大些,"小自身"只是相对于"大自身"而小些。"大"和"小"也只是相对于它们自己而有超过和被超过的能力。那么既然"一"和"其他"都不具有"大"和"小",它们都不比对方"大些"或"小些",也互不超过对方或被对方超过。"一"和其他既不比对方大些或小些,又不超过对方和被对方所超过,它们是同广狭的。同广狭即相等。所以"一"和其他相等。

又:从"一"对于自身的情况看,既然"一"没有"大"和"小"在里面,也就谈不上对自身的超过和被自身所超过,所以,"一"和自身同广狭,"一"等于它自身。

又:"一"是在其自身里的(前面已证得)。那么,以它是个包围者而言,它比自身要大些;以它是个被包围者而言,它就比自身小些。据此,"一"比自身既大些、又小些。

又:在"一"和"其他"以外没有别的了;而任何是的东西必是于某处,能是于某处的必是一个较小的在一个较大的里。由于"一"和"其他"之外没有别的,它们必是于某者里,则它们必在彼此里面。(陈康指出,这一推论有误,因为"一"和"其他"也可各在自身里。[9])那么,"一"又比"其他"大些和小些。(以上都是从广袤方面讲的,下面是在广袤推论的结论的基础上,进一步从数量方面讲。)

又:如若"一"是大些、小些和等于它自身和其他的,它必和它自身及其他有相等的计量单位,又比自身和其他有多些和少些单位和部分。谈单位也就是谈部分。反过来,有相等、多些或少些单位的,就分别等于自身和其他、或大于、小于自身和其他。由于已知"一"比自身既大些和小些,又相等,它就和自身既有相等的单位,又有多些、少些单位,有这样的单位即有这样的部分;又由于"一"和自身有相等的部分,又可以有多些或少些部分,那么,"一"在数的方面即和它自身相等,或比自身大些、小些。已经证得过"一"和其他有相等、大些或小些的关系,据此同样可证得"一"与其他在数量上有相等、大于和小于的关系。结论:"一"又在数量方面等于、大于和小于它自身和其他。

(149d—151e)

（12）"一"分有时间

论证："一"是"一"，所以"一"是分有"是"的。然而"是"有现在的是、过去的是和将来的是。"一"分有"是"，所以"一"分有时间。〔从分有"是"推论分有时间，显然是利用了西方语言的特殊便利，因为"是"的希腊文原文是有时态变化的。周厄提将这三种时间的"是"用英文表达为：to be（现在时），to have been（过去时）及 to be about to be（将来时）。根据语法上的"是"的时态，用作理念论中的"是"的时间特性，这是柏拉图在创立本体论的同时改造日常语言为哲学本体论语言的又一个例子。〕（152a）

（13）"一"既是、也变得比它自身和其他的年老些和年少些，又不是、不变得比它自身和其他的年老些和年少些。（这个结论较复杂，为明晰起见，可分解成 8 个小点分别论述。）

A. "一"变得比它自身年少些和年老些

论证：时间是前进的。"一"既分有时间，于是它永远在变得比它自身年老些。然而变得年老些是对于变得年少些而言的。既然"一"是变得比自身年老些，那么它也变得比自身年少些。（152a）

B. "一"是比自身年老些和年少些

论证：在"一"变得年老些的过程中，当它处于"曾是"和"将是"之间的现在时，它是（is）年老些。因为现在是从过去前进到将来中间不可跨越的。在现在中，它停止了变、不再变，而就是年老些了。因为，如它前进，就不再为现在执著了。前进是指同时接触现在和将来、并离开现在进入将来、由前者转到后者。如一切变动者都不能跨越现在，那么，当其在现在中时，它就停止变动，那时，它就是曾在变中的它所变就的。把这个道理用于"一"，当其在变得年老些的过程里达到现在时，它停止了变动、而是年老些了。它是比它刚才在变得年老些时年老些。而年老些是对年少些而言的，因此，当"一"在变得年老些的过程中达到现在时刻而是年老些的同时，也是比自身年少些。再者，现在总是伴随着"一"是其所是的过程，"一"不论何时"是"（is），总是现在。那么，"一"总是（is）比它自身年老些和年少些。（152b—e）

C. "一"不是、也不变得比它自身年老些和年少些

论证："一"在其"是"和"变"的时候，其持续的时间和它自身持续的时间相等，它们的年龄也相等。因此"一"既不是、又不变得对自身老些或少些。（152e）

D. "一"比其他的年老些,其他的比"一"年少些

论证:其他的因为异于"一",必是多,不能是"一"。其他的既为多数,必多于"一",是大于"一"的数。在数里面,先生成的是小些的数。"一"是最小的数,(陈康指出:希腊数学尚未发现 0 和负数,只有正整数的概念,分数是用正整数的比表示的。[10])它先生成。先生成的比后生成的年老些。所以"一"比其他的年老些,其他的比"一"年少些。(153a—b)

E. "一"比其他的年少些,其他的比"一"年老些

论证:"一"不能违乎其本性而生成。已经证明过在"一"的本性中有部分;既有部分、也有开端、末端和中间。在"一"和其他中,都是先产生首部,接着才是其余部分,直至末部。而所有那些其余部分也都是整体和"一"的部分,"一"和整体只当末部产生时才产生。那么,"一"又是最晚产生的。因此,"一"比其他的年少些,其他的比"一"年老些。(153b—d)

F. "一"和其他的有同一年龄

论证:"一"或任何东西的首部或任何一个部分,作为一个部分,它必然是"一",那么"一"和每一部分同时产生。它和第一部分同时产生,也和第二部分、其余部分同时产生,直到最后部分,成为整个的"一"。在产生的过程里,它于首部、中间、末部和其余部分无一遗漏。那么,"一"和所有这些其他有同一的年龄。那么,如若"一"与本性不相违,"一"就不比其他早一些或晚一些生成,而是同时生成的。据此,"一"不比其他的、其他的也不比"一"年老些或年少些(153d—154a)

G. "一"不变得比其他的年老些和年少些

论证:(本点重点讨论"变",承认在"一"和其他的已有年龄差别的情况下,是否会变得更加年老些或更加年少些。由于作为出发点的"一"比其他的是年老些或年少些,在前面已经论证过了,所以这个论证的开头就有一句不作如此说明便不好懂的话。)"一"是、并且成为这样了,它和其他的在年龄上的差别不会变得比开始时更大。因为两个不等的量各加上一个等量,不论是时间长度还是别的什么,它们之间的差总是同最初的差一样。那么,已经有了年老些或年少些差别的这个和那个是者,由于它们的差不会变,所以它们之间不会变得更加年老或更加年少。(154a—c)

H. "一"变得比其他的年老些和年少些

论证:如果"一"比其他是年老些的,那么"一"产生以来的时间就长些,其

他的就短些。如果把相等的时间加到它们上去，两者相差的数值不变，但长些的时间对于短些的时间的比值就减小了。于是，"一"的年龄和其他的年龄之间的差异就不如开始时这么大，随着时间的推移，而是越来越小。那么，开始时"一"比其他的年老些，后来由于差异的缩小就相对年少些了。同样，要是一开始是其他的比"一"年老些，后来，其他的也会变得相对年少些。

然而需要说明：那个是年少者的是相对于年老者在变得年老些，然而不就是年老的，而是永远在变得年老些。同样，年老者也在变得相对年少些。年少者和年老者各自向自己对立的一方发展；但它们不会成为对立的一方，否则它们就不再变得，而是成为对方了。

所以，当我们说"一"是比其他的年老些时（如 D 点所证），"一"在变得比其他的年少些；当我们说"一"是比其他的年少些时（见 E 点所证），"一"在变得比其他的年老些。（154c—155b）

（14）"一"分有"是"

论证：既然"一"是在时间里的，它会变年老些、变年少些；它就有过去、将来和现在。于是，"一"曾是、正是和将是，它曾成为、正成为和将成为。（155c—d）[第（12）个推论是从"一是"推论"一"分有时间，经过第（13）个推论对"一"分有时间的详情的论述，现在又回到用"一"分有时间，推论"一"分有"是"。（12）和（14）便这样而是一个循环论证。且放过这一点，这里还有许多令我们感兴趣、能从中窥探到西方哲学特征的东西。其中之一是关于"是"的时间性，海德格尔最出名的那本书就叫做《是与时》，把两者联在一起并不是海德格尔的独创，柏拉图已经如此做了。不过海德格尔的"是"不是理念，也不是范畴、概念之类，而是伴随着我的体验、觉察，是者是其所是的"是"的过程。关于这些我们有专门讨论，这里先提出来，为的是在探索西方本体论哲学起源时，处处留意"是"这个术语的用法及意义。]

（15）"一"能被认知

论证：因为有了关于"一"、属于"一"的那些曾是、正是和将是的一切。我们也有了关于"一"的意见、知识和感受，那就是我们现在正在谈论的东西。也有关于它的名称和表说，它得到了命名，也被表说出来了。凡是这一类的其他东西，也都是属于"一"的。（155d—e）[这显然是对本篇对话中第一部分中提出的三个问题之一——理念不可被认知——的回答。这是用"事实"来回答的：既然我们已经对理念作了这一番推论，知道了"一"这个理念的这么多属性(或曰规定性)，怎么能说不可知呢？但是，须记住，要得出这许多关于"一"的属性，前提须是"一"和"是"的结合，如其不结合，或"一"不分有"是"，那么得出的结果是相反的，即"一"没有以上这些属性。这一点是在第一组推论里展开的。]

整个八组推论是一个完整的系统，上面第二组推论是在假设"如若一是"，从与非一即其他相联系的角度来考察的"一"的情况。完整的考察还应当包括对在同一个假设下、"一"自身的情况(第一组)，以及"其他"[相对于"一"的关系的其他(第三组)和仅仅从其他自身方面(第四组)]的情况的考虑，还要从"如若一不是"这个假设出发的四种情况的考虑。下面我们叙述其中的第七组讨论，即"假设如若一不是"，考虑与"一"相关的"其他"的情况。选择这个推论纯粹是由于求得形式上的变化，即考虑过"一是"以后再考虑一下"一不是"的情况，考虑过"一"的情况以后，也考虑一下"其他"的情况。在讨论"一"和"其他"的关系时，只考虑"一"是不完整的，好比主人欲与某客交友，只表达主方愿望未见得友谊得到建立，只有当客方作出相应反应时，友谊才能实现。第七组所讨论的正是在"如若一不是"的假设下、与"一"有关的"其他"的情况。详见下。

假设："如若一不是"，其他的将成为怎样？其他的必须是。如若它们不是，那么，我们就对它们无从谈起。(164b)(这是设定题意，它表明，这里"如若一不是"的"不是"，非指绝对的"不是"。绝对的"不是"一无所是，那样的话，讨论"其他"时便无所参照，或者只能从否定的方面去谈，最终的结论必为："其他"难有其是。当"一"绝对"不是"时去谈"其他"，"其他"由于失去参照，只能从纯粹的其他自身方面去谈。那是第八组要讨论的。而本题里说，"其他的必须是"，这就点明了假设"如若一不是"中的"不是"，不是绝对的"不是"，而是相对的"不是"。相对的"一不是"仍然有所是，只不过不是"一"，参照这个不是"一"的"是者"，对"其他"当可有所言说。反过来，题中说这里的"其他"必须是，据此可知，"一不是"之"不是"不是绝对的"不是"；这里说的其他也不是孤零零的其他，而是与"一"所"不是"的那个"是者"相联系、相参照的其他。)

(1) 其他的分有异

论证：说及其他，意味着说及异。其他和异是异名而同义。

又:其他是其他于其他的,异是异于异的;那么,如果要有其他,必有此其他可恃作其他的其他。然而由于"一不是",它们不能作为相对于"一"的其他;唯一可能的是,它们互为其他。

又:由于"一不是",它们只能作为多数互为其他,而且它们的每一小块无限地多;当人取一碎片好像是最小的,突然就像是在梦中一样,这看似是一的顷刻间变成了多,从最小的变得最大了。由于"一不是",其他的是,其他的便是以这种碎片而互为其他;有许多这样的碎片,它们显得是一,却不是一,因为"一不是"。(164b—d)(其他的分有异,又有一些关于大小和数量方面的模糊性状,这也不奇怪,因为在这里,其他所参照的"一"不确定,即"一不是"。)

(2)其他的有数

论证:尽管它们实际上是一大堆,如果它们的每一个显得是一,好像数也能属于它们。甚至其中似乎还有偶、有奇,尽管不真是。(164d—e)

(3)其他的分有大、小和等

论证:它们中像是有一最小的,但与其中所包含的许多碎片比,它又显得是大的和多的。又因为它似乎不能不到中间就从大移到了小,这每一块就被想象为是等于多和小的,("等于多和小",据周厄提英译。陈康译文为:"等于许多小的",与康福特的英译本意思同。但据前一句"显得大的和多的",大和多并举,这里取小和多并举是对应的。)这就出现了等的样子。(据陈康:在一个连续里,"等"存于大于和小于之间。[11])(164e—165a)

(4)、(5)其他的有有限和无限,一和多

论证:每一块显得对另一块有界限,而其自身却既无首端、又无中间、又无末端。因为每当人们去想象它们任何一个的首端、中间和末端时,首端前又出现了一个首端,末端后又出现了一个末端,中间里又有一更小、更中间的。因为由于一不是,它们的任一块不能被当作是完整的一。凡我们所设想的这种是者,必破裂为碎片,因为这种小块被认为是不具有整一性的。这种是者,从远处马马虎虎去看是一,而在近处用心观察则显示出是无限的。那么,其他中的每一个必显得是无限和有限的,一和多,如果确有异于一的其他,并且其他不是一的话。(165a—c)

(6)其他的既类似又不类似

论证:它们就像是从远处看的一幅投影画,一切显得像是一、同和类似;

而从近处看,则表现为许多的、别异的,并且由于异的现象,它们显得是和自己异类的、不类似的。(165c—d)

(7) 其他的既相同又相异、既接触它们自身又和它们自身隔离,既有一切变动又在一切样式里静止,既生又灭、既不生又不灭以及有一切这类性质。(165D)(柏拉图把本推论的证明留给读者。)

以上是关于"一不是"这个前提下,"其他"所能有的性质或规定性。由于这里的"一不是"虽然不指绝对的"不是",但不似"一是"明确指示甲方规定性,所以作为非甲方的其他的规定性也就显得吞吞吐吐、模棱两可。

二、西方哲学史上第一个本体论

(一) 柏拉图的新理念论

我们已经领略了柏拉图在《巴门尼德篇》中所作的理念的演绎,这就是柏拉图的新理念论。柏拉图的这部著作比较艰深,我们之所以能入其门庭,多亏陈康先生的译注本。过去我们只知道读中国古代的典籍需要字斟句酌,才能发其微言大义;陈康先生的译注本使我们明白了,读柏拉图那样的西方经典也不是囫囵吞枣就可以明白的,而是要条分缕析,严密推理。从字斟句酌到条分缕析,是中西思想方式区别的一个表现。陈康先生的译注本让我们领略到了西方哲学的这种风格和方式,这是我们应当感谢他的。感谢之余,我们也不惮将自己关于柏拉图新理念论方面与陈先生不同的见解提出来。

首先是关于《巴门尼德篇》前半部分提出了哪些期待在后半部分里解答的问题。这将决定人们读后半部分时搜索的注意力。

陈先生认为,前半部分提出的问题是五个:

(1) 极端相反的"相"是否相互分离而不相互结合;

(2) 极端相反的性质怎样在个别事物里相互结合;

(3) "同名"的"相"和个别事物对立的问题;

(4) "相"和个别事物分离的问题;

(5) 个别事物分有"相"的问题。[12]

我认为前半部分提出的问题是三个:

(1) 寻求一种新的关于分有的理论;

（2）请演示理念间的分有和分离情况；

（3）解决与现实世界隔离的理念不可认知的问题。

我的三个问题是直接从对话中抽绎出来的，读者可见第五章第三节。我已经说过，在我认为是"对话"前半部分提出的三个问题中，关键是第二个问题。理念间的分有和分离就是新的分有理论，而一旦这种理论得到演绎，那么，似乎对理念的认识问题也就自然而然地解决了。陈先生的五个问题中，只有第一个与我提出的问题有关，其余四个都是关于理念如何被个别事物分有的问题。其中，第三、第四两个问题是同一个问题的两个方面，即在什么情况下，理念和个别事物结合；又在什么情况下不结合。第二个问题可以看作是理念和个别事物的特例，即，极端相反的理念怎样在个别事物里结合？那么，该"对话"是否真提出了希望在后半部里去解决的这个问题：个别事物如何分有理念的问题？我认为没有。

个别事物分有理念是柏拉图前期的旧理念论的观点。大多数读者至今恐怕也是把这个观点当作柏拉图理念论的主要内容来接受的。但是在《巴门尼德篇》中，"巴门尼德"对"少年苏格拉底"的理念论的批判（实际上即柏拉图对自己本人前期理念论的批判）毫不留情地揭露了这种分有说的困难。我们分析过，批判一共有六点，其中第六点是设想新的理念论方面的困难，前五点都是对旧理念论的批判。在批判之后是否还想寻找途径、克服困难，以坚持事物分有理念的说法呢？不！第五个批判，即假设理念是思想的说法被驳斥后，有一句结论性的话。这句话在陈康先生的译本里作："那么，其他的分有相不由于类似，但我们应当寻求它们之所以分有的其他原故。"[13]照这个话看，"其他"（事物）不是通过"类似"的途径分有"相"或理念，并不意味着彻底放弃寻找事物分有理念的其他途径。可是，我们看到周厄提（Jowett）的一个译本是这样的："The theory, then, that things participate in the ideas by resemblance, has to be given up, and some other mode of participation devised?"[14]意思是："于是，必须放弃关于其他事物分有理念的理论，去设计出另外的分有的方式。"照这个读法，"关于其他事物分有理念的理论"是"必须被放弃的"。

我无力判断以上两句译文中哪一种更符合希腊文原意。康福特的译文倒是与陈康的相近："It follows that the other things do not partake of forms by being like them; we must look for some other means by which they partake."[15]("因此,其他事物并不因为与理念类似而分有理念,我们必须寻找它们分有的其他途径。")这两种不同的译文确实造成了对后半部对话的不同期待:继续去寻找事物分有理念的另外途径,或放弃关于事物分有理念的理论去寻找另外的关于分有的理论。以这两种不同的眼光去寻视后半部分对话的八组推论,得出了两种有区别的结论:依陈先生的看法,八组推论不仅是理念间的结合和分离情况的演示,而且也是演示了事物分有理念的新的方式;而依我之见,八组推论只是限于理念本身之间的分离和结合情况。这两种不同的观点又进一步会导致对西方本体论哲学的形态的不同看法,因为我们都认为柏拉图的新理念论是西方哲学史上第一个本体论。

由于无法判断或仅凭一句话的翻译的正误,我们必须在原文中寻找更多的支持。

我认为,"巴门尼德"批评"少年苏格拉底"时的第六点值得特别注意。这应当是单独的一节,因为前五点都围绕着对事物分有理念这个理论的批判,这一批判在第五点末尾已经作了总结,所以第六点应是一个新的问题。既然事物分有理念被否定了。那么余下的分有,就只能是在理念之间的分有了。第六点正是肯定了这种新的分有方式,并且指出这是"少年苏格拉底"尚很少接触、然而又是最大的困难。因为理念将被从它们相互的关系方面去说明它们的所是,这种关系和我们世界里的事物的关系是互不相干的、是隔绝的,所以认知理念就成了最大的困难。这里我们丝毫也没有得到这样的信息:似乎柏拉图要以沟通理念世界和我们世界的分离为目标。我们注意到"巴门尼德"说,如果以为理念难以认知而放弃理念论,那么就也等于放弃了哲学。于是全部问题在于如何认知这种理念。全书第二部分的八组推论根据理念相互间的关系推出的种种规定性,就是认知理念的过程。因为它们和我们世界里的事物无关,"巴门尼德"说,这种推论是一种训练。怎样评价这种"训练"?它后来如何发展?这是另一回事。至少,在《巴门尼德篇》中,它纯是理念间的相互关系或相互分有的理论。

陈康先生并不否认新理念论是关于理念间相互分有的理论,但是,除此之外,他还认为新的理念论也解决了理念世界和现实世界的沟通问题。他认为,八组推论不仅是关于理念间分有的情况的,也是关于个别事物乃至现象产生的缘由的。相互结合在一起的理念,他称为"相的集合"或"范畴的集合"，就是"个别事物"；在某些情况下，相对于"一"的其他便是现象。他的主要理由大致是，首先，在第二组推论的最后一个推论的结论中说，既然"一"与"是"的结合或分有使我们得到了关于"一"的种种性质，我们就有了"以它为对象的知识、意见和感觉，……"[16]他以为，有以它为对象的"知识"和"意见"都是可理解的，"但怎样能推论有以它为对象的感觉呢？这是不易解的一点"[17]。我觉得这一点是可以解释的。我们当记得，新理念论里的理念在种类上已经与旧理念论里的理念大不相同了，旧理念论是目的论的，只有那些高尚的事物或性质，如美德、美，还有数及一般的关系，如类似，等与不等，大、小等，有它们的理念。但在本篇里，"巴门尼德"已经问出，是否有人之理念，某个人的理念，水、火的理念，甚至那些污泥秽物、或其他最不足道和无价值事物的理念。当"少年苏格拉底"表示要坚决否认那些无用之物的理念时，"巴门尼德"说："你太年轻了，哲学尚未紧紧抓住你。"[18]这实际上是放弃了目的论的理念论，将理念扩大到一切事物的理念。我们已经看到，有现实世界里的主人和奴隶，在理念世界里也有主人和奴隶，这在旧理念论里是不可想象的。而最最主要的是，我们世界里的事物是和理念同名的，虽然我们世界里的事物获得它们的名是依它们间的相互关系，而不是依其与理念的关系，既然如此，在我们的世界里有"感觉"，有"现象"，理念世界怎会没有与之同名的理念呢？正如康德在批判上帝存在的本体论证明时说，这种证明中得出的"存在"纯是概念的规定性，与实际存在无关，有如概念上的一百元钱并不会影响一个人的实际经济状况一样。

陈康先生还认为，异于一的"其他"就是个别事物。他尤其把第七组推论，即当"如若一不是"时"其他"所得到的那些"看起来""显得""像是"的性质，直接解释为"现象"，即个别事物的"现象"。其主要理由显然是因为理念不能有"看起来""显得""像是"这类模糊不清的性质。我不同于上述看法的理由仍然是：既然在新的理念论里，理念是和感觉世界里的事物同名的，我们既认为在感觉世界里的东西有"看起来""显得""像是"的性质，何妨在理念中也有这种名称的性质呢？缺少了这些性质，同名的理念倒是不完整的了。

关于"其他"究竟指理念（即异于一的理念）还是指异于所有理念的个别事物，这是一个向来有争议的问题。[19]为了研究这个问题，让我们先把八组推论的结构列成一张表：

序号	假设	考察对象	考察角度	结　论	说　明
1	如若一是	一	仅从一自身看一	"一"与其他无联系,"一"自身也不成立	无所系的"是"
2		一	从其他看一	在与其他的关系中,"一"成立	有所系的"是"
3		其他	从一看其他	在与"一"的关系中,其他成立	有所系的"是"
4		其他	仅从其他自身看其他	缺乏与"一"的关系,其他无法成立	无所系的"是"
5	如若一不是	一	从其他看一	"不是的一"是于与其他的关系中	相对的"不是"
6		一	仅从一自身看一	"不是的一"缺乏与其他的关系,一无所是	绝对的"不是"
7		其他	从一看其他	在与"不是的一"的关系中,其他是为一些模糊的性质	相对的"不是"
8		其他	仅从其他自身看其他	其他不能成立	绝对的"不是"

以上见《巴门尼德篇》下半部八组推论的实际结构,这同该对话上半部分"巴门尼德"扼要地表述的探讨方式是一致的:"以芝诺的这个假设为例,如若多是,你不仅应当研究相对于多自身(第1组)和相对于一(第2组)的情况下,多的结果,研究相对于一自身(第4组)及相对于多(第3组)的情况下,一的结果;而且要研究在相反的假设中,相对于它们各自自身(第6组、第8组)及相对于对方(第5组、第7组)时,多和一的结果。"[20] 这里的"多"相当于表中的"一",这里的"一"相当于表中的"其他"。或者换一种说法:"如若类似是、或如若类似不是,那么就应当研究,在每个假设里,所设定的主体及异于主体的那个,当它们各自在与其自身的关系以及与各自对方的关系中时将会有什么结果。"[21] 在这两个与正文八组推论结构完全相同(次序上有所变化)的假设里,其假设的主体分别是"多"和"类似",它们的两个"其他"就分别是"一"和"不类似"——即异于"类似"者,如果我们承认这里的"一"和"不类似"正像"多"和"类似"一样都是理念,那么,依照这同样结构展开的八组推论中的和"一"相对的"其他"有什么理由不是理念呢?

陈康先生不仅认为"其他"是个别事物、是现象,还认为理念相互间结合而成的"相的集体",或者他说成是"范畴集体",就是个别事物。[22] 甚至当"一"

与"是"相结合，成为"是的一"时，这就是"个别事物的初步"[23]。他的这个观点，恕我们用明白的话说出来，就是，事物是概念结合的产物。用他自己的话来说："这个'相论'的特点乃是解化（auflösen）个别事物于'相'或范畴里。因此，它无'相'和个别事物对立的困难。万有中根本无个别事物，如若'相'或范畴不结合起来。这样，'相'或范畴和个别事物根本不是对立的；后者只存于前者里。"[24]他认为，这样，受到批评的"少年苏格拉底"的理念论中的困难就在新的理念论中得到了解决：既然个别事物是理念间结合的结果，这表明个别事物和理念并不分存于两个隔离的世界中，因而就没有两者的分离问题；既无两者的分离问题，"自然也无个别事物分有'相'的问题"[25]，由此推论，也无事物分有理念的种种困难及对这些困难的批评了。但是，我们有一些问题要提出来：柏拉图从前期理念论起，就认为理念存在于我们的世界之外，在《巴门尼德篇》中又一次强调这点，并作为我们认识理念之难的原因。既然如此，陈康先生所说的个别事物究竟指理念世界里的事物还是我们世界里的事物？如果是指理念世界的（这是可以承认有的，因为也有主人的理念、奴隶的理念，及一切与我们世界里事物同名的理念），那么，最多是说，一些关于性质的理念结合在一起产生了关于个别事物的理念。但是陈康先生似乎并不是这个意思，当他说"如若一不是"，相对于这"不是的一"的其他是感性事物、现象时，他显然是指我们世界里的事物。果真如此，那么，陈康先生显然认为，柏拉图的新理念论已经解决了从理念，或者说从"相"、范畴产生出世界万物的问题。这不仅不是事实，而且也违背柏拉图本人的企图。因为当他在《巴门尼德篇》初创新的理念论时，他只谨慎地把它称作思想训练。

（二）本体论的初步形态

正是上述思想训练的内容，逐渐在西方哲学史上发展成为一门特殊的学问：本体论。我们也可以说，柏拉图在《巴门尼德篇》中八组推论的演示，就是最初的本体论。这个新的理念论值得我们在此作一些分析和讨论。

首先我们简单地回顾一下西方哲学史上这一最初的本体论的缘起。我们看到，历史上的苏格拉底，当他面对纷繁复杂的社会生活，谋求的是从善的目的出发、采用各种灵活适宜的应对方式，以保持正确的人生态度。灵活适宜的应对方式本无教条的定则可取，因此，他崇尚智慧。到了柏拉图的时候，这种态度的取向上发生了根本的转变,他要把以主观的智慧驾驭的伦理原则明确为客观上能够把握的知识,其结果便是产生了理念论。诚如柏拉图在《斐多篇》中所表露的那样,他认为世界上的事物虽然千变万化,终应有一个最终的原因或原理。他曾向先哲前贤学习,然而得到的是各种互相冲突的学说,令他十分失望。在这种情况下,他首创出前期的理念论。这一理论的主要目的是要为变动不居的各类事物确定一个永恒不变的本质,这就是这类事物的理念。由于作为事物本质的理念不是我们感觉器官所能把握的,他设定理念存在于我们的世界之外。理念作为事物的最终原因表现为:事物是分有理念才是其所是的。在构造这一理念论时,他赋予了理念一些性质,如:为了说明理念是事物的本质,他规定理念是绝对的、纯粹的,因而是单一的。如,感觉世界中的一切美的事物总是相对的,但美的理念则是绝对的,它不沾染任何一些不美。然而,由于理念存在于我们之外的另一个世界,以及理念所具有的这种绝对、纯粹、单一的性质,在说明事物分有理念的时候就出现了许多困难,而且看来是不可克服的困难。这些困难将威胁到整个理念论的存在。而如果放弃理念论,那么也就意味着哲学的终结——柏拉图是这样看的。

为谋求摆脱上述理念论的困境,柏拉图在《巴门尼德篇》里表述了一种新的理念论。在这个新的理念论里,柏拉图抛弃了事物对理念的分有说,也暂时置我们的世界不顾,专门到理念世界里去经营理念间的关系。他通过正、反八组推论证明,一个理念,譬如"一",如果它不参照其他理念,不与其他理念相互分有,或者说,不从与其他理念的关系方面去立脚,那么,它不仅没有任何的规定性,并且也是不能成立的。反之,"一"只成立于与其他理念的相互关系中。同样,异于一的那些其他的理念,也只有当它们与"一"处在相互联系中,才能成立、才能有各种规定性,否则,它们也是不能有任何规定性、不能成立的。结论是,单个的理念是不可能有的,理念,必须是相互分有或关联着的一群理念。

于是,人们立即就有一个疑问:这种新的理念论究竟有什么用处呢?人们知道,柏拉图前期的理念论是用来解释事物本质的;新的理念论脱离了实际事物,岂不成了从概念到概念的理论?其实,这种新的理念论的大用正在于从概念到概念的推论。在日常生活中,我们常囿于眼前的事实,往往看不到一个事实可能的多方面联系。这也是由于一个事实不可能在同一时刻将它的各种可能的联系、包括对立的联系一起展示出来。但是，我们可以将某一事实换成它的概念。并没有什么东西可以妨碍我们将这个概念的各种关系同时展示出来。柏拉图的新理念论实际上就是甩开了实际以后的纯粹概念之间联系的哲学。他不仅演示了概念间的各种结合的关系，而且提出了进行这种演示的一个结构，即不仅从肯定方面、而且要从否定方面去考察；不仅从这个概念自身的方面和与其他概念的关系方面去考察这个概念，而且要从其他概念自身和其他概念与这个概念的关系方面去考察其他概念。柏拉图的这个思考问题的结构不会是唯一的结构，人们可以根据不同的概念和思想内容设计出不同的思考结构和途径，但是，它的精神实质在于，在概念中尽量全面地揭示某个事实的可能的联系和性质。正是有了这种思想方法，甚至许多以前从来没有实现过的关于事物的可能联系和性质也被揭示出来了。例如，伽里略是否在比萨斜塔上做过重物下落实验尽管至今还未有定论，他发现了自由落体的加速度却是一个不争的事实，而由于空气的阻力，自由落体的加速度在地球上是无法测定的。又如，当计算机翼冲破空气时获得的升力时不能不用到的那个虚数 i，也是数的运算过程中得出的一个可能的结果，世上并没有任何事物表现出与 i 对应的实际的量，等等。例子不胜枚举，而且有许多是科学方面的，我们事实上至今也在学习、运用这种思想方法。这就是理论思维。当然，也正因为人类生活中有理论思维这个方面，才同时显出另一方面——实践——的必要性和重要性，两者的关系是另一类问题，不拟在此讨论。

本体论在西方哲学史上曾被认为是"第一原理""哲学中的哲学"，但是柏拉图初创这一理论时似乎并无此意图。他只是强调这是一种思想训练，是人们打算去定义美、公正、善这类理念时必须先经历的。甚至当时人们一般还将之当作闲谈、当作无用的东西来看待。这一理论后来逐渐登上哲学的顶峰，是后人在运用中发挥、发展的结果，在这个过程中，基督教神学起了很大的作用。

考察这一理论的形态，主要是从它与日常思维方式的比较方面去看。当柏拉图说，理念和我们世界中的事物是同名的，但理念是在它们的相互关系里是其所是的，而不在和我们世界里的事物的关系里；我们世界里的事物也是相对于它们自己。这实际上已经把两种不同的思想方法作了判分。它道出了日常思维中使用的概念和新理念论中的概念（理念），它们获得意义的途径是不同的。在日常思维中,一个概念的意义在于这个概念所标志的事实。如:"主人"这个概念指示着一个或一群实际的主人,"奴隶"这个概念指示着一个或一群实际的奴隶。哪怕主人和奴隶这两个概念的对立关系,也是事实上的主人和奴隶间对立关系的反映。在日常思维中,一个概念如果没有它所标志的实际事物及其联系,就被认为是无意义的、不可能有的或仅仅是虚构的。在我们中国的学问中,这样的概念实际上就是"名",因为名必副其实。理念既然超越于我们这个世界之外,自然不可能从实际事物及其联系方面获得它们的意义,尽管它们和我们世界里的事物同名。还留下一条途径使它们获得意义,即在它们自己相互的关系中。这样得到的意义与日常思维中的"名"所获得的意义显然是不同的。由于它们是从相互关系中产生的,与其说它们是"意义",不如说是"规定性"(determination)。在《巴门尼德篇》中,"一"通过与其他理念的结合,可以分有十五组不同的理念,这些都是"一"的"规定性"。这样,我们可以说,同一个词,在日常思维中是具有某种意义的名,在新理念论中则是具有某种规定性的概念。

尽管新理念论中的概念是超越于我们的实际世界的,它们的规定性形式上只是出于它们的相互关系,但是,它们实际上是以我们的经验世界为基础的。如,为什么与"一"相对立的是"多"而不是"大"? 与"类似"相对立的是"不类似"而不是"不等"? 这些显然都基于我们日常使用中对这些词、包括对否定词"不"在内的理解。这是问题的一方面。在另一方面,新理念论为了使其中的理念或概念自身成为独立的系统,也有一种形式上的造作,这就是,把这些概念一律称为"是者"(being)。这是说,每一个理念都是一个自在的所是,或者说,一个理念要能成立,它必是分有"是",由此而成为一个所是或是者。不仅如此,在"一是"这个表达式之外,还可推得"一是多、数、形、类似、不类似……"等等,于是,多、数、形……等也都因分有"是"而成了"是者"。再者,由于系词"是"在希腊文中有时态的变化,可分别表达"曾是""现是"和"将是",因此,凡分有"是"的被认为也分得时间;反过来,如果一个理念分有了全部"曾是""现是"和"将是",这个理念被视为是完整地分有"是"的。[26]而原本是一个系词的"是",当其被当作一个理念来看时,它的词性就变为动名词了,这一点在希腊文中是有现成规则的。希腊文和欧洲主要语种都属于印欧语系,它们具有同源的"是"的词根,且具有大体相似的语法——分为词法和句法两部分。[27]语言上的这些特点,使得柏拉图较为容易而不露破绽地实现了对日常语言的改造,使之成为一种特殊的哲学语言。当这种形态的哲学用西方其他语种来表达时,也没有遇到什么困难或较少遇到困难。

然而,思想训练毕竟是思想训练,如果它不能付之实行,那么所谓训练和游戏就没有区别了。作为一个大思想家,柏拉图并没有忘记把理论用于实际,他在运用中发现了自己在《巴门尼德篇》中设计的思想方法的不足之处,旋即加以改进和发展,本体论也便在他的手里进一步向着普遍哲学原理的方向发展着。这是发生在《智者篇》里的事。

三、通　种　论

通种(genus),英文中一般译作 kind 或 class,即"种类"。实际上,通种是指最具普遍性的那些概念。柏拉图在《智者篇》里提出了寻找最具普遍性的那些通种之间的结合的任务,并且作了初步的演示。结果,就使演示在《巴门尼德篇》中的、起初仅被称作是思想训练的理念之间的结合,进一步演变成了更为普遍性的哲学原理。

(一)问题的缘起

《智者篇》的前半部分始于为"智者"这种身份的人寻找一个定义。但是这里寻找定义的方法和柏拉图早期著作中叙述的苏格拉底寻找定义的方法明显不同。苏格拉底寻找关于美或各种伦理规范的定义时,是通过枚举种种事实,或者以此启发人们在个别事实中概括出普遍的本质,或者,尤其是在作伦理判断时,启发人们针对不同的实际情况采取不同的应对方法以实现善的目标。而在《智者篇》中,定义是直接从概念的分析着手的。分析的方法是二分法,即:从一个认可的概念出发,分出这个概念中蕴含着的两个概念,然后选取其中一个可以通向目的的概念再二分,一直到达到最终目的为止。一个较容易显示这一方法的例子是先为渔夫下一个定义。当作出发点的概念是,渔夫是个有技术的人,但并非所有有技术的人都是渔夫,二分法正是用来把那些与渔夫无关的技术逐层剔除出去。这个过程可以用图表示:

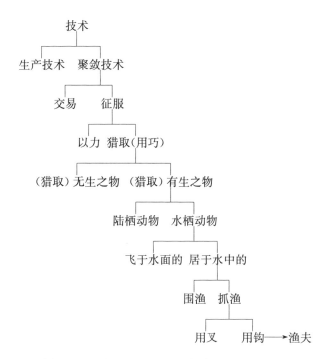

这里有一个前提:只有先承认有一个将其他概念容纳在其中的概念,即一个从逻辑上说较普遍的概念,才可从这个概念出发逐层分析、达到一个具体的概念。我以为,《巴门尼德篇》中以理念间相互分有的形式,已经论述了概念的互相包容,那个论证是综合的。《智者篇》以《巴门尼德篇》的结论为前提,反过来推论,就成了分析的了。如果说,《巴门尼德篇》以演示理念间结合的方式启示出有一种纯粹从概念到概念的思想方法,那么《智者篇》就是这种方法的一次试验或运用,用这个方法去寻找某种事物的定义。

我们在前一节里说过,纯粹概念的思考方法能够把一个概念与其他概念所可能有的联系充分揭示出来。然而,其中哪些联系是事实,或者哪些可能的关系能够实现出来,这是概念的思考本身所无法决定和证实的。当柏拉图把上述定义渔夫的方式正式用于主要的目的,去定义智者时,这个矛盾就暴露出来了。这就是:用同样的方式,可以得出七个关于智者的不同定义。它们是:(1)受雇于富豪子弟的教师;(2)贩卖德行知识的商人;(3)关于上述知识的零售商;(4)既贩卖别人的知识、又贩卖自己的知识的商人;(5)以诡辩赚钱的人;(6)心灵的清道夫:以论辩、揭露矛盾的方式去除人们思想上的谬误和成见;(7)制造幻象和肖像的人。

同一个概念得出七个不同的定义,其所使用的方法又都是一致的,那么我们不禁要问,究竟哪一个"是"、哪一个"不是"呢? 况且其中还有互相对立的,如第 6 个定义是褒义的,这个定义中的智者也被称为"高贵的智者",而其余都含贬损的意思。这就不能都"是",又不能都"不是"。

尤其须特别提到的是第 7 个定义。这个定义是以智者具有论辩的技术(取自第 5 个定义的结论)为起点进行二分得出的。其中指出,智者的这份技术其实不过是用语言来迷惑那些离真理尚远的年轻人,把语言中所制造的关于事物的形象去蒙蔽年轻人,让他们相信听到的一切皆真。事实上,所谓是真的那些东西,不外是智者所制造出来的两类东西:肖像(likeness)和幻象(semblance)。肖像和幻象显然不是真实的事物,然而,肖像毕竟是肖像,幻象也毕竟是幻象。这里,"是"和"不是"的问题更加突出了。柏拉图写道:

> 事实上,我们在此遇到了一个非常困难的问题:"显得如此"和"似乎如此"者并不真"是",以及,说及某种不是真的东西——所有这些表述一向就是纠缠不清的。要想找到适当的词去表达或思想"假也真地是",而又不至于与这些词的说法相矛盾,这可真是难极了。[28]

原来,希腊人日常语言中习惯于以"是"表示"真"的意思;"不是",表示"假"的意思。[29]肖像和幻象显然不是真实的原件,因而是假的。然而我们却表达为:它们是幻象或肖像,用的是肯定的"是"。这就为智者提供了口实:即使人们把他们说成是制造幻象和肖像的人,他们所说也是"真"而不是"假"。这就提出了对"不是"和"是"加以考察的任务。

(二) 关于"不是"

历史上的巴门尼德有一句名言:"说'不是者'是,这种话不可取。"(Never shall this be proved—that things that are not are.)我们说过,在希腊文中,"是"兼有"是什么"(后引申为"本质")和"有什么"(后引申为"存在")的意思,作为它的反面,"不是"既不表示"是什么",又不表示"有什么",这当然只能是"无"。

首先,"不是"不能用于任何"是者"上。这点是明显的,不然就得说"是者"不是,这是矛盾的。既不能用于任何"是者"上,便也不能用于"某者"

(something)上,因为"某者"总是指某一个"是者"。同样,它也不能用于"某些",因为"某些"是指有两个以上的复数。(273a—e)这个论述显得有些繁琐,但却反映了西方语言上的特征,即:凡名词皆有数的变化。只有说明了"不是"既不能用于单数,又不能用于复数的"是者",这个论述才显得周全。

其次,"是"也不能用于"不是"上。这又是一个和西方语言的特征密切相关的论述。在西方语言中,"是"根据主语的不同情况,也有单数的"is"和复数的"are"之分。如果把单数的"是"加于"不是者"上,说"不是者"是,那么,就说明"不是者"是"一个";用复数的"是",则说明"不是者"是多数。可是前面已经证明过了,"不是者"不分有一切的数,因此,"是"不能加于任何的"不是者"上。我们甚至也不能称"不是者"为"它",因为"它"作为单数,是"一个"。(238a—239b)

这样就得出了结论:"不是者"是无可想、无可说、无可名、无意义的。甚至这样去说它也不可以,因为这样说的时候,是把它当作"一个"来说的。我们能说的只是"无",并且在这个场合除了口中发出"无"字的声音以外,什么也没有说。这样的"不是"实际上是绝对的"不是"。

但是以上的结论正好为智者所利用。既然"不是"就是"无","是者"不能不是,那么,当人们说他们是造像师,他们所说不外是些像时,事实上就已经把"是"加到"像"上去了。要知道,在语言习惯上,"是"是表示"真",这样,倒证明智者所言不假了。

如果人们根据事实,说原型事物才是真的,"像"不过是根据原型事物所摹仿的另一些同样的东西,那么,智者可能追问,"同样"是什么意思? 人们不得不说,"同样"在这里指"类似"。可是,这样一来,人们本来想说"类似者"不是真的,现在,人们却说这是类似者,类似者倒是了,即:"不是者"是。"是"与"不是"是如此复杂地纠缠在一起,以至于"智者逼我们违背自己的愿望去承认:'不是者'也有某种是"[30]。

虽然,说"'不是者'是",是与前面所证明的论点,即,不能把"是"加到"不是者"上去,是矛盾的。但是,非如此不足以揭示智者的面目。智者所显示出来的东西既是肖像、幻象之类的假东西,即"不是者",那么就得承认"不是者"是。那么这里的"不是者"何以会是呢? 柏拉图为之下一转语,指出那是由于见识、语言本身也有真、假的问题。假的语言和假的见识恰恰是以"是"为不是,以"不是"为是的。于是,柏拉图写道:"为了为自己辩护,我们不得不把先师巴门尼德的话拿来估量一下,还要强说:在某种情况下,'不是者'是;反过来,'是者'也不是。"[31]

承认"不是者"是,这可以揭露智者的面目,然而,在承认这一点的时候,又得相应地承认"是者"不是。所以柏拉图写道:"当你们用'是的'这个词的时候,显然你们早就很熟悉这是什么意思了。不过,虽然我们以前也自以为懂得,现在却茫然了。"[32]

于是,问题就进入到对"是"的考察。

(三) 关于"是"

尽管前贤对"是的东西"有过许多讨论,但"是"的问题丝毫也不比"不是"的问题容易些。前贤关于"是者"的种类、数量就众说纷纭,莫衷一是。有的说"是者"有三种,有的说两种,还有的说一种,也有的说既是多又是一。并且许多人主张不同的"是者"既离散又结合,分分合合形成了世间各式各样的是者。关于这些我们也不必细考它们分别属于哪一派,按照柏拉图所写的,最主要、最基本的问题是,这些人所说的"是"本身究竟是什么意思。事实上,柏拉图所要指出的是,当这些人说"是者"是这是那时,都没有把"是"本身当作独立的因素加以考虑,而只是把眼睛盯住了那些"是者"。

例如,针对主张"是者"有两种的人,柏拉图写道:"凡是主张热和冷以及这类对立物是一切事物的人们,当你们说这两者或其中的每一个都是'是者'时,你们对这两者用上了什么? 我们对你们所说的'是'应怎样理解? 我们是否当认为,它是两个之外的第三者,一切不只是两,而应是三?"[33]

又如,对于认为"是者"是一的人,也可作同样的追问。在他们那里,有一种东西是"是的东西",即"是者",同时,又称这东西是"一",这样,同一个东西就有两个名称。既承认有两个名称,又认为除"一"之外别无他物,这是可笑之至的。或者那些人以为,"一"不能和以"是者"相称的事物同样独立存在,"一"只是一个"名"而已。但这种辩护仍然难以说通。因为,如果他承认名与物有别,便是承认有两个东西;如果他认为名物同一,那么就得承认,或者名不是任何物名(因为名物不二);或者,如还承认名仍是名,那只能是关于名的名了。这些说法当然都不能成立。

无论是把"是者"看成某种对立的东西的人,还是把"是者"看成一的人,都没有把"是"本身当作一个独立的因素考虑。通过以上批评,柏拉图强调了本来只是当作系词的"是"应作为一个独立的因素来考虑，这就是说，柏拉图把对实际世界事物的讨论逐步引向了概念的层次。

（四）"完满的'是'"

在《巴门尼德篇》里，柏拉图已经突破了自己前期的理念论，发展出一种论述理念间结合和分离的学说。那种理念事实上已经成了纯粹的概念。所谓纯粹的概念，它们不同于日常语言中的概念。日常语言的概念的意义在于这些概念所指的经验事实；纯粹概念的意义则在于它们之间的相互规定性，在这个意义上说，纯粹概念具有自在的性质，尽管归根结蒂我们可以说，这种"自在性"也只是相对的，因为它们是从日常语言的概念经过改造而变成的，或者，是在日常语言基础上的抽象。有了这种纯粹概念，才可能进行纯粹概念的思维。

在《智者篇》里我们看到，柏拉图为了给智者下定义，即说明智者"是什么"或"不是什么"，首先对日常语言中使用的"不是"和"是"的实际意义和可能具有的意义作了考察。当"不是"和"是"从其被实际使用的上下文中抽取出来作专门考察的时候，它们就开始迈向了纯粹概念。然而，要使它们、尤其是使"是"真正成为纯粹的概念，还需对"是"这个概念作进一步的澄清。

柏拉图首先要反对的是这样一种观点："有一派人试图把一切东西都从天上和不可见的世界里搬弄到地上来，当作是活生生可抓住的石块和树木。因为他们抓着每一根树干、每一块石头时便断然说，只有那些可捉住可触摸的东西才是真正'是'的东西，他们把'是者'和物体规定为是同样的东西。一旦他们听到反对他们的人说，无体的东西也可以是，他们便十分不屑，并且闭耳不闻。"[34]依我们的看法，这一派的观点正是古代素朴的唯物论观点。对此，柏拉图的责难是：他们不能不承认那些有生命的动物是有灵魂的，且灵魂有义、不义，有智、愚，这些东西都是不可见的，但人们都不能否认它们是些所是。他们也不会否认人有正义、智慧，以及其他各种善的或相反的品性，这些也都是不可见、不可摸的东西。然而，他们显然无法否认这些东西也有其所是，是些"是者"。可能是鉴于这些伦理、灵魂的东西虽然不可见，但人们仍能感受到它们的力量和影响，柏拉图暂时建议他们把"是"定义为能力。[35]

从柏拉图反对上述素朴唯物论的论述中，我们看到他们双方对于"是"这个词的用法的意义取向是不同的。素朴唯物论所说的"是者"，显然是指那些有形体,可触、可见的,在经验中实际存在的东西,是"是"这个词用作"有""存在"时的意思。当柏拉图以灵魂、美德等作为是者提出来时,显然是因为人们提及它们时要用到同一个,但此时是作为系词或判断词出现的"是"字,如:"这是公正",等。柏拉图要找的是包括各种可能用法的意义在内的"是"这个概念本身,而不局限于"是"在某些特定用法场合的意义,这样的"是"应当是一个"完满的是"(perfect being)。只有这样,才能把它用于纯粹概念的思考。

柏拉图接着反对的是主张理念论的观点,这是他提出作为"完满的是"的过程中必须克服的最后一步。我们知道,按照柏拉图前期理念论的观点,理念存在于另一个世界中,但它却代表我们这个世界里的事物的本质;我们这个世界里的事物是因分有了理念才是其所是的。在《巴门尼德篇》里,这种关于事物"分有"理念的学说已被放弃了,取而代之的是理念之间相互结合、分有的学说。当从关于理念间相互结合的学说进一步发展到纯粹概念间结合的学说时,为了构成关于"是"的纯粹概念,必须突破当作理念来看的"是"的局限。理念论者的局限在于,他们把作为理念的"是"看作是静止不动、无生无灭的,认为生灭变化是我们的感官与之打交道的东西,而无生无灭的"是"则是灵魂与之打交道的对象。对此,柏拉图辩驳道:灵魂是能知的,"是者"是被知的,它们两者是相依相存的主动和被动关系。如果承认这一点,那么就不会认为"是"是静止不动的了。这里,柏拉图提出了"完满的是"的概念,他写道:"我们真的轻易便相信,在完满的'是'里面竟然会没有变化、生命、灵魂、理解吗?它是既无生命、又无思虑、悄然独立、缺乏理智的吗?"[36]如果不能将这些东西排除在"是"之外,那么"是"便应当也是动的,不仅是被动,也是主动。然而,作为"完满的是",承认其为动的同时,也不能否认其有静的性质,因为如果只有动而没有静,那么就抓不住任何共同性质、共同形态、共同关系的东西了。因此,结论应当是,"是"是既动又静的。

这里的讨论是要寻找"完满的是",把它作为纯粹的概念确立起来。只有确立了这种纯粹的概念,才可能进一步作纯粹概念的思考,从而将蕴含在这样的概念中的可能的意义比较全面地展示出来,并以此来察看实际中发生的情况。在《智者篇》中,智者借"是"代表真,"不是"代表假,"是"不能不是,"不是"是无可言说的,等日常说法或前贤的概括总结,以逃避被批评为自己是造假欺世的恶名,柏拉图于是欲专就"是"这个概念进行讨论,指出它不止是智者所托的那几种意义,从而去揭示和捕捉智者的定义。在此之前,先就纯粹概念作了反复论述。之所以如此,是因为在他之前,人们从来也没有去设想和使用过这样的概念。

"是"是柏拉图确立纯粹概念时的一个代表性概念。"是"之所以可以用作这样的代表,是因为它在日常语言中被广泛使用、同其他词语有广泛的搭配。当其同其他词语搭配使用时,有多种不同的意义。"完满的是"这个说法的提出,反映出柏拉图要把"是"的各种用法中的意义抽取出来,作成一个独立、完整的"是"的概念。"完满的是"这个概念后来便被当作是本体论哲学中一个最重要的概念,甚至当其进入基督教神学时,成了上帝的代名词。"是"被柏拉图当作纯粹概念的代表反复论述,还由于根据希腊文的语言习惯可以将一切东西称为"是的东西"或"是者""所是"。

我们已经看到,"完满的是"这个概念不仅与日常语言和思维中对"是"的用法和意义不同,而且也与理念论中的理念不同。这种不同绝不仅仅是一个词、一个概念的意义及其使用方面的不同,更重要的是,柏拉图以此而开辟出了一种新的思想方法。这种思想方法已在《巴门尼德篇》中以拯救理念为目的、进行思想训练的形式而初露端倪。在《智者篇》里,我们又通过柏拉图提出的"完满的是",看到了纯粹概念的形成,从而使这种新的思想方式明确为纯粹概念的思维。柏拉图本人在《智者篇》里称他所能做的只是关于那些最主要的概念间的相互关系,这些主要概念他称为通种,因而后人将关于这些概念的理论就称为"通种论"。

(五)"通种论"大意

"通种"一词的原文是 γένη(genus,有的英文译作 kind),中文也有译成"类"的。简单理解起来,就是那些最具有普遍性的概念。

柏拉图在《智者篇》中花了九牛二虎之力,为的是得到纯粹概念,即通种,以便讨论这些通种间所可能有的相互结合或不结合的关系。然而,即使找到了通种,要演示它们间的相互关系也不是一件容易的事。因为并不是一切通种都不结合,也不是一切通种都简单地结合。

如果一切通种都互不结合,那么,动和静就不和"是"结合,这不仅使得动和静两者本身都不能成立,而且一切理论都成了问题。不论是主张万物皆动、万物不动如一,还是以为"是"在各方面都相同的理念之中,都不能成立了,因为它们都把"是"加上去了:"有的说,它们是在运动中;有的说,它们是在静中。"[37] 照我们的理解，用明白的语言来说就是，如果主张一切通种不结合，那么，就不能有任何判断，因为判断必须用到系词"是"，即有其他东西和"是"的结合。同样，其他各种关于事物有分、有合的理论也概不能成立了。

如果一切都结合，那也行不通。因为那样，动就是静，静就是动。这意味着"是"也不能乱用。

于是只剩下第三种可能，即，通种间有的是可以互相结合的，有的是不能结合的。这好比由字母拼成单词时，有些字母可结合成单词，有些则不能。其中，如果光有辅音字母而没有元音字母，就拼不成一个单词。还有如音乐的和谐等其他一些事情，也都要有类似拼单词的技术。其中最大的一门学问，就是掌握通种间结合与否的学问：

> 既然我们承认，通种间互相也有结合的问题，那么，要能指出哪些通种彼此相合，哪些通种彼此不合，不是需要有一门学问指点讨论的途径吗？有没有某些渗透在它们中间、把它们结合起来的通种，或者，在分离的情况下，是否有些通种贯穿于全部并在其中起作用，这些不也是这门学问要讨论的吗？[38]

柏拉图不仅肯定了这是一门最重要的学问，并且明确指出，研究这门学问的人称为哲学家，这门学问的名称是辩证法。[39] 当然，这种辩证法同我们所熟悉的辩证法有所不同，它是纯粹概念的辩证法。

从人类思想发展的历史上来说，柏拉图的这种通种论或辩证法，开启了一种全新的思想方式。为了了解这种思想方法，我们要追随柏拉图去深入探索一番通种间结合与否的情况。

首先是关于通种的择取。柏拉图清楚地意识到，通种间有的结合、有的不结合，要完整地讨论它们，情况是十分复杂的。为了不至于在这门学问一开始就搞糊涂，他决定先择取最为主要的几个通种作一演示，同时又使这一演示有助于揭示智者的面目。由于前面刚谈过"是""动""静"三个通种，柏拉图就以它们作为开端，并以它们之间的关系为根据，引入其余的通种。大致过程是这样的：在最初的三个通种间有这样的初步关系，即，"动"和"静"分别与"是"结合，它们因而各是其所是；同时，这三者又各同于自己而异于另外两个，不然它们便不可区别。然而，它们的每一个之同于自己和异于他者，并不是因为它们自身就是同或异;如果它们本身是同或异,那么"动"和"静"就要么都称为"同",要么都称为"异",两者便无区别,这是不可能的。"是"与"同"也不是同一个东西,不然,当我们说"动"与"静"都是着时,就要承认这两者是"同"了。这样看来,"同"是上述三个通种之外的第四种。"异"也不是"是",因为"是"有两种方式,一种是有些"是者"可不参照与其他"是者"的关系而是其所是,另一种是有些"是者"必通过参照别的"是者"才能是其所是;"异的东西"只能在相对于别的东西中而是"异"的;如果"异"与"是"没有区别,那么就要有不必相对其他东西、其自身就是"异"的东西了,这当然不可能。所以"异"当取为第五类通种。柏拉图认为,"异"是贯穿于每一个通种的,唯其如此,每个通种都是异于其他通种的;反过来说,每个通种之所以异于其他通种,并非由于它自身的原因,而是因为分有了"异"、与"异"的结合。(254d—255e)

这里我们看到了柏拉图为本体论设定的一个操作原则,即,本体论中每一个新概念都应作为先在的概念之间的关系的规定性才能得到引进。这最终导致黑格尔寻找一个一切概念都从中推演出来的最初的概念。黑格尔认为充当这个最初概念的是"是",因为"是"是最普遍的,同时也是没有任何特殊规定性的,——这种性质的"是"不是黑格尔个人为之设定的,它是西方本体论哲学发展中逐渐形成的一个概念。由于本体论哲学中的每一个概念都是从先在的概念中推导出来的,使得黑格尔能够说,哲学是概念自身的运动。这使我们进一步体会到本体论与自然哲学和认识论的区别。本体论作为纯粹概念推导的原理,没有任何特定的研究对象,它是纯粹一般的原理。然而,既然它是纯粹一般的原理,它应当在包括自然哲学、认识论在内的各特殊学科领域里起指导性作用。——本体论哲学家们是这样认为的。

下面,我们不打算介绍柏拉图关于上述几个通种间关系的全部细节,只是就其中推论"不是"或"不是者"及其规定性的问题作一简略说明,因为这个问题直接关系到关于智者的辩论。

既然"异"贯穿一切通种,那么任两个通种之间就有异的关系。这样,任何一个通种,如"动",就是异于"是"的,即,"动"既是、又不是("动"是它自身,又异于、因而不是它与之结合着的那个"是")。由于"异"和"是"是通贯性的,那么,一切通种凡分有"是"而是其所是的,也皆因其分有"异"而是"不是者"——它自身不是"是"。因此对于每个通种来说,可以有许多是(如 A 可以是 B、C、D……），也可以有无限数量的不是（如 A 是 B,则不是 C、D……；是 C,则不是 B、D……）。而且"是"本身也可"不是",因为当"是"是其自身时,它"不是"其他。我们已经可以看出,所谓"不是",在此并不是作为"是"的反面的绝对不是,而只是指异于"是"的。例如当人说"不是高",那么可以指"等于高"或"矮"。又如,说"不是美",指的是异于美的。这些"不是高""不是美"之类的东西,比起"高""美"同样也是些"是者",而且也各有其性质。由此看来,"不是"也是一种所是,它是诸多作为"是者"的通种中的一种。（256d—258c）

这里,我们又想起了巴门尼德的告诫:"说'不是者'是,这是不可取的",因为对"不是者"是无可说、无可想的。智者正是利用这一点,说自己既已说出的一切不可能是"不是者"。柏拉图则证明,"不是者"也有其所是,是一种"是者",当亦可有所说、有所想;那么反过来,有所说、有所想的亦不只是些"是者",也可以是"不是者"。当然,如已经分析过的,同一个"不是者"是有不同意思的。它可以是绝对的"不是者",在这个意义上,它是"无",对它当然无法有所说、有所想;但它还有一个意义,即作为相对的"不是者",它仍是一个"是者"。智者在辩论上的毛病正是出在不予区分。

然而,以上所说的还不足以最后驳倒和揭露智者,因为以上都是在通种范围内说的最一般的原则,属于通种之间可能有的关系。要最后驳倒和揭露智者,还应说明,这种可能有的一般关系能够表现或实现在人的具体的思想和言论中。柏拉图写道:"他（指智者）可能会说,有的东西分有'不是',有的则不分有,言论和思想即在不分有之列。这样他就会争辩说,我们说他托身之处的造像术和幻像术并无其之所是,因为思想和言论不分有'不是',没有这种结合,便不会有假。"[40]我们知道,在当时希腊人的语言中,习惯于以"是"表示"真","不是"表示"假"。如说"一不是"（即,这不是一）,那么这里说出来的"一"就是假的,因为它不是一。反之,如说"一是",那么这个"一"就是真的,正是那人要说的东西。智者想必是利用这点,说自己运用"是"的形式所说的许多话怎么会是假的呢？为此,柏拉图先考察有关语言的一般情况。他指出,语词分为名词和动词;光有一连串名词不成话,光有一连串动词也不成话,只有将名词和动词结合在一起,才是最简单的话。但是,也不是凡名词和动词都可结合,它们之间也是有的可结合、有的不可结合。另外,每句话必是关于某事的,不可能不关于任何东西。有了这些一般原则的了解,就来看具体的例子。

《智者篇》的谈话是假托一个来自爱利亚地方的外乡客和泰阿泰德之间展开的,于是,柏拉图托"外乡客"之口说出两句话请泰阿泰德评析:第一句是,"泰阿泰德坐着",第二句话是,"此刻我同他谈话的泰阿泰德飞着"。泰阿泰德不难分辨:前一句是真的,后一句是假的。从形式上看,这两句话都符合集词为句的原则,即一个名词加上一个动词,那么两句的区别是什么呢? 对此,代表柏拉图观点的外乡客是这样分析的:"真的那句话是如其所是地说出了你的情况","假的那句话说的是异于你所是的那种情况,因而是把其所不是的情况当作是的情况来说了"。[41]因此,尽管从形式上看,两句话都成立,但是,从每句话与其所要表达的事情的关系来看,前一句话具有"是"的性质,后一句话则有"不是"的性质。由此得出结论,"不是"在某些情况下也与语言结合,可能造成假言论,即具有"不是"的性质的言论。要证明"不是"的性质也可能渗透在思想中是很简单的,这只要指出,思想是"自己内心无声的谈话"[42]。这样就肯定了有与事实不相符的假言论、假思想的存在,尽管从形式上看,它们把自己装扮成某种"是者"。制造这种假言论、假见识的人就是智者。

借着揭露智者真面目的话题,柏拉图演示了通种间关系的理论,这才是《智者篇》价值的真正所在。它把柏拉图在《巴门尼德篇》中通过演示理念间结合与否而初创的本体论作了进一步的发展,使之更加成形了。

四、结　　论

1. 柏拉图是本体论的创始人。他第一次把哲学定义为是关于研究通种间关系的学问,即最具普遍性的那些概念之间的关系的学问。由于一切通种都分有或结合着"是"这个通种,一切通种就都是"是者",这也是后人把本体论称作是一门关于"是"和"是者"的学问的原因。在此后两千余年的时间里,本体论成为西方哲学中最核心的部分,是"第一哲学"。它不仅影响和决定了全部西方哲学的形态、一些重大哲学问题的提出,而且作为一种思想方法,也对整个西方的文化乃至科学的发展产生过重大影响。

2. 综观柏拉图哲学的发展过程,本体论的创立是他的思想连续迈出三大步的结果。第一步是在苏格拉底寻求定义的方法的基础上,柏拉图提出了他的前期的理念论。跨出这一步的实质是,哲学从追求智慧的方向转到了追求知识的方向。这两种方向的最大的区别在于,前者注重人自身的修养及能力的开发,后者注重于把握外界事物:从变动不居的事物中把握其稳固的本质。这一转变对于创立本体论的意义是,理念论开辟了一个在我们的世界之外的另一个世界,它最终将成为纯粹概念驰骋于其中的领域。

3. 第二步是柏拉图从自己前期的理念论走向一种新的理念论。柏拉图走出这一步,可以说是由于他自己前期的理念论中存在的矛盾逼出来的。那种理论被假定是能够说明世间事物的最终原因的:理念代表了事物的本质,事物是由于分有理念才是其所是的。后来他发现这种分有说有种种说不通的地方。然而,放弃这种分有说,等于说理念对我们这个世界里的事物没有作用,这进一步使人怀疑理念是否真的成立。新的理念论就是在这种困境中出台的,它表明,理念是成立于它们之间的相互关系中的,理念间的相互关系也就是它们间的相互分有。它还从反面表明,不相互分有或不在相互关系中的理念是不能成立的。从相互关系中得到规定而成立的理念被称为有其"自在的是"的理念。但是关于这种新的理念论究竟是一种什么性质的理论,或者说,它有什么用处呢?柏拉图对此颇为踌躇,只能权且称其为思想训练。实际上,这已经是本体论的雏形了。

4. 通种论是柏拉图走向本体论的第三步。这时他已经意识到了,思想训练不会没有收获。如果能够在思想上先搞清一般概念间的全部可能有的关系,那么我们对实际事物的各种情况也增强了辨识能力。反过来,对实际中某些由于语言上纠缠不清而十分复杂的事情的辨识,也需要我们把语词抽象出来,考察其可能有的各种意义。结果就产生了对"是"和"不是"为核心的一般概念的意义进行讨论的理论,这就是通种论。这第三步比第二步更进一步之处在于:在第二步的新理念论中,理念和我们世界中的事物是同名的,这便是说,我们有多少关于我们世界中的事物的名称,在理念世界中也就有多少同名的理念。于是,我们的世界里有奴隶、主人这样的名称,在理念世界里也有奴隶、主人这样的理念。因此,新理念论里的理念并不都是普遍性的概念。而通种论,光从"通种"这个词就明白,其中所讨论的都是些最具普遍性的概念。这种概念所表述的应当是更具普遍性的道理。

5. 柏拉图自述其《巴门尼德篇》的新理念论是思想训练性质的,关于《智者篇》中的通种论,他除了说它是哲学家研究的对象外,没有就它的性质作更明确的论断。当我们去确定通种论的性质的时候,先要提醒一点:通种并没有割断它与新理念论中的理念的血缘关系,除了它们在普遍性的程度上有所区别。那么,通种不是成立于我们这个世界里的,而是成立于它们之间的相互关系中,并且,这种关系也是每一个新的通种被引进的根据。这已经暗示着通种是不依赖于人的主观认识而成立的,通种论是一种独立存在的、由通种间的关系展示出来的纯粹的原理。这一点后来在本体论的发展中越来越明确。在通种论中就为本体论确立了的这种性质,也给本体论造成了永恒的难题:既然这种原理不在我们这个世界里,人何以能认识它、把握它? 它作为原理,又怎样能作用于我们的世界? 总之,此界和彼界的鸿沟怎能克服?

6. 在本体论得到初创的柏拉图哲学中,我们清楚地看到了日常语言被改造为本体论语言的过程。无论是《巴门尼德篇》里的理念,还是《智者篇》里的通种,它们都不直接表述我们这个世界里的事物,它们的意义是从它们相互之间的关系中得到规定的。从日常语言中抽象出来的"是"这个概念对于概念间关系的建立起着特殊的作用,它不仅是各概念间联系、结合的纽带,而且还使其中的一切概念都具有了"是者"的身份。西方语言的某些特征为哲学家建立本体论语言提供了特殊的便利,除了已经提到的系词"是"在西方语言中被广泛运用这个特点外,其词性的变化,名词的单、复数变化,动词的时态,等等,对于本体论概念的规定性的确立都有一定的影响。这些都提醒我们,虽然我们是同一地球村的居民,然而由于天然的语言上的差别,在思想方法上是不尽相同的。尤其是当哲学家运用各自的语言表达形而上学思想的时候,其差别会更大。

注释

1. 陈康:《论希腊哲学》,商务印书馆 1990 年版,第 127 页。
2. 柏拉图:《巴门尼德篇》,160c。
3. 同上书,163c。
4. 同上书,144a—b。
5. 西方语言的习惯,在名词前往往加冠词。这里,须在作为单数的"部分"前加不定冠词 a,表示"一个"。
6. 陈康译注本,第 195—196、201—202 页。
7. 同上。
8. 同上书,第 210 页。
9. 同上书,第 229 页。
10. 同上书,第 178 页。
11. 同上书,第 351 页。
12. 陈康译注本,第 103、307 页。
13. 同上书,第 76 页(133a)。

14. *The Republic and Other Works by Plato*, tr. by B.Jowett, Anchor Books, Doubleday, New York, London, 1989. p.376.

15. Plato：*The Collected Dialogues*，Princeton University Press，1987，p.927.

16. 柏拉图:《巴门尼德篇》,155d。

17. 同上书,130b—e。

18. 陈康译注本,第264页。

19. 参见汪子嵩等:《希腊哲学史》第2卷,第900页:"比如伯奈特认为这里讨论的都是有关'相'和'相'之间的关系问题,因此他坚决反对说这个'其他'的就是感性事物。康福德采取调和态度,他说对这个'其他的',无论我们说它只是'一个实体',或者说它是'数的单位'或'整个数',或者说它是别的'相',或者说它是'几何量',或者说它是'在时间空间中存在的感性物体',都是可以的。他认为这样就可以避免单纯将它们解释为只是'别的相'或只是'感性物体'所带来的困难。因此,格思里将'其他的'说成是'一张空白的支票',可以随便填入什么内容。"

20. 柏拉图:《巴门尼德篇》,136a。

21. 同上书,136b。

22. 陈康译注本,第311页。

23. 同上书,第312页。

24. 同上书,第310页。

25. 同上书,第311页。

26. 参见《巴门尼德篇》第二组推论的第十二、十四个推论。

27. 参阅本书第二章。

28. 柏拉图《智者篇》,236e,译文参校康福特英文本及严群中译本(《智术之师》,商务印书馆1963年版),但我们不取康福特多处以"real"取代"being",也不取严群将"being"译作"存在"。

29. 在一部写于柏拉图同时代或稍早、其作者无法确定的著作中,有一段驳斥"医学不是一门真的技艺"的话:"在我看来,一般来说,没有什么技艺不是真的。因为,设想'是者'不是,这不合理。也因为,人所可见并可说'它是……'的,这样的'是者'怎么会是'不是者'呢? 因为,如果'不是者'是可以被看到的,就像你能看见'是者'那样,那么,当你可以用眼看到、用脑思想这'是者'时,却把它当作'不是者',这是我所不能理解的。情况不应当那样,'是者'总是可见、可知的;'不是者'则是不可见、不可知的。"(Cornford, *Plato's Theory of Knowledge*，1957，p.209.)由此推想:古时候希腊人的民风是很淳朴的:说"是"就是,说"不是"就不是。到了智者的时代,辩风始盛,说"是"不是,说"不是"倒是,于是就有了"正名"的要求。这可以作为柏拉图创立本体论的一个背景来理解。

30. 柏拉图:《智者篇》,240c。

31. 同上书,241d。

32. 同上书,244a。

33. 同上书,243d—e。

34. 同上书,246a—b。

35. 同上书,247e。

36. 同上书,248e—249a。

37. 同上书,252a,关于这两句的英译(据康福特)为:"Some saying they really are in movement, some that they really are at rest."很显然,凡语言中用到了"to be",也就是与"是"的结合。

38. 同上书,253b—c。

39. 同上书,253c—d。

40. 同上书,260d—e。

41. 同上书,263b。

42. 同上书,263e。

第七章

亚里士多德与本体论

本章的标题如果取"亚里士多德的本体论",相信多数人是可以毫无疑问地接受的。人们不仅相信亚里士多德哲学包含着一种本体论,而且相信,本体论作为一门独立的学问始于亚里士多德的《形而上学》。然而根据我在研究中得到的体会,问题并没有如此简单。

我们在前一章中已经肯定了柏拉图是本体论哲学的开创者。得出这一结论的理由是,柏拉图在其后期的理念论中,演示了一种以概念的相互推论关系来构造原理体系的哲学。沃尔夫为本体论所下的定义就是切合着柏拉图哲学的这一特征的。后来,从康德、黑格尔到海德格尔,无论对本体论是采取赞成还是反对的态度,他们所理解的本体论都没有越出沃尔夫的那个定义。根据沃尔夫的定义,由于本体论靠的是概念到概念的推论,这样得出的原理是超越于现实的经验世界的,这是本体论最本质的特征。然而,正是在这一点上,亚里士多德是不能同意的,他表达了一种与柏拉图根本相反的立场。

哲学史家文德尔班清楚地概括了柏拉图和亚里士多德之间的这一区别。他认为,柏拉图哲学的特征可以概括为他对于苏格拉底的两步超越,第一步是,"他第一次明白地、有充分意识地提出非物质的现实性的主张。"[1]"……了解理念彼此之间的关系。这是柏拉图超越苏格拉底的第二步,这点特别重要,理由是它直接导致对于概念之间的逻辑关系的理解。"[2]文德尔班特别指出,柏拉图哲学超越于现实的、经验世界的特征,他说:"为了避免层出不穷的误解,我们必须明白指出,柏拉图的非物质性的这个概念与精神的或心灵的概念毫无共同之处,而近代人的思维方式很容易作如是之假定。对于柏拉图的概念来说,特殊的心灵功能是属于流变的世界,正如身体和其他有形物体的功能是属于流变的世界一样。在另一方面,有形性的'形态'或'形状'、感官上的性质和关系的理念,和精神关系的理念一样,在真正的现实中找到了位置。精神或心灵与非物质性合而为一,把世界分为精神与物质,这些都是非柏拉图式的。柏拉图所教导的非物质的世界还不是精神的世界。"[3]关于亚里士多德,文德尔班说:"而亚里士多德则断言真正的现实(现存的东西)是在现象本身中发展的本质。他否认那种将不同于现象的东西(第二世界)当作现象之因的企图,并教导说,用概念认知的事物存在所具有的现实性只不过是现象的总和,而事物存在即在现象中自我实现。"[4]

另一位哲学史家梯利,对于亚里士多德不同于柏拉图之处也说得很明白、很生动。他说:"柏拉图似乎把后来亚里士多德所称之为永恒的形式者置于星体以外。把它同实际的经验世界隔离开来,并贬低经验世界为纯粹现象。"又说:"亚里士多德保留了那些不变的永恒的形式、他老师的唯心主义原则,但他排除了它们的超验性。可以说他把那些原则由上天降到人间。"[5]

由于柏拉图开辟了一个"第二世界",我们生活在可感世界里的人对于那一个世界的原理不能靠经验事实认知,那个世界里的知识或纯粹原理就只能以理念或概念间推论的方法实现,其结果就是本体论。亚里士多德不承认有那样一个世界,只承认我们生活于其中的世界,他所论述的知识、原理都是关于我们这个世界的,他可以就着经验事实讲话,他不必要、也没有靠演示概念间的推理去讲话,就这点而言,亚里士多德的哲学不是本体论的。另一方面,概念的推论用的是逻辑方法,取这种方法和态度的被认为理性主义,那么,采取与之相反的方法或态度的亚里士多德哲学似乎就应当是经验论的。然而问题并非如此简单。虽然亚里士多德决不认为存在着一个超越于我们世界的理念世界,但是也决不囿于感性经验而不越雷池一步。他认为我们这个世界里,人的认识可以由个别上升到一般,从感性事物达到它背后的本原或原因,并且认为"世上必有第一原理","第一原因既是永恒的,就不该被毁灭"。在他看来,普遍的东西,或者形式,也不只是名称而已,而是代表着实在的事物的。再者,虽然亚里士多德也没有去发展出一种纯粹由概念间推论的理论,但是,在对感性事物的逐级抽象中,他得出了许多一般的概念,并且通过对词语的类别的划分,第一次提出了范畴。他还创立了形式逻辑,虽然他把形式逻辑当作一种纯粹的方法,没有直接用于概念的推论。范畴和逻辑方法的提出,却是本体论进一步发展的重要条件。

这些复杂的情况使得我们不能简单地把亚里士多德哲学归于经验论或

理性主义、本体论或非本体论,而是要深入到亚里士多德的学说中去,具体讨论它与本体论的关系。

从与本体论有关的方面看,亚里士多德哲学中首先值得注意的是他对柏拉图理念论的批判。这个批判又分为对理念论的批判和对数的理论的批判两个方面,这两方面批判的核心思想是批判本体论。此外,我们还要说明亚里士多德《形而上学》一书阐述的哲学思想宗旨,在这一宗旨下他对普遍概念的探寻,以及这些概念如何丰富了以后的本体论。

一、亚里士多德对柏拉图理念论的批判

关于亚里士多德对柏拉图理念论的批判,是一个大家讨论过、比较熟悉的问题。这里要论述的是,这个批判是针对本体论的。在前一章里,我们已经论述过,本体论是柏拉图后期理念论的产物,那么,亚里士多德的批判究竟是限于柏拉图前期理念论还是主要针对着他后期的理念论,这就是一个首先要说明的问题。只有说明亚里士多德所批判的柏拉图理念论主要是指他后期的理念论,我们的观点才可能成立。所以,我们先从问题的取向谈起。

(一)问题的取向

亚里士多德对柏拉图理念论的批判主要见于《形而上学》一书,一处是第一卷第9章,另一处是第十三卷第4、5两章。这两处的内容大体是相同的,甚至在文字上也多有雷同。这一批判的主旨是很明确的,即,它根本否认有理念这样的东西存在,从而否认理念论是能够解释事物最终原因的理论。然而,由于历史背景以及思想方法等种种原因,我们对亚里士多德所作的这一批判的许多细节,并不都能理解。

汪子嵩先生曾经对亚里士多德对柏拉图的理念论的批判这个题目作过深入的研究。[6]他详细梳理出亚里士多德批判柏拉图理念论所围绕的十个论题,其基本的着眼点是一般和个别的关系问题。他指出,虽然亚里士多德批评了柏拉图关于理念存在于事物之外的观点,然而亚里士多德本人又主张形式先于质料,因此,亚里士多德还是未能搞清一般和个别的关系这个重要的哲学问题。汪子嵩先生的研究为我们进入这一领域提供了有益的帮助。

我们这里拟从另一个角度看待亚里士多德对柏拉图理念论的批判,这就

是本体论的角度。让我们先来说明这一取向的理由。

亚里士多德批判柏拉图的理念论，必对这个理念论有一个全面的了解。我们在前一章中已经说明，柏拉图的理念论是经历过发展的。在他的前期理念论中，柏拉图主张在事物之外存在着理念，它们是多中之一，变中的不变，是事物的本质；事物是因分有理念才是其所是的。在《巴门尼德篇》中，柏拉图批判了自己前期的理念论，他主要认为，关于事物分有理念的种种说法存在着许多难以克服的矛盾。既然事物分有理念的说法不能成立，那么理念论的作用乃至理念的存在问题都成了问题，这种情况迫使柏拉图去发展出一种新的理念论。新的理念论主要论述了理念是在它们的相互关系中才是其所是的。后来，对理念间相互关系的论述又进一步发展为关于对更一般的通种之间相互结合的关系的理论，柏拉图并且把通种间关系的理论当作是关于言论、思想和事物的一般原理。新的理念论与前期的理念论有很大的差别，作为柏拉图的亲炙弟子，亚里士多德不会不知道这一点，也不会不在他批判理念论时不表明自己对新理念论的态度。而新理念论，我们已经论述过，是属于本体论的。

亚里士多德对柏拉图理念论的批判不仅应当包含着对新理念论的批判，而且还应当是把新理念论当作主要的批判对象的。关于这个论断的重要证据之一是，亚里士多德对理念论的批判中包含着对数的问题的批判，甚至其篇幅更大于对理念论本身的批判。[7] 亚里士多德是反对把数学的数和理念的数混为一谈的，而混为一谈的正是柏拉图。虽然柏拉图前期理念论中也有一些数学、几何学方面的问题，那里的重点是说明人具有某些先天的推理的知识。而在新理念论中，柏拉图直接就把数、几何的形当作理念的一部分，把数学的推论当作是理念的推论。或者说，柏拉图的目的正是要把新理念论建设得像是数学一样的推论的理论系统。这充分说明，亚里士多德对柏拉图的批评包含着对新理念论的批评，而且，新理念论还是亚里士多德的主要的批评对象。

当然，亚里士多德对柏拉图的批评并非全都针对新理念论的。虽然前期理念论也受到过柏拉图本人的批判，亚里士多德的批判中，也有一部分是针对旧理念论的，只是由于他们两人的立场是不同的：柏拉图自己的批判不是为了彻底取消理念论，而是为了发展为新的理念论；亚里士多德则毫不留情，要彻底否认全部理念论。对亚里士多德批评对象的具体分析，是我们对这一批判采取新的视角的根据。

由于我们主要是考察亚里士多德对本体论的态度,我们将重点讨论亚里士多德对柏拉图新理念论的几点批判。

(二) 关于理念与事物同名的问题

亚里士多德首先批评了理念的这样一种性质:它是与事物同名的。这显然是指柏拉图在《巴门尼德篇》里发挥的新理念论的理念。亚里士多德说:

> 那些把理念当作原因的人,当他们寻求把握周围事物的原因时,首先引入与这些事物数目相等的另一些事物,好像一个想要计点事物的人,觉得数目太少而不好点,只有增加了数目才可以去计点事物。因为,这些思想家试图去解释事物时,从事物进到了理念,理念的数量事实上与事物正好相等,或不少于事物。因为,对应于每一件事物,都有一个与之同名并与本体相分离而存在的东西,同样,在其他各组中,也有一个多之上的一,不论这个多是在这个世界里的,还是在永恒的世界里的。[8]

我们知道,柏拉图前期的理念论是目的论性质的,因此从原则上说,只有那些高尚的事物才有其理念,同时,根据以一统多的原则,也不会得出理念与事物数量相等的结论。但是在《巴门尼德篇》里,柏拉图改变了自己的观点。当代表柏拉图前期理念论的"少年苏格拉底"表示,他对是否有"人的理念""某个人的理念""火的理念""水的理念"颇感困惑,更不愿承认有关于"头发""污泥""秽物"的理念时,遭到了代表柏拉图新理念论观点的"巴门尼德"的批评,说,这是因为"少年苏格拉底"年龄尚小,易受他人意见左右,将来他就不会轻视那些东西了。稍后,"巴门尼德"更是明确指出,我们世界里的事物和理念是同名的。[9]这样,理念才与我们世界里的事物的名称的数目是相等的。所谓"同名"是指如下的情况:假如世界上有分别以主人和奴隶为名称的两种身份的人,那么在理念世界里也有主人和奴隶这两个名称的理念。主人和奴隶是各以对方的存在为自身存在的条件的,但是现世中的主人和奴隶与理念世界的主人和奴隶并不发生关系,他们各自在自己的世界里发生关系。柏拉图的这一设定,为的是能在理念世界中就奴隶和主人这两个理念间的一切可能的关系进行研究。根据我们的理解，这是因为，在现实中的主人和奴隶之间，由于时间、地点或其他各种因素的局限，两者的多种复杂关系不可能在同时同地全部展现出来；只有将它们作为抽象的概念，才可能在纯粹概念的讨论中将它们之间全部可能的关系展示出来。这应当是柏拉图的本意。

这就遭到了亚里士多德的批评，我们尽可以就我们世界里的事物去说明事物的原因，何必另设一套与之同名的理念，让它们在脱离实际事物的理念界里演绎，然后再说它们是关于我们这个世界里的事物的原理呢？这就好比去计点事物时，不是根据事物本身的数量去计点，而是先要设立一套与事物相分离的数才能去计点一样。

（三）"关于理念存在的那些证明方法都是不可信的"[10]

亚里士多德的这一批评马上促使我们去回想，柏拉图究竟在什么地方曾为理念的存在作过证明？在其前期理念论中，严格说来，很难找得到可以称作证明的东西。在《美诺篇》中，柏拉图曾以灵魂的存在证明理念的存在，可是在《斐多篇》中又以理念的存在为灵魂的存在作证，且将灵魂归入了理念一类。当被再三追问理念是否存在时，柏拉图道出了真相：他是因为前人关于事物原因的种种说法皆不能令他信服，才提出了有理念存在这个"假定"[11]。而《巴门尼德篇》倒是为理念的"自在之是"作证明的。（我们已指出过"是"的意义是模棱两可的，它有"是什么"和"存在"两种意思。）下面我们逐句讨论亚里士多德对这些证明方法的批评。

"因为有些推论并无必然性，甚至有些则于我们认为没有理念的东西却推出了它的理念。"我们除了在《巴门尼德篇》中看到许多关于证明理念"自在的是"的推论，又从哪里看到过呢？亚里士多德敢于批评有些推论并无必然性，是因为他第一个研究了形式逻辑。柏拉图并无形式上严格的逻辑方法，他演示的推论虽然也顾及概念内涵间的相互关系，但形式上表现为只是理念的结合和分离。至于推出了不可能有其理念的那些东西的理念，亚里士多德在同一批判的稍后有一更明确的说明，他认为要是有可被其他东西所分有的理念，这个理念只能是"本体"[12]，因为其他东西都需依附于本体才是其所是的。

"根据这种论证，有多少门学问，就会有多少这些学问中涉及的一切事物的理念"，这一批判的靶子也在《巴门尼德篇》中，那里，柏拉图既肯定理念世界是和现实世界分离的，又认为理念和事物同名，那么，也有两种不同的知识，一种是关于我们这个世界内事物的知识，另一种是理念世界里的知识，理念世界的知识纯粹是由理念组成的，是关于"自在的是者"的"绝对的知识"[13]。亚里士多德显然认为，我们既然有关于我们世界中事物的知识，又何须在此之外以理念的形式另设一门与事实相脱离的知识。

又，"依照'以一统多'的论证，将会有否定的东西的理念"，在柏拉图的《理想国》里提到过"用同一名称称呼多数事物"[14]，但是那里并没有暗示从中也会有关于否定的事物的理念。但如果我们把"以一统多"（one over many）理解为一涵盖着多，即一结合着多，那么我们马上就会想起柏拉图在《巴门尼德篇》里所作的全部论证，那里不仅有肯定的论证，也有否定的论证。当"一"与"是"不结合，"一"就不能与种种其他理念相结合，并且其自身最终被证明也不能成立，是个被否定的东西；然而奇怪的是，这个被否定的"一"居然还和其他许多被否定的理念着实演绎了一番。[15]这在亚里士多德看来，显然是不可思议的。

又，"依照即使事物灭坏后它仍是思想上的对象的论证，就会有灭坏掉的事物的理念，因为我们有关于这些东西的印象"。一切与事物同名的理念是在它们的相互关系中被证明为"自在的是"的。而亚里士多德举出已经灭坏的、不存在的东西，那么，说与这样的东西同名的理念还具有其"自在的是"的性质，显然是荒谬的。这一批判也只有以《巴门尼德篇》为对象才可理解。

最后，"在那些更精细的论证中，有些引出了关系的理念，这些，我们认为是不成其为独立的类的；另一些则引出了'第三人'"。且不说关于理念间"精细"的论证我们只见之于《巴门尼德篇》及《智者篇》，所谓"关系的理念"也没有比《巴门尼德篇》谈得更多的了。我们在其中看到，这些理念有"类似""不类似"，"等""不等"，"同""异"，"大于""小于"等等，甚至连"年老些""年少些"也都是些"关系的理念"。亚里士多德尤其不能同意"关系"一类的理念，其原因正如前面解说过的，是由于他格外看重本体，如果说有"自在的是"的是者，那么，他只承认是本体。

关于柏拉图的推论方式会引出"第三人"的错误，论家多举柏拉图在《巴门尼德篇》上半部自我批判中的一个例子。这个例子是说，如果人们从许多大的事物中得出一个"大"的理念，那么，对这个"大"的理念和那许多大的事物，又可得出一个"大"的理念。仔细想来，这并不是关于"第三人"的问题，而是一个"无穷尽后退"的问题,因为还可以将上述第二个"大"的理念与前两者放在一起,进一步得出第三、第四……个"大"来。同样的论证方法也被柏拉图用于批判事物把理念当作模型来摹仿的观点。这个批判说,如果事物把理念当作模型来摹仿,那么在事物和理念之间必类似,但事物和被当作模型的那个理念本身都不是"类似","类似"是一个理念,当事物和当作模型的理念类似时,它们必分有了"类似"这个理念。然而,当它们分有"类似",因而与"类似"类似时,它们和这个"类似"理念又必共同分得了另一个"类似"理念。这也可以无穷尽地推导下去。这既不是一个关于"第三人"的问题,亚里士多德的批评当然不会指它。况且,这是柏拉图自己已经批判过的问题,其目的是说事物分有理念的说法有许多困难,是必须予以放弃的理论。如果以为亚里士多德对"第三人"错误的批判仍然指柏拉图自己也批判过的那种说法,似乎是没有必要的。

如果亚里士多德对柏拉图理念论的批判主要是以柏拉图的新理念论为对象,那么,我们当在《巴门尼德》后半部的推论中找目标。以这样的眼光,我们发现有一处推论是关于"人"的,且出现了"第三人"。这是关于年龄问题的讨论。在这里,柏拉图提出了三个理念:"年老些""年少些"和"同年龄",即,柏拉图要证明,当"一"和"是"相结合的情况下,由于"是"具有时间性(已是、正是、将是),"一"就表现出年龄的特征。依照柏拉图论证理念存在的总原则,它们都是在相互关系里是其所是的,因此,年龄问题也要放到关系中去讨论。全面的关系不仅指"一"与"其他"的关系,而且包括"一"与自身的关系。柏拉图的方法使他必须得出如下的结论:"一"具有"年老些""年少些"和"同年龄"的性质,这不仅是相对于"其他"而言的,同时也是相对于"一"自身而言的。这就有问题了。我们可以理解"一"和"其他"是两个人。当"一"在和自身相比时有"年老些""年少些"的性质,这也可以理解为是同一个人不同时期年龄的比较。然而当说"一"和自身有"同年龄"的关系时,"一"就不得不分裂为二,这就有了"一"和"其他"之外的"第三人"出现了。[16]但如果舍去"一"和自身"同年龄"的关系,依柏拉图的方法,这个证明就是不完全的。

亚里士多德对柏拉图关于理念是"自在的是"的论证方法的批判,每一条针对一个方法,这些想必原来都有举例说明,然而我们所见则像是一个讲课的提纲,略去了例子。这就使后人读时颇费猜测。我们尽量根据我们读到的原著,去逐步探索出比较合理、可信的解说。但是有一点是十分明确的,即亚里士多德在这个自然段里是批判柏拉图关于理念存在的种种证明（依柏拉图本人的话叫做证明理念"自在的是"），他是不同意在关于事物的知识之外还有一套脱离事实的纯粹由理念间推论构成的知识的。

接着的一个自然段落，从意思上看，不是一个独立的论证，而应是对柏拉图关于理念存在的证明所作的一个总结性的批评。亚里士多德写道：

> 总的来说，关于理念的那些论证，毁掉了事物。我们对事物的存在，应该是比对理念的存在更加关心的。因为从那些论证会得出，在先的不是两个东西（dyad），而是数，即相对的东西先于绝对的东西。此外，一些人由于紧跟理念论而得出的一切其他的结论，也总是要与这种理论的原理发生冲突。[17]

这个结论是很明确的：理念论是脱离实际事物的理论；去证明理念的存在，势必轻视实际事物的存在以及关于它们的理论。亚里士多德是反对理念论的。对于这个结论用了一个例子作进一步的说明，这个例子是说，依柏拉图的理念论，作为理念的数的 2，要比两个事物在先。于是，相对的东西倒比绝对的东西在先了。在柏拉图这里，作为理念的数，是与现实世界隔离的，它们和事物的数亦当同名，但却是两个不相干的数的系列。这是理解上述例子的关键。稍后，亚里士多德对数的理念的批评印证了我们的理解。那里说，理念数的系列并不能成为表示实际事物的数的系列的原因。[18]

（四）能被参与的是本体，而不是理念

柏拉图和亚里士多德都用到了一个词：ousia。然而对柏拉图来说，它指的是理念自身的是，陈康先生将之译为"自在的是"[19]。对亚里士多德来说，ousia 是"是者之为是者"的原因[20]，例如，属性参与到个体事物中才是其所是，质料参与到形式中才是其所是，等等，于是，个体事物、形式便是属性和质料这些是者是其所是的原因，ousia 作为这样的原因，被称为"本体"。对亚里士多德来说，能被参与（分有）的东西，也是作为原因的东西，只有本体是能被参与的，理念不能为事物所分有。亚里士多德指出："如果理念是可以被分有的话，那么只有本体才是理念。"[21] 这不是说，亚里士多德承认有理念的存在，或者同意把他说的"本体"当作理念，而是根据"分有"也指"参与"的意思，本体

是事物的各种属性所参与的地方,在这个意义上,他说本体是"形式"——亚里士多德语汇中一个与"理念"相似的词。当他这样说的时候,又意识到"但是,这同一个词既指这个世界中的本体,又指理念世界里的本体"[22]。他显然希望人们不要因为他用了"形式"这个词,就把它与"理念"相混淆。在上面这些基本的认识下,这就清楚了,亚里士多德批评说,理念论把什么都当作理念(即"自在的是")是一个错误。这些理念间的互相参与不会有必然性。相比之下,我们知道,属性之参与到本体中去,是由于这些属性从其本性上说就是属于本体所有的。亚里士多德说:"根据必然性的要求以及有关形式的观点,如果形式是可以被参与的,那么便只有本体的理念。因为它们不是被偶然地参与的,而事物也必须参与到不表述主语的形式中去。"[23]亚里士多德便这样,用本体的形式把一切理念排挤干净,抛弃理念论去发展关于本体的理论,这鲜明地反映出柏拉图哲学和亚里士多德哲学之间的尖锐的对立:柏拉图的理论是超越于经验世界的、纯粹由理念(概念)间的关系组成的哲学原理,亚里士多德的哲学毫不含糊地是关于我们这个可经验的世界的事实的理论。

(五) 理念论不能成为关于事物的原理

亚里士多德主要是从三个方面来说明理念论不能成为有关事物的原理的。首先,理念论对于世上可感事物并没有什么作用。它并不决定事物的产生,也不影响事物的变化。或者有人以为理念是事物的模型,可是没有理念作为模型,事物照样在产生。事实上,理念论不能对"世上可感事物"产生任何作用的关键在于,它是由与事物同名却又与事物相脱离的理念构成的理论。

其次,理念对于认识事物也没有什么帮助。因为它们并不是直接关于世上事物的理论。这一点柏拉图本人并不否认。在《巴门尼德篇》中,柏拉图认为,既然理念存在于理念世界,它们在其相互关系中是其所是,那么,这些知识就是关于理念本身的知识,它与我们这个世界里的有关事物的知识是不一样的。甚至,由于我们只能认识我们世界里的事物的知识,我们对于理念世界的那些"自在的是"的知识似乎是无可认识的。但是,柏拉图最终将理念间相互结合的关系演示出来了,这说明柏拉图还是认为,人对这种知识还是可以有所把握的。尽管如此,在《巴门尼德篇》里,柏拉图还来不及讨论这种知识的运用,他只是称把握这种知识的过程为思想训练。这些都使亚里士多德有理由说,关于理念的知识对于认识事物是没有什么帮助的。这里显示出在西方哲学的源头中理性主义的知识论和经验主义知识论的分歧。

最后,亚里士多德指出:"本体和本体所是的那个东西(that of which it is the substance)的分离似乎是不可能的,因为作为事物本体的理念会怎样而分离存在呢"?[24] 站在经验主义的立场上,对于不可见、不可触,离开实际的理念,最终给出了否定其存在的判定。

以上是亚里士多德对柏拉图理念论的批判的主要内容。我们看到,亚里士多德批判了存在于实际事物之外的理念的观点。由于我们把亚里士多德批判的对象定位在柏拉图的新理念论,我们看到了通常为人们所忽略的亚里士多德对理念存在的那些推论的批判。尤其这后一方面的内容,反映出亚里士多德反对以纯粹概念(理念)的推论构造理论的立场,这也就是说,亚里士多德对柏拉图初创的本体论的哲学方向是持反对态度的。他的这种立场和态度在他对柏拉图关于数的理论的批判中可以得到进一步的说明。

二、对柏拉图的数的理论的批判

亚里士多德对柏拉图关于数的理论的批判,是他对柏拉图理念论批判的重要组成部分。这首先是因为,在柏拉图这里,数本身就是理念,所以在对理念论作批判的时候,必须对数作出说明。亚里士多德可以否认有理念这种东西的存在,但却不能否认有数的存在,他必须说明数究竟是什么性质的东西,它是以什么方式存在的。其次,还有一个更深层的原因。从柏拉图的《巴门尼德篇》到《智者篇》,一种哲学的方向逐渐形成了,这就是,从概念的推论中构建纯粹的哲学原理。而柏拉图在进行概念推论时在很大程度上借重了数学运算的方法,如在《巴门尼德篇》中根据倍数关系从"一"与"是"的关系推出一切数,以及一切几何形状。至今人们还是认为,本体论是以类似几何学的方式作推论的哲学。亚里士多德对柏拉图理念论的批判已经清楚地表明了他是反对上述哲学方向的,这更要求他对有关数的问题作出说明。由于数及其推论的性质不能像理念那样被否定掉,对柏拉图关于数的理论的批判甚至是更复杂的。事实上,亚里士多德对数的问题的批判比对理念论本身的批判的篇幅要大好几倍。

这一批判集中见于《形而上学》一书的第一卷第九章的后半部分、第十三章(除去第四、五两章是批判理念论的),及第十四章的全部。由于其中还涉及柏拉图弟子斯彪雪浦和色诺克拉底的已经佚失的数的理论,亚里士多德的许多批判不十分容易明白,但是,亚里士多德的这几个观点是很清楚的:(1)理念不是数学的数;(2)数不是万物的原理;(3)数是对事物的量的关系的抽象。所有这些观点都是围绕着说明一个中心的思想:他不同意把数的理论利用为进行理念推论的工具,因而也不同意在概念的推论中构造原理的哲学方向。

(一) 理念不是数学的数

我们知道,在柏拉图的《巴门尼德篇》中,数和理念是不加区分的,因此,数的可运算性质直接就被当作是理念间推论的一种形式。亚里士多德则要证明,可以运算的是数学的数,理念不是数学的数,因此理念没有理由像数一样进行推论。

亚里士多德对数学的数给出了一个明确的说法:"数学的数是如此进行计点的:1,然后2(这是在前一个1之上加上另一个1),3(又一个1加到前两个1上),其余的数类推。"[25]这在今天看来是十分浅显的演示,即数是由累加得出的。但是,在这浅显的演示后面,亚里士多德说出了深一层的道理。他认为,数之所以能如此计点,原因在于,数的单位是相通的。单位相通,必须要求这些单位间没有差别,即,既不在质的方面有差别,又不在量的方面有差别。所谓单位在质的方面的差别,如长度和重量;所谓单位在量的方面的差别,如同是作为长度的公里和米。数学的数,它的单位是1,在质的方面和量的方面都没有差别,因此是相通的,这实际上是数学进行运算推论的依据。这里要说明一点,人类对数的认识是逐步深入的。在亚里士多德的时候,希腊人还不认识自然数以外的各类数,对于像正方形的对角线的长度,他们的表达是,不能以其边长的长度去度量的数。

亚里士多德认为,按照单位是否相通去看,只可能得到三种情况:(1)单位间全不相通;(2)单位全都相通;(3)部分单位相通,部分单位不相通。[26]其中第(2)类,单位全都相通的,我们前面已知道,就是数学的数。至于第(1)和第(3)所说究竟是什么样的数呢?尤其是(1)所指的是什么数,论家颇感疑惑。有的论家感到这"无法思议",因此干脆将之"排除掉"[27]。亚里士多德的一句话可能是将之排除出数的范围的根据:"只是没有一个人主张数的单位完全不能相联、相通的。"其实这句话的原文是有不同读法的,罗斯的英译本作:

"Only no one has said all the units are inassociable." 即:"只是没有人说过,所有单位都不能相通。"[28]这样去读,此话并非针对第一种情况,而是组织问题时一种逻辑上可能的假设,从这一假设出发,既然所有单位都不相通,那么就不可能有第二类、第三类的情况,只能有第一类情况了。这里还没有开始对第一类数提出批评,更不是说不会有人提出第一类数。事实上持第一种看法的确有人在,亚里士多德在上述话稍后即说:"另一位思想家说,只有第一类数,即那些是理念的东西,是存在的。"[29]罗斯的英译本注指出,这"另一位思想家"指"某位不知名的柏拉图主义者"。这就肯定了当时确实有人认为存在第一类情况的那种数,即把全不相通的东西也当作数来处理。

事实上,从亚里士多德接下去的批评来看,这第一类和第三类都是指把理念当作数来看的观点,不过这两者是有区别的,第一类是把"人自身""动物自身"这样的非数字的理念当作数来处理,第三类是指数字的理念,如"2 自身""1 自身",等。这在《形而上学》十三卷第七章一开头就点明白了:"于是让我们先研究诸单位相通还是不相通。如果不相通[30],那么它是我们前所分别的两种方式中的哪一种。因为,有可能是任何单位均不与任何单位相通,也可能是'2 自身'中的那些单位与'3 自身'中的那些单位不相通。一般来说每一个理念数中的那些单位与另一些理念数中的那些单位是不可相通的。"[31]

上述引文指出有两种关于不相通的"可能"的情况。这第一种是把"动物自身""人自身"这两个理念当作数,并且都当作 3。这种说法究竟出自什么地方呢? 在柏拉图全部著作中都不能直接找到,但是,我们找得到一个类似的说法。在《巴门尼德篇》里,柏拉图不是通过"一""是"和"异"推出一切数来的吗? 在那里,这三个理念的任两个的结合称为"一双",再加上另一个就成为 3,这不是把"异""是"都当作了数了吗? 既然"异"可以作为数,那么"动物自身""人自身"作为理念,为什么不能取代"异"而成为数,并且从除了"一"和"是"以外来看,它们都是 3 呢? 这样,我们就明白了亚里士多德的如下批评:"……理念不能是数。因为人自身、动物自身或任何其他理念可以是什么样的数呢? 每一事物各有一理念,即,有一个人自身的理念,也有一个动物自身的理念,但是相同而未分化的数却有无数个,这样,任何一个特殊的 3 都不会像其他的那些 3 一样专指人自身了。"[32]这里明确指出理念,即那些不是数目表示的理念,不可能是数,因为它们之间的单位不相通。紧接着上述引文的话更加值得我们重视:"但是如果理念不是数,它们就根本不能存在。因为理念是根据什么原理而产生的呢？从 1 和不定的 2 产生出来的是数，这里的原理和要素是关于数的原理和要素，理念既不可能列在数之前，也不可能在数之后。"[33]这是在批评柏拉图像数的运算一样，从一些理念的推论中得出另一些理念。亚里士多德明确指出，既然理念不是数，怎么可以运用数的原则、当作数的要素，进行推理并通过推理而得出呢？如果我们不能认识柏拉图在《巴门尼德篇》中的新理念论，那么，对于亚里士多德的这个批判岂不莫名其妙？

另一种单位不相通的可能的情况见于理念的数，即 2 自身和 3 自身中的那些单位的不相通。前面已经说过了，亚里士多德只承认数学的数是单位完全相通的，因而是可以运算、可以推论的。他已经说明了一般的理念不是数学的数，现在他要进一步说明，以数来表示的那些特殊的理念也不是数学的数，因而也不能像数那样运算。

亚里士多德的理由首先是，作为理念的各个数之间的单位是不相通的。亚里士多德反复申明，如果单位之间不相通，这是指，只要有任何两个数的单位之间不相通[34]，这样的数就不能成为数学的数。因为数学的数的单位在质和量两个方面都没有差异，亚里士多德称之为"未分化的单位"。但理念的数却不是这样的。因为对理念的数系来说，"2 不会是紧跟着 1 与未定之 2 后面的一个数，也不像他们所说，有'2，3，4'这样相继的数列。因为，无论是柏拉图所说的作为理念的 2 是轧平了两个不平等的东西得到的[35]，还是从其他途径得到的，只要单位在先，那么单位就先于由这些单位组成的 2。因为当有一者先于另一者时，它们所组成的结果也将先于一者后于另一者"[36]。这可以这样理解，如果说 2 是由两个 1 组成的，那么在理念论中，在组成 2 的两个 1 之前还有一个作为单位的理念数 1。这是因为"单位必须先于数，当我们计点数时，数是根据单位称呼的"[37]，也正因为如此，当得出 2 时，前面已经有"3"个 1 了：组成 2 的两个 1 以及作为单位的 1。问题在于，根据柏拉图的新理念论，每个自在的是的理念都应当由"一"与"是"的结合中推出，而在作数的推论时，刚才出现 2，却用到了 3，即 3 个 1。同样，推得 3 时已有 4，推得 4 时已有5。这样就要在数学的数的系列中增添进许多数，不成为 1，2，3，4……的排列了。这主要是由于理念论讨论数的问题时，采用了不同的单位，其中有的是相通的，有的是不相通的，其结果便是，它们不能是数学的数。

亚里士多德还从许多方面揭示理念论的数不是数学的数，其主要的方法是揭露理念的数在运算中产生的各种矛盾和错误结论,我们在此不拟详举。这里只略举一例。如果说,任何一个单位加上另一个单位是 2,那么,从 2 自身和 3 自身各取一个单位,即各取一个作为单位的 2 和 3 相加,它的结果究竟当列于 3 之前还是之后呢? 从数学运算来看,3 加 2 当是 5,应列于 3 之后;但由于这里是指两个单位相加,其结果是 2(个单位),这就似乎列于 3 之前了,因为,其中一个单位与 2 自身位置相同,另一个单位是与 3 自身位置相同的。这说明运用理念数于运算时,造成一片混乱。[38]理念数不是数学的数,这个结论是很明显的。

(二) 数不是万物的原因或原理

亚里士多德严格区分数学的数和理念的数,这是他反对柏拉图理念论,尤其是柏拉图后期的新理念论的第一步努力。柏拉图的新理念论开辟了西方哲学史上一个新的方向,即通过理念间的结合证明理念的自在的是,即理念的存在,并逐步把理念间推论演绎的理论当作是最高的哲学原理。在演绎理念间推论的过程中,柏拉图借重了数学的运算功能。亚里士多德区分理念的数和数学的数,是不许柏拉图借数学的功能为他的新理念论的哲学作论证。柏拉图新理念论的本质是,原理是某种在事物之外的独立的存在,它是通过推论来展开自身的。虽然亚里士多德对理念和数学的数作了区分,并且否定了理念的存在,但是,数和数学的存在则是无法否定的,那么是不是能把数当作世界万物的普遍原理呢? 这个问题的根源要比柏拉图哲学长远得多,是在柏拉图之前,像毕达哥拉斯学派,就已经肯定地持有这种观点了。如果这种观点能成立,那么,即使理念论不能成立,仍然有一种以数学的形式出现的、与事物分离的普遍原理的存在。亚里士多德不屈不挠,穷追不放,要把这个观点也一并铲除掉。

亚里士多德对上述观点的批判之一是指出数和事物本是不同的东西,数怎能成为事物的原因呢? 他说,如果把数看作是这样的原因,那么难道存在着的事物就是数吗? 这就是说,难道可以把人当作是一个数,苏格拉底当作另一个数,加里亚又是一个数吗? (这里包含一个意思:一类事物的原因在此类事物中,而不在另一类不同的事物里。) 即使把存在的事物化作了数看待,那么这个系列的数与脱离事物像理念一样的数是不同系列的,其中一个系列的数怎么可以成为另一系列数的原因呢? 说前一系列的数是永恒的、后一系列的数不是永恒的,也并不能说明问题。[39]

再者,如果说这个可感世界中的事物(如和谐的音乐)是数之间的一种比例,那么,这是另一类事物。物质之间也可以有一定比例,例如,如果说加里亚有火、土、水、气之间的一种比例,那么数只是这些东西间的比例关系;而人本身,无论他是否有某种意义上的数的关系,总是某些事物间的比例,而不是数本身。[40]

亚里士多德对"一"的问题的讨论,是他批判数是万物原理的观点的一个重要方面。这个问题之所以重要,是因为希腊哲学是以追寻万物始基开始的,这一追寻方向就包含着从多中求一的思想。巴门尼德的"是者是一"就是对这一思想的明确概括。柏拉图接过这个话头,在他的《巴门尼德篇》中把"一"和"是"的结合当作是一切理念得到解释、能够在互相关系中成其所是的前提,这等于说,"一"简直就是原理中的原理了。

亚里士多德反对以上观点的一个命题是:"一不是任何事物的本体。"[41]从字面上看,这个命题似乎不是针对以一作为原理的观点的,其实这里有字义的演变和翻译上的问题,需要作出说明。在希腊文中,柏拉图所谓的"自在的是"和亚里士多德的"本体"原是同一个词 ousia,它同 'óν(是的)有词源上的联系。[42]柏拉图把理念当作原理,称它们为"自在的是"。亚里士多德则认为各种性质之所以能存在,是因为依托着个体事物,这个个体事物才是 ousia,即某种被依托的、底层的东西,这样来理解的东西经过后人用拉丁文的转译,就成了 substance,即"本体"。所以,当亚里士多德说"一不是任何事物的本体"时,就是说一不是原理的意思。

从肯定的方面说,亚里士多德认为"一显然是一个度量"[43]。在前面我们已经知道,亚里士多德以"1"为数系的单位;这里说的作为度量的一,当指一个(人),一尺(长),一匹(马),等等,即所谓"每回必有一个本性分明的底层事物"。从这个观点去看,亚里士多德甚至说:"一不是一个数。"[44]这是进一步把作为度量单位和以此为单位得出的度量数作了区别。(有一种说法,一不是数,是因为:"古代希腊的'数'是不包括 1 的,是从 2 开始的,所以'数'是多而不是一。")[45]

亚里士多德否定了数是原理的观点,但是不能否定数及其对象是有其所是的。亚里士多德是怎样看待数的是的方式的呢?他必须对此作出说明。

（三）数学对象的"是"的方式

在《形而上学》第十三卷第1章结尾,亚里士多德提出,数学对象要么(1)是于可感事物中,要么,(2)是于可感事物外;要是不能以上面两种方式去是,那么便要么,(3)根本没有其所是,要么,(4)以某种特殊的意义而是。[46]第(3)种可能性是被排除的,否则这里的讨论就没有必要了。第(3)种可能在这里之所以仍被提及,是因为有了它,所讨论的问题的可能的结论从逻辑上来说就完整了。这种方法我们曾见到是柏拉图所使用的。亚里士多德不止一次地对这种逻辑方法的同样娴熟的运用,是值得注意的。在接下去的一章中,亚里士多德具体展开了讨论。

亚里士多德首先认为,认为数理对象是于可感事物中,这是不可能的。他的第一个理由是,"两个形体不能占据同一个空间"[47]。这显然谈的是关于几何学对象的存在问题。从亚里士多德的这个驳斥中看出,当时的人们谈到感性事物时,首先想到的是它是占据一定空间的东西。这也说明,"是"的一种意义是指"存在"。然而几何学的对象并不占据实际的空间,它是空间关系的抽象,如,几何学上的点是没有大小、不可分的,由点的运动组成的线是没有粗细的,由线组成的面是没有厚薄的,等等。想必是当时一般的人对于这种经过思想的抽象才刚建立的几何对象还未能把握,或者说,"当时的希腊人还不认识抽象"[48],所以,仍然以感性存在的方式去理解几何对象。在这种理解的基础上,说数学对象存在于可感事物之中,势必遇到两个有形体占据同一空间的困难。上面这个理由反过来说,便成了亚里士多德反对几何对象存在于可感事物中的第二个理由。假如几何对象是存在于可感事物之中的,那么当可感事物分离时,几何对象便亦当跟着分离了,然而几何对象显然是不随之分离的。因为要分几何的体就要分面,分面就要分线,分线就要分点,然而点却是不可分的。点不可分,又如何去分线、面和体呢?这是几何对象并不存在于可感事物中的又一理由。

关于数学对象是于可感事物之外的观点,亚里士多德显然也是不能同意的。亚里士多德一共用了七个论证来驳斥这个观点。由于这些驳斥所针对的是当时人的认识水平,因此表述得比我们想象的要更复杂,也更不容易理解。汪子嵩先生的《亚里士多德关于本体的学说》第十五章中"对'数'的批判"一节对这七个论证作了较详细、明白的释读,可参考。我们这里只举其中第二个论证,这一论证就是从今天的眼光来看仍然具有典型意义,它涉及了某些事实与关于这些事实的理论之间的一般关系的问题。

亚里士多德说,如果数学对象是可以与可感事物分离而独立地是的话,那么,天文学的对象岂不是一样要和可感觉到的天体相分离了吗?同样,光学和声学的对象也要与我们能见到、听到的东西分离了,还有,就会有些动物离开了我们所感到的动物而存在,因为既然一种东西的对象可以与可感到的这种东西相分离,就无法说另一种东西不能。这是把数学对象可以离开可感事物的观点推展开来,将它的错误更加明显地暴露出来。当亚里士多德同时举出天文学、光学、声学、动物学的例子时,问题已经不仅仅是限于数学,而是关系到理论与事实的一般关系了。这里所说的各种对象,是指理论的对象,与之对应的则是可感的事实。离开了事实,当然不能有关于这部分事实的理论。理论对于这种理论所对应的事实(可感事物)的依赖关系,是数学对象乃至一般的科学的对象不能离开事物而是其所是的主要理由。这是亚里士多德的一个明确的观点。

既然数学对象不是于可感事物中,又不是于可感事物外,只能考虑最后一种可能的是的方式,即一种特殊意义的是的方式。这种特殊意义的"是"是指把事物的大小和数量在思想上抽象出来的东西。对此,亚里士多德当时表述得很吃力、很复杂,他说:"普遍的数学命题并不研究与实际延伸着的形状和数量(按,即实际事物的形状和数量)相脱离而是的那些对象,而是研究形状和数量——却又不是指具有大小的、并且可以分割的那些东西本身。"[49]引语中前一句意思是说,数学对象所研究的形状和数是不脱离实际事物的,或者说,就是指实际事物中的形状和数量,后一句是说,但是数学又不是研究实际事物本身,而只是研究其形状和数的方面。这个意思在他的一个比喻中说明白了,他说:"有许多命题是研究事物的运动的,而不去管那事物本身之所是及该事物的一些属性如何。在这里,并没有必要将运动从可感事物中分离出来,也没有必要在可感事物里塞进一个是运动的是者。"[50]

亚里士多德表述得很吃力,我们理解得也很吃力,这除了因为我们对当时人们的实际认识水平这个背景不熟悉以外,还有一个不可忽略的原因是语言问题。我们说过,在希腊文中,并没有一个词专指"存在"(exist),系词 estin 就兼具"存在"和"是"的意思。现在人们的思想方法总是习惯于把这里所讨论的数学对象的是的方式理解为它的存在的方式。应当承认,当亚里士多德说数学对象不是于可感事物之中,又不是于可感事物之外时,用"存在"代替

"是"是说得通的,即问题成了数学对象既不存在于可感对象之外,又不存在于可感对象之中了。然而,除了这两种方式的存在,还可以有什么存在方式呢? 如果说还有思想上的东西,如观念之类也是存在,那么我们又怎能坚持存在决定意识,存在是第一性的、意识是第二性的,而又不自相矛盾呢? 亚里士多德在否定了数学对象既不是于可感事物之中,又不是于可感事物之外后,说:"'是'原来就有多种意义"[51],把第三种方式称为"特殊意义的是",并且说:"我们讨论的不是它们的'是'的问题,而是它们怎样而是的问题。"[52]这样,第三次讨论的数学对象就不是某种存在的东西,而是作为意义而出现的东西。如果我们把"是"全都写作"存在",那么作为意义的数学对象就出不来了,相反,还要与前面相冲突,要么硬把不存在理解为存在。但如果我们一律依字面译作"是",那么,只要说明希腊文中"是"兼有"存在"的意思,并不妨碍我们在该如此理解时便如此理解,况且中文里的"是"有"存在"的意思,当我们说几何对象不是于可感事物中,也不是于可感事物外时,可以理解"是于"就是"存在于"的意思。但是反过来,无论是在希腊文还是中文里,"存在"都不能包括"是"的全部意思。因此,当亚里士多德说,数学对象必有一种特殊意义的是的方式时,"是"的多义性就给我们留下了充分思考的余地,如果这里的"是"换成了"存在",那么除了亚里士多德提到的上述两种存在的方式,还有什么别的存在方式呢? 说经过抽象、被思想所把握的东西也是一种存在,那不符合希腊人的说法和想法,不然,亚里士多德早就会说,数学对象应当是存在于可感事物中的,而不必费这么大的劲。"是"的多义性显然也是亚里士多德表述他的思想时感到困难的原因之一。

不管亚里士多德的表述多么曲折,他对柏拉图理念论和数的理论的批判的立场和基本观点却是明白无误的,那就是:哲学,乃至一般的理论,都不应当是脱离实际对象的光凭概念推论的东西,而是从实际中抽象出来形成的东西。在这个意义上说,他是西方哲学史上第一个把经验论的哲学原则明确地表述出来的人。

柏拉图通过理念论所开创的本体论,其最致命的毛病是设立了一个与我们所在的世界相分离的理念世界,或曰纯粹原理的世界,这种原理和事实两离的情况造成了一系列的理论上的困难:人们是怎样认知与我们的世界相分离的原理的? 在我们世界之外的原理又是如何作用于我们这个世界的? 那样的原理的真理性是怎样证实的? 这些成了后来西方哲学史上争论不休的问题,正是围绕着这些问题的争论,形成了西方哲学的特殊的问题和表现形式。亚里士多德对柏拉图理念论的批判,主要是针对理念和现实的分离,这表明他一开始就敏锐地抓住了本体论的致命点。他不仅认为与现实世界相分离的理念是不可能成立的,也批评了通过理念间的相互关系来证明理念存在的企图。由于柏拉图借用了数学作为理念间推论的手段,亚里士多德特别论述了数学和理念论的区别。最后,亚里士多德认为理念论中所推导出来的那些纯粹原理也是人所不能认识的。针对柏拉图把经过理念推论得出的知识当作真知识,他说:"若说知识真是天生而有的,那就很奇怪我们不知道自己具有这种伟大的知识。"[53]这一切充分表明,亚里士多德是反对本体论哲学的。本体论从它产生之日起,就伴随着自己的对立面。这对立的双方一个是生活在现实世界中的,另一个是超出在现实之外的。以上只是亚里士多德哲学与本体论的一个方面的关系,它与本体论还有另一种关系。

三、亚里士多德哲学的宗旨 及其对本体论的贡献

我们已经论述过,从根本上说,亚里士多德的哲学是反对本体论哲学的方向的,却为什么还要来谈亚里士多德对本体论哲学的贡献呢? 在本章的引言中我们已经说明,亚里士多德哲学是比较复杂的。我们将看到,亚里士多德哲学还有客观上推动本体论发展的一面。

柏拉图创立的本体论无论如何说还只是初步的,首先,它是刚刚从理念论脱胎而来的,并不是每个理念都具有普遍概念的性质,柏拉图在《智者篇》里已经提出要寻找那些普遍性的通种的任务。其次,当柏拉图运用理念进行推论时,其方法也不是严格逻辑的,本体论的发展有待于一种严格的逻辑方法的创立。亚里士多德不仅创立了作为方法的形式逻辑,而且在为"是者之所以为是者"寻找各式各样原因时,寻找到各类本体,这些本体就是事物在不同层次上的抽象的概念,并且,他还通过对语词的分类,划分出一张范畴表。这些都为今后的本体论的发展提供了条件。

那么,主观上反对本体论的亚里士多德,客观上是怎样推动本体论发展的呢? 我们拟从亚里士多德哲学的宗旨谈起,首先要看一下当时希腊人和亚里士多德本人对哲学的看法。

（一）"本原"与哲学方向

亚里士多德说："古往今来的人们之开始哲学思考，皆因起于惊异。"[54] 由于惊异，人们对周围的一切现象究根刨底，直至它们的本原。"世上必有第一原理。"明白了最深的本原，那么其他问题就不难理解了。哲学就是一门研究本原问题的学问。亚里士多德《形而上学》第五卷是专门解释哲学词汇的，"本原"被列于第一条，这似乎不是随意的。然而，关于什么是本原这个问题，人们事实上是有不同理解的，这些不同理解决定了古希腊哲学从一开始就显示出了不同的方向。

"本原"的希腊文原文为"αρχή"（arche），罗斯的英文译本作"beginning"（开端），吴寿彭的中文译本作"原"，汪子嵩和苗力田都作"本原"。我们这里也取"本原"这个译名。以上这些译名都不无道理，但也都难以表达希腊文原词的全部意义。吴寿彭除了用"原"这个译名外，还用过"原始""原本""原由""原意"和"原理"，等。[55]这些，正是需要我们结合各种哲学思想加以说明，并且只有结合其在各种哲学中的不同用法，才能得到说明。

亚里士多德先列出了"本原"一词的六个含义[56]，后面作了一个概括。这前六种当指 arche 这个词在日常用法中的意义，后面的概括当是亚里士多德认为在哲学上引申得到的意义："所有的本原有一个共同的意义，它们是事物之所是、成其所是或被认知的起点；但作为起点它们有的是内在于事物的，有的却是外在于事物的。正因如此，事物之自然本性就是一种本原，事物的元素、思想、意愿、究竟所是以及最终原因，都是本原——因为善和美是认知和许多事物运动的本原。"[57]亚里士多德的这个概括说明，本原作为起点是共同的，但是具体来说，它既可作为事物是其所是的起点，又可作为思想（认知活动）的起点；既可指事物内部的起点，又可作为事物外部的起点，这就有很大的差别。于是追求这种不同本原的各种哲学，在旨趣上也就有了很大的差别。

我们所知的是，希腊早期的一些哲学家在追求本原这面旗帜下所探索的乃是组成事物的最基本的元素，例如，米利都学派的哲学家们曾分别提出过水、气等元素是万物的本原，因此，对于他们来说，所谓"本原"，实际上就是"始基"的意思。又如，毕达哥拉斯学派认识到事物中有一种数的比例关系，于是他们所谓的本原就不是物质元素的始基，而是数的组合的原理。再如，有的哲学家注意到事物有分有合，有生有灭，就寻找出爱和恨作为本原，这样的本原是一种原则。爱利亚学派的巴门尼德的学说比较复杂，根据我们研究中得出的体会，他把万物是其所是的"是"的过程等同于我们认知事物的过程，万物出于同一种"是"的过程，因而可以用"一"标志。[58] 这就是他寻找本原的途径和结论。苏格拉底追寻事物的定义，为的是说明伦理规范的究竟所是，这是社会伦理生活中的本原。至于柏拉图，我想我们已经有过探讨，对之是比较了解的，他是从原理的意义上来理解本原的。柏拉图最终将原理作为哲学追寻的目标，是经历过一个过程的。起初，他从苏格拉底追求定义的方法里得到启发，提出了理念。理念的提出主要是受变中求不变、多中求一的思想指导，得出的是代表事物本质的东西。作为本质，理念及理念论只是对世界万物的本原所作出的一种解释或说明。正如柏拉图本人在《斐多篇》里所说的，他是因为感到以往的种种学说难以对世界作出一个圆满的说明，才提出理念论的。然而由于理念被认为是在可感世界之外的，它的存在、它被事物的分有，以及对它的认知都发生了困难，这迫使柏拉图对理念的"自在的是"作出论证，论证的方法是演示理念间的相互结合。起初柏拉图只是谨慎地称这种理念间相互结合的理论是思想训练，后来，又进一步用更具普遍性的概念取代理念，并认为现实中存在的问题（例如，在辨认智者的过程中遇到的假象是否也是一种是者），是已蕴含在概念的相互关系中了，即可以在概念的关系中证明"不是者是"。柏拉图还称，寻找主要的一般概念间的结合，是哲学最伟大的任务。这种以概念间的推论演示出来的，就是原理，就是柏拉图哲学所追求的本原。

对本原的不同理解以及对这些不同的本原的追求，造成了哲学形态和旨趣上的极大差别。早期希腊哲学从始基方面理解本原，他们或者把自然界归结为某种元素，或者寻找它们结合与分离的原则，被概称为自然哲学。柏拉图哲学则把演示纯粹的原理当作自己的目标，这种原理是可感世界之外的"自在的是"，却又决定着可感世界、人类思想和语言的各种运动、变化，这种哲学被后人称为本体论。

（二）亚里士多德的"本原"观

既然希腊人认为哲学就是对本原进行研究的，而随着各位哲学家对本原的不同理解，哲学的目标、途径也不同，因而哲学的形态也有区别。那么亚里士多德究竟是怎样认识本原的呢？

首先要指出的是，亚里士多德理解的"本原"，是包括"原因"的意思，或者说,"本原"也是指最初的"原因"。他在列举"本原"在日常使用中的六种意义后,接着说:"所有的原因也就是本原,所以人们说及原因时,它的意思与本原是一样多的。"[59]这个看似不起眼的词义上的微小变化,对于哲学目标的深度却有很大的影响。如果仅从作为起始意义的本原着眼,那么,哲学就满足于找出某种元素,以为这样就回答了世界是什么。如果从兼顾原因的意义上探讨世界的本原,那么哲学就不能满足于回答"世界是什么",而应进一步问"世界何以如此这般"。所以我们看到,亚里士多德概括总结了以前的哲学,提出了哲学应当探讨"四因",即质料因、形式因、目的因、动力因。是者之为是者,少不了这四种原因。据此,亚里士多德批评希腊早期哲学家往往只抓住其中某一种原因,如寻找万物始基的哲学家只注意到质料因,柏拉图关于理念是事物模型的说法缺少动力因,等等。

其实,事物是多种多样的,作为"是者",又有不同的抽象级别,它们的原因也各不相同。可能是因为考虑到了这一点,亚里士多德不仅从原因的角度去理解本原,他还进一步考虑了本原作为起始、开端,即作为"第一"的意义。他认为,"第一"有三个意义:(1)定义上的在先,(2)认识秩序上的在先,(3)时间上的在先。[60]有了这种理解,那么哲学就不是停留在"四因"说上了,而是应当找出其中最初的、第一性的原因。事实上,亚里士多德整部《形而上学》的宗旨就是去寻找这样的第一因,这个第一因就是他所谓的本体,他的《形而上学》就是一部关于本体的学说。

亚里士多德的本体学说是相当复杂而令人头痛的。这主要是因为他不仅提出了几种不同的本体,而且有的在前文中提到的本体,在后文中又否认了。我以为,要把捉住亚里士多德的思路,除了把握上面讨论过的亚里士多德理解的本原的含义,还要解读他追寻第一原因时的那个"问题形式"。

亚里士多德说:"一个自古至今老是在疑问中的问题是:是者是什么?即,什么是本体?"[61]粗一看,这个问题问的是"是什么",尤其是"本体"之"体"更使人想见其答案在于某种物体、物质或元素。那样的话,亚里士多德的哲学的出发点就与希腊早期那些自然哲学就无所区别了。然而,这决不是亚里士多德哲学的出发点。

亚里士多德在《形而上学》开头厘定哲学的定义时就说,人的知觉、记忆、经验、技术、智慧是一个从低级到高级的序列。与"知其然而不知其所以然"相应的是经验的阶段。到了技术的阶段就应知其然了,而智慧则是有关最高

237

的原理与原因的知识,这就是哲学。因此,如果仅仅停留在追问是者是什么,并且把"本体"当作"是什么"的答案,显然不是亚里士多德哲学的出发点。

我们已经讨论过,亚里士多德对"本原"的理解不仅包括"原因"的意思,而且还指三种意义上的"第一"原因的意思。所以,亚里士多德以前的哲学家确有许多是以"是者是什么"的方式提问的,而亚里士多德本人确切的问题形式则是"是者之为是者"[62],这里的问题不在于"是什么",而在于"何以是",即,追问是者之所以然。"本体"应当是对"何以是"即原因的回答,而不是对"是什么"的回答。

然而,"本体"之"体"似乎总是使人们在答案里期待着一个"什么",这是需要予以说明的。"本体"的原文写作 ousia,我们将之译作"本体",是经由了拉丁文的 substantia。据海德格尔说,希腊文 ousia 出于动词 einai(相当于英文 to be),它与另一个派生的名词 parousia 是同义的,而后者指"在场""出场"(presence)。所以海德格尔认为:"是者是以在场的方式被其'是'所捕获的。"[63]照这个说法,人们在"本体"中寻求的是:是者以怎样在场或出场的方式中而是为所是的。这样来理解的"本体"恰恰是关于"是者之为是者"的原因的。

"本体"可以是多种多样的,这是因为是者在不同方式里是其所是的途径、方式是多种多样的。亚里士多德说:"一事物在多种意义里被说成'是'。"[64]又说:"一切事物都有其'是',但其意义却各不相同,有的指其基本的意义,有的指其次级的意义。'事物之是什么'? 简单说是指其本体,在狭义上则指其他范畴。"[65]"是"的多种意义造成了"是者"的多种意义,从感觉中的事物,到思想上抽象的概念都是"是者"。可以从多种方面去概括"是者",其中之一是对系词后的表语所表达的东西进行分类。亚里士多德说:"是者的基本的种类恰恰就是表语的类别,因为是者的意义正好就是表语所指的那些东西。有些表语指出主语之是什么,有的指它的质、它的量、它的关系、动作与承受、地点、时间,是者总是这些意义之一。"[66]这些就是作为范畴的"是者"。范畴最初就是指对语词的分类而得到的东西。事实上,凡能表达在语言上的东西,都是·个是者,因为人们总可以用"这是某某"的话去述说它。不同的是者是其所是的原因是不同的,因此造成了本体也是多种意义的。例如,"行""坐""健康"这些词汇都表示是者,但这些是者何以是其所是呢? 它们应该是表述某个人的属性的,如果没有某个人为那些是者所依附,那些是者便不能成立。而由于那些属性参与到了某个人之中,因而得以是其之所是,成为"这一个"。于是,作为"这一个"的个别人便是那些作为属性的是者是其所是的原因。在这里,"这一个"就是原因,就是 ousia,在这个意义上,拉丁文称之为 substantia,即,某种底层的、起支撑作用的东西。也只是在这一意义上,ousia 具有"本体"的意义。如若在其他场合,如谈到形式和质料何者对于某一事物的实现更为重要,因而更为第一原因时,亚里士多德是看重形式的,这时,形式就是 ousia。这时如果把"形式"也称作"本体",对于直接从中文阅读的人不免产生误导,并由此而进一步产生出种种不着边际的评论。也许只有当 ousia 的原意被普遍理解以后,才能产生出一个为大家所能接受的新译名。在目前还只是通行"本体"这个译名的时候,须要注意的是不要对它作望文生义的理解。

我们已经讨论过,亚里士多德是从第一原因或最终原因方面来理解本原一词的,"本体"就是用以回答"是者之为是者"的原因的。在对这样的"本体"的研究中,亚里士多德区分出种种不同层次的是者,并为之寻找不同的本体。结果是创造出不同层次上的许多普遍性的概念或范畴,这些概念或范畴正是为今后的本体论的发展提供了可以利用的东西。

(三)"是"和"本体"的多种意义

"是者",在柏拉图这里泛指理念,亚里士多德则把它当作泛指世界万物的普遍概念。然而,当我们以"世界万物"释亚里士多德的"是者"时,犹有不妥处。在我们的思想习惯里,"世界万物"似乎已经是一个包罗万象、指称一切的概念了,但是须知世界不仅是物,它的内容中也应包括意识及意识的对象。对于世界可以有不同的理解,柏拉图认为除了我们生活于其中的世界之外,还有一个理念世界。对此亚里士多德是不赞成的。亚里士多德只承认有我们生活于其中的这个世界。但是对我们生活于其中的这个世界,也可以作物质和意识、存在和观念、现象和本质等划分,而"是者"则是对所有这些东西的一个方便而统一的称呼。这主要是在语言中,任何东西都能以"这是……"这个句式去表述。甚至"不是者"也可以是"是者",如"'不是人'意指不是某一本体,'不是直'意指不是某种质,'不是三肘长'意指不是某种量"。[67]"我们即使说及'不是者',也得说它是一个'不是者'。"[68]所以,"是者"既可表示实际存在的可感事物,也可表示不可感的、不能实际存在的那些观念上的东西。

"是者"是一个真正包罗万象的概念。

要研究"是者之为是者",首先就得梳理出"是"究竟有多少意义。关于这个问题,直到今天西方哲学家还无法给出一个确定的答案,因为"是"的意义实在太多了。尽管如此,亚里士多德还是作了一番努力,在《形而上学》第五卷第七章中[69],提出了四种"是",这决不是说"是"的意义为数是四,而是人们用到"是"这个词时的各种方式中的四种。

第一种是用以表达属性和本性的。例如,我们可以说,"这正直的作者是文明的","这人是文明的",也可说,"这文明的人是白的",或"那个白的人是文明的",这其中,"正直""文明""白的"都是属性,"人"才是这里说到的对象的实质或本体。属性的"是者"归根到底是用以说明本性那样的"是者"的。

第二种是作为语句中表语成分的那些是者的"是"。如说"这人是文明的","这人在走路"(The man is walking)这两句中的"文明"和"走路"都是表语,用以说明主语的人的。"文明"说的是主语的性质,"走路"是指动作,通过对表语的考察,亚里士多德概括出,表语所表达的意义无非是这样几类:质、量、关系、主动、被动、地点、时间。在《范畴篇》里,除了上述七类外,还有两类:姿势和状态,加上主语本身作为本体也是一类,共称十范畴。由于范畴就是表语的类别,因此当亚里士多德说,表语有多少类别,是者也就有多少类时,也等于说,范畴的类别与是者的种类数目是一样的。当然,这不是说是者的数目尽于范畴的数目,是者的范围比范畴要大得多。这第二种"是"与上述第一种意义的"是"应当是有联系的,不同的是,第二种是从语言表达形式方面讲的。

第三种的"是者"的意义是从命题的真、假方面来看的。一个命题用"是"来表示就是真,相反,"不是者"则为假。例如,"苏格拉底是文明的","苏格拉底是不白的",这样的命题是真;"正方形的对角线不是可以用它的边来计量的","在这里'不是'表示虚假"。[70]

第四种,我们说及的"是的"或"是者",有些是潜在的"是",有些则是现实的"是",即"是"有现实的和潜在的两种意义。显然,已经实现出来的东西当然有一种"是"的方式。有可能实现而还没有实现出来的东西,我们对它们也有一种"见解",它们也是一种"是者",并有其之"是",这样的"是"便是潜在的"是"。由此可见,"是者"不是只指现实存在的东西,"是"也不都是现实的"是"。

这四种"是"的意义只是取其主要的而言,"是"的意义决不穷尽于这四种。"是"的多种意义决定了"是者"的多种多样。但是另一方面,尽管"是者"是多种多样的,它应当有其最终的原因。如果没有最终的原因,那么人就不能有知识。否认有第一原因,也就在不自觉中抹掉了善性;世上也将失去理性;有理性的人总是符合于一个目的而后有所作为,这就是定限;终极也就是"定限"[71]。

这里已经透露出,亚里士多德把纷繁复杂的"是"及"是者"看成是一个指向终极目标的系统,这个系统是分成等级的。根据这种分等级的思想,人的意识的最初形式是官感,这和动物几乎是没有区别的;然后人凭记忆将由感官得到的感觉累积为经验;经验只知其然,不知其所以然,知其所以然的是技艺;技艺之上是大匠师,大匠师能教人,他懂得理论;理论之上还有理论,那就是关于最高原因与原理的知识。将这种等级思想用于学问分类,那么就有关于以各种是者为对象的学术,在此之上则有关于一般的是者的学问,探讨这些一般的是者之为是者的原因,即关于本体的学说,就是哲学。人类历史上第一次学科的分类就是由亚里士多德发动的,他不仅对学问作了分类,而且还亲自涉足各学问领域,在当时所设立的几乎所有学科里都有所建树。这种对学科的分门别类,使人类的研究在专门化的方向上得以深入发展,它对人类知识的发展产生了重大的影响。亚里士多德分门别类写过的著作就有:哲学(《形而上学》)、政治学、伦理学、逻辑学、物理学、天文学、动物学、植物学、生理学、声学、机械学、修辞学、诗学、数学、心理学(《论感觉及其对象》《论记忆》《论睡眠》《论梦》《论睡梦中的征兆》,等等)。

通过这样的分类,哲学才取得了凌驾于其余学科之上的地位,它是研究一般的"是者之为是者"的学问。然而依亚里士多德关于分等级的思想,即使是一般的是者,也是有层次的,它可以指从个体到类、种、直到最高、最抽象的概念。例如,他指出,在个别的人之上有人的概念,人的概念之上又有动物的概念,等等。由于"是者"有不同层次和不同意义,它们是其所是的原因或本体也不尽相同。我们在《形而上学》中谈到过的本体就有:"这个""个别事物""普遍""本质""物质""基质""底层""定义""形式"等,还有"第一本体""第二本体""潜在本体"。当亚里士多德谈到毕达哥拉斯派的观点,一定的比例关系是事物的原因时,他说数是本体;然而,当他批判柏拉图把数当作理念时,又说理念、数都不是本体。这一切全看是针对哪一层次的是者,不同的是者,其"是"的原因不同,本体也就不同。"是"的意义的多样性也造成了本体的意义的多样性。

亚里士多德的等级思想中贯穿着一种超越向上的精神,这种超越是指从经验上升到理论、到最高的一般是者之为是者的理论。这种超越,目的在于从个别事物中把握普遍。他说:"从一方面讲,没有什么东西可以脱离个别事物,个别事物为数又是无限的,那么又怎么能获得关于无穷个新事物的知识呢?事实上,我们得以认识事物,是因为事物总是有某些一致性、同一性和普遍的性质。"[72]亚里士多德的这种超越的精神和柏拉图的超越精神之间有一个重大的区别:柏拉图的超越直超出于我们所在的世界之外,他是从上向下俯视的。亚里士多德则是以经验为起点向上的超越,并且始终意识到,除了我们这个世界之外,不可能另有一个在外的世界。各种各样普遍、一般性的概念或范畴就是亚里士多德精神的超越过程中所留下的痕迹或结晶。范畴表的划分是这样的结晶,从经验到普遍知识、学科的划分也是这样的结晶。《形而上学》的第五卷解释了三十个词目,都是普遍性的概念,也是亚里士多德超越的精神的结晶。它们是:

1. 本原,	2. 原因,	3. 元素,
4. 本性(自然),	5. 必需,	6. 一,
7. 是,	8. 本体,	9. 同,
10. 相反(对反),	11. 先于、后于,	12. 潜能,
13. 量,	14. 质,	15. 关系,
16. 完全,	17. 限(定限),	18. 由于,
19. 安排,	20. 有,	21. 影响,
22. 缺失,	23. 持有,	24. 从所来,
25. 部分,	26. 整体,	27. 剪裁,
28. 种,	29. 假,	30. 偶性。

柏拉图在《智者篇》里曾经把寻找主要的通种作为发展(本体论)哲学的一项重要而艰巨的任务。亚里士多德用自己的概念、范畴作了贡献。

(四) 逻辑

亚里士多德的时代还没有逻辑这个词,但没有人怀疑亚里士多德创立了最初的逻辑。他的逻辑学说中许多内容一直被沿用到现在。他的逻辑方法也对本体论的发展产生了重大影响。安瑟伦后来提出上帝存在的本体论证明，看上去只不过像是用亚里士多德的三段论做的填充游戏。

柏拉图在其初创的（本体论）哲学中当然也要用到推论的逻辑，他的目标是使概念之间一切可能的关系都展示出来。所以就"一"和"是"的关系而言，尽管我们知道其结论是，只有当"一"和"是"相结合，"一"才能是其之所是，并且与"一"结合的其他理念也才能成立。然而，为了全面展示概念间一切可能的关系，柏拉图设计的问题结构是，不仅要讨论"一"与"是"结合时的情况，还要讨论其不结合的情况；对于以上两种情况，又要进一步讨论"一"相对于自身和相对于其他两种情况；同样，也要分别讨论其他相对于自身和相对于"一"的情况。这样，就要讨论八组情况。这八组讨论的提出就有一个数学上可计算的组合问题，这也是一种逻辑关系。但是，柏拉图的这种方法有时也遇到了麻烦。我们在介绍亚里士多德批判柏拉图理念论时，对所谓"第三人"的解释就是一个明显的例子。那里，为要证明"一"分有"年老些""年少些"和"同年龄"这三种情况，就不仅要证明"一"与自身，而且要证明"一"与"其他"也有以上三种关系。这本来是在"一"和"其他"之间的比较，然而，我们已经揭露了，当"一"既和自身又和"其他"有"同年龄"关系时，就成了三者间的关系。这就是在证明过程中改变了前提，是推理的大忌。

亚里士多德批判柏拉图理念论时有一句话说："我们（亚里士多德站在柏拉图学派内来说话）证明理念存在的那些方法也没有一种是令人信服的"[73]，这说明亚里士多德对证明的方法，即逻辑问题是很重视的；他对柏拉图理念论的批判也包含有逻辑方法方面的批判。

亚里士多德全面论说推理形式的内容在他的《工具篇》中，尤其是在其中的《前分析篇》和《后分析篇》。在《形而上学》中，他只述及了形式逻辑思维的基本原则。我们这里的讨论仅限于《形而上学》中的内容。

亚里士多德认为，在进行各门学术研究中都应事先掌握一种方法，他称这种方法为公式，实即逻辑方法。那些在专门学科研究中的人运用这些方法却不必去研究它。既然这些方法是属于普遍性的，那么当是哲学家所研究的课题之一。

这种方法论的原理是："同一样属性不能在同一情况里同时属于又不属于同一主体。"[74]这是历史上最早表述的矛盾律，用现在人们习用的语言说，就是：一个对象不能同时既是 A 又不是 A。亚里士多德认为，这一原理是一切原理中最无可争议的原理。有些人要求对这条原理也加以证明，这是因为他们缺少学养。对一切事物悉加证明是不可能的。假如承认应该有不必求证的原理，那么，没有人举得出比这条原理更是不证自明的。

亚里士多德还进一步说明了这条原理在哲学研究中的作用。他指出，哲学研究各种是者的原因，先要把这种是者提出来；不光提出来，还总得关于这个是者说些什么，即用另一个词去说明它是什么，如果不那样，那么那个是者便毫无意义，对之也无可理解，这样，理智就被取消了。而要使我们提出的名称有意义，就得遵从矛盾律。例如，有"人"这样一个名称，要是这个名称是有意义的，并且只限于一种意义，那么如果谁说"是一个人"和"不是一个人"没有什么区别，这便是不可能的。这里，亚里士多德特别指出，"只限于一种意义"是这里的原则生效的条件之一，如果不加这一条，只说"凡对主体有所说的"，那么就可能出错误，因为"有文化的""白的"和"人"，三者表白同一个东西，含义却不同。这实际上是提出了论证过程中当遵守同一律。遵守同一律也很重要，例如，"人""白的"虽然都可以指同一主体，但当问题主要是针对"是不是一个人"的时候，若答以"白的"，就答非所问了。问题还在于，类似"白的"这样的偶然属性还有许多，而"是一个人"则是一主题的主要性质，以偶性作答，就把有关这里主体的本体、本质都取消了。

亚里士多德也提出了排中律，他的表述是："当正面是真实时，反面应是虚假，而反面是真实时，正面应是虚假。"[75]根据这条定律，人们就不能同时肯定而又否定同一事物。

亚里士多德关于三段论的演绎推理理论，更是一个严密的公式化体系。他揭示了直言三段论的三个格、十四个有效式。他本人没有把演绎推理的方法直接用于范畴间的推论，他也不会那样去做，因为那样的话，就得把范畴当作是脱离经验事物独立存在和运动的东西，是违反亚里士多德哲学宗旨的。但是他所创立的逻辑方法，对于后世本体论的发展所起的作用是无可置疑的。

四、结　　论

亚里士多德以经验作为自己哲学的基础，向上作超越的探索，他从来没有让自己的哲学越出我们的世界，他也没有认为在我们的世界之外有另一个理念的或纯粹概念的世界,更不认为真理是在纯粹概念的推论中产生的,就这些方面而言,亚里士多德的哲学的基本精神是非本体论,甚至反本体论的。然而,从另一方面看,亚里士多德在经验的基础上向上超越的时候,划分了从个别到一般、从种到最高的普遍的大致的层次,并使之结晶为表达各种普遍性的概念,同时,亚里士多德又创立了形式逻辑,这些都为本体论哲学的进一步发展打下了基础。以上就是我们关于亚里士多德哲学与本体论的关系这个问题的研究得出的基本结论。

这里,我们引述黑格尔对亚里士多德的几条评论,这些评论无疑是站在典型的本体论立场上的,可与我们得出的结论加以对照。

1. 黑格尔虽然对于把亚里士多德哲学划入经验论一类感到犹豫、感到困难,但他也承认经验是亚里士多德的出发点。他说:"人们所有的关于亚里士多德哲学的一般想法,是以为它乃是建立在经验之上,以为亚里士多德把人们所称为经验的作为知识、认识的原理。虽然这个观点在一方面说来是很错误的,但发生这种错误的原因也可以在亚里士多德的哲学思考方式中寻找到。有一些在这方面被特别提出来而差不多也是人们所唯一懂得的特别章句,被利用来证明这个看法。"[76]但接着不久,黑格尔本人也承认:"在整体的某些特殊部分中,亚里士多德很少以演绎和推论迈步前进;相反地,他却显出是从经验着手,他也论证,但却是关于经验的。"[77]

2. 黑格尔高度赞扬亚里士多德提出了各种普遍性的概念:"对于他,最重要的是处处去关心确定的概念,将精神和自然的个别方面的本质,以一种简单的方式,即概念形式加以把握。"[78]黑格尔认为,虽然亚里士多德列举各种概念时还缺少其内在的必然性,但是"从这种罗列,他又进一步去把它们思辨地加以考察;而这种就各方面来规定对象,使得概念,即思辨的概念,简单的规定由之产生,——亚里士多德之具有真正的哲学思想而同时又有最高的思辨思想,就在于此。"[79]

3. 但是,黑格尔又批评亚里士多德获得概念的方法:"但是这个方法从某一方面看来就显得是经验的,——其所以是经验的,乃是就这一点而言:对象在表象中是怎样,就照样接纳过来;在那里,必然性是没有的。"[80]这就是说,亚里士多德哲学中得出的那些概念,是直接从经验概括来的,它们是指示着经验事物的;而黑格尔指望的是在其相互关系中得到规定的逻辑概念,后者才是具有必然性。与之相应的是,亚里士多德考察概念时"不是系统地进行的,亦即不是从概念自身发展出来的；……因此就发生了这样的情形，即他常常是一个又一个地讨论每个规定，而没有指出它们之间关系。"[81] 我们已经知道，本体论是纯粹概念推论形式的哲学，即黑格尔在这里说的"从概念自身发展出来的"；这种推论之所以能进行，是因为其中的概念是逻辑地规定的概念。黑格尔对亚里士多德的批评一方面指出了亚里士多德哲学的概念还没有达到逻辑规定的程度，另一方面又指出，这便不可能有概念自身发展的哲学。这实际上已经表明了，从站在本体论立场上的黑格尔看来，亚里士多德的哲学还没有达到本体论的地步。其实，从亚里士多德本人的立场来看，他的哲学不仅不是本体论，而且是反对本体论的。

4. 黑格尔还指出，在亚里士多德这里，哲学和逻辑方法是割裂的："他没有把那普遍的理念逻辑地提示出来——他的所谓逻辑乃是另外一种东西——否则他也许就会把那作为一切概念中的普遍概念当作方法来认识了。"[82]

5. 最后，黑格尔根据自己对哲学和哲学史的观点，把亚里士多德的哲学看作是自我意识发展过程中的一个阶段，即它是与"客观存在"（绝对理念）相分离的"异己的东西"，这个异己的东西是其自身所不能克服的，而是"后来的时代所必须完成的任务"。

黑格尔对亚里士多德的上述评论，从一种特殊的角度反映了亚里士多德哲学与本体论的关系，这与我们得出的结论是相似的。黑格尔由于站在本体论的立场上，对亚里士多德未能彻底脱离经验论的立场而进入纯粹概念演绎的领域，采取了批评的态度，这是我们不能同意的。事实上，由于有了亚里士多德哲学的经验论的视角，柏拉图式的本体论哲学的缺点才总是被暴露出来，人们才容易看清本体论的原理和现实之间有一道鸿沟。正是在经验的和理性的两种态度和思想方法的相互对峙和交锋中，才有了西方哲学后来的发展。

附 录 哲 学 与 逻 辑

本体论是产生逻辑的温床，逻辑又成了本体论的特征之一。追溯逻辑在柏拉图理念论中产生的过程，可以让我们更明白逻辑的性质。

（一）从理念的结合到词项的结合

逻辑现在越来越被当作一门独立的学问，实际上，逻辑最初是哲学不可分离的内容，它是与本体论一起孕育出来的。谈到逻辑的起源，人们首先就会想到亚里士多德，想到他创立的形式逻辑、三段论。不过现在人们逐渐认识到，如果谈逻辑的开端，那么，就要追溯到柏拉图。海德格尔谈逻辑开端的时候，就是把柏拉图和亚里士多德一起提出来的。[83] 伽达默尔则说得更具体，他认为："当苏格拉底让论证展开时，他想到，理念不只是与其自身有关，也不可避免地涉及某些其他的理念。举例来说，热显然与火相关。理念之间的这种相互关联是最令人感兴趣的，只是在这一度，*logos* 才是存在的，它表现出来的不是简单的个别词，而是词与词之间的联结，概念与概念之间的联结。只有沿着这条路，逻辑证明才是根本可能的，也因为沿着这条路，我们才能对蕴含在一个假设中的涵义做出解释。"[84] 伽达默尔的这段话追溯了逻辑的产生：那是从理念之间的结合走向词与词、概念与概念之间的联结。关于理念之间结合的理论是柏拉图的首创（苏格拉底在此是柏拉图虚拟出来讲述这个理论的角色），而将之发展为词与词、概念与概念之间结合的则是亚里士多德。这一发展过程中有哲学与逻辑的关系，以及原生逻辑的真实面貌。

谈亚里士多德逻辑的起源，必须追溯到柏拉图哲学。柏拉图创立的理念论对于西方哲学特征的形成具有决定性的意义。他引导哲学成为一门关于世界普遍知识的学问，即关于事物本质的学问，并导致了主观和客观、理性和感性等一系列分化。柏拉图提出有理念这样的东西，是为了达到对事物的确定性的知识，这是针对被感觉的事物总是多样易变而言的。柏拉图断言，在多变的感觉事物后面必有一确定不变的所是，即理念，依据这不变的理念，才成就了感觉中各种有异的所是，就像现实中有各种各样的桌子，它们之所以被称为桌子，皆因符合桌子的理念。现在我们可以说，理念那样的东西实际上是思想用概念把握的对象，然而看来当时意识中还没有思想和感觉的区分，或者说，人们还没有概念性思想的自觉，以至于柏拉图只能说，理念是心灵的眼睛才能看见的对象，它们存在于可感世界之外的理念自己的世界。

关于理念与个别事物的关系，照我们现在一般的想法，很容易把它们理解为是共性和个性的关系，然而，这个理解是不确切的。因为，一般理解的共性是个别事物共同特性的抽象，我们可以根据个别事物去理解或解说共性，也可以把共性当作本质去解说个别事物，即，提到共性的时候就想到了个性，提到个性的时候也想到了共性，共性和个性的意义是互相解释的。理念和个别事物的关系却不是这样。理念可以解释事物，即，一事物因分有关于它的理念才是其所是;反过来,理念却并非因为那些事物才是理念。柏拉图对事物和理念作这样的区分,显然是为了抬高理念的重要性,说理念才是真正实在的东西。但是这样一来,理论上就产生出两个问题:第一,既然事物的意义是根据理念得到说明的,理念本身则不能根据事物作说明,那么理念本身的意义又是从哪里得到说明的呢? 第二,各种事物往往是多种性质的聚合,当事物分有理念的时候,必定也要聚集起关于这些性状的各种理念,那么,各种理念本身之间是否也应当是结合着的呢? 我们知道,据柏拉图早期的理念论,理念都是单纯的,互不结合的。这两个困难迫使柏拉图走向他后期的理念论,努力发展出一种关于理念间相互结合的理论,这不仅是为了让理念在它们相互关系中获得一种意义的解释,也是为了"拯救现象",即疏通事物分有理念过程中的障碍。柏拉图关于理念间相互结合的理论,就是西方哲学本体论的最初的雏形。[85]

本体论具有逻辑的性质,这一点很多人是知道的,但是,本体论的逻辑性质不等于就是逻辑学,逻辑学的真正创发者是亚里士多德。亚里士多德不认为存在理念这种东西,但是,柏拉图关于理念之间相互结合的理论显然影响了他,他试图运用日常语言的结合来表述某种原理。而这一尝试揭示出构成逻辑所必需的一个条件:让日常语言转变为绝对普遍的逻辑语言。亚里士多德竟闯过了这一关。详见下文分析。

亚里士多德显然为柏拉图追求真知识的努力所打动,并将柏拉图的真知识理解为关于原因、原理的知识。他说,"我们不知道没有原因的真理。"[86] 又说,"凡能使各种事物显示为真的,其本身是最真实的。永恒事物的原理(principle)必定总是最真实的(因为它们不只是有时候真实;没有别的东西是它们之为所是的原因,它们自身倒是其他事物的原因)。因为每一个事物都是其所是,因而都与真理相关。"[87]这些说法与柏拉图通过理念论要达到的目的是一致的。亚里士多德还提出了所谓"第一原理"的问题,他说,"世上必有第一原理"。[88]他用 arche 这个词把这个想法表达出来,arche 既有"第一""开端",又有"原理"的意思。[89]

然而,在到哪里去寻求原理的问题上,亚里士多德与柏拉图发生了重大分歧。他并不认为追溯原理应该进入理念世界,相反,他认为理念世界是没有必要存在的。关于亚里士多德对柏拉图的理念论的批判,汪子嵩老师曾经做过详尽的梳理。[90]这个批判很繁琐,有些背景不容易搞清,我这里只取其中比较简单明了的一个说法。亚里士多德说，理念不过是与事物同名的东西，既然我们已经有了关于事物的名称，何必再在事物之外设立另一套名称，就好像一个计点事物的人，觉得数目太少而不好点，只有增加了数目才可以计点事物一样。[91] 然而，一个系列的数（理念的数）怎么能成为另一个系列的数（计点事物的数）的原因呢？[92]

摒弃了理念论，亚里士多德并不放弃对原理的追求，只是他并不把原理看作是理念才能表达的东西，而是用我们世界里的语言也可以表达的。他在《形而上学》中把哲学概括成一门关于研究一般的是者之为是者的学问[93]，这就是把事物放到原理高度的研究。此外，他显然是受到柏拉图对理念之间结合与否问题的研究的影响。他提出主词和宾词的命题关系，这显然是从语词结合的方面去表述主体与属性的关系，或者说，想从语词的结合中寻找事实的一般原理。为此，他也特别对语词做专门的研究，研究语词的分类、特性及其相互关系。这部分内容非常庞杂，见之于他的《工具论》[94]，其中有与事物之分为本体和性质的实情相关而对语词作的分类，曰范畴；也有对词类和句子的解释，类似于语法。还有就是以三段论命名的形式逻辑。

现在人们都把三段论理解为一种推论形式，三段论究竟是什么？亚里士多德自己有一个说法，这个说法有两种中文翻译，一种是余纪元先生的翻译："三段论是一种论证"[95]，另一种是李匡武先生的翻译："三段论就是议论"[96]。查 Richard McKeon 英译本的 *The Basic Writings of Aristotle*，这句话写作 A syllogism is discourse …，[97] 李匡武的译文显然与英译接近。但究竟三段论是不是一种"论证"或"议论"？余纪元先生标明希腊原文作 logos，这就开阔了讨论的余地。Logos 这个词向来被认为很难翻译，它除了上面的译法，还有理性、理解、谈话等意思。然而，海德格尔经过他对亚里士多德、赫拉克利特直至荷马等的希腊文献的研究，认为，上述种种说法都不是 logos 一词的原始意义，logos 最初的意思当指"结合""收集"（gather together）[98]。于是，我们来读亚里士多德界说三段论的原话全文："三段论是一种结合，在此结合中，有些事物被提出来了，那么，一些异于所提出的事物的事物也就必定跟着来了。"[A syllogism is logos（英译原文 discourse）in which, certain things being stated, something other than what is stated follows of necessity from their being so.[99]]亚里士多德用"事物"这个词显然是不对的，"提出"一个事物是不会带出另一个不同的事物的，只有一个词项或概念的被提出可能引出另一个不同的词项或概念。逻辑是搬弄概念的思想的事务。

柏拉图关于理念之间结合的理论主要在《巴门尼德篇》和《智者篇》,亚里士多德主要也是受到理念之间的结合的理论的影响而转向语词、词项之间的结合而创立逻辑学的。汪子嵩等老师著的《希腊哲学史》第三卷虽然也提到《巴门尼德篇》和《智者篇》对亚里士多德思考范畴"有启发",然而却特别指出"两者之间并无直接的理论渊源或师承关系"[100],本文则乐意承认,柏拉图的上述两篇对话,尤其《巴门尼德篇》,对亚里士多德创立逻辑具有直接的决定性意义。这可以从深入分析中看到,亚里士多德通过拨弄词项而产生的形式逻辑的两个不可或缺的特征已经潜伏在柏拉图的上述对话中,是亚里士多德将这两个潜伏的特征点明出来,并予以贯彻到语词的组合关系中才最终产生出逻辑的。这两个特征是:普遍性和对于可能性的穷尽。

(二) 揭示普遍性的领域

照柏拉图的说法,理念之间结合而构成的知识不是一般的知识,而是"真知识"。然而,为什么"真知识"的表达需要用理念? 理念究竟有什么性质? 这一点柏拉图本人也没有明确的说法,只是当亚里士多德试图以日常语词取代理念的时候,从二者的差异中显示出理念原来是自在而普遍的东西。

所谓自在是指,理念是可以独立存在的。理念不是从事物的概括中产生的,因而,它不像日常语言那样从其所指示的事物方面去获得意义;日常语言中的"红"指示着红的事物,红的事物是"红"这个词或观念的意义,但理念不是从事物方面获得自己的意义,因为它先于事物,事物的意义倒是因为它们分有了理念才具有的;理念本身的意义在于它们之间的相互关系,即相互规定,这一点我们已经在柏拉图的《巴门尼德篇》和《智者篇》中看到了。

理念的普遍性好像很容易见出,即,一个理念可以被所有同类的事物所分有。然而,理念具有的普遍性与从经验概括得到的普遍性的概念是隔着一条鸿沟的。经验总是有限的、不断变化发展的,因而从经验获得的普遍性总是处在不断完善,但却永远达不到"完善"或绝对的普遍性。理念不受经验的束缚,因而可以是最完善、绝对的普遍性,就像世间并不存在十全十美的事物,然而我们可以有"完善"的理念。理存的普遍性是独立于经验的绝对的普遍性,这才使得理念能不受经验的束缚而被用来操作它们的结合。

绝对普遍性是理念具有的最重要的性质,也是理念论的秉持者认为理念必须、也能够通过自身之间的结合以产生原理性的根据。柏拉图创立了理念论，然而，他本人似乎并没有自觉到理念所具有的这个普遍性的特征。[101]是亚里士多德把这一特征发现出来的，其发现的途径也是曲折的而不是直接的。他开始于检查是否所有的词语都具有相互表述的功能，他没有说明要做这种检查的原因，但是，我认为，他可能把理念的结合也看作了理念之间相互表述的关系。经过检查，亚里士多德发现三种情况：第一类词可以被其他词表述，却不能表述其他词，这指的是指个别事物的词，如"克里翁"或"卡利亚"；第二类词可以表述其他的词，却不能有任何先于它的词来表述它，这指的是"being"（是）这个词；第三类词是可以表述别的词，也可被别的词所表述。亚里士多德说，"所要论证和探讨的正是这第三类事物（词）"[102]。为什么逻辑的探讨只取其中第三类词呢？卢卡西维茨的看法是："同一词项既可用于主项又可用作谓项而无任何限制，对于亚里士多德三段理论具有根本意义。在亚里士多德所知的全部三个格中，都有一个词项一次作为主项出现，另一次作为谓项出现：它在第一格中就是中词，在第二格中就是大词，而在第三格中就是小词。在第四格中，所有三个词项都同时既作主项又作为谓项出现。亚里士多德所设想的三段论要求词项在他们作为主项和谓项的可能的位置方面是齐一的。这似乎是为什么单一词项被亚里士多德略去了的真正理由。"[103]这就是说，亚里士多德是以词项不受位置限制而进入词项组合为标准来取舍词项的。卢卡西维茨的这个观点虽不无道理，但太技术性，以至于他竟根据他自己的这个看法而不同意哲学界普遍认可的观点，即，亚里士多德是在柏拉图哲学的影响下来构造他的逻辑体系的。其实这个道理很简单，亚里士多德演示词项之间结合的目的是为了仿效柏拉图以理念的结合构筑原理，那么，只有既能作主语又能作宾语的词，即既能被他词述说又能述说他词的词才能适用。

　　提出了单一词项，同时也就不可避免地呈现出了它的对立面：普遍词项。亚里士多德可能是历史上第一个将 universal（普遍）这个词用作表述某些词项的性质的。他说："我用'普遍的'一词所指的是那些词项，它们具有表述许多主项那样一种性质；我用'单一的'一词指的是那些词项，它们不能像那样表述。如'人'是普遍的，'卡利亚'是单一的。"[104]

　　亚里士多德对普遍的这个解说与今天我们理解的普遍还有很大的距离。一般词典上对普遍的解释是，"关于或有关所有或全部的性质"（of, pertaining to, or characteristic of all or the whole——《兰登书院学院词典》）。对照"全部"，亚里士多德以"许多"定义普遍，这也证明亚里士多德的普遍只是针对单一而言的。因为全部是相对于部分而言的，许多只相对于单一。即使用全部来解说普遍，这个全部还有讲究：是已知的全部呢，还是包括一切虽尚未知却也还可能知的全部？如为已知的全部，则这样的全部不能不与所知相关，因而随着所知日增，全部总是在不断的被突破中，因而称不上是真正的全部；如果指包括一切可能知的全部，那么，其所得到的普遍与根据所知得到的普遍就有了本质的区别。前者是经验的，后者是超验的，也就是绝对的普遍。

亚里士多德以"许多"界说普遍，显然还不是柏拉图的理念所具有的那种普遍性。我这里之所以要这么"苛刻"地检查亚里士多德的普遍观念，是因为只有绝对普遍的观念可以用作逻辑词项。举例来说，"整体包容部分"被认为是合乎逻辑的；然而当我看到一群师生走进了教学大楼的一个教室；没人会否认，每一个老师学生都自成一个整体，也不会否认教室只是大楼的部分，但如果想以此得出"许多整体在一个部分里"这样的判断，就被认为是不符合逻辑的。问题在于，逻辑里的整体和部分是脱离了任何具体所指的事物，哪怕是事物有"许多"。

卢卡西维茨和亚历山大一样，明白逻辑词项不能是单一词项，他们也都根据这个认识去评述亚里士多德对普遍词项的采用："亚里士多德在建立他的逻辑的时候，并没有对单一的或空的词项予以注意。在包含他的三段论理论的系统解说的《前分析篇》前几章中，只有普遍词项被谈到了。亚历山大公正地指出，亚里士多德所给的关于前提定义仅仅适用于普遍词项而不适用于个体的或单一的词项。显然，全称和特称前提的词项必须是普遍的。亚里士多德当然不会认为像'所有卡利亚是人'或'有些卡利亚是人'这种表达式是有意义的，如果仅仅只有一个卡利亚的话。"[105]然而卢卡西维茨并没有明确表示，作为逻辑词项的普遍性必须是绝对普遍性的。

既然亚里士多德只有"许多"意义上的普遍，而没有进入绝对普遍，那么他是如何能够成功地创立逻辑这门学说的呢？论家注意到了这个问题，并因而把亚里士多德终于能够走进逻辑的那种方法予以大大的表扬，这个方法就是，亚里士多德采用了字母。卢卡西维茨说："把变量引入逻辑是亚里士多德的最伟大发现之一"，他又说，"亚历山大第一个明显地谈到亚里士多德用字母来表达他的理论"[106]，他在一个注释里引述了亚历山大的原文："理论借助于字母来表述,以便证明结论的得出不是由于内容的缘故,而是由于格、前提的组合和式的缘故。在三段论的活动方式中,主要的作用不在于内容,而在于结合本身;字母能够证明,所得到的结论永远具有普遍性,永远保持自己的作用,和适用于所有被理解的东西。"[107]字母的引用正是为了让词项从其与事物的纠缠中解脱出来,这样才进入了绝对普遍的领域。"内容"指的就是日常语词所指的事物或对象。

卢卡西维茨认为亚里士多德已经意识到逻辑中的词项须是普遍性的,但他赞扬亚里士多德以字母作变项时,却未能说明为什么要把"动物""人""马"这些也是"普遍"的概念放到一旁去。对此,我可以这样说,卢卡西维茨未能区分绝对普遍和相对普遍,逻辑所处理的是绝对普遍的概念,字母作为符号,消除了概念所带有的经验内容,所以更便于思想格式的运转。现代符号逻辑正是逻辑发展的最高境。但这不是反过来说,绝对普遍的观念只能在符号中得到表达,文字概念既可以表达相对普遍的概念也可以表达绝对普遍的概念,这二者不能从文字表面得到区别,其区别在于运用这类概念的人自己的意向方式的不同。比如上面举过的例子,整体和部分,这两个概念都可以与它们在经验中所指示的对象联系起来去理解,也可以抛弃它们所联系的一切对象,仅从这两个概念本身的关系去理解,前者是我们日常中的理解,后者是逻辑的理解。这里,概念本身没有变,变的是我们思想上把握概念的意向指向。同样,如果我们指着具体的人来看"父"和"子"这两个概念,"父"当然先于"子",但如果把他们看作两个绝对普遍的概念,即,他们并不指示任何人,所剩的只是概念间的关系,那么,"父"和"子"就是相互依赖而成立的概念,即,有"父"才有"子",也可说有"子"才有"父",正如上、下相依,善、恶相彰,每个概念都只能成立在与自己对立或相关的概念的关系中。基督教所谓三位一体的重要教义,即圣父、圣子、圣灵实为一体,也只有从这种逻辑思维的角度才能成立。

回到亚里士多德。亚里士多德仿效柏拉图关于理念间结合的理论而去尝试语词间的结合,以语词代替理念,其目的也许也是为了寻求关于世界的真知识,然而实现出来的结果只是思想操作的结构,即逻辑。在这一过程中首先面临的是,能揭示思想操作的语词必须是具有普遍性质的。亚里士多德可能是历史上第一个用"普遍"一词来表达一种概念的性质的,但是,他的认识还是初步的:他在逻辑中不取单个词项,而启用字母代替变项;然而他并不清楚运用字母是因为逻辑进入了绝对普遍的领域,而把普遍仅仅理解为"表述许多主项"。尽管亚里士多德对字母的运用让他不自觉地进入了绝对普遍的逻辑领域,他对普遍的理解是停留在经验的水平,即从经验概括中得到的相对普遍。相对普遍和绝对普遍一向是含混不清的,这造成西方哲学内部许多症结,照康德的说法,直到休谟才开始搞清;这也是中西哲学比较研究中一个经常被搞混的问题。这是后话。

(三) 作为"穷尽可能性"的逻辑

一谈到逻辑,人们习惯上就想到所谓逻辑的必然性,现在我用"可能性"来述说逻辑,一定显得很奇怪。其实,真正的逻辑学家就是从可能性方面去看逻辑的。事实上,只有注意了"全部可能性"问题,我们才能发现柏拉图论证的力量,也才能看出亚里士多德对于命题方式和判断形式的种种归类其实就是围绕着穷尽可能性的目的而展开的。

冯棉先生是研究逻辑的,记得有一次与他相聚的时候,我请他用一句话把逻辑是什么讲出来,我记得他不加迟疑地说,"逻辑是一个可能的世界"[108]。他当时就解释道,这不是他的发明,莱布尼茨早就说过了。在他著的《可能世界与逻辑研究》一书的开头,对莱布尼茨的这句话作了解释,所谓"可能性"就是"无矛盾性(即逻辑的一致性)",他引莱布尼茨的话说:"世界是可能事物的组合,现实世界就是由所有存在的可能事物所形成的组合(一个最丰富的组合)。"[109]只是这最后一句话不太好懂,如果存在的事物就是现实的事物,那么,这句话就成了同义反复,但如果这里的"存在"原文是 being,那么,它指的就是我们思想上以为这样或那样的所是,作为思想上的所是,它们只能是可能的东西,那么,上面这句话的意思是说,现实世界无非是全部可能性里面实现出来的一种。这个意思金岳霖先生说得最明白。

大家公认,金岳霖先生是中国逻辑学界的第一人,他正是从"可能性"的角度来说明逻辑的。他的解说很生动好懂,兹抄录在下:

> 好久以前,我对于算学家十分的景仰,他们可以坐在书房里写公式,不必求合于自然界,而自然界却毫无反抗地自动地接受算学公式。这在我似乎表示自然界有算学公式那样的秩序。后来研究逻辑,自己又感觉到逻辑也有那闭门造车出门合辙底情形。近来经

奥人袁梦西底分析才知道，**逻辑命题都是穷尽可能的必然命题**。这样的命题对于一件一件的事实毫无表示，而对于所有的可能都分别承认之。对于事实无表示，所以它不能假，对于所有的可能都分别承认之，所以它必真。它有点像佛菩萨的手掌，任凭孙猴子怎样跳，总跳不到手掌范围之外。[110]（着重号是我加的）

这就比较清楚了，逻辑学家眼里有两个世界，一个是现实的世界，一个是逻辑的世界；逻辑的世界是，用金岳霖先生的话来说，是"思议"的世界。所谓"思议"，金先生用以区别于"想象"，用今天大家更熟悉的话来说，"思议"就是理论思维，或者，说得更准确些，是运用普遍概念的理论思维。谈到这个份上，人们也许会说，理论思维也不尽是逻辑，各个具体学术领域的研究也有理论思维啊！其实，要理解这里的想法，也要注意我前面提到的所谓"绝对普遍概念"的意思。各具体学术领域使用的概念虽然也都具有普遍性，但是，那都是些相对普遍性的概念，而在逻辑中使用的则是绝对普遍的概念。相对普遍的概念是从经验的概括中得到的，它们指示着经验的事物，也可以用经验事物去解释它们的意义；绝对普遍的概念超出在经验事物之外，它们的意义是不能引用经验事物来解释的，它们也不是用来对经验事物作直接解释的。所以，这才有金先生所谓逻辑命题"对于一件一件的事实毫无表示"的说法。

说了以上这些，我们才能进一步谈论可能性和必然性。既然逻辑是纯粹概念间的关联，而纯粹概念与经验世界的事务无涉，对这些概念的操作是思想的自由。不论你如何操作概念，去分解还是结合，其结果并不是对现实的描述，而只是思想上的可能性。或者说，逻辑所开辟的是一个可能的世界。另一方面，一旦要让这种思想操作成为学问，成为别人也可以来操作一番的活动，那么，就必须制定出操作的规矩或方法，用现在的话来说，一种游戏必定要一种游戏规则，在游戏规则中游戏才得以进行。亚里士多德首创的形式逻辑相对应的基本规则是，思想必须不矛盾。就这个意义上说，逻辑推论、乃至逻辑命题，都应当具有必然性。这样本来似乎相去甚远的两个观念"必然性"和"可能性"就融合在逻辑中了。必然性除了上面那种意思，还有一个意思，即，如果逻辑能把全部可能性都表达出来，那么，现实不过是——也可以说必然是——其中一种可能性的实现。这就有了金先生所说的那句话，"逻辑命题都是穷尽可能的必然命题"。

上面这些议论并非离题,而是后人对逻辑这门学科的实质性表述。以"穷尽可能的必然命题"来表述逻辑,不仅凸显出作为可能性的逻辑先于现实的魅力,也使我们在追寻逻辑起源方面树立了一根标杆。穷尽可能性,正是始于柏拉图联结理念的做法,从穷尽可能性的角度,我们也理解了亚里士多德列出三段论各格的意图。

很明显,最初追求穷尽可能性的是柏拉图。当他面对理念是否结合的问题时,他并不根据眼前存在的事物中结合着多种性状的事实就断言理念也是结合着的,而是让理念在结合与否的问题上展示其各种可能性。这样,就有两种基本的可能,即不结合和结合一样,也是一种可能性。但问题并不到此为止,深入下去看,结合和不结合还有各种可能。以结合为例,结合总是一者与他者的结合,如果以任意的理念"一"为主,就要分别看(1)"一"自身的情况,以及(2)相对于"他者"的"一"的情况;也要看以"他者"为主时,(3)"他者"自身的情况,以及(4)相对于"一"的"他者"的情况。因为"一"之实现结合不能出于单方面要求,而必须取得被结合方面的接受;同时,"一"也可能以被动的方式结合,这时就要考虑"他者"的要求以及相对于"一"的"他者"的情况,这样就有了上面四种可能的情况。同样的格局也出现在不结合的可能中,这样,全部的可能一共就有八种。[111]总的来说,考虑"一"和"他者"各自在结合还是不结合中可能出现的情况:凡是不结合的,不论"一"还是"他者"自身都不能成立,因为"一"或"他者"能成立最起码的表述是"一是"或"他者是",这就已经是与"是"的结合了;凡是结合的,不仅"一是""他者是",而且可以推论得出"一"与其他各种所是的结合。结论:理念是成立于相互结合中的。这是就"一"和"他者"结合还是不结合所可能出现的全部情况,没有任何遗漏。其结论的可信在于可能性的穷尽。

穷尽各种可能的结合方式,这也正是亚里士多德创立逻辑时主要做的工作。首先,我们来看所谓逻辑四常项,它们指的正是两个词语见最常结合的方式,成为 A、I、O、E 四个命题:

1. 所有的 S 都是 P⋯⋯⋯A
2. 有些 S 是 P⋯⋯⋯⋯I
3. 有些 S 不是 P⋯⋯⋯O
4. 无一 S 是 P⋯⋯⋯⋯E

从最简单的方面看,这里讲的是 S 和 P 两项的"是"或"不是",即结合或不结合,(照金岳霖先生的话,这是对命题的"质"的考虑)这样的话只有两个命题就穷尽了,即要么 S 是 P,要么 S 不是 P。不过亚里士多德把 S 量化(即金先生所谓"量"的考虑),分成所有 S 和有些 S,它们各有肯定和否定的表述,于是就成了四个命题。取限定的词项因素,把它们间的组合展示出来,这就是亚里士多德逻辑学的内容。卢卡西维茨说:"我们可以说:亚里士多德的逻辑是一种在普遍词项领域内关于 A、E、I、O 关系的理论。"[112]又说,亚里士多德的逻辑"犹如一种数学理论"[113]。

在谈到三段论的"格"(figure)的时候,卢卡西维茨说得更明白,他说:"我认为把三段论划分为各个格只有一个实际的目的:我们需要确实知道没有真的三段论式被漏掉。"[114]所谓三段论的格,就是两个前提中大词(P)、中词(M)和小词(S)所处的位置。这样的位置只能有下列四种:

第一格	第二格	第三格	第四格
M——P	P——M	M——P	P——M
S——M	S——M	M——S	M——S
S——P	S——P	S——P	S——P

确定了因素和因素排列的方式,那么,就可以无遗漏地得出全部排列的样式,尽管并非所有的"式"都有效。如,若将 A、E、I、O 四个命题分配作大前提、小前提和结论,可能得到的"式"共有 256 种。然而,各个格的三段论要成立也有一些限制,经过遴选,真正有效的"式"也就只有 24 个。[115]我们不去具体讨论究竟是哪 24 式,这里所关注的是,用字母取代了具体词项以后,可能的命题和三段论的"式"的数量能尽数罗列出来,能够实际表达的命题和三段论不外乎这些可能性之中。

"普遍性"和"可能性"的观念分别是对柏拉图理念间结合的理论反思的产物。如果说,亚里士多德试着以词语取代理念作结合的时候,不经意地发现了进入结合的语词不能是表示个体的词语,而必须是普遍的词语,而关于"可能性"的穷尽,我们只看到亚里士多德贯彻在词项结合的实际演绎中,却连"穷尽可能性"的字眼也没有提到,然而,可能性的穷尽实在是逻辑在其设定的范围内能够做到的一件事,而这恰恰是逻辑的魅力之所在。

（四）余论：逻辑的性质和意义

现在，在人们的说话中逻辑这个词张口就来，那么逻辑究竟是什么呢？《辞海》[116]列出四点：1.表示客观事物发展的规律；2.表示思维的规律；3.表示研究思维形式及其规律的科学，即逻辑学；4.有时也表示某种特殊的立场、观点或推论方式，如："反动派的荒谬逻辑"。冯契先生主编的《哲学大辞典》[117]与上述观点完全一致，似乎可以看作是对《辞海》那种看法的学术上的支持。然而，周礼全为《中国大百科全书—哲学卷》[118]所写的是："一门以推理形式为主要研究对象的科学"。与之相比，《辞海》的说法是大大扩张了逻辑的意义。那么，上述二者究竟哪个准确呢？让我们先把各种资料罗列出来。

查中文版的《简明不列颠百科全书》，有"逻各斯""逻辑关系""逻辑史""逻辑原子论""逻辑哲学""逻辑主义"诸条，就是没有"逻辑"。同样，《剑桥哲学词典》[119]有各种加了修饰词的逻辑条目或者以逻辑为修饰词的各种条目，其数目逾50条之多，就是没有单独的一条"逻辑"，也许，照他们的看法，逻辑已经渗透在各种内容中，解释"逻辑"一词不是该词典的任务了。《韦氏大学词典》释"逻辑"："一门处理推理和证明有效性的标准的科学：推理的形式和原则的科学"。[120]《朗文当代英语辞典》的第一条解释是，"一种思考看似正确和合理的事情的方式，或者做某事的一系列合理理由"。其第二条解释是，"一种正确的推理方法，其中的想法是基于先前的想法"。还有第三条："（技术术语）计算机用来解决问题的一组选择"。[121]选择《韦氏大学词典》是因为它比较反映传统的见解，它强调逻辑是关于推理的科学，还提及逻辑与证明的有效性有关。《朗文当代英语辞典》显然更多反映了现代人们关于逻辑的看法。对于逻辑与正确、合理相关的看法，该词典加了"看似"一词，这一加，给向来据为确信的东西投上了怀疑的阴影，把逻辑与正确、合理性松动开来了。对于逻辑作为推理的意义，该词典虽然承认推理（形式）的正确，然而，却指出其正确的根据在于继承了以前的想法。最后这一条讲的是逻辑在计算机运用中的作用。词典是文字释义的标杆，应当是严肃的，它对词义的解释应当是这个词在实际应用中的意义。《朗文当代英语辞典》插入"当代"一词，标榜它所取的是人们对词汇的最新运用和理解。它对"逻辑"的释义就相当前卫，其调侃的腔调简直颠覆了笼罩在这个词上的神圣性。

即使把《朗文当代英语辞典》置于不顾，与一般把逻辑看成推理方法的观点相比，《辞海》对逻辑的界定也显得特别高：逻辑不仅是客观事物发展的规律,而且还是人类思维的规律。这种看法也不是空穴来风,西方历史上很早起就有世界是依照某种规律而运行着的想法。黑格尔在他的那部《逻辑学》[122]中认为,他用一个经过逻辑运作建立起来的绝对理念体系,就把包括自然事物发展和人类认识过程两方面在内的总规律表达清楚了,因此,他不以"本体论"和"认识论",而以"逻辑学"来命名自己的书。[123]黑格尔最迷惑人的说法是,他的绝对理念体系不是人任意设想出来的,而是概念在其自身的逻辑发展过程中展现出来的。[124]这样的概念体系就有了普遍必然性,因而也是客观性的。然而,黑格尔这样说的时候,有意无意地隐没了一个事实,即概念发展所依据的逻辑规则是人制订的。他自己就是这种规则的制订者之一:他把概念结合最初遵循的形式逻辑的不矛盾律改变成了辩证法,即让矛盾对立的双方遵照正反合的规则进入一个更高阶段的统一。识破了这个秘密,人们恍然大悟:逻辑是语言的游戏,按照逻辑建构起来的哲学体系也是概念的游戏。

把逻辑抬高到关于世界事物的客观规律和人类思维的规律的高度,这个看法也不是空穴来风。在列宁的一则读书笔记中记着下面的话:"逻辑不是关于思维的外在形式的学说,而是关于'一切物质的、自然的和精神的事物的发展规律的学说,即关于世界的全部具体内容及对它的认识的发展规律的学说,即对世界的认识的历史的总计、总和、结论。"[125]然而,既然是读书笔记,这里记录的首先应当是黑格尔的观点。对于通过概念的逻辑演绎就能揭示世界和思维的规律的观点,马克思主义哲学是肯定反对的。

面对无垠的宇宙,人类强烈愿望把它确定的规律发现出来。然而,现在我们开始意识到,宇宙是无限的,无限性不仅是量的无限,而且是质的无限。所谓质的无限是说,我们发现的世界并不是宇宙的全部,也有不能感知的部分,而且,能感知的部分只占其中极少的部分。我们只能存在于能被感知的世界,这也因为我们自己的存在方式是有限的,不仅受感觉器官的局限,也受时空的局限,我们不可能像感知可被感知的世界一样去感知不可被感知的世界。而我们之所以知道还有不可被感知的世界的存在,是因为可感知世界和不可被感知世界是在相互流通和作用中的,所谓量子的波粒二象性正是不可感知世界的东西在可感知世界的一种显像。我们知道有不可感知的事物的存在,正是因为那些不可感知事物在我们世界里的显像,至于它们本身,是超出我们感知能力之外的。因此,想把(包括思维在内的)世界总规律表达出来的想法只是面对无限世界的有限人类的一种愿望。当人类把这种愿望转变为对人类自身命运的关切，逻辑就从神坛上走下来了。

但是逻辑作为思想的工具还是有魅力的，这就是金岳霖先生所说的，它是佛菩萨的手掌。因为逻辑穷尽所有的可能性，现实不过是可能性之一的实现。"穷尽可能性"是贯彻在柏拉图对理念是否结合的论述，以及亚里士多德关于基本命题数量和推论形式的格的表述中，把这种方式抽取出来运用于对现实事变的分析，就可能产生佛菩萨手掌的效应，这是对逻辑方法的延伸应用。不过，工具总是工具，对它不能过度依赖。这样做的时候必须首先厘清对于要预测的事件产生作用的因素，如果这些因素都确定了，那么，其变化的结果就可能得到预测，就可能出现"闭门造车出门合辙"的情况。不过，一般来说，现实事物是很复杂的，我们不容易将事变中的全部因素发现出来，有时候，各种因素的作用也会发生变化，例如，一场战争，决定的因素不仅有士气、武器、人数、战术，等等，可能也有后勤、地形、长官的人格影响力，甚至可能会加入天气等因素。所以，逻辑方法要想成为佛菩萨的手掌，其在理论上的可能性大于实际的可能性。再者，可能性的数量是根据我们确定排列因素的多少而不同的。在柏拉图的《巴门尼德篇》中，考虑"一"与"其他"结合还是不结合的时候，一共要讨论八种情况，然而，假定"其他"分为一个，一些和全部三种情况，那么，"一"和"其他"的关系就从八种扩大到了十四种。[126] 放到现实中，在预测事情发展的时候，择取的因素越多，可能性覆盖的范围就越大，实现出来的结果在其范围之中的可能性就越大。但是，择取的因素越多，排列的数值就越大，这时逻辑就是"计算机用来解决问题的一组选择"。

逻辑对现实生活真正的影响力反映在科学方面。爱因斯坦说过，科学的发展是以两个成就为基础的，即形式逻辑和实验。关于逻辑，爱因斯坦特别明确说，指的是在欧几里得几何学里的逻辑体系。果然，我们看到，爱因斯坦以公式表达的重大发明都可以从一些已有发明中推导出来。当他作推论的时候，他心里想的一定是脱离了能量、物质质量和速度这些事物性状，而是就思考这些符号的关系。根据本文前面的说法，这些符号就代表着一些绝对普遍的概念。因为结论是从纯粹符号推论中得出的，它还只是逻辑上有效，至于是否符合实际情况，这就需要以实验来检验。

前人已经认识到，中国古代哲学的特点之一是逻辑意识的不发达。[127] 从这一点出发，还可以为中国古代是否有近代意义上的科学做出结论。如果倒过来追究其原因的话,科学的不发展在于逻辑的缺失,而逻辑的缺失联系着没有形成普遍的概念,进一步说,这又是因为中国古代认定了语言基本上是以揭示"实"的"名"而发生作用的。"名"不离"实",这固然符合实际生活的需要,然而,它也阻止了人们发展出脱离"实"的"名",进而制定出规则去操纵"名"之间的结合的道路。换一种说法就是,中国古代没有产生普遍性的观念。回过头来想,柏拉图的理念对人类思维方式确实造成了巨大的变化,这主要是理念揭开了人类运用普遍概念思考的序幕。

因为逻辑思维方式与发展科学的关系,要发展科学人们就应当重视逻辑思维方式。逻辑思维方式是人类可能的思维方式之一,对于还没有习得逻辑思维的人来说,学会逻辑就像打开了一扇观察世界的窗口,具有思想解放的作用。然而,如果有了这扇窗而否弃其他的窗口,这也是一种自闭。因为人类的意识决不限于任何一种形式或形态,真正的思想解放在于让意识的各种可能的方式展开出来:人不仅思想,也感觉、直观、欲念、愿望、冲动,等等;思想可以是逻辑的,也可以是非逻辑的,等等。每一种可能的意识和思维方式都展示着人类生活意义的通道,是有限的人类向着无限世界的展现。让逻辑成为我们的一扇窗,但不要自闭于这扇窗。

后记:本文草成后,曾请沪上张庆熊、郁振华、冯棉三位先生审读,他们提出的意见和建议开阔了我的视野,还蕴含着形成重大哲学议题的可能。冯棉先生尤其仔细,连标点符号也不放过,他对本文做的两处改动,我都在注中标明了。有了他们的审读,我可以比较放心了。谢谢他们!

注释

1. 文德尔班:《哲学史教程》上卷,罗达仁译,商务印书馆 1989 年版,第 161 页。

2. 同上书,第 164 页。

3. 同上书,第 162 页。

4. 同上书,第 189 页。

5. 梯利:《西方哲学史》上卷,葛力译,商务印书馆 1975 年版,第 90 页。

6. 见汪子嵩:《亚里士多德关于本体的学说》附录:《亚里士多德对柏拉图"理念论"的批判是对一般唯心主义的批判》,生活·读书·新知三联书店 1982 年版。

7. 在《形而上学》第一卷,第 9 章里,对理念和数的批判各占一半。而除了第 4、5 两章的第十三卷及整个十四卷,都是批判数的问题的。

8. 亚里士多德:《形而上学》,990b 1—8。

9. 柏拉图:《巴门尼德篇》,133d。

10. 亚里士多德:《形而上学》,991b 9—17。

11. 柏拉图:《斐多篇》,100 b—c。

12. 亚里士多德:《形而上学》,990b 23—33。

13. 柏拉图:《巴门尼德篇》,134a。

14. 柏拉图:《理想国》,596a,郭斌和、张竹明译,商务印书馆 1985 年版。

15. 参见柏拉图:《巴门尼德篇》八组推论中的第一组。

16. 参阅柏拉图:《巴门尼德篇》,152a—155c,第二组推论中的第 13 个推论。

17. 亚里士多德:《形而上学》,990b 17—22。

18. 同上书,991b 10、990b 29、990b 34。

19. 柏拉图:《巴门尼德篇》133c,参阅陈康译注本,第 83、85 页。

20. 参阅本章第三节(二)。

21. 亚里士多德:《形而上学》,991b 10。

22. 同上书,990b 29、990b 34。

23. 同上书,990b 27—31。

24. 同上书,991b 1—3。

25. 同上书,1080a 30—33。

26. 同上书,1080a 16—23。

27. 同上书,1080b 22—23。

28. 汪子嵩:《亚里士多德关于本体的学说》,第 206 页。

29. 关于此句,汪子嵩的引文与吴寿彭的译文同,苗力田的译文与罗斯的英译同(1080b 9)。

30. 此句吴寿彭译本作"倘可相通",意思完全反了。

31. 亚里士多德:《形而上学》,1080b 35—1081a 5。

32. 同上书,1081a 8—12。

33. 同上书,1081a 12—17。

34. 理念数,如 2 自身,其内部单位是可以相通的,但作为理念数,2 自身和 3 自身便不相通,即,3 自身中不包含 2 自身。

35. 在《巴门尼德篇》中,"一"和"是"的结合就是"2",这样的"2"显然是由轧平了不平的东西得到的。

36. 亚里士多德:《形而上学》,1081a 21—29。

37. 同上书,1081a 33。

38. 同上书,1083b 12—16。

39. 同上书,991b 9—13。

40. 同上书,991b 13—20。

41. 同上书,1088a 3、1087b 34。

42. 参阅吴寿彭译本《形而上学》第 56 页注 1、第 95 页注 1。

43. 亚里士多德:《形而上学》,1088a 3、1087b 34。

44. 同上书,1088a b。

45. 同上书,1076a 31—35。

46. 汪子嵩:《亚里士多德关于本体的学说》,第 287 页。

47. 亚里士多德:《形而上学》,1076b 1。

48. 汪子嵩:《亚里士多德关于本体的学说》,第 240 页。

49. 亚里士多德:《形而上学》,1077b 17—21。

50. 同上书,1077b 23—26。

51. 同上书,1077b 16。

52. 同上书,1076b 35。

53. 同上书,993a 1。

54. 同上书,982b 14。

55. 同上书,994a 1。

56. 亚里士多德:《形而上学》吴寿彭译本,第 83 页,"arche 的含义有:(1)事物开始的部分,比如一条线或一条路,无论在相反的哪一端,都有一个起点。(2)事物最好的出发点,例如学习时,我们有时并不是从头开始,而是从最容易学好的地方开始的。(3)事物从它的某个内在的部分首先产生,比如船从龙骨开始,房屋从基础开始,至于动物,有人说是从心开始,有人说是从脑开始,还有人说是从别的具有这类性质的部分开始。(4)事物从某个不是它内在的部分开始产生,运动变化都从它开始产生,比如小孩是从他的父亲和母亲开始,而打架是从骂人开始产生的。(5)运动变化的事物是由于某个东西的意志而产生运动和变化的,例如城邦的统治,寡头政治,君主政治和僭主政治,也都被称作 archai,技术也是这样,特别是建筑术。(6)由于它而开始认识事物的,也叫做本原,比如,假设是证明的开始。"《形而上学》,1312b 34—1313a 17,本处译文参照汪子嵩等《希腊哲学史》,第 1 卷,第 153—154 页。

57. 亚里士多德:《形而上学》,1013g 17—23。

58. 参阅本书附录《论巴门尼德哲学》。

59. 亚里士多德:《形而上学》,1013a 16。

60. 同上书,1028a 30—34。

61. 同上书,1028b 3。

62. 同上书,1003a 20、1003a 34、1030a 20。

63. Heidegger, *Being and Time*, 1962, p.49.

64. 亚里士多德:《形而上学》,1003a 20。

65. 同上书,1003a 34、1030a 20。

66. 同上书,1017a 23—27。

67. 同上书,1089a 16—18。

68. 同上书,1003a 10。

69. 同上书,1017a 7—1017b 9。

70. 这句译文取自苗力田先生的译本。吴寿彭先生的译文与罗斯的英文本同:"这里若谁说'是'就成为假了。"我取苗译的理由是,亚里士多德在此讲"是""不是"与真、假判断的关系纯是形式的。至于命题内容是符合事实,是另一个问题。

71. 参见亚里士多德:《形而上学》,994b 10—16。

72. 同上书,999a 26—29。

73. 同上书,990b 9。

74. 同上书,1005b 19。

75. 同上书,1008a 35。

76. 黑格尔:《哲学史讲演录》第二卷,贺麟、王太庆译,商务印书馆 1983 年版,第 282 页。

77. 同上。

78. 同上。

79. 同上书,第 283 页。

80. 同上书,第 285 页。

81. 同上。

82. 同上书,第 287 页。

83. 海德格尔说:"人们谈论古代逻辑的时候常常忽略这样一个事实,即逻辑这种东西最初只是出现在柏拉图和亚里士多德的教程中。"Martin Heidegger, *Off the Beaten Track*, Cambridge University Press, 2002, p.243.参见海德格尔:《林中路》,孙周兴译,上海译文出版社 2004 年版,第 339 页。

84. Hans-Georg Gadamer, *The Beginning of Philosophy*, The Continuum International Publishing Company, 1998, p.55.参见伽达默尔:《哲学的开端》,赵灿译,华东师大出版社 2019 年版,第 69 页。

85. 参见本书第六章"本体论的源起"。

86. Aristotle, *Metaphysics*，993b 23，参见亚里士多德：《形而上学》，吴寿彭译，商务印书馆 1981 年版，第 33 页。

87. Ibid.，993b 25—30，参见亚里士多德：《形而上学》，第 33 页。

88. Ibid.，99 4a1，参见亚里士多德：《形而上学》，第 33 页。

89. 亚里士多德说，arche(beginning)有六种意义，即 1.事物的开端；2.认识的起始；3.事物的基本部分；4.使事物变动的原因；5.引起事物变动的意图；6.原理。Metaphysics，1013 a1—20，参见吴寿彭译本第 83—84 页。

90. 汪子嵩：《亚里士多德对柏拉图"理念论"的批判是对一般唯心主义的批判——〈形而上学〉一书释义之一》，《北京大学学报(人文科学)》1963 年第 5 期。又见《亚里士多德关于本体的学说》，附录，生活·读书·新知三联书店 1982 年版。

91. Aristotle *Metaphysics* 990b1—8，参见吴寿彭译本《形而上学》，第 23 页。

92. Ibid.，991b10-12，吴寿彭译本，第 26 页。

93. Ibid.，1003a17，吴寿彭译本，第 56 页。

94. 亚里士多德：《工具论》，李匡武译，广东人民出版社 1984 年版。又，苗力田主编《亚里士多德全集》第一卷，1990 年。

95. 亚里士多德：《前分析篇》，余纪元译，见《亚里士多德全集》第一卷，苗力田主编，中国人民大学出版社 1990 年版，第 84 页。

96. 亚里士多德：《工具论》，李匡武译，广东人民出版社 1984 年版，第 93 页。

97. *The Basic Works of Aristotle*，ed. by Richard McKeon，Random House Inc. 1941，p.66.

98. Heidegger，*An Introduction to Metaphysics*，Yale University Press，1959，pp.125—126，130—131.

99. *The Basic Works of Aristotle*，p.66.

100. 见汪子嵩等：《希腊哲学史》第三卷，人民出版社 2003 年版，第 153 页。

101. 柏拉图早期的《斐多篇》集中论述了理念的特征，共有五点：1.理念是单一的，不是组合的；2.理念是不变的；3.理念是肉眼所看不见的，是心灵的眼睛才能看到的；4.理念是纯粹的；5.理念是永恒的，不朽的。(参阅汪子嵩等《希腊哲学史》第二卷，人民出版社 1993 年版，第 711—712 页)其中并不包括普遍性。柏拉图对话中似乎也没有出现过"普遍"这个词。

102. 亚里士多德：《前分析篇》，43a25—42，《工具篇》，李匡武译，广东人民出版社 1984 年版，第 118 页。这里说的"词"在亚里士多德的原文中都是"事物"，卢卡西维茨认为，亚里士多德这样说是不精确的，在讨论逻辑时应作"词"或"词项"。本文以卢卡西维茨所说为是。见《亚里士多德的三段论》，李真、李先焜译，商务印书馆 1991 年版，第 14 页。

103. 卢卡西维茨：《亚里士多德的三段论》，第 15—16 页。

104. 语出亚里士多德《解释篇》7，17a 39。译文见卢卡西维茨：《亚里士多德的三段论》第 12 页注 2，商务印书馆 1991 年版。此处"普遍的"一词，在苗力田主编的《亚里士多德全集》第一卷和李匡武译亚里士多德《工具论》里均译作"全称的"。联系引文前一句英文："Some things are universal, others individual"(有些东西是普遍的，有些是单一的)，这里的"东西"指的是词项，而不是命题或判断，所以不做"全称的"解。

105. 卢卡西维茨：《亚里士多德的三段论》，第 12—13 页。

106. 卢卡西维茨：《亚里士多德的三段论》，第 16 页。

107. 卢卡西维茨：《亚里士多德的三段论》，第 17 页。注 1。这段引文比卢卡西维茨本人表述得清楚，卢卡西维茨表述时，在"内容"前加了限定词"前提的"，反而使人不明白内容就是日常语词所指的东西。

108. 这是在我记忆中冯棉先生的话。此文经他审阅，他提出一个精确的说法："逻辑是研究有效推理的学科，而现代逻辑与可能世界密切相关。"

109. 冯棉：《可能世界与逻辑研究》，华东师范大学出版社 1996 年版，第 1 页。

110. 金岳霖：《论道》，商务印书馆 1985 年版，第 2—3 页。

111. 柏拉图：《巴曼尼得斯篇》，陈康译注，商务印书馆 1982 年版，第 104—113 页。

112. 卢卡西维茨:《亚里士多德的三段论》,第 24 页。

113. 同上书,第 25 页。

114. 同上书,第 34 页。

115. 此处关于逻辑格和式的数量的文字,是冯棉先生改定的,说见华东师范大学哲学系逻辑教研室编的《形式逻辑》,华东师大出版社 1996 年版,第 88 页。

116.《辞海》,上海辞书出版社 2002 年版。

117. 冯契主编:《哲学大辞典》(修订本),上海辞书出版社 2001 年版。

118.《中国大百科全书——哲学卷》,中国大百科全书出版社 1987 年版。

119. *The Cambridge Dictionary of Philosophy*, second edition, Cambridge University Press, 1999.

120. 原文:a science that deals with the principle and criteria of validity of inference and demonstration: the science of the formal principle of reasoning。

121. 原文:1. a way of thinking about something that seems correct and reasonable, or a set of sensible reasons for doing something. 2. a formal method of reasoning, in which ideas are based on previous ideas. 3. a formal method of reasoning, in which ideas are based on previous ideas. 4. a set of choices that a computer uses to solve a problem。

122. 黑格尔:《逻辑学》,杨一之译,商务印书馆 1974 年版;又,《小逻辑》,贺麟译,商务印书馆 1980 年版。

123. 1981 年,我还是研究生的时候,到北京参加以纪念康德、黑格尔为名的学术会议。在小组讨论会上,杨祖陶先生说,"通常认为在黑格尔《逻辑学》中,认识论、逻辑和辩证法三者合一,其实还应该加上本体论,是四者合一。"讨论组组长姜丕之先生说,"马克思主义是不讲本体论的"。杨祖陶先生笑而不答。其实他们两人的说法都对,杨先生讲的是传统哲学的观点,姜先生讲的是马克思主义对黑格尔哲学批判的观点。

124. 黑格尔《逻辑学》上卷(杨一之译,商务印书馆 1974 年版)一再论说了逻辑的性质以及逻辑与哲学的关系:"思维的概念是在逻辑发展过程中自己产生的,因而不能在事先提出"。(第 23 页)"我们的思维必须依据概念而限制自己,而概念却不应该依我们的任意或自由而调整"。(第 13 页)"……精神的运动就是概念的内在发展:它乃是认识的绝对方法,同时也是内容本身的内在灵魂。——我认为,只有沿着这条自己构成自己的道路,哲学才能称为客观的、论证的科学。"(第 5 页)

125.《黑格尔〈逻辑学〉一书摘要》,见列宁《哲学笔记》,人民出版社 1974 年版,第 89 页。

126. 柏拉图:《巴曼尼得斯篇》,陈康译注,注 161,第 111 页。

127. 金岳霖学术基金委员会编:《金岳霖学术论文选》,中国社会科学出版社 1990 年版,第 352 页。

第八章

本体论与基督教神学

自从基督教产生以后，直到近代哲学开始之前，在西方国家思想领域里占统治地位的是神学。与神学相比，哲学只有附属的地位，它或者被湮没在神学里，或者被用作神学论证的工具，于是就有"哲学是神学的婢女"之说。这段历史的总的情况应当是如此。

然而，如果我们深入到神学内部去看一下，我们会发现另一种情况。神学在为自己的存在和教义作辩护和论证的过程中，先是引用柏拉图主义，后来又吸纳了亚里士多德学说，结果，由柏拉图开创的本体论竟在神学中得到成熟了。因此，基督教神学是本体论发展中一个重要的环节。

由于我们过去把上述时期主要当作神学发展的历史，对于包含在其中的哲学的了解往往是不充分的，甚至是忽略的，更难提出本体论通过神学而得到成熟的问题了。近年来对基督教哲学的研究有了深入的发展。范明生先生的《晚期希腊哲学和基督教神学》（上海人民出版社 1993 年版），以及赵敦华先生的《基督教哲学 1500 年》（人民出版社 1994 年版），就是其中的代表。本章拟在这些研究所取得的成绩的基础上，对本体论在基督教神学中获得成熟的过程作一初步论述。

一、神学和本体论的前期磨合

（一）信仰和论证

宗教存在于信仰之中，但这不等于说宗教愿意彻底放弃论证。在可以有所论证的地方，宗教也总是竭力作出论证，只是在无法论证的地方，宗教才坚守信仰这条防线。

宗教常用奇迹论证上帝或其他崇拜对象的存在及其超自然力量的性质。

但是奇迹之为奇迹，是因为人类还不能在已有的经验和知识的范围内对它作出可信的解释。在这里，理解仍然是一片真空。只要理解还存在真空，就容易被奇迹的解释占领。这归根结蒂是以信仰取代理解。

宗教有时也用体验的方法作论证。这或者用于个人与上帝之间的精神上的交往；或者用于宗教伦理的修养；或者，如在佛教中，为求摆脱一切现实的事物、获得一种物我一境的原始境界。但是体验的方法总是限于当下的个人，这样的体验决不是语言可以传达的，因而是不可交流而带有神秘的性质。

宗教也用思辨的方法作论证。这一方法是运用概念进行逻辑的推论，或者企图在表面的经验事实中推测其背后的深层原因，直至达到某种最终的原因，并赋予其宗教的意义。这种论证方法往往直接就是哲学的。

宗教用到哲学方法的时候，往往同它的问题的性质有关。基督教之援引柏拉图的本体论，其直接的原因是为了论证"三位一体"问题。

所谓"三位一体"，又称"三一性"，它是指，作为圣父的上帝、圣子的耶稣与圣灵，这三者不是分离独立的，而是同质的，或者说，这三者是一个实体。这一教义对于才创立出来的基督教来说，是性命攸关的，是早期的基督教的教父们必须为之作出论证的一个核心问题。

基督教是在犹太教的基础上进行改革的结果。"三位一体"是这一改革中产生出来的一个新问题。犹太教是一神教，这不是说，犹太教认为只有一位神存在，而是说，只信服其中的一位，即耶和华神。耶和华对于犹太教来说是唯一具有至高无上权威的神，耶和华神也不许犹太人信仰其他的神。基督教中出现了一个新的形象：耶稣，他是耶和华神使童贞女玛利亚怀孕生下的儿子。耶稣的出现对于基督教的传播具有重大的意义。首先，耶稣这个形象在天国和尘世间起了某种意义上的沟通的作用。耶稣是上帝的儿子、是弥赛亚、是神；同时，他是"道成肉身"，是在尘世活动过的。其次，《旧约》作为犹太民族社会生活的准则，相对来说，是适合于较古老时期的情况；而《新约》通过《福音书》所传达的，则更符合发展了的新情况，人们显然更愿意接受它。第三，耶稣的教导要人们变慑于权威的被动的守法为心悦诚服的内心接受。人们或许能在这一宗教信仰与道德实践的结合中体验到自身的能动的力量。此外，耶稣对犹太教的某些繁文缛节也有所改革。泛爱的原则更能兼容社会各阶层的人。耶稣本人的传奇经历，以及在这一经历中所焕发出来的震撼心灵的人格感染力，也是基督教吸引广大群众的重要原因。总之，没有耶稣，就没有基督教。

耶稣在历史上是确有其人的。他执意改革犹太教，却并无教外立教的意思。耶稣受难以后，他的一批信奉者开始传播宣讲耶稣的教义，并组织基督教社团。这些宣讲材料逐渐整理汇编成册，在公元367年由希腊教父亚大纳西最后编定，并于公元405年为教皇英纳森一世宣布采纳，这就是《新约》。[1]基督教既是在犹太教基础上改革的产物，它并不排斥犹太教的圣经——《旧约》，基督教的圣经包括了《旧约》和《新约》两个部分。

这就产生了一个矛盾：依《旧约》，上帝只有耶和华神一个，《新约》既称耶稣为圣母所生的上帝之子，自然也应该是神。于是就有了圣父、圣子和圣灵三者。由于这个原因，基督教产生之初曾被指控为"多神教"[2]。

最初的基督教社团的活动具有对外界封闭的性质，因此也遭到过来自罗马政府和社会方面的反对。罗马皇帝因为基督徒不向罗马神庙献祭而怀疑他们蔑视自己，因为罗马皇帝是罗马神庙的至高祭司；政府还怀疑他们在宗教的掩护下进行反政府活动；在社会上流传的是，基督徒在"圣餐"仪式中吃人肉人血；他们的集体生活则被怀疑是搞不道德活动。[3]既然这些都是建立在误解基础上的，随着误解的消释，基督教与罗马帝国的对立是可以化解的。事实上，在公元4世纪末的时候，基督教取代了罗马教，成了罗马帝国的国教。

但是，圣父、圣子、圣灵三者与《旧约》以来一贯遵循的一神教原则之间的差异则是基督教内部的矛盾，这个矛盾不解决，基督教就挡不住来自犹太教方面的反对。更为严重的是，如果对"三位一体"不能获得一致的说法，基督教本身有从内部分裂、解体的危险。要取得一致说法，不仅依赖教会的权威，还应有所论证或论述。

（二）上帝与 Being

基督教内部关于"三位一体"的问题，从公元3世纪中叶起，一直争论到7世纪末。如果算上与"三位一体"有关的关于圣像崇拜的争论，那么，这场争论足足延续到公元9世纪中叶。争论中伴随着教派间激烈的权力斗争。争论的基本要点是，在承认耶稣具有人性的同时，也要承认他具有神性，并且与上帝有共同的本质。任何主张耶稣低于上帝、耶稣是被造物以及耶稣只有一半神性的说法，都先后被判为异端。为统一认识，教会召开了多次主教大会，会议中充满争论，甚至大打出手（公元449年"以弗所强盗会议"）。但是，由罗马主教利奥一世写于 449 年一封信中申述的观点,被认为是较完整地表达了正统的观点。其主要内容是:"基督的神性与人性是同等完整的;按其神格而言,他与圣父同体,按其人格而言,他与世人同体,但无原罪;按神格而言,他在万世之先,为父所生,按人格而言,他在末世之中,为救世人,由'上帝之母'童贞女玛利亚所生;这同一个基督、圣子、主和独生的,处于两个性质之中,二性互不混淆,互不变换,互不割裂,互不分开;二性不因联合而失去区别,每一性的特点因此得以保全并汇合于一个位格、一个本体之中……"[4]这里提到玛利亚作为"上帝之母",她当然也应该与耶稣一样,既有人的性质又有神的性质,这便是圣父、父子、圣灵三者。正统的说法是,不否认耶稣、圣母有人的性质的事实,但又要把他们放到与上帝同等的地位。不如此,不足以抬高基督教的地位。而被判为异端的那些说法,则把上帝置于绝对权威的地位,视耶稣为次等的地位。平心而论,异端的说法比较符合一般的思想方法,但却不利于基督教在犹太教面前维护自己宗教的地位。

在基督教内部展开关于"三位一体"争论的时候,有一批教父试图从哲学方面论证"三位一体",他们的哲学武器是柏拉图主义。基督教关于"三位一体"问题上正统观点的确立,同这些教父的哲学论证是分不开的。

宗教与哲学,作为两个不同的领域,它们各自使用着自己的语言。宗教要援引哲学为自己作论证,必须对两者的语言实行某种转换,找到概念上的衔接点。这个衔接点就是:上帝＝Being。教父们以 Being 指称上帝,大抵假托圣经的记载:当摩西请问上帝姓名时,上帝答曰:"我是我所是。"(I am who I am.)[5]而"Being",如我们所知,正是希腊哲学、也是柏拉图哲学中的重要术语。说基督教教父们把上帝称作 Being 是出于对圣经的"假托",那是因为,持这种说法的那几位教父对希腊哲学,尤其是柏拉图哲学都是有研究的,他们已经感到可以利用柏拉图哲学为"三位一体"说作出辩护。那几位教父包括:奥立金(Origen Adamantinus,185—254)、希拉里(Hilarius de Poitiers,约315—366)、维克多里(Marius Victorinus,300—363)、大巴兹尔(Basilius Magnus,330—379)、纳西盎的格列高利(Gregorius Nazianzenus,329—389)等人,他们中的奥立金,是新柏拉图主义者普罗提诺的同学;维克多里、大巴兹尔、纳西盎的格列高利等人,都曾在雅典留学过。否则的话,仅从"I am who I am"这句话得出上帝就是 Being,似乎不大可能。

根据赵敦华先生《基督教哲学 1500 年》一书披露的材料,我认为早期基督教教父们论述"三位一体"问题时对柏拉图哲学的利用主要有这样几点：

1. 把建立在日常思想方法基础上的宗教的观念（上帝）变为本体论的逻辑规定性的 Being。基督教的上帝是在现实世界之外的，在这个意义上说，上帝是超验的；然而当用日常思想方法去考虑的时候，总不能脱离时间与空间的限定，因此，说圣父、圣子为父子关系，就有一个生和被生的时间上的先后关系。这样，基督教所信奉的耶稣就不免晚于圣父、在地位上次于上帝。当把上帝指称为 Being，并且从逻辑上去思考时，便摆脱了日常思想方法所受到的时间的局限。尼斯的格列高利说，创世是上帝在时间之外的活动。[6]维克多里把这一方法用于具体解释圣父和圣子的同等关系："我们应该如何谈论上帝，说他是存在抑或非存在？我们当然可以称之为存在，因为他是所有存在的东西的原因。然而，只要以他为父亲的东西尚未存在，这个父亲就是非存在。"[7]这是从逻辑上说，父亲之为父亲，是相对于儿子而言的；还没有儿子时，父亲便不是父亲，即他还是一个"不是者"。

2. 以 Being 指称上帝以后，教父们就可能以概念的分析讨论上帝及耶稣间的关系。如大巴兹尔反对以"非生"和"被生"分别指称上帝和耶稣，因为这样的话，从逻辑上说圣子和圣父是有别的，他们不可能是同一本体。他认为，圣父和圣子统一于"是者"。他论证说，"非生"是一种否定性的提法，不可能用以表述上帝的实质。上帝的实质（ousia）是他的"去是"（to einai）。[8]最后这句话，根据我们在前两章研究中对 ousia、einai 的理解，也可以解说为：上帝之是上帝（ousia），在于他的"去是"（einai/to be）。"去是"的结果就是"所是"或"是者"。这样，圣子就是圣父自己的"是"展开出来的"所是"。从概念的角度说，就解决了两者同质的问题了。这里的"是"是指显示的过程，这一理解大约是不成问题的。赵敦华先生在谈到维克多里几乎是同样的思想时，其表述与我们的理解是可以相通的。他说："在《反阿里乌斯》一书中，他（指维克多里）用'是'动词（拉丁文 esse 或希腊文 to einai）表示上帝的存在，用'是'的动名词（希腊文 on）表示事物的存在。两者区别不言而喻：上帝是一切东西的力量和活动，存在的事物是这种力量和活动产生的结果。"[9]其中"事物的存在""存在的事物"就是我们说的"是者"或"所是"。

利用概念分析方法的另一个例子是，对"是"和"生成"的解说。在西文中，"是"有"生成"的意思。既然上帝已经被认为是 Being（"是"），那么，上帝产生圣子不过是上帝自身之"是"的展开，展开是由隐而显，所以维克多里说：

"上帝是隐蔽的东西,圣子是上帝得以显现的形式。"[10]

我们曾经说过,本体论紧依着西方语言的习惯、又对语言作了改造,因而是一种不同于日常思维的思维方式。上述几位教父们利用本体论论证"三位一体",对于一般大众来说,理解起来不会没有困难。不过既然他们代表了当时有学问的人,想必教会得到了他们的撑腰以后,在对"三位一体"作行政性决议时的胆子就壮了。

应当指出,在教会内部,从一开始就有人反对把哲学的方法引来解释宗教问题,他们看出宗教本质上是靠信仰维持的,用哲学论证教义,将会一发而不可收拾,最终威胁到宗教本身。所以,他们把哲学看作是"人和魔鬼的学说"[11]。但是毕竟有一批教父尝试用哲学来讨论"三位一体"问题,取得了成功,这才引起了基督教与希腊哲学的进一步结合,所以我们说这是两者磨合的过程。

(三) 本体论倾向的神学

早期基督教教父们借助于柏拉图的本体论,为"三位一体"这个对于基督教来说性命攸关的问题作了论证,更为重要的是,教父中一批人掌握了本体论这种思想方法,用于更广泛的宗教问题的论证,形成了基督教神学。虽然从根本上说,宗教是依靠信仰维系的,它也不会放弃通过一些论证使自己变得更精致的努力。为此,神学对自己所运用的论证方法也在不断地探讨,本体论在这一过程中得到了发展。这样展开的神学可以称为本体论的神学。

柏拉图开创的本体论,从方法上说是纯粹概念性的,这就是说,在思辨中将概念间的关系尽可能完全地展示出来。基督教神学一旦运用了这种方法,产生出来需要讨论的问题好像特别多,远远超出了圣经的范围。例如,理性和信仰的关系、知识及其分类、恶的起源、对上帝存在的证明——这本来是不需证明的信仰,直到后来关于推论的形式和种类、语词的性质、名和实的关系,等等。这些问题的扩展逐渐胀破了神学的框架,将最终使哲学从神学的藩篱中脱离出来。

早期基督教教父们由解说上帝创世而涉及对时间问题的论述,这一论述的轨迹反映出那些教父们对于思辨方法的逐步把握,值得我们在此略予论说。

早期教父们一般认为,神及其所在的地方是永恒的。所谓永恒,是指超出在时间之外。时间是我们这个世界的特征,正因为如此,我们这个世界里的事物才有生灭变化。时间和万物一起,都是神所创造的。但是据《创世记》,上帝创造世界用了七天,这很容易使人想到,上帝创造世界也需要时间,上帝是在时间中的,这同上帝在时间之外因而得以永恒的说法矛盾。卡帕多奇亚的希腊教父大巴兹尔为此而解释说:"上帝创造了时间的本性,指定'日'为它的量度与标记,以'周'重复计算时间的运动。一周是一日的七次重复,这是始于自身,归复自身的循环。它像是永远回归自身的万古之期。因此,他(指摩西)不把时空的开端称作第一天,而是一天,这说明了时间接近于永恒。"[12]

我们只须略予思考就会发现,大巴兹尔的那种说法是有破绽的。尽管七天被缩为一天,或者说从时间长度变为时间单位,这一天的时间总之是有长度的时间。作为时间的单位,总是包含着起初的一个量,要不然,它就不能作为单位。

大巴兹尔的弟弟,尼斯的格列高利提出了"瞬间说",这个说法比他兄长高明。"他说,创世是上帝在时间之外的活动。上帝在瞬间创造出所有事物潜在的种质,并让种质在时间中演化为现实存在的万物,上帝不需要随时干预种质的演化过程。至于《创世记》所写的六天过程,不能按照字面理解它。'六天说'只是隐喻着'灵魂的哲学,说明演化的必然顺序以完善的被造物为最后结果'。'完善的被造物'指人,'演化的必然顺序'指宇宙的形成过程。上帝创世按照从宇宙到人的顺序进行。他凭着思辨,自由地发挥了对宇宙和人的解释。"[13]"瞬间说"优于"一天说"的地方在于,"一天"仍是可度量的时间长度,"瞬间"则很难度量,因为人们可以在思想上把瞬间设想得比任何短促的时间更短促。但是,瞬间毕竟还是一个时间的概念。不顾瞬间多么短促,只要上帝创世时用到了这个瞬间,创世还是在时间里进行的。如果上帝需要在时间里创世,那么时间本身就不可能是上帝创造的。

从思辨的角度把上帝作为永恒存在于时间之外的观点阐说得最彻底、完整的是奥古斯丁(Aurelius Augustinus 354—430)。奥古斯丁把上帝创世解说成是彻底从无中生有的过程。上帝创世是不在六合之内的,因为在造成宇宙之前,还没有创造宇宙的场所;上帝创世也不用任何工具,因为没有一样东西是可以不经上帝创造而存在的。如果我们把时间理解为工具的一种,那么上面的话就是说,时空不是上帝创世的条件,时空倒是上帝创造的结果。

奥古斯丁认为,上帝创世用的是"道"——言语,上帝一言而万物资始。

"道"不在时间中，是奥古斯丁论说上帝不在时间里创世的理由。他认为，上帝的言语——"道"，和我们用肉体的耳朵听得到的言语是迥然不同的。肉体的耳朵听到的言语有时间上的起讫，是有声响的，声响需借助于发声的物体，还要赖有声音传播时振动的媒体。可是在上帝创世前，这些东西都是不应该有的。上帝的言语是当用理智的耳朵去听取的永恒的言语。他述说这样的"道"的性质："这'道'是'和你天主同在'的天主，是永永不寂的言语，常自表达一切，无起无讫，无先无后，永久而同时表达一切，否则便有时间，有变化，便不是真正的永恒，真正的不朽不灭。"这无异于说，"道"就是原则，"道"就是上帝自身。奥古斯丁接着说："你用了和你永恒同在的'道'，永永地说着你要说的一切，而命令造成的东西便造成了，你惟有用言语创造，别无其他方式；但你用言语创造的东西，既不是全部同时造成，也不是永远存在。"[14]

这种论说的逻辑是值得我们注意的：上帝不在时间中，这并不是证明的结论，而是前提；全部论说是从这个前提中引出一些与之相一致的结论。这一切都是在纯粹思辨的领域里进行的。这些"结论"是康德归入先天分析的那一类判断。

奥古斯丁对这种方法掌握得十分娴熟。且让我们再来看他对一些诘问的驳难。

有人诘问："(1)天主在创造天地之前做些什么？(2)如果闲着无所事事，何不常无所为，犹如他以后停止工作一样？(3)如果天主为了创造从未创造过的东西，有新的行动、新的意愿，那么怎能说是真正的永恒？前所未有的意愿又从何处发生？天主的意愿不由受造而来，而是在乎造物之前，因为创造一物之前，创造者先有意愿。所以天主的意愿属于天主的本体。天主的本体中如产生一些前所未有的东西，则天主的本体不能说是真正的永恒；既然天主创造的意愿是永远的，那么受造为何不也是永远的呢？"[15]

奥古斯丁对第一个问题的答复是："你既然是一切时间的创造者，在你未造时间之前，怎能有无量数的时间过去？能有不经你建定的时间吗？既不存在，何谓过去？"[16]

这个答复的推论形式是：

前提：上帝是一切时间的创造者，

中项："过去"在一切时间内，

结论：不可能有未经上帝创造的"过去"，即，所谓"上帝创造天地之前"的说法不能成立。

对第二个诘问的驳难是："既然你是一切时间的创造者,假定在你创造天地之前,有时间存在,怎能说你无所事事呢? 这时间即是你创造的,在你创造时间之前,没有分秒时间能过去。如果在天地之前没有时间,为何要问在'那时候'你做什么? 没有时间,便没有'那时候'。"[17]

这里要回答的诘问是第一个诘问的进一步发展,它不仅肯定上帝从时间上说存在于创造天地之前,而且怀疑上帝在那时无所事事,亦如他创世以后一样。奥古斯丁的答复分别两种情况,前提仍是一个:

前提:上帝是一切时间的创造者,

(1)假设:上帝创造天地之前有时间存在,

则:依前提,时间是上帝创造的,

所以:上帝并非无所事事。

(2)假设:如果在上帝创造天地之前没有时间,

则:不存在上帝在天地之前的问题,

所以:不存在上帝在天地之前无所事事的问题。

第三个诘难是一个长问题,中心是否认上帝是时间之外的永恒。奥古斯丁的驳难是:"你也不在时间上超越时间:否则你不能超越一切时间了。你是在永永现在的永恒高峰上超越一切过去,也超越一切将来,因为将来的,来到后即成过去;'你永不改变,你的岁月没有穷尽。'你的岁月无往无来,我们的岁月往过来续,来者都来。你的岁月全部屹立着绝不过去,不为将来者推排而去,而我们的岁月过去便了。你是'千年如一日',你的日子,没有每天,只有今天,因为你的今天既不递嬗与明天,也不继承着昨天。你的今天即是永恒。你生了同属永恒的一位,你对他说,'我今日生你'。(按,指生圣子)你创造了一切时间,你在一切时间之前,而不是在某一时间中没有时间。"[18]奥古斯丁以"永永现在"说明上帝不在时间中却又永恒不朽,那么"现在"不是时间吗? 这是需要说明的。在该处稍前,奥古斯丁对"永恒"和"时间"作了判分。依他的看法,"时间不论如何悠久,也不过是流光的相续,不能同时伸展延留,永恒却没有过去,整个只有现在,而时间不能整个是现在"[19]。因此,永恒就是指永远的现在。这是我们世界里的时间所没有的性质。他责备那些提出诘难的人"他们力求领略永恒的意义,他们的心却沉浮于事物过去和未来的波浪之中,依然无所着落"[20]。

此外,奥古斯丁还进一步论述过"现在是没有丝毫长度的"[21]。如果说"瞬间"的概念总还丝丝连着经验,那么,没有丝毫长度的"现在"就与经验断绝了关系,纯粹是思想上的一个概念了。这两者的区别就如纸上画出的一个点与几何学上的一个点。

我们不是要在这里评说奥古斯丁关于"时间"的理论的是非,我们的目的是为了说明早期基督教教父的神学著作里,已经运用了本体论的方法,这种方法我们最初已在柏拉图的哲学里见过了,它是纯粹从概念到概念的思辨方法。奥古斯丁是对这种方法运用得最为娴熟的一位教父。

在早期基督教教父著作里,本体论无疑是神学的工具,随着后来亚里士多德哲学的引入,这一方法、工具本身得到了讨论,本体论将在这种情况下成熟起来。

二、本体论的成熟

(一)亚里士多德哲学的流传

在第五、第六两章里我们已经讨论过,柏拉图初创的本体论还有不成熟的地方,这主要是他的逻辑方法还不成系统,有些概念的普遍性不够,且真正够上普遍性的概念数量太少,有待进一步寻找。而亚里士多德则制定了系统的逻辑方法,而且通过自下而上的抽象的方法或对语词分类的方法得出了大量普遍性的概念或范畴。但亚里士多德本人没有把逻辑方法用于概念的推论,他是反对这样做的。然而,只有当概念的推论运用了逻辑方法以后,本体论才最终成熟。而这一点竟是在基督教神学中完成的。

亚里士多德哲学真正进入神学是在公元 12 世纪以后。关于亚里士多德哲学在公元前的流传情况,黑格尔有一番了解。他写道:"据传说,亚里士多德在活着的时候很少让他的著作被人知道,他把他的著作连同他的丰富的藏书遗留给他的继承人德奥弗拉斯特。他的藏书可以说是第一个颇可观的藏书,是由于他自己的财力和亚历山大的帮助而收集来的;由此可见亚里士多德的博学。后来这些藏书(一部分书籍或抄本)被带往亚历山大里亚,成了托密勒王朝图书馆的基础,这个图书馆在凯撒大帝占领亚历山大里亚时被付之一炬。至于亚里士多德的原稿,则传说德奥弗拉斯特在遗嘱中把它们传给一个叫奈勒乌的人,从此人手中又流入一些无知识的人手里,这些人既是全不关心又毫不懂得它们的价值而把它们搁置着;又据说(据另一些人说)是奈勒乌的后裔为了使它们不落于酷爱搜集藏书的柏加孟诸王之手,而把它们埋在一个地窖里,在那里它们被忘记了,竟被搁置了 130 年,因此变成一塌糊涂。经过了这一段时期之后,德奥弗拉斯特的后裔们在多次找寻之后终于再把它们发现,并将它们卖给德约斯地方一个叫阿柏利康的人,此人把虫蛀和腐烂的地方补上了,但对于这件工作这个人实在是没有足够的学识和本领来做的。因此又有别人来做此事,按照他们的心意填在空白上,把被破坏的弥补起来;这样,这些著作就被改变得很够了。但这还不算数。阿柏利康刚一死,罗马人苏拉就侵占了雅典,而在他送往罗马的虏获物中,亚里士多德的著作也是其一。那些罗马人刚刚开始晓得希腊的科学和艺术,对于希腊的哲学却还没有加以重视,他们不懂得去从这些著作中吸收教益。以后一个叫提兰尼奥的希腊人在罗马获得允许去利用亚里士多德的这些原稿,并把它们发表,他编了一个本子,但这个本子也被指责为不够准确;在这里这些作品又遭到这样命运,被书商们交到一些无知识的抄写人手中,这些人又加进了一大堆讹误。"[22] 苏拉攻占雅典一事发生在公元前 86 年,这说明亚里士多德的著作在公元前已流入罗马。现在人们知道的情况是,在公元 6 世纪初的时候,罗马人波埃修斯(Boethius,480—525)始将亚里士多德的《工具篇》译成拉丁文。又过了六百年,到 12 世纪时开始,历经一百余年,亚里士多德的著作才被全部译成拉丁文。在 6 世纪到 12 世纪这漫长的六百年里,亚里士多德的著作和柏拉图的著作一起,倒是在阿拉伯人中被诵习的。早在拉丁文之前,先是叙利亚文,后来是阿拉伯文就有了亚里士多德著作的译本。因此,当亚里士多德的著作被译成拉丁文时,不仅依据希腊文,也有从阿拉伯文转译的。

拉丁文本的亚里士多德著作出现以后,并不是马上被神学所吸收的,它开始只是在大学里被阅读。即便如此,教会方面在 13 世纪时一直明令禁止阅读它。

我们知道,作为哲学,柏拉图主义也曾为基督教神学所拒斥。大约在公元 4 世纪末的时候,以奥古斯丁为标志,柏拉图主义算是被正式允许为神学服务了。而亚里士多德哲学进入神学则几乎迟了整整一千年。这个原因显然并不是因为资料的缺乏,而是在于这两种哲学有一种重大的区别。如我们在前一章中所说的,柏拉图的理念论开辟出一个存在于我们所在的世界之外的世界,亚里士多德则根本反对有这样一个世界,他只承认我们所在的世界。

他也有抽象的概念,但这些概念已从经验事物由下而上逐级抽象出来的。因此,亚里士多德哲学的主旨更不宜于神学。事实上,当教会方面反对阅读亚里士多德时,称他的著作是"自然哲学著作",这包括《形而上学》一书,[23]教会方面的这种语言也反映,亚里士多德哲学的基本倾向是经验论的。

尽管亚里士多德哲学受到教会的禁止,它还是无可避免地渗进了神学。对这一现象,人们也许会研究出许多原因,我觉得其中一个学理上的主要原因是,既然神学已经采用了柏拉图那套概念到概念的论证方法,那么进一步需要的就是一种严密的逻辑方法,这正是亚里士多德哲学可以提供的。至于亚里士多德学说中其他的观点及其经验论的倾向,则是神学对之加以改造的问题。

(二)上帝存在的"本体论证明"

史料印证了我们的上述观点。波埃修的身份虽然不是神职人员,但他翻译了亚里士多德《工具篇》以后,立即意识到其逻辑的方法是可以为神学所用的。

波埃修通过介绍亚里士多德的逻辑学说,区分了证明推理与论辩推理,他写道:"一个表达被普遍接受的观念的命题是公认的。这些命题可分为两类:一类是完全显而易见的,比如,'两个等式相减,其差仍为等式'就是这样的命题。凡理解它的人都不会否认它。另一类命题虽然也来自同样的共同观念,但它只是对有学问的人才是显而易见的,比如,'无形者不能占有空间'就是这样的命题。有学问的人明白地知道它,普通人则不然。"[24]第一类命题相当于证明推理的前提,第二类命题相当于论辩推理的前提。赵敦华先生说:"神学家要用论辩推理的方法,从他们的命题出发,推导出确定无疑的真理。波埃修在讨论神学问题与哲学问题时已经自觉地运用了这种方法。"[25]从波埃修举的两种推理的例子看,它们都是从概念到概念的推论,前者是数学概念,后者是哲学概念。后者换上神学概念就是神学推论了。

由坎特伯雷的安瑟伦(St. Anselm,1033—1109)第一次表达的上帝存在的本体论证明,就是一个典型的概念到概念的推论。这个证明在他写的《宣讲》中,其中核心的一段如下:

> 值得信仰而又可以理解的主啊,就你的选择,让我们来理解:你是否如我们所相信的,或者你是否就是我们相信你所是的那样。我

们相信你是无与伦比的。于是问题就在于,这种性质的东西是否存在,因为"愚人说,在他的心里是没有上帝的"。然而可以肯定的是,当愚人听见"不能设想有比之更伟大的东西"时,他是理解他所听到的话的,他所理解的东西存在于他的理智中——尽管他认为它不存在。因为一个对象存在于人的理智中是一回事,对他来说去思想它的存在是另一回事。当一位画家构思他的作品时,作品在他的理智中,这时画还没有产生出来,即他还没去想它的存在。当他画出来以后,因为它已产生出来了,他想它存在着。只要能懂得"无与伦比"——愚人是懂这句话的,以及人所懂得的一切都存在于它的理智中,这便应使即便是愚人也相信无与伦比的东西是存在的。而无与伦比的东西肯定是不能只存在于理智中的。只要它存在于理智中,我们便能设想它也存在于现实中,因为这样它才是更伟大的。因此,如果一个无与伦比的东西只存在于理智中,那么这个无与伦比的东西却是一个可以设想有比其更伟大的东西的东西。这显然是不可能的,于是,毫无疑问,无与伦比的东西是存在的——既存在于理智中,又存在于实际中。[26]

根据上面这段话,人们把它概括为一个简洁的三段论:

大前提:上帝是一个无与伦比的概念;

小前提:无与伦比的概念中包括存在;

结论:所以上帝存在。

关于上帝存在的这个"本体论证明",在西方哲学史上引起过激烈的争论,我们这里且不去管它。我们所注意的是,安瑟伦在其另一著作《独白》中还有关于上帝存在的另外一些证明,然而它们并没有都被称为"本体论证明"。我们想对这些另外的证明与"本体论证明"作一比较,从中见出西方人心目中所谓"本体论"究竟是怎么一回事。

据赵敦华先生的概括,那些另外的证明可归结为三个[27],我们这里只简述其大意:

(1)当我们能对世上种种善或不善的东西作出判断时,我们已有了对它们作出判断的标准——善本身。种种善与不善的东西是依此善本身得到判断的,而善本身则是依其自身而成为善的。种种善的东西总有不足之处,善本身则是至善的,它就是上帝。

(2)种种所是(存在)总有是其所是的原因。作为一切所是的共同原因的,必是一个最大、最好、最高的"是"(是者)。

(3)一切事物的属性,其完满性的程度是不等的,可以排列成一个由低到高的系列。这个系列不可能是无限的,因为那将导致没有最终的完满性,也没有根据这完满性所作出的一切创造。最高的完满性是存在的,并且只能是唯一的。它就是上帝。

安瑟伦的时候还没有"本体论"这个词,上帝存在的"本体论证明"是康德后来赋予它的名称。[28]赵敦华先生揭示人们对"本体论证明"和后一类三种证明的另一种称呼,前者为"先天"的证明,后者为"后天"的证明。"先天"证明的特点是:"第一,它是对'上帝'概念的意义所作的逻辑分析;第二,'上帝'概念是证明的出发点,不像后天证明那样只到结论中才出现。"[29]而关于"后天"证明,"这是因为它们的问题是从经验事实概括出来的"[30]。这就对了。后来的人们独独把"先天"的证明称作"本体论证明",这充分证明在西方哲学中,起码在康德这一类哲学家心目中,本体论最本质的特征就是它的"先天性",即它是纯粹在概念推论中实现的东西。除此之外,哪怕专讲"本体"这个概念的,也不是本体论。事实上,ontology这个词本来就没有"本体论"的意思。国人谈论本体论,如果不否认"本体论"即指 ontology,当明乎此。

事实上,安瑟伦的"先天"证明虽然是一个典型的从概念到概念的证明,却称不上是一个典型的"本体论"证明。一个典型的"本体论"证明不仅实质上是"先天"的,而且形式上应是以"是""是者"来表述的。后来笛卡尔所表述的"本体论证明"才是典型的,然而其基本的三段论形式完全取自安瑟伦,可能由于这个原因,人们把上帝存在的"本体论证明"一直追溯到安瑟伦。

安瑟伦的"本体论证明"中已经有了亚里士多德逻辑学说的运用。此外,据我的理解,在安瑟伦的"后天"证明中也已经有了亚里士多德学说的影响。所谓把事物划分成由下而上的等级系列,这正是亚里士多德在《形而上学》一书中的思想,他根据这种划分,得出了许多普遍性的概念或范畴。不过,这是一个有待深入研究的问题。因为从目前资料看,亚里士多德的《形而上学》有六种拉丁文译本,其标明的最早年代是在 1125 年以后[31],而安瑟伦只活到1109 年,据此,他不可能读到这本书。但是,也有一种不能标明确切年代,只估计出现于 12 世纪的无名氏译本,或许它实际上出现得更早,安瑟伦能读到这种译本也未可知。至于安瑟伦本人著作中不称亚里士多德,这完全是可以理解的,当时教会还不允许读他的书。

(三)"是"之分为"本质"和"存在"

亚里士多德的著作从阿拉伯文被译为拉丁文时,"是"作为系词和作为"存在"的意义得到析分,并由此而进一步区分出"是"包含"本质"和"存在"两种意义,这对于本体论的发展来说还是很有意义的。

我们已经知道,在希腊文中,对于"是什么"和"有什么"(存在)这两种意思是不加区分的,都用 to einai(to be)来表示。例如,在柏拉图这里,当说"一是"时,就既表示有一个"一","存在着一",又表示这个东西是"一"。语言的形式同思想的内容是相关的,"是什么"(本质)和"有什么"(存在)用同一个"是"表达而不予区分,这并不是什么令人奇怪的事。即使在我们现在的日常语言中,当我们说:"这是一座山"时,岂不同时理解为"有一个东西存在着","这个东西是一座山"这两重意思么?为此,西方人说,"存在"的意思是"蕴含"在"是"这个词里的。只是当人们说"这是一座金山"这样的话的时候,"是什么"是说出来了,但作为"是什么"的"金山"的"存在"问题却是子虚乌有。遇到这种情况,"存在"和"本质"就不能含糊。

亚里士多德《形而上学》第五卷第七章对"是"区分出四种意义,表明他对"是"作为"存在"和"本质"的意义已有初步的认识。那四种意义是:(1)"是"可以表示偶性和本性,(2)"是"的种类即各种表语的种类,即范畴的种类,(3)"是"和"不是"分别表示"真"和"假"。(4)"是"可以表示潜能与现实的意思。前三种意义显然是作为系词时"是"所可能具有的意义,即指示"是什么",其中包括"本质";这最后一种中的"现实"就是指实际上"存在"的意思了。

由于希腊文中还没有将"存在"和"本质"分开来的词,人们已经注意到[32],当亚里士多德试图区分两者时,表达得十分吃力。例如,在《后分析篇》里,亚里士多德想分别"是"表示"有什么"和"是什么"两种不同意思,前者用的是"ei esti"(whether it is),后者用的是"ti esti"(what it is)。为了说明他这里想表达的是"有什么"而不是"是什么",亚里士多德特地在括号中说明:"我说的'是'或'不是',是没有进一步限定的,不是指'是或不是白的'。"(By "is or is not" I mean "is or is not, without further quolification"; as opposed to "is or

280

is not（e.g.）white".）[33] 在另一处，亚里士多德又说："一个事物是的原因——（此'是'）不是指是这或是那，即，有这种或那种属性、而是没有限定的'是'；以及它是其所是的原因——（此'是'）不是指没有限定的'是'，而是有某种本质属性或偶性的'是这'或'是那'。"（for the cause through which a thing is——not is this or that, i. e. has this or that attribute, but without qualification is——and the cause through which it is——not is without qualification, but is this or that as having some essential attribute or some accident.）[34]

亚里士多德曾为希腊文中难以区分"本质"和"存在"而伤脑筋，在阿拉伯文里则是另一种情况。"在阿拉伯文里不存在一个将这两种意义结合在一起的适当的词。"[35] 结果，"亚里士多德著作的阿拉伯文版是直译的，然而由于语言结构的原因，它们径直将亚里士多德译成一位有时谈论存在，有时谈论本质（quiddity），却从不谈及'是'的哲学家"[36]。这样，当 12、13 世纪时，亚里士多德著作经由阿拉伯文转译成拉丁文时，就产生了相应的拉丁词语，"存在"与"本质"的区分也就分明了。

"存在"和"本质"的区分增加了神学的话题。经院哲学家认为，对事物来说，或者本质先于存在，或者存在先于本质。但有一点似乎是他们共同的主张，即，在上帝这里，本质和存在是统一的。上帝因此而是自己存在的原因。

从本体论的角度看，"存在"和"本质"的区分丰富了本体论的范畴。我们在后来黑格尔的《逻辑学》里读到，整个概念的逻辑运动被分为三大部分：存在论、本质论和概念论，存在和本质都被当作是从"是"这个起始的范畴中展开出来的。

（四）托马斯·阿奎那对本体论的概括

我们以奥古斯丁对时间问题的论述以及坎特伯雷的安瑟伦关于上帝存在的本体论证明为例，说明了基督教神学先是接受柏拉图主义，后来又运用三段论的逻辑，逐渐推进了纯粹概念的论证方法，这一过程带动了本体论的发展。现在我们要提到托马斯·阿奎那（Thomas Aquinas，1225—1274）。虽然圣托马斯不赞成关于上帝存在的本体论证明，他更不是一个本体论哲学家，但是在他对推论和证明方式的总结中，可以看出本体论在他的时代已经成熟起来了。

托马斯在对"上帝的存在是否是自明的"这个问题的讨论中对"自明"的

方式进行了划分。托马斯举出三种主张上帝存在是自明的意见,其中一种认为,一个词项一看上去人们便明白了,这就是自明的。譬如,如果人们懂得整体和部分的意思,那么就立刻会承认,整体总是大于部分。同样,如果人们对上帝这个名称的意义明白了,那么就会承认他是存在的。因为这个名称应理解为无与伦比的伟大;不仅在思想上存在,而且在实际上存在的要比仅仅存在于思想上的伟大;因此,上帝应该是在事实上也存在的。这显然是安瑟伦关于上帝存在的本体论证明,这里被当作一种自明的例子加以讨论。

针对这种观点,托马斯把它上升到推论的形式方面来加以分析。他首先指出,一桩事情的自明可以有两种情况,一种情况是,它自身是自明的,但对我们来说却未必自明;另一种情况是,它自身既是自明的,对我们来说也是自明的。他又对这两种情况进一步通过命题来加以说明。一个命题的自明,是因为谓项包含在主项的本义(essence)中,例如,人是一种动物,因为"动物"包含在"人"的本义中。因此,如果主项和谓项的本义已为众所周知,那么这个命题对大家来说就是自明的。但是,如果有些人对命题的项的本义不甚了了,那么这个命题便只是在其自身中自明,而并不是对一切人都自明。托马斯认为,当人们还不知道上帝的本义时,"上帝存在"这个命题只能是其自己自明,而并不是对众人而言的自明。[37]

托马斯进一步指出,事实上并不是人人都从"无与伦比"的方面来理解上帝的,因为许多人还认为上帝是一个"肉身的"。"就算每个人都理解,上帝这个名称是指不能再想象有比其更伟大的了,这也不能得出结论说,他就会把他所理解的那个名称的意义所标志的东西当作是实际上存在的,而不只是思想上存在的东西;如果一个被设想为无与伦比的东西的事实上的存在还未被认可,那么它的事实上的存在还未被论证;而这正是那些认为上帝不存在的人所未认可的。"[38]

以上就是托马斯对上帝存在的本体论证明的批判。从神学的角度看,他的这个批判是相当温和、极少刺激性的,因为他毕竟承认有两种"自明"方式,对大家都不明白、因而根本不是"自明"的,也保留了"自明"的地位,称之为"在自身中的自明"(self-evident in itself)。我们这里不去讨论它的神学意义,我们主要关心的是本体论问题。他所说的对大家都自明的论证就是指本体论的证明。这种论证形式的基本特征是,从主项推出谓项,作为一个必要的条件,谓项的意义先已蕴含在主项中了。

接着,托马斯又对论证作了"先天""后天"的区分。他说:"证明有两种方式:其一是依原因,称为'因此之故'(propter quid)的推理,这是从绝对先天的东西出发的论证。另一是从结果推论,称为'既然如此'(quia)的论证,这是从只相对我们而言是先在的东西出发的论证。"[39]

通过托马斯·阿奎那的总结概括,被后世称作"本体论"的这种推理的基本形式就刻画出来了:它是"先天"的,从原因到结果的推理,其中的谓项(结论)必须是已经包含在主项(前提)中的。托马斯的这些概括揭示:严格说来并非凡有思辨特征的都称得上是本体论的,本体论最本质的特征是"先天性"。"先天性"意味着从一个先天的概念为前提推出其他概念;与之相对的是在经验基础上的推论,也就是从结果追溯原因,这些原因有时也可追溯得很远,似乎超越了经验,但从性质上说,那样的推论仍是后天的推论。

托马斯认为,这种"先天"的推论如果要成为"自明",那么就要有一个条件,即,人们对其中的主、谓项的意义已经都有了共同的理解。根据这个条件,用这种方法证明上帝存在,是缺乏自明性的。因为其中作为主项的上帝被设定为一个"无与伦比"的概念,并且把"存在"(包括思想上和实际上的"存在")当作是已经蕴含在"无与伦比"概念中,这不是大家共同接受和理解的东西。不过他认为这不排斥少数有学问的人(也许像安瑟伦)可以把这个证明当作是自明的。他引波埃修的话说:"有些思想上的观念只对那些有学问的人来说是自明的共识,如无形的本体不占据空间。"[40]在托马斯看来,像整体与部分这样的概念大约不需要有多大学问,似乎人人都可承认整体大于部分。其实在这点上他没有想周全。老虎的胃是这种动物身体上的一部分,它总是容得下作为整体的一只羊。当人们说整体必然大于部分,是因为这里的"整体"和"部分"都已经完全被剥离了它们的经验的意义,成了纯粹从对方相互得到规定的逻辑范畴。这就是本书第二章中论述过的,本体论使用的是一套特殊的语言。虽然托马斯未能在本体论的语言方面得出这样的结论,然而当他说,对那些先天的推论,只有少数有学问的人才明白其词项的意义,差不多也就快要涉及本体论的语言特点了。

我们已经大致地论述了本体论哲学通过基督教神学而得到发展、成熟的过程。先是由于围绕论述"三位一体"的问题,神学引入了柏拉图主义,一些教父学会了用纯粹概念的结合或推论的方式解说神学问题。后来又进一步通过亚里士多德主义的渗入,使这种概念的推论获得了严密的逻辑手段,并主要用于论述上帝存在的问题。托马斯·阿奎那对这种论证方法作了理论上的总结,指出了它的"先天性"的特征。这标志着本体论哲学在神学的殿堂里得到了成熟。这段历史长达一千余年,在与本体论相关的问题上发表过意见、观点的人不知其数,其积累的资料浩如烟海,值得我们今后作进一步深入探讨。这里只勾勒出一个简单的轮廓。

我们说过,本体论是西方哲学的核心,即使在把哲学当作婢女使唤的神学中,它仍在顽强生长。核心的意义还不仅止于此。有许多看似与本体论无关的哲学问题,其实都是围绕着本体论而展开出来的。例如托马斯手下留情地批判了上帝存在的本体论证明,他自己提出了五种证明方法,大体来说,他的方法都属于归纳论证。托马斯之后,苏格兰人邓·司各脱又试图综合先天演绎和后天归纳这两种方法,把它们一起用于上帝存在的证明。他先以自下而上的归纳方法证明上帝是"无限的存在",并以此取代上帝是"无与伦比"的概念,然后再把"无限的存在"作为前提,演绎出上帝存在的结论。对邓·司各脱的这一方法的进一步探讨,当是近代西方哲学中另一个话题的来源:人类有限的认识能力是否能把握无限的自在之物?

这里特别要提到两个问题,一个是唯名论与唯实论之争,另一个是与第一个问题有关的把命题的词项划分为指称和指代问题。这显然都是由于有了本体论而派生出来的问题。从柏拉图主义延伸下来的本体论,之所以能够较早地为神学采纳,其重要的原因之一是,柏拉图在现世之外设立了另一个理念的世界,这同基督教对尘世、天国的划分相似。而从理念到本体论概念,都被认为是些实在的东西的标志,这就引起了关于一般的概念、共相究竟是不是一种实在的争论,即,唯名论和唯实论之争。关于命题词项的指称和指代的划分是唯名论对唯实论作出的反击,这一划分把本体论所使用的语言的混淆性质作了初步的揭示,它对于现代分析哲学肯定是有启发的。

以上这些问题都是在与本体论相撞或对之反思、批判的过程中提出来的。我们提到它们作为本章尾声,是期望在今后有机会对之作深入的研讨。

注释

1. 关于耶稣其人及《新约》的产生,参见范明生:《晚期希腊哲学和基督教神学》第四章中第2—4节,上海人民出版社1993年版。

2. 同上书,第 290 页。

3. 唐逸主编:《基督教史》,中国社会科学出版社 1993 年版,第 53 页。

4. 同上书,第 66 页。

5.《旧约·出埃及记》,第三章,第 14 节。

6. 赵敦华:《基督教哲学 1500 年》,人民出版社 1994 年版,第 134 页。

7. 同上书,第 129 页。

8. 转引自《基督教哲学 1500 年》第 126 页,引文中的"存在",似为 Being 的译文。

9. 同上书,第 127 页。

10. 同上。

11. 同上书,第 105 页。

12. 同上书,第 131 页。

13. 同上书,第 134 页。

14. 奥古斯丁:《忏悔录》,周士良译,商务印书馆 1987 年版,第 237 页。

15. 同上书,第 239 页。

16. 同上书,第 241 页。

17. 同上。

18. 同上书,第 241 页。

19. 同上书,第 240 页。

20. 同上书,第 239 页。

21. 同上书,第 244 页。

22. 黑格尔:《哲学史讲演录》第二卷,贺麟、王太庆译,商务印书馆 1983 年版,第 278—279 页。

23. 赵敦华:《基督教哲学 1500 年》,第 316 页。

24. 同上书,第 224 页。

25. 同上书,第 225 页。

26. *Introduction to Philosophy*：*Classical and Contemporary Readings*, ed. by John Perry, Michael Bratman, New York, Oxford University Press, 1993, p.39.

27. 参见赵敦华:《基督教哲学 1500 年》,第 237—238 页。

28. 同上书,第 241 页。

29. 同上。

30. 同上书,第 238 页。

31. 同上书,第 309—310 页。

32. A. C. Graham, "Being" in Linguistics and Philosophy, in *Unreason Within Reason*, Open Court, 1992, pp.85—95.

33. *The Basic Works of Aristotle*, ed. by Richard Mckeon, *Posterior Analytics*, 89b33.

34. *Posterior Analytics*, 90ª10.

35. A.C.Graham, *Unreason within Reason*, p.87.

36. Ibid., p.88.

37. *Introduction to Thomas Aquinas*, ed. by Anton C. Pegis, The modern Library, 1948, pp.21—22.

38. Ibid., p.22.

39. Ibid., p.23.

40. Ibid., p.22.

第九章

本体论和认识论

西方哲学进入近代以后,认识论成为关注的主要问题。围绕认识论问题,哲学中产生出理性主义和经验主义两大派。如果我们深入地问一下,为什么认识论会成为这个时期西方哲学的热点?为什么围绕认识论问题,西方哲学会分裂成理性主义和经验主义?我们将会发现,这些问题同本体论有着密切的关系。

我们知道,本体论是通过概念的逻辑推论表达的纯粹原理系统。然而严格地说,直到近代以前,其中的"概念"应当是指从柏拉图沿袭下来的"理念"。"理念"被认为是存在于我们的世界之外的实在的东西。基督教神学作为以信仰为基础的宗教学说,从根本上说是与哲学相抵触的,然而它居然接纳了本体论,并且允许本体论在神学的樊笼里发展、成熟起来,这正是利用了本体论的彼岸性的特点。于是,这里就有这样的问题:现实世界中的人类是怎么能够认识彼岸世界里的"真理"的呢?彼岸世界的原理又是怎么作用于此岸世界的呢?本体论在现实世界和原理世界之间划了一条大鸿沟,为哲学出了一道难题。经院哲学时期有过唯名论和唯实论之争,是关于这道难题在神学范围内的一个回响。只是当相对于基督教神学的近代人文精神苏醒过来的时候,为跨越和消除这道鸿沟而努力的种种哲学学说才汇聚成认识论的潮流。

近代西方哲学中的理性主义和经验主义都致力于消除现实世界和原理世界之间的鸿沟,它们的区别是由于站在不同的立场上,因而对这两个世界采取不同的看法而造成的。理性主义基本上把现实世界等同于人的感觉世界,认为感性世界是变化多端、不可靠的,而具有逻辑必然性的原理则是事物本质的表述,他们的任务是努力使"理念"化作人的思想可以把握的概念。经验主义则强调人的感觉、经验的可靠性,他们或者认为普遍的原理是经验基础上抽象的结果,或者认为人所能知的只是感觉中的东西,根本不存在现象后面的本质这样的东西,这事实上也是对本体论的根本否定。由此可见,在西方哲学中,本体论不仅是与认识论密切相关的:它以自身中包含的难题引发了认识论;而且,本体论这种特殊形态的形而上学又直接影响认识论的形式:即出现了理性主义与经验主义两大流派以及它们各自面临的那些问题。

近代是西方哲学第二次繁荣时期,这个时期出现了许多著名的哲学家,可谓群星璀璨。我们这里不是要去全面论述这段时期哲学的特点,而只是讨论与本体论有关的认识论问题,即便如此,本章也只拟以笛卡尔和休谟为例,作一初步的论述。

一、近代理性主义认识论的代表——笛卡尔

(一) 寻求第一原理

笛卡尔开始哲学思考的途径至今看来仍是很奇特的。他以怀疑一切为开端:怀疑他感受到的周围一切事物的真实性,甚至怀疑自身存在的真实性。他的一个理由是,人在睡梦中也感受到各种各样事情,醒来时才发觉那些都是虚幻的。可是没有什么确定的标记把清醒时感受到的东西和睡梦中感受到的东西区分开来。他为自己的这一发现而大吃一惊,"吃惊到几乎能够让我相信我现在是在睡觉的程度"[1]。既然连自身清醒时也怀疑为是在睡梦中,自己现在摇晃脑袋、伸出双手,都成了虚幻的假象,那么,认为"物理学、天文学、医学以及研究各种复合事物的其他一切科学都是可疑的、靠不住的"[2],便也没有什么可稀奇的了。

据笛卡尔自述[3],甚至当他还是一个士兵的时候,在战斗的间隙里,他就在思考那些形而上学的问题。虽然在他的沉思中,一切感觉中的东西、连同他自己的身体,都成了不真实的东西,他决不至于把冲到他面前的敌人当作虚幻的东西,那样的话,他便是一个愚不可及的人,我们也就读不到他的沉思了。

人们也不能把笛卡尔称作怀疑主义者。因为怀疑而称得上主义的,是只怀疑、不肯定。笛卡尔哲学以怀疑始,但决不是无所肯定。当他怀疑当时的物理学、医学、天文学等科学的可靠性时,对于算学、几何学却并不怀疑,即使在他看来,数学所研究的对象是些一般的东西,并且"不大考虑这些东西是否存在于自然界中"[4]。笛卡尔本人就是解析几何的创始人。

这就明白了,笛卡尔并不是一切都怀疑,他怀疑的是感觉中得到的各种东西,那些东西被认为是没有确定性的。他认为明白而确定的东西是数学那样的知识,这些知识是从推理得出的,其确定性是无可怀疑的。如二加三等于五,不论在何时何地,也不论对于任何人来说,结论都是必然的。当然,笛卡尔不是停留在对于数学这一门学科的信任上,数学只是他用来说明问题的一个例子。他的意思是说,一般来说,知识就应以像数学那样的方法来建立。笛卡尔对于当时人们不知把数学的方法运用为一般的知识的方法而感到纳闷。他说:"我觉得非常奇怪,它的基础既然这样稳固,人们竟然没有在上面建设起更高大的建筑物。"[5] 从这些情况看,笛卡尔主张有从推论中得出的知识,这样的知识才被认为是可靠的、无可怀疑的。

笛卡尔把他的方法概括为如下四点:

> 第一条是:决不把任何我没有明确地认识其为真的东西当作真的加以接受,也就是说,小心避免仓猝的判断和偏见,只把那些十分清楚明白地呈现在我的心智之前,使我根本无法怀疑的东西放进我的判断之中。
>
> 第二条是:把我所考察的每一个难题,都尽可能地分成细小的部分,直到可以而且适于加以圆满解决的程度为止。
>
> 第三条是:按照次序引导我的思想,以便从最简单、最容易认识的对象开始,一点一点逐步上升到对复杂的对象的认识,即便是那些彼此之间并没有自然的先后次序的对象,我也给它们设定一个次序。
>
> 最后一条是:把一切情形尽量完全地列举出来,尽量普遍地加以审视,使我确信毫无遗漏。[6]

以上就是笛卡尔建立关于推理的知识的四点原则。

(二) 所谓"我思故我在"

笛卡尔所要建设的那种理性主义哲学,在推理方法的运用上,与数学方法的精神是一致的。它们的差别在于,数学有自己的一套公理系统,是数学据以展开其推理的前提,关于一般的确定性知识的理论,即哲学,是不能现成地应用数学的公理的。那么什么是全部推理的哲学系统据以为出发点的前提呢？

笛卡尔把全部哲学的出发点归结为一个著名的命题："我思，故我在。"问题是怎样理解这个命题，对于这个命题中的"在""我"又当分别怎样理解。

依笛卡尔本人的阐述，"我思，故我在"是怀疑一切的人们最终无可怀疑的东西。人可以怀疑自己感觉中一切东西的真实性，可以怀疑自己清醒时感受的一切犹如梦中感受到的东西，甚至，也可怀疑数学的真理，因为有些人在进行最简单的数学推论时也会出错。但是，一旦当我对这些东西进行怀疑的时候，"这个在想这件事的'我'必然应当是某种东西"，这句话应当记住，接着这句话，就得出了"我思想，所以我存在"的结论。笛卡尔说："这条真理是这样确实，这样可靠，连怀疑派的任何最狂妄的假定都不能使它发生动摇，于是我就立刻断定，我可以毫无疑虑地接受这条真理，把它当作我所研求的哲学的第一条原理。"[7]

既然作为"哲学的第一原理"，其重要性自不待言，我们当格外注意弄懂这个原理的意思。这句话拉丁文原文是："Cogito，ergo sum"，译成英文是："I think，so I am."按我的理解，中文当作"我思，故我是。"于是，我们首先要在译文上辨一辨。

"我思，故我是"，这句话是承着"这个在想这件事的'我'必然应当是某种东西"而来的。照日常的思维方式，既然"我"是"某种东西"，那就蕴含着这个作为"我"的"某种东西"的存在。但是在西方本体论哲学中，同一个"是"，既可指"有什么"（thatness），又可指"是什么"（whatness），前者发展为所谓"存在"，后者为"本质"。当我们以"我思，故我在"去理解笛卡尔的上述原理时，显然是从"存在"（exist）的方面去理解"I am"中的"am"的。但是，这样的理解并不符合笛卡尔的本意。对于笛卡尔来说，"存在"和"是"是有区别的，"存在"是指广延、不可入性，指占据一定空间的东西。如果"我"是指自己的肉体，那么，这样的"我"才是存在。但是，笛卡尔开始哲学思考时，是连自己的肉体也一起否定掉的，因为作为"第一原理"，不应假定任何未经证明过的东西。所以，从"这个在想这件事的'我'必然应当是某种东西"，得出"我思，故我是"时，仅仅证明了"我"是一个在思想的东西。事实上，关于"我"的身体的"存在"，是在对"上帝存在"作出证明之后才加以证明的，"我思，故我是"更在上帝存在的证明之前。"我思，故我是"里面的"我"是一个"思维着的东西"（a thing that thinks)[8],或者,说得更明确一些:"我把自己领会成一个在思维而没有广延的东西"(I think of myself as a thinking and unextended thing)。[9]

"我思,故我是"只是笛卡尔的第一哲学原理,他还要据此推论上帝的存在以及世上万物的存在。在其推论的过程中,"是"和"存在"的区别是尤其要分清的。

关于上帝存在的证明大致是这样的:既然作为思维着的"我"已经得到确定,于是"我"就检察自己思维中的各种观念。我有关于上帝的观念、关于外物、天使、同类的他人的观念,除了上帝的观念,其他观念都要么不那么清楚明白,如关于外物的观念往往变动不居;要么是可以由我自己来创造的,如依某种形象想象出天使、飞马等,但是,关于上帝的观念却不是我自己可以创造的,而是清楚明白的,即,"上帝是指无限的本体,是独立自在的、全智全能的,它使我及万物得以存在"。[10]"这个观念也是非常清楚、非常明白的,因为凡是我的精神清楚明白地领会为实在和真实的,并且凡含有完满性的东西,都包含在这个观念里面。"[11]既然上帝是这样一个完满的观念,他不可能不存在,因为缺乏存在,这个观念就不是完满的。

笛卡尔始终没有用一个词把这个"完满的观念"说出来,尽管如此,人们只要参照中世纪时关于上帝存在的本体论证明,就不难看出,这个没有明白说出的词就是"是"(Being)。

这里我们就涉及了西方本体论哲学。我们已经讨论过,本体论是在基督教神学里成熟起来的。托马斯·阿奎那曾经对它作过概括,把它的那种演绎推理的特征揭示出来了。演绎推理是从前提中推出结论,然而要保证这种推论的正确,除了推论中的步骤不出错,并且要正当地使用概念,还要保证前提的正确有效。有些推理中的前提可能是从另一些前提中推出的结论,但是这样的哲学体系总有一个最初始的前提,从它推出各种结论,它本身却不作为任何结论,而是绝对的前提。在本体论哲学里,"是"就是作为绝对前提的概念,在神学中,"是"则是上帝的代名词。既然"是"是全部本体论哲学体系的出发点,一切其他的概念、结论都是从中演绎出来的,它应当是无所不包、最普遍、最一般的概念。在神学中,以"是"指称上帝时,就说,上帝或"是"是一个最完满的观念。

既然全部本体论哲学是以"是"为出发点的,问题就在于"是"这个概念的正确有效,以及人类对这个概念的清楚明白的把握。当笛卡尔从"我思"推得

"我是"时,就是试图在自己"思"的过程中去把握、体会"是"。

从"我思,故我是"所把握的"是"还只是"我"的"是",而不是上帝的"是"。因为"我"的"是",据笛卡尔说,是有限的,因而是不完满的。但是,为什么"我"能知道自己是不完满的呢?据笛卡尔说,这是因为在"我"的心里已经有了一个完满的观念。没有对于完满的理解,也不可能有关于"不完满"的观念。而这个"完满"的观念,才是关于上帝的观念。从本体论哲学的角度说,这就是笛卡尔从作为有限的"我"的"是"出发,去把握作为无限的上帝的"是"的过程。

以上的讨论也许足以说明,只有把握了自柏拉图到经院哲学的西方本体论哲学的背景,我们才能理解为什么笛卡尔的哲学要从怀疑一切开始,在这个怀疑的过程中又把"是"树立起来,并且从有限的不完满的"是"推及无限的、完满的"是"。这一切都是为了给整个以演绎为方法的本体论哲学体系寻找一个可靠的出发点或大前提。用笛卡尔自己的话来说就是:"阿基米德只要求一个固定的靠得住的点,好把地球从它原来的位置上挪到另外一个地方去。同样,如果我有幸找到一件虽小却确切无疑的事,那么我就有希望成就大事业了。"[12]

(三) 笛卡尔的"大事业"

在笛卡尔自己的心目中,他所成就的大事业是为整个哲学的演绎系统找到了可靠的起始点。从这个起始点出发,他认为自己不仅证明了上帝的存在,而且进一步以上帝的存在为前提,把他原先加以怀疑的各种科学、各种知识、乃至自己的身体、外界事物,重又证明它们是存在的。

一切证明都是在"我思"的"思"中进行的,而这种在纯粹"思"中进行的证明所遵循的基本准则是:观念必须清楚明白。"因为,凡是我能清楚明白地领会的一切,上帝都是毫无疑问地造得出的,除非在我清楚地领会的事物中存在矛盾,我决不认为对上帝来说有什么东西是他不能造的。"[13]

所谓"清楚、明白",首先指的是逻辑上分明的观念和思维,也就是人们所谓的理性思维。例如,他认为数字上的观念便如此:三角形的三个角之和等于二直角,以直角三角形斜边为边长的正方形面积等于以两直角边分别为边长作成的二正方形面积之和。前引的那段话里提到,清楚明白的观念不能包含矛盾,也是指逻辑意义上的清楚明白。

此外还有一种清楚明白,这是按意识活动的等级划分的。笛卡尔所谓的"我思"之"思"有狭义和广义两种意思,狭义的"思"就是上述理性的、逻辑的思维。广义的"思",见于笛卡尔对"我"之作为"一个在思维的东西"的解释。他说:"什么是一个在思维的东西呢?那就是说,一个在怀疑、领会、肯定、否定、意愿、拒斥,也在想象、感觉的东西。"[14]从不同的意识活动中得到的观念,其清楚明白的程度也是不同的。例如,笛卡尔把纯粹理智即理性思维与想象作了对比:三角形的定义存在于理智活动中,但人们同时也可以想象各式各样的三角形;然而当问题是关于一个千边形的,理智能清楚地把握它,而想象则不能,或者说,一个想象中的千边形是模糊的、不精确的,它与一个万边形的差别是不明显的。这就是说,理智中的观念,其清晰程度比想象中的要高。[15]同样,感觉,尤其是当下感觉中得到的观念,比起回忆中得到的观念,其清楚明白的程度要高。只要观念上是清楚明白的,就有这个观念的对象的存在。这是笛卡尔证明外物存在的大致思路。这种证明方法,总的来说,是受到上帝创世说的束缚。在我们看来,未免荒唐,他把简单明了的事实反而搞得扑朔迷离了。

那么笛卡尔在西方哲学史上的贡献和影响究竟是什么呢?黑格尔对笛卡尔高度赞扬,说:"近代的文化,近代哲学的思维,是从他开始的。"[16]黑格尔是在笛卡尔之后快二百年说这个话的,他的这个话距今又快二百年了,我们现在的评说是什么呢?

评说笛卡尔哲学的意义不能离开当时的背景,只有对照着这个背景,才显得出笛卡尔哲学的创新。说到当时的背景,首先就是经院哲学即神学的天下。笛卡尔把证明上帝的存在当作一个重要的主题,并且,比照着上帝创世的过程在哲学中演绎出各种知识和万物的存在,这恰恰说明笛卡尔思想受到了他的时代背景的笼罩。这是一个总的情况。再往深一步说,就涉及哲学本身了。照黑格尔的说法,希腊、罗马的哲学,到了基督教时期,就不复存在了。17 世纪时人写的哲学史,大体都取这个观点。黑格尔作出这一评断的理由是:"中世纪的哲理神学并没有把从自身出发的思维当作原则;这种思维现在却是原则了。"[17]黑格尔关于中世纪没有哲学的论断,显然是从他自己的哲学定义出发的。但是,在基督教时期哲学没有独立的地位,这是事实。笛卡尔以"我思,故我是"为第一原则,标志着哲学从神学中挣脱出来。这就是黑格尔说的"这种思维现在却是原则了"。这里要说明,笛卡尔的沉思中关于上帝存在的证明与安瑟伦的那个本体论证明几乎一样，但是，二者间是有一种差别的。对于安瑟伦来说，作为前提的无与伦比的上帝的观念是现成的；对于笛卡尔来说，完满的上帝观念是经过思维滤取出来的，他的这种思维第一原则将超出神学的藩篱，这对于安瑟伦来说却是无论如何也不可能的。这是笛卡尔的第一条贡献。

其次，笛卡尔把高高在上的哲学拉到人间、纳入人的认识。神学是高高在上的，它述说着神的事情，如"三位一体"、上帝的存在及其万能的神性等。柏拉图主义之所以能为神学所利用，最基本的一点就是这种哲学也是高高在上的，它有一个与现世隔绝的理念世界。这种哲学采取的方法是从普遍的理念推论出特殊的理念，其最普遍的理念就是"是"，神学中用以指称上帝。当笛卡尔试图通过"我思，故我是"的途径，把"是"和"思"等同起来，去把捉其意义的时候，就使柏拉图以来的本体论起了变化，即，从柏拉图以来被假定为是独立存在于现实世界之外的理念，现在才真正明确为人的思想所把握的概念。我们注意到，笛卡尔哲学中所说的"观念"，与柏拉图所说的理念，原文都是"idea"，但笛卡尔所说的"观念"显然是思想上所把握的东西。在柏拉图这里，"理念"是神才能认识的东西，笛卡尔的"观念"表明，现在，人提出了认知、把握它的要求，"观念"的推论自然也就由人来主持了。他因之而被称为近代理性主义认识论的开创者。但是我们知道，笛卡尔认为，组成永恒真理的那些观念，是不受时空限制的，因而既非来自事物，也不存在于思维之外，这就是所谓"天赋观念论"。因此，笛卡尔取消了（神的）彼岸世界和（我们的）现实世界之间的鸿沟，却代之以思维和事实的鸿沟。这也是从本体论的基本立场上产生出来的认识论的特征。

第三，他提示了把握本体论概念的一种新的方向。我们知道，本体论中的概念的意义多以规定性相称，这就是说，它们的意义出于相互之间的逻辑关系。笛卡尔在把握"观念"的意义时，口口声声强调"清楚明白"。我们已经指出过，所谓"清楚明白"有两层意思。第一层是指逻辑上的清楚明白。笛卡尔常以数学上的观念为例；有时也举其他的例子，例如，他说峰这个观念就离不开谷，同样，不完满性的观念与完满性相连。但他认为完满性观念在先，不完满性观念在后。第二层意思是通过比较不同意识中的观念的差别来说明的，如，理智中的三角形、千边形比想象中的三角形或千边形更确定，感觉中的关于外物的观念比回忆中的观念更清楚一些。正是这第一层意思，提示了

293

一种新的方向。胡塞尔的现象学方法就从中受到过启发,他在这个方向上发展出现象学还原的方法,用以考察观念或范畴、本质(实际上即逻辑地规定)的一般概念,使之取得意识中的自明性,而不至于使它们仅仅是在人之外的、思想上所把握的逻辑上的概念。这种现象学的方法最终又被海德格尔发展为"生存状态的分析",以此说明各种概念、范畴皆出于人的不同生存状态。不过这样一来,随着本体论概念或范畴找到了出处,本体论作为第一哲学的地位也就垮台了。

黑格尔关于笛卡尔作过一个预言:"这个人对他的时代以及对近代的影响,我们决不能以为已经得到了充分的发挥。"[18]但是他想必没有预见到,笛卡尔哲学所产生的影响,将会把黑格尔自己视为哲学正宗的本体论也一并冲垮。

二、近代经验主义认识论的代表——休谟

16世纪至18世纪时,当欧洲大陆的哲学家们忙于完善和维护本体论,并为沟通理念世界和现实世界的鸿沟而发展出理性主义的认识论时,英伦三岛的哲学家们却选择了一条不同的哲学道路。从培根起,英国哲学就注重经验事实和归纳法,到洛克的时候,就建立起了以感觉经验为起点的认识论原则。这一经验论原则经过贝克莱,在休谟哲学中得到了比较完整的表述。因此我们这里把休谟作为经验论的认识论的代表来论述。

经验论作为理性主义的对立面,实际上就是反对本体论的。经验主义哲学家认为,一切知识(除了数学知识)都起源于以感觉为基础的经验。他们不承认在人的经验世界之外,还存在着另一个理念的或本质的世界,也不承认有什么"天赋的观念",这些可以说都是针对着本体论,以及从本体论中发展出来的理性主义认识论的。正如黑格尔所说:"近代哲学并不是淳朴的,也就是说,它意识到了思维与存在的对立。"[19]掌握了这个背景,那么经验主义哲学的形态及其问题和表述方法就显得更加清楚了。

我们这里围绕经验主义与本体论的关系,着重讨论休谟关于哲学、观念、观念的关系等问题的看法。

(一) 哲学

虽然哲学是一门具有古老起源和悠久历史的学科,但是它又是一切学科

中最无确定性的一门学科,时至今日,关于它的定义、对象和方法依然在争论中。然而哲学的生命恰恰维系在不断的争论和否定中,并且,每当一种新的哲学形态和观念产生的时候,往往伴随着对当时流行的哲学观念的成功的扬弃。整个近代哲学就是对柏拉图以来的本体论的不同程度的扬弃,乃至于认识论成为这一时期哲学的主要问题。理性主义的认识论意味着对本体论的一次扬弃,经验主义又包含着对上述理性主义的批判,这些变化势必引起关于哲学本身的观念的变化。我们在休谟这里看到了这种变化。

休谟认为,哲学是研究人类本性的科学,在这个意义上,它也叫作精神哲学(moral philosophy)。[20]他陈述的理由如下:

> 显然,一切科学对于人性总是或多或少地有些关系,任何学科不论似乎与人性离得多远,它们总是会通过这样或那样的途径回到人性。即使数学、自然哲学和自然宗教,也都是在某种程度上依靠于人的科学;因为这些科学是在人类的认识范围之内,并且是根据他的能力和官能而被判断的。如果人们彻底认识了人类知性的范围和能力,能够说明我们所运用的观念的性质,以及我们在作推理时的心理作用的性质,那么我们就无法断言,我们在这些科学中将会作出多么大的变化和改进。在自然宗教中,尤其希望有这些改进,因为自然宗教不肯满足于把神的本性告诉我们,而且进一步把见解扩展到神对人类的意向,以及人类对神的义务;因而人类不仅是能够推理的存在者,而且也是被我们所推理研究的对象之一。
>
> 数学、自然哲学、自然宗教既是如此依靠于有关人的知识,那么在那些和人性有更密切关系的其他科学中,又会有什么样的情况呢?逻辑的唯一目的在于说明人类推理能力的原理和作用,以及人类观念的性质;道德学和批评学研究人类的鉴别力和情绪;政治学研究结合在社会里并且互相依存的人类。在逻辑、道德学、批评学和政治学这四门科学中,几乎包括尽了一切需要我们研究的种种重要事情,或者说一切可以促进或装饰人类心灵的种种重要事情。[21]

将休谟的这个关于哲学的见解与本体论的哲学观念相比较,两者间的差别是不言而喻的。本体论在以"是"为其最高范畴的形式下,论说的是假定为存在于我们这个世界之外的纯粹原理,这种原理按其普遍的程度来说,不仅支配着自然界,而且也支配着人类社会和人本身。休谟根本就不理睬这一套,在他看来,压根儿就谈不上有什么离开人的世界而存在的原理或真理,人所有的是人靠自己的认识得到的各种知识,而且,获得知识同人的认识能力和官能有关,而这些又必须从人性方面去加以研究。尽管休谟没有提到本体论这个词[22],但是,这两种哲学观点的对立却是明显的事实。而且,当我们把本体论认作那个时代西方哲学的传统的背景来看时,那么无论是理性主义的还是经验主义的认识论的针对性就更明显了。

休谟的哲学观不仅与本体论截然有别,而且同笛卡尔、斯宾诺莎等人的理性主义认识论哲学也有明显的区别。这种区别可以从许多方面加以考察,我们这里还是就它们两者同本体论的关系去谈。我们说过,近代理性主义认识论是对本体论哲学的一次扬弃,扬弃的结果,以笛卡尔哲学为例,是把另一个世界的原理降到我们这个世界里来了。其途径是通过"我思"对"是"的体验,把原本人类不能认知的理念,化成人自己思想上的"天赋观念",并以这些观念间的推理关系构成的原理,作为真理,作为我们这个世界的本质的表述。因此,真正说来,当笛卡尔声称从"我思"中体验到了"是",并进而从上帝作为完满的"是"而推论其存在时,只不过是把本体论搬到了人间,成了逻辑推论的思想的内容。近代理性主义消除了此岸世界和彼岸世界的分裂,却在此岸世界里划分出了本质的领域和现象的领域,哲学的任务是在思想中把握本质。

经验主义,顾名思义,是把经验当作一切科学的唯一牢固的基础。虽然它不一定反对普遍性的知识,但是,最大程度的普遍性也不能超出经验的范围。这个原则不仅与全部本体论相抵触,而且也是同理性主义关于把握事物本质的要求相对立的。休谟明确表示,心灵的本质和外界事物的本质"同样是我们所不认识的"[23]。

这里涉及经验主义和理性主义的又一个区别。当笛卡尔把"我思"当作哲学的初始点时,他把"思想"当作"我"的本质,"我"就是"思想"。而依据经验为出发点的休谟则在这个问题上发表了一个几乎惊世骇俗的观点:所谓"我",只是"知觉的集合体,或一束知觉"[24]。他的理由大致是:一切观念都来自知觉印象(关于这一点,详见下一小节),但是寻遍了知觉印象,人们所能发现的只是种种当下的痛苦与快乐、悲伤与喜悦、情感与感觉,并且这些印象是不断变化的。任何时候,我都不能抓住一个没有上述种种知觉的我自己。所谓"自我",不过是各种知觉出现于其中的一个舞台。"舞台"也只是一个比喻而已,因为人们除了能把捉到在这个舞台上接续不断、生生灭灭的各种知觉,对这个"舞台"本身是没有一点印象的。所以,自我不过就是这些知觉的集合体,或者说,是这样一束知觉的流。休谟知道,人们可以承认自己的知觉是变动不居的,但"我"则是变中的不变,据此人们把"自我"看成是一个具有自身同一性的东西。对此,休谟驳斥道,所谓"同一性"观念,是关于经过一段假设的时间变化而仍然保持不变而不间断的对象的观念。然而仔细观察我们的知觉,却只有些"相关对象的接触"。把"自我"当作某种同一性的东西的观念,大抵是混淆了"同一性"和"相关对象的接续"这两个观念。[25]

以讨论认识论问题为特征的近代哲学出现,意味着哲学开始从"天上"降到了人间。然而随着经验主义和理性主义对"人"的不同理解,人间的哲学一开始就出现了分岔。理性主义基本上原封不动地接受了从"天上"降下来的哲学真理,只是把它安装进人的思维,使之成为经过人的理性检验的东西,同时又是理性思维追求的内容。经验主义由于把"人"定位在感性知觉的范围内,不给一切超出经验范围的观念及其推理留出地盘,这是对本体论哲学彻底否定的态度。

回到关于哲学本身的观念,在休谟看来,由于理性主义哲学超越了经验的范围,它号称运用推理方法,是精确的科学,事实上却在人的理解力之外,显得深奥莫测,对人来说是最含糊不清的。经验哲学则牢固地以人的知觉为基地,是人自己切身可体会的,休谟称自己的哲学为"简易"哲学,是可以运用于日常事务的哲学。休谟的这种激烈的态度强烈地反衬出西方传统本体论哲学脱离实际的特征。

经验主义反对本体论哲学的立场在休谟关于观念的论述中进一步表现出来。

(二)"idea"的历史

我们知道,"观念"的原文是 idea。这个由柏拉图首创、笛卡尔给予重大关注的词,也是休谟哲学奠基的一块起始的砖。不过休谟对 idea 所作的经验主义理解,与柏拉图、笛卡尔的理解都不同。让我们首先来说明,为什么 idea 这个词在近代哲学中被重新关注,并且会被赋予不同的意义?

我们是用"理念"(或"相")来翻译柏拉图的 idea 的。柏拉图认为理念那样的东西不仅是代表了事物的本质,而且是独立而实在的,只不过凡夫俗子的肉眼看不到它们,它们存在于我们这个世界之外的理念世界中。然而,正因为它们存在于我们之外,是人类所不能认知的,它们的"自在的是"(ousia)就成了问题。根据希腊人对"是"这个词既指"存在"又指"是什么"的理解,"自在的是"既指理念的"究竟所是",又指它是否存在。为了论述理念的"自在的是",柏拉图发展出了一种关于理念间相互分有的理论,即,理念被认为是在它们自己的相互关系中而"是其所是"的,这一理论就是初始的本体论。[26]本体论在肯定理念独立存在的基础上,又赋予了理念新的特性,即,理念的意义(即"自在的是")是通过它们之间的相互关系得到规定的。基督教利用柏拉图哲学的这种存在于现世之外的性质,将之纳入神学,用于对神的本性和神的世界的论证,并引入演绎法,使理念的推理具有严密的逻辑。本体论也在这一过程中走向成熟。[27]

笛卡尔步入哲学时所面对的就是这种包裹在神学中的本体论。他对于本体论的演绎逻辑方法并无怀疑,这可以从他对上帝存在的证明中见出:他从上帝是完满的"是",完满的"是"中当包括"存在"的规定性,推得上帝存在的结论。进而以上帝不会欺瞒人类为理由,推得"我"的所思、所察均为真实。然而,他从事一切思考起始的怀疑,最后集中到一点,就是这个作为演绎逻辑最初的大前提"是"。其余的一切都可以从逻辑中推得,"是"本身则不是推得的。笛卡尔呼吁观念的清楚明白,于是就想出了"我思,故我是"的办法。一旦"是"成了人的"思"所能体察、把握的对象,那么 idea 就不再是仅从其相互关系中得到规定的理念了,而是人的思想的对象。我们现在一般也将笛卡尔的 idea 译作"观念",其实 idea 在理性主义认识论中作为思想对象的同时,它也是具有逻辑规定性的。因此严格说来,idea 到了笛卡尔这里,已经成了逻辑规定性的概念。在近代理性主义哲学中,概念的逻辑也就是人的思维的逻辑,思维的逻辑性也就是理性的标志。逻辑规定性同时也是人的理性思维的活动,这一点由"规定就是否定"[28]这个命题最清楚地表达出来了,这是斯宾诺莎说的,意思是说,作为唯一本体(实体)的神是无限的,因而不能用任何特定的规定性去描述、指称它,一旦出现了某种特殊的规定性,就是对无限的东西的(思想上的)否定。这就是说,从前提中演绎出结论,不仅是 idea 自身的运动,同时也是思想活动的过程,或者说,更是思想运用概念的活动。这样的 idea,已经不能再称为理念了,而是概念。

近代理性主义是一种认识论的哲学,然而在运用逻辑方法上,它与本体论是一致的。我们在第二章中讨论过,从语言的角度说,本体论的"idea"都是从逻辑上加以规定的,这是本体论能够进行逻辑演绎的必要条件。当近代理性主义在思想上从事 idea(概念)的逻辑推理时,这个条件仍然是必要的,即,他们的 idea(概念)也须具有逻辑规定性。这就假定了 idea 之间具有某种固有的必然关系,思想的任务是把这些关系发现出来。

然而,我们也曾指出过[29],哲学中的逻辑规定性的概念是从日常语言中改造而来的,这样,一个被用于哲学的词就有一种与这个词日常意义不同的意义。如,在日常中,我们用"大"这个词指称各种大的事物,指称的对象就是"大"这个词的意义所在;但作为一个逻辑上规定的"大",按柏拉图的说法,是一个理念,它是绝对的"大",即不能以一些我们以为是大的事物去标志它的意义,因为,我们所指出的任何大的事物,比较于更大的事物时就成了小的事物了。然而,既然我们不能举任何事物去指示这个"绝对的大"的意义,它又当如何获得其意义呢? 柏拉图的方法告诉我们,"绝对的大"是通过与同样是"绝对的""小"的关系得到规定的,即:"大"是"小"的对立面。并且,从这样的"大"和"小",还可推得有介乎两者的"中"以及其他种种合理的规定性。所谓概念的逻辑规定性就是这样去理解的。但是,在日常中,人们并不是这样去理解词的意义的,也找不到那种逻辑规定性的概念的起源。而从理性主义方面来说,当他们习惯了在概念中进行推理的思想方法,而这种概念从日常语言中被改造成的过程又湮灭在历史中难以追溯,于是,就把自己思想上运用的这些概念说成是"天赋观念"。

这个背景告诉我们,在西方哲学史上,一座哲学大厦被建造成怎样的面目,同这种哲学所理解的 idea 有关,它们是哲学大厦的砖块。现在,我们要谈到休谟所表述的一种 idea。

(三) 休谟的观念说

同一个 idea,在本体论里指理念,在近代理性主义里是概念,而在休谟这里则被译成"观念"。"观念"这个名称正确地表述了它是从经验的观察中得到的东西,它既不同于被认为是独立实在的理念,又不同于逻辑规定性的概念。建立在这种"观念"上的哲学,是根本反对本体论的。让我们先来大致了解一下休谟关于观念的论述。

休谟从起源上论述了观念的经验性质。他认为,人的知觉分为显然不同的两种:印象和观念。印象是指进入心灵时最强最猛的那些知觉,其中包括所有初次出现于我们心灵中的一切感觉、情感和情绪。至于观念,则指我们的感觉、情感和情绪在思维和推理中的微弱的意象。休谟说,它们两者的差别在于,当它们刺激心灵,进入我们的思想或意识中时,它们的强烈程度和生动程度各不相同。

根据上述说法,我们大致可以认为,印象是人所知觉到的,尤其是人当下所知觉到的除了思想活动的各种感受;而观念则是出现在思想中,或被思想用作推理的东西,用休谟的话来说便是:"当前的讨论所引起的一切知觉便是一例,只要除去那些由视觉和触觉所引起的知觉,以及这种讨论所可能引起的直接快乐或不快。"[30]

但是不要以为休谟所提到的在思想中的东西,甚至思想可用作推理的东西就是概念,因为我们一般把概念认作是事物本质的概括,休谟的观念不是这样的概念,更不是纯从逻辑上加以规定的概念或理念。休谟所谓的观念是与印象密切相关的,即印象是观念的原因,观念是印象在思考时的复现。他的例证是,一个天生的盲人或聋子,既然从来就没有过从视觉或听觉获得的印象,也就不可能形成相应的观念。

当然,实际情况不是这样简单。许多复杂的印象和观念并不是一一对应的。例如,人们能设想新耶路撒冷为一座黄金铺道、红玉砌墙的城市,即有这样一个观念,可是,人们从来没有获得过它的印象,因为事实上并没有这样一个地方。又如,一个去过巴黎的人当有过关于巴黎的生动印象,然而,他却很难对那座城市形成那样一个观念,使它按照真正的和恰当的比例完全复现那座城市的全部街道和房屋。对这个问题,休谟的办法是把印象和观念又区分为简单和复合两种。简单的印象肯定先于简单的观念,并且两者是完全对应的。至于复合的观念可能并不对应于实际的印象。

以上的情况也可能是休谟在主张观念是印象的复现时,除了使用"反思"这个词以外,还把它们划分为记忆和想象两种方式。两者的区别在于,印象在记忆的观念中要比在想象的观念中强烈得多。另一个区别是,记忆中的观念保存着印象的次序和位置,而在想象中,则可以自由地移动和变化它的观念。

总之,无论是简单观念还是复合观念,它们归根结蒂起源于印象。思想能起的作用是自由排列、变动观念的位置，或者，思想最多也只能填补一些观念的小空白。例如，有一组由深到浅依次连续排列的色彩，当其中缺乏某种过渡色时，虽然一个人可能从来没有关于那种缺乏的色彩的印象，然而他仍能形成这种缺失的色彩的观念，来填补这个连续的色彩变化中的空白。

休谟上述那些关于观念的基本主张，导致他对关键的"一般观念"或"抽象观念"的看法。这里，休谟接受贝克莱的观点，以为"一切一般观念都只是一些附在某一名词上的特殊观念，这个名词给予那些特殊观念以一种比较广泛的意义，使它们在需要时唤起那些和它们相似的其他各个观念来"[31]。休谟对这个观点作了进一步的论述。

休谟说，哲学家们用抽象的观念代表一类有不同特性的事物，如"人"这个观念就被用来代表种种不同身材和性质的人们。休谟认为，要使一个抽象观念起这种代表作用，只有两种途径：或者同时表象人的一切可能的身材和一切可能的性质；但这是不可能的，因为"这就蕴摄着心灵具有无限的才能"，反过来说就是，心灵不可能在经验中遍知人的所有可能的性质。或者，另一种途径是，根本不表象任何特殊的身材和性质。但这也是一个错误的推理。理由是，对于任何数量或质量的程度，如果没有形成一个明确的概念，那就无法设想这个数量或质量。这即是说，如果去掉了具体确定的数量，这样的观念就不再是一个关于数量的观念了。由此可见，依休谟的主张，观念都是特殊的，并不存在那种与特殊相脱离的、光靠互相之间的逻辑关系获得其规定的一般或抽象的观念，如我们前面指出的"绝对的大""绝对的小"那样的东西。

休谟还须说明一种情况，即我们在日常思维和语言交谈中使用大量"一般的观念"，如果没有它们，我们的思想和交流就会是相当困难的。对此，休谟的解释是，当人们使用"一般的观念"时，是超出了它们的本性，但这是由于思想和交流的需要而养成的一种习惯。当一个观念的名称出现时，显示在心灵里的只能是一个特殊的对象，但是由于这个名称被假设为也用于其他许多个体，而这个词又不能同时再现所有这些个体的观念，所以它只是触动了灵魂，让心灵随时准备唤起和观察其中的任何一个。就好比三角形这个观念，我们心中显示出来的只能是其中一个特殊的三角形，而不可能是一个既是等边、又是等腰或不等边三角形。我们可以根据谈话或思想的需要，随时从一种特殊的三角形转入另一种特殊的三角形，所谓一般的三角形观念不过就是起着这种转来转去作用的特殊三角形观念。

这样，休谟坚持认为，观念就其本性来说只是特殊的，一般观念是不可能的；只是由于习惯，它才在表象作用上成为一般的、并且用它来代表无数其他的观念。

（四）知识

关于观念的观点直接影响到关于知识的看法。休谟认为知识事实上就是观念之间的关系。如果我们把观念一词退回到它的原文 idea，并且记得柏拉图的理念、笛卡尔的观念（实为逻辑规定性的概念）原文也都是 idea，那么就发现这三个人在表述知识问题时的表面上的相似性。对于柏拉图来说，idea之间的相互关系就是真理。对于笛卡尔来说，经过"我思"检验的清楚明白的idea，它们用于逻辑演绎所得出的就是有关本质的知识，逻辑关系是 idea 之间具有普遍必然性的那些关系。但是，这一相似只是表面上的，对同一个词的使用表明了同一种文化表现形式上的传承关系，然而休谟的思想却和另两位思想家判然有别。在柏拉图这里，理念所表达的是理念世界里的知识，它在基督教神学里被发展成彼岸世界的神性的知识，这种知识常被神秘地称为理性之光，从哲学上来说，那就是本体论的知识。以笛卡尔为代表的近代理性主义既然把 idea 看作是人的理性思想所把握的概念，那么，也就把关于神性的知识降到了人间，概念间的逻辑关系则成了理性主义知识的普遍必然性的标志。休谟的观念是对印象的反思得出的，观念本质上是特殊性的；这样的观念不是从逻辑上来规定其意义的，因此，从观念的关系中得不出什么普遍必然的知识，而只能是概然性的知识。

在细说休谟上述观点之前，让我们先说明一个问题。在通俗的想法中，知识是人类关于自然界和人类社会的认识的结晶。或者我们可以进一步说，我们作为知识而认识到的，总是各种事物（或认识对象）及其相互之间的关系。但是在休谟这里，是用观念间的关系取代事物或事物间关系的，或者说，在这里，事物被化解成了观念。用休谟自己的话来说："形成一个对象的观念和单是形成一个观念，是同一回事；把观念参照一个对象，只是一种外加的名称，观念本身并不具有对象的任何标志或特征。"[32]他的理由是，在我们的知觉中我们所观察到的只是印象或观念，至于印象和观念是怎样来到我们心中的？这是无法知道的。这种观点从常识看来是很奇怪的，常识认为，人的知觉中的印象和观念自然是由于外物刺激感官的结果。但是休谟固守知觉本身,他认为从知觉推断外物的存在已经超越知觉本身的范围了,所以他的理论被称为 idealism。柏拉图哲学也是一种 idealism,但由于对 idea 的不同认识,休谟和柏拉图的 idealism 是大不相同的。尽管休谟的学说不同于柏拉图的和笛卡尔的学说,但是,他仍然使用着 idea 这个词,并且在解说知识问题时,以作为观念的 idea 之间的关系取代作为理念的 idea 或作为概念的 idea 之间的关系,这里反映了西方各国哲学对于希腊哲学的文化上的传承关系。理清这种传承关系,也是我们理解全部西方哲学的一个重要方面和必要的前提。

既然知识出于观念间的关系,这种关系也决定着知识的性质,即究竟有无普遍必然性的知识,还只是有概然性的知识? 那么先要审查观念间究竟有些什么关系。

休谟认为,尽管观念间的关系可能是多种多样的,但是仔细加以考察,还是不难将它们归纳为七种:类似关系、同一关系、时空关系、数量关系、程度关系、相反关系和因果关系。在这些关系中,有四种能够成为知识的确实性的对象,这就是:类似、相反、程度和数量,因为前三种基本上是凭直观就可以看出,不必经过推理的。数量关系在适当范围内也可凭直观得知,只是当相当细微的或相当宏大的数量关系才需要进行推理,这种推理不论连续进行到如何复杂的程度,也还能够保持其精确性和确实性。除此之外就没有什么可以仅凭观念的推论得出确实的知识的了。

但是我们知道,在本体论哲学和近代理性主义哲学中,常常在实体中推论出它的各种属性。例如,我们已经知道,将上帝当成是完满的"是"(实体,ousia,字源上与 on 即"是"同根,有"究竟所是"的意思),从其中可推得"存在""本质"等属性,以为这些属性是"实体"所固有的。休谟对这种推论的驳斥在于指出"实体"观念的虚幻性。他说:"有一类哲学家把他们大量的推理建立在实体和偶有性的区别上,并且设想我们对两者都具有清楚的观念:我很想请问那些哲学家们,实体观念是从感觉印象得来的呢,还是从反省印象得来的? 如果实体观念是从我们的感官传给我们的,请问是从哪一个感官传来的,并以什么方式传来的? 如果它是被眼睛所知觉的,那么这个观念必然是一个颜色;如果是被耳朵所知觉,那么它必然是一种声音;如果是被味觉所知觉,那么它必然是一种滋味;其他感官也是如此。但是我相信,没有人会说:实体或是一种颜色,或是一个声音,或是一种滋味。因此实体观念如果确实存在,它必然是从反省印象得来的。但是反省印象归结为情感和情绪;两者之中没有一个能够表象实体。因此,我们的实体观念,只是一些特殊性质的集合体的观念,而当我们谈论实体或关于实体进行推理时,我们也没有其他的意义。"[33]

关于"实体"是一个"简单观念的集合体",休谟的进一步说明是:实体是各种特殊性质被假设为寓存于其中的一个不可知的东西。这些性质只是由于接近或因果关系而被假定为是密切结合在一起的,于是,当人们发现了一些新的性质与那些性质有相同的联系时,这个新的性质也就立刻被列入其中,即使我们开始时并没有把它列入实体的概念中。

同一个词:"实体",在本体论和近代理性主义哲学中具有重要的意义,在休谟这样的经验主义看来却是没有意义的。据我们的研究,这种差异主要在于两者限定意义的准则不同。在本体论和理性主义一方,实体的概念相对于属性的概念,就如上之相对于下,好之相对于坏,这里的意义是逻辑的规定性。在经验主义这里,一个概念的意义归根结蒂依赖于知觉中的直观印象或观念。这样,在本体论和理性主义哲学中被认为是由于普遍必然性的那些命题,在经验主义的休谟看来,却并不是什么普遍必然的。这一点集中表达在休谟关于因果性问题的论述中。

(五)因果性问题

前面我们已经说过,休谟认为观念的七种关系中有四种是凭直观就可确定,它们能成为确实的知识。还余下三种:同一、时空和因果关系。这三种关系获得的知识有可能出自推论,不过这三种关系如有推论的知识,主要也是由于因果关系。因为任何一些对象中都没有东西使我们相信,它们之间时空关系是固定或有必然规律的,但当以往的经验的观察中它们有些固定不变的关系时,我们就(运用因果性观念)断言存在着使它们保持这种关系的秘密原因。同样,关于同一性问题,如果我们经验中数次获得了同一个对象的观念,哪怕是间断地获得,那么就会超出感官印象去断言它的同一性,这个推论也是建立在因果性的观念上的。所以,人类能否通过推论得出普遍必然的知识,只要通过对因果观念的考察便可知晓。

关于因果性问题的论述,是休谟全部哲学中比较起来最难以理解的一个问题。问题的症结在于,在我们的思想习惯中,总是从原因和结果这两个概念的相互关系中来理解事物运动变化的过程的,并且把这种由因及果的关系当作一种普遍必然的关系。依理性主义的说法,因果性是人的理性思维所具有的种种普遍必然的观念之一,它是人的思维固有的。但是休谟不相信这一点。对他来说,观念是由印象而来的,印象的基础是人的直接的知觉。因此,因果观念也应当放到人的印象中去探源。经过一番探测,他得出结论说,我们知觉印象中并没有找到相关的因果观念。我们看到的往往是前后相继的两个事件,看得多了,就形成了一种习惯的想法,以为前者的出现必然引起后者的出现。所谓因果观念不过如此而已。他的这种因果观事实上只是现在人们常说的具有较大"或然性"的观念,它是不同于理性主义的作为普遍必然性的因果观的。

下面一段话,是休谟关于从经验事实的"习惯"中获得的因果观的起源的说明:

> 我们只能根据经验从一个对象的存在推断另外一个对象的存在。经验的本性是这样的。我们记得曾有过一类对象的存在的常见的例子;并且记得,另一类对象的个体总是伴随着它们,并且和它们处于经常的接近秩序和接续秩序中。例如,我们记得曾经看到我们所称为火焰的那一类对象,并且曾经感到我们所称为热的那种感觉。我们也回忆起那些对象在过去一切例子中的恒常结合。没有经过任何进一步的程序,我们就把一个称为原因,把另一个称为结果,并由一个的存在推断另一个的存在。在我们亲见的特定原因和结果结合在一起的所有那些例子中,原因和结果都曾被感官所知觉,并被记忆下来。但是在我们对它们进行推理的一切情形下,只有一项被知觉或被记忆,而另外一项却是依我们过去的经验加以补足的。[34]

因果性观念的经验起源说明它不是理性本身固有的一个观念,但是在推理过程中,人们却把这个观念用于我们所没有经验过的例子,以为那些例子也类似于我们经验过的例子。休谟认为:"援引过去经验丝毫不能解决什么问题;你最多只能证明,产生其他任何对象的那一个对象在那一刹那中具有那样一种能力;但是你永远不能证明,同一能力必然在同一对象或可感知的性质的集合体中继续存在;更不能证明,相似的能力永远与相似的可感知的性质结合着。"[35]我们只能依据以往的经验对未经验过的情况作一种假设,但决不能把假设当作推论。推论应当依靠必然的联系,而不是必然的联系去依靠推论。

总之,由经验得来的因果观念只说明过去的经验;在理性主义的推论中,却是另一种被用于超出经验范围的因果观念,并且借助于那样的因果观念,推论似乎就有了普遍必然的性质。然而按照休谟的看法,那样的因果观并没有它的经验的根据,因此,那种哲学的推论也是不能成立的。

确实,如休谟所说,因果观在推论中起着重要的作用。一切推论无不是由因及果。如果超出经验范围去使用因果性观念只具有假设的作用,那么一切依赖、运用因果性观念进行的推理也就没有什么普遍必然性了。休谟的这个观点对于以逻辑推论为方法建立普遍必然的哲学命题的本体论和近代理性主义,无疑如同釜底抽薪。

休谟由于始终囿于经验的范围,被后人称为"不可知论者",关于这一点我们不去详说。我们这里只是想指出,他的全部建立在"观念"基础上的哲学以及他关于因果性的复杂论述,目标是针对本体论和近代理性主义的,后两者在运用逻辑的方法以建立普遍的哲学命题这一点上是相同的。离开了这个背景,即使以我们自己的经验去理解休谟哲学,也会显得毫无经验。

三、结　论

1. 16 世纪至 18 世纪,认识论成为西方哲学关心的主要问题。它标志着哲学挣脱了神学的藩篱,回到了人世间。西方近代认识论一开始就表现出理性主义和经验主义两个方向,并具有它们各自表述上的不同特点,这同它们所处的传统哲学的背景有关。这个背景就是本体论。本体论被认为是超出经验世界之外的纯粹的原理系统。要使为神学所用的纯粹原理回到人世间,就必须克服或消除横亘在经验世界和原理世界之间的鸿沟。理性主义认识论和经验主义的认识论代表了解决这一问题的不同的两条途径。从这个角度去看,那么这两种形式的认识论的表述上的特点也就可以理解了。

2. 理性主义从根本上说,是继承了本体论的逻辑推论的方法。逻辑在当时是被看作人的理性能力的主要标志。他们的目的或任务,是要使本体论原理体系中的理念成为思想上能把握的概念,以此克服原理世界和人世间的鸿沟。这就是笛卡尔口口声声说要使 idea 清楚明白的意义。他通过"我思"来体察和把捉"我是"之"是",并且由有限的"我是"逻辑地推得无限完满的"是"。由于本体论的纯粹原理系统用的是演绎逻辑,而普遍的"是"则是这个演绎系统最初的前提,因此笛卡尔一旦依自己的方法在思想上把捉了"是"以后,便放心地接纳了全部原理系统,当作是人思想上推论得出的真理。而斯宾诺莎的"一切否定都是规定"更是肯定了人的思想是概念逻辑运动的动力,或者说,思想与逻辑是一致的。即,斯宾诺莎把"是"推论出各种"所是"(各种属性和样式),当作同时也是思想上否定了无任何特殊规定、无限的"是"而进入特殊规定的、有限的"所是"的过程。

3. 经验主义的发展表明,它解决原理世界和经验世界之间鸿沟的办法,用确切的词汇去说明它,当用"取消"而不是"克服"。它固守在经验世界内,否认一切越出经验界限的知识的普遍必然性和确实有效性,否认有一个脱离经验的原理世界。他们普遍地把本体论中的 idea 翻用为是人的知觉中感受到的东西。休谟认为,一切超出经验的推论皆依据因果性,为了否认越出经验之外的知识的普遍必然性,他想说明因果性这个观念并不是具有普遍必然性的观念。它不存在于经验对象中,而是由于人多次见到相继出现的对象而形成的思想习惯。人们从以往的经验中得出的知识并不具有普遍必然性,不能推论今后的情况。它只具有概然的性质。

4. 理性主义和经验主义都试图去解决由本体论造成的那个哲学上的鸿沟,结果反而使这道鸿沟以理性和经验之间对立的形式更加突出来。在此以后的康德哲学的杰出之处,在于他能够综合起理性主义和经验主义,提出自己的"先验论"的哲学。在他的"先验论"中,也包含对于本体论哲学的评述,这是我们尤其感兴趣的。

注释

1. *Introduction to Philosophy*, ed. by John Perry and Michael Bratman, Oxford University Press, New York, 1993, p.113.参见笛卡尔:《第一哲学沉思集》,庞景仁译,商务印书馆 1986 年版,第 16、17 页。

2. Ibid.

3. 笛卡尔:《方法谈》,见《十六—十八世纪西欧各国哲学》,北京大学哲学系外国哲学史教研室编译,商务印书馆 1975 年版,第 141 页。

4. 笛卡尔:《第一哲学沉思集》,第 17—18 页。

5. 笛卡尔:《方法谈》,《十六—十八世纪西欧各国哲学》,第 139 页。

6. 同上书,第 144 页。

7. 同上书,第 147—148 页。

8. *Introduction to Philosophy*, p.115,参见笛卡尔:《第一哲学沉思集》,第 26 页。

9. Ibid., p.121.参见笛卡尔:《第一哲学沉思集》,第 45 页。

10. Ibid., , p.121,见《第一哲学沉思集》,第 45、47 页。

11. 同上。

12. Ibid., p.114,译文参见《第一哲学沉思集》,第 22 页。

13. Ibid., p.130,译文参见《第一哲学沉思集》,第 76 页。

14. Ibid., p.116,参见《第一哲学沉思集》,第 27 页。

15. Ibid., p.130,参见《第一哲学沉思集》,第 77 页。

16. 黑格尔:《哲学史讲演录》第四卷,贺麟、王太庆译,商务印书馆 1978 年版,第 59 页。

17. 同上书,第 60 页。

18. 同上书,第 63 页。

19. 同上书,第 7 页。

20. 休谟:《人类理解研究》,关文运译,商务印书馆 1957 年版,第 9 页。

21. 同上书,第 6—7 页。

22. 在休谟写作《人性论》(1739—1740)时,"本体论"这个词当已经产生。根据沃尔夫的主要著作完成的年代推断,在 18 世纪 20 年代时已有了第一个关于"本体论"的定义。不过沃尔夫的许多著作用德文写成,休谟未必读过。虽然如此,本体论这种哲学形态在当时的存在却是事实。

23. 休谟:《人性论》,第 8 页。

24. 同上书,第 283 页。

25. 同上书,第 283—284 页。

26. 参阅本书第五、六两章。

27. 参阅本书第八章。

28.《斯宾诺莎书信集》,洪汉鼎译,商务印书馆 1996 年版,第 206 页。

29. 参阅本书第二章。

30. 休谟:《人性论》,第 1 页。

31. 同上书,第 29 页。

32. 同上书,第 32 页。

33. 同上书,第 27—28 页。

34. 休谟:《人性论》,第 104—105 页。

35. 同上书,第 109 页。

第十章

康德对本体论的批判

一、康德所知的本体论

（一）本体论——"纯粹概念的推论"

关于本体论的创立,我们追溯到柏拉图,它在基督教神学中获得了成熟,并且影响了近代认识论的产生及形态。但是从柏拉图到 17 世纪这漫长的二千年里,居然没有出现过"本体论"这个词。这个词最初出现在 17 世纪后期,到 18 世纪初的时候,由于德国哲学家沃尔夫把"本体论"作为形而上学的一部分,纳入了哲学分类目录,并且为它下了一个定义[1],本体论哲学才获得了自己正式的名称。这一现象所说明的是,在近代认识论产生之前,哲学本身相对来说还比较单一,本体论就是哲学的当家内容,它不需要在哲学内获得另外的名称。近代认识论的兴起使本体论在哲学中的核心地位受到了挑战,本体论这种形态的哲学几乎失去了作为哲学代表的资格,这种态势是本体论在哲学内标明其特殊身份的客观需要。

于是,"本体论"这个词出现在康德的哲学中。他年轻时曾受到沃尔夫的影响。关于沃尔夫为本体论下的定义,我们已在本书第一章引述过了。那么,在康德眼里,什么是本体论呢？ 这是我们首先关心的问题。请让我们引康德的话来说明:

(1) 关于本体论在形而上学中的地位

康德说:"全部形而上学体系包含四个主要部分:1.本体论,2.理性自然学,3.理性宇宙论,4.理性神学。"[2]康德对形而上学的这一分类,与沃尔夫的分类基本一致。所不同的是,康德起用了一个新概念"理性自然学"(rational physiology),其中除了包括沃尔夫的理性心理学(phychologia rationalis),还包括理性物理学(physica rationalis)。在这里,我们指出,宇宙论和本体论是分立的两项,康德表达得很明白,治哲学史者不可不知这一点。

(2) 本体论的对象及其与自然学的区别

康德说:"从其狭义的方面说,形而上学包括先验哲学和纯粹理性的自然学。前者仅在一个与一般对象有关而不考虑可能给予的对象的系统中,研究知性与理性两者本身(本体论 ontologia);后者研究自然,即,全部给予的对象(不论是给予感官的,还是如你所愿说的,给予他类的直觉的),因而称为自然学,但应是理性的。"[3] 这里要指出,先验哲学也分两部分:先验分析论与先验辩证论。前者研究知性,后者研究纯粹理性。研究纯粹理性的才是本体论。

(3) 本体论的特征

康德对本体论没有直接下过定义,但是当他论述关于上帝存在的本体论证明与宇宙论的自然神学的证明的区别与联系、并标明本体论证明的特点时,透露出他对本体论的看法,即本体论表现为"纯粹概念的推论"。

康德谈到,根据思辨理性去证明上帝存在,只有三条途径。一条是自然神学的道路,这是从确定的经验或者从由经验而得知的感性世界的特性,循着因果律而上溯到存在于世界之外的最终的原因。一条是宇宙论的道路,它是从不限定的经验,即从经验中给予的任何存在开始。还有一条就是本体论的道路,"他们置一切经验于不顾,完全是先天地从纯粹的概念去推论最高原因的存在"[4]。

康德揭示,所谓宇宙论的对上帝存在的证明,在其根子中总是模仿本体论的证明。在揭示这一点时,康德多次指出本体论的纯粹概念推论的特点:"为了有一个可靠的基地,这种证明(指宇宙论的证明)以经验为自己的立足点,佯装与寄其全部信心于先天的纯粹概念中的本体论有别。"[5] 然而,"所谓宇宙论的证明,它的全部证明的力量,事实上都来于纯由概念进行推论的本体论证明"[6]。

在说明自然神学的、宇宙论的和本体论的三种证明方法关系时,康德再次提到本体论的纯粹概念的推论的特征:

> 于是我们看到,自然神学的证明依托于宇宙论的证明,宇宙论的证明则依托于本体论的关于最高的本源之"是"的存在的证明。对于思辨的理性来说,除此之外没有别的途径了。如果超越于知性

的经验运用的命题的证明是可能的,那么,唯一可能的就是本体论的纯粹理性的概念的证明。[7]

那么,如果揭示了对上帝存在的本体论的证明也是不可能成立的,关于上帝存在的一切证明的希望就破灭了。康德正是要揭示本体论证明的不可能。关于这一点,我们放在本章最后讨论。现在我们先要初步明确的是,康德不仅谈到了本体论,而且这些谈论中透露出了他对本体论的一个基本看法,即,本体论是"纯粹概念的推论"。这虽然不是一个严格的定义性质的说法,但是,却揭示出了本体论的一个基本的特征。这一理解同我们关于本体论的理解是相符合的,它也可以说是对沃尔夫关于本体论的定义的一个概括的表述。

康德对于本体论的看法不仅表现在他对本体论在形而上学分类中的地位、本体论与宇宙论、理性自然学的关系,以及指出它是"纯粹概念的推论"的特征等方面的论说中,而且还反映在他对"纯粹概念"所作的规定中,这里,他重新提出了柏拉图的理念。

(二)回到柏拉图的理念

我们说过,本体论使用的是一种具有特殊规定的语言,它的意义不在于指示某个经验的对象,而在于概念间相互的关系中。柏拉图后期理念论中所使用的理念或通种,就是些这样的概念。理念所标志的是我们所在的这个世界之外的东西。

近代认识论哲学学派,无论是理性主义的还是经验主义的,都不赞成两离的世界。理性主义把存在于另一个世界、组成纯粹原理的 idea 改铸为人的天赋观念、即一般的概念。经验主义则把 idea 一词用作是对知觉中的东西的表述,称为观念。这样,理性主义和经验主义虽然仍然用着从柏拉图哲学流传下来的同一个词 idea,但是,idea 的意义却早已偏离了其原初的意义,并且,和 idea 这个词的原初意义一起消失的,是那个在我们的世界或曰经验的世界之外的另一个世界。我们可以说,在近代认识论哲学中,本体论的领域或者已被取消,或者已被容纳进认识论的领域。

在这种背景下,康德要重新谈论本体论,一时竟觉得缺少语词。当时的人们不再谈论本体论,自然就没有表述这个领域的语汇,而原有的语词也已被赋予新的意义而移作他用。康德意识到,制造新名词殊不易成功,倒不如翻检启用老的,甚至已经死掉的词汇,哪怕原作者使用时并不十分精确严格,可以对它作些限定说明,然后加以使用,这总比因缺少词语而不能使人理解自己的思想要强。[8]

康德要想说的是,本体论用作推论的"纯粹概念"不是一般理解的概念,它不是用来表达任何可经验、可表象的对象的概念,而是超越于经验之外的。但是,在当时认识论风行的时代,哲学中已经不存在具有超越于经验之外的意义的概念了。为此,康德请出了柏拉图的理念,说他的"纯粹概念"需要用柏拉图的"理念"来表达。[9]

借用柏拉图的理念,主要是因为理念有超越经验的性质。"从柏拉图对理念这个词的使用看,有一点是很明显的,他用这个词所指的不仅不是从感官得来的东西,而且远远超越了(亚里士多德所研究的)知性概念,因为经验中是没有相应于理念的东西的。在柏拉图这里,理念是事物本身的原型,并非仅仅像是对于可能的经验来说极为重要的范畴。依柏拉图之见,理念源出于最高的理性,然而从最高的理性出来后就不再保持其原初的状态了。对于这种旧日的理念,必须艰难地回忆,遂至变得模糊不清。这种回忆人们称其为哲学。"[10]

康德诉诸柏拉图的理念,目的在于说明,他用"纯粹概念",或者与之同义的先验"理性概念",指的是一个超越了经验的领域里的东西。这个领域,如我们前面所说,就是本体论的领域。我们注意到,康德述及柏拉图的理念是超越于经验的东西的时候,顺便提到了亚里士多德,他认为亚里士多德研究的只是知性概念。按照康德的理解,知性概念是些用于整理经验材料以构成知识的,据此说法,亚里士多德显然没有进入纯粹概念或理念的领域,换句话说,亚里士多德哲学没有进入本体论领域。这同我们在本书第七章中对亚里士多德哲学性质的论断是一致的。那里,我们认为,亚里士多德哲学的基本倾向是反对本体论的。

康德反对在经验的范围里使用柏拉图的理念,这应当包括反对一切认识论的使用。然而我们知道,经验主义用 idea 这个词指的恰恰是一切源于感觉,由反思知觉印象得到的东西。康德说,如果指明了柏拉图 idea 的原意、明白了经验和超越于经验的区别,那么有谁再以 idea 指"红色"这样的东西,便是"不能忍受"的。[11]

事实上,康德尤嫌柏拉图对理念的论说留有漏洞。因为"柏拉图主要是在实践的领域发现理念的"。这里说的"实践"主要是道德生活。"凡是从经验中引得美德概念、把充其量只能算作是榜样或不完善的例子变为认知中的典型和根源的(这正是许多人的路子),都不免把美德当作是随时间和环境而变迁的一种说不清的东西,却决不能把它用作规律。"[12]康德在同一页的一个脚注中还抱怨柏拉图把理念的概念用于思辨的知识,尽管这种知识是纯粹的、纯由先天给予的。因为对康德来说,虽然存在着本体论这个领域,但是如果以为这个领域提供的由纯粹概念推论得出的原理是有效的,则是一种错误的想法,或称为"先验幻觉"。我们在稍后将对此作深入讨论。康德同样也不能同意柏拉图把数学纳入本体论的范围。因为康德把数学归入运用先天直观即时空范畴而得出的知识。总之,康德对于理念的先验性的界定是决不含糊的,甚至比柏拉图还柏拉图。

从康德关于本体论证明是"纯粹概念推论"的说法,到诉诸柏拉图的理念以阐说"纯粹概念"的界定,这已经可以初步说明,本体论是经验之外的一个领域。我们曾经把本体论表述为运用概念逻辑地构造的哲学原理。而在康德的理解中,却没有"原理"之类的提法,这不是说历史上的本体论不是或不想构造这样的原理,而是康德认为这种原理是不能成功的。这里反映了康德对本体论的批判的立场,而不说明本体论作为哲学史上的一种哲学形态,可以作任意的解释。我们之所以要在本章开头就介绍康德的观点以印证关于本体论的定义,这首先是为了准确地理解康德哲学。康德哲学之难为一般人所理解,其重要的原因之一,就是他的哲学中有一片经验之外的领域。没有这个思想准备,就难以进入康德对本体论问题的批评性阐述部分,这部分以"先验辩证法"为标题,其篇幅占全部《纯粹理性批判》一半强。其次,现在,离开了哲学史随意地使用本体论这个词的情况很普遍。这决不是说人们不可以根据自己的需要重新界定一个哲学概念,但是,当谈及哲学史时,或者认为自己所使用的概念就是哲学史上的某个概念时,关于它的原初的意义应当是一个事实,这是不容任意涂改的。否则学术交流便将遇到困难。

(三) 本体论与形而上学

以上所述是根据康德对纯粹概念或纯粹理性理念的界说,以及他对于形而上学各分支的分类及相互关系中透露出来的关于本体论的见解。我们还应当搞清,《纯粹理性批判》这部著作中哪些内容才是讨论本体论问题的。提出这个问题的原因是,在这部著作中,除了有一节标明是讨论关于上帝存在的本体论的,此外,并没有专门标明讨论本体论问题的地方,况且,整本书中用到"本体论"这个词的地方并不多。而当康德提到理性超越经验的追求时,都以形而上学这个名词来称呼。我们常见人们笼统地把形而上学与本体论相等同,也许正是出自这一原因。然而,本体论虽属于形而上学,两者间还有一种区分,这样才能确定《纯粹理性批判》一书中纯粹讨论本体论问题的部分。

我们已经知道,在康德的时代,形而上学有四个分支:本体论、理性自然学、宇宙论和理性神学。它们同属于形而上学的根据是,由于理性追求知识的"普遍性"和"完整性"而超出了经验的范围。形而上学指的就是超越于经验的知识。不过从它们各自研究的对象来说,还是有区别的。理性自然学、宇宙论和理性神学都有自己各自相对确定的对象,尽管它们被称为是"先验幻相"。而本体论则没有任何特定的对象,它只存在于纯粹的概念关系中。而神学中的上帝也只有在用最高的概念"是"来表示,并且通过纯粹的概念推论来作论证时,才被称为"本体论的证明"。今天,神学已从哲学中分离出去,回到宗教之中。理性自然学和宇宙论则由于现代实验手段的发展,而成了科学研究的对象。其中理性物理学发展为理论物理学,理性灵魂学发展为心理学、生命科学,宇宙论发展为天文学或宏观物理学。余下的应该是本体论。然而,事实的情况是,早在另外三个分支从形而上学中分离出去之前,本体论就在康德哲学中开始了解体的前奏。

经过以上的区别,我们可以这样认为:当康德在《纯粹理性批判》一书中不特别指明对象而是一般地谈论形而上学时,大致上也可以认为就是谈论本体论问题。用这个眼光去看,该书"先验辩证论"中的"导言"以及第一卷论"纯粹理性的概念",尤其是讨论本体论问题的。此外,关于讨论上帝存在的本体论证明这一节,自然也应作为本体论问题的一个具体例证来重视。澄清了这些问题,我们才能深入探讨康德对本体论问题的观点。

二、探索本体论问题的根源

(一) 从人的认识能力谈起

康德开始从事哲学的时候,正是认识论风行的时候。认识论分为理性主义和经验主义两大派。理性主义看到的是人的逻辑推理能力,借助于这种能力,人能得到具有普遍必然性的知识。经验主义则强调一切观念的经验起源,怀疑各种一般的观念的实在性,乃至否认一切知识的普遍必然性。如果考虑他们各自的合理性,那么我们承认,他们分别肯定了人具有构成经验表象的能力和理性推理的能力。但是,人是一个统一体,如果认识的能力可以表现出不同形式和方面的话,人的理性本身应当是一种统一的东西。康德把人的认识的各种结果当作是既定的事实,从对这些事实的分析中追溯人必有使各种认识结果(或知识)产生出来的能力,并进而为追溯这一能力的统一的形式和作用,进入了远离经验的纯粹理性的领域。康德便这样使已经湮没掉的本体论领域重新开启出来。

理性主义的一个缺憾是,它不能解释一般的概念及运用这些概念进行推理的能力的来源。所以,它不得不采取"天赋观念"说。经验主义正是抓住了这个漏洞,与理性主义相对抗。它认为,人的一切观念都起源于对感性知觉的反思,知觉是我们唯一直接获得的东西,一切的反思、想象都是在知觉所得的印象、观念的基础上进行的。经验总是具体的、有限的。凡被认为是普遍必然性的知识都是超出经验的范围,因而是值得怀疑的。休谟尤其致力于说明,当人们作超出经验范围的推论时,主要使用的是因果性这个观念,然而从经验事实中并找不到因果性观念的起源,这个观念只是人们多次见到相继发生的事件的重复出现而形成的一种思想习惯。

但是,事实上,人们可以肯定存在着普遍必然的知识,例如数学知识(这是休谟不得不承认的),还有自然科学(如当时已广为传播的经典物理学)。那么这些作为认识活动成果的知识是怎么可能的呢?

为了揭示在产生出这些具有普遍必然性知识时人的认知能力的活动方式,康德先分析了组成这些知识的判断形式。康德认为,在主宾关系的一切判断中,有两种可能的形式。一种是宾语包含在主语之中,是主语的概念中所具有的一种东西或意义;另一种是主语的概念中不包括宾语所指的东西与意义,但是在判断句中它们被连结在一起了。前一种判断称为分析判断,后一种称为综合判断。分析判断实际上也可看作是从整体中析出其某一部分的推论,它虽然没有增加新的知识,却具有必然性,因而分析的判断总是先天的。综合判断由于把主语中本来不包含的意思作为宾语,与主语联系起来了,增加了有关主语的新的知识。如果这样的连结是直接根据经验得出的,称为后天综合判断。但是有些综合判断并不是直接根据经验而作的,但却并不缺乏必然性,这样的综合判断称为先天综合判断。

真正称得上具有普遍必然性的那些知识,都是由先天综合判断构成的。康德首先举出数学的命题为例。例如,他认为"$7+5=12$"就是一个先天综合命题。(对于这个命题的先天性,即必然性是没有可怀疑的,但对它究竟是综合还是分析命题,可能会引起争论。因为人们可以认为,12可以分为5与7之和。但是康德要求在此不要颠倒次序,我们先是有了5和7这两个数,并将它们连结在一起,对这两个数的分析中是产生不出12这个数的,12是作为一个与5和7都不同,也与"$5+7$"这个算式或概念不同的一个概念与之相连结的。)又如几何学命题"两点间的直线是连结两点最短的线",这里,两点间的直线只是一个表示"质"的概念,这个判断是把"最短"这个"量"的概念加上去了。

其次,康德指出自然科学的原理是由先天综合判断组成的。如:"在物质界的一切变化中,物质的量是守恒的。"又如:"在运动的一切传递中,作用力和反作用力必然是相等的。"因为在这两个命题中,都不能由对物质的变化及运动的概念的分析中得出其宾语。

再次,形而上学的命题中也有先天综合判断,如:"世界必须有一个最初的起始点。"这里需要注意,虽然康德也列出了形而上学中的先天综合命题,但他讨论人的认识能力或知性范畴时,并不以形而上学命题作为根据。他之列出这类判断,纯粹是依据先天综合判断的原则而划分的。因此,形而上学中的先天综合判断与前两类先天综合判断是应当加以区别的。前两类是据以追溯人的认知力的出发点或根据;形而上学的命题则是说明人的理性不安分于认知范围之内,常越出一切经验的界限的表现。

按照经验主义的说法,一切观念源于经验,从这些观念中构成的知识并无普遍必然性。而数学知识和自然科学知识既然包含着先天综合判断,具有普遍必然性。对这样的事实又当如何解释呢?既然经验中找不到普遍必然性,那么,它必然存在于人的先验的认识能力之中,数学和自然科学知识只能解释为是人的认知能力对经验材料加以整理的结果或产物。"纯粹数学知识何以可能?""纯粹自然科学何以可能?"以这样的方式发问,为的是要得出人自身中具有含有先天必然性的认知的能力,应当去探寻和搞清这种能力。

康德研究的结果是,使数学知识成为可能的人的先天认知形式或能力,称作先天时空直观形式;使自然科学知识成为可能的人的先天认知形式或能力,称为纯粹知性概念即范畴。知性范畴一共有十二种,它们相应于形式逻辑的十二种判断:

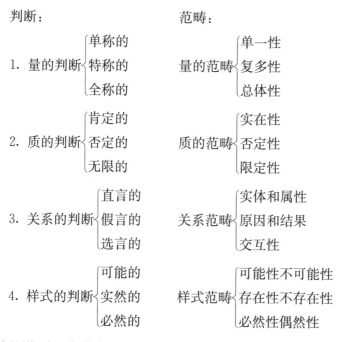

判断:　　　　　　　　范畴:

1. 量的判断{单称的 特称的 全称的　　量的范畴{单一性 复多性 总体性

2. 质的判断{肯定的 否定的 无限的　　质的范畴{实在性 否定性 限定性

3. 关系的判断{直言的 假言的 选言的　　关系范畴{实体和属性 原因和结果 交互性

4. 样式的判断{可能的 实然的 必然的　　样式范畴{可能性不可能性 存在性不存在性 必然性偶然性

这就是说,当人们作各种判断的时候,从认识论上说,就伴随着各种认识的形式。有人将这些认识形式或范畴比作模具,这很形象,不同的模具容纳经验材料,就铸成不同的知识内容。

先天直观形式和范畴是人的认知形式或能力,它们都属于人的理性的能力。但是,理性并不穷尽于认知。理性还有超越一切经验、作为纯粹理性思辨的方面。考察纯粹理性的思辨的形式,就进入了对形而上学和本体论考察的领域。

(二)形而上学是人的自然禀性

先天综合判断有三类,在有关数学和自然科学的先天综合判断如何可能的问题的追问中,康德揭示了人的认知能力,或者用康德本人使用的术语来说,发现了先天知性概念或范畴。还余下一个问题是,形而上学一类的先天综合判断是如何可能的?

我们先要明确一下,什么样的命题是形而上学的命题。根据康德的说法,从其主题方面看,形而上学有三类命题。第一类是关于主体的,第二类是关于客体的,第三类是关于思维的最一般的对象,即"一切是者之是"的,并且,这些命题所表述的内容都是超越于经验范围的。例如,在第一类命题中讨论的是关于思维的"自我"的实体性、同一性、单一性以及作为与知觉之外的客体相对立的主体的问题。根据康德的说法,"我思"(I think)或"我思维地存在着"(I exist thinking)是经验的命题,或者说,这一命题揭示的是现象。[13]但是,当以实体、同一性、单一性以及与客体相隔离而对立的主体去看"自我""心灵"的时候,就把"我"从"我思"的现象中割裂出去了,成了一个超越于经验的东西。而实体、同一、单一等都是知性范畴,是人的认识机能,用以浇铸经验材料的模具,它们并不能用于经验范围之外的"自我"。第二类命题讨论的是有关这样一些问题:1.世界在时间上有无起始,在空间上有无界限? 2.世界中一切事物是否皆由单纯的事物构成? 抑或世上并无单纯的事物? 3.是否一切皆依因果必然性? 4.是否有一个最高原因的绝对必然的"是"? 第三类命题讨论的是关于最高的"是"的问题。由于历史上是以最高的"是"指称上帝的,所以这类命题表现为种种关于上帝存在的证明。这第二、第三类命题超越经验的性质是很明显的。

形而上学的命题既然是超越了经验的,它所表达的内容是在人的认识范围之外的,于是它的真理性就成了问题。首先,这样的命题是不可在经验范围内得到证实的。其次,从逻辑上讲,虽然人们可以在推论过程中严格遵守逻辑的规则,但是,同样的逻辑方法可用于作为前提的两个对立的命题。这就是我们前面所举的第二类命题,其中每个问题的正、反两方面都可以作为前提,然后逻辑地推出它的结论。但是假定正、反两个命题同时成立,这本身却是违反逻辑的,然而,由于没有经验材料,要在正、反一对命题间作取舍,是不可能的。这就是说,在经验之外去对总体性的世界作出种种判断,势必陷入矛盾的境地,即所谓二律背反。同样,要把"自我"从他的现象中剥离出来,对它作出种种判断,所得到的也只能是种种谬误的命题。于是,康德认为像"自我"本身,还有被假定为是存在于我们之外、刺激我们的感官、使我们获得种种知觉的"事物"本身,都不是认识所能及的东西,因而是不可知的。

站在彻底经验主义的立场上,就会对形而上学的命题予以抛弃,采取干脆不予理睬的态度,就像我们在现代逻辑经验主义那里也可以看到的那样。但是在这一点上,康德有一种不同的态度。他认为,尽管形而上学的命题往往不着边际,"然而,从某种意义上说,这种类知识也必须被视为是已有的东西;即形而上学已实际存在,即使不把它看成科学,也当看成是自然的倾向"[14]。换句话说,康德不仅指出了形而上学是什么,而且要进一步追问它的为什么,即"作为自然倾向的形而上学是怎样可能的?"[15]

"自然倾向"(natural disposition)这个词已经初步表达了康德对形而上学如何可能这个问题的答案。所谓"自然倾向"是指人的理性的"自然倾向"。康德说:"人类理性不仅为博学多识的虚荣所驱动,而且也为自身的需要所鞭策,不停地作追问,直到在经验中所使用的理性及由此而得出的原理无法回答。所以我们可以说,一切人,当其理性成熟到可以思辨的时候,就具有了某种形而上学、并会持续不断地具有形而上学。"[16]

理性的"自然倾向"不可与任意的想象相混淆。想象可以是任意的,例如,我们可以把知觉表象分解为各种成分,然后选用一些成分组成一个新的形象,这样的形象可以是各式各样的。理性作为构成知识的某种逻辑方式的能力,实际上就是推理的能力。[17]这种推理的能力是有某些格式可寻的,是这些格式才导致了形而上学的命题。所以对导致形而上学的理性的自然倾向的深入追问,在于揭示纯粹理性进行推理活动时的格式,这些格式才能真正回答形而上学如何可能的问题。

(三) 从有条件限制到无条件限制

从对数学和自然科学知识的先天综合判断中分析得到的是人的知性概念,即范畴,范畴表示的是人认识事物时形成普遍必然判断时的形式。对形而上学的命题进行分析要得出的是人的纯粹理性的能力,或者说,是纯粹理性进行推论时的方式、格式,康德称之为理念。

形而上学的命题的基本特征是超越于经验的。而数学和自然科学的命题则是在范畴的方式中运用经验材料得出的。知性范畴的这一特点,从某种角度去说,就是有条件的。这就是说,范畴是知性范围内用以规范、整理经验材料的形式,离开了经验材料,就得不出确实可靠的认识。但是理性本身并不甘于将自己作为知性局限于经验的运用,它的本性驱使它去超越经验,进入无条件限制的领域。

从有条件到无条件,大致相当于从特殊到一般。但也只能说是"大致"。因为"一般"的东西并非都指经验外的东西,而无条件则必然是指摆脱了一切经验的状况。依康德的看法，抽象的、普遍的命题或概念，是那些具体的、特殊的命题或概念的逻辑上的前提。例如，一个命题"卡乌斯必有死"是一个经验命题，但是，我们也能把它看成是一个推理的命题。在推论中，是以"人必有死"为前提的，然后，"卡乌斯"则是人的一个特例。这个推论"人必有死"当作是一个条件，"卡乌斯必有死"是纳入这个条件的对象的知识。当以最具普遍性的那些理念作前提时，这个理念是一个包括这一类全部条件在内的概念。"因此，先验的理性概念不过是一切当作有条件地给予的东西的条件的总体的概念。并且，由于一切可能的条件的总体只能是一个无条件的东西，那么反过来说，条件的总体必定是无条件的东西。由此得出，一个纯粹理性的概念可以一般地解说为一个无条件的概念，它是对受条件限制者进行综合的根据。"[18]这段话对于理解造成形而上学命题的纯粹理性的运作方式极为重要，然而理解起来也有一点难度，我们当略作解释。

康德据"卡乌斯"的例子是说明，在一切三段论推理中，大前提提出一个概念，来限定一个范围，即条件，小前提则是举出一个符合上述条件的特例，由此推得相应结论。这里，前提是统摄、包含结论的，或者说，宾词蕴含在主词内。如果理性将一切纳入推论，则必找到一个能容纳一切宾词的主词，也就是说，这样的前提必须限定一切条件，是一个条件的总体。条件总是一种限定。如果限定了一切条件，成为条件的总体，那又等于什么都没有限定，因而倒反成了无条件者，即一个不受任何条件限定的东西。用后来黑格尔使用的语言来说，能成为全部逻辑学开端的最普遍的范畴，同时也是一个没有任何特殊规定性的范畴。在这个意义上，它也是无。

宾词包含在主词限定的条件中，或者说，主词为宾词提供条件。从推论的系列来看，一个主词又可以作为宾词包含在另一个主词中。随着这个系列一步一步上溯，主词所限定的条件也逐步扩大，直至一个不能作宾词的主词，这个词就是"是"。主词作为条件统摄宾词，最高的主语则是作为条件的总体，即无条件者而为一切受条件限制者提供统摄的基础。

从"卡乌斯必有死"这样一个判断往上追溯，一直找到了无条件的"是"的理念，这说明理性在其运用知性范畴的推论中就假定了逐级上升的普遍的条件，因而，这应当是理性的自然禀赋。当其追溯到"是"时，就进入了本体论领域。事实上，形而上学的范围要比本体论广。只要理性上升到超越经验的领域，提出"自我"本身、"世界"本身等所谓"事物自身"的概念，就是进入了形而上学的领域。

就像十二个知性范畴是对应于形式逻辑的十二个判断式而找到的一样，能充当无条件限制的纯粹理性概念有三个，它们可以从形式逻辑的三个关系判断的上溯中找到。这就是，根据直言判断的形式，推溯至其自身绝不能作宾词的主词；根据假言判断的形式，推溯至其自身不再有任何前提的前提；根据选言判断的形式，推溯至一个包含所有类目于其中的体系。对此，我们可以这样理解：当人们运用形式逻辑三个关系判断时，其中的思想方式将使我们分别设定三个概念：一个最高实体的概念；一个最终原因的概念；以及一个最高的类概念。这三个概念的设定，分别是直言判断、假言判断和选言判断及其相应的知性范畴能够成立和运作的前提。

这样，康德通过对认识现象的分析，确定了人具有先天的理性能力。理性能力用于经验对象的认识时为范畴所表达的知性能力。理性出于其自然倾向，会有超出于经验的运用并形成纯粹理性的概念，这就是产生形而上学命题的原因。本体论作为形而上学的一部分，它的根源也就在其中了。

三、对形而上学的批判

(一) 形而上学是不可缺少的

我们的主要目的是要阐明康德对本体论的态度。由于本体论只是形而上学的一个部分，康德关于形而上学的批判中包含着对本体论的批判，所以，我们首先要了解康德对一般形而上学的批判。

下面摘引的一段话可以当作是康德关于形而上学的基本观点：

> 形而上学，作为理性的一种自然趋向来说，是实在的；但是如果仅仅就形而上学本身来说，它又是辩证的、虚假的。如果继而想从形而上学里得出什么原则，并且在原则的使用上跟着虽然是自然的、不过却是错误的假象跑，那么产生的就决不能是科学，而只能是一种空虚的辩证艺术，在这上面，这一个学派在运气上可能胜过另一个学派，但是无论哪一个学派都决不会受到合理的、持久的赞成。[19]

　　这段话包含两个方面的意思。第一方面是承认形而上学是一种实际存在的现象，它源起于人类理性的自然倾向。第二个方面是指出形而上学本身，即在它里面产生的原理和命题，都是错误的、虚假的。

　　让我们先来讨论第一个方面。

　　由于康德揭示了形而上学命题的虚假和错误，康德以后有的哲学流派，尤其是现代西方的逻辑经验主义，就干脆声明要取消形而上学。康德本人却绝对没有认为应该取消形而上学。既然形而上学是人类理性的自然倾向的产物，只要理性仍然在它的自然倾向中，形而上学就是无法取消的。事实上，康德的态度远远超出了只是消极地承认形而上学的存在。他说："人类精神一劳永逸地放弃形而上学研究，这是一种因噎废食的办法，这种办法是不能采取的。世界上无论什么时候都要有形而上学；不仅如此，每人，尤其是每个善于思考的人，都要有形而上学，而且由于缺少一个公认的标准，每人都要随心所欲地塑造他自己类型的形而上学。至今被叫做形而上学的东西并不能满足任何一个善于思考的人的要求；然而完全放弃它又办不到。"[20]

　　在道德和国家理念方面，对形而上学的需要是很明显的。比如在道德方面，人们以"善"作为最高的德性的观念。现实生活中的种种善行总是有限的，因而是局部的、有不足之处的。善的理念则被设想成是绝对完满的，不受任何条件限制的。这样的善的理念是超越经验的，因而是形而上学的理念。然而正是因为人们有这样一个形而上学的理念，才有了判断一个行为是不是善的最终的标准。康德说："每个人肯定都知道，如果我们以某个人作为德性方面的榜样，那么我们心中早就有了真正的原型，所谓的榜样是与之对照并以之为准则作出评价的结果。"[21]尽管这种善的理念在现实生活中无法得到完全的实现，但是，作为一种目标，它将永远促使人们去努力追求。

　　有关国家的理念也一样。康德认为，"每个人的自由应与他人的自由共存"，这应该是组织国家时的一个根本原理。这条原理在实际生活中可能会遇到种种困难，但在提出国家理念时，应该不顾一切现实的障碍，因为那些障碍并非出于人类本性而不可克服。立法行政越是符合上述国家的理念，那么用刑罚的机会就越少。据此而言，在一个完善的国家里是不需要刑罚的。对此，康德说："虽然这一点绝不会实现，但是这个理念却是正确的。这个理念作为范型树立在那里，为的是使法律制度越来越接近于最大程度的完善。"[22]这个有关国家的理念也是在经验之外的，因而是形而上学性质的。

以上是就道德和社会生活方面谈的，用康德的术语说，它们都属于实践理性的范围。形而上学以其为伦理和社会生活设立了最高的追求目标而且是不可缺少的。也只是在这个意义上，康德肯定了形而上学的积极作用。

（二）形而上学中的"先验幻相"

康德关于形而上学基本观点的第二个方面，主要是从认识论角度谈的。这里，康德认为，如果将理性作超出经验范围的运用，企图从纯粹概念的推论中获得原理、真理一类的东西，那么结果只能得到一些错误的假象，即"先验幻相"。

在"探索本体论问题的根源"那一节中，我们已经介绍过，康德是怎样在对三类先天综合判断如何可能的追问中，发现理性的不同使用。在前两类，即有关数学和自然科学知识的判断中，理性的作用是以一定的方式整理经验材料；在形而上学一类的先天综合判断中，理性凭自己的自然倾向，越出了经验范围，就进入了形而上学的领域。

用通俗简易的语言来说，所谓形而上学的命题是脱离了实际，纯粹从概念到概念，讲些不着边际、不能以经验事实加以证实的东西。我们也已经介绍过，康德认为形而上学的产生并非无缘无故，而是理性的自然倾向。理性主要是逻辑推理的能力，它不仅指引人由前提到结论、由原因到结果进行由上（普遍）到下（特殊）的演绎推理，而且还倒过来由下向上追溯，直到最大的前提、最终的原因。从纯粹逻辑的观点看，对于整个演绎系统来说，最大的前提或最终的原因都是必不可少的，它们是全部演绎系统的出发点。用康德的话来说，经验的判断都是受某种条件限制的，而能够作为最大前提和最终原因的纯粹理性判断，则将一切条件罗列出来，即提出了适合一切条件的普遍的判断。适合一切条件也就是不受任何条件限制，因而就是无条件限制的判断。然而问题也就出在这里。一个不受一切条件限制的判断，当然是无法以经验事实去验证的，它越出了知性能力的范围；其所涉及的对象和关于这种对象的知识，纯粹是由理性的推论得出的。在纯粹理性范围内的推论称为"先验辩证法"。

辩证的推论一共有三种。第一种是关于主体的。在这里，纯粹理性根据每一种属性都有一个主体，这个主体作为属性又属于另一个主体，这样无穷地推断下去。纯粹理性把这个思路用到对作为思维主体的自我的把握，把自我当作是思维能力所属的实体。康德认为,这是一种谬误的推理,"因为自我决不是一个概念,它仅仅是内感官的对象的标记"[23]。这个说法是以康德的一些基本观点为前提的。这里首先要追溯到康德关于经验、表象和对象的看法。经验当然是指人能知觉到的东西,一切外物都是、并且只能是作为表象在经验中被知觉。在这个意义上说,一切外物只是意识根据经验中提供的表象所作成的一个对象,离开了表象,我们无法知道这个外物还是什么。那么同样,通过我们的反省,我们可以知道,在构成各种表象、认识的过程中,有我们的认知能力在其中起作用,这也就是所谓内感官的作用,以这些内感官为表象,我们作成一个对象,称为自我,如此而已。但是,如果以为自我是一种实体,那就等于说,自我可以被认为是抽去了它的种种属性(即认知能力和方式)以后仍独自存在的东西。这种实体是完全落在一切可经验到的东西之外去了,因而是根本不可认知的。所以,这样的推论是谬误的推论。

第二种辩证推理实际上是为一切有关自然界的推论寻找最终大前提的结果。从有关自然界的推论追溯上去,集中为四个方面的问题,需要以大前提的形式得到确定。即关于时间的起始问题、世界的单一性问题、因果必然性问题和最高的概念"是"的问题。每个问题分成正反两种讲法。纯粹理性依其自然的本性断然地得出了这四个问题正反共八个判断。对这八个判断分别加以考察,是难以发现它的毛病的,但将正反两个判断合起来看,它们的错误就将暴露无遗。对这种"先验幻相"的揭露和批判,大概没有人会比康德本人在《任何一种能够作为科学出现的未来形而上学导论》的第五十二节(乙)里说得更明白、更精辟。

> 人们在形而上学里可以犯各种各样的错误而不必担心错误被发觉,问题只在于不自相矛盾,而不自相矛盾,这在综合命题里,即使在完全虚构的命题里,是完全可能的。在所有这些情况下,我们所连结的概念都不过是一些理念,这些理念(就其全部内容而言)决不能在经验里提供,因而就决不能通过经验来反驳。因为,世界是永恒存在的也罢,或者是有始的也罢,物质是可以无限分割的也罢,或者是由单一的部分组成的也罢,我们怎么可以从经验中得出来呢?像这样的一些概念都是任何即使是把可能性推到最大限度上去的经验都不能提供的。因此命题上的错误,都不能通过这块试金

石去发现。

当理性一方面根据一个普遍所承认的原则得出一个论断，另一方面又根据另外一个也是普遍所承认的原则，以最准确的推理得出一个恰好相反的论断，只有在这样的情况下，理性才迫不得已泄露了自己的隐蔽的辩证法，而这种辩证法是被当作教条主义拿出来的。这里在有关四种自然的理性理念一方面得出的四种论断，另一方面得出同样多的相反论断，而每一种论断都是非常严谨地根据普遍承认的原则推论出来的，这样它们就揭露了纯粹理性在这些原则的使用里的辩证的假象，而这些假象如果不是这样，本来是可以永远不被揭穿的。

因此，这是一个有决定意义的实验，这个实验一定会把掩藏在理性的前提里的某种错误必然地给我们揭露出来。互相矛盾的两个命题不能都是错误的，除非它们所根据的概念本身是自相矛盾的，例如，"一个四方的圆形是圆的"和"一个四方的圆形不是圆的"这两个命题都是错误的。因为就拿第一个命题来说吧，既然说这个圆形是四方的，那么说它是圆的就是错误的；但是，既然它是一个圆形而又说它不是圆的，即说它是四方的，那也同样是错误的。因为，一个概念的不可能性，它的逻辑标志就在这点上，即假如我们以它为前提，则互相矛盾的两个命题就都是错误的；从而，既然在两者之间想不出一个第三者来，那么通过这个概念，是什么也想不出来的。[24]

以上的批评是针对形而上学的宇宙论中所包含的"二律背反"即第二种辩证推理的。

第三种辩证推理是有关一切可以思想的东西所归属的最高的"是"的概念的，这才是真正本体论的部分。我们在下面第四节作专门讨论。

四、对本体论证明的批判

（一）一个完全与经验隔断的领域

所谓"本体论证明"，是指关于上帝存在的本体论证明。康德对关于上帝存在的本体论证明的批判，就是对一般的本体论的批判。这里有一个问题，关于上帝存在的本体论证明是属于所谓"理性神学"的,"理性神学"与"本体论"在康德所接受的分类中,是同属于形而上学的两个互相独立的分支,为什么康德把它们合并在第三种辩证推论里一起处理?在《纯粹理性批判》里,康德是在"纯粹理性的理想"为标题的一章里作讨论的。

为了对这个问题作出说明,我们先要搞清本体论和理性神学与理性心理学和宇宙论之间的区别,然后再搞清本体论和理性神学的联系。

本体论和理性神学与理性心理学与宇宙论作为形而上学,它们都越出了经验的范围,这点是共同的特征,但是不同处在于,后两者是从经验出发,沿着一条上升的道路超越经验的,而前两者则是完全与经验隔绝的。关于这一点,康德本人有明确的说明:

> 心理学的理念和宇宙学的理念是从经验出发,经过[一个个]根据的上升,被诱使去追寻(如果可能的话)这些根据的系列的绝对完整性,而在神学的理念这里则不然,理性同经验完全断绝,从似乎是可以用来做成一个一般事物的绝对完整性的那些仅仅是概念的东西,然后借助于一个最完满的原始存在体(引者按:即 Being)这样的理念,下降到规定其他一切事物的可能性,再从可能性下降到规定它们的实在性。[25]

本体论的领域完全在经验领域之外,是与经验隔断的,这是标志本体论的最重要的特点。由于这一特点,本体论中的概念不指示任何与经验有关的对象,如果它指示着某种对象的话,那么必是某种设想的对象,如其最高的"是"的概念就用以指上帝。

康德将本体论与神学,尤其是神学中关于上帝存在的本体论证明作一个问题讨论,这同本体论发展的历史事实也是一致的。我们曾经论述过,本体论是在基督教神学中得到成熟的。虽然在 17、18 世纪之际,本体论作为一门独立的学科被分立开来,然而,直到康德的时候,我们还没有见到有人离开神学单独成系统地讨论过本体论。

当然,基督教神学关于上帝存在的证明不只本体论一种途径,经过康德的归纳,除了本体论证明,尚有宇宙论的证明和自然神学的证明。后两种方法走的是从经验世界超越到经验之外的途径。但既然神的世界是在经验世界之外的,这就已经决定了这两种方法是不可能的。超经验世界的神只能以超经验领域的本体论去证明。或者,如康德所说,"所谓宇宙论证明的全部论证力量,事实上来自纯由概念推论的本体论证明"[26],自然神学的证明不过是本体论证明的"一种导引"[27]。注意,这决不等于说,本体论方法能对上帝存在作出成功的证明,相反,当这种唯一可能的方法被最终揭示为事实上是不可能的时候,那就等于堵塞了一切证明上帝存在的途径。

对上帝存在的自然神学的证明和宇宙论的证明都是经由经验上升到超验的途径,但这两者之间也有一种差别。自然神学的证明是由一些确定的经验、或可经验到的感性世界的特殊性质开始,依据因果律,上推至超出于世界以外的最高原因。宇宙论的证明则是从不确定的经验,即以关于普遍的存在的经验开始的。至于本体论的证明,则抽去了一切经验,完全用先天的纯粹概念的推论,来论证一个最高的原因的存在。[28]但是我们不要误会,以为从自然神学和宇宙论的证明途径,也可达到最普遍、最高的"是"的概念。康德已经明确论述过,从经验中是得不出那样的概念的。最高的"是"的概念是理性自己的自然倾向中产生出来的。所谓理性,是整理经验材料的纯粹能力,在判断、推理的形式中我们可见出理性的方式。例如一个判断,或者是直言的,或者是假言的,或者是选言的,这些判断都预设着某种条件,换言之,一个判断之为真,都是以某个条件为前提的,或者说,它们都是些受条件制约的判断。理性本身立即就会从"受条件制约"揭示出它的反面"无条件制约",这就是说,当人一旦意识到有关经验事实的判断都是受到某种条件限制的时候,思想事实上已指向了一切无条件的东西。相对于这种无条件的东西,才有"有条件的东西"的意识。无条件的东西,从另一个角度说,也是指一切可能的条件。符合这一切可能的条件的东西,是绝对的、必然的东西,这就是理性依其自然的过程产生出来的作为最高原因的"是"的理念。对上帝存在的本体论的证明就是依据"是"的理念进行的,这个证明是在一个与经验完全隔绝的领域里进行的。

关于这一超出经验范围的最高的"是"的理念,康德是这样评述其意义的:在认识的过程中,为了使逻辑的方法取得一个确定的基础,那么我们必设定这样一个绝对、必然的"是",这是无法选择的。但是,"如果我们只须对我们所真正知道的、或只是似乎知道的东西形成一个判断,那么以上的结论就显得毫无用处"[29]。这就是说,这种脱离经验的"是"的理念,对于实际的认识并无帮助,它只是在认识中所运用的那种逻辑方法自身上溯所达到的结果,并以之作为全部逻辑推论的基础或前提。

本体论无助于人的认识,原因在于它是在经验领域之外的。这是康德对本体论的根本的批判,其他的批判是以此为基础的。下面我们来具体看一下康德对本体论证明的批判。

(二)"'是'显然不是一个实在的宾语"

康德关于上帝存在的本体论证明的批判,对于读者来说显得颇烦冗重复,有些地方还颇晦涩。为使其中谈论的问题明白起见,有必要复述一下所谓本体论证明的大致内容,以便看出康德对它的批判的针对性。

关于上帝存在的本体论证明,从安瑟伦起到康德之前,基本上如出一辙,其主张大体是说,在吾人心中,上帝是一个最完满的观念;作为最完满的观念,如果它竟然没有存在,这是不可设想的;所以上帝存在。以上论证还可简化为一个更为明了的三段论推理:大前提:上帝是一个完满的"是";小前提:"存在"是属于"是"的;结论:所以上帝存在。

上述证明完全是脱离了经验,纯粹从概念到概念的证明,康德对它的批判也致力于揭露其逻辑上的错误。

针对上述三段论证明的大前提,康德指出:"'是'显然不是一个实在的宾语,或者一个可以加到另一个事物的概念上去的事物的概念。"[30] 上述证明中的大前提,即"上帝是一个完满的'是'",恰恰是把"是"当成上帝的宾词的。

"是"不能是宾语,这在汉语中是很明显的。像"上帝是一个完满的'是'"这样的句式,在汉语中一般是不会出现的。在汉语的习惯中,一般也不把"是"从其上下文中抽取出来作为一个独立的概念。但是在西方语言中,借助于语法规则,"to be"也有它的动名词 Being,并且,当其脱离了上下文无所专指时,恰好被用来当作最普遍的概念。我们前面已经论说过,康德揭示了Being 即"是"作为最高原因的概念而出现在哲学中,这是理性的自然倾向,或者说,这是逻辑推理需要一个最初根据的结果。但是人们却往往对作为最高原因的 Being 概念的形成过程不加考察和深思,把它当作与其他的概念一样,以为它指示着某个对象。康德指出"是"不是一个实在的宾语,就是提醒人们,这个概念并不指示任何对象。宾词是用来述说主语的。但是,康德说,"是""在逻辑上只是判断中的一个系词而已"[31]。当说"上帝是全能的"时,"上帝"与"全能"是可以各指其对象的,其中"全能"是宾词,是说明主词"上帝"的。"是"只是将二者联系在一起,其本身不是宾词。

在西文中,"God is"(上帝是)从语法上说可以是一个完整的句子。然而康德指出,这里的"是"并没有给作为主语的"上帝"增加什么内容。这里仅仅是设定了主语本身以及它可能有的一切宾语,即可以将上帝所可能有的种种所是加在"上帝是……"的句子中。康德的批判揭示了,本体论证明的大前提是不能成立的。

（三）离开"存在"并不妨碍设想"是"

本体论的证明将上帝设定为完满的"是",同时又把"存在"(existence)设定为是这个完满的"是"的一种必然的规定性,于是就说,这个完满的"是"如果不包含"存在",即如果它不存在,或竟是一个"非存在",那简直是不可思议的。这也就是本体论证明中的小前提所表达的:"存在"是属于这个完满的"是"的。

于是,康德就要搞清楚,在什么情况下,一个概念才是不可设想的。他认为:"一个概念,如果不是自相矛盾的,那么,总是可能的。"[32]在别的地方,康德曾举例说过,像"一个方的圆形"这样的概念是自相矛盾的,因而是不可能成立的。

在本体论证明中,问题要略复杂一点,这里不是只有一个概念,而是牵涉到"是"与"存在"两个概念。换句话说,在本体论证明的小前提中,我们面对的是一个判断:"'是'是存在着的",并且,这被当作是一个必然的判断,其中"是"是主词,"存在"是宾词。对此,康德认为,在依据同一律的命题中,如果除去了它的宾词而保留其主词,便会发生矛盾,那么,这样的宾词便不可除去,它必然属于主词。譬如设有一个三角形,但又除去它的三个角,就会产生矛盾。但是,如果将主词和宾词一起除去,如,将三角形连同它的三个角一起除去,那么并没有在思想上留下矛盾。"这一点同样适用于绝对必然的'是'这个概念。如果你除去了它的存在,你就除去了这个东西本身及其一切宾词,这样是不可能有矛盾的。"[33]一个可能发生矛盾的情况是这样的:如果你既已相信上帝,那么,"上帝是全能的",这是一个必然的判断,在这里,上帝和全能是同一的关系,不能去掉"全能"而设想上帝,这就是说,你设想的是一个无限的"是"的概念,有了这样一个概念,其他的概念就与它有了同一的关系。

但是,如果你说:"God is not."(无上帝)那么,既没有提到"全能",也没有提到其他的神性,它们和主词一起都被除去了其存在,这个句子没有留下一点矛盾。所以说,并不是离开了存在便不能设想作为完满的"是"的上帝的概念;离开了存在去设想,就是设想"是"或上帝不存在,这并没有什么不可以,这里并不产生概念上的矛盾。

康德注意到,当人们说到最高的"是"的时候,总同时赋予它"存在"的意义。他探讨了产生这种思想方法的原因。他认为,人们在知性领域可以获得具有普遍必然性的命题,如,三角形有三个角,就把它们作为必然给予的东西、认定其有某种存在。其实这并不是说,三个角是必然存在的,只是说,在有一个三角形存在的条件下,才同时有三个角。这是一个有条件的判断。然而,从这种判断方式所养成的思想方法形成了一种巨大的惯性力,以为凡普遍必然的东西,就必有其存在。于是,似乎"是"必有其存在。其实,前面已经说过,把"是"当作绝对、必然的概念,只是逻辑中追溯出来的结果,它是全部逻辑方法对一个最初出发点或最高原因的需要而产生的,却并不是依事实推论的结果。换一种说法,最高的"是"的概念,是人的理性为了给一切经验中的有条件制约的判断寻找一个无条件限制的绝对判断的根据的结果,但是,"判断的无条件制约的必然性并不等于事物的绝对必然性"[34]。这就是说,一个逻辑上绝对必然的概念"是",不就是它在事实上的必然性、或必然具有存在的规定性。这个意思也许可以用一个数学上的例子说明,当运算中出现负数开平方时,就逻辑地产生了虚数 i 的观念,但这不等于说,虚数 i 实际上对应于某种现实中的事物的数量。

(四) 分析命题不提供新知识

如果说,前面的论述破除了所谓离开"存在"便不能思维最高的"是"的观点,那么,一个包含着"存在"的"是"的概念毕竟也不是一个矛盾的概念,对于这样一个包含"存在"于自身中的"是"的概念,难道是不可能的吗? 这涉及具有某种特殊规定意义的概念是否可能的问题。

从原则上说,康德承认,一个概念,只要不自相矛盾,就是可能成立的。但这也仅仅是停留在可能性的层面上,至于这个概念是否指示实际的对象,那是另一回事。一个不自相矛盾的概念,虽然区别于一无所是的概念,然而也可能是一个空洞的概念。康德的这个意思,如果用我们关于词(即名词)的两种不同意义的理论去解说，也许可以更明了一点。我们认为[35]，词的一种意义是指它在日常使用中的意义，这样的词（或概念）的意义在于它所指示的对象。如一个词不能指示其对象，就被认为是无意义的。但是，在某些特殊规定的情况里，词还有一种不同于日常的获得意义的途径，如在本体论这个完全脱离经验的领域里，一个词（概念）显然是不指示经验对象的，它的意义是从它与其他同样是在经验之外的词（概念）的相互关系中得到规定的。这种意义称为逻辑规定性。这后一种概念，就是康德所说的"空洞的概念"。但是问题在于，本体论对它的领域里的概念作了特殊的规定，但却与日常语言使用着共同的词，这就造成了混淆。如，"大"这个词，能指示经验世界中许多大的事物，这便是日常语言中"大"的意义。但是，在本体论中如果用到同一个词"大"，则不指经验的对象，不指大的东西，它必须从与"小""中"这样一些纯粹概念的关系中获得自己的规定。由于康德没有像我们这里一样对一个词（概念）的两种不同意义作出划分，所以表达起来不免有些困难，或者，至少读者感到颇费劲。但是，他本人的思想中对这一区别当是明确的，所以，他根据"存在"这个词可能具有的两种不同意义，对它与"是"的关系作了分别的讨论。

康德对"存在是属于'是'的"或"'是'存在着"这个命题分别从分析判断和综合判断的角度作考察。所谓分析判断，是指从一个已知作为主词的概念中析取出包含在其中的另一个概念；综合判断，则是将一个主词不包含的、本来不具有其意义的概念加给主词的概念。

如果将上述命题看作分析判断，那么，"是"这个概念被设定的时候，其中就包含了"存在"的意思。于是，说"是"存在，并不给人以新的知识，而只不过是将你预先设定在其中的一种意思引出来而已。

再者，提出"是"这个概念，就意味着"有"这个概念，或这个概念的"存在"，因此，说"是"存在，这岂不是同义反复吗？

我们当注意，这里说的"是"和"存在"都是从逻辑上规定的概念，因此，这里的"存在"并非指经验上可证实的实际存在，它只是作为"是"所可能具有的诸多逻辑规定性中的一种，或者用康德的术语来说，这纯粹是一种可能性。只有作为先天的、逻辑规定性的概念，才可被用作分析判断。而用作上帝存在证明的本体论，它的三段论逻辑，正是从前提析取结论的分析判断。康德的这一批判揭示了这一证明实际上是同义反复，它的结论事先已蕴藏在前提中，因此这样的证明是无效的。

（五）事物的存在应由经验得到证明

我们已经知道了，通过对"是"的概念的分析以证明上帝的存在，这样证得的"存在"充其量只是一种逻辑的可能性，并不是我们可以知觉到的、在时空中的存在。一切关于上帝存在的证明，其本意都不是要证得仅仅是逻辑上可能的存在，而是想证得其实际的存在。所谓实际的存在，当是指能被人经验所知觉的存在。但是，"是"这个概念是与任何经验的东西无关的、纯粹是一个逻辑上最高的概念，在这个概念中是没有实际存在的，如要说它存在，这就只能是一个综合判断。

对于这同一个判断："'是'（或上帝）存在"，前面是当作分析判断看，现在又当作综合判断看，问题的症结在于，这同一个词"存在"实际上有两种不同的意义。前一种意义，"存在"是一个逻辑上规定的概念，它在判断中是逻辑宾词。后一种意义，它是一个"实在的宾词"。作为逻辑宾词，它可以由主词推论得出，但这样推出的"存在"其实并不指示实际的存在。后一种"存在"，人们用以指示实际的存在，但它决不能从"是"的概念中推论得出。在本体论的证明中，人们从"是"推得逻辑宾词的"存在"，立即将之偷换成实在宾词的"存在"。看不出这一点，就难以最终攻破本体论的证明。所以康德说："要是我没有看出逻辑的宾词与实在的宾词间的混淆，以致难以纠正，我也许会期望通过对存在的概念下一个精确的定义，寥寥数语就结束这种无聊的争辩了。"[36]可见由于语言使用上的问题给哲学思考造成的麻烦之大。对本体论的批判，不得不涉及对语词意义的澄清。但是，我觉得康德自己在对词的意义的理解时也有含糊不清的地方。他一方面知道词的逻辑意义和实在意义须予区分，但是，又认为不论哪种词，都有其指示的对象，即所谓"纯粹思想的对象"和"感觉的对象"。[37]其实，依我们的说法，本体论的概念（纯粹概念）并不指示某个对象，日常语言中的概念才必须指示某个对象。由于康德把概念的意义都说成了它们的对象，所以"纯粹思想"的概念似乎也必有它所指示的对象。于是我们看到，当他谈及思想上的一百元钱和实际存在的一百元钱的区别时，本来是可以说得很简明的，但却被他说得很复杂。

无论如何，关于要肯定某个概念所指的东西的实际存在，这不是一个分析命题，而是综合命题，这就是说，它的存在不能从对概念的分析得出，而是要把它与我们感觉中得到的东西联系起来。对这一点，康德述说得十分坚决和明确。如果我们不能在经验中证实"是"（或上帝）的存在，那么仅凭逻辑推论,无论如何也不能证明上帝的实际存在的。

康德对关于上帝存在的本体论证明的批判,其要点大体来说可概括为上述几点。

五、康德批判本体论的启示

康德是西方哲学史上第一个对本体论作出系统的、致命的批判的人。正是有识于此,陈康先生曾说:"在《纯粹理性批判》产生以后建设一种万有论(按:即本体论)至少不是一件容易的事。"[38]这从一个侧面反映出康德对本体论的批判在西方哲学史上造成的重大影响。那么康德在二百多年前作的这一批判,对于当今的我们有什么启发呢?

我以为,康德对本体论的批判,是我们领会自柏拉图起直到现代的西方哲学的一个关键、入口处。本体论自柏拉图初创起,一直是上古、中世纪哲学的中心。尽管在康德之后的黑格尔哲学中,本体论回光返照式地达到了它的顶峰,然而,对本体论的决定性的批判已经由康德作出了,现代西方哲学界事实上已经没有人再去构造这种先天的原理系统了。康德对本体论的批判已经预示了西方哲学形态将要发生变革,甚至也可以说预示着哲学方向上的变化。搞清康德对本体论批判的基本点,也就理清了西方哲学核心的本体论的基本特征:它的哲学形态、思想方法,同时也能感到这种哲学的缺陷以及终于消失的原因。

由于本体论使用着一种特殊规定的语言,有一种特殊的思想方法,今天,即使在西方,除了极少数专家,大多数人已不太关心它,因而对之不甚了了。康德对本体论的批判向我们展示出,本体论原来是这么回事。这一点对我们尤其具有现实的学术意义。因为在我们这里目前有一种现象,人们使用着西方哲学史上的"本体论"这个术语,却并没有去澄清这个词所标志的一门学术的真正的意思和来龙去脉,而是听任自己对本体论这个词作望文生义的、或者随意的理解。这怎么能够对西方哲学有一个较正确的把握呢? 更为进一步的是,在并不理解本体论本意的情况下,仿照西方哲学史的样子,在中国哲学史中也去划出一个本体论的领域,这就更离谱了。本体论曾被标榜为"第一哲学",似乎少了它,哲学就不成其为哲学。然而事实却是,本体论并不是哲学的普遍的形式。哲学并不会因为本体论的消失而消失。中国哲学也并不因为没有本体论而不成为中国哲学。这一切问题的解决,首先在于廓清本体论问题。我们曾经介绍过本体论的定义,也描述过它的基本特征和源起及发展。通过康德对本体论的批判,我们当能进一步确信对本体论的认识。

康德在批判中告诉我们:本体论是完全超出在经验领域之外的。它的概念称为理念。本体论和宇宙论、理性心理学都属于形而上学,不同之处在于,后两者都是在经验基础上出发,最终超越于经验,而本体论则是一个完全与经验脱离的领域。

康德告诉我们,本体论的领域及其最高概念"是"的设定,是出于理性的自然倾向。理性在知性领域进行逻辑推论的时候,发现知性的判断总是一个受条件限制的判断,或者说,演绎推理总是从某个确定的前提出发。为了使判断的范围扩大,理性就采用倒溯的办法,去寻找最终的前提(原因),或者找出全部条件限制即无条件限制的判断,于是就进入了与一切(有条件限制的)经验相隔绝的领域,得出了绝对的"是"的概念。这是对本体论观念形成的原因的探索。本体论一旦形成,就过河拆桥,运行在超验的领域,并自许为最一般的原理。

康德还告诉我们,我们不能把这种纯粹从概念到概念的推论得出的本体论原理当作真理看待。首先,它们都是由先天的分析命题组成的,从中得不出新的知识;其次,其中的概念都不能从经验得到验证,它们充其量只是一些逻辑上的可能性;第三,即使在不违反逻辑规则的前提下,纯粹概念的推论也可能造成二律背反的现象,即以两个互相对立的命题为前提,都可以得出各自的符合逻辑的推论。这对于依逻辑为生命的本体论来说是一个致命伤。最后,如果要用本体论的方法证明上帝存在,那么,如果把这个证明看作一个分析判断,所得的结论只是一种逻辑上的可能性;如果目的是为了得到上帝实际的存在,这个存在不能由概念分析得出,而是要由经验来证实,但这是不可能的,所以由本体论的途径证明上帝存在是行不通的。

然而,康德认为,包括本体论在内的形而上学毕竟是由人的理性的自然倾向造成的,虽然超验的目标在认识论的范围内是无法得到确证的,但是在道德和政治生活领域里,却是一个指引方向的目标。这是他认为形而上学不可缺少的理由。他主张,要考虑建设一种可以作为科学的未来的形而上学,这种建设必须以对理性的批判审视开始,莫使理性脱离经验的界限。这个意思表达了康德要舍弃本体论的决心。这一舍弃意味着西方哲学的本体论方向将最终终止。这便是康德对本体论的基本见解。

形而上学总存在于对经验和现状的超越中,超越的方式可能是多种多样的,不限于认识一途。由于超越而致脱离经验的领域,即本体论式的形而上学,这已被康德初步证明是行不通的。那么问题就在于发现,哪一些超越的形式是适宜的。这是康德对本体论批判中给出的又一重要启示。中国哲学存在、发展了两千多年,它的哲学形态就是中华民族脚踏实地而又不断有所超越的生活方式的理论表述。如果从这个角度去总结中国哲学史,而不是依西方哲学的框架对号入座,那么中国哲学应当会给全体人类提供一种有益的参考,而其自身也会在与其他民族的切磋交流中得到新的发展。

注释

1. 参见本书第一章。

2. Kant, *Critique of Pure Reason*, tr. by F. Max Müller, Anchor Books, New York, 1966, p.538, 参见蓝公武译:《纯粹理性批判》(下简称"蓝译本"),商务印书馆 1982 年版,第 573 页。

3. Ibid., p.537,蓝译本第 573 页。

4. Ibid., p.397,蓝译本第 426 页。

5. Ibid., p.405,参见蓝译本第 435 页。

6. Ibid., p.406,蓝译本第 435 页。

7. Ibid., p.418,参见蓝译本第 449 页。

8. Ibid., pp.231—232,蓝译本第 252—253 页。

9. Ibid., p.236,蓝译本第 257 页。

10. Ibid., p.232,蓝译本第 253 页。

11. Ibid., p.236,蓝译本第 257 页。

12. Ibid., p.233,蓝译本第 254 页。

13. Ibid., p.292,蓝译本第 284 页。

14. Ibid., p.14,蓝译本第 39 页。

15. Ibid.

16. Ibid.

17. Ibid., p.241,蓝译本第 262 页。

18. Ibid., p.237,蓝译本第 258 页。

19. 康德:《任何一种能够作为科学出现的未来形而上学导论》,庞景仁译,商务印书馆 1982 年版,第 160 页。

20. 同上书,第 163 页。

21. *Critique of Pure Reason*, p.233,蓝译本第 254 页。

22. Ibid., p.234,蓝译本第 255 页。

23. 康德:《任何一种能够作为科学出现的未来形而上学导论》,第 113 页。

24. 同上书,第 123—125 页。

25. 同上书,第 135 页。

26. Kant, *Critique of Pure Reason*, pp.407、415,蓝译本第 435、446 页。

27. Ibid., p.415,蓝译本第 446 页。

28. Ibid., p.397,蓝译本第 425 页。

29. Ibid., p.395,蓝译本第 424 页。

30. Ibid., p.401,蓝译本第 430 页。

31. Ibid.。

32. Ibid., p.400,蓝译本第 429 页。

33. Ibid., p.399,蓝译本第 428 页。

34. Ibid., p.399,蓝译本第 427 页。

35. 参见本书第二章。

36. Kant, *Critique of Pure Reason*,p.401,蓝译本第 430 页。

37. Ibid., p.403,蓝译本第 432 页。

38. 陈康:《巴曼尼德斯篇》译注本,商务印书馆 1982 年版,第 6—7 页。

第十一章

本体论最后的辉煌

——黑格尔的《逻辑学》

一、黑格尔的本体论概述

我们在西方哲学史中探寻本体论发生和发展的踪迹,已经领略了它在柏拉图这里初创时的形态,看到它在基督教神学中进一步发展、成熟起来,也讨论了它与近代西方认识论的关系。但是,直到康德的时候,除了柏拉图初创的那种形态的本体论,我们还没有看到过一种不依附神学、独立而完整的本体论。至此为止我们所了解的那些关于本体论的性质和特征,倒是从托马斯·阿奎那和康德对它的批判性结论中获得的。在康德对形而上学作出批判以后,人们一般认为,本体论是再也不可能成立了。因为在形而上学中,本体论是最远离经验、与经验完全隔离的领域。正当这个观点被人们普遍接受成为定论时,站出一位哲学家,他将自己建立起来的一种完整的本体论显示给世人,这个哲学家就是黑格尔。

黑格尔展示给世人的本体论就是《逻辑学》。[1]黑格尔所谓的逻辑学,不是指由亚里士多德所创立、流行于当时的形式逻辑,而是"研究纯粹理念的科学"[2]。这样的逻辑学在黑格尔的整个哲学体系中具有核心的地位,或者说,它是哲学的纯粹原理部分。关于这一点,有黑格尔自己的话为证,他说:"因此[哲学]这门科学可以分为三部分:1.逻辑学,研究理念自在自为的科学。2.自然哲学,研究理念的异在或外在化的科学。3.精神哲学,研究理念由它的异在而返回到它自身的科学。"[3]这是说,黑格尔的哲学体系整个就是逻辑学的展开和回归。马克思是这样评述逻辑学与全部黑格尔哲学的关系的:"由于黑格尔的《哲学全书》从逻辑学,从纯粹的思辨的思想开始,而以绝对知识,以自我意识的、自我理解的、哲学的或绝对的、亦即超人的抽象精神结束,所以整整一部《哲学全书》不过是哲学精神的展开了的本质,是哲学精神的自我对象化;而哲学精神不过是在自己的自我异化内部理性地亦即抽象地来理解自身的、异化了的世界精神。"所以马克思接着下了一个断语:"逻辑学是精神的货币。"[4] 这是肯定了逻辑学在黑格尔哲学体系中具有普遍原理的地位。

黑格尔的逻辑学是本体论,这是确定无误的。黑格尔有一次谈论亚里士多德哲学时说:"亚里士多德所最注意的,就是规定这个存在是什么——就是认识实体(ousia)。在这个本体论或者用我们的话来说这个逻辑学里面,他详细地研究了和区分了……"[5] 这是黑格尔明确表示,他的逻辑学就是本体论。肯定了这一点,还要看到两者的差别。

黑格尔宁用"逻辑学"而不是"本体论"来标志他的这部分哲学,这是值得注意和研究的。黑格尔肯定了本体论是研究"一般的恩斯(Ens)"的学问,Ens是拉丁文,相当于英文的 being,即"是";同时,又认为在他自己的划分为客观逻辑和主观逻辑两部分的逻辑学中,仅"客观逻辑"就取代了本体论。[6] 这看似逻辑学的范围比本体论要广,其实,两者间的差别不只是包含内容的多少、覆盖范围的大小。黑格尔确实对他以前流行的本体论观念有了重大的改进和发展,而这些改进和发展的要求,是从康德对本体论的批判中提出来的。

康德在《纯粹理性批判》一书中,通过对人的先天认识能力考察后认为,人的理性运用于整理经验材料,可得到具有普遍必然性的知识。然而理性还有一种超越经验、从事纯粹概念推论的倾向,这就产生了形而上学。从认识论角度说,形而上学的命题由于超越了感性经验的范围,是无可证实的。在形而上学所处理的各种对象中,又以本体论离感性领域最远,因此本体论命题只造成种种幻象。康德对纯粹理性进行批判的目的,就是为了给理性能力划定一个界限,指出理性能力一旦超出经验地使用的范围,就会造成错误。根据这个观点,本体论显然是应当首先予以取消的,其理由主要是两点:第一,本体论是一片与感性经验完全隔绝的领域,这样的领域康德称之为物自体,它原是不可知的。第二,在没有任何经验材料可用的情况下,纯粹理性的概念,即理念,只能作纯粹逻辑的推论;然而,其中会造成许多相互矛盾的推论,即二律背反,一个理论依同一个原则而产生自相矛盾的结果,这是不被许可的。

黑格尔对康德的上述说法不同意。他不赞成把人的理性能力限制在对感性事实进行认知的范围内,也不认为纯粹理性是人所不能进入、或一进入就会产生错误的领域。然而,当他想经营本体论这片超感觉领域的时候,他也不得不应对康德的挑战。他必须回答,在缺乏感性材料支持的情况下,怎样才能证实仅凭纯粹概念推论得出的理性知识的真理性? 或者,理性要是深入物自体,获得关于客观事物本质的知识,那么,人的认识能力又是如何越过主观和客观间的这道鸿沟的? 另一个必须回答的问题是,如何解决纯粹概念推论中出现的矛盾问题? 针对前一个问题,黑格尔提出了所谓"思维和存在同一性"的观点。据此,黑格尔认为,一方面,事物的本质只有在思想中才能得到规定,即,这是使事物在其本质中化为思想的规定;另一方面,人的主观意识在其发展中会上升到客观精神,或者说,人的主观意识原本就是绝对精神展开出来的一个环节,这两者间本来就不存在不可逾越的鸿沟。针对后一个问题,黑格尔对之以辩证的观点。根据这个观点,出现在一定阶段上的矛盾被接受为是合理的,概念自身的发展将会使矛盾双方消解和统一到一个更高的概念中。这就是概念的辩证法。

从康德所作的批判中反映出来的他对本体论的理解应当是这样的:本体论是涉及最高的"是"的概念的哲学,其用于上帝存在证明时,是从这个最高的、同时也是无所不包的"是"的概念中逻辑地推出"存在"的概念。这一推论发生在感性领域之外,这样得出的"存在"只是一个逻辑地规定的概念,与我们的感官能感知的存在不是一回事。我们可以进一步概括说,康德所批判的本体是关于"是"的哲学,它是运用逻辑即从亚里士多德传下来的形式逻辑,从"是"推得其他的概念或范畴,这种哲学所涉及的内容是完全超出在感性世界之外的。这同沃尔夫关于本体论所下的定义[7]是一致的。

现在我们来看黑格尔的《逻辑学》。全部《逻辑学》的开端也是从"是"开始的。但是同沃尔夫、康德认识的本体论不同,黑格尔用作逻辑开端的不是一个包容一切于自身的、全能的"是",以便从中演绎出其他种种所是来,而是一个"没有任何更进一步的规定"[8]的"是"。因为黑格尔认为,哲学不能从任何假设为开端,也不能从任何间接的东西为开端。纯粹的"是"是"纯思",它是直接性的东西。这是说,一般来说,在思想中,对象就被思为所是了,但"纯思"还没有思及任何东西,其中还没有出现任何的所是,因此,"纯思"就是"是"。(这使人想起巴门尼德的命题:"是"和思想是同一的。)要注意,依黑格尔,这里的"思"不是人类的思想,而是绝对精神在思想。(我们缺少黑格尔所说的那种"思想训练",实在不能把自己的思想想象为是绝对精神在思想,因此不得不根据我们的思想去理解绝对精神的思想。)这是黑格尔逻辑学中作为开端的"是"与他之前的本体论开端的"是"的区别。

从旧本体论来看,如果"是"没有任何更进一步的规定性,就不可能从中演绎出其他概念。但对于采用辩证法的黑格尔来说,这并不成为一个问题。他从这个没有任何进一步规定的"是"得出,它就是"无",或它自身中包含着"无":

> 有[9]是纯粹的无规定性和空。——即使在这里可以谈到直观,在有中,也没有什么可以直观的;或者说,有只是这种纯粹的、空的直观本身。在有中,也同样没有什么可以思维的;或者说,有同样只是这种空的思维。有、这个无规定的直接的东西,实际上就是无,比无恰恰不多也不少。[10]

依形式逻辑,一个概念同时是"是"又是"无",这是不能允许的。但是依辩证法的逻辑,"'有'与'无'的真理,就是两者的统一。这种统一就是变易"[11]。进一步,"在变易中,与无为一的有及与有为一的无,都只是消逝着的东西。变易由于自身的矛盾而过渡到有与无皆被扬弃于其中的统一。由此所得的结果就是定在"[12]。这就是说,一个空洞的"是",它同时也是无。作为一个统一了"是"和无的概念,其自身中必包含或发生着变易。在这变易过程的任一点,即扬弃变易,这个概念就有了某种确定的规定性,即,它从最初没有任何进一步规定性、因而等于无的"是",逻辑地"变易"到了一个有其确定所是的"是者","定在"(Dasein),即"这一个所是""此是"的意思。这里我们领略到了黑格尔使用的方法与旧本体论方法的区别。旧本体论是形式逻辑,黑格尔的逻辑是辩证法。用辩证的方法,黑格尔在他的《逻辑学》的第一篇"是论"(Die Lehre vom Sein)中推得如下几个主要的概念或范畴:质(包括"是"、此是、自为之是)、量(纯量、定量、程度)、尺度。辩证法是贯穿《逻辑学》始终的。

我们已经看到了,概念在其自身的逻辑运动中,从最空洞、最抽象的"是"发展为某些确定的规定性。这是绝对理念的展开,在这个过程中,概念从抽象逐渐变得具体。接着"是论"的是《逻辑学》的第二篇"本质论"。进入"本质论"的概念或范畴有:本质(同一、差别、根据),现象(现象界、内容与形式、关系),现实(实体关系、因果关系、相互作用)。第二篇和第一篇一起构成了"客观逻辑"。"主观逻辑"是第三篇"概念论",其中发展出的概念有:主观概念

(概念本身、判断、推论)、客体(机械性、化学性、目的性)、理念(生命、认识、绝对理念)。这里,我们不仅看到概念越来越发展为具体,而且看到了它从客观逻辑发展为主观逻辑,最后又回到绝对理念,在绝对理念中得到统一。绝对理念的这一展开过程表明,现象和本质、主观和客观、经验领域和理念领域,它们之间并无不可逾越的鸿沟,而只是代表着绝对理念自身发展的不同阶段或环节。这是黑格尔的本体论与旧本体论又一不同之处,即,在黑格尔这里,经验性的东西是可以通过普遍的概括而上升为理性的,同时,本体论也不只存在于经验之外(即客观的领域),而也是要延伸到主观性的领域去的。

概括起来,黑格尔的逻辑学与旧本体论有三点不同。1.作为逻辑学起点的"是"是从否定的方面、被认为是没有任何更进一步的规定的概念,而不是肯定地假定它是包含一切规定性于其中的"最完满"的概念;2.逻辑学以辩证法取代了形式逻辑的方法;3.逻辑学力图突破旧本体论的局限,把经验和超经验的领域贯通起来,统一在绝对理念之内。但是,以上三点不同处并不妨碍我们得出下述正确的结论:黑格尔的逻辑学是关于"是"的学问,它通过"是"自身的逻辑运动,展示出各种概念或范畴的联系,以此作为纯粹的哲学原理。因此,黑格尔的逻辑学毫无疑问是本体论。上述三点不同处可以帮助我们理解黑格尔何以宁取"逻辑学"而不用"本体论"来标志自己理论的原因,他的这一主观愿望并不改变他的逻辑学是本体论的这一事实。

由于黑格尔充分考虑过康德的批判,他力图克服旧本体论的理论缺陷,在这一基础上重建的本体论,在当时被认为是哲学的最新发展,并一度获得了国家官方哲学的殊荣。的确,黑格尔的逻辑学是我们所知的西方哲学史上形态最典型、内容最完整的本体论。它与柏拉图的《巴门尼德篇》遥相呼应,正如陈康先生所说:"黑格尔的《逻辑学》在内容方面至今仍是后无来者,如若它前有古人,那就是柏拉图的《巴曼尼德斯篇》。"[13]它们一前一后,代表着西方特有的一种哲学形态的开端与终结。黑格尔的《逻辑学》为我们研究本体论提供了一个绝好的样板。

二、逻辑的王国

(一) 事先的思想训练

黑格尔的《逻辑学》即本体论是很难读的,这不仅对我们来说如此,即使对西方人、乃至德国人来说也是如此。其中的关键在于,黑格尔的逻辑学完全是一个超感官的世界:"逻辑科学的内容一般讲来,乃是超感官的世界,而探讨这超感官的世界亦即遨游于超感官的世界。"[14]黑格尔的话道出了一个真相,即,以逻辑体系的形式出现的本体论,是一个超感官的世界,或者,也可称之为"纯粹理念"、"纯粹思想"的世界。

什么是超感官的"纯粹理念"或"纯粹思想"的世界? 如果不搞清这一点,就谈不上让思想去遨游于超感官的世界。不过对于我们习惯于日常思想方式的人来说,要进入这样超感官的世界实在不容易。黑格尔承认,它"需要一种特殊的能力和技巧"[15],并且一再强调"首先便须在抽象思维中训练自己"[16]。为此,黑格尔在他的大、小两部《逻辑学》的导言中,都花费了大量精力来论述这一超感官世界及进入这一世界的途径。

依我的理解,黑格尔主张通过思想训练要进入的这个超感官世界是一个纯粹概念的世界。但是,对于这个"纯粹概念"仍然需要作出说明。

首先,概念相应于思想,而与表象是有区别的。"我们所意识到的情绪、直观、欲望、意志等规定,一般被称为表象。所以大体上我们可以说,哲学是以思想、范畴,或更确切地说,是以概念去代替表象。"[17]概念和表象的区别,可以使我们进一步划清超感官世界与只存在于想象中的不切实际的事物的区别。人们可以在想象中随意构想各种离奇的东西,这些东西可以是实际世界中从来没有实现过的,但这种想象仍属于表象的范围,因此,那不是黑格尔所说的超感官的世界。超感官的世界只是指由概念的联系构成的世界。

其次,如果说粗略地区分概念与表象还是比较容易的话,那么,要抓住纯粹概念就不是容易的了。抓住了纯粹概念才是抓住了纯粹思想,才能运动于纯粹思想之中。所谓纯粹的概念是指丝毫也不掺杂经验内容的概念。这点对于平常的意识来说是十分困难的。因为"在平常的意识状态里,思想每每穿上当时流行的感觉上和精神上的材料的外衣,混合在这些材料里面,而难于分辨"[18]。平常的意识之所以难以把握纯粹的概念或纯粹的思想,是因为人的认识过程总是从经验材料的抽象中去得出思想的概念,例如,从"这片树叶是绿的"这个纯粹感觉材料的命题里,人们去把握掺杂在其中的"是"及"个体性"(这片树叶)的范畴。但是,依黑格尔的观点,这样得出的范畴并不是纯粹思想的概念,因为它们是人的认识的结果,其中掺杂着经验的东西。而纯粹思想的概念作为绝对理念,应当是比认识在先的。所以,通过反思,从纯是感觉材料的命题里抽取出掺杂在其中的概念是一回事,"但是把思想本身,单纯不杂地,作为思考的对象,却又是另外一回事"[19]。平常意识在哲学面前感到困难的另一种表现是,他们缺少耐心,"亟欲将意识中的思想和概念用表象的方式表达出来"[20]。前一种情况讲的是平常意识获得概念的途径妨碍了他们把握纯粹概念,后一种情况讲的是平常意识总急不可待地把概念用到经验中去而妨碍了他们把握纯粹概念。黑格尔则要求:"对于一个概念,除了思维那个概念的本身外,更没有别的可以思维。"[21]只有这样,才算是运用纯粹概念进行的纯粹思想。黑格尔的观点可以简单归纳为:纯粹概念须是完全脱离经验的表象的,平常的思想由于不习惯这一点而难于进入纯粹思想的领域,所谓思想训练就是要由不习惯到习惯于把握纯粹的概念。

对于平常的思想来说,要运用纯粹概念去思考,确实是困难的,或几乎是不可能的。那等于要求思想要习惯于在空洞或无意义的概念中思考。因为对于日常的思想来说,一个概念,或语词,它的意义就在于它所指的对象,这里的对象,用黑格尔的话来说,就是表象。如果一个概念或语词而没有其对象,那么,它就是无意义的。但是,我们研究过[22],本体论哲学使用的是另一种意义的语言。这就是,通过概念间的相互关系规定概念、使之获得意义。例如,在柏拉图哲学里,理念既然被认为是现象界事物的原因,现象界的事物就是从理念获得其意义的,而不是相反。例如,一切被认为是"大的"事物,都是因为分有了"大"这个理念;但当我们想说明"大"这个理念本身的意义时,都不能凭借任何现象界的事物,因为现象界的事物,无论如何大,总是相对的,会被更大的事物超过。作为理念的"大"则是绝对的"大"。理念的"大"既然不能靠现象界的事物,或曰,通过"大"这个概念的对象或表象,来指示其意义,那么,它究竟有无意义、能否存在呢? 柏拉图会说,绝对"大"的理念应当通过同样是理念的绝对"小"来互相规定,即"大"是"小"的反面。这一理论展示在柏拉图的《巴门尼德篇》中。那里,关于一个独立于经验世界的理念究竟有无意义以及能否成立的问题,被表述为关于这个理念"自在的是"(ousia)的问题。柏拉图证明,一个最简单的理念"一",如果是孤立的、不与任何其他理念相关,那么,我们对这个"一"没有任何东西可说,甚至也不能说它"是一",因为这一说法里,"一"已与"是"相关了,因此,独立不群的理念"一"是没有任何意义的,也是不能成立的,即,它不能有其"自在的是"。另一方面,如果从理念的相互关系中去看,那么"一是"这个说法里就已经表示"一"与"是"的结合。从这一最初步的结合里，可推得"一"不仅是"一"，还是"二"、"三"，是"多"，甚至是一切数；还可推得其他各种理念。

黑格尔设计的思想训练所要达到的目的，就是要像柏拉图对待理念那样去对待纯粹概念。依我们的看法，黑格尔所谓的思想训练实质上包含着语言规范的变换，即，从日常对语词意义的确定方式转变为一种特殊的、规定语词意义的方式。这样才能进入他所谓的逻辑的王国。只是黑格尔没有像我们那样去点明问题的实质，所以他的思想训练本身就显得十分困难、甚至神秘兮兮。变换规定语词意义的方式，用现代哲学的话来说，就是变换语言游戏的规则。这种说法尽管黑格尔本人肯定不会同意，因为这等于亵渎崇高而神圣的绝对理念，然而，这种说法却简明易懂地道出了黑格尔所谓的思想训练的实质。

要是一个人能顺利地通过黑格尔设计的思想训练，那么，他就已经改变了自己的思想方法，即，他将不再依照日常的思想方法去思想，而会根据黑格尔的指点，依所谓概念自身的逻辑运动去思考。而这种思想，黑格尔称之为客观的思想，即，一个超感官的世界。

我们将深入到这个作为超感官世界的逻辑王国作一番考察。在此之前，还要先谈一下黑格尔的逻辑学与以往的逻辑的区别。

（二）黑格尔的逻辑概念

当黑格尔把自己哲学的核心原理称为逻辑学的时候，这种逻辑学当然是同以往的逻辑观念不同的。划清他自己的逻辑学与以往逻辑的观念的界线，实际上也是他所说的那种思想训练的一个方面。这尤其是他的《逻辑学》（即"大逻辑"）的"导论"部分的一项主要工作。

所谓以往的逻辑，主要指两种，首先指形式逻辑，然后也指康德在《纯粹理性批判》里讲的"先验逻辑"。

形式逻辑是亚里士多德创立的，它研究概念、判断及推理的形式。自从亚里士多德创立了这门学问，到黑格尔的时代，它基本上没有大的变化。但是形式逻辑是不适宜表达真理的。据黑格尔的看法，形式逻辑最根本的特点是抽去了一切内容，成为纯粹的形式。"好像这种思维只构成知识的单纯形式；好像逻辑抽去了一切内容，而属于知识的所谓第二组成部分，即质料，必定另有来源；好像完全不为这种质料所依赖的逻辑，因而只能提供真正知识的形式条件,而不能包含实在的真理本身,也不能是达到实在的真理的途径,因为真理的本质的东西,内容,恰恰在逻辑以外。"[23] 具体来说,黑格尔指出了形式逻辑对于表述哲学原理来说有三个不足。

首先,这就假定了知识的素材作为一个现成的世界,存在于思维之外,而思维本身则是空的;思维只能从外面给予的质料来充实自己、获取内容,以成为实在的知识。

其次,依真理就是思维与对象的一致的观点,为了获得这种一致,思维倒是要去适应和迁就对象。因为从形式逻辑的观点看,质料或对象本身是自在自为地存在的、现成的东西,没有思维也不妨碍它的现实性。而思维却是某种有缺憾的东西,它只是空洞的形式。

第三,既然质料与形式、思维与对象相分离、并且互为界限,那么,一方面,思维就走不出自身而到达对象;另一方面,对象作为自在之物,则永远是在思维的彼岸的东西。[24]

与这种形式逻辑相区别的是,黑格尔的逻辑学不是脱离了内容、把对象当作是在思维之外的东西的、纯粹关于思维形式的逻辑。黑格尔的逻辑是内容自身的逻辑。这种内容,就是我们在《逻辑学》中看到的种种概念或范畴。

仅仅将黑格尔的逻辑看作是内容的逻辑,还不足以说明黑格尔的逻辑的特征,因为在他之前,康德在《纯粹理性批判》的"先验逻辑"里所讨论的也是一种内容的逻辑。我们知道,康德所谓的"先验逻辑"就是形而上学,就是超出了经验范畴的纯粹概念的逻辑推论。对这种形而上学的逻辑,康德是采取批判态度的。但是,在康德对形而上学的"先验逻辑"的批判中,反映出他有两个基本的观点:首先,在康德心目中,既然形而上学被认为是人的理性的一种自然倾向,那么这就意味着"先验逻辑"纯粹具有主观的规定性,因为它只是人的主观理性的演示。其次,康德对形而上学的先验逻辑予以批评的一个重要理由是,脱离了经验材料的纯粹概念推论会造成种种逻辑上的矛盾,矛盾是不被允许的。

黑格尔是反对康德的这两个基本观点的。他每每指出,康德的批判是"对知性形式的批判",这也就是说,康德注意的只是认识论方面的问题,他的立场是认识论的。"知性",英文作 understanding,即理解、认知。站在康德的这种认识论的立场上,主观与客观势必是绝对分离的,事物的本质作为自在之物就是不可知的。下面一段话就是黑格尔对康德上述第一个基本观点的批评："批判哲学诚然已经使形而上学成为逻辑，但是，正如前面已经提到的，它和后来的唯心论一样，由于害怕客体，便给予逻辑规定以一种本质上是主观的意义；这样一来，逻辑规定就仍然还被它们所逃避的客体纠缠住了，而一个自在之物，一个无穷的冲突，对于它们，却仍然是一个留下来的彼岸。"[25]

至于纯粹概念在其推论过程中会产生难以避免的矛盾，这也只是从知性的观点看来才会如此。理性自身的运动则是辩证的，在这里，矛盾的双方通过理性自身的否定性，将会在新的阶段上得到统一；或者反过来说，正是这种否定的辩证运动，是逻辑自身运动的推动力。关于黑格尔的辩证法的问题，我们将在第四节进一步讨论。

于是，在黑格尔看来，形式逻辑将形式和质料分离，只取死板的形式，其中并没有精神，因此，它还根本配不上来表达哲学的内容，用他的原话来说便是：它"完全没有顾及形而上学的意义"[26]。康德的批判哲学虽然已经使形而上学成为逻辑，但是却将主观和客观作了绝对的分离，留下了一个不可知的自在之物。并且，当其遇到矛盾时，便束手无策，退回到知性的领域，即诉诸感性确定性。因此，这两种逻辑都不适宜于表述哲学。逻辑应该作一番全盘的改造。

黑格尔的《逻辑学》便是他对旧逻辑（包括康德的先验逻辑）改造的结果。他在"逻辑学"这个名称下所表达的是纯粹的哲学，即本体论。康德在《纯粹理性批判》中考察、批判了形而上学命题以后，曾经提出，将来是否还可能出现一种作为科学的形而上学呢？他自己的回答是，如果有那样的形而上学，它的主要任务也就限于批判地考察理性的能力，莫使它有所僭越，去得出些经验无法证实的、甚至自相矛盾的命题。康德的结论是一个消极的结论。而黑格尔的逻辑学则可视作是对上述提问的一个积极的回答。当然，黑格尔没有用"形而上学"这个词来标榜自己的哲学。他应当能够接受形而上学是指超出经验的哲学追求的意思，他曾在这个意义上使用"形而上学"，并说，一种哲学缺少形而上学是不行的。[27]但他不能容忍包含在形而上学中的其他一些曾是人们根深蒂固的看法，这主要指，把感性和理性这两片领域作截然的划分和分离，以及视矛盾为不可调和的僵硬的观点。（黑格尔的这个观点，是后人把形而上学当作与辩证法对立的东西的看法的根据。）现在，让我们深入到黑格尔的逻辑王国的内部作一考察。

（三）逻辑学——绝对理念的体系

黑格尔的逻辑学就是他的哲学的核心内容,就是绝对理念的体系、是真理。对此,黑格尔是这样说的:

> 逻辑须要作为纯粹理性的体系,作为纯粹思维的王国来把握。这个王国就是真理,正如真理本身是毫无蔽障,自在自为的那样。人们因此可以说,这个内容就是上帝的展示,展示出永恒本质中的上帝在创造自然和一个有限的精神以前是怎样的。[28]

在《小逻辑》中,黑格尔还引用古希腊哲学家阿那克萨哥拉的话"理性统治这世界",来解释他所说的"纯粹思维的王国",并指出:"或者用我们的说法,理性是在世界中,……理性构成世界的内在的、固有的、深邃的本性,或者说,理性是世界的共性。"[29]我们当怎样看待这个逻辑体系呢?

首先,在黑格尔上述关于逻辑的种种说法中,最突出的一点就是,逻辑作为理性体系,是统治、支配世界的原理。它在我们人类认识它之前,甚至在上帝创世之前就存在了,它的内容就是上帝的展示。这些意思不过是证明了本书反复论述的一个观点:本体论作为纯粹哲学原理,是完全超验的东西。本体论哲学从其实质上讲是唯心论的。

以上是我们对黑格尔的逻辑学或本体论的实质的一个直截了当的结论。对于一个经历过黑格尔的思想训练并接受了那种思想方式的人来说,他可能倒会认为黑格尔在其逻辑学中所展示的一切是十分自然的。因为那种思想训练要让人接受一种"纯粹的概念",这种概念事实上并不标志任何现实世界中的对象,即使它原来在日常的运用中标志某种实际的对象,经过思想训练,也要去掉这种"经验的表象"。这样的纯粹概念,其获取意义的途径只在于概念间的互相关系,即成了逻辑规定性的概念。甚至黑格尔认为,作为显现着的精神,意识自己也会达到对那些纯粹概念的把握。据说意识的运动,在自己的途程中解脱了它的直接性和外在具体性后,就变成了纯知,即以那些自在自为的纯粹本质自身为对象的纯粹思维。纯粹思维中运动着的就是纯粹概念。这种思维不是日常中的人的主观思维,甚至也不是人类的思维,而是从逻辑上得到规定的纯粹概念自己在思维。照黑格尔的说法:"精神的运动就是概念的内在发展:它乃是认识的绝对方法,同时也是内容本身的内在灵魂。——我认为,只有沿着这条自己构成自己的道路,哲学才能成为客观的、论证的科学。"[30] 所以,当黑格尔说,绝对理念是会自己运动的时候,他已事先将理念或纯粹概念逻辑化了。我们曾说,本体论有其自己的特殊语言,这种语言是哲学家对日常语言改造的基础上形成的。从日常语言中选择所需要的词,使它们与经验的表象相分离,然后赋予逻辑的规定性,这便是黑格尔的本体论哲学中的概念或范畴的来源。没有这种语言的改造,是不可能有本体论的。例如,当举出"质"这个概念时,日常的思维是通过各种"质"的表象来理解它的意义的,一般并不会由此而"必然地"推论到"量"的概念。但是作为一个不许从其表象方面来理解的逻辑概念"质",除了从与"量"的关系方面去规定它,恐怕就毫无意义了。现代哲学有一种看法,认为语言的约定俗成就像是游戏中的规则。然而远非游戏那么轻松的是,语言规则的改变不仅影响到思想方法,还可能涉及世界观问题。本体论中就包含着一种世界观,它是用特殊的语言来支撑的。

其次,经由逻辑的推演构造出来的绝对理性、真理,必然表现为一个完整的理论体系。关于这一点,并不难理解,因为本体论中的概念或范畴都是依它们之间的相互关系,即逻辑规定性而成立的,离开了这张关系网便无法成立,这种情况,我们已经在柏拉图的《巴门尼德篇》中领略过了。黑格尔采用的是辩证法,范畴间的联系就更加严密、更加有序了,其中每一个范畴都是作为整个体系中的一个必然的环节出现的,或至少黑格尔认为应当如此。因此,一个范畴离开了体系便不能成立,而且还会影响到整个范畴体系的成立。所以黑格尔写道:"关于理念或绝对的科学,本质上应是一个体系,因为真理作为具体的,它必定是在自身中展开其自身,而且是必定联系在一起和保持在一起的统一体,换言之,真理就是全体。全体的自由性,与各个环节的必然性,只有通过对各环节加以区别和规定才有可能。"又说:"哲学若没有体系,就不能成为科学。没有体系的哲学理论,只能表示个人主观的特殊心情,它的内容必定是带偶然性的。"[31] 体系问题看似只是本体论的外观形态,它之引起我们的特别关注,还因为它能在中西哲学比较中说明一点问题。常说德国人一讲理论就是一个体系,看来这并不仅仅由于德国人喜好如此,其重要的原因还在于逻辑方法的运用。这种方法本身要求理论成为一个体系。中国先哲表达的思想不能说不合逻辑,但是,没有西方那种严密的逻辑,尤其是没有将概念逻辑化。这反映出中西哲学形态上的差异的一个方面,值得我们深入研究下去。黑格尔站在西方哲学,尤其是本体论哲学的立场上,把各种哲学看成是自成体系的一个个圆圈,又把更大范围的哲学看成是由这许多小圆圈组成的大圆圈。不可否认,黑格尔的这一思想颇具美学意义,由此而产生一定的魅力。有的作者便依这一思路来写作中国哲学史。对此,我以为当取慎重态度。这里只是提醒大家注意如下几点。

首先,黑格尔关于哲学体系的观点是与另一个观点密切联系的,即:"哲学史上所表现的种种不同的体系,一方面我们可以说,只是一个哲学体系,在发展过程中的不同阶段罢了。另一方面我们也可以说,那些作为各个哲学体系的基础的特殊原则,只不过是同一思想的一些分支罢了。"[32] 这是把哲学看作只有一种形态,而必然把其他可能的不同哲学形态排除在外。事实上,黑格尔是不承认中国有哲学的。这个观点显然是不正确的。其次,应当承认,黑格尔的观点在西方曾经影响很大,所以,当黑格尔哲学过时以后,许多人都曾惊呼哲学终结了。然而,事实上,现代西方哲学仍在顽强地探索和发展,出现了许多与黑格尔所说的不同形态的哲学,它们也不能纳入黑格尔所刻画的那种体系。最后,我们指出,恩格斯在《路德维希·费尔巴哈与德国古典哲学的终结》一文中对黑格尔所作的全面批判中,突出的一个方面就是对黑格尔哲学的"体系"的批判。

然而,这一切也给我们留下了一个强烈的印象,黑格尔的逻辑学不仅是由纯粹概念的自身运动组成的超验的哲学原理,这个原理还是一个体系。这就是作为典型的本体论的特征。

三、建立本体论的根据

黑格尔的逻辑学作为绝对理念的体系,将展开为统治自然界和精神生活的绝对理性,它是绝对精神,或者说"客观思想"。那么一个不可回避的问题是,我们人的主观的思想怎么可能进入、把握这绝对的、客观的思想呢? 如果不能,那么黑格尔的全部逻辑学和哲学体系便只是他的虚构。于是,黑格尔必须说明人的主观思想将如何跨进绝对理念的领域。这个问题使黑格尔感到窘迫,因为在他的哲学体系中,逻辑学作为本体论,是纯粹原理,即是第一位的,如果这个纯粹原理需要先证明其存在的理由,其"第一哲学"的地位就是虚假的。因此,他总是说,逻辑"必须在逻辑之内才得到证明",要在事先考察人能否认识这个逻辑的真理,就好像要求人在下水前先学会游泳的本领。他批判康德对人的认知能力的考察就如这一类。然而,黑格尔毕竟无法回避这个问题。他还是从多种途径对主观思想与客观思想的关系作了论证。他的《精神现象学》就是这样的一部著作,在这本书里,黑格尔描述了人的主观意识如何经历其不同的发展阶段,经过异化和对异化的克服,最后上升到客观精神。所以这部著作被马克思称为"黑格尔哲学的真正诞生地和秘密开始"[33]。此外,黑格尔认为,哲学史和逻辑也是这样的途径。这里所谓的"逻辑"是指对人的意识作概念分析的方法,他在《小逻辑》的导言部分对此作了简要的论述。我们认为这是黑格尔关于本体论成立的理由的论述。

(一) 区分哲学思想与日常思想

依黑格尔的看法,哲学思想是与日常思想有区别的。不然,也就不会提出,要进行哲学思考,就须先进行思想训练的要求了。另一方面,哲学思想与日常思想也不是截然不相通的。哲学思想以日常思想为质料,日常思想也是可以一步一步上升至哲学思想的。

那么什么是哲学思想呢? 黑格尔说:"哲学乃是一种特殊的思维方式,——在这种方式中,思维成为认识,成为把握对象的概念式的认识。"[34]这种概念即所谓从逻辑上规定的纯粹概念,哲学就是这种在逻辑规定中的概念的自身运动,关于这一点,我们在前面已讲过了。

日常思想要从意识谈起。意识的形式有情绪、直观、印象、表象、目的、义务,等等。思想与意识的这些形式不是分离的,而是表现、包含在里面。譬如宗教、法律和道德表现在情绪、表象和信仰中,但因为人是能思维的存在,他才有宗教、法律和道德。所以,在这些领域里,思维化身为情绪、表象或信仰。

"不过具有为思维所决定所浸透的情绪和表象是一回事,而具有关于这些情绪和表象的思想又是一回事。"[35]前者当指直接的、或反思前的意识,后者当指反思的意识。反思是以思想本身为内容的思想,是力求使思想自觉其为思想。黑格尔认为,一般来讲,反思意味着哲学的开始。

然而,并不是所有的反思都称得上是真正的哲学。黑格尔指出,路德的宗教改革以后,反思取得了独立,但是这种反思一开始就不是单纯抽象的思想,而是指向现象界的材料。用我们现在熟知的话来讲就是,它是从经验中概括得出具有普遍必然性的知识。

在黑格尔那个时代,流行的观点是把那种也是通过反思得来的知识称作哲学的。如牛顿的物理学便叫做自然哲学。格老秀斯对历史上国家与国家之间关系的研究中得出的一些普遍原则,称为国际公法的哲学。黑格尔认为:"这些科学虽被称为哲学,我们却叫做经验科学。因为它们是以经验为出发点。但是这些科学所欲达到的主要目标,所欲创造的主要成绩,在于求得规律,普遍命题,或一种理论,简言之,在求得关于当前事物的思想。"[36]这就是说,虽然反思是通向哲学的途径,但如果是对于经验事物的反思,那么这样得出的知识也不是哲学。

经验的知识不能作为哲学有两个理由,首先,有许多对象是经验无法把握的,这就是:自由、精神和上帝。这些对象的内容是无限的,是超出有限的经验范围的。第二,经验科学虽然也想寻找普遍性和必然性,然而它却不能得出真正的普遍性和必然性。这是因为"一方面其中所包含的普遍性或类等等本身是空泛的、不确定的,而且是与特殊的东西没有内在联系的。两者间彼此的关系,纯是外在的和偶然的。同样,特殊的东西之间彼此相互的关系也是外在的和偶然的。另一方面,一切科学方法总是基于直接的事实给予的材料,或权宜的假设。在这两种情形之下,都不能满足必然性的形式"[37]。

黑格尔说:"凡是志在弥补这种缺陷以达到真正必然性的知识的反思,就是思辨的思维,亦即真正的哲学思维。这种足以达到真正必然性的反思,就其为一种反思而言,与上面所讲的那种抽象的反思有共同点,但同时又有区别。这种思辨思维所特有的普遍形式,就是概念。"[38]

这里似乎已经说出了哲学的思想与平常的思想(广义上包括科学思想在内)的区别:哲学的思想是概念的思想,但是却不好说平常的思想、科学的思想是非概念的思想。于是黑格尔进一步提出"思辨意义的概念"与"通常所谓概念"必须加以区别。[39]由此,我们推论,哲学思想是运用"思辨意义的概念"的思想,平常思想是运用"通常所谓概念"或"狭义的概念"的思想。这就是黑格尔想说的哲学思想和平常思想之间的区别。

然而关于什么是"思辨意义的概念"呢?这恰恰是对于在平常思想中的大众来说最难理解的东西。黑格尔本人只暗示,思辨的概念是"把握无限的"[40]。那么反过来说,平常的思想,或者干脆说,以经验为基础的思想,都只是运用有限的概念。如果说,有限是指有所确指经验的对象(不论是指内心的经验还是外在的经验对象),那么,无限则无所确指其经验的对象。或者说,无限的、思辨的概念是不指示经验对象或表象的概念。站在日常思想的角度说,这样的概念是没有意义的,因为它无所指示,是有其"名"无其"实"。从日常思想看来是无意义的概念,在黑格尔看来,却另有一种意义,这些概念可以在它们的相互关系中获得其意义,这样的意义称为逻辑规定性。能否理解、运用这种逻辑上规定的概念,对于本体论哲学来说,是至关重要的。毫无疑问,对于我们在日常生活中、运用日常思维的人来说,不经过"思想改造",要想把握这样的概念、运用这样的概念去思想是不可能的。人们对 Sein (Being)一词的翻译就颇说明问题。人们宁取"存在"而不取"是"这个译名,其理由之一是,"是"被认为是没有意义的,却根本不顾黑格尔说,作为逻辑学开端的"是"确是没有日常所谓的"意义",而只是一个没有任何更进一步规定性的概念。尽管 Sein(Being)在西方哲学的其他地方不是不可以译成"存在",但在本体论里却是严格地不能的,它只能译成"是"。关于这些,我们在本书第二章里已有论及。

既然这种逻辑规定性的概念亦即纯粹概念,对于本体论来说是性命攸关的,而本体论,就算它是客观存在的原理,它毕竟是由黑格尔这样的人把它表述出来的,那么,主观的人的思维如何进入这片纯粹概念的领域呢? 这是问题的关键。

(二)跨进超验的领域

据黑格尔之见,虽然日常思想和哲学思想之间是有区别的,然而两者之间也不是截然割断的。思想可以从其日常的方式上升到哲学的方式。在论述思想从感性经验上升到纯粹思维的原因时,我们注意到,黑格尔把它归结为思想的超越性。

黑格尔认为,经验的知识不仅是关于直接的意识的,其中也包含着抽象推理的意识。这就成为鼓励思维进展的刺激。"而思维进展的次序,总是超出那自然的、感觉的意识,提高到思维本身纯粹不杂的要素。……"[41]

黑格尔没有细说"抽象推理的意识"怎样会刺激思维进展为超越的追求。然而,我们在康德那里知道,这是一个从有条件判断到无条件判断的倒溯的过程。按形式逻辑三段论式的推理,前提对于将要引得的结论来说,是一个事先设定的条件,这个条件限定了结论的概念是在前提提供的条件的范围之内的,结论对于前提就有必然的关系。那么这个前提本身也必是一个更大的前提的结论,如此才能使这个前提证明为是必然的。如果说,前提是作为条件提出来的,那么作为更大的前提就应提供更多的条件、乃至一切条件,而符合一切条件的就是无条件,就是绝对。在这个倒溯的过程中,思想一步一步逼近了越来越普遍、越来越抽象的概念,直至超出一切感觉材料到达绝对理念。这应当就是黑格尔所谓的"抽象推理的意识"。

黑格尔刻画的意识从感性上升到理性的道路不同于"抽象推理"之处在于,这条上升的道路不是笔直的,而是经过自身的否定,或者说,这个上升的过程中包含着直接性和间接性的统一。

从感官的感觉或直观到超感官的东西的知识的上升中,包含着一次否定,这是指思想在其发展过程中会对起初的经验状态取一种"疏远的、否定的关系"[42],这种说法突出了一个思想,即理性对于感性来说有着质的飞跃,两者间由此而产生出明显的差异。经过对感性经验的疏远和否定,理性遵循的不再是形式逻辑的方法,而是辩证的方法。反过来说,正是有了辩证的方法,思想才能实现其为具有普遍必然性的客观的思想。

这里必须加以说明。辩证的思想仍是思想,思想总是主观的,所谓客观大都是指存在于我们之外的事物,并从外面通过我们的知觉而达到的事物,日常生活中人们就是这样认为的。然而康德却提出了与常识不同的看法。他一方面把思想范畴当作是主观的东西,另一方面,他又称有普遍性和必然性的思想内容为客观的,而称那只是在感觉中的材料为主观的。康德对常识中关于主客观意义的这一颠倒曾遭到人们的责备。黑格尔为康德辩护,他说:"但真正讲来,只有感官可以觉察之物才是真正附属的,无独立存在的,而思想倒是原始的,真正独立自存的。因此康德把符合思想规律的东西(有普遍性和必然性的东西)叫做客观的,在这个意义下,他完全是对的。从另一方面看来,感官所知觉的事物无疑地是主观的,因为它们本身没有固定性,只是飘浮的和转瞬即逝的,而思想则具有永久性和内在持存性。"[43]但是他嫌康德还讲得不彻底,因为据黑格尔的看法,"康德所谓思维的客观性,在某种意义下,仍然只是主观的"。"思想的范畴虽然具有普遍性和必然性,但它们只是我们的思想,而与物自体之间却有一个无法逾越的鸿沟隔开着"。黑格尔表述自己在这一问题上的观点是:"思想的真正客观性应该是:思想不仅是我们的思想,同时又是事物的自身,或对象性的东西的本质。"[44]

搞清了黑格尔所谓"客观性"的含义,我们再回头谈黑格尔何以认辩证的思想才是客观的思想。在旧形而上学里,思想的推理用的是形式逻辑,当这种推理超出感觉的领域时,就只能以抽象的概念作推论,这种推论,康德已经揭露过,是会出现矛盾的。当矛盾被认为不合理时,这样的推论也就失去了必然性。辩证法则容纳矛盾、消解矛盾,并以矛盾作为动力。辩证的思想具有普遍性和必然性,因此它是客观的思想。

另一方面,旧形而上学自诩深入现象背后的本质,但是由于其本身无法克服矛盾推论而被认为不合理,导致康德得出结论:人类只能有关于现象的知识,而事物的本质则属于物自体,是不可知的。辩证思维以其普遍、必然性进入了超感觉的领域,被认为是达到了"物自体"或对象性的东西的本质。如果说现象是主观的、本质是客观的,辩证思维在进入本质领域的意义上也是客观思想。

顺便指出,上述这一点里也大体表达了黑格尔关于所谓"思维与存在具有同一性"的思想。从积极的方面说,这是主张人有能力认知现象背后的本质;从消极的方面说,黑格尔所谓的"存在",决不是我们人的感觉可以感知的客观存在,而是被思想所认知的"本质"性的东西,这种东西是被认知活动消化过了的思想性的东西,因此,这种所谓的"同一性",实际上是思想和思想的产物的同一,或者说,是在黑格尔所谓的绝对精神基础上的同一,尽管他使用了"客观性"这个词。

这样,我们看到,为了说明思想可以从主观的上升为客观的,从感性经验的日常思想上升为理性的思想,黑格尔是如何借重于辩证法的原则的。他说:"认识到思维自身的本性即是辩证法,认识到思维作为理智必陷于矛盾、必自己否定其自身这一根本见解,构成逻辑学上一个主要的课题。"[45]

黑格尔关于从感性上升为理性的论述,目的在于说明,虽然逻辑的王国是超感官的领域,却并不是以经验的意识为基础的日常人的思想所不能企及的。这个证明的要求反证了,本体论自古以来就是超验的。黑格尔试图在感性经验和超验的领域间架一座桥梁,这座桥梁是以思想的"超越性"构造的。的确,"超越性"是思想的一个重要特点。不仅思想是超越的,人的行为也是超越的。人的全部意义是在生命的超越性中创造的,停止了超越也就停止了创造意义。但是超越与超脱是不一样的,前者始终系着于它的基地上,超脱却是离开了它的基地。失去了基地,就成为游荡,无所谓超越了。黑格尔在论述由感性上升为理性时,始于超越,却终于超脱。他的目的在于进入超验的领域即否定感性的东西。甚至他的全部哲学根本自始就没有承认过感性经验是哲学的真正基础，人的感性经验的意识倒是逻辑学所表达的绝对理念的展开。他认为，思维对于感官经验就像饮食对于食物一样，饮食需要食物，是去消灭食物。经验知识只是间接的知识。说哲学起源于后天的事实，是对这种知识的间接性加以"片面的着重"。理性知识尽管从感性经验知识上升而来，但这种上升也是否定。并且即使如此，也不能说关于上帝的知识那样的超感官知识不是独立于经验意识的。"其实关于上帝的知识的独立性，本质上即是通过否定感官经验与超脱感官经验而得到的。"[46]这种对感官经验的"超脱"，即所谓"过河拆桥"。

思想一旦"超脱"了感官经验，成了所谓"客观思想"，那么，表面上黑格尔仍承认它还是"我"的思想，实际上却进入了"绝对理念"自己发展的轨道。甚至这时的"我"也被认为"只是一个完全抽象的普遍性的存在，一个抽象的自由的主体"[47]。当我思维时，即当我客观地思维时，"我放弃我的主观的特殊性，我深入于事情之中，让思维自主地作主……"[48]而当"我"跟着"自主地作主"的思维走的时候，也就是跟着纯粹的思想走。纯粹的思想就是纯粹概念逻辑地展开出自己的过程，其中的逻辑指的是辩证法。所以，在黑格尔这里，本体论是逻辑学，也是概念的辩证法。

四、概念的辩证法

（一）本体论与辩证法

前面几节中，我们也曾涉及辩证法问题，然而对于黑格尔的本体论来说，辩证法决不是一个附带的问题，而是首先关系到本体论能否成立的问题，须要对它作专门的讨论。

我们知道，康德取消本体论的重要理由之一，是纯粹理性的推论所遇到的不可克服的矛盾问题。康德以人所具有的关于自然的科学知识作为事实，通过分析得出，这些知识中如果包含着普遍必然性的话，那么，它们必是出于人自身的先天的认识能力。具体来说，人的先天的认识能力表现为运用知性范畴进行推理的能力。在人的认识活动中，人是把感性经验中得到的材料填进范畴，当作它们的内容，来进行推论的，这样就得出了有关自然的科学知识。但是，人的理性在知性范畴缺乏经验材料的情况下，也会禁不住进行推论。这时所作的便是纯粹理性的推论,用于这种推论的知性范畴也成了纯粹理性的概念。康德揭示,这种推论可以有许多,并且分别来看它们都符合逻辑,然而,把它们放在一起就发现,其中包含着许多相互间完全对立的主张。在宇宙论的讨论中所表现出来的几个"二律背反",只是大量这类矛盾的少数几个例证而已。而这种矛盾,在形式逻辑的观念中是不被允许的,那等于说,在承认 A 为真的同时,也承认了非 A 为真。但是,要在这样两个互相矛盾的形而上学命题或推论中判断是非以决定取舍是不可能的,因为这些判断或命题已经超越了经验的范围,人们在那里缺少可据为真理标准的经验事实。由此得出结论,人只能求得关于现象的知识,至于现象后面的东西、"物自体",是不可知的。根据康德的这一理论,那么,作为纯粹原理系统的本体论,如果它是黑格尔所谓的绝对理念一类的东西,它便属于"物自体",因而是不可知的;如果它同时也指人的"客观思想"的内容,那么由于其自身的矛盾,也是不能成立的。总之,不可克服的矛盾是形而上学的本体论不能成立、应予取消的一个重要理由。

我们已经知道,黑格尔是绝对不能同意康德上述观点的。在黑格尔看来,虽然康德也大谈知性和理性,然而他事实上未能真正进入理性的堂奥,占据着他的哲学的只是"反思的知性"。这是什么意思呢?"在这个名词下,一般所了解的,是进行抽象的,因而是进行分离的知性,它在它的分离中僵化了。它与理性相反,是作为普通人的知性而活动的;它所主张的观点是:真理建立于感性的实在之上,思想只有在感性知觉给予它以内容与实在的意义下,才是思想;而理性,只要它仍然还是自在自为的,便只会产生头脑的幻影。"[49]这是批评康德把知性和理性作了截然的分离,并且把自己拘执在知性的原则中,限于获得现象的知识。这也是批评康德只讲认识论,不讲本体论,或者,以认识论的原则去讲本体论,使本体论成了讲不通的问题。

黑格尔认为,知性和理性并不是截然分开的两个部分,或者说,它们都是广义的理性的组成部分。他说:"这种反思的联系,本身就是属于理性的。"这个话意味着应当用理性去统一知性,而不是反过来,让知性的原则占据哲学的统治地位。有见于此,才能真正见到"超出那些规定之上,提高到洞见它们的冲突,这是达到理性的真正概念的伟大的、否定的一步"。

相反,在康德那里,"这种不曾透彻的洞见却落入错误了解之中,仿佛陷于自相矛盾的,却是理性;这样的洞见并不认识矛盾正是对知性的局限性的超越和这种局限性的消解。认识不从这最后一步往高处走,反而从知性规定令人不能满意之处逃回到感性的存在,错误地以为在那里会有坚固的、一致的东西。……这正像说一个人具有正确的洞见,但又附加一句说他不能够洞见任何真的东西,而只能够洞见不真的东西。"[50]

黑格尔在对康德的上述批判中,首先是指出把知性和理性作绝对的割裂是错误的;其次指出,知性的形式是不适用于自在之物的;最后提出,理性能够克服知性的局限,这是因为理性有不同于知性的原则,即,它并不排斥矛盾,而是承认矛盾、容纳矛盾,并且使矛盾在更高的发展阶段上得到消除。

康德当初取消形而上学的本体论,是因为在由纯粹概念推理组成的本体论里,不可避免地会产生矛盾,而矛盾被认为是不合理的。那么,当矛盾被认为合理时,在黑格尔看来,就无妨本体论的成立了。于是,对于黑格尔来说,就要找到一种克服、解决矛盾问题的方法。这种方法就是辩证法。所以,我们看到,由于有了康德对形而上学的本体论的批判,当黑格尔重新建设本体论时,这样的本体论必定是运用辩证法的。

(二) 黑格尔辩证法的灵魂——概念的否定性

关于辩证法,马克思主义哲学有丰富的论述,对此,大家是比较熟悉的。大致来说,马克思主义把辩证法看作是整个世界普遍联系和运动的法则。质量互变,对立面的统一以及否定之否定是辩证法三大规律。[51]列宁还曾经概括了辩证法的 16 条要素。[52]马克思主义创始人承认自己从黑格尔的辩证法学说中受到过启发,但是也指出,黑格尔的辩证法在其现成的形式上是不可取的,因此,从黑格尔的辩证法到马克思主义的辩证法,其间经历了一个改造的过程。我们可以从许多方面去寻找这一改造的痕迹,其中最重要的一个方面是,把黑格尔的唯心主义的、因而是头足倒置的辩证法直立过来了。那就是,在黑格尔这里,如果他也谈到"客观辩证法"这个概念的话,那是指绝对理念的辩证法,或曰纯粹概念的辩证法。马克思主义指的客观辩证法是指现实世界、首先是指自然界的运动规律,主观的、头脑中的辩证法只是现实世界(自然界和历史)的运动形式的反映。当我们讨论黑格尔辩证法时,必须注意这个区别。

我们在前面已经说过了,由于康德的挑战,才迫使黑格尔在重建本体论时必须寻找克服、消除矛盾的方法。这对于黑格尔来说并不容易。我们在人类社会生活、自然界中看到许多矛盾的现象,但是社会本身并不因为存在矛盾而彻底崩溃,矛盾的结果倒是导致一种社会形态发展到更高的社会形态;自然界也不因为地震海啸、甚至天地崩析而消灭。从对这些现象的观察中,人们悟出了事物的辩证运动。然而对于黑格尔来说,辩证法是概念自身的逻辑运动,其中的概念并不是根据外在的感性事物作为自己正确与否的标准,而是由"活泼自如的思维规定循着它们自己的进程逐步发展"[53]。要使这样的概念表现出是在辩证的运动中,这的确是个困难。

黑格尔是从斯宾诺莎的一个命题得到启发制订概念的辩证运动的。斯宾诺莎的这个命题叫做:"一切规定都是一种否定",黑格尔称之为"一个伟大的命题"[54]。

斯宾诺莎的这个命题见于他的书信集中的第 50 封书信。在那里,他谈到,物质整体,作为没有任何限定的东西(如有限定,它便成了那种限定的特殊的东西,而不是作为一般的物质整体了),是不能有形状的,形状仅出现在有限的和限定了的物体中。凡是说他认识了形状的人,他所想表示的,无非是说他在认识一个限定了的事物,以及这个事物如何被限定。因此,指出这个无限的事物的某一限定性,同时就是对这个无限的事物本身的一个否定。斯宾诺莎的意图在于去肯定、把握无限的实体(这里是物质整体),相对于这一点而言,"形状除了是否定外,不能是别的"[55]。

根据斯宾诺莎的这一思想,黑格尔意识到,从一个普遍的、抽象的概念到一个特殊的、具体的概念的逻辑运动,可以表述为是一个后者否定了前者的运动。而这个否定同时也是肯定,即肯定了后者的产生。而且,这是一个连续不断的过程,这样,可以使"逻辑的枯骨"获得自身运动的生命。黑格尔说:

> 为了争取科学的进展——为了在基本上努力于对这件事有十分单纯的明见——唯一的事就是要认识以下的逻辑命题,即:否定的东西也同样是肯定的;或说,自相矛盾的东西并不消解为零,消解为抽象的无,而是基本上仅仅消解为它的特殊内容的否定;或说,这样一个否定并非全盘否定,而是自行消解的被规定的事情的否定,因而是规定了的否定;于是,在结果中,本质上就包含着结果所从出的东西;——这原是一个同语反复,因为否则它就会是一个直接的东西,而不是一个结果。由于这个产生结果的东西,这个否定是一

个规定了的否定,它就有了一个内容。它是一个新的概念,但比先行的概念更高、更丰富;因为它由于成了先行概念的否定或对立物而变得更丰富了,所以它包含着先行的概念,但又比先行概念更多一些,并且是它和它的对立物的统一。——概念的系统,一般就是按照这条途径构成的,——并且是在一个不可遏止的、纯粹的、无求于外的过程中完成的。[56]

又说:

　　引导概念自己向前的,就是前述的否定的东西,它是概念自身所具有的;这个否定的东西构成了真正辩证的东西。[57]

所以,黑格尔的概念辩证法,也可以称之为否定的辩证法。说概念自己会依否定之否定的方式向前发展,这对于大多数人来说不容易理解。也许我们可以试从认识论的角度去解说它。认识的过程一般是由浅入深的。人们始于粗识某物,继而深入其多方面的性质,最后获得一个比较完整的概念。每一步深入的认识都是对前一种认识的否定。但是否定中也有肯定,它不仅肯定了新的认识成果;原来的认识也经过扬弃积淀在新的认识中,以这种方法也得到了肯定。新的认识又会以同样的过程,被更新的认识所否定。但认识论的解说只能是譬喻式的解说。黑格尔的否定的辩证法首先是逻辑学,即本体论,它是绝对精神自身的展开过程,如果说,我们毕竟可以借用认识的过程譬喻概念的否定性的辩证运动,照黑格尔的看法,那是因为人的认识恰恰是绝对精神的展开,绝对精神在人的思想中回到了自身。而绝对精神本身则直接就是纯粹概念的逻辑运动,即概念自身的否定的运动。

依我们的认识,辩证法可概括为三大规律,还可以有许多的要素,至于何者为要,全看你针对哪一种对象、为了说明或解决哪一种具体问题,这是灵活的。对于黑格尔来说,否定性或否定之否定,才是辩证法的根本要义,因为这个辩证法是概念的辩证法,是黑格尔的本体论的逻辑方法。

(三) 过渡、反思、发展

否定性是黑格尔的概念辩证法的总原则,在绝对理念的运动过程中,它表现为不同的形式,如"扬弃""变易"。否定性以怎样的具体形式表现出来,全视理念展开出来的不同阶段而定。全部逻辑学分为"是论""本质论"和"概念论",相应于这三部分的否定性分别是:过渡、反思和发展。把握住了否定性的这三种形式,就大体可以掌握住黑格尔全部逻辑学的辩证运动的特点。

第一部分是"是论"。我们知道,"是"是西方哲学中最抽象、最普遍的范畴,存在和本质是"是"的两个基本的规定性,在"是论"中,黑格尔主要讨论它的"存在"这个规定性。然而,对于一个现实的东西来说,不能只具有"存在"的性质,还必须是一个"是什么",即"本质"。因此,黑格尔说"存在只是潜在的概念"。这一部分讨论质、量、度。"把存在的这些规定分别开来看,它们是彼此互相对立的。从它们进一步的规定(或辩证法的形式)来看,它们是互相过渡到对方。"[58]黑格尔把这种向对方的过渡也看成是"向外的设定""潜在存在着的概念的展开"。质和量是互相过渡的,过渡是否定的形式,这一点是明确的。黑格尔本人说:"首先由质过渡到量,其次由量过渡到质,因此两者都被表明为否定的东西。"[59]过渡,是黑格尔为逻辑学第一部分里的范畴设计的逻辑推论方式,它表示这里的推论是从一个范畴直接推得它的对立的方面。例如:"只要我们一说到'一',我们常常就会立刻想到多"。因为,"从概念来看,一为形成多的前提,而且在一的思想里便包含有设定其自身为多的必然性"[60]。(确实,我们如无多的概念,就不能作想一。反之亦然。但是要注意,在黑格尔这里,这首先是概念自身的规定性如此,其次才是人须如此作想。)至于这第一部分里的范畴之所以采取过渡的方式,大致是因为这部分的范畴是最初的、最抽象的,其规定性也比较简单的缘故。这一点可与本质论、概念论里范畴推论方式的比较中见出。

本质论里各范畴间推论的方式称为映现或反思。黑格尔说:"本质是映现在自身中的存在"[61],又说:"反思作用或自身映现构成本质与直接存在的区别,是本质本身特有的规定。"[62]反思与过渡的区别在于,在过渡中的范畴是不固定的,每一个范畴总是在不断地过渡到它的对方中;而反思所强调的则是范畴间的相互联系。所以黑格尔这样说:"普通意识认为事物是存在着的,并且依据质、量和尺度等范畴去考察事物。但这些直接的范畴证实其自身并不是固定的,而在过渡中的,本质就是它们矛盾进展的结果。在本质里,各范畴已不复过渡,而只是相互联系。……所以本质的过渡同时并不是过渡。"[63]

本质,是一个东西的究竟所是。但是这种东西之究竟所是必是作为与他物的差异才得到肯定的,反之,则不可能有这个东西自身的本质。这就是说,一个东西的本质想要得到确立,必须要有一个可供对照的他物,但这里的目的不是为了确立起他物,而是借以作为对照物,反映出这个东西自身的本质,这个意思用黑格尔的原话来说就是:"本质,作为通过对它自身的否定而自己同自己中介着的存在,是与自己本身相联系,仅因为这种联系是与对方相联系,但这个对方并不是直接的存在着的东西,而是一个间接的和设定起来的东西。"[64]

这样,我们就懂得了为什么黑格尔在本质论里为范畴的否定运动设定的方式是映现或反思。因为,照黑格尔的看法,本质是在范畴间的相互联系、映照中得到规定的。反映或反思(Reflexion)这个德文词本来是用来讲光的,当光直线式地射出,碰在一个镜面上时,又从这镜面上反射回来,便叫做反映。过渡虽然广义来说也是一种联系,但其侧重在于从这一个过渡到那一个。反思或反映则要通过那一个反映出这一个。

黑格尔还想表明,本质阶段采取的反思方式并不是一个任意的设定。当质和量在度里面得到统一时,就建立了"简单的自身联系",或者说,度就是维系在质和量的联系中的东西。而一旦进入了本质阶段,其中的范畴都是从其联系的方面推进或展开的。我们不仅在其中遇到了同一与差异、内容与形式,还直接遇到了"关系"范畴,并看到了"实体关系""因果关系"和"相互作用"。这些,依黑格尔的看法,都是由范畴自身的否定的辩证运动所必然展开出来的诸环节。

"存在"和"本质"的统一是概念。"概念的进展既不复仅是过渡到他物,也不复仅是映现于他物内,而是一种发展。"[65]为什么概念展开的方式是发展,而不仅是过渡和反思,这首先要明白黑格尔所谓的概念是什么意思。

广义上说,黑格尔的逻辑学中从"是"开始的一切范畴都是概念,它们的展开就是"纯粹概念"或理念自身的逻辑运动。狭义来说,概念只是指理念展开为"是""本质"和"概念"三个阶段中的第三个阶段,即最高阶段。现在所讨论的就是这作为理念发展第三阶段的概念。

作为最基本的特征或规定性,"概念是完全具体的东西"[66]。但是,我们切不可从感性上可感觉的东西的角度去理解这里的"具体性"。"如果人们所了解的具体是指感觉中的具体事物或一般直接的可感知的东西来说,那末,概念也可以说是抽象的。概念作为概念是不能用手去捉摸的,当我们在进行概念思维时,听觉和视觉必定已经成为过去了。"[67]我们应当记得,这里谈的概念是纯粹概念,是逻辑规定性的概念,是绝对理念自身的发展阶段。

从肯定的方面来说,概念的具体性指的是,这样的概念作为"是"与"本质"的统一,包含着理念在前面已经展开出来的"全部丰富的内容在自身之内"[68]。这就是说,概念自身中包含、容纳着"是论"和"本质论"各阶段的种种对立与联系。我们立刻就见出了这样的概念与康德哲学中知性概念或范畴的区别。知性概念维系在抽象的同一性之中,排斥矛盾和对立,是抽象的普遍性。与这种知性概念不同,(理性)概念不仅是普遍的,而且包含着特殊和个别,以及其他种种差异和区别。这些差异和区别是概念自身将展开出来的,就像一粒种子潜在地包含着它的整个植株。"因为在概念里那些区别开的东西,直接地同时被设定为彼此同一,并与全体同一的东西。而每一区别开的东西的规定性又被设定为整个概念的一个自由的存在。"[69]正因为此,概念展开的方式就称为"发展"。

概念展开的方式在于发展,这除了因为概念是具体的,同时也由于概念被认为是自由的:"概念是自由的原则,是独立存在着的实体性的力量。"[70]对于概念是自由的这个规定性的理解,须参照黑格尔如下的说法:"概念才是一切生命的原则,因而同时也是完全具体的东西"[71],和"在自然界中,只有有机的生命才相当于概念的阶段"[72]。这是譬喻的说法,照黑格尔一贯的立场,整部逻辑学是绝对理念自身的展开,是概念的自身运动。

以上就是黑格尔的辩证法的大致情况。运用这种方法,黑格尔向世人展示了一个恢宏的绝对理念的体系。这个理念体系就是西方哲学史上最完备、最典型的本体论。本体论在黑格尔的逻辑学里登上了顶峰。

五、本体论的历史命运

本体论在黑格尔的逻辑学里登上了它的顶峰的主要标志是,本体论作为哲学原理在这里第一次得到了体系性的表述。

当初柏拉图在《巴门尼德篇》中以理念间相互分有的方式为这门学说奠定基础的时候,他只是谨慎地说,这是用于训练思想的;后来,在《智者篇》里,他表露出通种间的相互结合是原则、原理性的东西,但他只尝试了很少几个通种结合的情况,并且认为,这是从事哲学中最伟大也是最困难的任务。在以后漫长的岁月中,这门学问居然是以与基督教神学结合的方式,在为神学问题作论证的过程中得到了发展与成熟。我们是在托马斯·阿奎那对关于上帝存在的(本体论)证明方法的批评性总结中看到这种学问成熟的形式的。到沃尔夫为本体论下定义的时候,这门学问便发展到这种情况,并且,哲学的兴趣已经转向了认识论。所以,沃尔夫关于本体论的定义只能从形式方面(关于"是"的学问)以及方法方面(从"是"中推论出各种"所是")进行规定。严格来说,这个定义是不严格的。然而,当康德对形而上学进行批判的时候,他已经清楚地抓住了本体论的实质。即,本体论是形而上学其余三个分支(宇宙论、理性灵魂学、理性神学)的前提或根据,它是最远离经验的、用纯粹概念进行推论的哲学。但是,当康德对本体论进行批判的时候,依然只是以与神学结合的本体论为靶子,因为在他以前还没有谁演示过一种从神学中解脱出来的独立的本体论。这不等于说,本体论作为西方哲学史上"第一哲学"的地位是可疑的、不确定的。本体论作为第一哲学的地位不仅早在柏拉图这里就得到了确立(亚里士多德也把对于"是者之为是者"的研究当作一门独立的、基本的学问,而促成了本体论作为第一哲学的地位),也不仅表现在它被用于神学最尖端问题("三位一体"和"上帝存在")的论证中,还表现在近代认识论问题是以之为背景、为出发点发生出来的,即,无论是理性主义的还是经验主义的认识论,他们都意识到有这样一个在感觉经验之外的原理世界,他们的区别只在于或者去沟通经验世界与原理世界,或者干脆取消那个独立存在于经验世界之外的原理世界。正是因为这个虽然没有得到过系统而明确表达,但实际上对西方的哲学和思想发生着巨大影响的原理世界的阴影,成为一种强烈的吸引力,哪怕在康德已经作出批判之后,仍然诱使黑格尔去努力将它表达出来。

这一表达,就是一个宏大的体系。首先是精神现象学,这是对个人意识各个发展阶段的阐述,这些阶段可以看做人的意识在历史上所经过的各个阶段的缩影,这一阐述的目的是为了表明,人可以从最初的意识发展、上升为普遍的精神,从而达到与绝对理念的契合。这是人能够进入、把握纯粹原理世界的根据。其次是逻辑学,即绝对理念自身的展开,纯粹的哲学原理。它是普遍必然的。一切自然界的和人类精神的东西都是纯粹哲学原理的展开,或者用一个术语来说,叫做"外化"。自然哲学、精神哲学都是它"外化"或展开的表现。精神哲学又分为历史哲学、法哲学、宗教哲学、哲学史、美学,等等。

"他在自己的体系中以最宏伟的形式概括了哲学的全部发展。"[73]

顶峰的本体论必须使自己坐稳在哲学的顶峰上。要做到这一点,必须在原理世界和现实世界之间得到沟通,并使原理世界覆盖全部的现实世界。从技巧上说,黑格尔做到了这一点。他让人的意识在精神现象学里走了一遭,又在逻辑学的导论里接受一番思想训练,使人不知不觉中以为自己已经进入了绝对理念的王国,便听凭纯粹概念自在自为地展开出来。黑格尔又使自己的逻辑学扩大到旧本体论所不及的范围,即仅以其中的客观逻辑部分取代全部旧本体论,增辟出主观逻辑的部分,这样,使他的"新本体论"也能够覆盖人的精神世界。黑格尔企图使自己的哲学"完成那只有全人类在其前进的发展中才能完成的事情",这就注定了哲学在一种意义上的终结:要么是黑格尔成功地完成了这个事业,那么全人类的哲学到此结束,不必再有发展了;要么是全人类的哲学仍在发展,那么黑格尔的哲学必须站在一旁让路。黑格尔倒是提出过真理是一个过程的思想,但是他又让这个思想闷死在自己的体系中。

对黑格尔哲学的决定性的批判是由马克思主义创始人作出的。马克思主义创始人首先批判了黑格尔的意识先于存在、原理先于事实的世界观,指出这是一种头足倒置的观点,是唯心主义的。这一批判主要是对本体论的批判。[74]其次,马克思主义对黑格尔哲学采取扬弃的态度,取出其合理的内核即辩证法,加以改造和重新阐述。从此,黑格尔哲学遗产的命运就更多地同马克思主义哲学的历史联系在一起了。

经过马克思主义的批判,黑格尔的本体论是彻底解体了。这标志着西方哲学史上一个时代的结束。没有人再能够用范畴的逻辑推论去构造出统治整个世界的绝对精神。然而,黑格尔的哲学遗产还在清理之中。问题仍然是关于逻辑的。人们不是要去恢复黑格尔用来表述绝对精神的那种"内容的逻辑",而是,一个总是使人关切的问题是:普遍的范畴间是否存在着一定的相互联系,以至于人们可用于必然的逻辑推论。在 20 世纪末的时候,这个问题最初是退回到数学中去讨论的,数的运算具有清晰的逻辑必然性,而又免去了范畴意义上含混、复杂的麻烦。最初讨论这些问题的有胡塞尔、弗雷格、罗素等人。对这一问题的深入研究,产生了现代西方哲学的两大主要哲学流派:现象学与分析哲学。胡塞尔的现象学为自己制定的一项主要任务是,在承认哲学范畴(或曰观念、本质)具有普遍必然的逻辑意义的前提下,还要通过对形成这些范畴的意识过程的分析,求得范畴的意义的自明性。分析哲学和现象学内部都发展出许多有区别的学说,然而分析哲学的一个基本态度是,脱离经验的形而上学命题应当抛弃,但是他们却发展出一种纯粹形式化的符号逻辑。这说明我们在研究现代西方哲学时,仍不免要把黑格尔的本体论哲学作为一个背景来理解。

然而,我们也注意到,当我们作出本体论在黑格尔之后已经解体这个论断时,本体论这个词仍被人们用来称呼当今的某种哲学理论或问题。可是,要是人们深入考察那种所谓的本体论,还没有发现一种是沃尔夫、康德、黑格尔所谈论的本体论。虽然他们三个人关于本体论的见解和态度也会有差别,但基本含义是一致的,即这是关于"是"的学问,并且是通过逻辑的推论得到的纯粹原理。当然,本体论这个术语并没有专利权。因此,我们可以退一步说,我们所谓已经解体的本体论,是指上述意义的本体论。正是这种意义的本体论,曾经占据西方第一哲学的位置达二千余年。要研究西方哲学史,不可不深入其堂奥;要理解现代西方哲学的发生,也不可不以之为背景。如果把现在出现的种种所谓本体论与西方哲学史上传统的本体论相混淆,这不仅会使我们昧于西方哲学史中所包含的、与其语言的特点密切相关的一种特殊的思想方式,还会使我们忽视一个事实:相对于传统哲学,现代西方哲学不仅仅是哲学问题的转换,而且还在寻找和酝酿新的哲学形态。作为一个例证,我们在下一章讨论海德格尔的哲学。

注释

1. 黑格尔的《逻辑学》分上、下两卷,杨一之先生译,商务印书馆,分别出版于 1966 年和 1976 年。黑格尔另有《小逻辑》,是前书的精约本,由贺麟先生译出,最新版本是商务印书馆 1980 年版。

2. 黑格尔:《小逻辑》,第 63 页。

3. 同上书,第 60 页。

4. 马克思:《1844 年经济学—哲学手稿》,刘丕坤译,人民出版社 1979 年版,第 113 页。

5. 黑格尔:《哲学史讲演录》第二卷,第 288 页。

6. 黑格尔:《逻辑学》,上卷,第 48 页。

7. 参阅本书第一章。

8. 黑格尔:《逻辑学》,上卷,第 69 页。

9. "是"(Sein)在杨一之和贺麟先生大小逻辑学的译本中,被译作"有"或"存在",这在一些场合显得很通顺,这是因为西文中的"是"有"有"和"存在"的意思。但是,反过来,"有"和"存在"却不一定就是"是"。望读者自辨之,下不一一注出。

10. 黑格尔:《逻辑学》,上卷,第 69 页。

11. 同上书,第 195 页。

12. 同上书,第 200 页。

13. 柏拉图:《巴曼尼德斯篇》,陈康译注本,第 14 页。

14. 黑格尔:《小逻辑》,第 67 页。

15. 同上书,第 63 页。

16. 黑格尔:《逻辑学》,上卷,第 39 页。

17. 黑格尔:《小逻辑》,第 40 页。

18. 同上。

19. 同上书,第 41 页。

20. 同上。

21. 同上。

22. 见本书第二章:"本体论及其语言。"

23. 黑格尔:《逻辑学》,上卷,第 24—25 页。

24. 同上。

25. 同上书,第 33 页。

26. 黑格尔:《逻辑学》上卷,第 29 页。

27. 黑格尔说:"假如一个民族觉得它的国家法学、它的情思、它的风习和道德已变为无用时,是一件很可怪的事;那么,当一个民族失去了它的形而上学,当从事于探讨自己的纯粹本质的精神,已经在民族中不再真实存在时,这至少也同样是很可怪的。"(《逻辑学》,上卷,第 1 页),又说:"一个有文化的民族竟没有形而上学——就像一座庙,其他各方面都装饰得富丽堂皇,却没有至圣的神那样。"(《逻辑学》,上卷,第 2 页。)

28. 黑格尔:《逻辑学》,上卷,第 31 页。

29. 黑格尔:《小逻辑》,第 80 页。

30. 黑格尔:《逻辑学》,上卷,第 5 页。

31. 黑格尔:《小逻辑》,第 56 页。

32. 同上书,第 54—55 页。

33. 马克思:《1844 年经济学—哲学手稿》,第 112 页。

34. 黑格尔:《小逻辑》,第 38 页。

35. 同上书,第 39 页。

36. 同上书,第 46 页。

37. 同上书,第 48 页。

38. 同上。

39. 同上书,第 49 页。

40. 同上。

41. 同上书,第 52 页。

42. 同上。

43. 同上书,第 119 页。

44. 同上书,第 120 页。

45. 同上书,第 51 页。

46. 同上书,第 53 页。

47. 同上书,第 72 页。

48. 同上书,第 83 页。

49. 黑格尔:《逻辑学》,上卷,第 26 页。

50. 同上书,第 27 页。

51. 恩格斯:《自然辩证法》,人民出版社 1971 年版,第 46 页。

52. 列宁:《哲学笔记》,人民出版社 1974 年版,第 238—239 页。

53. 黑格尔:《小逻辑》,第 85 页。

54. 黑格尔:《哲学史讲演录》第四卷,第 100 页。

55. 斯宾诺莎:《斯宾诺莎书信集》,洪汉鼎译,商务印书馆 1996 年版,第 206 页。

56. 黑格尔:《逻辑学》,上卷,第 36 页。

57. 同上书,第 38 页。

58. 黑格尔:《小逻辑》,第 187 页。

59. 同上书,第 239 页。

60. 同上书,第 213 页。

61. 同上书,第 241 页。

62. 同上书,第 242 页。

63. 同上书,第 240 页。

64. 同上书,第 241 页。

65. 同上书,第 329 页。

66. 同上书,第 334 页。

67. 同上书,第 328 页。

68. 同上。

69. 同上书,第 329 页。

70. 同上书,第 327 页。

71. 同上。

72. 同上书,第 329 页。

73. 恩格斯:《路德维希·费尔巴哈和德国古典哲学的终结》,人民出版社 1972 年版,第 11 页。

74. 参见本书第四章。

第十二章

萌发中的哲学新形态

——作为一个例证的海德格尔哲学

一、更新中的西方哲学

黑格尔哲学解体所造成的影响,不像瞬时的炸弹爆炸,而像持续的发酵过程,缓慢而坚定地显示出来。早在 19 世纪,在批判了黑格尔哲学之后,恩格斯说出了"哲学终结了"[1]这样的话。尼采则说"上帝死了"[2],这句话直到今天仍具有惊世骇俗的作用。进入 20 世纪以后,承袭了经验主义传统的分析哲学阵营中,曾经提出要"清除形而上学"。[3]最初从现象学获得其方法的海德格尔则把"哲学的终结和思想的任务"[4]当作一个研究的课题。

以上几种说法有它们各自的含义,但是有一点则是相同的:人们从各种不同的角度都感觉到了哲学所面临的危机。哲学的危机就是西方类型的形而上学的危机。

哲学的概念在历史上是有变化的。到了近代的时候,随着各门实证科学的兴起和发展,哲学退缩到了形而上学之中,或者说,只有形而上学才是纯粹哲学。直到黑格尔的时代,形而上学被认为包括四个分支:本体论、宇宙论、理性灵魂学和理性神学。它们被称为形而上学,是因为它们都在经验范围之外,是经验所不能进入的领域。然而,随着实验仪器和手段的改进,宇宙论终于被宏观物理学所取代,理性灵魂学则被心理学所取代。而理性神学,早在哲学从神学中挣脱出来那一日起,它就注定了要留在基督教之内。这样,形而上学这个名称就只留给本体论了。从事实的情况看,早在宇宙论和理性灵魂学脱离形而上学成为实证科学对象之前,本体论已经开始解体了,只是在前两者陆续脱离形而上学以后,由本体论解体所导致的形而上学乃至哲学本身的危机才日益明朗起来。本体论向来被西方人认为是"第一哲学"。本体论的解体使哲学有如失魂落魄。

对于承袭了近代经验主义传统的现代实证主义哲学流派来说,本体论的解体似乎是他们的一个胜利,他们早就站在本体论的对面与之抗衡。现在,他们更树立了这样的信心:没有什么东西是不可以成为实证科学研究的对象的,除非其本身是些无意义的东西;形而上学便是那种无意义的东西,它既然不能成为实证科学的对象,即应予以摒弃。从积极的方面看,实证主义哲学推动了科学方法论的发展,同时,把哲学引向语言的领域,研究其中的逻辑、意义问题,并且发展出了一种纯粹形式化的符号逻辑的学说。但是,尽管实证主义哲学想忘掉形而上学这个词,在有关科学方法论和语言的研究中,他们总是要碰到某种超出经验领域的东西,或者语言所无法表达的东西。这使他们中的一些人不得不面对形而上学问题,甚至,像蒯因,还重新使用本体论这个词。当然,蒯因所谓的本体论决不是柏拉图主义传统意义下的那种本体论,而是从经验中抽象出的有关普遍、一般意义的东西,这更接近于亚里士多德主义。在科学方法论的研究方面也遇到了同样的问题:我们注意到目前在维也纳大学有人倡议一种称为"建构实在论"(constructive realism)的学说,这里所说的"实在"也是指经验之外的东西。这些情况说明,形而上学并不是可以随便挥之即去的东西,哲学本身仍在顽强地表现自己的生命力。然而,既然以本体论为核心的旧形而上学已经被肢解了,真正的任务应当是去建设一种新的形而上学。这涉及形而上学的观念的更新,并因而涉及从古希腊演变至今日的有关哲学的观念的更新。

现代西方哲学的另一重要流派现象学也面临着同样的任务。它的创始人胡塞尔的出发点与实证主义的分析哲学不同,他的初衷不是想否定,而是要维护由范畴的逻辑推论所得出的那套东西。这同他最初是研究数学的想必有一定关系。我们已经看到过,早在柏拉图初创的本体论中,数学是其中的一部分内容,并且数学的推论性质使人们加深了范畴(理念)推论的必然性的印象。胡塞尔肯定了逻辑的东西的普遍必然性,他要做的是,为逻辑的范畴进一步寻找其自明的根据。这实际上说,胡塞尔对仅仅从逻辑规定性方面获得其意义的范畴是不满意的。(这从一个侧面印证了,本体论的范畴的意义只在于它的逻辑规定性。)胡塞尔所理解的范畴是指理性主义所说的理念(idea)[5],它通常是用来表示本质性的东西的。前人(休谟和康德)已经否认了可以从经验事实中概括得出普遍必然的东西,那么怎样才能为具有普遍必然性的范畴、理念或本质寻找到它们自明的证据呢？胡塞尔的办法是诉诸纯粹意识的分析。他从布伦坦诺得到启发，抓住了人的意识活动具有意向性这个特点，即意识活动可以分析为意向指向和意向对象两个方面，它们是意识活动中紧密相关、不可或缺的一对，而意向指向则是两端中主动、积极的方面。这就意味着，作为意向对象的那些范畴，它们之呈现在意识中，不仅伴随着一定的意向指向的方式，而且是由意向指向的方式所决定的。胡塞尔的这套方法被海德格尔接受，并且作了发挥和推广。海德格尔不局限于意识的范围里看问题，他认为，有一种最基本的现象：人在有意识有目的地介入到他所在的世界中去，人自己和世界这两个方面都是在这一介入的过程中展开出来、是其所是的。正如在胡塞尔那里是意向指向的方式决定意识对象之如其所是，在海德格尔这里，是这种介入的方式决定人自己和世界之是其所是。这种介入的方式，海德格尔的术语称为生存状态或生存方式。根据这一思想，哲学最基本的问题当从对人自己的生存状态的分析入手。这里涉及对一向被认为是"第一哲学"的本体论的地位的挑战，也透露出海德格尔对于新的哲学形态的渴求。本章将专门讨论海德格尔哲学，以此为例证，说明现代西方在本体论哲学解体以后寻求新的哲学表达形式的情况。

我们选择海德格尔哲学为例证，来说明本体论解体以后西方哲学的新追求，这绝不意味着说，只有海德格尔哲学在作这种新的追求，更不是暗示，海德格尔哲学代表着未来西方哲学的唯一方向。我们在前面已经肯定了，实证主义哲学方面也在作同样的探索。我们的一个基本看法是，所谓新的追求、新的探索，当然是相对于传统哲学而言的，而本体论则是西方传统哲学的核心，因此，"新"首先意味着对本体论的超越和克服。然而，恰恰在这一点上，海德格尔哲学在初看之下的情况是十分复杂的。在他早期著作《是与时》中，他曾把自己关于人的生存状态分析的理论称为"基本本体论"，又强调他所研究的"是"的意义问题的"本体论的优先性"。由于这样一些情况，人们往往把海德格尔哲学称为"本体论的存在主义"，有些权威的百科全书在"本体论"这个条目下，也不忘列入海德格尔的名字，作为这门学问的一种最新情况。笔者本人也曾用"本体论的人学"作为标题，评述过海德格尔关于人沉沦于其日常生活中的生存状态分析的学说。[6]但是，把海德格尔当作本体论哲学家，称他的哲学是本体论学说，都是违乎海德格尔本人意愿的。这也抹杀了海德格尔哲学与西方传统哲学之间的重要的差别。海德格尔本人生前就意识到了对他的误解或曲解。1946年他在《关于人道主义的信》里提到了他的思想的转折问题，强调了他与传统哲学的区别。从此以后，他就不提什么"本体论"问题，甚至最后也不提"是"的问题，在不可避免而提及"是"时，还在这个词上打一个"×"。他说，从此以后，哲学就将被"思"所取代。这种复杂的情况给我们的研究带来了困难。但是，另一方面，这也是一种挑战：如果我们能在复杂的用语中理出思路，指出海德格尔哲学与以本体论为核心的传统哲学的区别，那么我们就确信把握住了问题的实质：本体论解体以后，西方哲学正在谋求新的出路。

二、挑战第一哲学

（一）对传统本体论的批判

使海德格尔成名的那部著作《是与时》[7]提出了要研究"是"的意义的任务，这个任务是在批判传统本体论的基础上提出来的。我们已经看到过康德对于与神学结合在一起的上帝存在的本体论证明的批判，也看到过马克思主义对黑格尔《逻辑学》的本体论的批判。海德格尔则向人们展示了另一种思路的对本体论的批判。

海德格尔认为，既然本体论是研究"是"的问题的，就应当把"是"的意义讲讲清楚。然而，从柏拉图起直到他的时候，居然没有一个人把这个问题讲清楚。他把人们当时达到的关于"是"的含含糊糊的认识梳理了一下，有如下三点。

（1）把"是"当作是一个"最普遍的"概念。但是，所谓"最普遍的"是什么意思呢？这需要说说清楚。"是"的"普遍性"不是作为最高的种那样的普遍性，因为只有"是的东西"即"所是"或"是者"是分成种和类的，而"是"本身是超越于一切的种和类的。中世纪本体论里，"是"就是指一种超越。但是什么是超越？亚里士多德没有说清。中世纪在托马斯主义和司各脱主义方向上也没有说清。黑格尔最终把"是"规定为"没有规定的直接性"，并以此为基础去阐述他的《逻辑学》里的进一步的范畴。黑格尔的看法与古代本体论的看法取向上大致是相同的，只是，没有像亚里士多德那样把"是"看作是与表示事物的范畴的多样性相对的统一性。"因此，要是人们把'是'说成是最普遍的概念，这决不是说，这个概念是最清楚的概念，用不着进一步讨论了。'是'

这个概念倒是一切概念中最晦暗的概念了。"[8]

（2）"是"是不可定义的。这一方面是因为"是"不是任何"是者"，定义是用于"是者"的；另一方面，是因为定义的一般方法是最近的种加属差，"是"既不是"是者"，就没有一个可以推导出它的更高的种概念，也不能用较低的概念去描述它。"然而，这难道是说'是'就不成为问题了吗？当然不是。我们能说的只是，'是'不能具有是者的特征。所以，虽然用以定义是者的方式在一定限度内是正当的，但是这种以古代本体论为基础的传统逻辑的定义方法，是不适用于'是'的。'是'的不可定义的性质并不取消它的意义问题，它们是要我们正视这个问题。"[9]

（3）认为"是"是自明的。无论人对外物有所认知、断言，也无论是人对自己的状况有所表述，都要用到"是"这个词。并且，这样的表达无需深究便可懂得。如："天是蓝的"，"我是愉快的"。"然而，这种通常的可理解性，不过表明了不可理解而已。"[10]为什么我们在那种情况下会把它们说成是那些是者？这里面是有谜的。我们虽然一直生活在"是"的领悟里面，但"是"的意义却一直隐藏在晦暗之中，这就证明了重提"是"的意义问题的必要。

海德格尔对本体论的批判专门集中在一个问题上，即本体论虽说是关于"是"的学问，但直到他的时候，"是"究竟是什么意义，还仍然没有讲清楚。这一批判初看之下像是在钻牛角尖，甚至也不像是一种批判，倒好像是要把传统本体论所没有讲清的问题继续讲下去，讲个水落石出，因为批判达到的结论只是认为，重提"是"的意义问题是必要的。

但是如果我们用心思考一下海德格尔这三点批判，就会发现，前两点所指的"是"与第三点所指的"是"是有区别的。前两者说的是作为逻辑规定的范畴的"是"，它的不可定义性也是从逻辑规定方面去考虑的。定义本身就是逻辑方法的运用。最后一点指的则是作为系词的"是"。进一步看，前后两种"是"之间有一种明显的反差：前两种作为范畴的"是"至今仍无人说清，而最后一种却被认为是"自明的"。

作为"是"是自明的根据，海德格尔举出了两个句子："天是蓝的"，"我是愉快的"。这是我们日常中随时作出的表述。在这些表述中，我们不假思索地用着"是"这个词。所以，海德格尔说，我们人是生活在对"是"的领悟中的。这个"是"指的是我们判断、表述的过程，我们一切能够识别、能够表达的东西无不是在这个"是"的过程中是其所是、成为是者的。或者说，是者是"是"的结果。这样的"是"在我们领悟一切是者的过程中，它本身却不是任何是者。

对作为自明的"是"的上述说明，将它和作为范畴的"是"的区别进一步突出出来了。范畴、概念那样的东西本身是在"是"的过程中是其所是的，它们是些是者。因此，当把"是"作为范畴或概念来考察时，这样的"是"事实上已经被当作是者了。

所以，依海德格尔的看法，传统关于"是"的问题的研究，不仅从来没有说清过"是"是什么意思，而且，从根本上说，它把是者当作"是"研究，而这个真正的关于"是"的意义问题却被遗忘了。这才是海德格尔批判传统本体论的真正要点和特别的思路。

在《是与时》一书中，海德格尔确实曾把他关于"是"的意义的追问称作"本体论"，以区别于对"是者"的研究，关于后者，海德格尔生造了一个词，称它是关于"是者状态"（ontical）的学问。[11]在此后（1935年）的讲课中，海德格尔再次重申了这种区别，他说："'本体论'这个词最初形成于17世纪。它标志着历史上关于是者的学说发展成为一门哲学、成为哲学的一个分支。……但是，我们也能在其'最广泛的意义'上使用'本体论'这个词，而不偏重于任何特殊的本体论的方向和倾向。在这种情况下，'本体论'是指努力使'是'将自己显示出来，并带着'怎样立足于"是"之中'（而不是立足于是者之中）的问题去作努力。"[12]

所谓"最广泛的意义"上的"本体论"，应当是指这一句话：本体论是关于"是"的哲学理论。但是，据海德格尔的看法，传统本体论只是在形式上是关于"是"的学问，事实上却只停留在是者的水平上，它们似乎不配称为本体论。海德格尔给它们安上了一个"是者状态"的理论的名称，又鸠占鹊巢，让自己关于"是"的意义的追问占据了本体论的地盘。海德格尔这种近乎文字游戏的做法几乎害了自己，它很容易使人们从传统哲学的形式方面去理解海德格尔。

虽然有一些小小的误会，但是只要深入海德格尔的原作，海德格尔哲学与传统本体论之间的差异还是十分明显的。这一点可以进一步从海德格尔对"是"的意义追问的途径中看出。

（二）基本本体论的要点是"基本"

海德格尔把自己关于"是"的意义的理论总称为本体论，此外，他还创造了一个新名词："基本本体论"（fundamental ontology），这是关于人自身的生存状态分析的理论。根据海德格尔的理论，"是"的意义必须通过对人的生存状态分析去寻找，因此，生存状态分析是寻找"是"的意义的基础，也即是本体论的基础。基本本体论的要点就在于"基本"二字。于是我们看到，素有第一哲学之尊的传统本体论，先是被剥夺了称号，放逐到关于"是者状态"的理论中去；然后，已经占据了本体论地位的关于"是"的意义问题的理论，还需有一种更基本的理论作支持。这样，传统本体论不仅是被剥夺了称号，而且更严重的是被剥夺了第一哲学的地位，被挤到越来越后面去了。

地位和名分变化所反映的只是表面上的区别。我们更关心的是，海德格尔在探寻"是"的意义过程中，在哲学形态和思想方法方面所发生的实质性变化。为此，我们先对他的基本本体论的大致内容作一介绍。

1. 问题的提法

探讨"是"的意义问题从哪里入手？照海德格尔的说法，是从这个问题本身入手的，即人会提出，世上何以有各种各样的是者，它们是如何是其所是的？在《形而上学导论》一书中，一开头就是这个问题："何以有是者，而不是无？"这个问题事实上已经肯定了两点：首先是，是者是依"是"的方式而是其所是的，"是"是在是者是其所是的过程中；其次，人提出是者何以是其所是的问题时，那些是者事实上已经是其所是了，或者说，人已经把它们当作某种是者来对待了，这说明人是能领悟"是"的。

"是"离不开是者，从中得出结论，对"是"的追问必须依傍着是者，在是者是其所是的过程中去探寻。每个人本身就是宜于用来探索"是"的意义的是者，因为人自己也是一个在"是着"的是者，且人这个是者的一个特别的优越之处是，他能够领悟自己的"是"，他是以对"是"的领悟的方式而是着的。海德格尔称人的这种伴随着领悟的"是"的方式为"生存"（existence），并且给了人这个是者一个名称："本是"（Dasein）[13]，其德文的字面意思是"这个是"。然而，海德格尔并不是用以指任意的一个"这个是"，他想告诉人们，这里说的是我们每一个人自己的"是"，即我本人的"是"，故译为"本是"。

2. 世界之为世界

人们可能立刻就会有疑问，根据本是之是其所是的过程中去寻得的"是"

的方式只是我自己的"是"的意义,这样好像是撇开了世上我之外的那些是者,它不是有主观主义、唯我论之嫌? 对于这种明显的错误,海德格尔倒是早就想到,并设法避免了。他说,本是这个概念不是一个人类学、心理学、生物学上的人的概念,而是一个哲学的概念。它是从人的"是"的方式方面来规定的,这种"是"的方式可以表述为一个结构,叫做"是于世中"(Being-in-the-world)。用通俗的话来说,本是并不是表示一个与世隔绝、或与世分离而两立的人的概念,而是以"是于世中"的方式而是着的是者,即人。本是这个概念中本身就包含着"是于"和"世中"这两端。换一种说法,当我们每个人是其所是的时候,不可能离开周围的环境世界孤立地去是。人是其所是的过程也是他与周围事物相交接、打交道的过程,周围世界的事物成为什么样的是者,我自己之成为什么样的人,是同一个"是"的过程中展开出来的两端。

例如,一件古时候的日常用品,保留至今就可能成为一件宝贵的收藏品、文物。这是人与之打交道、对待它的方式变了,即,在不同的"是"的方式中同一样东西成了两种不同的"是者"。而这种打交道的方式即本是自己的"是"的方式。这只是一个信手拈来的例子,但我们也可以从中分析出具有重大哲学意义的问题来。人的日常中的大量事物是生活用品、劳动工具,当人直接使用它们、尤其当使用中得心应手的时候,人们关注的倒是工作本身,而决不会去特别关注这些用品或工具,在人这样与之打交道的方式(即"环顾"的方式)中的那些用品或工具称为"应手状态"(readiness-at-hand)。只是当在一种缺乏的情况下,如工具坏了,人们才对工具本身予以特别的关注,这时,工具就从应手状态变成了"显在状态"(present-at-hand)。与"显在状态"相应的人与之打交道方式是"看",或者说,由于人采取了"看"的方式,原先作为"应手状态"的是者就转而作为"显在状态"的是者出现了。

在上面分析的基础上再进一步深入下去,可以进一步得出,凡是成为认识所考察的对象,都是显在状态的是者。人们在认识范围内从是者的相互关系中指出它们的意义,这些关系都是显在状态的。而作为显在状态的关系,它的基础也是在应手状态中,这就是说,早在我们能把这些点明出来、说出来之前,人已在应手状态中,即直接的生活和生产活动中把这些关系建立起来了。虽然我们没有去特别关注这些关系,去把它们点明出来,但是,我们心中肯定是懂得这些关系的,这样,我们不假思索地将它们用于生活和生产时才感到顺畅、获得成功。海德格尔称这种在认识活动前的默察为"前见""前概念"等。

以"应手状态"向我们显现出来的那些是者的总体，组成了我们的周围环境；以"显在状态"向我们显示出来的那些是者的总体，就是我们常说的世界。这已经说明了，"世界之为世界"，原来不过是在本是自己的生存方式中展开出来的，是由本是的"是"的方式所决定的。那么，一个艺术家和一个物理学家眼中的世界会不一样，也就没有什么稀奇了。

3. 人之为人——谁人？

以上讲的是人依本是的结构（是于世中），在与周围事物打交道的过程中，让"世界之为世界"展开出来的过程。在这个过程中，人自己也同时让自己作为这样那样地与周围事物打交道的一个东西、或者主体，展开出来了。要是我们进一步去问，在本是结构中展开出来的人究竟是谁？那么，光凭与事物打交道这一个方面是不足以回答的。人除了与物打交道，还与周围的他人打交道。自己之为谁，主要是在与他人的关系中展开出来的。

当本是展开出来的时候，或者说当人介入到他所在的世界中去的时候，必定与他人照面，与他们处在一定的关系中。哪怕当看似只是在与物打交道，其中也包含着人的关系。例如，夜深时看电视，将声音调得低一些，以免妨碍他人休息，这是你意识到他人的存在，调低声音是你与他人打交道的方式。商品生产中更是凝结着人际关系，从商品的设计、制造、包装、推销，每一个与物打交道的环节都期望着被消费者接受。看不到在同物打交道的过程中人之间的关系，那只是你没有那样去"看"，当你潜心于当下的工作时，你取的是"环顾"的方式，在这种方式中，人际关系全处在"应手状态"，而不是"显在状态"。总之，他人是每个人介入世界时必然会遭遇到的，哪怕孤独也是从他人的存在方面才能得到规定。

人介入世界时必然同他人打交道，这说明本是将自己展开出来的时候，不仅以"自我之是"（Being-ones-self）的方式，也以与他人"共是"（Being-with）的方式；并且，在大多数情况下，本是是以"共是"的方式展开的。以"共是"的方式的展开，表现在日常中，每个人都试图以效仿他人的方式去生存。但究竟谁是这个他人呢？每个人都认为他只是他自己，而不是他人。但是，当他去效仿他人时，每个人事实上都成了一个他人。这样实现出来的每个人就成为"普通人"，或曰"常人"（das Man/They）。"普通人"指的是"我自己"和"他人"之间的一种游离状态。日常中人大多数是处于这种状态中,以至于"在不知不觉和不明不白的情况下,普通人展开了他的真正的独裁。普通人怎样享乐,我们就怎样享乐;普通人对文艺怎样阅读和判断,我们就怎样阅读怎样判断;同样,普通人怎样从'大众'中抽身回来,我们也就怎样抽身回来;普通人怎样感到'愤怒',我们也就怎样感到'愤怒',这个普通人不是任何确定的人,而一切人(不是作为总和)都是这个普通人。就是这个普通人规定着日常生活的'是'的方式。"[14]

这就是本是展开出来所成为的那个人是谁的答案。这个普通人的形象也许使人感到不愉快,从海德格尔的意思来说,这主要是由于人以"共是"的方式介入到社会生活中去的结果。芸芸众生之为芸芸众生,恰恰是因为在大多数情况下,本是是在"共是"的方式中是于世中的。但是这样得到的普通人只是本是在大多数情况下实现出来的一个是者,而这里的任务则是要在本是这个是者是其所是的过程中去寻求"是"的意义。"共是"当然是本是这个是者"是"的方式,但只是它在日常中的"是"的方式,还不是全部,因为毕竟还有与之形成对照的另一种方式:"自我之是"。事实上,根据海德格尔的理论,本是可以在多种多样"是"的方式中展开,本是从本质上说就是能"是"的可能性;现在所要探寻的是能够把本是的各种不同方式的"是"统一起来的那种"是"的意义。

4. "是"的时间特征

统一的"是"不是凌驾于各种不同的"是"的方式之上的一个抽象、普遍的概念,它甚至根本不是概念,不能用把握概念的方法去把握它。它是本是最本己的可能性,是每个人通过生存状态的分析去体会的。这里说的可能性不是指潜在的意义上的可能性,而是现实的可能性。这就是说,每个本是总是当下就在自己的"是"的可能性中,它能选择这样或那样地去是,当人不再能去是的时候,就是死亡。

怎样才能发掘出本是的整体性的、统一的"是"的意义呢?按照海德格尔的理论,应当不止一个途径。他在《是与时》一书中设计的一条途径是通过对"畏"和"烦"作生存状态的分析。

海德格尔认为,"畏"应当与"害怕"相区别。害怕总是有明确的所怕的对象的,这个对象是一个正在逼近的有害的东西。畏则是无其确定的对象的。

为什么没有确定对象也会畏呢？这要从前面说过的本是在日常中大部分是采取"共是"的方式说起。人在日常中采取"共是"的方式而成为普通人,依海德格尔的说法,这是一种逃避:混迹于他人之中,恰恰是为了逃避成为自己。为什么要逃避成为自己呢？因为自己的最深根源处不是任何确定的所是,只是纯粹的"是"的可能性。人所逃避的就是根据自己本真的"是"的可能性去选择自己的"是"的方式。或许人有一刻从大众中抽身回到自己,直面着自己本己的"是"的可能性,对这种心境的领悟就是畏。因此,据海德格尔的分析,畏这种心境把本是的一般结构揭示出来了:一方面本是就是"是"的可能性本身,它不是任何确定了的东西,另一方面,这个"是"总是要"是于"或介入到世中去,这样,就把包含在本是结构中的另一端——世界——揭示出来了。这就是说,通过对畏这种心境作生存状态的分析揭示出,作为本是的每个人自己的深处,只是这样一种结构性的东西——"是于世中",人生的一切作为、意义都是依这个结构展开的。

说到"是于世中"这个结构,还没有把本是的整体性的"是"的意义讲清楚,只有把这个结构中的"是于……"这个环节分析、描述清楚了,才能从整体上把"是"的意义说清。在这个问题上,海德格尔借助了另一种生存状态"烦"的现象的分析。

这里,让我们先说明一点。从一开始提出"是"的意义问题,讨论到现在,海德格尔关于"是"的意义的问题本身才逐渐明朗起来。他说的"是",是指人介入到世界中去的种种方式,所谓整体的"是"的意义,则是指"是"本身究竟有怎样的性质,才使得人可能、也必定以种种方式介入到世界中去,即"是于世中"。

海德格尔认为,对"烦"的现象的分析可以直指"是"的意义。烦有许多具体的表现,或烦于物,或烦于人事,如此种种,无非一个"烦"字。海德格尔把"烦"看作是人之为人的一个根本性的现象,为此,他借用了一则希腊神话,这则神话说,人是女神 Cura(烦)用泥土捏出来的,因此,只要人活着,"烦"就可以占据他。但是烦又是什么呢？烦就是筹划,就是指向将来,就是要"先行出去"。在向着将来的筹划中,现在和过去也就揭示出来了。将来、现在、过去作为一个整体就是时间。人活着就是烦,烦的停止就是死亡。烦就是筹划介入世界。烦的筹划揭示出以向着将来为主的时间特征。时间就是"是"的根本特征,"是"的时间特征使"是"总是要向着将来展开出去,因此"是"必"是于世中"，必展开为各种各样的"是"的方式、让各种是者在"是"的过程中是其所是。这就是"是"的意义。海德格尔在基本本体论（即关于本是的生存状态分析）这个标题下叙述的主要内容大致如此。

我们说过，海德格尔认为，哲学最基本的问题是关于"是"的意义问题，传统本体论哲学对此没有说清，他要重新提出这个问题，并且把自己的理论标榜为基本本体论，这一举动与其说是为了发扬本体论这门古老的学问，不如说是为了争夺第一哲学的地位。从上面的介绍中，我们已经可以分明看出，所谓基本本体论与传统本体论无论是在哲学的主题、实质性的内容以及所使用的方法方面都是不同的。对此，我们要作进一步分析。

（三）基本本体论和传统本体论差别的分析

海德格尔以《是与时》一书为代表的前期哲学思想，早已超越了以本体论为其核心的西方传统哲学的界限，透露出了一种对于西方人来说是形态全新的哲学。既然如此，海德格尔又何苦抱着本体论这个术语不放，去争所谓第一哲学的地位呢？关于这个问题，如果我们联系当时的实际情况，是容易理解的。海德格尔的这部著作初版于1927年，推算他开始写作此书时才35岁左右，这在一般人看来也是很年轻的，何况他是在哲学的圈子里。事实也证明了这一点：尽管海德格尔跟随胡塞尔当助手时，已显示出非凡的才华，但还够不上评教授的资格。为此，他于1923年跳槽到马堡大学谋职。到1925—1926年冬季学期时，马堡大学哲学系打算推荐海德格尔接替尼可拉·哈特曼出任系主任，依当时规定，出任这个职务的人须有具影响的著作。海德格尔就把我们现在所读到的、当时还没有出版的手稿《是与时》交到国家教育部去接受审批。按《是与时》一书第8节列出的计划，全书分上、下两编共六大部分，但是手稿只有上编的两部分，即我们现在读到的全部内容，于是，教育部就以"不足"的批示予以驳回。设想这部堪称不朽的著作在当时谋一个哲学系主任的职务尚且不能，在这种历史背景下，海德格尔尽管已经表达出了一种新的哲学，对于强大的哲学传统，出言还要留有余地，甚至还要借用传统的哲学语言立足，这应当是正常的。随着他的哲学地位的被确认，他在后期里的思想就表达得更顺畅，并且反省了《是与时》运用传统哲学的语言可能导致的误解。

那么海德格尔以《是与时》所代表的前期哲学与传统哲学（尤其是传统本

体论)对照所反映出来的不同究竟有哪些呢？这种不同可以从多方面去分析讨论，我们下面仅举我们认为是主要的几个方面。

1. 关于哲学的主题

从希腊哲学起逐渐形成的西方哲学传统，把哲学看作是高踞于各门实证科学之上的一门总括性的学问，这门学问讨论的是普遍的原理。由于这些原理超出在经验之上，哲学也称为形而上学，而本体论则是形而上学中离开经验最远、与经验完全脱离的部分。近代理性主义和经验主义的分歧，主要是关于这种普遍原理的起源问题。这一分歧并没有根本上改变对哲学主题的看法。与对哲学主题相关的是学问的分类。各门学问被看作是对某些确定的"是"的领域的研究，而哲学作为普遍的学问，则是研究一般的"是"的学问，甚至人本身也被淹没在哲学的普遍性之中。

《是与时》一书的主题是对本是作生存状态分析，从中探寻"是"的意义问题。在这个以探寻"是"的意义为目的的生存状态分析中，人自身的问题成了哲学的中心问题。"是"离不开是者，种种是者依"是"的方式而是其所是，所以"是"对于是者来说具有优先的地位。然而这个"是"又必须在一种特殊的是者的"是"的过程中去探寻，这个特殊的是者称为本是，就是每个人自己。如果说，各门学问研究的是不同领域的是者，那么这些是者是其所是的根源也须从本是的"是"的方式中去说明。

2. 真与真理

与哲学主题紧密相关的是关于真与真理的问题。古希腊最初称热爱智慧为哲学，逐渐地哲学演变为求知、求真理。真理被认为应当是具有普遍性、必然性的知识。本体论就被用来作为这种真理的最高、最普遍的表达形式。黑格尔就称自己的逻辑学是绝对真理的体系。

当海德格尔提出哲学主要是探寻"是"的意义时，这个追求真理的任务就发生了变化。如果说，在传统本体论中，如在黑格尔的逻辑学里，真理就是以"是"这个范畴为开端的范畴体系，那么海德格尔的"是"的意义问题表述出来就简单得多。"是"的基本特征是时间性，这个特征决定了本是必介入到世中去，并于此介入过程中让一切是者展开出来，是其所是。因此，除了用时间性说明"是"的基本特征外，"是"的意义可以简单表述为"显现"。

为了印证自己的上述观点,海德格尔从词源学和希腊哲学的源头作过许多考证。他想证明,西方语言的"是"这个词从其印欧语系的词根上说就含有"显现"的意思。[15]现在人们一般译作"真理"的这个词,希腊文写作 altheia,它的原意恰恰是同"显现"相近的"解蔽"。还有一个人们用作与"是"相近的词是 physis,原意指"涌现"。海德格尔认为,"对于希腊人来说,真理之为真理,只是因其与作为 physis 的'是'之为'是'相联系在一起才是可能的"[16]。这就是说,"是"的意义问题不是追求真理的问题,但它追寻的比真理还要深,它追寻"真理之为真理",即"解蔽"或"解蔽状态"。我们也可以说,从"是"的意义与"解蔽"有关这点而言,它追求的是"真"。

3. 生存状态与范畴

传统本体论所讨论的"是"与海德格尔要追问的"是"的最大区别是,前者是范畴,或从逻辑上规定的概念,而海德格尔哲学中的"是"则不是一个范畴,甚至也不能作为一个概念去把握。[17]不仅"是"不是范畴,《是与时》一书中描述的本是依"是于世中"展开出来的种种"是"的方式也不是范畴,而是"生存状态"。

范畴不是孤立的,单独一个范畴是不能成立的,它必存在于相互的关系之中。本体论范畴的意义是从范畴间相互的关系中得到规定的,是逻辑规定性的概念。如黑格尔逻辑学中的开端"是",尽管黑格尔说,作为思想的直接性的东西,它没有任何更进一步的规定性,事实上这就是一个逻辑的规定,因为它在这里是作为一切有(进一步的)特殊规定性的范畴的对立面出现的。

海德格尔的"是"不是从逻辑上规定的范畴,甚至也不是一个概念。如果说概念中已经具有普遍性了,那么当海德格尔说"是"应当从本是自己"是"的方式中去寻找,而本是则是指每个人自己时,这样的"是"恰恰是个别化的。"是"的个别化同时也说明,追寻"是"的意义的途径在于个人对自己的生存状态的体验之中。

我们可以进一步说,《是与时》一书中所谓本是当在自身是其所是的过程中对"是"的意义的探寻,用大白话说出来,就是指每个人在自己生命展开出来的过程中去寻思生命的意义。每个人作为生命,就是他自己的"是"的可能性。如果说,人要去体悟生命的意义,最真切的当然莫过于当下对自己的体悟,而不是靠思考几个概念。

4. 现象学和逻辑推论

传统本体论运用逻辑推论的方法,这点我们已经十分明白而不必多说了。海德格尔探寻"是"的意义时运用的方法是现象学的。

本章第一节中已经简略地介绍过胡塞尔所创立的那种现象学。胡塞尔的本意是要维护逻辑方法得到的知识,他确信逻辑方法得出的知识具有普遍必然性,但他感到有所不足的是,构成逻辑知识的那些概念只是从逻辑规定性获得其意义的,最好还能获得这些概念的意义的自明的证据。这事实上是想使逻辑规定性的概念同时具有日常使用的概念所具有的意义。这种意图使他深入去分析意识中形成普遍概念的活动过程,其得出的结论是,意识活动中意向指向的方式对意向对象的显现具有决定的作用。

海德格尔从胡塞尔的现象学方法受到启发,但是他没有照搬这种方法,而是将它在一个方向上进行了发扬和推广。对海德格尔来说,这个方法经过加工可以用于对"是"的意义的讨论中去。意向指向决定意向对象,正如"是"决定是者之为是者,但"是"不应理解为纯粹意识的活动或意向指向的方式,而是人介入到世界中去的方式,人介入到世界中去不仅是意识的,也是实践的活动。这种有意识地介入到世界中去的实际生存方式,就是人展开出自己人生的"是于世中"的"是于"的方式,它决定了世内是者之为是者。根据"是"的意义问题具有优先地位,海德格尔提出基本本体论,取消了传统本体论作为第一哲学的地位。这意味着,从海德格尔的立场看,传统本体论所讨论的问题只停留在是者的水平,没有深入到"是"的层面。而对传统本体论的这一评价也适用于一切运用逻辑方法所获得的知识。这是胡塞尔始料所不及的。胡塞尔的本意是想通过现象学的方法巩固逻辑的知识,对他来说,逻辑知识所具有的普遍必然性的地位是很崇高的。但是海德格尔则把他的方法用来搞个别化,用于每个人体验自己依是于世中的结构展开出来的"是"的意义,也即体验自己作为一个从被抛到世界上来的生命的根苗处展开出来的人生的意义。

5. 人生观和世界观

哲学总应当涉及世界观和人生观的问题。传统本体论是世界观决定人生观,海德格尔的基本本体论则是以人生观包容世界观。

说传统本体论以世界观决定人生观,这主要是指,本体论所表达的是纯粹的原理,这种原理被认为是涵盖整个自然界和人类生活领域的。按照黑格尔的说法,甚至人的精神活动也是绝对理念的展开的一个环节,在人的精神中,绝对理念回复到了它自己。这里有主观思想和客观思想达到统一的意思,但是,因为主观思想本身是绝对理念的展开,主观思想应当符合客观思想,而不是相反。因此,对于哲学来说,重要的是去把这个以逻辑学为名称的绝对理念的体系表现出来。甚至这个绝对理念体系也不是一般人所能发现的,只有那些已经让自己的思想上升为普遍的客观思想高度的人,才能进入这个领域,这时,与其说是人在表述哲学,不如说是概念自己在作辩证的运动。在这种哲学体系里,如果说还有什么人生观问题存在的话,那么就是要努力去认识原理、并以符合原理的方式去生活。黑格尔把这称作是真正的自由。

基本本体论把世界观解说为人关于世界总体的看法,这里突出的是"人的看法"。基本本体论并不否认世界是存在的,但是,对人来说,世界并不只是抽象的存在而已,它必须还是一个"什么"。这个成为"什么"的世界,或曰世界之为世界,决定于人介入其中、与之打交道的方式。关于这一点我们前面已经介绍过了,两种基本的方式是"环顾"和"看",与之相应的是作为"应手状态"的周围环境与"显在状态"的世界。甚至作为抽象的客观存在的世界,也只是出现在人的一种特殊的"看"待一切是者之总体的态度或方式中。因此,在基本本体论里,具有决定意义的是要去发掘人介入世界、与世界打交道的方式,亦即"是"的方式。它引导人去体验,自己的根子处原来就是"是"的可能性。世界之为世界,就是从本是的"是"的方面得到说明的。因此我们有理由说,在基本本体论里,人生观涵盖世界观。

现在人们已经注意到了,海德格尔在基本本体论里把人导向到他自己生命的根子处,去体验他自己的生存的可能性本身,这种哲学同糅合着佛学的宋明理学的心性之学有相似之处。一切心性之学都不只是为了去体验人生最深处的这一度而已。即使就佛学而言,参透了个中奥妙以后,便可以让人在生活中获得"大无畏""精进"的态度。从理学方面来说,对内"湛然澄明",目的在于对外"接应万机",即所谓"内圣外王"。海德格尔在基本本体论里是搞个体化的。对他来说,人介入到世界中去时是一种沉沦的过程,他以"共是"的方式而成为普通人。在普通人状态里,人实际上已经异化了。当人在自己生命的根子处体验到我就是自己"是"的可能性本身而重新回到生活中去的时候,人应当根据自己的选择、自己的决断去生存,这在他称为"本真的是"。海德格尔这种理论与心性学在对内方面目标是相同的,在对外方面却有区别,即,海德格尔更倾向于个人主义。这个区别恰恰反映出,海德格尔哲学是在西方文化传统中发展出来的。

以上五个方面关于海德格尔的基本本体论与传统本体论的区别,只是我们初步研究的结果。尽管这些结果是初步的,它们对于说明基本本体论决非传统意义上的本体论这一点来说,已经足够了。

(四)"解析本体论历史的任务"

仅仅指出基本本体论与传统本体论的区别,还不足以说明前者能取代后者成为"第一哲学",也许基本本体论不过是在传统本体论之外提供了另一种不同的哲学而已。然而,当我们深入到《是与时》一书中去的时候,我们分明看到,海德格尔的抱负是要以基本本体论取代传统本体论,稳坐"第一哲学"的地位。

海德格尔将自己的这一意图鲜明地表达在《是与时》一书的第六节"摧毁本体论历史的任务"中。

当黑格尔把他的逻辑学当作第一哲学的时候,他就把哲学史当作是绝对精神展开出自身的一个环节来看待,这样,他就把人类历史上的各种哲学理论作为环节纳入到他自己的哲学体系之中。这样,凡是不适合作为其中环节的哲学便被舍弃在外。我们已经知道,黑格尔就是以这种态度来对待包括中国哲学在内的东方哲学的,他说:"我们叫做东方哲学的,更适当地说,是一种一般东方人的宗教思想方式——一种宗教的世界观,这种世界观我们是很可以把它认作哲学的。"[18]——如此而已。

海德格尔也要根据自己的哲学观去解释哲学史。然而这里遇到了一个初看之下是明显的困难,即他把自己的哲学定位在对"是"的意义的追问中,而在他之前的漫长历史中的哲学,尽管也以"是"为核心主题,但依他的看法,它们实质上只停留在是者的水平上。他对这一困难的克服是:把柏拉图以来的整个西方哲学史看成是一部忘了"是"的历史。为此,他把哲学的源头追溯到柏拉图之前。于是,赫拉克利特、巴门尼德是海德格尔尤其推崇的两位哲学家,他认为在这两位哲学家这里,保持着原始纯朴的对"是"的意义的追问。但是到了柏拉图这里,就以对是者的追问取代了对"是"的意义的追问。而柏拉图哲学对于西方哲学传统是具有决定意义的。从此：

> 传统把承袭下来的东西当作是不言自明的，并堵塞了通达原始
> "源头"的道路，而流传下来的许多范畴和概念一部分曾是以真切的
> 方式从这些源头汲取出来的。传统甚至根本使这样的渊源被遗忘
> 了。传统使人们以为甚至无须去了解一下是否必要回溯到渊源处
> 去。传统把本是的历史性连根拔除，把它的兴趣框定在哲学活动的
> 各种类型、方向和观点中，其实那些都是最疏远和陌生的文化，试图
> 以此掩盖自己之无根这个事实。[19]

虽然哲学史与海德格尔自己的哲学方向上不一致，但是，海德格尔把它解释得正好符合自己的主张：本是在展开出自己的时候，是采取了沉沦于世的方式，结果就形成了以传统的本体论方式出现的哲学史。

海德格尔既然认为"是"离不开是者，当通过是者是其所是的过程去探寻"是"的意义，所以，一方面，他通过对本是的生存状态分析去探寻"是"的意义；另一方面，他也要在哲学传统的解说中说明"是"的历史命运。这后一方面的任务，海德格尔称为"摧毁本体论历史的任务"。他说："我们把这个任务了解为：把'是'的问题作为线索，把古代本体论传下来的内容打碎成为一些原始的经验，正是这些原始的经验，自古以来指引着我们去获得'是'的规定。"[20]这就是说，海德格尔要摧毁西方自柏拉图以来的哲学传统，为哲学另起炉灶。他在表达这一思想时，也有委婉的一面。他说，这个任务有积极和消极两方面的意思。从积极的方面来说，这项工作是要指出传统本体论产生的原因以及指出它的局限性；而关于消极的方面，他没有直说，只是说："它的消极作用始终是隐而不露的，是间接的。"但是他使用"摧毁"这个词已经表明了他的基本立场：这个词在德文中作 destruktion，英文译作 destruction，或有时径译为 destroy，意思是"摧毁""消灭"。这样，摧毁本体论的历史，也就是要消除它，其目的是"把僵化了的传统松动一下"，使人重新回到哲学的源头处去。

海德格尔以上的哲学观打破了黑格尔那种狭隘的哲学观，那种狭隘的观点不仅把本体论当作第一哲学，而且当作哲学的普遍形式。而根据海德格尔的观点，被黑格尔排除在外的东方思想以及中国思想，包括禅宗思想，正

因为在西方哲学传统之外,在海德格尔看来,距离思想和哲学的源头更近,它们是有希望用来解决以技术为标志的现代社会中的新问题。[21]但是,海德格尔要摧毁传统本体论,这不是说,他把西方哲学史看得一无是处。他也肯定从柏拉图、亚里士多德直到康德、黑格尔这些伟大哲学家的历史作用。但是值得注意的是,他更推崇马克思。这恰恰是因为,在谈到人的问题时,马克思深入"历史的层面"中去了。这意味着他认为马克思不是从抽象的概念方面来谈论人性、人道主义的,而抽象的概念式的思想方法恰恰是受到传统本体论束缚的思想。在这一点上,他甚至公开说,胡塞尔和萨特都还没有达到能与马克思主义对话的资格。[22]这涉及马克思主义对传统本体论的态度问题,我们已在本书第四章里作了专门讨论。海德格尔这个有关的见解也是值得注意的。

按照海德格尔为探寻"是"的意义而设定的任务,除了对本是作生存状态的研究之外,还应有对传统本体论的一个批判,作为《是与时》的下篇的任务。但是,《是与时》发表时并没有这些内容。他把有些内容放到课堂里去讲授,有些内容后来单独出版了。如他的《康德与形而上学问题》(1929)一书就被认为本来是《是与时》一书下篇中的内容。

尽管有了以上这些说明,人们可能还是认为,基本本体论的生存状态分析是一种思想方法,传统本体论的概念体系式的哲学则是另一种思想方式,它们可能是并列的,其中没有一个能有理由把另一个包括在自己之内。但是海德格尔既然称自己的哲学为基本本体论,他自然要把传统本体论的问题消化掉。发表于1929年的他的一篇论文《形而上学是什么?》[23]可以用来说明这个问题。

讨论是从分析一个形而上学的问题开始的:科学研究世界上各种各样的是者,只此无他。这怎么会是一个形而上学的问题呢? 因为这个说法里已经把一切是者和"无"对立起来了,即人们是从"无"的对立的方面来理解是者总体的。(我们已经看到过,在黑格尔的逻辑学,第一个范畴就是"是",——依海德格尔,它实质上是"是者",而非真正的"是"——这个"是"就是"无",即"是"须从其对立的方面来规定。)那么,这个"无"又是什么呢?(这个问题引起卡尔纳普的嘲笑,他认为,既然说"无",又问"无"是什么,这纯是无意义的问题。)传统本体论在这个问题上陷入困境,它本想回答,"无"当然是指什么都不是,一无所是,然而它却指不出来。因为它所摆出的这个"无"毕竟是一个概念,作为一个概念,"无"岂不也是一个是者? 可是,是者确是通过无来反衬的。如果我们不能真正把捉到无,那么是者之为是者倒成问题了。

海德格尔认为,真正的"无"是应该在人自己的生存状态上去把捉。他提出了"畏"这种人自己可以体验的情绪。我们已经知道,他把"畏"与害怕相区别,害怕是有确定对象的,畏的对象则是不确定的。畏的对象既然不确定,人便觉得"茫然失措"。在"茫然失措"中,人说不出对什么感到茫然失措,万物与我自己都陷入了麻木不仁的境界。是者的整体隐失在麻木不仁的境界中,我自己也随之隐去。在此中,已是"浑然一心",物我不分了。更谈不上用语言来表达些什么了。海德格尔以如下一段精彩的文字揭示出"无"的境界:

> 畏使我们忘言。因为当在者(按即 das Seiendes,是者)整体隐去之时正是"无"涌来之时,面对此"无",任何"有"所说都归于沉寂。我们在畏之茫然失措境界中往往竟不择语言,只求信口打破此一片空寂,这只是"无"已当前之明证。当畏已退之时,人本身就直接体验到畏揭示"无"。在新鲜的回忆中擦亮眼睛一看,我们就不能不说:"原来"我们所曾畏与为之而畏者,竟一无所有。事实是:如此这般曾在者就是"无"本身。[24]

在传统本体论中仅仅是从逻辑方面得到规定的范畴"无",便这样在人当下的体验中获得了明证。这不过是一个例证,说明海德格尔前期思想是怎样以基本本体论取代传统本体论而成为第一哲学的。

然而,随着他的哲学思想的继续展开,他发现自己的思想总是被人误解,基本本体论也总是被人当作是一种本体论。他意识到,与其要争坐第一哲学的交椅,不如彻底抛弃本体论,只有这样,才能摆脱传统哲学的局限。1947年,有一位法国人写信请求他回答几个问题,他借机写了《论人道主义的信》一文,公开表示了他要彻底抛弃传统本体论的主张。从此以后,他的思想发展进入了第二个时期。用他自己的说法,他是从对本是的生存状态分析中探寻"是"的意义,转向了"直接思入'是'的真理"。这个"是"表明就是"天道",或"道"。因此我们也可以把他后期的思想称为"追寻天道"。它反映了本体论倾覆以后,西方人对于一种新的哲学形态的探索。

三、追 寻 天 道

（一）彻底抛弃本体论的提法

1947年,法国人让·博福尔希望海德格尔回答一些学问上的问题,其中有一个是:怎样确定本体论和一种可能出现的未来的伦理学之间的关系? 事实上,在此之前,其他人也问过海德格尔是否打算在《是与时》之后再写一部伦理学著作。这些问题反映出人们显然把《是与时》当作是一部本体论的著作,是讲纯粹原理的,而伦理学则当是另一部著作,是对本体论的补充。这里既反映出人们把本体论当作第一哲学的看法,又反映出与之相关的对学问的一种传统分类方法。海德格尔在解答这一问题时,表示了坚决同本体论划断界限,展示出一种新的思想方式。这种思想方式是隐喻式的。

海德格尔说,为了精确地规定本体论和伦理学之间的关系,必须先要去想一下,这两个词所指的意思是不是还是人们当初创造出这两个词时所想到的东西。当然,这两个词以及它们所标志的两门学问间仍是有关系的,不然,已经在这两门学问里受了训练的思想就不能提出两者关系的问题了。

问题在于,许多词初创时的原始意义总被渐渐淡忘。在这方面,索福克勒斯悲剧中保留在智者口里的"伦理"这个词的希腊文原文 ethos,倒是比亚里士多德的讲演中 ethics(伦理)这个词更原始。那里有一句赫拉克利特的话:ēthos anthropoi daimon,一般译为"人的性格就是他的守护神"(残篇119)。但这一译法已是现代的,而不是希腊人的说法。希腊文 ethos 这个词原本是指居住(abode),栖所(dwelling place),是指人所栖居于其中的一块敞开的区域。属于人的本质的东西以及因敞开而来到他的近旁的东西就显现在这块敞开的区域里。人的居住就维系和保持在属于他的本质的东西的到来中。这个东西,据赫拉克利特说,就是神。因此,上面所引那片残篇的话当指:人居住在(只要人之为人)神的近旁。亚里士多德《动物志》里(I,5,645a17)有一个故事,与赫拉克利特上述残篇的意思是一致的:

> 这个故事是关于赫拉克利特对远道而来访问他的陌生人所说的话。那些客人们来到后,只见他在一个火炉边烤火取暖。这已使客人们感到惊愕,而最使他们惊愕的是,当他们愕立时,他却以这样

的话招呼他们过去:"神也在这里。"

　　海德格尔认为,这个故事自有它的意思,但他想作一些引申。他说,外乡人慕名来见一位思想家,想必他自有与常人不一般的风采,可以发现一些事情作为话题谈论一番,或者,至少看到一位正在沉思的思想家,这样他们便可对人说,他们也见到了别人所说的那位思想家了。然而他们只见到赫拉克利特在一个火炉旁,火炉是烤面包的地方,但他连面包也没有烤,只是为御寒,其贫困暴露无遗。这种情景到处可见,想不到竟出现在他们想见的思想家身上。赫拉克利特从他们脸上看到了由于没有达到期望而打算离去的神情,就说了那句话"神也在这里",以此作为对客人的招呼和邀请。客人们是否明白赫拉克利特的话,故事没有交代。但故事之流传至今,则是因为它为我们刻画出了赫拉克利特这位思想家,并且传递了一个重要的信息:在我们最熟悉、最平常的地方,神也在场。

　　既然海德格尔把"伦理"这个词追溯到希腊文的 ethos,并且将 ethos 解说成"居住""栖所",那么,他就给赫拉克利特残篇 119 一种新的翻译:"(熟习的)居所对人来说是迎接(不熟悉的)神出现的敞开领域。"如果"伦理学"(ethics)这个词还保持着 ethos 这个词的原意,那么,"伦理学"所思考的是人的居所,这样的思想把"是"的真理当作就是人出而为人的过程的思考。这样去思想才是原始的伦理学。

　　海德格尔对伦理作这样解释是否有其学术上的根据,我们这里无法辨证,这至少是海德格尔自己的观点。人们一般把伦理学看作是关于人类交往中道德规范的学说,而海德格尔要把伦理当作是人的居所,这不仅似乎与大众一般的认识风马牛不相及,甚至看上去简直荒唐可笑。然而如果我们放开一些眼界,拿汉语的"伦"来说,指的是"辈""类",那么从字面上说,关于人伦问题的伦理学岂不是关于个人在群体中的地位问题吗? 这个地位就是人的居所,离开了这个居所,人便不得生存。这样一想,说伦理讲的是人的居所,是有道理的。海德格尔讲的这个居所还不是指个人在群体中的地位问题,而是指获得一个到达"是"的近旁的居所。他后期思想中的"是"指的是"天道",这点我们后面会进一步谈到。那么,我们就可以理解了,当海德格尔说 ethos 当作居所时,他实际上想说,伦理学从其原始的意义上说当思考人在天地间的安身立命问题。人是在天道的展开中安身立命的,反过来说,依天道的展开安身立命,人才出而(eksist)为人。

这就谈到了本体论问题,海德格尔说,这种原始意义的伦理学所考虑的是"是"的问题,即人在"是"的天命中之是其所是,它不是本体论的:

> 因为本体论总是只思考在其"是"中的所是。但是,只要"是"的真理不被思及,一切本体论依然是没有其根基的。因此,《是与时》一书中的思(thinking)就试图把思想(thought)以一种初步的方式推进到以"基本本体论"为标榜的"是"的真理中去。它要回返到根本的基地中,让关于"是"的真理的思想涌现出来。这启动了另一种方式的追问,在此,思已经远离了(甚至康德的)形而上学的"本体论"。然而,"本体论",不论超验的还是经过批判的,之所以受批判,不是因为它思考着是者之是,并因而将"是"归结为一个概念,而是它不思考"是"的真理,因而它就认识不到,有一种思比概念的思想思得更严格。[25]

这段话中,海德格尔再次点明"基本本体论"与"本体论"不是在同一层面上的思想,前者比后者要思想得深;同时也可以看出,由于他使用了"基本本体论"这个词,《是与时》出版二十年后,人们仍然把他的哲学纠缠在本体论里,因此,他明确提出,有一种思想,比概念的思想思得更深,它思的是"是"的真理。

所谓"概念的思想",也指运用逻辑的思想。海德格尔说,"逻辑""物理学""伦理学"最初是出现在柏拉图学派里的。这些学说产生的同时,哲学作为一种科学也就产生了。作为一种科学的哲学本来是各学派和学园所追求的。当哲学被这样理解的时候,科学被抬高了,而思想则萎缩了。其实在这个时期以前的人是既不知道"逻辑学""伦理学",又不知道"物理学"的,然而他们的思想却决不就是非逻辑的和不道德的,他们对"physis"(在 physics 即物理学之前希腊人用的词,指"自然")所思考的深度和广度,都是后来的物理学所不能比的。

海德格尔尤其在他后期的思想中经常这样追溯到前苏格拉底哲学、追溯到希腊文的词源学上去,其目的无非是说,那里是思想的源头。这样做,正是为了打破自柏拉图以来西方思想所受的束缚,而这种束缚就表现为形而上学、本体论。

在海德格尔写《论人道主义的信》的前一年，萨特刚好发表了《存在主义是一种人道主义》(1946)一文，在其中，萨特把自己和海德格尔都归入存在主义者之列，并且以一句简洁的话把存在主义的主题概括为"存在先于本质"。海德格尔对这种说法十分不满。他认为，从柏拉图起，就形成了本质先于存在的看法，这种看法是形而上学的。因为在这里，根本就没有考虑"是"的天命，相反，"是"的问题在这些概念式的思想里倒是被遗忘掉了。可是，把本质先于存在颠倒为存在先于本质，仍然在这些概念里兜圈子，这还是形而上学，它一点也无助于对"是"的思考。所以海德格尔断然否认自己的《是与时》一书与存在主义有什么关系。萨特的这个关于存在先于本质的命题，只是留给萨特本人的那种存在主义去用。遗憾的是，尽管海德格尔有过这样的申明，大多数人至今仍然把海德格尔的理论当作一种存在主义哲学来了解。

海德格尔意识到，这种纠缠不清的一个重要原因，是由于人们仍然使用着形而上学惯用的语言，而哲学则是形而上学的同名词，所以，他不仅要避免使用形而上学的语言，甚至也要放弃哲学这个名词。他说："将来的思想不再是哲学了。因为将来的思想比起形而上学（这是一个哲学的同名词）思想得更有创造性。"[26] 在《哲学的终结与思想的任务》一文中，他更是对西方哲学的历史作了如下的概括：

> 通观整个哲学史，柏拉图的思想依然是各种不同形式哲学中有决定性影响的东西。形而上学就是柏拉图主义。尼采把自己哲学的特点看成是颠倒了的柏拉图主义。随着由马克思所已经完成的形而上学的颠倒，哲学达到了最极端的可能性，哲学已经进入了它的最后阶段。[27]

这个由柏拉图主义占统治地位的西方哲学，其核心就是本体论，即纯粹概念或范畴逻辑推论中构成的原理，其他各分支则是这种原理的运用。

放弃了哲学，转向"思"，这大致可以说是海德格尔后期哲学的特点。W. 理查逊把这个变化说成"从现象学到思想"。这里的思或思想当然不再是概念式的思考，甚至也不是脱离了实际活动的纯粹的意识活动[28]，而是一种追寻，对天道的追寻。天道是后期海德格尔喜欢用的"是"的代名词，它不会被误解为旧形而上学的语言。天道是以多种方式显示着自己的,人也是在此天道中出而为人的。或者说,人的一切活动都是在踏勘天道,从这个观点出发,他研究了语言、诗歌、艺术、技术等等,我们不能在此尽述。在这些问题的探讨中,他表达出一种对西方人来说感到十分陌生的新的思想方法,即新的"哲学"形态。作为对他的新的哲学思想的了解,我们只略介绍他关于语言和技术问题的思考。

(二)"语言是'是'自身既澄明又隐蔽着的到来"[29]

上面这个标题摘自海德格尔《论人道主义的信》,它已经点明了语言和"是"的关系。"是"是在语言中到来的,但是却同时带有相反的性质:它既在照亮着、澄明着,又在隐蔽着。这里反映出海德格尔怎样的思想呢?让我们从头说起。

海德格尔对于他所见到的种种关于语言学的理论、定义是不满意的,那些理论为语言制订出某种定义,当作是对"什么是语言"这个问题的答案,然而,当这样发问时,语言已经被当作一个"什么"(whatness)来看了。但是,当我们讨论语言的本质时,我们已经使用着语言,语言已经给予我们了。本质应当从"是"的方面去考虑,这样,对语言的本质的讨论就变成了对本质的语言的讨论,语言的本质问题就成了本质的语言问题。

既然语言不能当作"什么"来谈,既然"一谈到语言,总不免把语言变成一种对象"[30],那么究竟怎样才能抓住语言的"是"来谈呢?那就是,让语言来说,在说的过程中,语言就"是"语言了。当语言在说的过程中,语言就是其所是,在其本质中了。换句话说,语言就在语言的道路上了。追问语言的本质只能遵循语言自身说出的道路。这就是他的那本论述语言问题的论集取名为《在语言的道路上》的命意。

在不知不觉中,我们已经写下了"语言在说"的话,这正是海德格尔要把人的思想引导的方向。他在与一位来访的日本学者的谈话中,把这个意思说得更明白。他说他长久以来思考语言的本质时,就不愿使用语言这个词。后来他终于找到了一个合适的词,不过仍要防止成为口头禅使用、防止当成概念使用。这个词就是"说"。"它的意思是:说以及在其中被说及的和将要说及的东西。"它还指:"让出现和让照亮,在这个意义上与'显现'恰是同义的;但这是以展示迹象的方式的显现。"[31]

这里我们注意到,"说"是没有主语的,即海德格尔引导人们打破了语言只是人的语言的思想。"从其本质上,语言既不是人的表达,也不是人的活动。语言在说着。"[32]没有主语的说,是"是"自身的显示,是天道的展开。从这种角度去理解,那么自然界的一切,日月经天,江河行地,花开花败,四季兴替,乃至人事的盛衰,都是一种无声的语言。诚如孔子说:"天何言哉,四时行焉,百物生焉,天何言哉!"

海德格尔针对这种"天道"的语言说:这种语言是悄然没声的。但这种悄然没声又不是死的寂静,万物都在静静的演化,其中有大音,因此它又是宁静的轰鸣。"语言就是作为这种宁静的轰鸣而说着。""世界和事物在宁静中之展开也恰是差异之发生。因而,语言,宁静的轰鸣,便是差异的发生。语言是作为世界和事物之差异的发生或出现而进行着的。"[33]这里,"是"的语言表现为自然的分化、运动。差异就是分化。"这种差异把世界作为世界展开出来,把事物作为事物展开出来。在这样将它们展开出来时,使它们相倚而立。"[34]这样,我们就有了世界,有了万物。这说的是自然的语言,"天道"的语言。

由天言而说到人言。海德格尔认为,人言是出于天言的。人们往往把"说"看作是嘴的一种功能,"可是嘴并不仅仅是作为生物体的一种器官而已。身体和嘴是大地所涌现出来的东西中的一部分。人因生长在大地中而兴盛起来,并且从大地获得了我们声音的根子。如果我们失去了大地,我们也就失去了根。"[35]因此,他要求人们讨论语言的本质时,不能只就人的语言谈语言。"如果只注意于人言,如果把人言只当作是人内心的声音,如果把这种言语(speech)当作语言本身,那么语言的本质除了是人的表达活动就不能有所表现了。然而人言,作为人的言语,并不是独立自存的。人言在于它同语言之说的关系中。"[36]

人言既出于天言,人之有言是得之于天言的"承让"。"一切人言皆得其承让于'说',这才是严格意义上的真正的语言——尽管得其真传的程度会因不同的标准而有所不同。一切真正的语言,因其是由开拓道路性的'说'的活动分配、发送、派定给人的,而是处在天道的派遣之中的。"[37]在这种隐喻式的语言里,海德格尔事实上表达了,人言既得之于"说"(天道的语言)的承让,那么人言就当去说天道之所说,天道在怎样展现,人的语言也当怎样去展示它。所以,语言就是"是"的家,人则是"是"的看护者。

根据以上的叙述,似乎要得出这样的结论:既然人言得之于天言的承让,人在自己的语言中也就是在"是"的语言中,我们不必担心人的语言会出问题。然而情况并非如此。人的语言并不能处处紧随天道,事实上还出现了一种被称为语言的荒疏的现象,这种现象的出现,使人不仅不能在语言中保持他的本质,还损害了美学的与道德的责任。另一种现象称为"语言的堕落",这主要是形而上学的统治所造成的结果。还有一种情况是,语言还向我们拒绝它的本质,即语言本应成为"是"的真理途径;相反,它倒委身于人的意愿与驱策,一任我们作为统驭是者的工具来使用。

这些情况的出现,有多方面的原因,其中有一项主要的原因在于,如本小节标题所示,"是"到来的时候既澄明着,又隐蔽着。这说明,虽然天道昭彰,但它同时也在隐蔽自己,正因如此,"是"的天道是需要人去寻的。此外,他还举出过几种原因,其中包括人对于主观客观的划分,把语言当作是对象的语言,或加以对象化。此外,海德格尔还特别注重提到了形而上学的统治,造成了语言的堕落。这在《论人道主义的信》中已经有所论及。我们前面曾提到ethos等词演变为哲学术语时,掩盖了它们原始的意义,这就是语言的堕落的例子。

海德格尔关于语言的论述,初看之下,给人一种神秘的感觉。它同各种以语言为对象的语言学著作差别很明显。它不把语言当作对象来研究,而是要人随他一起直接进入语言的"说"之中。这一步一下子剥夺了语言总是我的语言的权利,使语言不是仅仅作为表达我自己的工具,从而迫使人们去思考,天地间毕竟有一种力量、过程,将世界万物逐渐显示出来,这是自然的语言,或者说,"是"的语言,天道的语言。人的语言不过是它的一部分。当我们听取这种广义的语言的启示作用时,我们就是在追随天道的显现。这里没有自然和社会的划分,更没有主观和客观的分离。它倒是暗示,正是由于主、客观的分离,无论是将语言当成纯粹表达主观的工具还是将之对象化,都不免会言不及义,甚至戕害人的本性,即背离天道。从哲学形态上看,当海德格尔谈及"是"或天道时,并不对它的存在作论证,他只是把你领到广阔的世界里,用你也曾经历、可以体会的感受说话,使思想驰骋其间。这很使人想起庄子的风格。

(三) 技与道

对技术问题的讨论是海德格尔后期思想的一个重要内容,这个问题也是一个很具现实感的问题。在介绍他这方面思想之前，我们有必要在此略述他前后期思想之间的联系。

他在 1947 年公开承认自己的思想发生了转折。此后，有人据此而提出了海德格尔 I 和海德格尔 II 的说法。对此，海德格尔本人借为 W.理查逊《从现象学到思想》一书作序的机会作了说明。他大致上表明，他不能同意把自己前后期思想割裂为两个部分，而应说，后期的思想已经预示在前期思想中，是前期思想的自然展开。他举出《是与时》一书原来的计划，先是从生存状态的分析追溯到"是"的时间性质，这就是《是与时》一书已发表的内容；然后，应当根据"是"的时间性，描述"是"本身的展开，后期思想整个就是这一思路的展开。

海德格尔本人的说明表明，他前后期的思想有一个视角上的变化。前期是就着本是，即人自身的"是"的过程探寻"是"的意义。这条道路我们称之为向内的道路，其结果是把人看了个透明。它打破了从种种社会地位、身份去看待人的看法，也不从抽象的理性等概念方面去看人的本质，因为在那种看法里，人只是一个现成的所是。然而，就人之为人来说，他始终是"能是"的可能性。有了这种"能是"，人才是其所是。明乎此，人应当积极地展示自己的"能是"。"能是"也总是在世中的"是"，展开出自己的"是"的可能性也就是去追溯"是"的天命。这个过程是"应世"的过程，我们称之为向外的道路。所以，可以这样说，全部海德格尔哲学所谋的是，对内要求得湛然澄明，对外要能够应接万机。

依海德格尔的看法，应接万机中最重要的是要在其中追寻天道。一般来说，人类的各种活动就是天道的展现，但是天道在显现的同时，还有隐失的一面。这大抵是因为人的意志、愿望强调得太过分的缘故。正因为如此，天道是需要人去追寻的。海德格尔关于技术问题的论述就贯彻着这样的思想。

海德格尔认为，现代社会是技术占统治的社会。技术是天道的一种展现，在技术活动中，一些是者得以显现出来。所以，技术从本质上说是在"是"的天命中的和在"是"的真理中的。但是这个真理正在被遗忘、被遮蔽。[38]

海德格尔首先肯定技术活动是一种展现的途径，因为通过这样的活动，涌现出许多新的东西。但是现代技术是一种特殊的展现途径："它施于自然以过分的要求，即让他提供出可以抽取和储存的能量之类的东西的做法。"[39]海德格尔称这种方式为"挑战"，这个称呼有违反自然过程而强求的意思。海德格尔又称这种方式为"促进",这是指,技术活动形成了自己的方向,从一个过程发展到另一个过程。如,采掘煤矿是为了利用储藏在其中的能量,征取其能量又是为了驱动轮机以开动工厂,等等。在现代技术中展现出来的东西都是某个环环相扣的系列中的一个环节。它们的展现是前一环的结果,又将引起后一环的出现。这说明一切出现在现代技术中的东西都是作为整个系列的一部分,这样的事物只是从它与系列中其他事物的关系方面来获得意义的,而不是我们通常当作独立存在的对象来看的事物。在这里,"对象就消化为非对象性的持存物了"[40]。就像一个螺丝帽,它的意义就在于作为连接两个部件的紧固件,此外就失去了意义。海德格尔给出的例子是:一架跑道上的飞机,只有当它投入航班,才展现出它之为飞机。从这点去看,飞机的整个结构乃至每个部件,都是准备着为飞机之起飞而各司其职。在技术盛行的时代,不仅人造物是非对象性的持存物,整个自然都改变了面貌,成了非对象性的持存物。或者有人说,莱茵河的自然风景难道不依然如故吗?可是这究竟是什么意义的风景呢?它是旅游业招揽的观光团前来观光的风景,这种风景是应旅游业征召之用的。

在现代技术中,不仅自然界成了持存物,甚至人自身也成了持存物。技术作为一种展现,是人发动起来的。从更深处说,人去发动技术,是由"是"的天命把它抛进去的,从这个意义上说,人既发动了技术,又是被技术征召进去的。"只是人自身方面已经被召唤来探索自然的能量,这一系统的展现才能发生。如果人是被征召、安排来做这一切的,那么人岂不比自然更原始地归属于持存物之列了吗?"[41]现在我们常常听说的"人才资源",或者为某次会诊提供"病例",就是人成了持存物的明证。这就是说,人自身也成了技术链条中的一个环节,或者反过来说,只有让自己成为技术链条中的一个环节,人才能在技术社会中获得生存的立足点。

海德格尔得出结论:"现代技术的本质在于座架,座架属于展现着的天命。"[42]对于座架,海德格尔解释说:"群山逶迤而又连绵成体,贯穿于其间者,我们称之为山脉。人有各种情感,其所自出者,我们称之为'气质'。兹将集人于此,以便将自我展现的东西规整为持存物的那种挑战的要求,称之为'座架'。"[43]这个意思是说,技术一旦发动,它有自己的走向,非人力所能控制。1966年海德格尔答《明镜》记者问时,说得更明白:"座架的作用就在于:人被坐落于此,被一股力量安排着、要求着,这股力量是在技术的本质中显示出来而又是人自己所不能控制的力量。"[44]

海德格尔所指出的这种现象也许可以称为技术异化。在现代社会中,劳动的技术性大大增强了,劳动越来越成为技术活动,技术异化的现象应该引起注意。

从哲学上对技术作价值判断并不是一件容易的事。技术一方面对于人类生活的各个领域带来了好处,但另一方面,也产生了一些人们始料所不及的负面效应。尽管有些负面效应,如生态环境的污染,可能会造成地球生命系统的灭顶之灾,但是人们还是不容易在技术造成的利弊之间作出权衡,人们相信技术造成的消极后果可以用技术本身加以克服。这场讨论似乎是难以有定论的。海德格尔加入这场讨论时,没有直接对技术现象作价值判断,而是把它看作是天道自身的展开,这种思路是西方历来所少见的。

海德格尔既把技术看作是天道的展现,同时又认为,天道会隐失在技术现象中。这两种说法似乎是矛盾的。但是,他在《什么是哲学》[45]一文结尾处引亚里士多德的话说:"'是'在各种方式中显现",天道的这一特点成为他解释天道既显又隐的根据。海德格尔认为,技术现象以座架的方式展现天道,这本来无碍于天道。但问题在于,如果座架这种方式大大盛行,以至于"封锁了其他的可能性",那就不妙了。天道的畅通应展现为多种可能的方式,由此,世界才展现出它丰富多彩的面貌,人类才能从生活中汲取无穷尽的意义。作为技术本质的座架式的展现,当其盛行之时,不仅会掩盖掉天道其他可能的展现方式,而且可能把天道本身掩盖住。因为在技术的展现方式中,人成了作为技术系统中的储存物,一切新产品、新发现都在座架所规范的方式中被发现与产生出来,这使人得到一种印象,以为只要按照技术本身的规范和要求去做,就会产生出一切新东西,而忘记了一切是者皆出于"是"的天命的展现。另一方面,人在技术的座架里节节前进,又使人误以为自己是无所不能的,是地球的主宰。"这种幻觉又导致一个最终的结论,似乎人到处并且总是只和自己照面。"[46]这就是说,技术现象的盛行,使人越来越昧于天道。所以海德格尔说:"当天命极盛于座架的方式时,这就是最高的危险。"[47]又说:"座架制止了真理的光明和统治,于是发遣为技术规范的天命就是最极端的危险。"[48]这里反映出海德格尔思考问题的一个角度,他不是只站在人的方面,而是站在整个地球的立场上。天道的立场近乎我们中国人说的"天人合一"的立场。从这一角度去看,所谓天道的展现之被封锁、遮蔽住,指的是整个地球生态系统的窒息。那时,就不可能产生新的东西、不会有生命了。在这个意义上,天道的窒息对于人的命运的影响,犹如"覆巢之下,安有完卵"。当人们为人类登上月球而欢呼兴奋的时候,海德格尔却在看了从月球拍的地球照片后惊恐地说:"现在,人已经被连根拔起。我们现在还只有纯粹的技术关系。这已经不再是人今天生活于其上的地球了。"[49]

人们要问,面对这种局面,出路何在呢?海德格尔声称自己不是宿命论者。他在1966年说:"我深信,现代技术世界是在世界上什么地方出现的,一种转变也只能从这个地方准备出来。我深信,这个转变不能通过接受禅宗或其他东方世界观来发生。思想的转变需要求助于欧洲传统及其革新。思想只有通过同一渊源和使命的思想来改变。"这个改变是指"在黑格尔的意义之下被扬弃,不是被消除,是被扬弃,但不是仅仅通过人"[50]。怎样才能克服技术异化的局面呢?海德格尔对此语焉不详。他只是说,这是思想所要完成的任务,去帮助人们与技术的本质建立一种"充分的关系"。当被问及当今之世,哪一个国家有了这种明显的关系时,海德格尔说:"美国人也没有这种明显关系;美国人还陷在一种思想中,就是实用主义,这种实用主义思想固然推动了技术与技术操作,但同时阻塞了对现代技术的根本进行深思的道路。如今在美国偶尔有些地方也出现一些尝试,想摆脱实用主义实证主义思想。是不是有朝一日一种'思想'的一些古老传统将在俄国和中国醒来,帮助人能够对技术世界有一种自由的关系呢?我们之中有谁竟可对此作出断言吗?"[51]所谓"自由的关系",据海德格尔的思想,就是人能重新回到"是"的真理中去。"正是有了展现,即有了真理,才有与之最贴近的自由。"[52]

我们注意到,关于如何克服"技术异化"的问题,海德格尔并不主张摆脱技术,而是要通过扬弃,建立人与技术的充分的关系,这种关系又称为"自由的关系"。他的这种说不清的思想,用中国人熟悉的话说出来,似当是"由技进乎道"[53]的意思。

不必多作评论,人们已经可以看出,海德格尔关于技术问题的论述,乃至他的全部后期思想,都带有强烈的东方民族思想的色彩,对于中国人来说,是一种更熟悉、更容易理解的哲学。尽管他说源于西方的技术造成的危险,不能靠禅宗和东方世界观去解除,这恰恰说明他的思想已经与禅宗和东方思想有了瓜葛。事实证明,海德格尔不仅对禅宗思想十分感兴趣,他对中国的老子、庄子也兴趣十足。他甚至明确说过,他说及的语言展开的"道路",就是老子所说的"道"[54]。关于这方面，国际上早已有过许多研究，国内也有过介绍[55]。

当然，我们不能简单地就将海德格尔的"是"、天命、天道完全等同于中国哲学中的道，海德格尔哲学毕竟是从西方文化背景中产生的。但是，话已经说到了这个地步，对于本书要达到的结论来说显然是绰绰有余了，即自本体论解体以后，西方正在探索新的哲学形态，海德格尔哲学是这一探索中出现的一个杰出的代表。

注释

1. 恩格斯：《路德维希·费尔巴哈和德国古典哲学的终结》，第 11 页。

2. 尼采：《快乐的科学》，第 125 节。

3. 卡尔纳普：《通过语言的逻辑分析清除形而上学》，见《逻辑经验主义》，上卷，洪谦主编，商务印书馆 1982 年版，第 13—36 页。

4. Martin Heidegger, *Basic Writings*, Routledge & Kegan Dawl, 1978, p.369.

5. idea 这个词在经验主义哲学中译作观念，泛指感觉和知觉中的东西。胡塞尔决不是站在经验主义立场上的，所以我们宁译理念不取观念，以示区别。

6. 参阅拙著《现代西方的超越思考——海德格尔哲学》，第四、第五章，上海人民出版社 1989 年版。

7. 《是与时》(*Sein and Zeit*)，中译本有《存在与时间》，陈嘉映、王庆节译，生活·读书·新知三联书店 1987 年版。英译本：*Being and Time*, tr. by John Macquarrie & Edward Robinson, Harper & Row, 1962，本书引文参校中、英文本酌定。

8. Heidegger, *Being and Time*, pp.22—23.

9. Ibid., p.23.

10. Ibid.

11. Ibid., p.31.

12. Heidegger, *An Introduction to Metaphysics*, tr. by Ralph Manheim, Yale University Press, 1959，p.41.

13. Heidegger, *Being and Time*, p.32.

14. Ibid., p.127.

15. 参见本书第二章。

16. Heidegger, *An Introduction to Metaphysics*, p.102.

17. 这个观点出自 W.Marx, *Heidegger und die Tradition*, Stuffgart, 1961。

18. 黑格尔：《哲学史讲演录》第一卷，贺麟、王太庆译，商务印书馆 1996 年版，第 115 页。

19. Heidegger, *Being and Time*, p.43.

20. Ibid., p.44.

21. 海德格尔：《只还有一个上帝能救渡我们》，熊伟译，载《外国哲学资料》，第 5 辑，商务印书馆 1980 年版。

22. Heidegger, "Letter on Humanism", in *Basic Writings*, ed. by D.F. Krell, Routledge & Kegan Paul, pp.219—220.

23. 海德格尔：《形而上学是什么？》，熊伟译，见《西方现代资产阶级哲学论著选辑》，洪谦主编，商务印书馆 1964 年版，第 342—359 页。

24.《西方现代资产阶级哲学论著选辑》，第 350 页。

25. Heidegger，"Letter on Humanism"，in *Basic Writings*，p.235.

26. Martin Heidegger，*Basic Writings*，p.242.

27. Ibid.，p.375.

28. 海德格尔说："这种思既不是理论的，也不是实践的。它产生在这种区分之前。"Ibid.，p.236.

29. Ibid.，p.206.

30. M.Heidegger，*On the Way to Language*，tr. by Reter D.Hertz，Harper & Row，1971，p.72.

31. Ibid.，p.47.

32. M. Heidegger，*Poetry，Language，Thought*，tr. by Albert Hofstadter，Harper & Row，1971，p.197.

33. Ibid.，p.207.

34. Ibid.，p.202.

35. *On the Way to Language*，p.98.

36. *Poetry，Language，Thought*，p.208.

37. *On the Way to Language*，p.133.

38. Martin Heidegger，*Basic Writings*，p.220.

39. Martin Heidegger，*The Question Concerning Technology*，tr. by William Lovitt，Harper & Row，1977，pp.10，19.

40. Ibid.

41. Ibid.，p.18.

42. Ibid.，p.25.

43. Ibid.，p.19.

44. 参见《外国哲学资料》第五辑，第 178 页。

45. 海德格尔:《什么是哲学》，俞宣孟译，《现代外国哲学》第七辑，商务印书馆 1985 年版，第 297—314 页。

46. Martin Heidegger，*The Question Concerning Technology*，p.27.

47. Ibid.，p.26.

48. Ibid.，p.28.

49.《外国哲学资料》，第五辑，第 175 页。

50.《外国哲学资料》第五辑，第 184—185 页。

51. 同上书，第 183 页。

52. M. Heidegger，*The Question Concerning Technology*，p.25.

53. 参见《庄子·养生主》。

54. M. Heidegger，*On the Way to Language*，p.92.

55. 参见张祥龙:《海德格尔思想与中国天道》，生活·读书·新知三联书店 1996 年版。

附录一

论巴门尼德哲学

巴门尼德哲学受到柏拉图的敬重,又得到黑格尔的大力推崇,遂为历来的哲学史家们所重视。然而我读诸家之评说,总觉得巴门尼德哲学中的种种"关结"依然没有被解开,它们或者被随意回避掉,或者勉强对之提出一种假说,却不免捉襟见肘、前后矛盾,难以令人信服。可以说,巴门尼德哲学,自它诞生起,就一直被笼罩在一片浓雾之中,使人不得窥其真面目。

近年来,我在研读海德格尔哲学时,发现他对巴门尼德哲学时有所涉[1],其说与诸家之见殊异。于是,我就借了他的现象学的方法,对巴门尼德残篇作了一番潜心思考。不料那些郁积在我心中的不解之谜竟一一得到开释,大有一气贯通、无所滞碍之感。

巴门尼德哲学历来被视为西方本体论哲学的发端。待明白了它的真义后,人们将会发现,原来,由柏拉图奠其基、黑格尔集其成的本体论哲学,和巴门尼德哲学差异竟是如此之大,以至恰似歧路之亡羊,不知所之。实际上,它们完全代表了两种不同的思想方向和思想方式。没有巴门尼德哲学,便难以有柏拉图的本体论哲学;但是,出现了柏拉图的本体论哲学,却湮没了巴门尼德哲学的方向和思考方式。这里蕴含着一场思想和语言的冲突。且让我们在解开巴门尼德哲学本义的过程中来体会上述结论。

一、巴门尼德的"是"及其意义

巴门尼德全部哲学的宗旨在于寻求一条通向真理的途径,而不在于说明真理是什么。换句话说,他的提问方式是"怎样"(How),而不是"什么"(What)。在他看来,在通向真理的途径中,必须依次闯过两道关口。第一,在"是"与"不是"之间作出选择;第二,在分离还是不分离"两种形式"之间作出选择。

在说明其哲学宗旨是寻求真理的途径的序篇（残篇一）之后，残篇二紧接着便说：

> 来吧，我要告诉你（你要切记我的话），只有哪些研究途径是可以设想的。第一条是：是，不可能不是，这是劝谕女神（Persuasion）的途径（因为她留意于真理）；另一条则是：不是，必不是，这一条路，我告诉你，是一条完全不能有所察觉的道路。因为你既不能对不是有所知——这是枉然的，——也不能把它指出来。[2]

以上所说的，就是在走向真理的途径中必须作出的第一种选择，即在"是"和"不是"之间作出选择。其结论是明确的：只有"是"才是通向真理的途径。但是，"是，不可能不是"，"不是，必不是"，这两句话究竟是什么意思呢？"是"与"不是"又是什么意思呢？在深入讨论这些问题之前，我们必须对"是"的翻译作出交代。

这里译作"是"的希腊文原文是 εστιν。我国研究巴门尼德的学者一般不同意或者不喜欢将它译作"是"，他们有的将之译作"存在物"，有的译作"存在"。这样，整个句子便被译成"存在物是存在的"[3]或"存在就是存在"[4]。可是，εστιν 在希腊文中是系动词 ειμι 的第三人称单数一般现在时态直陈式，相当于英文的"is"。这样一个系词，在中文里，有时可不予译出[5]，但在大多数情况下译作"是"是没有问题的。而且，"就汉语来说，真正的系词只有一个'是'字"[6]。可见将 εστιν 译作"存在物"或名词词性的"存在"，便完全见不出其作为系词的意义了。当然 εστιν 作为实义动词使用时，可以有"存在"或"有"的意义。但这往往需要给这个词的第一个音节标上重音，写作 έστιν，而作系词用时则不标明重音或亦可将重音标在第二个音节上：εστίν，以示区别。"必须说明的是，在巴门尼德那里还没有作这样的区分"[7]，因此，我们便不能贸然地确认巴门尼德这里使用的 εστιν 当作"存在"讲。退一步而言，即使这里的 εστιν 兼有实义和系词两种用法的意义，汉语也只能译作"是"。因为，"存在""有"不能穷尽"是"的意义，而"是"却包含"存在""有"的意义。[8]再说，译作"存在是存在的"，这等于认为巴门尼德讲了一句同义反复的话。如果还要进一步把这句话理解为是形式逻辑中的同一律"A 是 A"的最初表述[9]，那么便是混同了思想内容和思想形式。从思想形式来说，同一律是必须被遵守的；但从思想内容来说，说"A 是 A"对于主语并没有增加什么新的信息。我们毫无理由认为巴门尼德这句话意在表达一种思想形式。

虽然西方各主要语种基本上都具有其功能和变化形式同希腊文相近的系词，但是，西方学者对巴门尼德的这个 εστιν 的理解也碰到了困难。他们的思考显然受到了语法的钳制。从语法上说，εστιν 被认为是不能充当主语的，它处在主语的地位，句子似乎便读不通。事实上，巴门尼德残篇中已经大量使用 ειμι 的中性动名词 ἐον 和不定式 εἰναι[10]，为什么在这里巴门尼德偏偏用了一个只能用于其主语是第三人称单数的、表示现在时直陈式的 εστιν？这本来正是要深入研究的问题，但是大多数西方著名学者似乎受到语法的规范而不得不为 εστιν 添加上一个形式上的主语，译成英文便成了 it is。这样，便爆发了一场从策勒起延续至今的关于这个 it 究竟指什么的争论。[11]既然原文中并无 it，我们本不敢期望这场争论会有什么积极的结果。况且，把 εστιν 译作 it is 以后，虽然人们也许只能勉强理解成"它存在着"（It exists），从意思上说，这依然是同义反复。[12]基尔克等人合著的《前苏格拉底哲学家》（第二版，剑桥大学出版社）虽然在其译文中谨慎地给 it 打了括号："...that [it] is and that it is impossible for [it] not to be"，并且指出[it]只是语法上的主语，但是又认为这个[it]"大概就是指任何所要研究的 subject（主题、主语），——在任何研究中，你必须或者假定你的 subject 存在，或者不存在。"[13]这实际上还是把眼光盯着"是"的主语，而把"是"给放跑了。

其实，巴门尼德的"是，不可能不是"这个句子中，"是"（εστιν）就是主语。认为"是"不能充当主语，乃是根据后来逐渐固定的语法去看问题的。按语法，动词和名词确实是明显区分的。但是追溯到很古的时候，情况可能并非如此。海德格尔针对关于语言史上是先有名词还是先有动词的争论指出，从语法上说，一般认为动名词源于动词不定式，据此而言，似乎动词在名词之先。但实际上这却是一个假问题。因为最初动词和名词所指的范围是相同的。名词，希腊文原作 ὄνομα，意为识别事物的名称；动词作 ῥῆμα，意为被说及或说出的东西，后来这个词转义为说话，现在我们还看到 ῥητέον 这个希腊词是指演讲者。演讲者当然不仅仅是说动词的人，他也要说名词。因此所谓名词（ὄνομα）和动词（ῥῆμα）原先是被当作"全部被使用的词的名称的"[14]。海德格尔还进一步指出，只是到了柏拉图《智者篇》，才明确区分两种不同的词类：

ὄνομα 就专指事物的揭示(revelation of things),ρῆμα 则专指动作的揭示(revelation of action)。[15]可见在古代希腊文中其所遵循的语法同后世确定的语法是有区别的,其动词与名词的区分起初是不明确的。[16]根据巴门尼德著作中已出现动名词这一现象,说明当时使用的语言中实际上已有了动词和名词的区分。但既然分是从不分而来的,那么,我们有理由认为,当巴门尼德将 εστιν 作为主语使用时,他就像是讲了一句"文言"。也许,这里用动名词ἐου取代 εστιν 的话,势必会坏了巴门尼德的意思,于是他才说了一句半文不白的话。对此,搞清了充当主语的 εστιν 究竟是什么意义便能见分晓。

由于人们把 εστιν 主要当作一个系动词来看,离开上下文,便见不出它的意义了。其实,它原来是一个实义词。梵文、希腊文以及后来的拉丁文、再后来的法文、德文、英文等语种中的系词,都是从它们所从属的印欧语系中的三个词根演化而来的。

1. 印欧语中的 es 是后来的系动词的最古也是最基本的词根。这个词原意指生命。生命的意思是指"从自身中站立出来并运动和维系在自身之中"(that which from out of itself stands and which moves and rests in itself)。梵文的动词 esmi、esi、est、asmi,希腊文的 eimi、einai,拉丁文的 esum、esse 以及德文的 sunt、sind、sein 皆源出于此。

2. 另一个印欧词根是 bhu、bheu。属于这个词根下的希腊文是 phuo,指涌现,是指它自身足以能够自立出来,并维系在自身之中。后来这个词译为 physis 和 phyein,人们现在理解为自然或生长、产生,但在希腊哲学之初,"生长""产生"是从"涌现""显现"的角度去理解的,并转而理解为"出场"和"表象"。

3. 第三个词根 wes。现在还只保留在德文中 sein(即 to be)一词的变化式 wesan(居住)中,其分词 wesend 还保留在 an-wesend(出场)和 ab-wesend(不出场、缺席)中。动名词 Wesend 最初并不是指"是什么"(whatness)和"本质"的意思,而是指持续在出场之中,在场或不在场之谓。[17]

以上的材料给我们提供了重要的信息。原来,系词之被用之系词,是因为它本来是一个实义词,它的三种主要意义——生命、显现、在场,具有对于所提到的东西的首肯、确认的意思,无论所提到的是人还是物。对物的首肯方式是指出它的显现、在场,对人的首肯方式除了上述表达外,还特别指出他是生命(活的,从自身中站立出来并活动和维系在自身中)。[18]

　　上面的考证告诉我们，"是"的基本意义是含有确认、首肯作用的"显现"。拿这个结果去读巴门尼德的"是，不可能不是"，它的意思就是说，显现，不可能不显现出来。"显现出来"是对后面那个"是"（即"不是"的是）的解释，因为它用的是不定式 ειναι(to be)。"显现出来"也就是"有所是"。

　　这样，我们对本节开头引的那段话便有了一个答案。这就是说，在探寻真理的道路上，人们首先必须选择"是"，因为"是，必有所是"。换句话说，只有主动地去作判断，去首肯、确认，才会达到首肯、确认或判断的对象。反之，"不是"，即不首肯、不确认、不判断，则无所首肯、无所确认、无所判断，当然也就是无所察觉、无所知、无所指。

　　在前面的解释中，我们实际上已经肯定了两点：1.既然"是"即指首肯、确认、判断的意思，那么"是"同时也就是人的意识活动过程。2."是"与"所是"是不可分的。这两点，对于巴门尼德来说，是他论述通向真理的途径中所必须通过的两个关口；对于我们来说，则是打开巴门尼德思想密室的两把钥匙。这两点是不是符合巴门尼德本人的思想呢？由于迄今我所看到的国内外的希腊哲学史方面的专家权威们都没有像我这样去提出问题，[19]这等于是一场挑战。证明我们观点正确与否的最好的、唯一的方法是，把这里的见解拿到巴门尼德的全部著作残篇中去作一番检验，看它们符合还是不符合？用这种观点去读巴门尼德，看读得通还是读不通？

二、"是"与思想

　　残篇三接着残篇二说：

　　　　因为思想和"是"是同一的。[20]

　　这句话是解说残篇二的。因为思想属于知的范围，所以不能归入不是。由于我们已经说明了"是"就是显现，首肯、判断、言说、思想都是有所显现的，都是"是"的不同显现途径，上述这个命题几乎已经解开了一大半。所要说明的还有：1.所谓"同一"是什么意思？2.这里说的思想是哪一种水平上的思想。

　　关于同一，希腊文原文作 αυτὸ。（残篇八第 34 行作 τ αντὸν）一般把两样可以互相替换的相同的东西称为同一，但据海德格尔对字义的考证说，这不是巴门尼德所谓同一的意思。这里必须理解为一种统一。这不是空洞无差别的统一,而是指"对立面同属于一体"的意思,是不可缺失的两方面同在一个东西中。[21]

再说思想。一般认为思想是比感性认识高一层次的理性认识活动,尤其是因为巴门尼德哲学的宗旨在于寻找真理之路,于是多数研究者认定这里的思想指理性思维活动。其实,巴门尼德哲学中并没有区分感性和理性。他那个时代所理解的思想,主要是指心有所明的状态或过程,而不论其是感性领域的还是理性领域的。格思里对思想一词的考证给了我们有力的支持,兹转引如下:

> 译成思想(νοεὶν)的这个动词,在巴门尼德以及他之前的时代,并不是指对于某种不存在的东西的想象,它起初是指一种直接的认知活动。在荷马那里,它可能就是指与有所见差不多的意思,总之,是与视觉直接有关的。如《伊里亚特》15·422:"其时赫克托耳亲眼看见(ἐνόησεν ὀρθαλμοῖσιν)他的堂兄沉没在尘埃中。"说得更确切些,当通过一个所看见的具体对象中的一种性质而突然明白了其中全部意义时,就用到了这个词。阿佛洛狄忒装扮成老妪出现在海伦面前时,只是当海伦识破伪装、明白了自己面对的是女神,才用到νοεὶν这个动词(《伊里亚特》3·396)。便这样,它可以指以一种真实的印象取代虚假的印象,这并没有被认为是推理的过程,而是突然明白,心有所见。[22]

格思里说,思想同视觉直接有关。其实,说清楚一点,联系只在于眼见和思想都是明白的方式、途径。古人是借眼见之明来表达心有所见。如引文中,既然其堂兄已沉没在尘埃中,赫克托耳肉眼何由得见? 只是心中明白的意思罢了。汉语中也如此,说某人颇有见地,是说他在某方面很懂,与他视力如何无涉。什么是心有所见? 就是明白。所以格思里在译作思想一词的后面,用括弧标出"领悟"(apprehend)。海德格尔谈到巴门尼德时,也读作"领悟",并且进一步指出:"领悟不仅是一个过程,而且也是作出一种决断。"[23]决断,就是有所判断、确认、首肯、有所见,这就是"是"的过程。

综合起来说,"思想与'是'是同一的"这个命题所表达的是:万物是其之所是的过程,也就是人对万物有所明白和领悟的过程。这两个过程是统一不可分的。关于这个命题所蕴含的哲学意义,我们放在后面一点评说,现在我们还要继续在巴门尼德的著作残篇中来验证我们的解说。

根据我们理解的"是"的意义去看巴门尼德著作残篇中其他关于论述"思想"的段落,同样可以得出一以贯之、清楚明白的结论。例如,当某人去思考或言说某种东西的时候,这个东西便得到了"显现",便进入了"是"的过程,因此残篇六开头的一句话说:"能够被言说和思想的东西必定是。因为对它来说,去'是'是可能的,无则不能是。"[24]言说和思想是显现的两种方式,因此,凡是被说及或思及的东西,是可能"是"的。用语言表达出来就是:这是××。反之,不能"是"的则不能被言表、思想。这便是绝对的无。绝对的无甚至不是一个概念,因为当我们把它看作概念时,它便已经是了。"无则不能是"意味着这样的绝对的无根本没有任何存在的理由。[25]"是"的绝对的对立面是无,也就是绝对的"不是"。因此残篇八的第8—9行说:"我将不许你'从不是出发'去说或想。因为'不是'是不能被言说和思想的。"[26]

又如残篇八第34行以下的一段话说:"能被思想的东西和思想,即'是',是同一的。因为没有赖以得到表达的'是',你便找不到思想。离开'是',无物是,也不能是。因为命运女神已经把它固定为一个整体而不可动摇。"[27]这段话再次指出思想即"是"。"是"是显现,因而它是各种表达的根子。思想和"是"是相联系的,离开了"是",也找不到思想。这段话还提出了另一种同一,即思想及思想的对象,或者说"是"和所是。前面说过,同一就是对立面结合在一起不可分的意思。那么这里的意思也就是指思想不能没有思想的对象,"是"不能不显现为"所是"。这也再次检验了"是"即显现。这里涉及巴门尼德探寻真理之路时必须通过的第二道关口。我们放在后面第四节再论。

巴门尼德的学说确实与众不同。当时,哲学家们所关心的主要问题是世界的始基问题,即世界究竟是什么的问题。在巴门尼德之前,对这个问题的回答至少有以下几种:水(泰利士)、气(阿那克西米尼)、火(赫拉克利特)、数(毕达哥拉斯)、努斯(灵魂)(阿那克西曼德)、神(克色诺芬尼)。各种主张都有自己的理由,不容易轻易否定。但是如果容忍各种说法都能成立的话,等于表明寻找始基的努力遭到了失败。因为据亚里士多德说,所谓始基就是指万物的起源、出发点。[28]当克色诺芬尼说出:"有一个神,它是诸神和人中间最伟大的；……"[29]时，他可能意识到始基应当是"一"。[30]不过，他的作为"一"的神与其他人主张的始基的关系是怎样的呢？他不仅没有说明这种关系，而且他本人又主张土和水是本原性的物质。[31]

多中求一也许是人类理解事物时的思想活动的一般倾向。因为当人们能够把复杂的事物用简洁的条理表达出来的时候，便以为获得了对它的理解。这条原理推广到极点，就是要问世界的始基，即世界的"一"。虽然巴门尼德本人没有提到追寻始基的问题，但他的学说的产生显然受到过多中求一的刺激。因为他说一是"是"的标志之一。[32]

他的论说是当时最成功的。因为他不仅论说了"是"本身没有起源，不会消灭[33]，而且还解决了"是"与以往的哲学家们所主张的种种始基的关系。可以这样来理解：以往所提出的种种始基，无非是所是的东西，即是者；它包括实际存在的事物（水、火、气、土），也包括并不占据空间、即并不实有的事物（例如：数、神）。是者之为是者皆因其是而才是其之所是，因此，"是"是一切是者（包括万物）的原因。

巴门尼德对哲学的更大的贡献还在于，他启示了一种新的思想方式，开辟了一个新的领域。这就是，当他说"是"是一切是者的原因的时候，是指万物是在"是"的过程中成为其所是，即得到显现的。这种思想方式同以往的思想方式不同的地方在于：以往的哲学总是把始基、本原当作某种确定的东西（实际存在的事物或从精神方面得到确定的东西），而巴门尼德当作一切是者原因的"是"则是一种现象过程；以往的哲学把始基当作是万物赖以产生的基质、或原则（如毕达哥拉斯的数），而巴门尼德视"是"为是者的原因，则因为是者是在"是"的过程中得到显现的；以往的哲学所要追寻的是世界是什么，如果世界是服从于某种原则的，那么还要进一步使这个原则得到确定，而巴门尼德所思考的乃是，这个世界是如何得到呈现的。对于世界是如何得到显现（"是"）的这个问题，他的回答是，"是"的过程与思想的过程是分不开的。这个结论的意义在于，它启示了，当人们对世界下着各种判断、提出各种见解，即得出各种关于"是什么"的结论的时候，必须不忘记这个过程始终伴随着人们对它们的理解、明白的过程。一切都是在思想过程中得到明白的，思想是显现的场所。而这个使万物得到显现的过程，也就是真理的途径。巴门尼德是西方哲学史上第一个真正思想思想本身的思想家。

但是巴门尼德所开辟的这片新的思想领域竟被长期荒芜、无人问津。这首先是因为人们未能把握巴门尼德的"是"的意义,因而使得"思想与'是'是同一的"这个命题的本义至今犹晦而不明。

有些西方学者没有从其应有的独立地位去看待上述命题的重要性(这个命题以单独一句话分列为残篇三),例如格思里,将之紧辑在残篇二之后不予分段,基尔克等人则干脆将它放在一条注里面提到而已;并且上述两家认为这个命题与残篇六开头的那句话是一样的[34],或者不过是对残篇二结尾那句话的另一种方式的表述。[35]根据这样的处理,他们两家的译文大体相同,即:能被思及的东西和"是"(to be 或 can be)是同一的,并进一步把这里的 be 释作存在(exist)。尤其令人不解的是,我们前面引用过的、格思里关于残篇八第 34 行的一句话的译文是:"能被思想的东西和思想,即'是',是同一的",但是他却无视句中处在同位语关系中的"思想,即'是'"的表达,而是解释说:"……其他人认为(本书亦取此说)这一行重复了残篇二第 6—8 行和残篇三的说法,即不可能去思想不是者(what is not):没有存在着的对象(existing object),便没有思想。"[36]这一观点在西方学术界有很大的代表性。

把残篇三译成"能被思及的东西和'是'是同一的,"并进一步根据残篇二最后两句话和残篇六开头一句话,把它解释为能被思想和言说的东西与存在的东西是同一的,这不免陷巴门尼德于极大的笑话,似乎巴门尼德主张不存在的东西是不可思想、不可言说的。而这种说法显然是错误的。为了圆通其说,格思里对这里的思想一词作了考证,指出当时思想的含义与今人不同。这段话我们已经作了几乎全文引用,它对于说明我们的观点倒是大有帮助,可是对于格思里的观点又起什么作用呢? 他可能以为,那时的思想既然同视觉有关,那么思想便同视觉一样,只能以真实存在的东西为对象。可是假象难道不也是真实存在的吗? 他也强调,当时的思想,有"心有所见"的意思。但是光凭这一点,是很难保证所见皆为真实存在物的。总之,越说不免矛盾越多,而这些矛盾都是离开了巴门尼德的本义而加给他的。究其根源,这都是由于人们受了柏拉图的影响,把"是"当作思想的对象,而不是把万物之"是"的过程与思想的过程当作是同步的现象看待的结果。[37]关于这一点,我们将在第五节作出阐明。

国内研究者大多将残篇三读作"因为思想(或思维)和存在是同一的",但是他们所谓的存在,又不是西方人理解的 existing 或 existence。叶秀山先生以为"巴门尼德的存在体现了一种'本质'的意义"[38],汪子嵩先生等认为,"巴门尼德所说的'存在'实际上就是一个最抽象最普遍最一般的哲学范畴"[39]。上述二说的共同点都是把"是"当作一个范畴,不同点在于后者是一个最高的范畴。对此,我们首先指出,所谓范畴,就狭义而言,是亚里士多德根据词义划分词类的称呼;就广义而言,则指从逻辑上对概念作的分类。我们没有证据认为巴门尼德曾经作过任何上述意义的分类。其次,如果认为巴门尼德的存在"体现了"本质的意思,或"实际上"说出了一个最高的范畴,于是就把残篇三理解成:本质或最高的哲学范畴那样的东西是思想所把握的对象。这样的理解与原文的表述相去较大,而且又使人产生一系列的疑问:这样的思想势必只能指理性思维,但是格思里的考证却并不证明巴门尼德时代的思想一词只具有理性思维的特点。再说,与所谓"存在"相对立的"非存在"又是什么呢?如果说"非存在"就是非本质的东西,或者说就是"有生灭的、可分的、非连续的、运动着的东西"[40],或者"感性世界"[41],那么巴门尼德说的不可思想、不可言说的东西就是指那些东西吗?如果是,那么残篇九至十九关于意见部分的那些话又怎么能被思想和言说呢?

总之,国内外流传沿袭至今的对巴门尼德哲学的种种解说,由于一开始就没有搞清他的"是"的意义,于是便不仅不能显露他的学说的本义,而且反而显得巴门尼德的哲学中充满了矛盾和错误。面对这些矛盾和错误,与其要我去相信,这些矛盾和错误是由于巴门尼德有所不懂而造成的,倒不如去探索一种新的解说。

三、"是"的标志

在所有保存下来的巴门尼德的残篇中,残篇八是其中最长的一篇。这一篇除了最后一段以外,都是论述"是"的标志的。其中1—5行又可视作全篇的纲领,其说如下:

> 还只剩下一条途径可以说,即:"是"。在这条途径上有许多标志表明:因为它不是产生出来的,也不会消灭,所以它是完整的、唯一的、不动的、没有终结的。它既非曾是,亦非将是,因为它即当下而是,是全体的、一和连续的。[42]

根据人们对"是"的不同理解，各家都把上面的那些标志看作是对他们所理解的"是"的那种东西的特性的描述。但是，就他们理解的"是"，去看上述标志时，依然产生出许多不可理解的矛盾。

例如，如果释"是"为本质，那么，就广义而言，本质是对"是什么？"的回答，相对于存在（有）；就狭义而言，则相对于现象。上述少数标志似乎可以解说本质，如本质是多中之"一"，变中的不变（这需要假定不生不灭即指不变）。其他各条几乎都对不上号，例如，本质如何是连续的？又如何是不动的？须知不动是指空间方位的不动，这有第29行的一句话为证："它永远在同一地方，居留在自身之内，并且永远固定在它所在的地方。"

如果将上述标志看作是对"最抽象最普遍最一般的范畴"的描述，其结果更令人难以置信，"是"如果是这样的范畴，那么它不仅是对本质的抽象，也应是对现象的抽象，它就应当是一，也是多；是整体，也是部分；是连续的，也是间断的……

像格思里那样，把这些标志看作是"实在所具有的必然的性质"[43]，也同样令人难以理解。说巴门尼德根据他对存在的理解而"得出了一些与普遍接受的实在世界的概念不同的结论"[44]，便是承认了把这些标志当作实在事物的性质与一般关于实在事物性质的理解是不合的，不仅如此，便是迄今为止的任何一种哲学，也没有从上述那些标志去描述实在事物性质的。哲学的思考可以与常识相违，可是并不能不自圆其说、不能不符合某种道理。像上述这样被解说的巴门尼德学说，既不合常识、又不合道理，难道果真是巴门尼德哲学的本义吗？

我以为，解说残篇八所列举的那些标志，必须以本文第一节对巴门尼德的"是"的意义的理解为出发点。只有这样，那些标志才能对号入座；反过来，这些标志也可以使我们进一步确信对巴门尼德的"是"的意义的理解是正确的。

首先，我们想到的是为什么巴门尼德在这里使用"标志"这个词，而不是性质或属性？这固然可以这样理解：所谓性质或属性是相对于本体或主体而言的，这些范畴直到亚里士多德才成系统。但是，还可以这样理解："是"和标志根本就不是主体和属性那样的关系。我们译作标志的这个词在英文本中有四个同义词可以表达，它们是：mark、sign、token、indication。这四个词有记号、显示出来的征兆、指示某种东西的迹象的意思。通常，只是当人们寻找那些隐而不显、或不能直接找到的东西时,才借助于征兆、迹象、记号、标志等。难道"是"是隐而不显的东西,需要通过其标志才能寻找吗? 答曰:是的。

"是"本身是隐而不显的。万物是在"是"的过程中得到显现、是其之所是的。在这个过程中得到显现的永远只是所是者。"是"就好像是澄明的光,它可以启明、照亮万物,但是离开了被照亮的万物,我们却看不见澄明的光本身。作为与"是"同步过程的思想也是如此:思想作为一种显现的过程,总是启示出所思及的对象,而思想过程本身却是隐而不显的。对于这样的东西,便只能通过过程本身表露出来的征兆、迹象、记号或标志去追寻了。

以这样的眼光去读残篇八,全篇的意思便可豁然贯通。它的宗旨是追寻"是"。其结论是:"是"与思想是同步的过程;"是"与所是处在必然的联系中。所有的标志无非是说明以上两个特点,反过来说,这两个特点又是各种标志得以显露出来的根源。

该残篇第5—21行所列的种种标志主要是说明"是"与思想是同一的。这里,巴门尼德提到了"证据的力量"(the force of evidence)、"正义女神"(Justice)和"判断"(verdict):"证据的力量也决不容许从不是中产生出任何异于它自身的东西。因此,正义女神并不放松它的锁链,听任其产生和消灭,而是牢牢地抓住它。关于这一点的判断在于:或者是,或者不是。但是这个判断已经作出了,就像它必然的那样,即一条途径是不可思、无可名的,应当把它抛弃,因为它不是真正的途径;而另一条途径则是存在的,是真实的途径。"(12—18行)证据和正义都同作出"真"的判断或说明有关。古希腊人所谓的判断或说明的真或假,相当于今人一般所说的肯定性的或否定性的判断或说明。[45]面对证据和正义,人们必须做出的是一个肯定的判断或说明,即要用"是"去述说,而不能用"不是"。同时,这又是一个当即的判断,从语言上说,这里的"是"所取的永远只能是它的现在时态,所以,"是"既不是从过去产生出来的,也不会在将来消灭。(19—21行)同样,也只有从"是"与思想是同一的这个角度,才能理解"是"是连续的、单一的,(第5行)它们正是思想所具有的性格。

由于"是"总是"现是",它既非过去的曾是,也非将是,因此,"是"是不生不灭的,人们无法追溯其起源。因为它没有过去,那么"它曾经是怎样和从什么中产生出来呢?"它也不可能从它的绝对否定的对立面"不是"中产生出来,因为绝对不是的状态是无,它是不可思想、无可言说的。另外,假设它是产生出来的话,那么"它有什么必要不早一点或晚一点出现和产生呢? 所以它要么完全地是,要么就根本不是。"(6—11 行)"完全地是"也就是对"是"是"完整"的一种说明。

我们前面是通过思想来理解"是"的,但是,说思想是不生不灭的,对我们来说似乎很难理解。另外,上述那个针对假设情况的反问看来也很奇怪。靠这个反问作论证是怎么让人信服的? 原来,古希腊流行的一种观点认为,思想同灵魂有着不可分割的关系。从词源学上说,νοημα(思想)和 νovs(努斯、心灵)同以 νο 为词干[46]。词源学上的联系反映了当时人们的看法,心为灵魂就是思想的器官。[47]那么追问"是"或者思想的起源,在某种程度上便涉及灵魂的起源问题。因此,说"是"是不生不灭的,与当时人关于灵魂不朽、轮回转世的观念是相符合的。[48]从现代的观点来看,追问灵魂的起源也就是追问自我的起源。只有这样理解,上述反问才充分表达出它全部的论证力量。即使到了现代,科学已经揭示出了生命现象的一些奥秘,自我的问题对于每个人来说却依然是深不可测的谜。至今,我们还不时会问:我何以为我? 为什么我不在别一个人的躯体里? 甚至可以照搬巴门尼德的原话问:我为什么不早一点或晚一点来到世上? 这说明自我的起源问题至今犹未解开。巴门尼德则是最早发出这类千古疑问的人之一。[49]这种发问至今犹具有震撼人心的力量。相反,如果把巴门尼德的"是"理解为存在,并且把这句反问当作是对他们各自所理解的存在之不生不灭的论证,那么便势必得出结论说,这个反问的"论证的逻辑是没有力量的"[50],因为他们根本就没有理解,巴门尼德所要说明、追寻的究竟是什么。

残篇八从第 22 行到 49 行所列的那些标志,即不可分、不动、像一个圆球等,都是对"是"与所是的联系的说明,反之,也只有从"是"与所是相联系的角度,才能理解这些标志。关于"是"与所是的联系,有残篇四为证。该条记载如下:

> 但是,注视那些事物吧,它们虽然遥远,却可靠地向心灵呈现出来;因为你不能为你自己把是与所是割裂开来,既不能在各个方向上和用各种方式在秩序中作割裂,亦不能汇拢。[51]

抓住巴门尼德关于"是"与所是是紧密联系着的这个基本观点,残篇八 22

行以下的那些话的意思便豁然开朗了。

我们先讨论"不可分"这个标志。这个不可分就是指"是"与所是不可分。其理由是,"因为它完全是平均地是"。所谓平均地是,正是残篇四所指出的意思,即只要人们心有所见,入乎是,则必有所是。不管这个所是在空间上是近在眼前的事物还是远在天边的事物;也不管这个所是在什么方向上,因为"是"只与"不是"相区别,"是"没有方向、距离、程度强弱的区别。如果有,那么就是说,"是"在某一方向上没有其所是的对象,或者只能有其眼前的所是,或者"是"对所是的联系有倾向性,即它对一些所是的联系强些,对另一些弱些。但这些都不可能。因为"整个都是充满所是的"。"因此,它是完全连续的,因为是与所是是紧密联系的。"52(以上见22—25行)

再说"不变"。"它无始无终,在巨大的锁链内不变。"(26行)[这里参考了基尔克的译文,格思里的译文为"不动"(unmoved)。]希腊人的观念,变包括变异和空间的运动。53巴门尼德正是从这两方面来说明"是"是不变的。首先,"因为产生和消灭已经被赶得很远,被真正的信念所排斥"。(28行)同时,它也是没有位置的变动的:"它居留在自身之内,在同一地点保持着同一,并且永远固定在同一地点。"(29—30行)这也必须从"是"与所是的关系去理解:无论所是处在什么方向上,也无论其远近,使所是是其所是的"是"总处在中心地位;把"是"理解为思想过程,那么也可以说,思想活动本身总是在我自身之中;而中心是不动的,因为如果它有位移,便不再是中心了;而且希腊人的观念,即使是在原地旋转的运动中,中心也被认为是不动的。54"是"确实是处在它所联系的种种所是的中心的:"强大的必然性把它局限在这个锁链之内,这个界限四面八方地围绕着它。"(31行)中心之为中心,还因为"它不容许所是竟会是不完整的(incomplete);因为它是不缺失的,但依不是,它便缺失一切。"(32—33行)前面说过,"是"在一切方向上都有其所联系的所是,故这种联系没有缺口,"是"才成为所是的中心。

承接着上面的意思,第42—49行便把"是"的现象,即"是"必然是为所是的现象比喻为圆球:

> 然而,由于存在着一条最终的界限,它在各方面都是完整的,很像一个滚圆的球,从中心出发的每一条路都是相等的。因为它根本不可能在任何方向上大一点或小一点。因为既不可能有无所是

(what is not)，因为这会阻止它达到它的相应者(its like)；也不可能
是：所是比起是来[55]竟会在这里多一点，在那里少一点。因为它是完
全不可毁损的。因为对它来说在各方面都是相等的，它距离边界是
相等的。

"是"的现象的界限就是所是，在这个界限内不可能有无所是。此外，这
里还告诉我们，"是"与所是的联系还表现为有所是，则必有是其所是之是。
实际上，不仅"不是"是不可思、不可言的，有了"是"而无所是，也是不可思、不
可言的。这一点是第34—41行所表达的重要思想。我们之所以要放到最后
来说，是为了给予突出的地位，而迄今为止的哲学史家们则通常将之视为一
段与残篇三重复的叙述。[56]

这段话的全文如下：

能被思想的东西与思想即"是"，是同一的。因为没有"是"在其
中得到表达的所是(which is)，你便找不到思想。离开所是则无物
是，亦不能是。[57]因为命运女神已经把它固定为一个整体，并使之成
为不变的。因此，所有的事物都不过是凡人们加上去的名称，他们
还信以为它们是真的：即产生和消灭，是和不是，位置的改变和色彩
的变更。

从表面上看，这里所说到的那些标志在34行以前的段落里也都提到过，
但是其角度则完全不同。前者是从"是"的角度看的："是"与"所是"紧密相
连，使"是"的现象成为一个整体，"是"则是不动地居留在这个整体的中心的，
以及没有"是"，就不可言说、不可思想等。这些也都可以看作是正面的说明。
本节则是从反面的说明，其着眼点放在所是方面。既然"是"必不能不是（为
所是），那么反过来说，如果没有所是，"是"就无所凭借，人们也就找不到思
想。没有"是"固然无所是，但是，没有所是，也不能体现"是"。从所是的角度
看，"是"的现象也是一个整体。除此之外，本节还包含着一个重要的思想，即
"是"与所是既是同一的，又是有差异的。所谓同一，是指"是"与所是是同一
个现象中不可分割的两个方面；所谓差异，则是说："是"毕竟不是所是，或者
说，所是非是，或表达为所是不是。其证据就是上面引的这段话的后半部分，

它的意思是说,我们所知道、所识出的一切事物,无非是所是,即一个名称而已。但可能由于人们通常总是用"这是××"的句式表达他们对事物的认识,于是便以为所说出来的那个名称(所是)是真的了。因为古希腊人认为"真"和"是"是有关的,那么以所是为真,也就是认所是即"是"了。其结果便是混同了"是"与所是,把只有用于所是才正当的那些描述加给"是"本身,以为"是"既产生又消灭,既是又不是,既有位置的改变又有色彩的变更。巴门尼德显然是不同意这种看法的。他所主张的只能是:"是"与"所是"既是同一的,又是有差异的。这里初次涉及了一个我们在柏拉图哲学中很熟悉的说法,即,"不是"有绝对和相对两种意义:绝对的"不是"即无;相对的"不是"即所是,所是却不是无。同样,"是"也有绝对和相对两种意义:绝对的"是"即"是本身",它和无相对;相对的"是"即所是,与相对的不是同。[58]这样,我们便可得出"是"和"不是"之间的如下的关系表:

	绝对是	相对是(所是)
绝对不是(无)	对立	
相对不是(所是)	既同一、又差异	相　　同

在这个表中,还剩下绝对不是与相对是之间的关系没有确定。它们之间果真有关系吗?人们会假设它们之间是什么关系呢?这种假设关系又会导致什么结果呢?这些问题涉及真理与意见的分野。

四、真理之路与意见之路

巴门尼德讨论真理问题的思路与我们一般熟悉的思路也是有区别的。首先,他所谓的真理是与意见对举的,而不是我们一般所习惯的那样,将真理与谬误对举;其次,他要探讨的是怎样才能达到真理,即真理之路,而不是论述真理的定义或具体提出真理是什么。另外,意见对于真理的关系并不都是消极的,意见也是走向真理的人们所要加以体验的。怎样理解巴门尼德的思路呢?

在希腊文中,真理,$\dot{\alpha}\lambda\dot{\eta}\theta\epsilon\iota\alpha$,这个词是由词干 $\lambda\eta\theta\epsilon\iota\alpha$ 加否定意义的前缀 α- 构成的。$\lambda\eta\theta\epsilon\iota\alpha$ 的本义作"遗忘",在荷马以后,也作"被遗忘的阴间的某个地方"。海德格尔认为,根据词源学的考证,$\dot{\alpha}\lambda\dot{\eta}\theta\epsilon\iota\alpha$ 本来是指"解蔽"的意思,他

说："对于希腊人来说，真理之为真理，只是因其与作为 φυσιs 的'是'之为'是'相联系在一起才是可能的。希腊人依 φυσιs 和 αλήθεια 之间的一致性及其本质的联系定会说：是者之为真，盖因其'是'，其之本身就是是者。这就是说，它是一种在解蔽中显现自身的力量。在自身显现中，去蔽者显出来了。作为解蔽的真理并不是绑到'是'上面去的一个附属品而已。"[59]

我以为海德格尔的见解同巴门尼德的说法是相符的。正因为"真理"在巴门尼德这里具有"解蔽"的意思，而解蔽又是显现的一种方式，巴门尼德才能断言："是，不可能不是，这是'<u>劝谕女神</u>'的途径（因为她留意于真理）"，即，把"是，不可能不是"，看作是通向真理的途径。因此，在"是"与"不是"之间必须选择"是"的途径。

上述选择还可有另外的表达方式。前面说过，"是，不可能不是"的意思包含"是，必是为所是"的意思。从所是的角度去说，就是所是必是。而绝对的不是即无，则必不能是。这就是残篇六前半层所说的："能被言说和思想的东西必是，因为对它来说，去是是可能的；但无则不可能是。这是我吩咐你避开的第一条途径。"因为在无（绝对不是）这条道路上一无所明。"是"与思想同一，不去"是"也即不去思想，其结果势必是"什么都不知道"，"两头彷徨"，"由于胸中无计而导致错误的思想"，"又聋又瞎"，"无所适从"。[60] 这些就是巴门尼德所描述的那些凡人们的情况。

巴门尼德在谈到上述选择的时候，还提到一种情况，即以所是来取代"是"。由于所是不是"是"本身（或所是非是），容易使人误以为"是"（相对的"是"，所是）即"不是"，进而把"是"与"不是"看作是同一的；但"是"与"不是"毕竟不同，因此，那些人同时又主张"是"与"不是"不同。在他们看来，"是"就是"是"，不是就是不是，也就是说，这两条道路都是只能回到它们自身的道路。这便是巴门尼德所描述的为凡人们所追随的那些"分辨不清的群氓"（undiscriminating hordes）[61] 的情况："他们相信，是与不是同一又不相同，被他们这伙人所采纳的这条途径是退转回来的途径。"[62] 这便是说，是不可能达到不是（相对不是，亦即所是），被思想和言说的东西（所是）也不能是。这种情况似应填入我们在第三节末尾列出的那张表格中未确定过其关系的那格空格，即绝对的不是与相对的是之间的关系。这里本来不存在同一与不相同的关系，认为有，便会导致一方面混同于是和所是，另一方面则认为是与所是绝对不相通的错误结论。

上述情况依然属于第一种选择的范围。因为"分辨不清的群氓"从表面上看,也主张是与不是同一又不相同,但实际上,他们并没有真正见出"是"本身,他们所谓的"是"不过是相对的是,即所是而已。造成这种错误有它的客观原因,即"是"本身是不容易被见出的,因为"是"本身总是在使所是得到显现的过程中隐失其自身。所以,巴门尼德除了指出"是"与思想同一以及"是"与所是(被思想、被言说的东西)之间的同一与差异关系之外,又用大量的篇幅(残篇八)去寻觅和指出"是"的标志。

历来的研究者都认为,通向真理的途径只在于作出一种选择,即选择"是",而不选"不是",他们以为这就是巴门尼德本人唯一的观点。如果这真是巴门尼德唯一的主张,那么,他的全部学说便又显得荒唐不堪了。因为既然"是"才能有所是、才能有所思想和言说,反之,所是、被思想和言说的东西不能不是,那么要么根本就不可能有意见(一般都认为,"是"与真理相关的同时,"不是"与意见相关),要么一切被思及、言及的东西都是真的。智者派正是在这种对巴门尼德的错误理解的基础上而陷巴门尼德于可笑处境的。他们说:"一切是真理,没有错误;因为错误是非有(按即不是,下同),非有是不可思议的。"[63]

其实,正确理解巴门尼德关于第一种选择的论述,本来是可以走向真理的。这个理解应当包括:是,必是为所是,即"是"与所是是不可割裂的。但是,如果人们将"是"与所是加以割裂,那么,尽管他们也有所言、有所思,却不免沦为一种意见而已。巴门尼德认为,"是"与所是既同一、又差异,它们是一个不可分割的整体,是思考问题的出发点,尽管在具体论述时对它们要有区分。残篇五说:"这是一个共同的出发点,因为我将不断地回到这里。"[64] 如果残篇的编次没有疑问,那么,本篇中出现的代词"这"(it),当接着残篇四的意思而言。而残篇四的核心意思正是指"是"与所是不可分。(参见本文第三节)对"是"与所是采取割裂还是不割裂的态度,就是本文第一节开头提出的巴门尼德在论说通向真理的途径中所要作出的第二个抉择。

残篇八结尾的一段(53 行起)指出,采取割裂的态度,便会犯走向意见的错误:"他们决心去称道(name)两种形式,这两种形式中有一种要去称道它是错误的(他们就是在这一点上走入了迷途);他们认为这两种形式是对立的,并且给它们加上标志以分离开来:一种是以太的火焰,柔和、轻妙,另一种则是与之分离的、正相对立的,是无光的黑暗,一副又浓又重的样子。我把所有这些对世界的表面看法告诉你,这样,任何一种凡人们的看法就都不能胜过你了。"这里提到的"形式",希腊文作 μορφη,查希英词典,它与司梦的神的名字墨菲斯(Μορφεύs)有关,之所以称为墨菲斯就是因为他将 μορφη 召唤出来给那些睡着的人。而 μορφη 则含有表象(appearance)的意思。因此,所谓分离两种形式,也就是指分离两种表象。但是我们知道,在"是"必是为所是中,只有所是是表象出来的,而"是"本身则总是在让所是得到显现的同时隐失着自身。因此,这两种"形式"中的一种,即"是"本身,是不能被命名的。因为"是"本身是既不能得到表象,也不能与所是分离的。一旦去命名"是","是"便降为所是了。强对不能命名的东西去命名,便只得借助于标志了。从巴门尼德列举的当时人用以分离两种"形式"的标志,也正好说明,他们所要区分的正是巴门尼德所指的"是"与所是。例如,上面所说的"以太的火焰,柔和、轻妙",以及残篇九所说的"光明",这正是指具有照亮万物、启明事理能力的"是","是"是显现万物的根源;或者干脆说,火焰就是指思想,因为赫拉克利特说:"这个火(按指雷霆、永恒的火)是赋有思想的,并且是整个世界的原因"[65],而它的对立面的标志:黑暗、浓重,则恰好有赖于光明、火焰才能得到启明的东西,即只有在"是"的过程中才是其所是之所是。

本来,只要沿着"是,不可能不是"的道路便是通向真理的道路,为什么即使在这条路上,一旦分离了"是"与所是,便突然改变方向而沦为意见之路了呢? 这里的理由有两点。

第一,当人们分离"是"与所是之后,势必认为这二者是独立存在的东西。于是,一方面,"是"便降为了"所是",另一方面,所是可以脱离"是"而存在。这也就是说,万物之是什么,本来同我们人对它们的领悟过程是分不开的;当人们明白万物之是什么的时候,同时应该明白,人自身就是"能明白"的可能性,就是明白之源。分离的结果是认万物之是同人对它们的领会无关,似乎万物本来就是那个样子。残篇十九明确地表达了我们这里分析的结果,这一篇是在列举了关于世界的各种意见之后,作为总结性的观点而提出的:"这样,按照表面现象去看,事物就是这样产生的,现在就是这样的,从现在起到将来也会像这样生长,然后消灭。人们给这些事物中的每一个都加上一个固定的名称。"这同我们在前面评说过的残篇八第 34—41 行中的一句话是一样的意思,那里说的是,离开了"是","所有的事物都不过是凡人们加上去的名称,他们还信以为它们是真的……"

第二，由于分离了"是"与所是，言说和思想便不能和思及、说及的对象实行真正的结合，用我们现在的话来说，这叫做脱离实际，言不及义。这是实行分离而沦为意见的又一个原因。这里所说的结合是指巴门尼德残篇中以λογός(逻各斯)一词所表达的意思。λογός 在巴门尼德的残篇中凡三见[66]，这些地方人们一般将它译作言辞(speech)、理智(reason)或说明(account)。我们这里举出两条：一条是残篇七第 5 行："要用理智(reason/λογos)去解决我所说的这些纷争。"[67]另一条是残篇八第 50 行："现在结束我关于真理的可靠的说明(account/λογos)和思想。"另外，残篇六第 1 行"能被言说和思想的东西必是"中的"言说"(spoken)其原文 λεγειν 也是与 λογos 有联系的。关于 λογos 的本义包含结合的意思，主要是据海德格尔的考证。他以为把这个词译成理性、言谈、说明、判断等亦是对的，但这都是从 λογos 作为结合这个本义中逐渐派生发展出来的。他的理由是，与 λογos 有关的 λεγω、λεγειν，以及拉丁文的 legere 与德文的 lesen 是同义的，都指收集、采集。lesen 还有一个意义是"读"，但读就是把一个个的词连缀起来。λογos 作为结合的意义还可证之于荷马《奥德赛》(XXIV，105)，其中有一句说："如果人们要去集合(λεχαιτο/gather)全城最优秀的人，则别无他择。"此外，亚里士多德《物理学》(QI，252 a 13)的一句话说："一切秩序都有汇合(λογos/bring together)在一起的特点。"总之 λογos 一词本来含有"一者与他者的关系"的意思。[68]在《是与时》一书中，海德格尔还指出，作为结合意义的 λογos 后来之所以可以转义为说话、言谈，是因为言谈本身是一种结合的活动，即在言谈中使说者、听者和所言及的东西联系在一起。[69]用这一考证结果去读巴门尼德，那么他所说的"关于真理的可靠的说明"和"能被言说的东西"中的"说明"和"言说"便意味着言之有物的言说和说明。同样，以之去读残篇七，其意思就是：要解决纷争，不能视而不见(茫然的眼睛/to play a heedless eye)，也不能靠传闻(轰鸣的耳朵)和巧言令辞(舌头)为准绳，而是要将争论与所争论的真实事物挂上钩(要用 λογos 去解决纷争)。这样的理解与这一残篇开头的一句话是一致的："这是行不通的，即不是者倒是(that things that are not are)。""不是者"即无其事。相反，一旦真实的事物得到了显露，是非曲直便不待而言了。这样看来，语言也应当是显现的一种方式。

我们上面的理解同古希腊人所理解的 δόξα(意见)一词的本义也是符合的。这个词在荷马时代指"期待""希望"的意思，用现在的话来说，它表达的是人们主观方面的愿望,这种愿望的对象并不是现实的。也就是说,意见所表达的东西同事情本身并没有结合。[70]

因此,在通向真理的途径上,仅仅作出第一个选择,即选择"是"而不是"不是",是不够的,还必须有第二个选择,即在"是"与所是结合还是分离的问题上,选择结合。这条途径的全程可以表达成下列图表:

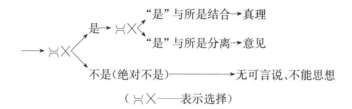

把"'是'与所是结合"这种形而上学的语言,化解成我们容易理解的话就是:只有当一个对象真正如其所是那样向我们显示出来的时候,我们的认知才是真的。或者说,只有当我们亲自领悟一个对象是什么的时候,这样的认知才是真的。相应地,分离的意思是说,如果我们对对象缺乏亲自领悟,或者对象并没有向我们显示出来,那么这样的认知便不真。这时候,即便我们能说出一大套,那也不过是一些名称,甚至只不过是一些空洞的声音而已。

这样看来,意见的内容并不一定都是错误的,而也可以是正确的,只不过是还没有经过我自己亲自体验罢了。意见的内容就是所是,对意见内容的体验过程就是再现所是之是其所是的过程。因此,巴门尼德并不是简单地将真理之路与意见之路对立起来、将意见排斥掉,而是对意见采取十分重视的态度。在残篇一即序诗部分,巴门尼德借女神之口发出的告诫说:"你在这条路上要学习一切:圆满真理的不可动摇的核心,以及并不含有真实可靠性的凡人们的意见。意见虽然不含真实的信念,你仍要加以学习,这样,便能明白那些所信的事物是怎样可靠地是的,及其之遍及于一切事物之中的。"[71]从理论上说,既然意见所说的都是些所是,而所是(能被思想和言说的东西)必是,那么从所是去体会是其所是之是也应当完全是可能的。于是我们看到,在残篇九至十九,即所谓意见之路的部分,是巴门尼德很严肃地记载的当时人对自然、宇宙的一般看法。这里并没有对之讥讽的口气,更没有要加以驳斥的意思。这样,巴门尼德的这篇《论自然》(人们喜欢将它分为真理部分和意见部分,加上序诗部分),即使从现存的残篇看,也仍然体现出它的论述的完整性。这些意见(所是)是用以体验"是"的桥梁。

巴门尼德所讨论的是,怎样才是获得知识的真实的认识途径。知识的问题不在于懂得多少知识,而在于怎样才算是真实的知。这有点好像我们中国人常说的:学问学问,全在于学和问。根据本文揭示的巴门尼德对这个问题的回答,与其说他在认识路线上是一个理性论者,不如说是一个经验论者。当然,他决不是一个感觉经验论者。因为通过所是去体验其是的过程,需要运用直觉;还因为他说过,与各种器官所具有的性质相比,"更优越的是思想"[72]。

经过我们的讨论,巴门尼德的真理说竟会是一种倾向于经验论的认识论学说,这对于崇尚理性的人们来说,未免大失所望:主张事必躬亲才是真实的认知途径,这难道不是相对主义吗?这难道又能避免怀疑论吗?我们且不要先用什么论、什么主义去评说巴门尼德。我们首先应当去思考一下,这种主张在当时可能会有什么作用。巴门尼德所处的时代可以说是人类早期的一次"知识大爆炸"时代,以至于后来亚里士多德能够对人类的知识作出第一次系统的分类。当时的人们表现出对自然和社会的强烈兴趣,产生了许多学说,还出现了学派和师承的现象。人类的知识是值得骄傲的,但更值得骄傲的是在知识后面闪烁着的人类智慧。知识是智慧的结晶,但对现成知识的掌握却不见得都要有与产生这些知识时所需要的智慧水平相匹配的智慧。就好像现在的一个中学生便能熟练地掌握欧几里得几何和牛顿力学,但其中却很少有人能达到欧几里得和牛顿的智慧水平一样。尤其是在"知识爆炸"的时代,当人们把现成的知识当作就是智慧、以知识去取代智慧的时候,智慧本身便岌岌可危了。古希腊人首创哲学这个词的时候,是指热爱智慧。当巴门尼德说,"是"与所是不可分离,应当通过所是去"明白那些所信的事物是怎样可靠地是的"时,这正是为了发掘、光大智慧本身。[73]

五、巴门尼德哲学的历史命运

一旦巴门尼德哲学露出了它的本来面目,其中的那些命题便会重新散发出它的光辉,还会涌现出许多值得深入研究的新的问题,例如,巴门尼德哲学表现了一种怎样的思想方法?其中反映出的思想和语言的冲突是怎样的?等等。对这些问题,本文还顾不及去全面展开深入的讨论。本文所承担的一个艰巨任务是,要坚决而有力地证明我们这里对巴门尼德哲学的解说是符合其本来面目的。因为,我们所理解的巴门尼德同千百年来人们对巴门尼德的流行的看法有着很大的区别,而不论这些流行的看法内部又怎样争论不休。

我们和流行的对巴门尼德哲学的理解差别是如此之大,以至于从各种流行的见解来看我们所刻画的巴门尼德哲学,一定会认为简直是面目全非了。但是,我们却有信心说,依我们的思路去解说,巴门尼德哲学便可全篇贯通;而照各种流行的见解,巴门尼德哲学便充满了不可调和的矛盾,于是,要么是巴门尼德思想混乱、错误百出,要么是人们自己还根本没有踏着巴门尼德哲学的门径。我们到底应该去怀疑巴门尼德,还是应该首先去怀疑对巴门尼德的各种流行见解呢?

对于各种流行见解之矛盾和不通,本文只是略有所涉。要全面列举各种不同的见解,将是很繁琐的。然而,不管各种流行之见怎样争论不休,有一点是共同的,这就是,它们都没有把握巴门尼德的"是"的意义。这样,便谈不上对"是"与思想的同一、"是"与所是的同一与差异、两种"形式"的分离与结合、意见和真理之路的关系、乃至整篇《论自然》的内在逻辑,等等全部问题的理解。有些翻译上的争论,实际也是由于思路之不通而引起的。

我们已经说明了,根据我们的观点和流行之见去解说巴门尼德哲学导致了通顺和不通顺两种截然相反的结果。我们还要说明,导致流行之见的错误的根源是什么?这就是说,巴门尼德的"是"的意义是怎样被湮灭的?

一般承认,近现代西方对希腊哲学史的研究深受黑格尔《哲学史讲演录》的影响。黑格尔根据自己构想的哲学体系,把哲学史看作是绝对理念本身的发展史,把他认为有价值的思想家纳入绝对理念体系的构成环节。而他的哲学体系则又受到柏拉图理念论的影响。正是在柏拉图的对话《巴门尼德篇》里,巴门尼德的"是"的意义被湮没了。由于这篇对话对于我们所要讨论的问题极为关键,这里不得不对它的内容略予介绍。

柏拉图这篇对话中的主要角色是老年巴门尼德对少年苏格拉底。这完全是伪托的。其目的是借巴门尼德的口来完善柏拉图自己关于相[74]的理论。之所以要拉上巴门尼德,也不无道理,因为问题正是从柏拉图早期的相论同巴门尼德理论的冲突谈起的。

问题的缘起是苏格拉底听巴门尼德的弟子芝诺讲学,芝诺从事物不是多数的角度来佐证他老师关于"一切是一"[75]的观点。他的主要论据是:如果事物是多数,那么它们既类似又不类似,但这是不可能的;因为类似者不能不类似,不类似者不能类似。少年苏格拉底对此不同意。他所主张的是相论,根据这种理论,事物之为事物,在于分有相。如果一事物既分有类似这个相,又分有不类似这个相,那么一个事物自身间即因分有这两者而既类似复不类似。譬如,苏格拉底说,他自身便既是多又是一,所谓多,是指他自身分左右、前后、上下,所谓一,是指他是当时在场的七个人中的一个。但是,苏格拉底又认为,如果认为相本身包含着相反的性质,如作为相的类似,其本身又是不类似之相,这倒是不能接受的。显然,苏格拉底所说到的相论中的相,其性质是单一的、互相分离的,即,善即善,美即美,不能有半点不同的性质掺和其中。(这实际上正是柏拉图早期相论的观点)但是,既然绝对对立的相,例如一和多、动和静等可以为具体事物同时分有,即,它们在事物里是结合的,那么相本身之间是如何结合又分离的呢?少年苏格拉底表示他自己也搞不清这些问题。于是,老年巴门尼德便亲自出场,担当起在柏拉图其他许多对话篇里苏格拉底所担当的"思想助产士"的角色,来继续这场讨论。

老年巴门尼德首先指出,要是照以往(柏拉图早期)的相论,问题便不能讨论下去。这是因为,第一,柏拉图早期相论是目的论的,那里的相大多是从社会伦理生活范围内抽象出来的一些一般概念,如美、善、公正之类。仅据这些相,说万物是因分有相而成就的便不够了,例如,上述这些相如何去说明头发、污泥、秽物呢?第二,柏拉图早期相论中的相具有单一的性质,这就给分有说造成了困难。(1)事物是多数的,如果众多的大的事物皆因分有大才成为大的事物,那么每个大的事物要么整个地分有大的相,要么部分地分有。前一种情况不必论,因为这将承认有多种名堂的事物便有多少相,这样的相论失去其意义了。如果属于后一种情况,那么相便要被分割为部分,这样,相便不能保持其单一的性质。(2)每一大的事物因只分有大的一部分,它所分有的大要比大小些;同样,从分有小的方面说,小的相本身倒比事物从中分有的部分的小要大些。(3)从相之被事物分有的角度看,相不免被肢解,那么,如果从相是众多事物共性的抽象去看,能不能保持相的完整性呢?这也会有新的困难。例如从众多大的事物里抽象出一个大的相,这个大的相与众多大的事物放在一起考虑,还可以再抽象,这样便导致无穷尽后退,即后来黑格尔所谓恶的无限。(4)如果为了保持相的单一性而说相是思想,那么分有相便是分有思想。可是思想必有所思,这样岂不是说事物能思了吗?(5)同样,为了保持相的单一性而说相是模型,把相和事物的关系说成是摹仿关系,这样也不行。因为这样事物必类似相,相也类似事物,于是相和事物便共同分有类似这个相,这三者之间又因相互类似而分有另一个类似,于是便又一次陷入无穷尽后退的困境。以上说明,如果相是单一的,那么各种形式的分有说便会陷入困境。第三,如果干脆放弃分有说,主张相和事物是分离的,即主张相的世界和事物的世界是各自独立存在的,那也会使相论遭到破坏而不能成立。因为,这时相和事物是没有关系的;我们所能知道的只是关于事物世界的知识,对于相则不可能有知识;即便神能知道这些相,它也不能用这些关于相的知识来治理事物的世界,因为相的世界与事物世界是分离的。[76]

以上的困境促使柏拉图对他自己早期的相论实行革新。本篇对话后半部借巴门尼德的口说出的八组推论,就是创立一种新的相论。其基本观点是,一切相都是通过同一个基本的相"是"结合在一起而构成相的集合的。只有作为相的集合的构成因子,这个相才能成立。对于这样的相,我们才能有所言说、可以认识。这样的相的集合可以用以说明事实世界中的具体事物。

整个讨论是从两个基本假设出发的,即假设一个任意的相"一",讨论它与"是"结合或不结合分别导致的不同结果。此外,还要讨论"一"与"不是"的关系。由于"不是"有绝对和相对两种意义,那么"一"与"是"或"不是"的关系便有四种。上述四种情况还要从"一"的对立面"非一"的角度去讨论一遍,于是全篇就有八组讨论。其中第一组推论即假设"一"与"是"不结合的情况,和第二组推论即假设"一"和"是"结合的情况,是最重要的两组,其占的篇幅也最大。它们的论证过程大致是这样的:

倘若有任一个相"一",它不与"是"结合,它只是单一的"一",那么我们对之便不能有进一步的言说。因为任何进一步的言说势必给"一"加上异于"一"自身的性质,而单一的"一"则是除自身外不能有别的性质的。不仅如此,这样的一,我们甚至不能说它是一,因为倘若它是一,那么它便已经与"是"联系在一起了。这样的一根本就不可能成立。这是否定方面论证的结论。

倘若"一"与"是"相结合,即它是一,那么,这样的一便不仅是一,而是与"是"结合着的一,它是合二而成的一。这样一不仅是一,也有二的性质,二和一又为三,依次类推则一亦是多。再推论下去,这样的一也有部分和整个,首端、末端和中间,形(圆、直),处所,动、静,异、同,类似、不类似,等、不等,时间性(年老、年少,过去、现在和将来,已是、正是、将是)等性质,我们对这些都可以有名称、有言说、有知识,我们可以感觉它们,对它们也可以有意见。换言之,只有与"是"结合着的一才是能够成立的。但这样的一便不再是孤立单一的一,而是成为相的集合中的一个因子的一了。由于具体事物中集合着多种具体的性质,而相则是各种具体性质的一般和抽象,于是,相的集合体便可用作对具体事物的一般、普遍的说明。

经过这番革新,柏拉图的相论有了很大的变化和发展,它同他自己前期所持的相论有四点明显的区别:

1. 相的范围扩大了。它不再局限美、善、正义、公正这样一些社会伦理生活领域的一般概念,而是扩大到能说明所有事物性质的一般概念。至于这些一般概念究竟有多少? 其中最一般的概念即所谓通种又有哪些? 本篇对话都没有涉及。在略后的《智者篇》里,柏拉图举出过五个最主要的、亦即具有高度普遍性的能够结合在一起的通种,即:"是"、动、静、同、异。

2. 相是相互结合着的,其中每一个相也应包含其他相的规定性,它们构成相的集合。

3. 相之间结合在一起的一个关键条件是,每个相必须与"是"结合。这里"是"也是一个相。而其他各相因与"是"结合,便分有"是",是一个个的"是的"[77]相,即是者。

4. 相论的价值在于它能一般地说明世界,这区别于目的论。后世遂把这种相论视作是关于世界的普遍原则,并努力去不断地完善这个原则。

正是在这篇对话中,西方哲学史上出现了一次历史性的重大转折。从表面上看,这篇对话与历史上的巴门尼德的那篇《论自然》似乎有着某些共同的语言,例如,这里也把"是"放在一个突出的地位来讨论,这里也反对一种分离的态度,而赞成一种结合的观点。但实际上却有着根本的区别。巴门尼德的"是"是指显现的现象过程,"是"即思想活动本身;而柏拉图的"是"则是与其他各相处在同一水平的一个相,这样的"是"已经降为所是,是一个是者了。巴门尼德所说的分离和结合是指作为显现的现象过程的"是"与所是的分离与结合,而柏拉图则指相之间、即是者之间的分离与结合关系。巴门尼德的"是"便从此被长期湮灭了。

巴门尼德的"是"的意义之被湮没,是巴门尼德哲学本身的历史命运,这就是说,这种哲学自身中便蕴藏着其自身被湮灭的必然性。它要追寻的不是世界万物之是什么,而是何以是? 但离开是什么又不能谈何以是,因为"是"

本身是隐而不显的。可是,当巴门尼德去追寻"是"的时候,又不得不设法将它指出来告诉大家,或者煞费苦心地去指出它的"标志",这会使人误以为"是"即所是。这便是思想和语言的冲突。语言不仅有使思想得以表达出来的一面,同时也有戕害思想的一面。

从巴门尼德到柏拉图这一西方哲学史上的重大转折,是思想方向上的转折:对知识的追求压倒了对智慧的追求,思想把去发现和构造现象后面的逐级抽象的一般概念的宝塔当作自己的主要任务。这也是一场思想方法上的转变:对概念作逻辑推论的方法取代了对思想过程本身加以直接体验的方法,从此,对象世界的图景越来越明晰,而思想本身则被挤到了这幅图景的外面。

由柏拉图所实行的这个转变,经过亚里士多德的发展,得到了进一步加强。对以范畴来表达的、作为一般概念的种种是者之间的关系体系的研究,成了西方哲学中的第一哲学。其结果是,在巴门尼德哲学中的那个在思想活动根子的深处、与思想活动过程同步的这个"是",却成了一个离思想最远、高踞于范畴体系所构成的宝塔顶端的至高无上的范畴。诚如黑格尔所说,"是"这个范畴是最一般、最抽象、最普遍的范畴。唯其如此,它容纳一切其他范畴的规定性,而其自身却不是任何特定的规定性。这样的"是"也就是无。对这个"是"的否定,就是对各种特定的规定性(范畴)的肯定。各种范畴就是这样从这个既无所是、又无所不是的"是"的范畴中推论出来的。黑格尔本人的《逻辑学》便是论述这个"是"及从"是"这个范畴中所推论出来的范畴体系的集大成者。西方哲学史上把论述与"是"的范畴有关的学问称作 ontology[这个词的构成是由希腊文的 ont(系动词 einai/to be 的中性分词复数形式)+o + logy 而成的]。从柏拉图以来,人们一直把巴门尼德的"是"当作一个范畴或概念来看待,结果,他便被纳入了本体论哲学家的阵营,被尊为本体论哲学的发端者。这恐怕是他始所未料的。

根据柏拉图以来所形成的传统去看巴门尼德,巴门尼德哲学之谜是无法揭开的。

我相信,随着巴门尼德的"是"的意义及其历史演变过程的揭示,不仅巴门尼德哲学展示出了它的本来面目,就是我们对希腊哲学史、乃至整个西方哲学史的研究,也会因获得了一种新的视角而开阔了前途。

(本文写作于 1988 年)

注释

1. 海德格尔曾在1915—1916年和1942—1943年两个冬季学期里,在弗莱堡大学开设巴门尼德哲学的课程。

2. 本文所引巴门尼德著作残篇,除特别说明者外,均据格思里的《希腊哲学史》第二卷,剑桥大学出版社1965年版(以下简称"格思里本")。

3. 见北大哲学系编译的《古希腊罗马哲学》"巴门尼德·著作残篇"(以下简称"北大本")4.[D4]。

4. 见汪子嵩等著:《希腊哲学史》第一卷(以下简称"汪子嵩本")第593、668页等。

5. 如:He is good at classical music.——他擅长古典音乐。

6. 王力:《汉语史稿》中册,中华书局1980年版,第347页。

7. "汪子嵩本",第594页。

8. 如汉语中"遍地是牛羊","过了小河是村庄",这些句子中的"是"便是"存在""有"的意思。陈康先生也指出:"所谓'是',不指'存在',它的范围比较'存在'广。""……我们不能由'善'的'不存在'推论它不是'善'。"(见陈康译注的《巴曼尼德斯篇》,第158、160页。)

9. "汪子嵩本",第668页。

10. "汪子嵩本"对巴门尼德使用上述三个词的次数作了详尽的统计,参阅该书第595—597页。我不懂在古希腊文中不定式 εἶναι 是不是可以像英语中的 to be 一样充当主语,但动名词 ἐόν 应当是可以的。事实上,有些英文读本中就是将巴门尼德这句话中的 ἐστιν 译作动名词 being 的。

11. 关于这场争论,见"格思里本",第14—16页。中文资料有陈村富的《巴门尼德》(载《西方著名哲学家评传》,第一卷,山东人民出版社1984年版,第192—193页)所述更详;同时参见"汪子嵩本",第606—607页。

12. 康德指出过,当任意给出一个概念,这个概念便"有"了,便"存在"了。这时如果再把"有""存在"当作它的说明语,说"它有"或"它存在着",便是同义反复。(参见《纯粹理性批判》,第429页,蓝公武译本。)

13. 见该书第245页。该书是将 is 释作存在(exist)的。(此书下简"基尔克本"。)

14. 海德格尔:《形而上学导论》,英文版,第57页。

15. 海德格尔:《形而上学导论》,第58页,参见柏拉图《智者篇》262a—c。

16. 就汉语而言,这种情况并不新奇。汉语学家历来认为汉语中"字无定义,故无定类"(马建忠《马氏文通》),"凡词,依句辨品,离句无品"(黎锦熙:《新著国语文法》),高明凯则干脆主张汉语实词无词类(《汉语语法论》),故朱德熙总结说:"汉语里的名、形、动三类可以变来变去,流动不居。"(《汉语语法丛书·序》)

17. 以上考证见海德格尔:《形而上学导论》,第71—72页。"汪子嵩本"也引了这则材料,遗憾的是,他们没有从中得出应该得出的结论。

18. 我们发现,这种情况同汉语中系词的产生有着惊人的相似之处。首先,古汉语中的"是"也有"显现"的意思。查《说文解字》,是作𣆪,训为直(正见也),从日正。又说:"以日为则曰是。从日正会意。天下之物莫不正于日也。"指在阳光正射下万物无所遮蔽地显现出来。正是词源上的这个意思,使它能被用来作为指示代词,通过复指的方式,起到将所提及的事物突出出来的意思。如"富与贵,是人之所欲也"。其次,也因为它有用强调的方式对所提及的东西加以首肯、判断、确认的意思,才有可能逐渐演变为后来的系词。王力先生曾经举出三个句子,清楚地展示了这个演变过程:1."滕,小国也"(不用系词,同样是一个判断句),2."滕,是小国也"(判断句,但"是"却非系词,而是指示代词,复指,起强调作用),3."滕是小国"(现代汉语习用的判断句,"是"为系词)。

19. 吴寿彭先生在其译作亚里士多德《形而上学》(商务印书馆1959年版)一书后面,有一篇"译后记",寥寥数语概述了巴门尼德哲学宗旨。虽然从总体的理解上,我与他有所不同,但有几句话他表述得很好:"他(指巴门尼德)想到人们苟有所思,必有实指的事物存在于思想之中,'无是物'就无可认识,无可思索;所以宇宙间应无'非是'(μἠὄν),而万物之各是其是者必归于一是。"这是我见到的国内唯一把巴门尼德的 εἰμι 译作"是"的本子。

20. 此处"格思里本"据蔡勒、柏奈特作 for it is the same thing that can be thought and can be.（可译为：能够被思想的东西和能是的东西是同一的。）这样译同残篇六的意思接近而显得重复了，是把具有总纲意义的这个命题降到分目的地位上去了，"叶秀山本"指出格思里的译文带上了自己的"解释"。我的译文与"汪子嵩本""叶秀山本"不同处是把"存在"译作了"是"。

21. 海德格尔：《形而上学导论》，第 138 页。

22. "格思里本"第 17—18 页。

23. 海德格尔：《形而上学导论》，第 167 页。

24. 本条与"北大本"6[D6] 的译文相距较大，"格思里本"的译文是：What can be spoken and thought of must be, for it is possible for it to be, but impossible for nothing to be.

25. 由此可见，巴门尼德说到的这个"无"同黑格尔《逻辑学》中的"无"是有所不同的。正如巴门尼德的"是"不是范畴或概念，与"是"相对的"无"也不是概念。它是不可言说的，然而这里毕竟在言说"无"，关于这个矛盾详见本文第五节。

26. 根据我们前面的解说，这句话不必多置一词，便应当是可以理解的。但诸本对这句话的翻译差别较大，因此我将大家容易看到的译文和我所据的格思里的英文本列出，供分析。

"北大本"："我也不能让你这样说或这样想；它从非存在物中产生。因为，存在物可以不存在，这件事是无法言说和不可思议的。"

"汪子嵩本"："我不允许你说也不允许你思想存在来自非存在，因为非存在是既不能被表述，也不能被思想的。"(p.634)

"格思里本"：I shall not allow thee to say or think "from what is not", for it is not to be said or thought that " it is not".(p.26)

另外，"基尔克本"：I shall not allow you to say nor to think from not being：for it is not to be said nor thought that it is not. (p.249)

两种英文译本都表达了不能从什么方面去想，而不是不能去想什么的意思。

27. "格思里本"(p.39)：What can be thought [apprehended] and the thought that "it is" are the same；for without that which is, in which [i.e. in dependence on, or in respect of which] it is expressed [or. revealed], thou shalt not find thought. Nothing exists or can exist apart from what is, since Fate has fattered it so as to be whole and unmoved. 方括弧内系格思里加的说明。我的翻译有几点说明：(1)格思里译作 exist 的地方，查希腊文本仍为 εστιν，即 is。(2)凡"it is"，"what is"，原文都是 εστιν，主语是英译者加的，故不从。(3)the thought that "it is"，显系同位语，故译作"思想，即'是'"。(4)"基尔克本"上述第一句译文为："有思想和为什么有思想，这两者是同一的。"亦可通。

28. 参阅亚里士多德：《形而上学》1012b 34—1013a 23。

29. "北大本"第 46 页，11[D23]。

30. 亚里士多德说："克色诺芬尼是第一个说出'一'的。"见《形而上学》，986b 21。

31. "北大本"第 47 页，第 15[D27]，第 17[D29]，第 21[D33]。

32. 残篇八，"北大本"第 52 页，8[D8]。

33. 同上。

34. "格思里本"，第 17 页。

35. "基尔克本"，第 246 页注 2。

36. "格思里本"，第 40 页，对残篇八第 34 行译文的说明。

37. 格思里提到，以美国学者弗拉斯多斯为首的一些人认为残篇三说的是"思想与是的同一"。我没有见到后者的原著。但从格思里对他的批评可知，弗拉斯多斯之所以认为二者同一的理由是，认知着的思想不能不是一种存在(existence)，而存在则包含在是(being)之中。这样的"是"是亚里士多德用"是"来表示的上帝观念的先声。因此，弗拉斯多斯理解的"是"当指后来才形成的最普遍的范畴。它是思想的对象，而不是与思想过程同步的显现的现象。（参见"格思里本"，第 40、42 页。）

38. "叶秀山本"，第 145 页。

39. "汪子嵩本"，第 675 页。

40. "汪子嵩本"，第 607 页。

41. 同上书,第 608 页。

42. "没有终结":without end。基尔克本读作"完善的"(perfect),"北大本"作"无限"。这些不同的读法对我们的解说不造成困难。

43. "格思里本",第 28 页。

44. 同上。

45. 亚里士多德说:"'是'与'现是'表明一个记载为真确,'非是'(按即不是,下同)就表明一个记载不实,是假的,——这与是非格相似。"(《形而上学》1017a32),又说:"实是各类中有以'真'为'是',以假为'非是'者,其真假应以'组合与离析'为断……这里真与假不在事物,——这不像那善之为真,恶之为假,存在于事物本身——而只存在于思想之中;至于单纯的诸怎是,则其为真为假('是'与'非是')便不在思想之中。"(同前,1027b17—30,吴寿彭译本)。

46. 参阅"汪子嵩本",第 219 页。

47. 克塞诺芬尼说:"神童不费力地以他的心灵的思想力左右一切"("北大本",第 47 页,13 [D25]),同时参阅"汪子嵩本",第 229 页。

48. 据第欧根尼·拉尔修记载,有一次毕达哥拉斯遇见一条挨打的狗,他怜悯地说:"住手,别打啦! 它的叫声使我认出了这是我的一个朋友的灵魂。"(转引自"基尔克本",第 219 页。)

49. 赫拉克利特也发出过类似的疑问:"灵魂的边界你是找不出来的,就是你走尽了每一条大路也找不出,灵魂的根源是那么深。"("北大本",第 32 页 45[D45])又:"我寻找过我自己。"(同前书,第 28 页,104[D101]。)

50. "汪子嵩本",第 673 页。

51. 残篇四"北大本"标为 2[D2],这里的译文与之出入较大。其中关键的一句话"因为你不能为你自己把是与所是割裂开来","格思里本"作"for thou shalt not cut off for thyself what is from contact with what is."句中的二个 what is,一个是对 τὸ ἐόν 的翻译,另一个是 τοῦ·ἐόντος。都译成 what is,其差别就不见了。曼斯菲尔德指出,ἐόν 和 ἐόντος 之前的两个系词指出了至少有两个 ὄντα。(参见"格思里本",第 31 页对 4.2 的注)我以为,既然 ἐόν 是系词"是"的动名词,它即指称"是"。故我将 ἐόν 译为"是",把 what is(即所是)留给 ἐόντος。此说是否,尚待识者指正。

52. 这句中的"是与所是",其格思里本的英译和希腊文原文的情况同残篇四,参见第 28 页注 3。

53. 参见柏拉图:《巴门尼德篇》,138b—139a。

54. 柏拉图:《巴门尼德篇》(138c):"如若它运动,它或者在同一处旋转,或者由一地点变换到另一地点。那么,如若它旋转,它必然在中心停止不动。"

55. 此处的"是"与"所是","格思里本"为二个 what is。查希腊文原文的用字与残篇四同。参见第 28 页注 3。

56. 格思里说:"这八行(按即 34—41 行)通常被正确地认为是对已经得出的关于实在的性质的主要结论的重复。""格思里本",第 40 页。

57. 此句"格思里本"的英文为:"Nothing exists or can exist apart from what is."(离开了所是便无物存在,也不能存在)查原文,这里的 exist 依然是 ἔστιν,(重音符号当是后人释读时加的)所以,我们这里还是将它译为"是",如依格思里的理解,what is 作 reality 解,那么此句的意思便是:"离开了实在(的事物),便无物存在,也不能存在",这同巴门尼德的整个思想也是不符合的。

58. 参见陈康译注的柏拉图《巴曼尼德斯篇》,第 72 页注 89。

59. 海德格尔:《形而上学导论》,第 102 页。

60. 残篇六,参见"北大本"6[D6]。

61. "分辨不清的群氓",依"基尔克读本",此处"格思里本"作"hordes with no judgment,"与"北大本""无判断力的群氓"同。依本文理解,这里指不分是与所是,故取"基尔克本"的译文可通。

62. 这句也取"基尔克本"的译文,其原文是:"Who believe that to be and not to be are the same and not the same; and the path taken by them all is backward-turning."依本文的注解,此句可通。但"格思里本"作:"他们认为是与不是同一又不相同,一切事物的途径都是一样的,即回到其自身。""北大本"作:"群氓认为存在与非存在同一又不相同,认为一切事物都在相反的方向中行动。"究竟哪一说与希腊文原文近,尚待识者匡正。

63. 转引自黑格尔:《哲学史讲演录》第一卷,商务印书馆 1957 年版,第 267 页。

64. 本条译文据"基尔克本"。"格思里本"对这一条没有提到。

65. "北大本",第 25 页,65[D64]。

66. 参见"汪子嵩本",第 663 页。

67. 本条"汪子嵩本"及国外学者目前大多列于残篇七,"北大本"列在序诗的最后一段。

68. 海德格尔:《形而上学导论》,第 125 页。

69. 参阅海德格尔:《存在与时间》,第 40—43 页。

70. 参阅"汪子嵩本",第 646 页。

71. 本条取"基尔克本"的译文。因"格思里本"将"to be"作"to exist",本文不能接受。此外本段最后一句译文诸本出入较大。这句话对我们来说又很重要,兹附《基尔克本》的英译:"But nonetheless you shall learn these things too, how what is believed would have to be assuredly, pervading all things throughout."

72. 残篇十六,参见"北大本",17[D16]。

73. 人们一般总是根据主动还是主静这个方面,把赫拉克利特和巴门尼德的学说对立起来。其实,他们的根本点是一致的,即都在于论述智慧本身的重要性。下面略举赫拉克利特几则残篇,可见一斑:"博学并不能使人智慧。否则它就已经使赫西阿德、毕泰戈拉以及克色诺芬尼和赫卡泰智慧了。"("北大本"赫拉克利特著作残篇 40[D40])"智慧只在于一件事,就是认识那善于驾驭一切的思想。"(41.[D41])"爱智慧的人应当熟悉很多事物。"(35.[D35])"思想是最大的优点;智慧就在于说出真理,并且按照自然行事,听自然的话。"(116[D112])

74. 相即理念,本文依陈康译名。

75. 这句话并非巴门尼德原话。巴门尼德真正的意思是认为,种种所是,无非一是,因此,他把一看作是"是"的标志之一。

76. 第三种困境起于分离说,这不知是何人的观点,而是虚构的。但这并不妨碍我们认为,以上这些反映了柏拉图借巴门尼德的口对自己早期相论的自我检讨。这一虚设说明柏拉图的论证逻辑日臻严密的特点,这一特点是,举凡论证一主旨,除正面论说外,还须考虑其反面的情况。分离说即是分有说之反。这种论证的特点在本篇对话中的表现是很突出的,八组推论正是严格按照一正一反的情况设立的。由于分离说是依论说的逻辑结构而补足的一种虚设,我们不能据此便否认所有上述相论都不是代表柏拉图本人早期的相论。

77. ον,乃系动词 ειμι 的分词,依陈康译作"是的"。所谓分词(participle)与分有(participate)在拉丁文中有同一词根 particip(参与)。故以 ον 指相时,则意为此相中已有"是"参与其中。

附录二

哲学与教化

——与俞宣孟先生讨论本体论和中西哲学的根本特点

张庆熊

一、俞宣孟论本体论和中西哲学的根本特点

近期先后收到俞宣孟先生的哲学论著《两种不同形态的哲学——中西哲学生存状态分析》(商务印书馆 2022 年版)和《俞宣孟论文选》(复旦大学出版社 2023 年版)。这是他长期以来哲学思考的结晶,汇集了他从不同维度对中西哲学的根本特征和生存状态的分析。他提出了振聋发聩的呼吁:中国哲学史的写作不能依傍西方哲学;中国哲学有自己的开端和生存状态,应该"自作主张"。

笔者与俞宣孟先生经常讨论哲学问题,互相交流和论辩。俞宣孟先生的哲学思考范围很广,并具有内在的连贯性。有关本体论和中西哲学根本特点的论述是他一环扣一环的思想核心。他是改革开放后第一批考上复旦大学哲学系攻读外国哲学专业的研究生,他的硕士论文是有关海德格尔的,经修改增补后于 1989 年在上海人民出版社出版,书名为《现代西方的超越思考——海德格尔的哲学》。在这本专著中,已经可以看到俞宣孟先生有关本体论的基本看法。海德格尔区分"基本本体论"和"传统本体论",按照他的观点,传统本体论是有关"在者"(德语"Seiendes",英语"beings")的本体论;基本本体论是有关"存在"(德语"Sein",英语"Being")本身的本体论。两千年来的西方传统本体论忘记了"在者"源于"存在",源于"生成",因而是一种无根的本体论。海德格尔自己倡导的"基本本体论"(the fundamental ontology)是一种通过此在的在世的活动揭示存在本身的意义的本体论,这是一种比"在者"的本体论更加基本的本体论。

　　上述这种观点本身没有什么新奇，在有关海德格尔哲学思想的教科书中通常都有介绍，但俞宣孟先生对此的阐发有独到之处，开了当时学界的先河。俞宣孟先生的阐发特点是强调西方传统本体论中的"存在"概念最好理解为中文中的"是"，而"在者"最好理解为"是者"。这是因为西方传统本体论所研究的是一套普遍的概念体系，"在者"与其说是存在的东西，不如理解为被构造出来的观念，是作为系动词的"是"所联系的概念。西方本体论（"是论"）以"是"这个最普遍的概念为研究对象，借助普遍与特殊、一般与个别等逻辑关系建立一整套概念体系。处于其基础部位或起点位置上的是它的基本原理和所认定的普遍本质，它的建构方式是由上而下逐步推演出较低阶层次的定理和概念，乃至最具体和最特殊的东西。这种本体论的古典样板是柏拉图的体系哲学，近现代的样板是黑格尔的体系哲学。俞宣孟还指出："中国古代汉语中，'是'还不是系词，虽然我们现在也用'是'为系词，但汉语不合西文那样的语法，因而无法根据词形的变化，从'是'得出'所是'，并把'所是'当作逻辑地从属于'是'的。这是从语言特征方面来看，中国古代不可能产生本体论那种形态的哲学。"[1]

　　俞宣孟先生的另一个论点也别具一格。俞宣孟先生认为哲学的最高境界是悟道，最重大的任务是教化。他还把这一点与中西哲学的不同形态联系在一起。俞宣孟先生认为西方哲学的主流形态是以本体论（"是论"）为核心的概念体系的哲学，这种本体论是为建构知识论服务的，而这种知识论又是为了实现对自然和人类社会操控的目标。中国哲学则把悟道放在首位，把修身养性的教化视为哲学追求的最高目标。胡适、冯友兰等留学西方的中国哲学家把西方哲学的形态视为哲学的标杆形态，以西方哲学形态为样本撰写中国哲学史，这是"捡了芝麻丢了西瓜"。中国哲学有自己的形态，不应依傍西方，而应走自己的发展道路，即以悟道和教化为最高目标。

　　俞宣孟先生的这一观点与他对海德格尔的解读有一定的关系。海德格尔在《存在与时间》中已经阐明了本源是"存在"（Sein），而不是某一存在者（如"水""火""原子""绝对观念"等），并主张人的一切概念知识源于人的生存活动。海德格尔后期对"存在"的看法类似于中国哲学对"道"的看法。他致力于通过对"天命"和"天意"（providence）的聆听而领悟"存在"（"天道"）的意义。他主张天道只有通过人生的领悟才得到彰明；思想、语言、诗、艺术既是天道显现的迹象，又是人追随天道的途径。由此可见，海德格尔的后期思想与中国道家、儒家和佛教禅宗的哲学思想有相通之处。而且，海德格尔对西方传统哲学的看法并非个案。从海德格尔到德里达、罗蒂等一大批西方现当代富有影响力的哲学家，纷纷揭示西方传统本体论的基本特征是逻各斯中心主义、本质主义、基础主义和在场形而上学，其重大缺陷是忽视了启明人生意义和教化的重要性。在这种背景下，我们中国哲人更应该恢复自信心，发扬中国哲学的特长，走中国自己的哲学道路。

二、对本体论的不同界定和评价

笔者大体上赞同俞宣孟先生有关中西哲学的基本特征以及哲学与生存状态的关系的论述，但在一些关节点上又有不同看法。笔者和俞宣孟先生对西方本体论的界定及其功过和意义的评价有所不同。笔者认为作为概念体系的西方本体论有助于促进科学的发展，没有立足于基本原理和逻辑推导的基础之上的哲学本体论，就不会有西方近代数学化的自然科学理论的茁壮发展。此外，为了建设民主的法治国家，为了进行道德教化，法律体系和道德规范的建设也经常从作为普遍概念体系的哲学本体论中寻找依据和引申出相关的概念和准则。即便是民主协商，也需要有清晰的概念和合乎逻辑的辩护，这样才能使公民进行理性的话语交往，求同存异，达成必要的共识。当然，作为概念体系的哲学本体论有其可能引发的问题，但这些问题源于僵化地看待概念体系，把它们当作教条，而不是当作源于生活和需要在生活实践中不断加以扬弃、修改的理论体系。

以有没有普遍的概念体系来判断中西哲学的形态可能会引起一些不良后果。这是因为西方哲学发展成为一种具有普遍概念体系的哲学是有一个过程的，具有普遍概念体系的哲学的出现可视为一个高级阶段，正如从只有零星的毕达哥拉斯定理之类的几何学发展成为公理论的欧几里得几何学体系是一个发展过程。中国古代已有勾股定理，但我们能以此为满足吗？能以只有勾股定理之类的零星算法而没有公理化的几何体系而沾沾自喜吗？我们当然希望中国的几何学不停留在此，而是能够建立更加完备的体系。正因为如此，徐光启翻译欧几里得的几何学原理，对促进中国数学乃至整个科学的发展作出了重大贡献。中国传统思想中理论体系的建构较为缺乏，当中国科学高度发展的时候，中国人的科学理论概念体系的建构也会完备起来。同样可以设想,中国将来也必定有概念体系完备和逻辑推理严密的哲学理论问世。

科学与哲学总是互相促进的。亚里士多德是古希腊哲学的集大成者,古希腊的本体论学说在亚里士多德的《形而上学》中得到高度发展。"形而上学"从字面解释,为"物理学之后"。在笔者看来,不仅仅其在分卷编书的过程中排在《物理学》之后,而且在知识积累上也依托物理学等科学知识。在亚里士多德那个时代,古希腊的物理学、动物学、植物学、天文学、数学和逻辑学已经相当发达,亚里士多德的"形而上学"依托于这些科学理论,并且试图把这些科学理论统一起来,通过考察"存在"及其相关的最普遍的范畴为科学的思维方式提供指导。欧几里得差不多是亚里士多德的同代人,《几何原理》的问世,为后世公理论的科学体系的建立提供范式。

笔者感到俞宣孟先生对本体论的界定有些狭隘。俞宣孟把"本体论"(ontology)界定为以"存在/是"(Being)为底本的概念体系的哲学,本体论处于西方形而上学的核心位置上。俞宣孟的依据是沃尔夫(Christian Wolff)对本体论的定义。沃尔夫将哲学分为理论哲学和实践哲学,前者包括本体论、宇宙论、理性的心理学和神学,统称形而上学;后者包括伦理学、政治学、经济学。据此,俞宣孟反对"历史本体论""社会存在本体论"之类的提法。然而,"本体论"的界定和用法并非沃尔夫一家,"历史本体论""社会存在本体论""形式本体论""量子本体论"等提法频频出现在西方学术界。[2]戴尔·杰凯特(Dale Jacquette)在《本体论》一书中主张区分"纯哲学本体论"(pure philosophical ontology)与"应用科学本体论"(applied scientific ontology)。[3]杰凯特的这一区分在当今西方学界获得较为广泛的认可。按照这一划分法,俞宣孟所说的本体论属于"纯哲学本体论",而"历史本体论""社会本体论""形式本体论""量子本体论"可归入"应用科学本体论"。应该看到"纯哲学本体论"与"应用科学本体论"是互相补充和交互作用的。

亚里士多德在《形而上学》中指出,有一门研究"存在之为存在"(being as being)的科学,并且它按照存在自己的"本性"(nature)研究那些属于它的"属性"(attributes)。正因为这一特点,它不同于任何特殊科学。尽管亚里士多德本人没有使用"本体论"这一术语,但显然这就是沃尔夫眼中"本体论"的样板,也是杰凯特所说的"纯哲学本体论"的样板。如何理解上述这句话,成为理解亚里士多德本体论思想的关键。有人认为亚里士多德说的"存在之为存在"是首先确立一般性的存在概念(存在之一般),然后按照存在自己的本性研究那些属于它的属性,即按照普遍的存在概念的本性推导出那些属于它的属性。笔者以为那样的理解有点问题。固然在柏拉图和黑格尔那里,可以理解为从普遍推导到特殊,从一般推导到个别,但在亚里士多德那里并非如此,因为亚里士多德明确主张一般存在于个别之中。在笔者看来,存在多种多样的本体论立场,有唯物论的,有唯心论的,有观念论的,有经验论的;在亚里士多德那里应该按照"一般存在于个别之中"的思路来理解"存在之为存在"。举例来说,水是一种存在,土是一种存在,水、土之类的存在是质料的东西的存在;线是一种存在,点是一种存在,点和线之类的存在是形式的东西的存在。"按照存在自己的本性研究那些属于它的属性"就是指按照质料因、形式因等范畴对各种各样的存在物进行分类。这样,就可以区分质料的东西和形式的东西两大类,把水、土之类的存在放在物理学中研究,把点和线之类的存在放在几何学中研究。"质料"和"形式"并非能脱离个别的东西而存在,但是它们能从个别的东西中抽象出来,作为一种理论框架中的具有普遍意义的概念而存在。这种对"存在"(beings)做出"质料的东西"和"形式的东西"的分类是一种哲学理论上的区分。这说明"纯哲学本体论"对于"应用科学本体论"具有指导意义。有了这样的区分我们才可以说,没有面积的"线"存在和没有长度的"点"存在,因为这是在形式科学的理论框架中说的,它把这里说的"线"和"点"理解为一个形式上的极限概念。同理,当我们说"量子"存在的时候,用宏观世界的物理学理论框架是难以理解的,而建立微观世界的"量子本体论"对于量子力学的科学发展非常重要。

现在我们可以问:在亚里士多德时代的人知道量子力学吗? 在黑格尔时代的人知道量子力学吗? 当然他们不知道。我们还可以问:有了对量子的存在本性的理解,会不会加深我们对一般性的存在的理解呢? 当然会的。由此可见"纯哲学本体论"与"应用科学本体论"之间互相补充和交互作用的道理。明白了这一道理之后,就可以探讨"历史本体论"和"社会存在本体论"的问题,它们对我们的世界观和人生观的塑造起着非常重要的作用。

我们现在所说的西方文明以"两希文明"为源头,即希伯来文明和希腊文明。在希伯来的《摩西五经》中记载,摩西问上帝你是谁,上帝回答:"我是自有永有的。"(《出埃及记》3:13—14)在希伯来文中,这句话的原文是"Ehyeh-Asher-Ehyeh"。翻译成英文可为:"I Am That I Am";"I Am Who I Am";

"I Will Be What I Will Be"[4]。直译为中文大致是："我是我所是。"为什么在中文和合本《圣经》中被翻译为"我是自有永有的"呢？这是受到当时教会人士的神学观和历史观的影响。在基督教的正统神学中，上帝的存在被认为是无限和永恒的存在，人的存在被认为是有限和短暂的存在。人类的历史要从上帝的救恩史中获取意义和价值。这是由上帝的存在和人的存在在本体论上的根本差异决定的，即无限和永恒的存在决定有限和短暂的存在；上帝完全凭借自己的意志从无中从创造世界和人，并通过他的救赎而决定人类的命运。

在西方世界，这种救恩史的历史观在很长一段历史时期内深刻地主导了人们的人生观和价值观。希求美满的人生和成为品质高尚的人意味着遵循上帝的律令，聆听天（神）命，祈求神佑，期待救恩的到来。直到文艺复兴、启蒙运动，欧洲的人文精神得以复苏，开始扬弃神学本体的救恩史观。德国历史主义学派的领头人赫尔德（Johann Gottfried Herder）主张人类的历史与自然界的运动有着本质差别，前者是独一无二和永不重复的，后者则遵循规律和周而复始。狄尔泰（Wilhelm Dilthey）把这归结于人的生命现象和精神性的存在的特点，主张每一时代都有每一时代占主导地位的世界观。卢卡奇听过胡塞尔的课，卢卡奇的社会存在的本体论思想受到胡塞尔划分区域本体论的现象学方法的影响。卢卡奇在《社会存在的本体论》中首先论证认识论和方法论的本体论基础，因为认识论和方法论要运用到现实世界中去，必须立足于存在和面对存在。为了从总体和相互关系方面认识各种各样的存在物，需要区分不同的存在的领域。从大的方面讲，存在可以划分为无机自然、有机自然和社会。每当引入一种新的本质特征，就能确定一个新的区域，就有一类新的存在物出现。引入无机的物理属性和物理规律，就确立无机自然的区域；引入有机物的特征和生物演化的规律，就确立有机自然的区域；引入生产关系和社会关系，就确立社会存在的区域。从小的方面来讲，在社会世界中引入商品交换关系等本质特征，就确立商品、货币、资本等社会存在物。这些不同的存在区域是分层次和具有本体论上的逐层奠基关系的。卢卡奇写道：

> 我们的考察首先在于确定社会存在的本质和特性。然而，为了使得对这样的问题的表述更加合理，人们不应忽略存在的普遍问题，更确切地说，忽略三大存在领域（无机自然、有机自然、社会）间

的关联和区别。不把握这种关联,不把握这种动态机制,人们就不能正确地表述社会存在的本体论问题,更不用说去正当地处理社会存在的性质问题了。[5]

三、道德教化、科学理论和重写中国哲学史

上文花较多笔墨谈论历史本体论、社会存在的本体论,是为了说明本体论对于人树立世界观、历史观和价值观非常重要。像俞宣孟说的那样,不要本体论,抛弃本体论,同时又要树立人生观和培育道德意识,存在理解上和实践上的很多困难。俞宣孟先生在此想到的还是海德格尔的"基础本体论"。作为"在者"(beings)的本体论是要抛弃的,作为大写的"存在"(Being)的基础本体论被保留了下来,从"生存"(existence)和悟道出发为伦理学和道德修养奠定基础,这实际上依然是俞宣孟论述这个问题的基本思路。可能是为了避免误解,俞宣孟在谈中国哲学建构时注意摒弃"本体论"这一术语,而喜欢用"形而上学"这个名称。

海德格尔在西方现代哲学史的发展上确实占很重要的位置。海德格尔反思了西方两千年来哲学发展中的问题,特别是反思了西方近现代科学理性和科技至上观所可能造成的人的异化的问题。然而,他看到了问题,却并没有指出一条切实可行的克服现代性危机的道路。海德格尔似乎是想回到田园诗画般的乡村美景中去,这使人想起老子有关小国寡民的理想;海德格尔关于聆听存在呼唤的说法也使人想起老子的领悟天道。然而,尽管海德格尔与老子有共鸣,但海德格尔关于通过聆听"天命"(destiny)和体验"天意"/"神佑"(providence)而领悟大写存在的"天道"的学说不是从东方的老子和儒学那里学来的,而是来自他青年时代在天主教修道院的灵修训练。他的贡献是把中世纪神秘主义的灵修话语改写成存在主义的哲学话语。欧洲在中世纪几乎抛弃了希腊哲学的科学精神,在修道院里的神甫想的是如何通过灵修与神灵沟通,如何修道成圣和灵魂升天。西方宗教有关悟道和灵修的学说也丰富多彩,只不过哲学课程中是不谈的,而是在大学的神学系或修道院中讲解。这种以神为中心的灵修学说本来在中国学术界是不受重视的,但经过海德格尔的存在主义的重新诠释而受到许多中国学人的关注。

经过文艺复兴和启蒙运动,欧洲恢复了希腊哲学的科学精神。欧洲近代

的理性和科学的思想方法受惠于希腊哲学,这包括柏拉图和亚里士多德在本体论建构方面的成就。欧洲近代科学的开路先锋伽利略视天体运行和自然规律为数学化的自然存在。欧洲近代唯理论的创始人笛卡尔本身是解析几何的发明人。牛顿力学及其万有引力的定理是仿效几何公理的形式而建构起来的。莱布尼茨是微积分的发明人之一,他致力于建立数理化的"普遍科学"(mathesis universalis)。[6]爱因斯坦的相对论和统一场论也包含追求建立公理化的普遍科学的目标。由此可见,本体论作为一种"普遍科学"理念,对促进近现代科学的发展起了至关重要的作用。

那么这种作为概念体系的本体论会不会带来问题和引发危害呢?当然是会的。在胡塞尔看来,这里的问题主要是把一件"观念的衣裳"当作真理本身,忘记了它来源于生活世界和是为人的生活目的服务的。概念体系是经由人的主体活动而建构起来的,但是当它广泛流行之后,人们就容易把它当作天经地义的东西,当作颠扑不破的真理。实际上人所建构起来的东西都存在可错性。绝对可靠的阿基米德点和完备的概念体系是人所永远追求的目标,而不是形形色色现已存在和当下盛行的东西。为了克服作为概念体系的本体论容易造成的误导,胡塞尔提出"生活世界的本体论"的概念。科学和哲学的理论源于生活世界。概念化的原理不是本源,生活世界才是本源。科学是生活世界中的科学家的共同体建构出来的。科学的理论,乃至作为普遍科学的哲学理论,其概念和公理的明证性要在生活世界中得到验证。科学的生活世界越发达,科学的理论也就越发达。科学的理论与哲学的理论息息相关,这可以从各种各样的"加字哲学"看出,如数学哲学、逻辑哲学、物理学哲学、自然科学的哲学、社会科学的哲学。"加字哲学"越多和越发达,作为普遍科学的哲学的理论就越能从中吸取养料和加以综合。胡塞尔的"生活世界的本体论"概念在一定意义上是对海德格尔的"基本本体论"概念的回应;胡塞尔的"生活世界的本体论"概念更加贴近现实生活,更加有可操作性,在当代科学哲学界得到更多的认可。

说到这里可能有人还会提出一个严重的问题。作为普遍科学的哲学固然与各种具体的科学有关,它能为知识论和科学的研究活动提供指导,但它能论证有关人生意义的价值观吗?凭着这种普遍科学的哲学能够建立伦理学吗?能够培育道德意识和达到道德教化的目的吗?相当多的中国哲学家主张,中国哲学以伦理为本位,通过悟道和体验良知确立道德意识。作为伦理本位的道德心（人的本心）不是通过测量的知识能够获得的，而必须通过修身养性和悟道才能通达。像熊十力和牟宗三这样坚守中国儒家道统的哲学家早就注意到这一点。熊十力主张中国哲学在本体论（熊十力借用佛教术语也称为"境论"）领域不应跟着西方哲学走，而应坚守中国儒家原先的反观本心和体悟良知的途径："今造此论，为欲悟诸究玄学者，令知一切物的本体，非是离自心外在境界，及非知识所行境界，唯是反求实证相应故。"[7] 同时，熊十力又主张，本体（本心）又有一个向外转化的"成物"的过程，在成物的领域内可以借用包括康德的认知范畴在内的西方的知识论，发展具有中国特色的"量论"（熊十力借用佛教术语对知识论的称呼）。后来牟宗三继承熊十力的这条思路，提出"内圣开外王"，作为道德心的良知本体经由坎陷而开出科学民主的哲学构想。我注意到俞宣孟先生用"本体论"这个术语专指西方的概念体系的"是论"，而将"形而上学"这个术语保留了下来，提出"把形而上学进行到底"的口号。我想这里的"形而上学"就是指中国传统哲学中的具有超越境界的悟道哲学。如何把形而上学进行到底？如何在把形而上学进行到底的过程中保留科学的位置？或者连同抛弃西方的作为概念体系的本体论一起，抛弃作为普遍科学的哲学概念，仅仅保留应用性的科学技术？这依然是一个值得思考的问题。

笔者在研究熊十力和牟宗三等现代新儒家的过程中感到建构中国本位的哲学仍然任重道远。一方面，儒家弘扬仁义道德，以良知为本体，通过体悟良知本心培育道德意识，这是中国哲学的特长。然而另一方面，如何立基于良知发展实测的科学知识和理性的逻辑推导的知识仍然是有待解决的问题。熊十力主张借助佛学唯识论和因明学发展"量论"（一种中国古已有之的认识论和逻辑学），牟宗三则主张通过重新解释康德的《纯粹理性批判》等著作来发展以儒家为本位的中国的认识论。然而，这里的嫁接仍然存在一些不容易说得通的问题，即双重世界和双重心的问题：本体世界与物质世界，道德心和认知心，它们不容易协调起来。道德心在本体世界，这需要通过悟道和修身养性来体验；认知心在物质世界，是一种观测和驾驭事物的心智能力。在熊十力那里有本心为何化为习心的难题。在牟宗三那里有道德心为何要"坎陷"而成为物质世界和认知心的难题。我比较倾向于马克思主义学界的"实践一元本体论"的提法，这个概念可以与胡塞尔的"生活世界的本体论"联系起来考察。不论是生产和科研的实践，还是道德生活的实践，都来自生活世界。科学的公理和概念体系来源于生活世界，并需要在人的生活实践中得到验证。道德规范和伦理准则也来源于生活实践，也需要在人的生活实践中得到验证。没有必要在生活世界之外再找一个超越的天道之类的超越世界，也没有必要从来源于生活实践的身心活动之外再找一个形而上学的本心或道德心。

中国哲学依傍西方哲学固然不好，这是缺乏自信心和缺乏独立思考的表现，但目前中国哲学面临的主要问题依然在于如何补缺。如何努力建构理性化的概念体系和严密的逻辑推导，正是中国哲学需要补足的地方。无论中国哲学还是西方哲学，都是人类文明中的宝贵财富，我们应该批判地吸纳西方哲学中的合理因素，在文明互鉴中前进。

注释

1. 俞宣孟：《俞宣孟论文选》上册，上海：复旦大学出版社 2023 年版，第 21 页。

2. Ian Hacking, *Historical Ontology*, Cambridge, Massachusetts：Harvard University Press, 2004；Georg Lukács, *Ontology of Social Being*, London：Merlin Press, 1978；Robert Arp, Barry Smith, Andrew D. Spear, *Building Ontologies with Basic Formal Ontology*, Cambridge, Massachusetts：The MIT Press, 2015；Peter J. Lewis, *Quantum Ontology：A Guide to the Metaphysics of Quantum Mechanics*, Oxford：Oxford University Press, 2016.

3. Dale Jacquette, *Ontology*, Bucks：Acumen Publishing, 2002, p.XI.

4. *The Jewish Bible*(The New JPS), Philadelphia：Jewish Publication Society, 1985, p.88.

5. George Lukács, *Zur Ontologie des gesellschaftlichen Seins*, Darmstadt und Neuwied：Luchterhand Verlag, 1984, 1. Halbband, S. 8.

6. E. Husserl, *Die Krisis der europäischen Wissenschaften und die transzendentale Phänomenologie*, Hamburg：Felix Meiner Verlag, 1982, S.102.

7. 熊十力：《熊十力论著集之一·新唯识论》，北京：中华书局 1985 年版，第 247 页。

附录三

论历史的方法与逻辑的方法

——与张庆熊讨论有关本体论问题

开 头 的 话

"本体论"（ontology，是论），有时也被称为形而上学，是西方哲学的核心和精华，因而也被当作纯粹哲学。一部西方哲学史，就是围绕着本体论问题而展开的，甚至哲学中的一些重大分支和发展也是以本体论为背景"转向"的结果。从比较哲学的角度看，本体论还是西方哲学形态特征的主要承载者。因而，欲治西方哲学，不可不精研本体论；要比较中西哲学，也必须以本体论为西方哲学的标本。我于 25 年前发表了《本体论研究》一书，在其中，我根据沃尔夫的定义，把本体论解说为以"是"为核心范畴、逻辑地构成的西方哲学原理体系。当时的研究也只是初识门径，本体论博大精深，其中有许多问题值得深入研讨。我曾经想过下面这些问题：

（一）关于本体论的规定和基本特征

本体论与关于追求原理的动机是否有关？能作为哲学原理的学说的特征是什么？本体论的语言（概念或范畴）与日常语言的关联和区别是什么？通过概念间的结合来产生原理的必要性和可能性是什么？什么样的概念能用于原理制作？普遍与特殊、理论与实际之间的隔阂是不是随着原理的出现而产生的？日常思维中是否也存在普遍和特殊隔阂的问题？为什么与现实隔离的本体论却反而对科学思想方法有所促进？其机制是什么？逻辑是本体论现成取用的方法，还是根本上就是伴随着本体论一起产生、以至于可说逻辑的起源在本体论？随着从形式逻辑到辩证逻辑的转变，本体论发生了什么变化？西方哲学中发生的种种"转向"——认识论的转向、语言学的转向等——是不是都是在本体论基础上的转向？它们的意义是什么？

（二）关于后本体论时代的本体论

本体论是否经历了解体的过程？其原因是什么？为什么哲学本体论解体后，仍然冒出各种本体论学说，甚至产生马克思主义哲学本体论的说法？本体论解体后出现的许多本体论——包括所谓社会本体论、历史本体论，甚至伦理本体论——与传统本体论的区别是什么？把沃尔夫定义的本体论与形形色色的本体论区别开来的意义是什么？怎样分别说明本体论也是分析哲学和现象学产生的背景？

（三）本体论与中西哲学的比较研究

以本体论为核心的西方哲学是哲学的普遍形态吗？中国哲学是不是以本体论为核心的哲学？如果现在不是，在将来是否会发展出一种本体论？如果中国哲学是一种与西方哲学不同形态的哲学，那么，究竟怎样界定哲学本身？哲学是不是只是关于世界的普遍知识？今后的哲学是否还只是表达为具有严密逻辑性的、理性化的概念的体系？

然而，因为难得遇到对上述问题同样感兴趣的人，一个人自问自答，殊觉无趣。近有张庆熊先生的大作《哲学与教化——与俞宣孟先生讨论本体论和中西哲学的根本特点》[1]，直入我一向关注的领域，激发了我的积极性。庆熊先生围绕本体论和中西哲学的话题有他自己的创见，也对我曾经发表的某些观点提出质疑，其所涉及的问题对于深入理解本体论、进一步开展中西哲学比较研究必有推动，甚至还使人对哲学的前景有所展望。本文拟讨论三个问题，一是本体论哲学与普遍性概念问题，二是本体论的定义问题，三是中西哲学的相遇及其前景。这次我不是自说自话，所说各端都联系着他的文章，或是从他的议论中可以生发出来的。

一、本体论与普遍性概念问题

我曾论述过，本体论与普遍概念密不可分，没有普遍概念就不会有本体论，西方哲学史上许多关于本体论的争论也是围绕普遍概念而展开的。因此，可以这样说，普遍概念不仅是导致本体论的直接动力，也是标志着西方哲学特征的基本因素。中国文化中没有普遍概念,这是判断中国哲学没有本体论的基本依据。我的这些话曾遭致同仁口头上几乎一致的反对,他们尤其不能接受"中国文化中没有普遍概念"的说法。这次庆熊先生将这个反对意见正式表达出来了。他的说法是,"以有没有普遍的概念体系来判断中西哲学的形态可能会引起一些不良后果"。其意当指,中国哲学现在缺乏普遍概念,不妨碍其在将来发展出普遍概念,"中国将来也必定有概念体系完备和逻辑推理严密的哲学理论问世"。不过,这一次他没有去说中国哲学有没有普遍概念,而是认为,中国哲学可以在将来发展出普遍概念,等等。这越发凸显普遍概念对于哲学的重要性。我把上述问题归结为三个小点:(一)为什么本体论必定出于普遍概念?(二)究竟什么是普遍概念?(三)有什么理由说中国文化中不存在普遍概念?

(一) 本体论出于柏拉图的理念论

早在理念蜕化为普遍概念之前,柏拉图创立的关于理念间相互结合的理论就是本体论的雏形。普遍概念是从柏拉图的"理念"蜕化而来的。理念间相互结合的理论是从理念论中必然发展出来的,这就造成了以后本体论对于普遍性概念的必然依赖关系。

读哲学的人都知道柏拉图的理念论。理念是柏拉图为了追求真知识而设想出来的。鉴于人们从日常感觉中直接得到的关于事物的知识变动不居,且又因人而异,甚至相互矛盾,他假定有理念这种东西的存在。用理念作为同类事物的真理,就消除了各人说法的差异。例如有桌子的理念,那么不管对同一张桌子有多少种不同的感知,也不管事实上存在着多少不同材质、不同样式的桌子,反正它们之为桌子就在于分有了桌子的理念。桌子的理念才是关于桌子的真知识,作为真知识的理念当然要优越于关于可感世界的桌子的知识,因而理念无须依赖于事物而存在,而事物反倒必须分有理念才能是其所是。那么到哪里把理念发现出来呢?这也简单,只要把表示我们世界事物的名称翻转一下,就成了同名的理念,有多少事物的名称就有多少理念,不管它们是关于事物的种、属,还是关于事物的性状、数量等,都存在着相应的理念。可能当时的人们认为,凡是存在的东西应该是看得见、摸得着的,理念这种东西却是看不见的,为此,柏拉图提出一种说法,认为理念是心灵的眼睛看到的,它们不存在于我们的世界,而存在于理念自己的世界。由于这一说法,我们不能把理念直接称作"概念"。

柏拉图的理念论为事物提供了一种解释;然而,伴随着这种解释,人们的世界观也发生了重大变化。柏拉图在原有的世界之外建立起另一个世界,即理念居住的世界。这两个世界之间不是互相作用的,而是单向作用的:理念可以从理念的世界作用于感觉世界,使事物是其所是;而事物不能对理念的存在发生影响,理念是独立存在的。这些说法马上遇到两个严重的挑战:第一,如果事物因分有理念而是其所是,即事物从理念方面获得自己的解释,且理念优于事物、独立于事物而存在,即理念不从事物方面获得解释,那么,理念本身是如何是其所是的呢? 第二,个别事物里集合着多种性状,那么这些相关性状的理念之间是否也结合呢? 这两个问题把柏拉图推向了后期的理念论,其焦点是理念自身之间是否结合以及如何结合的问题。

柏拉图讨论这个问题的两篇重要代表作是《巴门尼德篇》和《智者篇》。在前一篇对话中,柏拉图任取一个理念"一",分别考察它与其他理念究竟结合还是不结合,结果表明:如果结合,那么不仅"一"可以成立,即"一是"(意为"有一"),而且还推理得到其他各种理念的存在(是);反之,如果"一"不与其他理念结合,那么不仅其他理念没有存在(是)的理由,连"一"自身也不能成立,即不能说"一是"。在希腊语的习惯中,"一是""一不是"是两个完整的句子,柏拉图以此作为理念间相互结合还是不结合的假设来展开全部讨论,这不免使有不同语言习惯的我们有些困惑。为此,我试换一种我们比较习惯的说法表述如下:设有一个理念"大"。因为它是理念,当我们问"大"的意义是什么的时候,不能指着大的事物去说明它。截断了从事物方面解说理念的途径,理念成了一个无"实"的"名";照我们日常的说法,无实的名是没有意义的。要说明理念"大"的意义只有一条途径,即从"大"与同样是理念的"小"的关系方面去看,得出:"大"是"小"的反面。就这样,不仅"大"从与"小"的关系方面获得了自己的意义,也让"小"获得了意义。确切地说,理念的意义不是名实关系的意义,而是理念相互规定的意义,这样的意义就是后来黑格尔所谓的"规定性"(determination)。不仅如此,从"大"本身和"小"本身是相反的两端中可以进一步得出,在此两端的中间是"中";得出这个"中"没有参照实际事物,但这个"中"是绝对的"中",比一切实际事物中测得的中还要中。如果你愿意,还可以继续推论下去,如把从"大""小"推得"中"看作是从二到三的推得,进而推得更多的数,直至一切。或者还可以作其他方面的推论,比如从"大"和"小"的对立,推得"异"和"同"的规定,等等。柏拉图在《巴门尼德篇》中推得凡15组理念(范畴)。照柏拉图的看法,没有什么理念不是从这样的推论中得到的,包括时间、认识;同时,没有一个理念是游离于相互关系之外的,毋宁说,理念是一个体系,每个理念都存在于理念的体系中。

以上推论的演绎说明,理念不仅需要在相互结合中是其所是,而且只有当理念结合成理念的集合,才能被集合着多种性状的个别事物所分有。理念的存在是一个体系。

《智者篇》是带着为智者找定义的任务展开理念的结合的。在开篇的时候,先定义渔夫,其方法是从技术出发。技术是各种具体技术的总称,把不属于钓鱼的那些技术层层排除,最终便得到渔夫是用钩猎鱼的技术。注意:从大概念分析得出被包含在其中的一个较小概念,这个方法使人想见后来亚里士多德的三段论。不过,当柏拉图把这种方法用于定义智者时,他得出了七个可能的定义,还相互矛盾:有一个是褒义的,六个是贬义的。柏拉图想揭示智者其实是远离真理、制造肖像以欺世惑众的人,然而要论证这点最大的困难在于,有前贤巴门尼德的话:"绝不可强认为'不是者'是"(For never shall this be forcibly maintained, that things that are not are.),"只有一条路,即(它)是"(Only one way remains: that it is.)。正是据于巴门尼德的话,智者认为自己所说的一切都是"是"所表达的东西,因而不可能"不是"。面对这个挑战,柏拉图感到并不是有了理念之间的结合就能解决一切问题,还应该进一步考虑"结合"本身的情况。就像字母必须按照某种规则(如元音字母和辅音字母的相间)才能组合为单词,理念的结合也是分层次的。于是,柏拉图转向对那些较贯通的理念之间的结合情况的考察。他所取的贯通性理念共五个:是、动、静、同、异。这五个理念的相互结合说明,"是"所结合着的原来也不尽是纯粹单一的东西,而也可以是对立、相异的东西;这进一步说明,是也可以不是,即一个是的东西相对于另一个东西而言则可能是不是的东西。这样,就粉碎了智者关于"是不能不是"的借口。柏拉图把演示贯通性理念结合,称作哲学家的任务。本体论哲学的形态也就在此更鲜明了。

回顾历史,之所以会产生本体论这种形态的哲学,原因就在于理念的结合;而理念之所以要结合,是因为理念的性质迫使理念只能存在于相互间的结合中;而理念之所以只能存在于它们的相互结合中,则是因为一开始它们就被规定为脱离事物而存在的东西。当柏拉图最后把贯通性理念间的结合看作是哲学的事务时,我们就理解了,黑格尔是这种哲学最终的传承者。黑格尔说,"精神的运动就是概念的内在发展""只有沿着这条自己构成自己的道路,哲学才能够成为客观的、论证的科学"[2]。

(二) 普遍概念的特征

普遍概念是从理念蜕变而来的,理念的特征基本上就是普遍概念的特征;所不同的是,理念被柏拉图认为是存在于另一个世界的实在的东西,普遍概念则纯粹是思想上的一个概念。理念与可感事物的隔阂,到了普遍概念这里就成了先天概念与经验概念之间的差别。普遍概念的先天性很容易被忽略,因为人们把从经验中概括、上升得到的概念也称作普遍概念,并且几乎到处使用着。为此,我要说明,英文中有两个词:"universal"和"general",它们都可以译成"普遍"或"一般",然而它们之间存在着一个重大的区别,即"universal"可以指先于个别、特殊而独立存在的普遍,是绝对的普遍,也可以称为先天的普遍;"general"则是从个别事物的概括中产生的、后于个别事物而存在的、相对的普遍,因而也是经验的普遍,其动词形式是"generalize",意为"概括""归纳"。为了将这两个词区分清楚,我建议在必要的时候,尤其在讨论本体论问题时,用"普遍"专指"universal",而把"一般"留给"general"。与本体论相关的普遍概念只是"universal",即绝对普遍概念。我所谓中国哲学没有普遍概念指的也就是这种普遍概念。只有明白了西方哲学中为何产生出普遍概念、普遍概念有什么特征,以及普遍概念是怎么运作的,才可以进一步讨论其他相关问题。

普遍概念和一般概念最根本的区别在于:普遍概念是覆盖全体的概念,因而是没有例外的、带有必然性的概念;又,因为覆盖全体,普遍概念本身在全体之外,是超时空的。一般概念是从经验中抽象、提升而来的,经验在不断扩大,一般概念也在不断的抽象提升中,因而是具有时空性的概念。一般性概念以绝对普遍性为目标,然而由于经验在无限延伸,一般性概念永远不可能达到绝对普遍,二者间存在着一道不可逾越的鸿沟。最后的概括,一般和普遍都与人类自身的生存状态相关:一般概念(相对普遍概念)是向着无限进发的人自身的生存状态的投射,(绝对)普遍概念是一脚直接跨进无限的人自身的生存状态的投射。其间的差别类似于禅宗神秀的渐悟和慧能的顿悟,所不同的是,前者将自身内在的生存状态投射于外,后者则直入人自身的生存状态。数学微积分可以视作将自身生存状态投射于外的一个例子,一种是把无穷小数的表达看作是永远可以缩小的过程,一种则直取其绝对值 0。只有这后一种取值,才能对无穷小数进行运算。这也许正是柏拉图主义而不是亚里士多德主义能够占据西方哲学主流的原因。

普遍概念是从理念蜕变而来的,这个过程最初发生在亚里士多德这里。亚里士多德看到理念不过是与用于我们世界的语言同名的东西,就抛弃理念,直接取用日常语言,试图从日常语言的结合中表达某种原理性的东西。亚里士多德对语词进行分类,比较它们的蕴含、归属关系,形式逻辑就是其成果之一。然而,在这个过程中,亚里士多德也开始意识到,组成原理性的三段论必须要用普遍性的概念。他认为,没有普遍性则不能认识事物,知识也不能保存;而柏拉图的继承者却让普遍性的理念脱离在感觉事物之外,这是不对的。当初苏格拉底的定义方法是"普遍"的始创,他也没有把"普遍"和"个别"相分离。[3]亚里士多德反对与个别分离的"普遍",但是他的三段论要成为必然性逻辑推论形式的话,也要用绝对普遍的词来表示,而日常语言与普遍概念之间存在着一道不能逾越的鸿沟。亚里士多德最终能够把三段论表述出来,是启用字母代替变项。因此,逻辑学界极为看重这一点,认为"把变项引入逻辑是亚里士多德的最伟大的发明","亚里士多德因使用变项而成了形式逻辑的创始人"[4]。

当然,亚里士多德并没有真正理解和掌握普遍概念,他只是停留在经验性的普遍即一般概念中。普遍概念是伴随着本体论本身的成熟、发展而慢慢被理解的,这是一个漫长的过程,直到康德,普遍概念才得到完整的表述。康德对普遍性的理解可以概括为:(1)严格的普遍性和相对普遍性分别代表纯粹知识和经验性知识;(2)纯粹知识不是从经验的概括中得到的,因而是先天的;(3)严格普遍性是不允许例外的,因而所谓普遍性同时也是必然性。严格的普遍性是摆脱了任何经验局限的普遍,是无限的普遍;感觉经验总是对认知设置各种限制,因而康德认为,柏拉图正是为了摆脱这样的限制而抛弃了感官世界,"鼓起理念的两翼飞向感官世界的彼岸,进入纯粹知识性的真空"[5]。

(三) 中国哲学中没有普遍概念

普遍概念的涵义在西方哲学史上逐步展示的过程,尤其是这些涵义在康德这里首次得到明白表述,它是一种先天的、必然的、无限的概念,这些事实应当让人们明白了,中国哲学史上找不到这样的概念。把这一点认准了,中国传统哲学没有本体论这一点也就明白了。反之,人们不明白中国哲学中不存在本体论,是因为一般从一开始就不区分普遍概念和一般概念。

不过,说无难,说有易,过去中国文化没有所谓普遍概念,现在终于有了,那么就说一下有的情况。要提到的是金岳霖先生,他是把逻辑引进中国的第一人,因为逻辑只存活在普遍概念中,所以,在阐述逻辑的时候他不得不在中文世界里把普遍概念以及原理世界建立起来。他的这些论述见于《论道》(1940)一书,其重点是:(1)原理不是归纳得到的,因为归纳法本身不能从归纳得到。(2)逻辑命题都是穷尽可能的必然命题(以上两点一起表明,要研究的不是偶然性的经验世界,而是具有必然性的原理世界,必然性正是与普遍性相伴的特征)。(3)为了进入原理世界,要找到表述原理的语言,于是分出概念有两种作用:形容作用和范畴作用。(4)概念作为共相,是有结构、有系统的;这种结构是无先后,即不在时间中的。(5)思想也有动有静,与概念的结构、系统相关的思想是静的思想。[6]这些论述中反映出来的是:存在着一个经验不能进入的原理世界;原理必须具有必然性,即其真实性应无例外;描述原理世界的概念是范畴。我们前面总结普遍概念的两个基本特征,即在经验世界之外、存在于相互结合的规定性中,金先生的"概念"都达到了。他所说起形容作用的概念,实际上即传统一般所谓"名",严格的普遍概念是把名的作用排除在外的。但是,由于普遍概念也取用于日常语言作为名的概念,所以形容和范畴两种作用是不可分的,金先生看到了这一点,并不认为这种混淆有什么不合理。这与现代分析哲学看法不同,依后者的看法,形而上学的毛病正在于这种语言的混淆,他们要回到经验世界,于是就把厘清形而上学的语言作为哲学的任务。

冯友兰是金先生的挚友,学术上亦颇受金先生影响。他是中国哲学史方面的专家,在依傍西方哲学的道路上写中国哲学史,逐步明白了西方哲学的核心在于本体论,最后把"普遍与特殊的关系问题"当作贯穿中国哲学史始终的问题,这是他试图把本体论塞进中国哲学史的明显证据。为了达到这个目的,他也改造概念,提出理论思维的概念"红"不红这样的说法。这显然是想去除日常语言中指示事物的名的作用,然而,去掉了名的作用,概念的意义又何在呢? 在提出"红"不红的那段文字中[7],冯先生并没有告诉我们,"红"既不红,那么"红"是什么呢? 应当到什么地方寻找"红"的意义呢? 要是冯先生明白这种不是名的概念其意义只能来自其同类概念之间的相互规定,他也许会明白,整理中国哲学史不能依傍西方哲学,因为中国哲学史上肯定找不到这种意义的概念,更不要说用这类概念组成的原理了。

金岳霖、冯友兰先生是当代人,他们对西方哲学都有领先且深入的了解,他们表达了中国哲学史上所没有的观念,剥夺名所指的实,使名转变为范畴,成为不红的"红"。这些在中国都是新事物,其之为新,正说明这种性质的概念是中国历史上所没有的。其实,普遍性概念绝不是孤零零的存在,与普遍性概念相伴存在的是整个超经验的世界,西方哲学的许多问题都与二重化的世界有关。谈到这一点,那么问题就更清楚了,中国传统哲学向来信奉的是"体用不二""理在气中"甚至"天人合一"。真正把普遍性质的概念的特征讲清楚了,才会明白中国传统文化中是没有普遍概念的。

二、关于本体论的定义

(一) 一切界定都是限定的、局限性的

在我发表了《本体论研究》以后,就听到一种批评,认为我所取的本体论定义太狭窄了。庆熊先生更是列举了时下关于本体论的各种不同说法,如"历史本体论""社会存在本体论""纯哲学本体论""应用科学本体论",等等,其中许多还是出自中西哲学两界的著名学者,以证明我所研究的本体论太窄。我先说明,每种关于学问的定义都是一种界定,都是有限的,因而相对于更广阔范围的研究,总是狭窄的。问题在于你要研究的对象究竟是什么?一种更广阔范围的研究,假如存在的话,只有当其能对已限定的对象作更深入明白的说明时,才是必须考虑的。这样想来,举出许多借用"本体论"字眼的研究与我所研究的、在西方哲学史上作为主流发展着的本体论恐怕是没有什么关系的。我所知道的情况是,有些地方使用的本体论一词早已逸出了它的原意,例如,文论界曾有所谓"文学本体论"的说法,我估计他们的本意是想在研究中去除文学的社会效应、净化心灵作用的内容,单研究文学本身的特征,或者更深入地研究产生文学的某种原理。如果那样,也许类似现成的"文学原理"这种说法就够了,借用本体论是否让原来的意思更深入了呢,还是只是把同一个对象作了一番改头换面?当然,哲学本体论有原理的意思,然而这个原理不是从经验世界的抽象中获得的,它是存在于经验世界之外的、先验

的原理,是概念自身展开的原理。试问,文学本体论是这样的原理吗?或者,它是从哲学本体论的原理推论或具体化而得来的原理吗?就像黑格尔从绝对精神的外化推得自然哲学和精神哲学一样?我觉得提出文学本体论这个说法,不仅无助于问题的深入,反而借深奥的字眼把问题弄得神秘化了。上面我之所以特地借文学本体论说事,是因为二十余年前这个问题就存在了,当时朱立元先生反对文学本体论的说法,他想要我与他一起参加论战,我没有参加,现在作这样一番说明,算作是对朱立元先生的迟到的响应,同时,也是对那些与哲学本体论无关的本体论的回应。

对于中文界的朋友们来说尤其要指出一点,即"本体论"这个名称因为用了"本体"这个词,使人仿佛想见中国哲学史上关于"体用"的说法,进而以"本体"当作原理。然而,我早就指出,对"ontology"较确切的翻译是"是论",而不是"本体论"。二者的区别在于,前者是从字面上的翻译,即这是一门关于"on"(是)的"学问"(logy);谈"是"而不及"是什么"往往使人迷茫,然而正是这一"迷茫",使人从自己习惯的认知中摆脱出来,以便去接受另一种意识状态,即范畴推论的意识,或者说,纯粹概念思辨的意识。而"本体论"这个译名则似乎让人能够捉摸到某种东西,比较容易理解,却不知正是这种理解让人停留在名实关系的意识中。范畴关系和名实关系是截然不同的两个层面的意识状态。

(二) 黑格尔对沃尔夫关于本体论定义的突破

许多不同于沃尔夫本体论定义的本体论与本体论其实没有什么关系,只有沿着沃尔夫的定义推进本体论的,才是对沃尔夫本体论定义的真正突破。这种突破是有的,那就是黑格尔哲学。

沃尔夫把本体论定义为:"论述各种关于'有'(on)的抽象的、完全普遍的哲学范畴,认为'有'是唯一的、善的;其中出现了唯一者、偶性、实体、因果、现象等范畴;这是抽象的形而上学。"这个定义见于黑格尔的《哲学史讲演录》[8],然而,在黑格尔哲学面前,这个定义确实狭窄了。对照黑格尔的哲学,他的《逻辑学》应当就是本体论,然而他以逻辑学而不是本体论称呼自己的学说,这是因为本体论只相当于他的《逻辑学》中的客观逻辑,而他本人的《逻辑学》还包括主观逻辑部分。[9]

黑格尔对本体论的这一推进的意义在于,在他之前,本体论只是关于世界的普遍知识,或者说,是解说世界的根本原理;经过黑格尔的改造或推进,本体论还是人的认识深入的过程。二者合起来,就成为绝对理念自身的运动。所以,在黑格尔的逻辑学里,本体论和逻辑是合一的。

黑格尔对本体论的改进不是偶然的,而是包含在本体论这种理论自身中的矛盾展开的必然结果。把本体论发展的轨迹展示出来,是一部西方纯粹哲学的发展史。这里我只能略举两个环节,以说明那些本体论自身的发展,以区别于只是借用本体论这个名称的、外在于真正的本体论的可能的发展。

首先提到的是本体论在中世纪的一种形式。不要忘记,柏拉图创立本体论的初衷是为了给感觉世界的事物提供最终的解释。中世纪的学术是神学统治的时代,一个迫切而重大的问题是证明上帝的存在。最早提出这一证明的是坎特伯雷大主教安瑟伦,后来我们在笛卡尔这里看到一个简明的三段论,即:

> 上帝是完满的"是"(大前提),
> 存在属于"是"(小前提),
> 所以上帝存在(结论)。

现在即使相信上帝存在的人恐怕也不是以上述证明为根据的,然而,这个证明居然风行了六七百年,直到康德才被彻底解构。然而,当时的人们信奉这个证明也不是偶然的。一是本体论本身是存在于感性世界彼岸的,正好用于解说上帝的存在。二是亚里士多德不忘理念结合的理论是为了提供一种解释世界的理由,他以我们的语言代替理念,在词项的关系中寻找原理性的东西,结果便是三段论。三段论是从大前提、小前提推出结论,实质上就是从一个具有较大普遍性的概念出发,经过普遍性较小的小前提的限定,得出限定范围内的一个判断。此外,在柏拉图这里,"是"已经被认为是通贯性最大的理念,即最具普遍性的理念,它可以渗透到一切理念中,使它们成为各种所是。而神学家之所以能用"是"表述上帝,是因为还有圣经的话可以假借。圣经记载,上帝自称"我是我所是"(I am who I am),于是就以"是"称呼上帝。这样我们就把本体论从理念论到上帝存在的证明之间的发展脉络看清了。

其次我们能看到的是,康德哲学是从中世纪式的本体论到黑格尔逻辑学式的本体论的中间环节。康德对他之前的本体论做了彻底的拆解。关于这一点,一般会专注于他对上帝存在的本体论证明的批判[10],然而康德真正的批判在于,他指出了形式逻辑的三段论证明方式的致命缺陷,即形式逻辑只知道从前提出发到结论的推论,要是有两个相互冲突的前提,形式逻辑就茫然不知所措了,这就是所谓二律背反问题。更重要也更复杂一点的是,形式逻辑的本体论不适于表述真正原理性的思想。康德把判断形式分为分析判断和综合判断两种,分析判断是与形式逻辑相关的从前提到结论,这种判断所得出的结论实际上早已包含在前提中,人们并没有从中获得什么新的知识。新知识产生在两个互不包含的概念的结合中,这样的判断被称为综合判断。我们有自然科学(主要指牛顿力学)这样的综合知识,而且,这种知识还是具有普遍必然性的综合知识。这就提出了一个新的问题:自然科学的对象是自然界,我们关于自然的经验性知识是不具有普遍必然性的,那么,现有的关于自然的普遍必然性的知识是怎么得到的呢? 唯一的结论是,从自然的经验知识到普遍必然的自然科学知识,一定经过了人对经验材料的整理,用来整理经验材料的是我们自己固有的认知能力,康德将其标志为知性范畴。于是,康德得出一个重要的结论,我们关于自然界的规律或本质的知识其实只是我们自己认知的结果,至于自然界的真正面目如何,我们是不知道的。那个我们不知的自然界自身就是所谓自在之物。原来用来表示世界真知识的本体论被取消了,本体论的概念现在变成了人自己的认识能力。

这里说明一点,关于知性范畴的来历,康德突出表明的是,它们是从形式逻辑的判断表转换过来的。然而,他也说过,从形式逻辑转换过来的那些范畴只是"知性的真正主干概念",而不是全部的概念;还有许多"同样纯粹的派生概念的概念",把它们添上,纯粹知性概念的完整谱系就可以描画出来了,为此,"如果我们手头持有那些本体论的教科书,这个目的也就差不多可以达到"[11]。这就是把全部本体论概念都改编为知性范畴了,于是,我们也可以说,康德拆解了传统本体论,却把本体论纳入思想中,成为人的先天认识能力。

以上面的情况为背景,就比较容易理解黑格尔思考的方向了。他以辩证逻辑取代形式逻辑,这样就消除了二律背反问题。因为辩证逻辑遵循正、反、合的程序,让对立的二个范畴综合进一个更高、更抽象的范畴,这正是理念自身的运动;同时,辩证逻辑也从分析判断里解脱出来,成了综合的判断。更为重要的是,黑格尔认为,康德把本体论搬到人脑中,不再把本体论看作是世界的本质或规律,这是割裂了思维和存在。康德还把客观性寄存到思想的普遍必然性中,这就给了黑格尔一个任务,要弥补思维和存在的隔阂。他从客观性问题入手:"思想的真正客观性应该是:思想不仅是我们的思想,同时又是事物的自身,或对象性的东西的本质。"[12] 思想和存在的统一,就是"思辨的理念或绝对理念"[13]。于是,就有了黑格尔的哲学——逻辑学,"逻辑学是研究纯粹理念的科学,所谓纯粹理念就是思维的最抽象的要素所形成的理念"[14]。

从柏拉图到黑格尔,本体论的发展是一脉相承的。它的宗旨在于获得对世界的根本性说明;它的基本方法是理念的结合,至于普遍必然性概念的综合判断以及黑格尔的绝对理念的辩证运动,都是理念结合的变式。本体论的发展还是本体论,超出本体论的发展,即使用着本体论的名称且也有它自己的意义,当不在本体论讨论的范围内。

(三)马克思主义哲学对本体论的颠覆

真正颠覆本体论的是马克思主义哲学的创始人。他们的哲学是从对黑格尔的唯心主义和费尔巴哈的庸俗唯物主义的批判中生长起来的,而黑格尔的唯心主义正是典型的本体论,即以普遍概念的推论构造出来的一个绝对理念的原理体系。马克思、恩格斯在《德意志意识形态》一书中批评当时的青年黑格尔派们"把思维变成一种独立的力量"时,同时也令人印象深刻地指出,"他们也一定要把语言变成某种独立的特殊的王国"[15],这应当是哲学史上首次从语言方面对本体论的批判。马克思、恩格斯说,"从思想世界降到现实世界的问题,变成了从语言降到生活中的问题"[16]。这意味着,他们已经看清本体论所使用的是一些特殊的语言,我认为,这里所谓特殊语言是指黑格尔的能自己运动的绝对理念,追溯这种语言的起源的话,最初的就是柏拉图的理念,然后是在康德这里明确标识为普遍必然性的概念。这种语言与日常语言的区别在于,日常语言是直接表述事实的,(本体论)哲学的语言是离开事实的。搞清楚这些问题,对于马克思主义哲学与本体论的关系应当是一清二楚的。

奇怪的是,哲学界的许多同仁不仅对马克思、恩格斯对本体论的批评置若罔闻,甚至直到现在,他们还不放弃"马克思主义本体论"的提法。我所知道的是,只有已故的高清海先生,他于21世纪初在上海社会科学院主办的《社会科学报》上发表了一篇短文,明确表达了马克思主义哲学对于本体论哲学的批判立场；可惜他过世早，没见到他详细的论述。我自己在 1994 年发表过《马克思主义与本体论问题》[17]一文，陈述了上述观点，不拟重复。这里我只补充一点学习研究的新体会。

一个新的体会是，我发现了马克思、恩格斯曾揭穿过所谓"概念自身运动"的秘密。从柏拉图的理念论到黑格尔的绝对理念体系的本体论都遵循概念自身的运动，这种运动是逻辑的，因而概念的运动似乎就摆脱了人的主观意志，获得了客观性的力量，使人觉得不能不相信这种理论的真理性。在《德意志意识形态》一书中，马克思、恩格斯通过批判青年黑格尔主义者施蒂纳的教阶制观点展开论述，他们指出施蒂纳是根据历史材料来证明精神的最高统治，而这个方法正是来自黑格尔的"真正的神正论"，黑格尔是根据"概念的前进运动"作论证的。马克思、恩格斯把这种证明方法称为"戏法"，"全部戏法"可以归结为以下三个手段：

第一，把实际统治着社会的个人的思想同这些个人分割开来，"从而承认思想和幻想在历史上的统治"。第二，必须使这种统治思想具有某种秩序，必须证明，在相继出现的统治思想之间存在着"某种神秘的联系"，"达到这一点的办法是：把这些思想看作是'概念的自我规定'"。第三，为了消除这种"自我规定着的概念"的神秘外观，便把它变成某种人物——思维着的人、哲学家、思想家，而这些人又被规定为历史的创造者、监护人会议、统治者（或者"真正的人＝思维着的人的精神"），"这样一来，一切唯物主义的因素从历史上消除了，于是可以放心地解开缰绳，让自己的思辨之马自由奔驰了"[18]。

以上引文说明，让概念自身运动首先是把历史上具体的人的思想与这些思想的人隔离开来，即思想独立存在；然后把这些思想看作是概念的自我规定，以建立概念之间的神秘联系；最后又回过来把这些神秘地联系着的概念（体系）看作是某些思维着的人的精神。这样一来，唯物主义就被消除了，思辨之马即唯心主义就开始奔驰了。从哲学今天所达到的水平来看，所谓与思想的人隔离开来的思想，其基本的成分就是那些脱离了经验世界的绝对普遍的概念。那些脱离思想者的概念之间的联系并不是天生的，而是出于让这些概念具有某种秩序的目的（即建立统治阶级的统治）而人为地建立起来的。如果我们认识到这种概念之间联系的最终的、纯粹哲学的形式就是逻辑，那么就势必会想到，难道逻辑不是人为建立的吗？如果进一步把逻辑看成是哲学的灵魂，那么所谓"哲学是概念的游戏"（金岳霖、冯友兰）一说也就不足为奇了。具体揭示逻辑这种联系概念的形式的来历和过程,应当是哲学摆在我们面前的一个迫切课题。虽然马克思和恩格斯说到概念间的联系时没有提到逻辑,但他们的想法发展下去迟早会指向逻辑这种概念间联系的形式。《德意志意识形态》一书完成的时候,马克思、恩格斯还分别只是 28、26 岁的青年啊!

本节的最后,再谈一点关于所谓"马克思主义哲学本体论"的研究状况。我曾于 1981 年听前辈学者姜丕之先生说,马克思主义哲学是没有本体论的。他是研究黑格尔哲学的著名专家,参与编辑了由上海人民出版社于 1974 年出版的一本长达 642 页的语录——《马克思、恩格斯、列宁、斯大林:论辩证唯物主义与历史唯物主义》。然而,自 20 世纪 80 年代以后,对马克思主义哲学研究的氛围宽松一些了,竟出现了各种关于马克思主义哲学本体论的说法。我很奇怪,当初马克思主义是随着十月革命一声炮响而传入中国的,在苏联的马克思主义哲学中是否也包含着一种本体论的内容? 这个问题我至今没有搞清过。不过,我现在知道,现在的俄罗斯哲学界对马克思主义哲学与本体论的关系问题是很重视的。2005 年 10 月 17 日,继承苏联机构的俄罗斯科学院哲学研究所的一个代表团,一行 7 人由其所长斯捷平(Stepin.B.C)率领,访问中国,他们到上海的时候,我们研究所被要求接待他们来访。在交流中,他们很关注所谓马克思主义本体论问题,建议我们双方举行一次专门关于这个问题的讨论会。之前,他们研究所的个别学者已经来过,他已经知道我论述过马克思主义对本体论的态度是批评性的。后来这个建议没有实现,只是在俄罗斯的《哲学问题》(2007 年第 5 期)上刊出了我的一篇论文,这篇论文是专门应斯捷平访问我所时的约请而写的。不知道他们后来的发展如何。

三、关于今后的哲学

庆熊先生担忧,"以有没有普遍的概念体系来判断中西哲学的形态可能会引起一些不良后果"。问题很多,我这里能谈的只是这最后提到的关键一点,因为前面几个问题都是以本体论为前提。于是,问题在于,没有本体论的中国哲学还是不是哲学? 说明哲学之为哲学的门径在哪里? 关于今后的哲学我们可以说些什么?

（一）历史的观点和逻辑的观点的不同

以为本体论是哲学发展的高级阶段，这个想法可能很普遍，世界大哲学家德里达也曾这样想。他于2001年9月14日在上海社会科学院演讲，在提问环节，因为听我说中国哲学不存在本体论，他于是就说"中国现在没有本体论，也许将来会发明出一种本体论来"。当我不同意他的这个观点，他又改口说，那么就不把中国哲学叫哲学，而叫作"思"[19]。可见，德里达也把有无本体论看作是哲学的唯一标准。

我曾经反复申说过本体论的特征，说它是逻辑地推论出来的概念体系。当人们用它来当作为哲学标准的时候，我觉得应当提及本体论另一方面的特征，即本体论是最高、最普遍的概念体系。因为它是最高、最普遍的，它才被认为是统摄一切学问的学问，是最高的学问。有本体论为核心，哲学与其他学问的关系就是普遍与特殊的关系，希腊文化一开始就是这样分类学术的，这是整个西方学术的格局或结构。现在，当作中西哲学比较的时候，人们又套用了这种格局。然而，中国传统文化内部并不符合西方文化的那种格局，从诸子百家到四库全书，学术并不是依逻辑的形式来分类的，而只是列举内容的分类。站在学术最高处的不是形式上最普遍的学问，而是根据其内容为最重要的学问，这样的学问称为"经"。"经"也不只一部，而有六部，即所谓《易经》《尚书》《诗经》《仪礼》《乐经》《春秋》。关于"六经"有一句话是值得重视的，即"六经皆史也"。这句话李贽说过，近人章学诚也这样说。胡适以为，章学诚的意思是说，六经都是史料。我没有研究过胡适是否说出了章学诚的本意，但我觉得"六经皆史"这句话也可看作中国传统文化看问题的方法，即看问题的主要方法是从历史出发，这是一种时间意识。把时间意识与逻辑的方法一比较，差异立即显示出来，逻辑是超时空的，因而是不在时间内的，逻辑只是结构性的。如果把哲学看作是对问题的深入理解，那么，西方哲学是要"透过现象看本质"，而中国人的习惯说法是"知其然而知其所以然"，现象和本质都是在结构中的，它们没有先后；"然"和"所以然"之间则有一个时间差，"然"是当下的现状，"所以然"是问"然"的来历，是先前的情况。

中、西哲学之间的差异是历史的和逻辑的差异，这是两种"品牌"，不能兼容。黑格尔曾经被说成是很有历史意识的，这里所谓的历史是概念从抽象到具体、从简单到复杂的运动，而他的逻辑学体系本质上是结构性的，在时间之外的。我对于人们喜欢运用历史和逻辑结合的方法甚觉不解。

（二）中、西哲学无法归纳到更普遍层次

在西方哲学的结构中,本体论已经处在最高、最普遍的地位,所以,以为将来的哲学可以在中西两种哲学间做出归纳,获得更高、更普遍的哲学,这是不可能的。不改变哲学必须以本体论为准则的观点,中国哲学要么不是哲学,要么只是西方哲学下属的一门学问,所谓中国哲学是伦理本体论的说法就是这种看法的结果;再者,就期望把中国哲学抬升到本体论的高度。后面这一种想法承认了中国哲学目前还不是哲学,但也意识到本体论依仗于普遍概念,以为还没有西方哲学那种普遍概念的中国哲学也可以逐步生长出普遍性越来越大的概念,最后达到最普遍的概念,并产生出本体论。这个想法忘记了休谟的工作,即从经验中是产生不出普遍必然性的概念的。我已经说过,经验概括得到的普遍性并不具有普遍必然性,而应当称之为一般性。二者的区别在于,一般性的概念虽然表面上看也是"普遍"的,但这种"普遍性"只是相对的,即它的"普遍性"是随着经验的扩大而扩大的;而真正的普遍必然的概念则是绝对普遍的,它被认为是囊括一切经验的,即囊括一切现成的和可能的经验事实。能这样囊括的概念本身必定是在这些经验之外的,因而才是超时空性的。只有这种超时空的绝对普遍概念才有必要从它们相互间的关系中去规定其意义,即成为逻辑规定性的概念。从经验中获得的一般概念与绝对普遍概念之间存在着一道不可逾越的鸿沟,要不是柏拉图想出了理念论,人们是不会想到存在着超越经验世界的概念的。要是认为从一般概念能上升到绝对普遍概念,那么柏拉图在历史上的出现也就没有特别的意义了。

（三）从意向方式方面破解普遍概念的神秘性

当然,我不认为中国文化背景中的人不可以学习、掌握绝对普遍概念,进而理解本体论,理解西方哲学。绝对普遍的概念曾经是很神秘的,因为人们不知道与绝对普遍相应的人的意识方式与日常意识方式的区别,在日常意识中,一切存在的东西都是感官可及的,因而,人们因为在感官中找不到理念那样的东西而困惑。中世纪唯名论和唯实论之争就是这样产生出来的。唯名论认为,并不实际存在相当于理念的概念所指的东西,概念只是一个名称;唯实论则认为,概念所指的是实在的存在,这里所谓的"实在的存在"当然不能是感官能感知的存在,而只能是一种能在上下文中发生作用的意义。今天,由于现象学的研究,人们开始认识到,绝对普遍概念作为意识的对象,是与

一定意识的意向方式相联系的。人类有各种不同的意识对象,不同的意识对象联系着不同的意识方式,就像听觉、嗅觉、味觉、触觉、视觉各联系着不同的对象,思想也是多种多样的,并且也联系着不同的意向方式。接受一种意识对象,同时就要唤起一种相应的意向方式,而意向毕竟是"我的"意向,对于改变、唤醒一种意向方式,我并非没有主动权。这是世界各国人们之间能够互相学习、掌握不同思想方式和思想内容的根据。但是现在的问题不是中国人能不能掌握西方哲学,而是中国哲学是不是哲学? 中国哲学是不是必须转换成西方哲学那种思想方式? 如果不转换就不是哲学吗? 那么转换了以后,中国哲学还是中国哲学吗?

(四) 马克思对历史方法的运用

我已经讲过了,以西方哲学为准则衡量中国哲学,中国哲学要么不是哲学,要么只是西方哲学下面的一个属类。中国哲学本不是逻辑规范的学问,所以,以西方哲学规范中国哲学是不成功的。那么,能站在中国哲学的立场,或者用中国哲学的方法去看西方哲学吗? 前面讲了,中国哲学的方法是历史的,用历史的方法去看西方哲学,就是要追问西方哲学"所以然",问它产生的过程,问它的从无到有。这不是问西方哲学的"本质",而是问它的出处、根据,这才是对整个西方哲学的深入的追问。事实上,西方哲学家已经开始了这种追问,这个人就是海德格尔,他提问的形式是:"是者何以'是'?"传统西方哲学把世界万物称作"是者",把"是"看作是统领一切"是者"的最高、最普遍的范畴;海德格尔哲学追问"是的意义",他不把"是"看作范畴,而看作显示的过程,即是者是其所是的"是"的过程。这一问也就是要问"是者"从"不是"(即相对的无)到是的过程。海德格尔应当很明白自己的方法是历史的方法,他曾赞赏马克思懂得历史的方法,而胡塞尔和萨特都不懂。

既然提到马克思的方法是历史的方法,马克思究竟如何运用历史的方法? 把这一点搞清楚有助于我们理解历史的方法。我觉得被恩格斯称为新世界观的天才萌芽的、马克思的《关于费尔巴哈的提纲》是我们研究马克思的历史方法的样板。在那里,马克思反对把主观和客观作绝对的割裂,那么如何克服这种割裂呢? 众所周知,马克思诉诸实践。如果我们的理解仅仅停留在字面上,那么就不能进一步理解提出实践的观念其实就是历史的方法,这一点与黑格尔的方法一比较就凸显出来了。黑格尔的方法是所谓正反合的辩证法,遇到对立的概念就让它们上升到更高、更普遍的概念,以这种方式来消除对立和矛盾,如,从有和无过渡到"此是"(Sein,定在),从质和量过渡到度,等等。将主观和客观放在黑格尔面前,黑格尔综合它们的办法是将二者上升到绝对理念,即思想的东西同时是事物本身。当马克思以实践消除主、客观的对立时,他走了一条与黑格尔完全不同的道路,不是从对立的主、客上升到更抽象的概念,而是相反,他回到主、客未分的状态,即回到这一分裂前的源头。实践是主客不分的,主、客的来历、"所以然",就在它们从实践中分离出来的过程中。马克思没有把自己的方法标明为历史的方法,但是,他的这个论纲的其他论述完全可以证明他用的就是历史的方法,或者说,历史的方法就是这种方法。例如,他说,费尔巴哈研究宗教从宗教世界和世俗世界这一(二分的)事实出发;但是,"他没有注意到",他"主要的事情还没有做":应当从(还未二分的)"世俗基础的自我分裂和自我矛盾"去说明宗教世界和世俗世界产生的原因。[20]换句话说,马克思主张从"未分"去看"分",这是历史的方法。对比黑格尔的正、反、合的方法,二者的区别是鲜明的:后者从两个既定的对立的概念出发,寻求其在更抽象、更普遍层次上的一个"合"的概念,那是纯粹概念的思辨活动。同样,"自从发现神圣家族的秘密在于世俗家庭之后,世俗家庭本身就应当在理论上和实践中被消灭"。[21]我理解,当人们认为把神圣家族对立于世俗家庭的时候,就不应当把世俗家庭看作是产生神圣家族的基础,而要回到二者产生前的状况,即世俗家庭(和神圣家族一起)在理论上和实践上被消灭。马克思批评费尔巴哈把宗教感情固定为独立的东西,并假定有一种抽象的、孤立的人的个体,指出这是"撇开历史的进程"[22],这里他用到了"历史的进程",意思是说,宗教感情不是固有的、独立的,它的产生是一个历史过程。

(五) 把历史的方法用于中西哲学比较

如果我们把上述方法用于追问哲学本身,就会问:哲学是如何成为哲学的? 哲学号称是包括自然、社会和人在内的一切知识的总结,人是怎么会有这么多知识的? 科学就从天体演化史讲起,接着讲生命的起源、人的进化,然后才讲意识的活动。哲学不是科学,科学讲天体演化的时候是假定人还没有产生;哲学所讲的都是人讲出来的,讲出来的天地万物不可能是没有人的。西方哲学把一切归结为所是,那么专业化的问题就是:是者何以是其所是?

要回答这个问题，我们不能停留在是者的圈子里用一种是者解释另一种是者，而必须求助于"不是者"，"不是者"（non-being）可以被称作"无"（nothing），但它肯定不是绝对的无，而只是没有分辨的混沌，一切所是都是从中启明出来的。于是进一步的任务就在于，根据已经启明出来的情况，倒溯出这个混沌不分的整体可能有的内容，以及确定从不分到分的过程所依的结构。讲到这里，我们不由得想到老子的话："有物混成，先天地生。寂兮寥兮，独立而不改，周行而不殆，可以为天下母"，"故道大，天大，地大，人亦大。域中有四大，而人居其一焉"（《老子》第二十五章）。这两条引文所透露的难道不是对整个世界启明出来之前的一般情况的描述及其结构的确认吗？人在结构中，人和世界万物一起是在人自己这里启明出来的，肯定这一点，我们是不是能感受到《大学》第一句"大学之道，在明明德"的开启性意义？一切莫非是因为人有"明"的德性而得到开启，后两句"在于亲民，在止于至善"则指出"明"之首先要"明"的内容以及"明"的最终目的。有所明就是有所分，这时我们又想起庄子的话："分也者，有不分也。"中国哲学在孔子这里把眼光聚焦到人的方面，人的内容突出了，世界的内容就模糊了。这里启明出来的是中西哲学的分野：西方哲学着重关注的恰恰是世界方面，它是关于世界普遍知识的学问。其实中西哲学之所以在此分野，是因为天地人本来是一体的，一体中有不同内容，分别关注其中不同的内容，就是中西哲学之所以可以不同的根据。

上面从西方哲学的"being""non-being"不期然地走进了中国哲学的领域，这是因为我是引用海德格尔的话来讲西方哲学。海德格尔运用历史的方法揭示传统西方哲学的所以然，必然追溯到鸿蒙未开时。我可以在这里换用中国哲学的语言来表述，这说明任何哲学，只要对它的起源作彻底的追问，必然归于相同的根源，只要讲同样的意思，不同的语言都是可以的。海德格尔说西方传统哲学是失去了自己根子的哲学，那么，依傍西方（传统）哲学去写作中国哲学史，其结果不能不离根子越来越远。相反，运用历史的方法，寻根溯源，中西哲学在哲学的根源处自然融化，所谓中国哲学的合法性问题也就有望顺理成章地得到了解决。

（六）今后的哲学

有朋友曾问我，把西方哲学聚焦在本体论，而本体论正趋于崩溃，那么今后的哲学将怎么发展？我想说，所谓崩溃不是指本体论是一种应当抛弃的错误的理论,而是说它失去了作为第一哲学的地位。本体论从一开始就被认定是最高原理,因而在西方是纯粹哲学的标志。作为最高原理,本体论能说明其他各种理论,它自身却不能被说明,因为本体论所处的是这种理论自己构造出来的逻辑框架的最顶端。追问本体论哲学的起源,这个问题跳出了本体论构建的逻辑框架,是历史方法的运用。因此,本体论的崩溃并不否认本体论作为一种理论的事实,也不否定本体论在其界定的理论体系内的意义,以及它对现实可能产生的影响,如逻辑思维方法产生的种种结果,包括对科学思想的积极影响。但是,我们不能让哲学拘泥于本体论。

要摆脱本体论的束缚并不容易。这不仅对于西方人来说如此,他们对于海德格尔关于解构(摧毁)本体论的学说理解起来至今仍颇觉困难,对于中国学者来说更是尤其困难,因为这一百多年来,我们主要了解的还只是西方传统哲学。不过现在的社会吃饭不成问题,有更多的人可以空出来去读哲学硕士、博士,理解、掌握别人已经阐述过的知识只是时间问题。到那时,就不会再有人认为,写中国哲学史就是要为它建立起"一个理性化的概念体系和严密的逻辑推导"。

从正面来说,摆脱本体论的束缚给哲学带来新的生机。我们还是要先把中国哲学按其本来面目整理出来。所谓本来面目,不再是依傍着西方哲学的,那是把一个本来不是用逻辑的方法表述的哲学削足适履地纳入逻辑的框架,其结果必定是中国哲学真实面目的失去。但也不是学案式的写法,现存的学案先写明朝,后写宋元,没有从源头写起,只是个人思想的罗列,因而不是真正历史的方法;真正历史的方法当从思想的源头开始,后面的思想都只是以源头的界定为根据的展开,这才是历史,甚至后来出现的各种分歧如理学和心学的分歧,也应该在源头中得到说明。

把中国哲学史的面目搞清楚了,或者在搞清中国哲学史的过程中,才谈得上与西方哲学的比较。在对两样东西作比较的时候,人们常用的方法是求同存异,但是我不赞成用这个方法比较中西哲学,因为中西哲学是两种形态上根本不同的哲学,以至于在西方哲学面前中国哲学之为哲学的身份都遭到了质疑。比较中西哲学,首先要强调的是二者的"异"的方面,非如此不足以揭示它们各自的实质。

庆熊提出,面对西方哲学,中国哲学有一个补缺的问题。我不反对这个说法。然而,这里先要讲清,中国哲学为什么要补缺?补缺补得进的可能性是什么？西方哲学需要补中国哲学吗？提出这些问题多半是因为西方哲学与科学思想方式的关系，科学已经成为现代人的生存方式，中国人要在当今世界存活下去，不能不学习科学的思想方式。那么，中国哲学能不能把科学的思想补充进来呢？在历史上，佛学是从印度传到中国来的，它与儒学、道学相互渗透又独立存在，成为中国哲学的一部分。这说明儒学、道学并不排斥外来学说，说到底，这是因为儒学和道学都主张一切是从无的背景中涌现出来的，只要佛学本身有其存在的理由，儒学和道学一定也可以把它作为出于无的有而接纳或共存。人们常说，儒学比较包容，其原因盖在于此。反过来说，西方传统哲学一开始就定位于追求世界的普遍知识，这个界定就把非普遍性知识的学问排除在外了，甚至依此看来中国哲学根本就不是哲学。

真正需要补缺的倒可能是西方哲学，因为它开端处的限定太窄。哲学的真正开端在无，从无开始的哲学应当无所不包。西方哲学在柏拉图这里就已经以人和世界的分离为出发点，其所追求的是关于世界的普遍知识，当他们研究人的时候，也是用研究自然的方式来研究人，其偏颇处在于一开始人与世界就处在二分的状态。中国哲学给人的印象是突出人的问题，这应当说也是一种"偏"。然而，所谓"分也者，有不分也"，分即明，有所不分即有所不明，眼光聚焦了人，就模糊了人所在的世界。即使是对人和世界的整体结构的反思，与那个未分化的混沌的无也必定不完全相合。所幸在其开端处人与世界是不分的，这种人与世界一体的开端会时时规范后来发生的情况，如，一方面，人可以改造世界使自然界更适合、满足人的生存需要，但是，另一方面，当人的欲望、意志和行为超出了一定的度，就会有各种警示发生，气候变迁即其一。自觉达到"度"，就是儒家所谓"止于至善"和"中庸"，道家所谓"得道"。人们常常说，科学技术是一把双刃剑，需要人来控制，然而人自己也是受制于某种力量的。这些思想关乎人类的命运，不管它是否能纳入西方哲学的体系，总之是人类应当明白的。

与西方哲学追求关于世界的真理或普遍知识不同，中国哲学的宗旨是成为圣人。现在"圣人"几乎成为一个讽刺的名词，那是因为人们主要从道德方面规定圣人，道德的变迁往往使人怀疑圣人的正确；其次是因为政治对圣人的"糟蹋"，历代皇朝总是想把圣人打扮成可以利用的对象。其实从哲学方面说，圣人就是生命的自觉者，他们是一些与天地合其德、知乎进退的人。不过天地也不是一成不变的，造成天地变化的有人为的因素，更有其自身的因素，即使圣人也不能完全把握。但是,作为一个生命的自觉者不能不关注这些变化,这是制约着人类命运的天命。一部《周易》就是要弥纶天地之道,知"幽明之故""死生之说",以便"乐天知命故不忧"。为此,《周易》强调的是"知几其神乎"。也许这样的想法被认为是神秘的,因而被排除在哲学之外。其实,"几"就是变化的先兆现象,这是把握命运的方法,与追求本质的要求区别开来了。今后的哲学应该把对命运的关怀作为重大课题纳入哲学。

结 尾 的 话

围绕本体论的话题很多,把它们逐个清理出来是很有意义的。本文集中议论的中心问题是普遍概念与本体论的关系。普遍概念是构建本体论大厦的砖块,它不仅导致本体论的产生,其内涵也伴随着本体论的发展而发展,成为本体论哲学各种特征(包括逻辑)的决定性的因素。与哲学的逻辑方法相对,让我们注意到历史的方法。由此进一步可以思考的问题是,运用历史的方法是否会导致哲学本身的变革?

虽然问题很多,自说自话殊觉无趣。庆熊的文章激发了我思考的热情,不管说得对不对,只要讨论开展起来了,问题就有望进展。谢谢庆熊先生。

注释

1.《南京大学学报》2024 年第一期。

2. 黑格尔:《逻辑学》上卷,杨一之译,商务印书馆 1974 年版,第 5 页。

3. 亚里士多德:《形而上学》,1086b2-13,吴寿彭译,商务印书馆 1971 年版,第 286 页。

4. 卢卡西维茨:《亚里士多德的三段论》,李真、李先焜译,商务印书馆 1991 年版,第 16 页。

5. 康德:《纯粹理性批判》,邓晓芒译,人民出版社 2004 年版,第 7 页。

6. 金岳霖:《论道》,商务印书馆 1985 年版,第 2—7 页。

7. 冯友兰:《中国哲学史新编》,第一册,人民出版社 1964 年版,第 22 页。

8. 黑格尔:《哲学史讲演录》,贺麟、王太庆译,商务印书馆 1978 年版,第 189 页。

9. 黑格尔说,"如果我们考察这门科学(案,指形而上学)最后形成的形态,那么,首先直接就是被客观逻辑所代替的本体论"。《逻辑学》(上卷)杨一之译,商务印书馆 1974 年版,第 47—48 页。

10. 这个批判有两个要点:1."是"是系词,不能在大前提中用作表语;2.所推得的"存在"纯粹是概念的规定,与我口袋里有二百元钱的实际存在不是一个意思。

11. 康德:《纯粹理性批判》,邓晓芒译,人民出版社 2004 年版,第 73 页。

12. 黑格尔:《小逻辑》,贺麟译,商务印书馆 1980 年版,第 120 页。

13. 同上书,第 421 页。

14. 同上书,第 63 页。

15. 马克思、恩格斯:《德意志意识形态》,中共中央马克思恩格斯列宁斯大林著作编译局译,人民出版社 1961 年版，第 515 页。

16. 同上。

17. 俞宣孟：《马克思主义哲学与本体论问题》，《学术季刊》1994 年第 1 期。

18. 马克思、恩格斯：《德意志意识形态》，第 45—46 页。

19. 德里达在上海社会科学院的讲演纪要"解构与本体论"，载《世界哲学》2002 年第 6 期。又见《世界哲学》2005 年第 2 期。

20. 马克思：《关于费尔巴哈的提纲》，见《马克思恩格斯选集》第一卷，人民出版社 1995 年版，第 55 页。这段话经恩格斯整理于 1888 年发表的稿本，意思更清楚了。见同上书，第 59 页。

21. 同上书，第 55 页。

22. 同上书，第 56 页。

跋

我之注意到本体论问题,是由于对海德格尔哲学的研究。在西方,人们曾以"第一哲学"这个词,表示本体论是西方哲学的最高原理,这意味着,哲学的其他分支都应根据它才能得到说明,它却除了从它自身不能从其他方面得到说明。可是海德格尔却在上述本体论之外,又提出了一种"基本本体论"。依海德格尔,基本本体论可以说清传统本体论的来龙去脉,这不啻剥夺了传统本体论的第一哲学的地位;海德格尔又说,基本本体论是用来摧毁传统本体论的,这是进一步置传统本体论于死地。后来,海德格尔连自己的基本本体论也不再提起,表明他告别传统哲学、开创新的形态的哲学的决心。这就透露出,无论是要了解西方现代哲学还是要掌握西方传统哲学,本体论都是一个不可绕过的关键问题。

既然海德格尔有这样的气魄,认为通过对本体论的批判可以革新传统哲学,他自然也认定,本体论是西方传统哲学的灵魂。这样的本体论应当是贯彻在从柏拉图到黑格尔的西方哲学的基本精神,是被西方大哲学家所认可并影响决定他们进行哲学思考的主要因素。然而,我们也注意到,现代学者在使用本体论这个概念时,并非都遵循它的传统的定义。例如大名鼎鼎的卢卡奇,他的一本皇皇巨著名为《社会存在本体论》。但是,从黑格尔主义的立场去看的话,卢卡奇的所谓"自下而上的本体论"只能是经验的概括,与作为西方传统哲学灵魂的本体论是不相干的,因此我们只能将它暂置一边不予理会。在我们国内,对本体论的认识与术语的翻译有一定的关系。本书的研究表明,中国学术中本来没有"本体论"这个词,它是学界造出来用作对 ontology 的翻译的,但"本体论"这个译名并不确切。运用译名的目的在于指示本名所指的内容,本名 ontology 所指的内容是以"是"为其核心范畴的、逻辑地推论出来的范畴体系。中国哲学中并没有这样的内容。然而"本体论"这个译名却很容易将人引向另一类内容，即以为它是关于本根、本体、体用等的学说。于是，人们误以为中国哲学史中也存在着类似西方 ontology 的部分，甚至把中国哲学本体论问题当作专题作肯定的研究。这真是谬种误传了。这种误解的要害，是把"本体论"这个名称中所包含的西方传统哲学的特殊形态和思想方法掩盖掉了。

西方哲学传入中国大约有一百年的历史，但是对它的把握，尤其是对它的精深部分的把握，并非如我们可能想象的那样容易。有许多术语，如柏拉图的 idea，亚里士多德的 ousia，海德格尔的 Dasein，甚至西方哲学中最常见的、我们自以为也是很熟悉的 being，至今还没有找到公认而确切的译名。当缺少现成可用的中文译名时，这往往说明在我们的文化生活中还没有那样的内容，或者，我们的思想上还没有那样去想过。这种地方最容易将中西哲学形态上的差别暴露出来。

说到中西哲学形态的差别，这不是指具体哲学观点之间的不同，而是指中西哲学在思想、表述方法上，乃至关于哲学本身的观念上的差异。中国传统文化中本来没有哲学这个词，哲学更不是一门独立的学科。20 世纪初以来，前辈学者开始创建中国哲学史这门学科，至今已有许多不同版本的中国哲学史著作问世。这些著作在不同程度上都依傍着西方哲学的观念和框架，然而西方人却不一定予以认可。如黑格尔说到中国哲学时，就显示出不屑的口气。不管西方人关于哲学的标准怎么样，中国人自有一套形而上的追求和运思方式，它伴随着数千年中华民族的生存和发展，为世界提供了一种独特类型的文明。中国人自己的形而上学，就是作为中华民族文化的灵魂的哲学。它曾因外族的数次入侵屡遭中断，却终于历经沧桑而接续不断；当最初作为外来文化的佛学袭来时，它又能敞开胸怀，经过消化吸收，使之成为自己的营养，酿成精深的思辨。现在，中国哲学又一次面临西方哲学的挑战，这一次与当初佛学传入中国时的形势有了很大的不同，中国哲学将怎样作出应付，以决定自己的走向呢？这是我们哲学工作者，不论他研究的领域是中国哲学还是外国哲学，应当共同关心的一个重大课题。

图书在版编目(CIP)数据

本体论研究 / 俞宣孟著. -- 4 版. -- 上海：上海
人民出版社，2024. -- ISBN 978-7-208-19060-3

Ⅰ. B016

中国国家版本馆 CIP 数据核字第 20247DS447 号

责任编辑 于力平
封扉设计 人马艺术设计·储平

本体论研究(第四版)

俞宣孟 著

出 版	上海人民出版社	
	（201101 上海市闵行区号景路 159 弄 C 座）	
发 行	上海人民出版社发行中心	
印 刷	上海商务联西印刷有限公司	
开 本	720×1000 1/16	
印 张	31	
插 页	4	
字 数	482,000	
版 次	2024 年 9 月第 4 版	
印 次	2024 年 9 月第 1 次印刷	

ISBN 978 - 7 - 208 - 19060 - 3/B · 1774

定 价 128.00 元